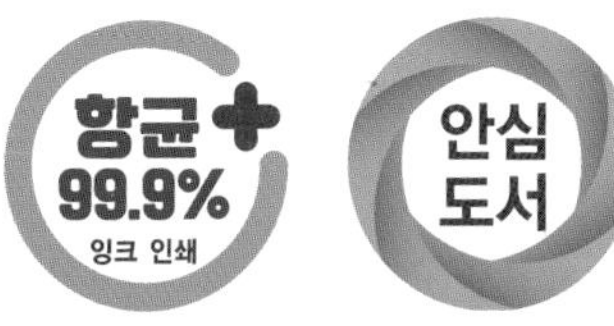

향균잉크란?

코로나19 바이러스 "친환경 99.9% 항균잉크 인쇄" 전격 도입

언제 끝날지 모를 코로나19 바이러스
99.9% 항균잉크(V-CLEAN99)를 도입하여 「**안심도서**」로
독자분들의 건강과 안전을 위해 노력하겠습니다.

항균잉크(V-CLEAN99)의 특징

- 바이러스, 박테리아, 곰팡이 등에 항균효과가 있는 산화아연을 적용
- 산화아연은 한국의 식약처와 미국의 FDA에서 식품첨가물로 인증받아 **강력한 항균력**을 구현하는 소재
- 황색포도상구균과 대장균에 대한 테스트를 완료하여 **99.9%의 강력한 항균효과** 확인
- 잉크 내 중금속, 잔류성 오염물질 등 **유해 물질 저감**

TEST REPORT

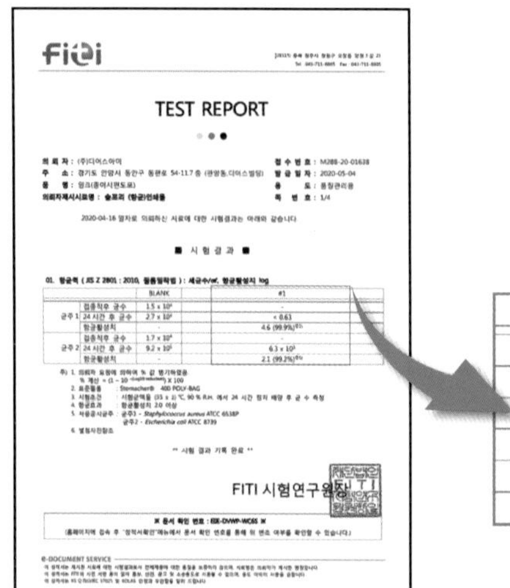
FITI

TEST REPORT

FITI 시험연구원

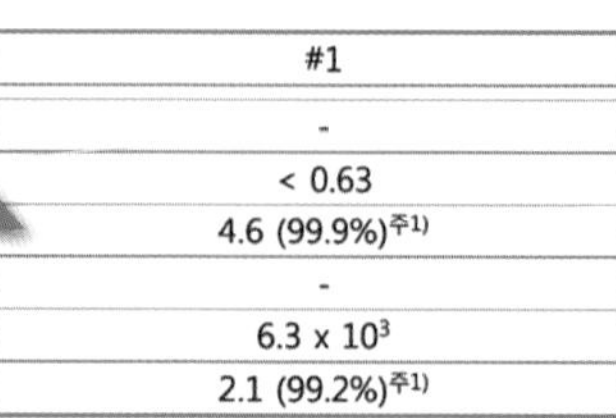

#1
-
< 0.63
4.6 (99.9%)주1)
-
6.3×10^3
2.1 (99.2%)주1)

DCAT

두산 종합적성검사

최신기출유형 + 모의고사 4회 + 무료두산특강

Always **with you**

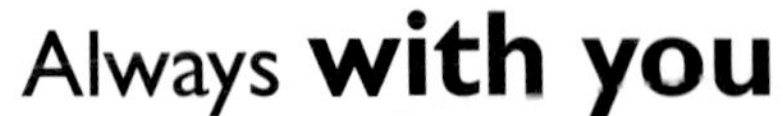

사람이 길에서 우연하게 만나거나 함께 살아가는 것만이 인연은 아니라고 생각합니다.
책을 펴내는 출판사와 그 책을 읽는 독자의 만남도 소중한 인연입니다.
(주)시대고시기획은 항상 독자의 마음을 헤아리기 위해 노력하고 있습니다.
늘 독자와 함께 하겠습니다.

PREFACE

머리말

두산그룹은 121여 년의 역사를 가졌고, 최근 10여 년간 가장 빠르게 성장한 기업이다. 90년대 후반 성공적인 구조조정 과정을 거치면서 사업의 건전성을 확보하였으며, 21세기를 맞아 지속 성장이 가능한 사업구조로의 재편을 진행했다. 2G 전략(개인의 성장을 통한 회사의 성장, 회사의 성장을 통한 개인의 성장)이 바로 '두산'의 경영전략이다.

두산그룹의 채용절차는 크게 서류전형, 필기전형(두산 종합적성검사), 면접전형으로 진행된다. 두산 종합적성검사, 즉 DCAT(Doosan Comprehensive Aptitude Test)는 지원자가 성공적인 업무수행을 위한 역량과 기초직무능력을 갖추었는지를 평가하는 검사이다.

DCAT는 지원자의 전공계열에 따라 인문계와 이공계로 나뉘어 시행되며, 기초적성검사는 다른 기업의 적성검사에 비해 난이도가 높은 편으로 알려져 있다. 짧은 시간에 많은 문제의 해결을 요구하므로 미리 문제 유형을 익혀 대비하지 않으면 자칫 시간이 부족하여 문제를 다 풀지 못하고 나올 수 있다.

이에 **(주)시대고시기획**에서는 두산그룹에 입사하고자 하는 수험생들에게 좋은 길잡이가 되어 주고자 다음과 같은 특징을 가진 본서를 출간하게 되었다.

도서의 특징

첫 째 2021년 하반기부터 2019년까지 DCAT 인문계 및 이공계의 3개년 최신기출문제를 수록하여 지난 3년간의 출제경향을 한눈에 파악할 수 있도록 하였다.

둘 째 각 영역의 세부 유형을 분석 및 연구하고, 학습전략을 제시하여 수험생이 체계적으로 공부할 수 있도록 하였다.

셋 째 최종점검 모의고사 2회분을 제공하여 실전과 같은 연습이 가능하도록 하였다.

넷 째 기초적성검사와 함께 보는 인성검사부터 이후 치를 면접까지 채용 관련 내용을 꼼꼼하게 다루어 본서 한 권으로도 마지막 관문까지 무사히 통과할 수 있도록 구성하였다.

끝으로 본서를 통해 두산그룹 입사를 준비하는 여러분 모두가 합격의 기쁨을 누리기를 진심으로 기원한다.

SD적성검사연구소 씀

두산의 목표와 핵심가치, 두산 Credo

지난 120년을 이끌어온 두산의 경영 철학과 사업 방식을 계승하고 발전시켜 명문화한 것이 바로 '두산 Credo'입니다. 두산 Credo는 아홉 가지 핵심 가치를 담고 있습니다. 핵심 가치는 두산에서 이뤄지는 모든 의사결정과 행동의 준거입니다. 이를 통해 두산은 궁극적인 목표를 달성합니다. 두산 Credo는 두산의 목표(Aspiration)와 핵심 가치(Core Values)로 이뤄집니다.

두산의 목표(Aspiration)

두산의 궁극적인 목표는 '세계 속의 자랑스러운 두산'입니다.

자랑스러운 두산이란, 임직원을 포함한 모든 이해관계자들이 두산을 통해 자부심과 자랑스러움을 느낀다는 의미입니다. 임직원에게는 자부심을 가질 수 있는 두산의 일원이 된다는 것이고, 고객에게는 두산이 제공하는 질 높은 제품과 서비스의 사용을 통해 자랑스러운 소비자가 된다는 것이며, 주주에게는 정당하고 높은 이익을 창출해내는 자랑스러운 두산의 주주가 된다는 것입니다.

핵심 가치(Core Values)

두산인은 두산 Credo의 아홉 가지 핵심 가치를 매일 실천합니다.

두산인은 '세계 속의 자랑스러운 두산'을 만들기 위해 전 세계의 두산이 사업을 영위하는 곳이라면 어디에서든 두산 Credo의 아홉 가지 핵심 가치를 실천합니다. 사업을 영위하는 방식, 구성원들이 서로를 대하는 방식, 파트너들과 함께 일하는 방식이 핵심 가치에 들어있습니다. 두산의 아홉 가지 핵심 가치는 다음과 같습니다.

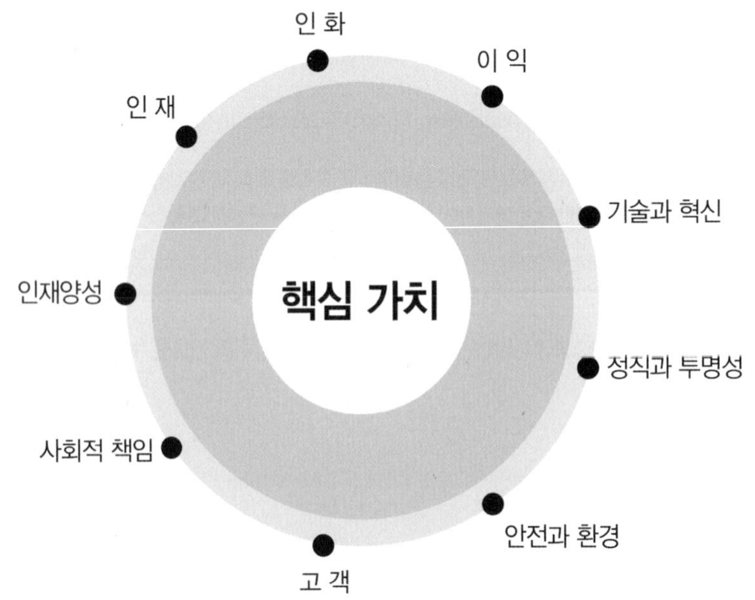

인재상

두산의 인재, 즉 '두산인'은 능력의 여부에 상관없이 조직에 공헌할 능력과 의사를 가지고 이를 실천하며 자신의 능력 향상을 위해 끊임없는 노력을 하는 모든 구성원을 의미한다. 두산인은 두산의 가치와 인재상을 중요하게 생각하고 행동에 담고 있는 사람이다.

진정한 관심과 육성 Cultivating People

두산인은 서로를 성과의 도구로 생각하지 않고, 하나의 인격체로 존중한다. 성과를 만드는 주체가 사람이라는 믿음으로, 중장기적인 관점에서 인재 양성을 최우선시하며 한 사람 한 사람을 두산인으로 양성하기 위해 노력한다.

인 화 Inhwa

두산인은 자신의 성과와 팀의 성과를 분리하여 생각하지 않으며, 조직 공동의 목표를 달성하기 위해 자발적으로 합심하는 팀워크를 중시한다. 보다 강력한 팀워크를 실천하기 위해서는 당당함과 따뜻함이 그 바탕이 되어야 한다. 이러한 당당함과 따뜻함을 기반으로 하는 진정한 의미의 팀워크가 두산이 추구하는 '인화'이다.

끊임없이 올라가는 눈높이 Limitless Aspiration

두산인은 끊임없이 올라가는 눈높이를 가지고 있다. 무조건 1등을 목표로 삼기보다 성취했을 때 큰 자부심을 가질 만한 목표를 세운다. 이를 통해 얻는 성취감은 개인의 눈높이를 다시 올리고자 하는 자발적인 욕구로 이어진다. 두산인은 이러한 선순환을 통해 개인의 삶의 의미를 찾고 끊임없이 자발적으로 눈높이를 올리는 사람이다.

열린 소통 Open Communication

두산인은 상하좌우 할 것 없이 열린 소통을 한다. 언제든지 자신의 생각을 합리적인 근거와 함께 표현하고, 다른 사람의 의견을 경청한다. 상대방과 생각이 다를 때에도 자신의 의견을 개진하는 것은 두산인의 의무이다. 또한, 두산인은 실수를 숨기지 않는다. 실수를 인정하고 약속을 지키는 사람이 진정 믿을 만한 사람이기 때문이다.

근성있는 실행 Tenacity & Drive

두산인은 무엇이든 가능하게 만드는 근성을 가지고 있다. 문제의 해법을 찾을 때까지 포기하지 않고 모든 경우의 가능성을 시도하여 돌파구를 찾는다. 두산인의 근성은 무작정 덤비는 것이 아닌 '현명한 근성'이다. 개인 역량의 한계에 갇히지 않고, 필요하다면 다른 사람의 머리와 생각도 동원하는 사람이다.

우선순위화 및 집중 Prioritization & Focus

두산인은 가장 중요한 것을 찾아내고 이를 실행하는 데 집중한다. 어떤 상황에서도 중요한 일을 정확히 찾아내는 것부터 일을 시작한다. 우선순위가 정해지면 모든 가용자원을 활용하여 확실하게 해결한다.

신입사원 채용안내

지원방법

두산그룹 채용홈페이지 '커리어두산(https://career.doosan.com)'에서 온라인 지원

채용절차

입사지원 및 서류전형

DCAT

실무면접

최종면접

STEP 1 ··· **입사지원 및 서류전형**

입사지원서 작성 후 DBS(Doosna Biodata Survey)에 응시한다.

- 입사지원서 작성
  인적사항 및 학력사항, 기타 경험 등을 기재한 입사지원서를 제출한다.
- DBS(Doosan Biodata Survey) 응시
  DBS(Doosan Biodata Survey)는 지원자가 두산의 인재상에 부합하는지를 측정하는 선발도구이다. 온라인으로 진행되며, 지원서 제출 완료 후 곧바로 DBS 화면으로 이동하여 응시하게 된다.

STEP 2 ··· **DCAT(Doosan Comprehensive Aptitude Test, 두산 종합적성검사)**

DCAT는 지원한 직무 또는 전공에 따라 인문계와 이공계로 구분되어 시행된다.

STEP 3 ··· **실무면접**

SI와 DISE로 구성되어 있다.

- SI(Structured Interview)
  - SI는 구조화된 면접기법으로, 지원자의 역량보유 정도를 평가한다.
  - 면접관은 각 자회사의 실무진으로 구성된다.
- DISE(Doosan Integrated Simulation Exercise)
  - DISE는 case 면접으로, 지원자의 역량보유 정도와 분석적 사고 및 문제해결 능력을 평가한다.

STEP 4 ··· **최종면접**

그룹 회장단 및 자회사 최고 경영진이 직접 참여하는 면접으로 두산의 가치 및 문화에 부합하는 인재인지 평가한다.

합격 선배들이 알려주는 두산그룹 종합적성검사 합격기

추천합니다.

DCAT는 악명이 엄청 높은 것에 비해서 후기도 없고, 시중에 책도 별로 없어서 가장 최근에 나온 책으로 구입했습니다. 이공계를 응시했는데, 두산 이공계 공간추리도 LG 인적성검사와 같이 매년 유형이 변한다고 해서 엄청 긴장했고, 역시나 어려웠습니다. 심지어 다른 영역에 비해 시간이 부족해서 문제에 익숙해질 시간도 없이 정신없이 풀이만 했습니다. 두산 단기완성 도서에서 가장 크게 도움 받았던 부분은 전체적으로 난이도가 높은 문항들이 많이 수록되어 있다는 것입니다. 그래서 평정심을 잘 유지하고, 집중해서 풀었던 것이 좋은 결과로 되돌아 올 수 있었던 것 같아요!! DCAT는 나에게만 어려운 시험이 아니니까 모두 자신감을 갖고 힘내세요!!!!

재수하고 성공!!

두산그룹 서류 합격이 벌써 두 번째인 사람입니다. 처음에는 아무것도 모르고 사전준비 없이 시험을 보러 갔다가 떨어졌네요... 그래서 두 번째는 제대로 준비해보려고 시대고시 책을 샀습니다. 주어진 문제의 난이도보다 시간이 너무 짧은 시험이라 풀 때마다 좌절하고 자괴감이 엄청났어요. 근데 이런 연습을 온라인 모의고사까지 계속해서 반복하니까 시험 당일에는 오히려 좀 편했습니다. 그리고 필기시험에 합격했어요!! 아직 가야 할 길이 멀지만 그래도 절반은 왔다는 생각에 행복합니다. DCAT 후기가 너무 없는데, 시대고시 교재로 준비하시면 도움이 많이 되실 거에요. 다들 좋은 소식 있었으면 좋겠습니다.

※ 본 독자 후기는 실제 (주)시대고시기획의 도서를 통해 공부하여 합격한 독자들께서 보내주신 후기를 재구성한 것입니다.

온라인 시험 TIP

필수 준비물

❶ 타인과의 접촉이 없으며 원활한 네트워크 환경이 조성된 응시 장소
❷ 권장 사양에 적합한 PC, 스마트폰 및 주변기기(웹캠, 마이크, 스피커, 키보드, 마우스)
❸ 신분증(주민등록증, 주민등록 발급 확인서, 운전면허증, 여권, 외국인거소증 중 택 1)
❹ 휴대전화

유의사항

❶ 온라인 시험 매뉴얼이 제공되므로 반드시 미리 숙지해둔다.
❷ 사전점검일에 점검을 마쳐야 이후 시험에 응시할 수 있다.
❸ 시험 직전 웹캠을 통해 주변 환경 점검이 한 시간가량 시행된다.
❹ 물이나 간식 등은 섭취할 수 없다.

시험 진행

인문계

영 역	문항 수	시 간
언어논리	30문항	30분
수리자료분석	30문항	30분
어휘유창성	30문항	20분

이공계

영 역	문항 수	시 간
언어논리	30문항	30분
수리자료분석	30문항	30분
공간추리	30문항	20분

❶ 2021년 하반기 DCAT는 온라인으로 시행되었다.
❷ 시험영역이나 문항 수 시간 등은 오프라인 시험과 동일하다.
❸ 적성검사 후에 인성검사를 시행한다.
❹ 웹상에서 계산기를 사용할 수 있다.

시험 전 CHECK LIST

※ 최소 시험 이틀 전에 아래의 리스트를 확인하면 좋습니다.

체크	리스트
☐	본인의 신분증과 개인정보 가리개를 준비하였는가?
☐	스마트폰 거치대와 필요한 필기도구를 준비하였는가?
☐	문제풀이 용지를 개봉하지 않은 채로 책상 위에 올려놓았는가?
☐	스마트폰의 인터넷 사용, 감독 시스템에 접속, 카메라와 스피커의 작동이 가능한지 확인하였는가?
☐	전화나 카톡 등의 알림음이 울리지 않도록 하였는가?
☐	컴퓨터의 작동에 문제가 없는지 확인하였는가?
☐	시험 장소에 불필요한 물건을 모두 치웠는가?
☐	시험 장소에 낙서가 없는지 확인하였는가?
☐	시험 장소의 주변에 계시는 분들에게 협조 요청을 하였는가?
☐	주변에 소리가 날만한 요소를 제거하였는가?
☐	온라인 시험에 대한 주의사항 등 응시자 매뉴얼을 확인하였는가?
☐	온라인 모의고사로 실전 연습을 하였는가?
☐	자신이 취약한 영역을 두 번 이상 학습하였는가?
☐	스마트폰의 배터리가 충분한지 확인하였는가?

시험 후 CHECK LIST

※ 시험 다음 날부터 아래의 리스트를 확인하며 면접 준비를 미리 하면 좋습니다.

체크	리스트
☐	문제풀이 용지를 찍어 제출하였는가?
☐	인적성 시험 후기를 작성하였는가?
☐	상하의와 구두를 포함한 면접복장이 준비되었는가?
☐	지원한 직무의 직무분석을 하였는가?
☐	자신의 자소서를 다시 한 번 읽어보았는가?
☐	자신의 자소서를 다시 한 번 읽어보았는가?
☐	1분 자기소개를 준비하였는가?
	도서 내의 면접 기출 질문을 확인하였는가?
☐	자신이 지원한 직무의 최신 이슈를 정리하였는가?

주요 대기업 적중 문제

삼성

수리논리 - 확률

2021년 적중

Hard

02 S회사의 감사팀은 과장 2명, 대리 3명, 사원 3명으로 구성되어 있다. A, B, C, D지역의 지사로 두 명씩 나눠서 출장을 간다고 할 때, 각 출장 지역에 대리급 이상이 한 명 이상 포함되어 있어야 하고 과장 2명이 각각 다른 지역으로 가야한다. 과장과 대리가 한 조로 출장에 갈 확률은?

① $\frac{1}{2}$　② $\frac{1}{3}$

③ $\frac{2}{3}$　④ $\frac{3}{4}$

⑤ $\frac{3}{8}$

추리 - ① 조건추리

2021년 적중

19 S회사 사무실에 도둑이 들었다. 범인은 2명이고, 용의자로 지목된 A, B, C, D, E가 다음과 같이 진술했다. 이 중 2명이 거짓말을 하고 있다고 할 때, 다음 중 동시에 범인이 될 수 있는 사람으로 짝지어진 것은?

> A : B나 C 중에 한 명만 범인이에요.
> B : 저는 확실히 범인이 아닙니다.
> C : 제가 봤는데 E가 범인이에요.
> D : A가 범인이 확실해요.
> E : 사실은 제가 범인이에요.

① A, B　② D, E

③ B, C　④ B, D

추리 - ② 독해추론

2021년 적중

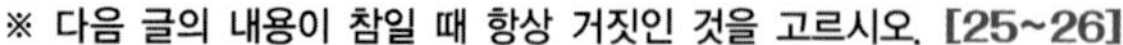

※ 다음 글의 내용이 참일 때 항상 거짓인 것을 고르시오. [25~26]

25

> 고대에는 별이 뜨고 지는 것을 통해 방위를 파악했다. 최근까지 서태평양 캐롤라인 제도의 주민은 현대식 항해 장치 없이도 방위를 파악하여 카누 하나만으로 드넓은 열대 바다를 항해하였다. 인류학자들에 따르면, 그들은 별을 나침반처럼 이용하여 여러 섬을 찾아다녔고 이때의 방위는 북쪽의 북극성, 남쪽의 남십자성, 그 밖에 특별히 선정한 별이 뜨고 지는 것에 따라 정해졌다.
> 캐롤라인 제도는 적도의 북쪽에 있어서 그 주민들은 북쪽 수평선의 바로 위쪽에서 북극성을 볼 수 있다. 북극성은 천구의 북극점으로부터 매우 가까운 거리에서 작은 원을 그리며 공전한다. 천구의 북극점은 지구 자전축의 북쪽 연장선상에 있기 때문에 천구의 북극점에 있는 별은 공전을 하지 않고 정지된 것처럼 보인다. 이처럼 천구의 북극점에 있는 별을 제외하고 북극성을 포함한 별이 천구의 북극점을 중심으로 공전하는 것처럼 보이는 것은 지구가 자전

SK

수리(검사 B) - 응용수리

02 9%의 소금물 xg과 18%의 소금물 yg을 섞어 12%의 소금물을 만들려고 했으나, 잘못하여 9%의 소금물 yg과 18% 소금물 xg을 섞었다. 잘못 만들어진 소금물의 농도는 몇 %인가?

① 13%
② 14%
③ 15%
④ 16%
⑤ 17%

언어(검사 C) - 일치·불일치

02 다음 글의 내용과 일치하는 것은?

일반적으로 동식물에서 종(種)이란 '같은 개체끼리 교배하여 자손을 남길 수 있는' 또는 '외양으로 구분이 가능한' 집단을 뜻한다. 그렇다면 세균처럼 한 개체가 둘로 분열하여 번식하며 외양의 특징도 많지 않은 미생물에서는 종을 어떤 기준으로 구분할까?

미생물의 종 구분에는 외양과 생리적 특성을 이용한 방법이 사용되기도 한다. 하지만 이러한 특성들은 미생물이 어떻게 배양되는지에 따라 변할 수 있으며, 모든 미생물에 적용될 만한 공통적 요소가 되기도 어렵다. 이런 문제를 극복하기 위해 오늘날 미생물 종의 구분에는 주로 유전적 특성을 이용하고 있다. 미생물의 유전체는 DNA로 이루어진 많은 유전자로 구성되는데, 특정 유전자를 비교함으로써 미생물들 간의 유전적 관계를 알 수 있다. 종의 구분에는 서로 간의 차이를 잘 나타내 주는 유전자를 이용한다. 유전자 비교를 통해 미생물들이 유전적으로 얼마나 가깝고 먼지를 확인할 수 있는데, 이를 '유전거리'라 한다. 유전거리가 가까울수록 같은 종으로 묶일 가능성이 커진다.

하지만 유전자 비교로 확인한 유전거리만으로는 두 미생물이 같은 종에 속하는지를 명확히 판별하기 어렵다. 특정 유전자가 해당 미생물의 전체적인 유전적 특성을 대변하지는 못하기 때문이다.

이러한 문제를 보완하기 위한 것이 미생물들 간의 유전체 유사도를 측정하는 방법이다. 유전체 유사도를 정확히 측정하기 위해서는 모든 유전자를 대상으로 유전적 관계를 살펴야 하지만, 수많은 유전자를 모두 비교하는 것은 현실적으로 어렵다. 따라서 유전체의 특성을 화학적으로 비교하는 방법이 주로 사용되고 있다. 이렇게 얻어진 유전

직무(검사 D) - 조건추리

※ 다음 제시문을 읽고 각 〈보기〉가 항상 참이면 ①, 거짓이면 ②, 알 수 없으면 ③을 고르시오. [9~10]

Easy

09

- 철수와 영희는 남매이다.
- 철수에게는 누나가 한 명 있다.
- 영희는 맏딸이다.
- 철수는 막내가 아니다.

보기

영희의 동생은 한 명이다.

① 참
② 거짓
③ 알 수 없음

주요 대기업 적중 문제

LG

언어추리 - 명제

다음 명제가 참일 때, 항상 옳은 것은?

- 재현이가 춤을 추면 서현이나 지훈이가 춤을 춘다. (p, q, r)
- 재현이가 춤을 추지 않으면 종열이가 춤을 춘다. (s)
- 종열이가 춤을 추지 않으면 지훈이도 춤을 추지 않는다.

① 명제의 도식화
- $p \rightarrow q$ or r
- $\sim p \rightarrow s$
- $\sim s \rightarrow \sim r$

② 명제의 대우
- $\sim q$ and $\sim r \rightarrow \sim p$
- $\sim s \rightarrow p$
- $r \rightarrow s$

③ 연결
$\sim s \rightarrow p \rightarrow q$ or r
$\Rightarrow \sim s \rightarrow p \rightarrow q$

④ 보기 도식화하여 정답 찾기

① 서현이가 춤을 추지 않는다면 재현이만 춤을 추었다. ($\sim q$, p)
② 재현이가 춤을 추면 서현이만 춤을 추었다. (p, q)
③ 종열이가 춤을 추지 않았다면 지훈이만 춤을 추었다. ($\sim s$, r)
④ 서현이가 춤을 추면 재현이와 지훈이는 춤을 추었다. (q, p and r)
⑤ 종열이가 춤을 추지 않았다면 재현이와 서현이는 춤을 추었다. ($\sim s$, p and q)

자료해석

01 다음은 2019년 차종별 1일 평균 주행거리를 정리한 자료이다. 이에 대한 해석으로 옳지 않은 것은?

〈2019년 차종별 1일 평균 주행거리〉

(단위 : km/대)

구분	서울	부산	대구	인천	광주	대전	울산	세종
승용차	31.7	34.7	33.7	39.3	34.5	33.5	32.5	38.1
승합차	54.6	61.2	54.8	53.9	53.2	54.5	62.5	58.4
화물차	55.8	55.8	53.1	51.3	57.0	56.6	48.1	52.1
특수차	60.6	196.6	92.5	125.6	114.2	88.9	138.9	39.9
전체	35.3	40.1	37.1	41.7	38.3	37.3	36.0	40.1

※ 항구도시는 '부산, 인천, 울산'이다.

창의수리 - 수추리

Hard

05

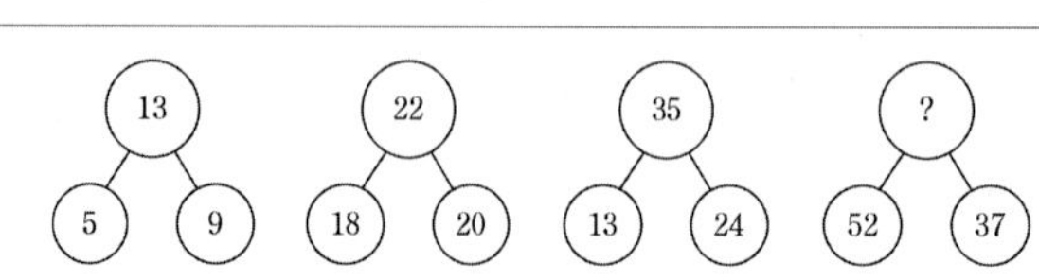

포스코

언어이해 - 주제찾기

Easy

03 다음 글의 주제로 가장 알맞은 것은?

> 옛날에 어진 인재는 보잘 것 없는 집안에서 많이 나왔었다. 그때에도 지금 우리나라와 같은 법을 썼다면, 범중엄이 재상 때에 이룬 공업이 없었을 것이요, 진관과 반양귀는 곧은 신하라는 이름을 얻지 못하였을 것이며, 사마양저, 위청과 같은 장수와 왕부의 문장도 끝내 세상에서 쓰이지 못했을 것이다. 하늘이 냈는데도 사람이 버리는 것은 하늘을 거스르는 것이다. 하늘을 거스르고도 하늘에 나라를 길이 유지하게 해달라고 비는 것은 있을 수 없는 일이다.

① 인재는 많을수록 좋다.
② 인재 선발에 투자하여야 한다.
③ 인재를 적재적소에 배치해야 한다.
④ 인재를 차별 없이 등용해야 한다.

자료해석

04 다음은 주요 항만별 선박 입항 현황에 대한 자료이다. 이에 대한 설명으로 옳지 않은 것은?

〈주요 항만별 선박 입항 현황〉

(단위 : 대)

구분	2016년	2017년	2018년	2019년 3/4분기			2020년 3/4분기		
				소계	외항	내항	소계	외항	내항
전체	139,080	151,109	163,451	119,423	43,928	75,495	126,521	45,395	81,126
부산항	32,803	34,654	37,571	27,681	16,248	11,433	28,730	17,127	11,603
울산항	20,828	22,742	24,241	17,977	7,233	10,744	17,676	7,434	10,242
인천항	19,383	20,337	22,475	16,436	5,044	11,392	17,751	4,854	12,897
광양항	15,759	17,810	19,476	14,165	5,581	8,584	14,372	5,548	8,824

공간지각 - 전개도

Hard ▶ 동영상 해설

05 주어진 전개도로 입체도형을 만들었을 때, 만들어질 수 없는 것은?

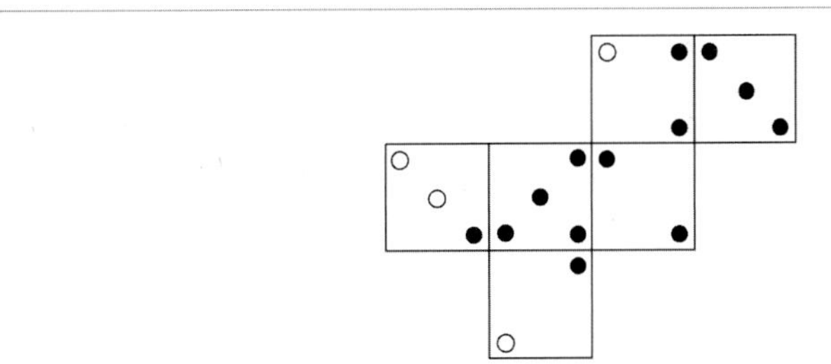

도서 200% 활용하기

1 [3개년 최신기출문제]로 출제 경향 파악

2021년 하반기부터 2019년까지 3개년 최신기출문제를 복원하여 최신 출제 경향을 파악할 수 있도록 하였다. 또한 이를 바탕으로 학습을 시작하기 전에 자신의 실력을 판단할 수 있도록 하였다.

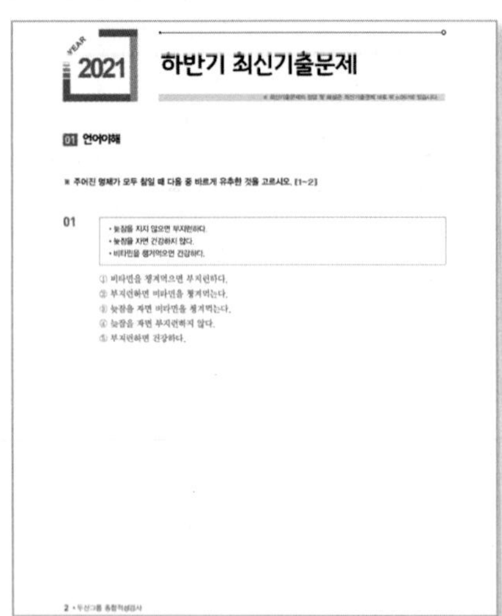

2021 하반기 최신기출문제

01 언어이해

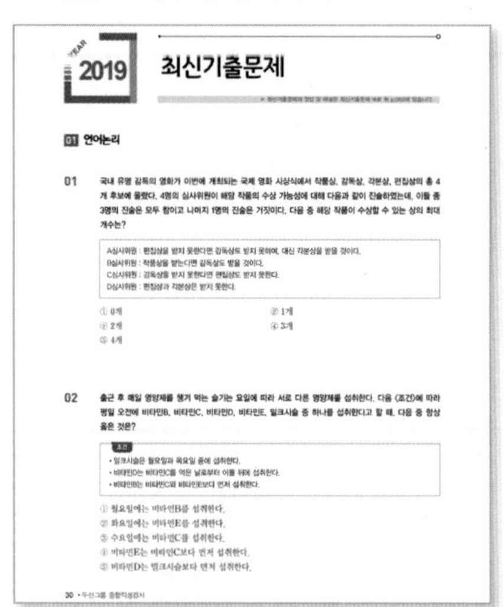

2019 최신기출문제

01 언어논리

2 [이론점검], [대표유형], [유형점검]으로 영역별 단계적 학습

출제되는 영역에 대한 이론, 대표유형, 유형점검을 수록하여 최근 출제되는 유형을 익히고 점검할 수 있도록 하였다. 이를 바탕으로 기본기를 튼튼히 준비할 수 있도록 하였다.

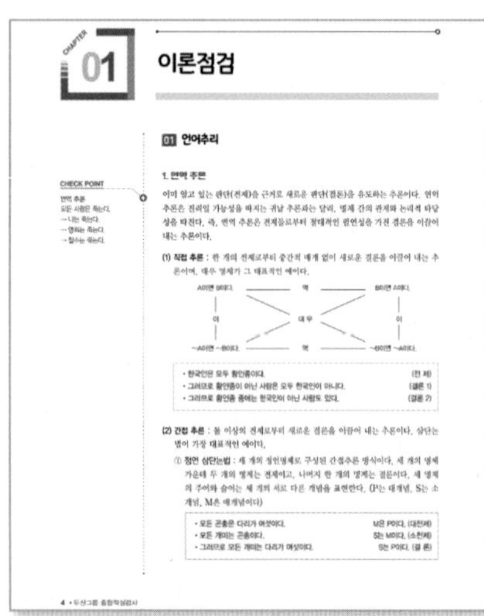

CHAPTER 01 이론점검

01 언어추리

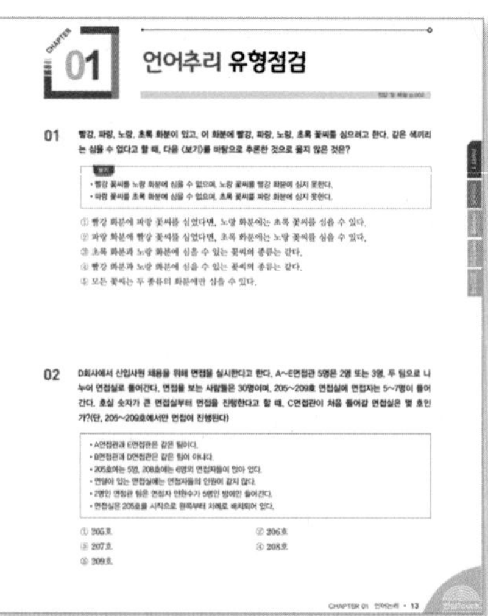

CHAPTER 01 언어추리 유형점검

3 [최종점검 모의고사] + [온라인 실전연습 서비스]로 반복 학습

실제 시험과 유사하게 구성한 최종점검 모의고사로 최종 마무리 연습을 할 수 있다. 또한 최종점검 모의고사와 동일한 문제로 구성한 온라인 실전연습 서비스로 실제 시험에 응시하는 것처럼 연습할 수 있다.

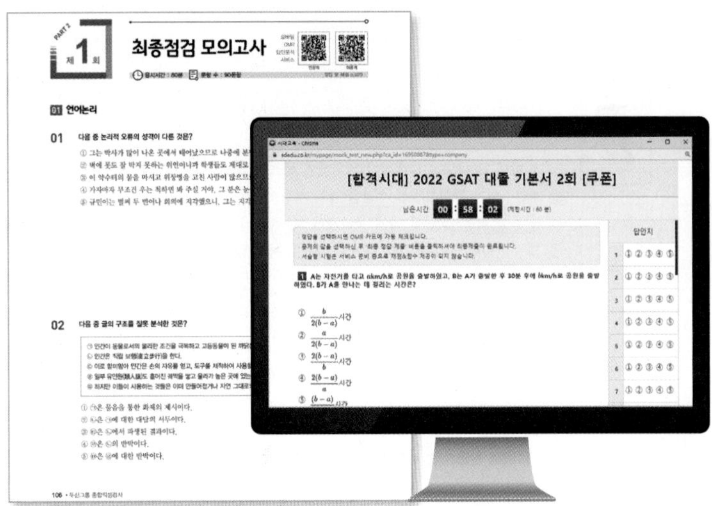

4 [인성검사]부터 [면접]까지 한 권으로 최종 마무리

인성검사 모의연습을 통해 지원한 회사의 인재상에 부합하는지 연습하고, 면접 기출 질문을 통해 실제 면접에서 나오는 질문에 미리 대비할 수 있도록 하였다.

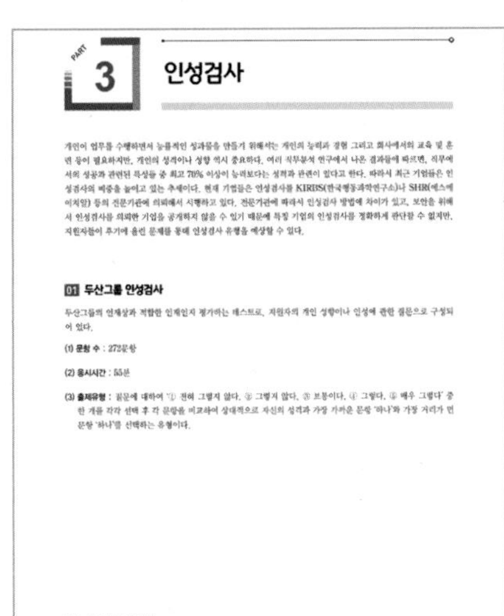

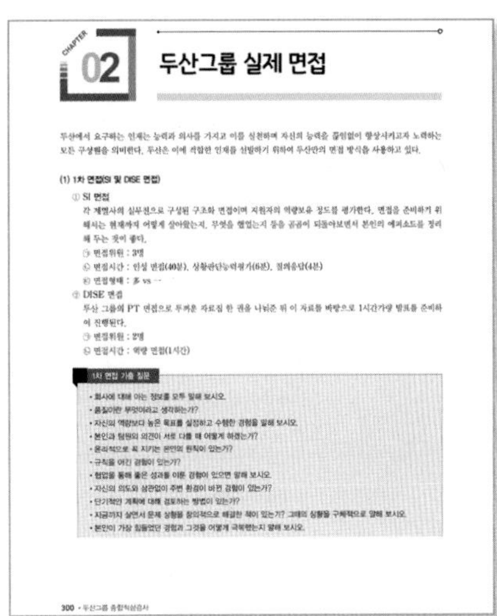

5 [Easy]&[Hard]로 난이도별 시간 분배 연습

조금만 연습하면 시간을 절약할 수 있는 난이도가 낮은 문제와 함께, 다른 문제에서 절약한 시간을 투자해야 하는 고난도 문제를 각각 표시하였다. 이를 통해 일반적인 문제들과는 다르게 시간을 적절하게 분배하여 풀이하는 연습이 가능하도록 하였다.

Easy
22 다음 밑줄 친 관용구의 사용이 적절하지 않은 것은?

① 개 발에 땀 나도록 일했더니 계획했던 목표를 달성할 수 있었다.
② 개인주의가 만연하면서 수판을 놓는 사람이 많아졌다.
③ 참새 물 먹듯 일을 한 번에 처리해야 해.
④ 그는 반죽이 좋아 웬만한 일에도 화를 내지 않았다.
⑤ 그는 얼굴이 두꺼워 어려운 부탁도 서슴지 않고 했다.

※ 다음 중 제시된 글과 관련 있는 사자성어를 고르시오. [23~24]

23

설 연휴마다 기차표를 예매하기 위해 아침 일찍 서울역에 갔던 아버지는 집에서도 인터넷을 통해 표를 예매할 수 있다는 아들의 말을 듣고 깜짝 놀랐다.

① 건목수생(乾木水生)
② 견강부회(牽强附會)
③ 격세지감(隔世之感)
④ 독불장군(獨不將軍)
⑤ 수구초심(首丘初心)

Hard
24

밖에서 계속 싸움을 하고 다니는 학생의 부모님은 전화가 올 때마다 속이 시커멓게 타들어 가고 있다.

① 오매불망(寤寐不忘)
② 이효상효(以孝傷孝)
③ 형설지공(螢雪之功)
④ 구곡간장(九曲肝腸)
⑤ 과유불급(過猶不及)

158 • 두산그룹 종합적성검사

6 [정답] 및 [오답분석]으로 풀이까지 완벽 마무리

정답에 대한 자세한 해설은 물론 문제별로 오답분석을 수록하여 오답이 되는 이유를 올바르게 이해할 수 있도록 하였다.

어휘유창성(인문계) 정답 및 해설

01 어휘력

01	02	03	04	05	06	07	08	09	10
②, ③	①, ⑤	②, ④	③, ④	②	①	④	②	③	④

01 정답 ②, ③
- 초래하다 : 어떤 결과를 가져오게 하다.
- 가져오다 : 어떤 결과나 상태를 생기게 하다.

02 정답 ①, ⑤
- 비호 : 편들어서 감싸 주고 보호함
- 변호 : 남의 이익을 위하여 변명하고 감싸서 도와줌

03 정답 ②, ④
- 깔보다 : 얕잡아 보다.
- 존경하다 : 남의 인격, 사상, 행위 따위를 받들어 공경하다.

04 정답 ③, ④
- 좀스럽다 : 사물의 규모가 보잘것없이 작다.
- 관대하다 : 마음이 너그럽고 크다.

05 정답 ②

㉠ 문맥상 최근의 이야기가 나오므로 이러한 시점을 표현해주는 말이 와야 한다.
㉡ 앞의 내용과 연결되는 문장이므로 연결의 의미가 있는 접속어인 '또한'이 적절하다.
㉢ 결론에 해당하므로 '그러므로'가 적절하다.

06 정답 ①
- 타자기(기존의 것) : 컴퓨터(새로운 것)
- 자전거(기존의 것) : 자동차(새로운 것)

07 정답 ④

㉠은 '원치 않은 일을 당하거나 어려운 처지에 놓이지 않도록 하다.'의 뜻으로 쓰였으므로, ④가 가장 유사하다.

오답분석
① 비, 눈 따위를 맞지 않게 몸을 옮기다.
② 행사에 불길한 날을 택하지 않다.
③·⑤ 몸을 숨기거나 다른 곳으로 옮기어 드러나지 않도록 하다.

08 정답 ②

오답분석
① 틈새 : 벌어져 난 틈의 사이
③ 가름 : 따로따로 나누는 일. 또는 사물이나 상황을 구별하거나 분별하는 일
④ 가늠 : 목표나 기준에 맞고 안 맞음을 헤아려 봄. 또는 헤아려 보는 목표나 기준. 일이 되어 가는 모양이나 형편을 살펴서 얻

09 정답 ③
- 청산(淸算) : 서로 간에 채무·채권 관계를 셈하여 깨끗이 해결함

오답분석
① 청렴(淸廉) : 성품과 행실이 고결하고 탐욕이 없음
② 청유(淸幽) : 속세와 떨어져 아담하고 깨끗하며 그윽함. 또는 그런 곳
④ 파산(破産) : 재산을 모두 잃고 망함
⑤ 미진(未盡) : '미진하다'의 어근. 다하지 못함

10 정답 ④
- 결부(結付) : 일정한 사물이나 현상을 서로 연관시킴

오답분석
① 결처(決處) : 결정하여 조처함
② 결과(結果) : 어떤 원인으로 결말이 생김
③ 결제(決濟) : 일을 처리하여 끝을 냄
⑤ 가부(可否) : 옳고 그름 또는 찬성과 반대

PART 1 | 언어논리 | 수리자료 | 어휘유창성 | 공간추리

CHAPTER 03 어휘유창성(인문계) • 13

학습플랜

1주 완성 학습플랜

본서에 수록된 전 영역을 단기간에 끝낼 수 있도록 구성한 학습 플랜이다. 한 번에 전 영역을 공부하지 않고, 한 영역을 집중적으로 공부할 수 있도록 하였다. 인성검사 및 필기시험에 대한 기초 학습은 되어 있으나, 학습 계획 세우기에 자신이 없는 분들이나 미리 시험에 대비하지 못해 단시간에 많은 분량을 봐야 하는 수험생에게 추천한다.

ONE WEEK STUDY PLAN

Start!	1일 차 ☐	2일 차 ☐	3일 차 ☐
	____월 ____일	____월 ____일	____월 ____일
4일 차 ☐	**5일 차 ☐**	**6일 차 ☐**	**7일 차 ☐**
____월 ____일	____월 ____일	____월 ____일	____월 ____일

STUDY CHECK BOX

구분	1일 차	2일 차	3일 차	4일 차	5일 차	6일 차	7일 차
최신기출문제							
PART 1							
최종점검 모의고사 1회							
최종점검 모의고사 2회							
다회독 1회							
다회독 2회							
다회독 3회							
오답분석							

스터디 체크박스 활용법

1주 완성 **학습플랜**에서 계획한 학습량을 어느 정도 실천하였는지 표시하여 자신의 학습량을 효율적으로 관리할 수 있다.

STUDY CHECK BOX

구분	1일 차	2일 차	3일 차	4일 차	5일 차	6일 차	7일 차
최신기출문제	언어논리	×	×	완료			

이 책의 차례

CONTENTS

2021년
하반기 최신기출문제

※ 최신기출문제는 수험생들의 후기를 통해 (주)시대고시기획에서 복원한 문제로 실제 문제와 다소 차이가 있을 수 있으며, 본 저작물의 무단 전재 및 복제를 금합니다.

하반기 최신기출문제

※ 최신기출문제의 정답 및 해설은 최신기출문제 바로 뒤 p.014에 있습니다.

01 언어이해

※ 주어진 명제가 모두 참일 때 다음 중 바르게 유추한 것을 고르시오. [1~2]

01

- 늦잠을 자지 않으면 부지런하다.
- 늦잠을 자면 건강하지 않다.
- 비타민을 챙겨먹으면 건강하다.

① 비타민을 챙겨먹으면 부지런하다.
② 부지런하면 비타민을 챙겨먹는다.
③ 늦잠을 자면 비타민을 챙겨먹는다.
④ 늦잠을 자면 부지런하지 않다.
⑤ 부지런하면 건강하다.

02

> • 커피를 마시면 치즈케이크도 먹는다.
> • 마카롱을 먹으면 요거트를 먹지 않는다.
> • 요거트를 먹지 않으면 커피를 마신다.
> • 치즈케이크를 먹으면 초코케이크를 먹지 않는다.
> • 아이스크림을 먹지 않으면 초코케이크를 먹는다.

① 마카롱을 먹으면 아이스크림을 먹는다.
② 요거트를 먹지 않으면 초코케이크를 먹는다.
③ 아이스크림을 먹으면 치즈케이크를 먹는다.
④ 커피를 마시지 않으면 초코케이크를 먹는다.
⑤ 치즈케이크를 먹지 않으면 마카롱을 먹는다.

03

주어진 명제가 모두 참일 때, 다음 빈칸에 들어갈 명제로 가장 적절한 것은?

> • A세포가 있는 동물은 물체의 상을 감지할 수 없다.
> • B세포가 없는 동물은 물체의 상을 감지할 수 있다.
> • (　　　　　　　　　　　　　　　　　　　　　)
> • A세포가 있는 동물은 빛의 유무를 감지할 수 있다.

① 빛의 유무를 감지할 수 있는 동물은 B세포가 있다.
② B세포가 없는 동물은 빛의 유무를 감지할 수 없다.
③ B세포가 있는 동물은 빛의 유무를 감지할 수 있다.
④ 물체의 상을 감지할 수 있는 동물은 빛의 유무를 감지할 수 있다.
⑤ 빛의 유무를 감지할 수 없는 동물은 물체의 상을 감지할 수 없다.

04 다음 글의 내용으로 적절하지 않은 것은?

오늘날 우리가 알고 있는 전력산업은 과거에도 중심적인 역할을 수행했다. 과거 1차 산업혁명에서는 증기에너지 기반의 기계화가 세상을 변화시켰고, 2차 산업혁명부터는 전력에너지를 기반으로 대량생산이 가능해지면서 본격적으로 전력기술이 인류의 문명을 크게 혁신시킨 핵심 기술로 등장했다. 하지만 우리가 지난 100여 년간 익숙하게 보아 온 전력산업이 현재 크게 변화하고 있다. 정보통신기술의 융합으로 이뤄지는 4차 산업혁명의 시대를 맞이하여 전력산업도 과감한 혁신을 추구해야 할 시점이 된 것이다.

세계 전력산업의 역사를 살펴보면 규제의 시대, 경쟁의 시대, 파괴적 혁신의 시대로 구분할 수 있다. 규제의 시대는 1990년 이전까지의 시대로 정부 주도하에 통합된 전력시스템을 구축함으로써 값싸고 안정적인 전력공급을 국가의 중요 정책목표로 삼았던 시기이다. 하지만 요금구조의 경직성과 같은 규제에 따른 비효율성을 극복하기 위해 1990년대 전력산업에 시장원리를 도입함으로써 경쟁의 시대가 시작되었다. 발전부문은 시장 경쟁을 통해 가격을 결정하고 송배전은 독점을 인정하는 대신 망 이용요금을 규제하였으며, 판매부문은 원칙적으로 경쟁을 통해 요금이 결정되도록 하지만, 요금 급등을 억제하기 위해 규제기관의 승인을 받도록 하는 자유화 부문과 규제부문으로 가격 결정 방식이 이원화된 시기였다. 경쟁의 시기에 앞서 언급한 글로벌 전력사들은 적극적 M&A와 사업확장을 통해 매출액, 영업이익, 시가총액이 빠르게 증가하는 모습을 보였었다.

최근에 우리의 전력산업은 기후변화 대응을 위해 분산형 시스템이 주목받는 시대를 맞고 있다. 전 세계 탄소배출량의 약 40%를 점유하는 전력산업의 저탄소화는 친환경 · 신재생 전원의 확대 필요성에 그 어느 때 보다 주목하고 있다. 분산전원의 발전은 전기차 충전과 가정용 ESS 사업에 참여하는 등 ICT 기술 발달과 함께 발전된 모습을 보이고 있다. 더불어 생산자이면서 소비자인 참여형 소비자를 통해 소비자가 전력산업의 주요 참여자로 변화되고 있는 전력산업은 그야말로 파괴적 혁신의 시대에 도래하는 중이다.

파괴적 혁신의 시대 특징은 상생, 융합, 연결이며 이는 최근 화두가 되는 4차 산업혁명의 방향성과 그 궤적을 함께하고 있다. 산업간 경계가 낮아지고 이질적인 산업의 융합으로 새로운 사업 태동이 자유로우며 기업 간 경쟁이 아니라 네트워크 간 경쟁, 생태계 간 경쟁이 중요한 이슈가 되는 시대에 전력산업이 서 있는 것이다. 위기와 기회가 공존하는 상황에서 글로벌 전력회사는 민첩하고 유연한 산업 모델과 사업조직으로 대응하고 있다.

파괴적 혁신의 시대는 공생의 생태계 하에서 기존 전력산업과 IoT, 빅데이터 등 4차 산업혁명 기술 간 접목을 통한 내부 효율성 제고(비용 절감)와 새로운 가치창출(신사업) 병행이 가능하다. 공급중심의 전력시스템을 소비중심의 전력시스템으로 재편하고 에너지솔루션 등 에너지신산업이 새롭게 탄생할 계기도 만들 수 있다. 그러기 위해서는 전력사가 플랫폼 제공자로 역할을 지니고 플랫폼인 망을 4차 산업혁명 시대에 부합하도록 지능화시켜야 한다. 향후 에너지 서비스 산업의 핵심 활동은 대상별(고객, 설비 등) 맞춤형 서비스를 통한 소비자 가치증진에 있으며 데이터가 중심인 에너지 플랫폼이 그 핵심이 될 것이기 때문이다. 세계경제포럼(WEF)은 향후 10년 내 전력사 수익의 45%인 약 1,560조 원 규모가 디지털화를 통한 비즈니스모델에서 발생할 것으로 전망하고 있다. 이는 전력산업이 디지털에 기반을 둔 플랫폼을 통해 데이터를 매개로 현실과 사이버공간을 아우르며 존재해야 하고, 공급자와 소비자는 지난 100여 년간 유지해 온 전통적 프레임에서 벗어나 새롭게 정의되어야 함을 의미한다.

① 최근 전력산업은 친환경 · 신재생 전원의 확대 필요성에 주목하고 있다.
② 파괴적 혁신의 시대는 네트워크 간 경쟁이 중요한 이슈가 될 것이다.
③ 에너지 산업은 지금까지 인류 문명을 혁신시킨 핵심 기술이다.
④ 세계 전력산업의 역사 중 경쟁의 시대는 시장원리의 도입이 특징이다.
⑤ 향후 에너지 서비스 산업의 핵심 활동은 생산자 가치증진에 있다.

※ 다음 글을 읽고 물음에 답하시오. [5~6]

저명한 철학자 화이트헤드는 철학을 '관념들의 모험'이라고 하였다. 실로 그렇다. 그러나 어떠한 모험도 위험이 뒤따르며 철학의 모험도 예외가 아니다. 여기서는 철학의 모험을 처음으로 시도하려고 할 때에 겪을 수 있는 몇 가지 위험을 지적해 보겠다. 일반적으로 적은 지식은 위험하다고 말하곤 한다. 그러나 커다란 지식을 얻기 위해서는 적은 양에서 시작하지 않으면 안 된다. 또한 커다란 지식을 갖추었다고 하더라도 위험이 완전히 배제되는 것은 아니다. 예를 들면, 원자 에너지의 파괴적인 위력에 대해 지대한 관심을 가진 사람들이 원자의 비밀을 꿰뚫어 보려고 막대한 노력을 기울였다. 그러나 원자에 대한 지식의 획득에도 불구하고 사람들이 느끼는 위험은 줄어들지 않고 오히려 늘어났다. 이와 같이 증대하는 지식이 새로운 난점들을 발생시킨다는 사실을 알게 된 것은 최근의 일이 아니다. 서양 철학자 플라톤의 '동굴의 비유'는 지식의 획득과 그에 따른 대가 지불을 불가분의 관계로 이해하고 있음을 보여준다.
㉠ '동굴의 비유'에 의하면, 사람들은 태어나면서부터 앞만 보도록 된 곳에 앉은 쇠사슬에 묶인 죄수와 같다는 것이다. 사람들의 등 뒤로는 불이 타오르고, 그 불로 인해 모든 사물은 동굴의 벽에 그림자로 나타날 뿐이다. 혹 동굴 밖의 환한 세상으로 나온 이가 있다면, 자신이 그동안 기만과 구속의 흐리멍덩한 삶을 살아왔음을 깨닫게 될 것이다. 그리하여 그가 동굴로 돌아가 사람들을 계몽하고자 한다면, 그는 오히려 무지의 장막에 휩싸인 자들에게 불신과 박해를 받게 될 것이다. 여기에서 박해를 받는 것은 깨달음에 가해진 '선물'이라고 할 수 있다.
철학 입문자들은 실제로 지적(知的)으로 도전을 받기를 원하는 사람들이다. 그들은 정신의 모험에 참여하겠다는 서명을 한 셈이다. 또한 그들은 자신들을 위해 계획된 새로운 내용과 높은 평가 기준이 자신에게 적용되기를 바란다. 그들은 앞으로 무슨 일이 일어날지 거의 모르고 있지만, 그들 자신은 자발적으로 상당한 정도의 개인적인 위험을 기꺼이 감수하려 든다. 이러한 위험을 구체적으로 말하면, 자기를 인식하는 데 따르는 위험이며, 이전부터 갖고 있던 사고와 행위 방식을 혼란시킬지도 모르는 모험이며, 학습하는 도중에 발생할 수 있는 미묘하고도 중대한 위험이다. 한 번 문이 열리면 다시 그 문을 닫기란 매우 어렵다. 일반 사람들은 더 큰 방, 더 넓은 인생 공간에 나아가면 대부분 두려움을 느끼며 용기를 잃게 된다. 그러나 몇몇의 뛰어난 입문자들은 사활(死活)을 걸어야 하는 도전에 맞서, 위험을 감싸 안으며 흥미로운 작업을 진전시키기 위해 지성적 도구들을 예리하게 간다.
철학의 모험은 자주 거칠고 무한한 혼돈의 바다에 표류하는 작은 뗏목에 비유된다. 어떤 철학적 조난자들은 뗏목과 파도와 날씨 등의 직접적인 환경을 더욱 깊이 알게 될 것이다. 또한 어떤 조난자들은 조류의 속도나 현재의 풍향을 알게 될 것이다. 또 어떤 조난자들은 진리의 섬을 얼핏 보고 믿음이라는 항구를 향해 힘차게 배를 저어 나아갈 것이다. 또 다른 조난자들은 막막함과 절망의 중심에서 완전히 좌초해 버릴 수도 있다. 뗏목과 그 위에 탄 사람들은 '보험'에 들어 있지 않다. 거기에는 보증인이 없다. 그러나 뗏목은 늘 거기에 있으며, 이미 뗏목을 타고 있는 사람들은 더 많은 사람이 자신이 있는 곳으로 올 수 있도록 자리를 마련할 것이다.

05 윗글의 서술상의 특징으로 적절한 것은?

① 비유적인 표현으로 대상의 특성을 밝히고 있다.
② 여러 가지를 비교하면서 우월성을 논하고 있다.
③ 상반된 이론을 대비하여 독자의 관심을 유도하고 있다.
④ 용어의 개념을 제시하여 대상의 범위를 한정하고 있다.
⑤ 대상의 문제점을 파악하고 나름의 해결책을 모색하고 있다.

06 윗글의 글쓴이가 밑줄 친 ㉠을 인용한 이유를 바르게 추리한 것은?

① 자신의 운명은 스스로 개척해야 한다는 것을 주지시키기 위해
② 인간의 호기심은 불행한 결과를 초래한다는 것을 알려 주기 위해
③ 인간이 지켜야 할 공동의 규범은 반드시 따라야 함을 강조하기 위해
④ 새로운 지식을 획득하려면 대가를 치러야 한다는 것을 주지시키기 위해
⑤ 커다란 지식을 갖추는 것이 중요함을 알리기 위해

07 다음 중 글쓴이의 주장을 뒷받침하는 근거로 적절하지 않은 것은?

인공지능(AI)을 통한 얼굴 인식 프로그램은 인간의 얼굴 표정을 통해 감정을 분석한다. 인간의 표정을 인식하여 슬픔·기쁨·놀라움·분노 등을 얼마나 느끼고 있는지 정량적으로 보여주는 것이다.
많은 AI 기업들이 이와 같은 얼굴 인식 프로그램을 개발하고 있다. 미국의 한 AI 기업은 얼굴 표정을 식별하여 감정을 읽어내는 안면 인식 기술 '레코그니션(Rekognition)'을 개발하였고, 대만의 다른 AI 기업은 인간의 얼굴 표정을 인식해 그 사람의 나이와 성별, 감정을 식별하는 '페이스 미'(Face Me)를 공개하였다.
그러나 인간의 얼굴 표정으로 감정을 읽는 것은 매우 비과학적이다. 얼굴의 움직임과 내적 감정 상태의 명확한 연관성을 찾기 어렵기 때문이다. 인간의 얼굴 표정에서 감정 상태를 유추할만한 증거는 거의 없으며, 사람들은 감정을 느껴도 얼굴을 움직이지 않을 수 있다. 심지어 다른 사람에게 자신의 감정을 속이는 것도 가능하다. 게다가 얼굴 표정은 문화적 맥락과도 관련이 있기 때문에 서양인과 동양인의 기쁨·슬픔에 대한 표정은 다를 수 있다.
따라서 채용이나 법 집행 등 민감한 상황에서 감정인식 기술을 사용하는 것은 금지해야 한다. 현재 안면 및 감정인식 기술을 광고 마케팅이나 채용 인터뷰, 범죄 수사 등에 활용하고 있는 것은 매우 위험하다. 인간의 감정은 계량화가 불가능하며, 이러한 인간의 감정을 알고리즘화하려는 것은 시도 자체가 잘못된 것이다.

① 감정은 상황, 신체 움직임, 부끄러움이나 흥분할 때 나오는 호르몬 반응 등 다양한 요소들이 작용한 결과이다.
② 얼굴 인식을 통해 감정을 파악하는 기술은 인간이 행복할 때는 웃고 화가 날 때면 얼굴을 찌푸린다는 단순한 가설에 기대고 있다.
③ 실제로 경찰에서 사용 중인 거짓말 탐지기조차도 증거 능력에 대해 인정하지 않고 참고 용도로만 사용하고 있다.
④ AI가 제공해주는 과학적이고 분석적인 데이터를 통해 더 자세히 지원자의 감정을 파악할 수 있다.
⑤ 사람들은 '눈을 감은 채 입을 크게 벌리고 있는 홍조 띤 남자 사진'을 보고 화가 난 표정이라고 이야기했으나, 남자가 축구 선수라는 사실을 알게 되자 골 세리머니로 흥분한 얼굴 표정이라고 생각을 바꾸었다.

02 수리자료분석

01 다음은 학년별 온라인 수업 수강방법에 대해 조사한 자료이다. 자료에 대한 설명으로 〈보기〉에서 옳은 것을 모두 고른 것은?

〈학년별 온라인 수업 수강방법〉

(단위 : %)

구분		스마트폰	태블릿PC	노트북	PC
학년	초등학생	7.2	15.9	34.4	42.5
	중학생	5.5	19.9	36.8	37.8
	고등학생	3.1	28.5	38.2	30.2
성별	남학생	10.8	28.1	30.9	30.2
	여학생	3.8	11.7	39.1	45.4

보기

㉠ 초등학생에서 중학생, 고등학생으로 올라갈수록 스마트폰과 PC의 이용률은 감소하고, 태블릿PC와 노트북의 이용률은 증가한다.

㉡ 초 · 중 · 고등학생의 노트북과 PC의 이용률의 차이는 고등학생이 가장 작다.

㉢ 태블릿PC의 남학생 · 여학생 이용률의 차이는 노트북의 남학생 · 여학생 이용률의 2배이다.

① ㉠,

② ㉠, ㉡

③ ㉠, ㉢

④ ㉡, ㉢

⑤ ㉠, ㉡, ㉢

02 다음은 자동차 변속기의 부문별 경쟁력 점수를 국가별로 비교한 자료이다. 이에 대해 틀리게 설명한 사원을 모두 고르면?

〈자동차 변속기 경쟁력 점수의 국가별 비교〉

부문＼국가	A	B	C	D	E
변속감	98	93	102	80	79
내구성	103	109	98	95	93
소음	107	96	106	97	93
경량화	106	94	105	85	95
연비	105	96	103	102	100

※ 각국의 전체 경쟁력 점수는 각 부문 경쟁력 점수의 총합으로 구함

- 김 사원 : 전체 경쟁력 점수는 E국보다 D국이 더 높습니다.
- 박 과장 : 경쟁력 점수가 가장 높은 부문과 가장 낮은 부문의 차이가 가장 큰 국가는 D이고, 가장 작은 국가는 C입니다.
- 최 대리 : C국을 제외한다면 각 부문에서 경쟁력 점수가 가장 높은 국가와 가장 낮은 국가의 차이가 가장 큰 부문은 내구성이고, 가장 작은 부문은 변속감입니다.
- 오 사원 : 내구성 부문에서 경쟁력 점수가 가장 높은 국가와 경량화 부문에서 경쟁력 점수가 가장 낮은 국가는 동일합니다.
- 정 과장 : 전체 경쟁력 점수는 A국이 가장 높습니다.

① 김 사원, 박 과장, 최 대리
② 김 사원, 최 대리, 오 사원
③ 김 사원, 최 대리, 정 과장
④ 박 과장, 오 사원, 정 과장
⑤ 박 과장, 최 대리, 오 사원

03 다음 표는 2018~2021년 소비자물가지수 지역별 동향을 나타낸 자료이다. 이 자료를 보고 판단한 내용 중 옳지 않은 것은?

〈소비자물가지수 지역별 동향〉

(단위 : %)

지역명	등락률				지역명	등락률			
	2018년	2019년	2020년	2021년		2018년	2019년	2020년	2021년
전국	2.2	1.3	1.3	0.7	충북	2.0	1.2	1.2	-0.1
서울	2.5	1.4	1.6	1.3	충남	2.4	1.2	0.5	0.2
부산	2.4	1.5	1.3	0.8	전북	2.2	1.2	1.1	0.0
대구	2.4	1.6	1.4	1.0	전남	2.0	1.4	1.0	0.0
인천	2.0	1.0	0.9	0.2	경북	2.0	1.2	1.0	0.0
경기	2.2	1.2	1.2	0.7	경남	1.9	1.3	1.4	0.6
강원	2.0	1.1	0.7	0.0	제주	1.2	1.4	1.1	0.6

① 2018년부터 부산의 등락률은 하락하고 있다.
② 2020년에 등락률이 가장 높은 곳은 서울이다.
③ 2018년에 등락률이 두 번째로 낮은 곳은 경남이다.
④ 2018~2021년 동안 모든 지역의 등락률이 하락했다.
⑤ 2021년에 등락률이 가장 낮은 곳은 충북이다.

04 다음은 중국의 의료 빅데이터 예상 시장 규모에 관한 자료이다. 이의 전년 대비 성장률을 구했을 때 그래프로 올바르게 변환한 것은?

〈2015~2024년 중국 의료 빅데이터 예상 시장 규모〉

(단위 : 억 위안)

구분	2015년	2016년	2017년	2018년	2019년	2020년	2021년	2022년	2023년	2024년
규모	9.6	15.0	28.5	45.8	88.5	145.9	211.6	285.6	371.4	482.8

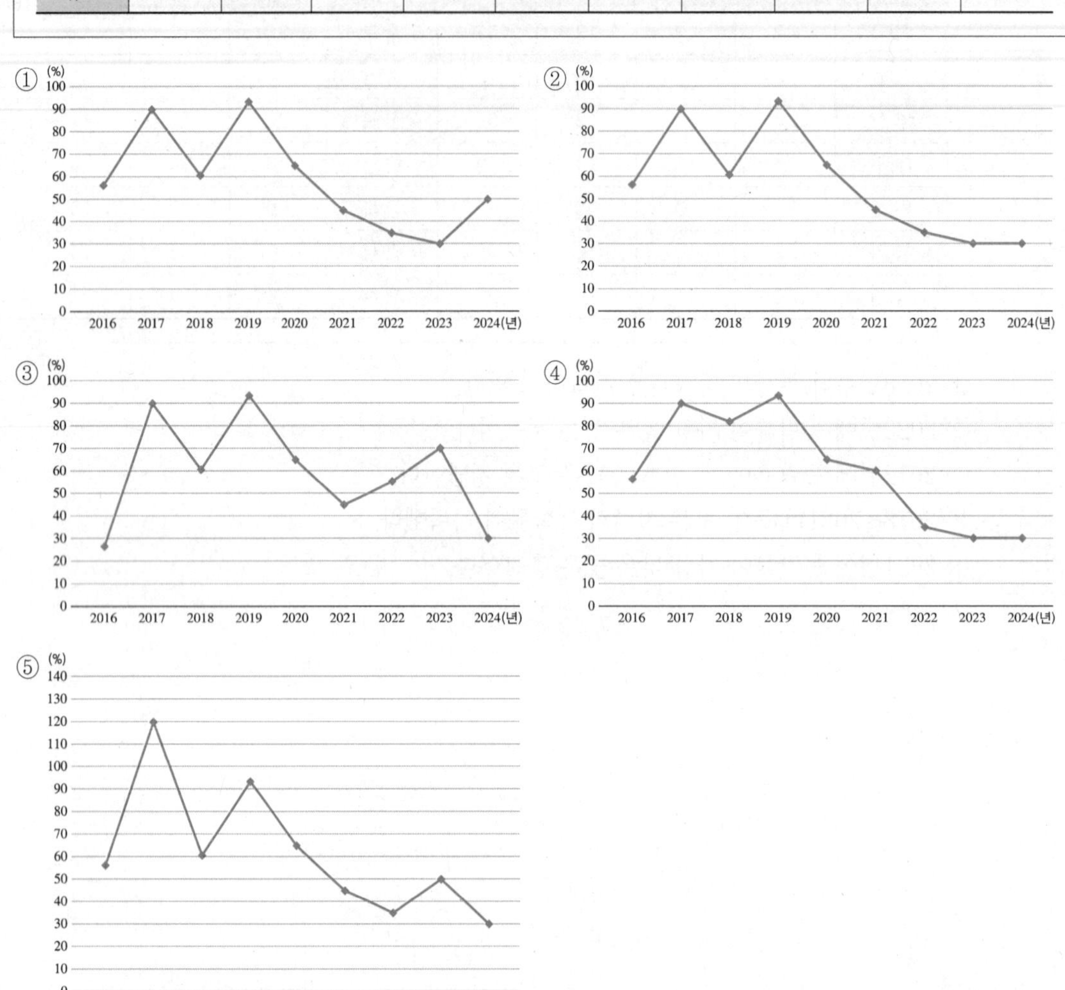

03 언어유창성(인문계)

※ 다음 제시된 낱말의 대응 관계로 볼 때 빈칸에 들어가기에 알맞은 것을 고르시오. [1~3]

01

통거리 : 100% = 가웃 : ( )

① 10%
② 25%
③ 33.3%
④ 50%
⑤ 75%

02

가랑비 : 옷 = ( ) : 댓돌

① 정화수
② 심층수
③ 낙숫물
④ 도랑물
⑤ 아리수

03

황공하다 : 황름하다 = ( ) : 아퀴짓다

① 두려워하다
② 거칠다
③ 마무리하다
④ 할퀴다
⑤ 치장하다

04 다음 중 '등불을 가까이 할만하다.'라는 뜻으로 가을밤에 등불을 가까이 하여 글 읽기에 좋다는 의미를 가진 한자성어는?

① 燈火可親
② 螢雪之功
③ 天高馬肥
④ 韋編三絕
⑤ 晝耕夜讀

05 다음 속담과 같은 의미의 한자성어는?

소 잃고 외양간 고친다.

① 十伐之木
② 井底之蛙
③ 見蚊拔劍
④ 鳥足之血
⑤ 亡牛補牢

04 공간추리(이공계)

※ 다음 제시된 단면과 일치하는 입체도형을 고르시오. [1~2]

01

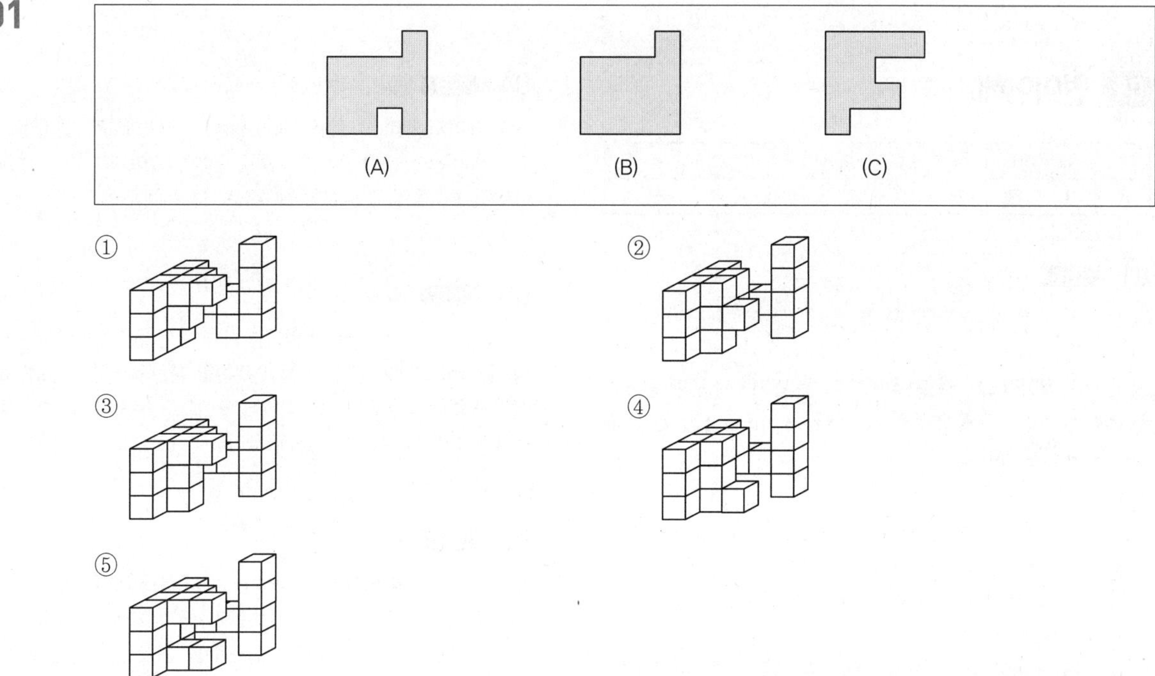

02

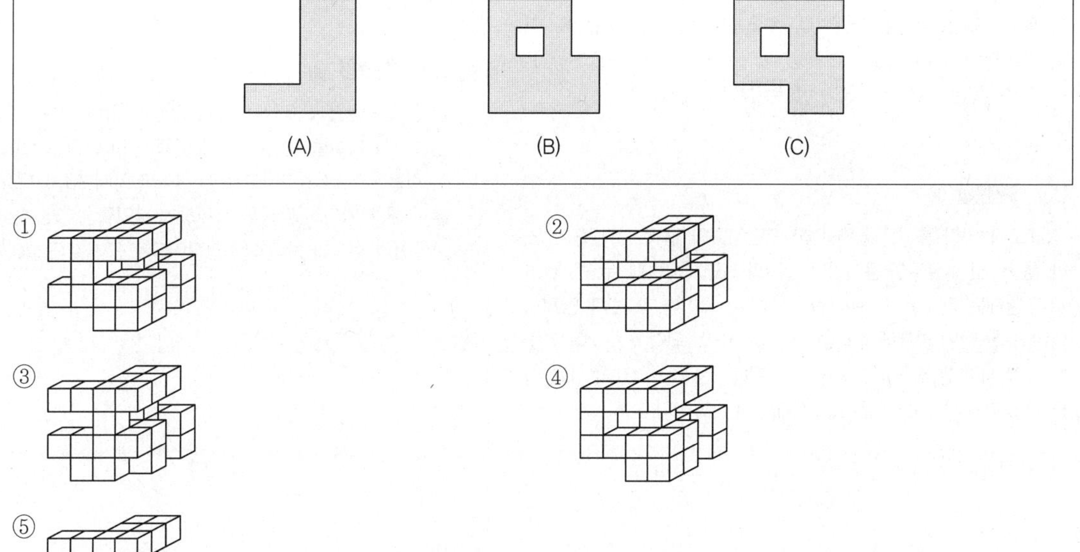

하반기 최신기출문제 정답 및 해설

01 언어이해

01	02	03	04	05	06	07			
①	①	③	⑤	①	④	④			

01 정답 ①

'늦잠을 자다.'를 p, '부지런하다.'를 q, '건강하다.'를 r, '비타민을 챙겨먹다'를 s라 하면, 각각 '$\sim p \rightarrow q$', '$p \rightarrow \sim r$', '$s \rightarrow r$'이다. 어떤 명제가 참이면 그 대우도 참이므로, 첫 번째 · 세 번째 명제와 두 번째 명제의 대우를 연결하면 '$s \rightarrow r \rightarrow \sim p \rightarrow q$'가 된다. 따라서 '$s \rightarrow q$'는 참이다.

오답분석

② $s \rightarrow q$의 역이며, 참인 명제의 역은 참일 수도, 거짓일 수도 있다.
③ $p \rightarrow s$이므로 참인지 거짓인지 알 수 없다.
④ $\sim p \rightarrow q$의 이이며, 참인 명제의 이는 참일 수도, 거짓일 수도 있다.
⑤ $r \rightarrow q$의 역이며, 참인 명제의 역은 참일 수도, 거짓일 수도 있다.

02 정답 ①

'커피를 마신다.'를 A, '치즈케이크를 먹는다.'를 B, '마카롱을 먹는다.'를 C, '요거트를 먹는다.'를 D, '초코케이크를 먹는다.'를 E, '아이스크림을 먹는다.'를 F라고 하면, '$C \rightarrow \sim D \rightarrow A \rightarrow B \rightarrow \sim E \rightarrow F$'가 성립한다. 따라서 '$C \rightarrow F$'는 참이다.

03 정답 ③

'A세포가 있다.'를 p, '물체의 상을 감지하다.'를 q, 'B세포가 있다.'를 r, '빛의 유무를 감지하다.'를 s라 하면, 첫 번째, 두 번째, 마지막 명제는 각각 $p \rightarrow \sim q$, $\sim r \rightarrow q$, $p \rightarrow s$이다. 두 번째 명제의 대우와 첫 번째 명제에 따라 $p \rightarrow \sim q \rightarrow r$이 되어 $p \rightarrow r$이 성립하고, 마지막 명제가 $p \rightarrow s$가 되기 위해서는 $r \rightarrow s$가 추가로 필요하다. 따라서 빈칸에 들어갈 명제는 '$r \rightarrow s$'이다.

04 정답 ⑤

향후 에너지 서비스 산업의 핵심 활동은 대상별(고객, 설비 등) 맞춤형 서비스를 통한 소비자 가치증진에 있으며 데이터가 중심인 에너지 플랫폼이 그 핵심이 될 것으로 보고 있다.

05 정답 ①

제시문은 주로 '한 번 문이 열리면 다시 그 문을 닫기란 매우 어렵다. 철학의 모험은 자주 거칠고 무한한 혼돈의 바다에 표류하는 작은 뗏목에 비유된다.' 등 비유적 표현으로 논의의 대상인 '철학의 특성(모험적 성격)'을 밝히고 있다.

06 정답 ④

글쓴이는 철학의 특성인 '모험성'과 '대가'를 알리기 위해 '동굴의 비유'를 인용하였다. 즉, '동굴 안'은 기존의 세계를, '동굴 밖'은 기존의 세계를 뛰어넘은 곳(진리의 세계)을, 동굴 안과 동굴 밖까지를 지나는 과정은 '모험'을 뜻한다고 볼 수 있다. 또한 동굴의 밖에 도달하여 과거 세계의 허구성을 아는 것을 '지식 획득'으로, 무지의 장막에 휩싸인 자들에게 받는 불신과 박해를 혹독한 '대가'라고 할 수 있는 것이다.

07 정답 ④

글쓴이는 인간의 표정을 통해 감정을 읽는 것은 비과학적이므로 감정인식 기술을 채용이나 법 집행 등의 민감한 상황에서 사용하는 것을 금지해야 한다고 주장한다. 따라서 AI가 제공하는 데이터를 통해 지원자의 감정을 자세하게 파악할 수 있다는 내용의 ④는 글쓴이의 주장과 반대되는 입장이므로 근거로 적절하지 않다.

02 수리자료분석

01	02	03	04						
③	②	④	②						

01 정답 ③

㉠ 초등학생에서 중학생, 고등학생으로 올라갈수록 스마트폰(7.2% → 5.5% → 3.1%)과 PC(42.5% → 37.8% → 30.2%)의 이용률은 감소하고, 태블릿PC(15.9% → 19.9% → 28.5%)와 노트북(34.4% → 36.8% → 38.2%)의 이용률은 증가하고 있다.

㉢ 태블릿PC와 노트북의 남학생 · 여학생 이용률의 차이는 다음과 같다.

- 태블릿PC : 28.1−11.7=16.4%p
- 노트북 : 39.1−30.9=8.2%p

따라서 태블릿PC는 노트북의 16.4÷8.2=2배이다.

오답분석

㉡ 초 · 중 · 고등학생의 노트북과 PC의 이용률의 차이는 다음과 같다.

- 초등학생이 42.5−34.4=8.1%p
- 중학생이 37.8−36.8=1%p
- 고등학생이 38.2−30.2=8%p

따라서 중학생이 가장 작다.

02 정답 ②

- 김 사원 : 전체 경쟁력 점수는 E국이 D국보다 1점 높다. 이때 E국과 D국의 총합을 각각 계산하는 것보다 D국을 기준으로 E국의 편차를 부문별로 계산하여 판단하는 것이 좋다. 부문별 편차는 변속감 −1, 내구성 −2, 소음 −4, 경량화 +10, 연비 −2이므로 총합은 E국이 +1이다.
- 최 대리 : C국을 제외하고 국가 간 차이가 가장 큰 부문은 경량화 21점, 가장 작은 부분은 연비 9점이다.
- 오 사원 : 내구성이 가장 높은 국가는 B, 경량화가 가장 낮은 국가는 D이다.

03 정답 ④

2020년에 서울과 경남의 등락률이 상승했고, 2019년에 제주의 등락률이 상승했다.

오답분석

① 2018년부터 부산의 등락률은 2.4→1.5→1.3→0.8로 하락하고 있다.
② 2020년에 등락률이 가장 높은 곳은 등락률이 1.6인 서울이다.
③ 2018년에 경남은 제주의 1.2에 이어 1.9로 등락률이 두 번째로 낮다.
⑤ 2021년에 충북은 등락률이 −0.1로 가장 낮다.

04 정답 ②

중국의 의료 빅데이터 예상 시장 규모의 전년 대비 성장률을 구하면 다음과 같다.

구분	2015년	2016년	2017년	2018년	2019년	2020년	2021년	2022년	2023년	2024년
성장률(%)	−	56.3	90.0	60.7	93.2	64.9	45.0	35.0	30.0	30.0

2021년과 2022년의 증감률은 전년 대비 비슷한 감소폭을 보이는 것에 비해 ④의 그래프는 증감률이 크게 차이를 보이므로 ②의 그래프가 적절하다.

03 어휘유창성(인문계)

01	02	03	04	05					
④	③	③	①	⑤					

01 정답 ④

• 가웃 : 되, 말, 자의 수를 셀 때 그 단위의 약 반에 해당하는 남는 분량을 이르는 접미사

02 정답 ③

'가랑비에 옷 젖는 줄 모른다.'는 속담에 '낙숫물이 댓돌 뚫는다.'는 속담이 대응한다.

03 정답 ③

제시문은 유의 관계이다.

'황공하다'의 유의어는 '황름하다'이고, '아퀴짓다'의 유의어는 '마무리하다'이다.

• 황름하다 : 위엄이나 지위 따위에 눌리어 두렵다.
• 아퀴짓다 : 일을 끝마무리하다.

04 정답 ①

등화가친(燈火可親) : '등불을 가까이 할만하다.'의 의미로 가을밤에 등불을 가까이 하여 글 읽기에 좋은 계절임을 뜻한다.

오답분석

② 형설지공(螢雪之功) : 반딧불과 눈빛으로 책을 읽어서 이룬 공으로 고생을 하면서 공부하여 얻은 보람을 뜻한다.
③ 천고마비(天高馬肥) : 하늘이 높고 말이 살찐다는 뜻으로 하늘이 맑아 높푸르게 보이고 온갖 곡식이 익어가는 가을철을 뜻한다.
④ 위편삼절(韋編三絶) : 공자가 읽었던 책 끈이 세 번이나 끊어졌다는 이야기에서 유래되어 열심히 공부한다는 뜻이다.
⑤ 주경야독(晝耕夜讀) : '낮에는 밭을 갈고, 밤에는 책을 읽는다.'는 뜻으로 어려운 여건 속에서 꿋꿋이 공부함을 뜻한다.

05 정답 ⑤

망우보뢰(亡牛補牢) : '소 잃고 외양간 고친다.'는 뜻으로, 실패(失敗)한 후(後)에 일을 대비(對備)함을 이르는 말

오답분석

① 십벌지목(十伐之木) : '열 번 찍어 베는 나무'라는 뜻으로, 열 번 찍어 안 넘어가는 나무가 없음을 이르는 말
② 정저지와(井底之蛙) : 우물 안의 개구리란 뜻으로, 소견이나 견문이 몹시 좁은 것을 이르는 말
③ 견문발검(見蚊拔劍) : '모기를 보고 칼을 뺀다.'는 뜻으로, 보잘것없는 작은 일에 지나치게 큰 대책(對策)을 세움을 이르는 말
④ 조족지혈(鳥足之血) : '새발의 피'란 뜻으로, 극히 적은 분량(分量)을 이르는 말

04 공간추리(이공계)

01	02								
③	②								

01 정답 ③

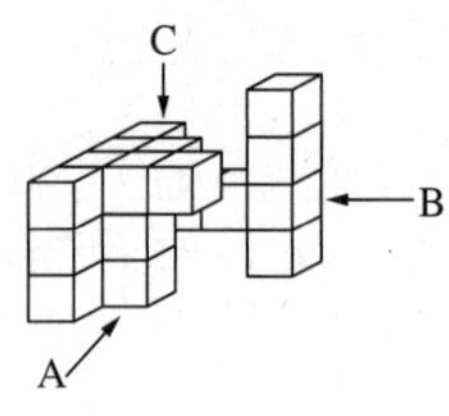

02 정답 ②

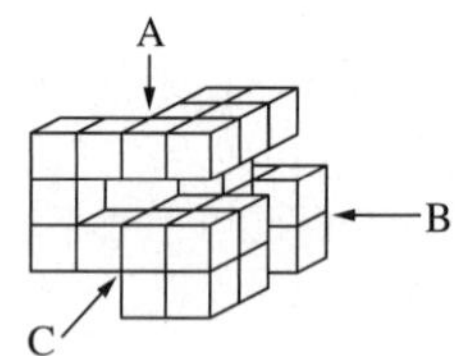

3개년 최신기출문제

※ 최신기출문제는 수험생들의 후기를 통해 (주)시대고시기획에서 복원한 문제로 실제 문제와 다소 차이가 있을 수 있으며,

상반기 최신기출문제

※ 최신기출문제의 정답 및 해설은 최신기출문제 바로 뒤 p.046에 있습니다.

01 언어논리

01 **다음 명제가 모두 참일 때, 반드시 참인 명제는?**

- 치킨을 판매하는 푸드트럭이 선정되면, 핫도그를 판매하는 푸드트럭은 선정되지 않는다.
- 커피를 판매하는 푸드트럭이 선정되지 않으면, 피자를 판매하는 푸드트럭이 선정된다.
- 솜사탕을 판매하는 푸드트럭이 선정되면, 치킨을 판매하는 푸드트럭도 선정된다.
- 핫도그를 판매하는 푸드트럭이 최종 선정되었다.
- 피자를 판매하는 푸드트럭과 떡볶이를 판매하는 푸드트럭 중 하나만 선정된다.
- 솜사탕을 판매하는 푸드트럭이 선정되지 않으면, 떡볶이를 판매하는 푸드트럭이 선정된다.

① 치킨, 커피, 핫도그
② 피자, 솜사탕, 핫도그
③ 피자, 커피, 핫도그
④ 커피, 핫도그, 떡볶이
⑤ 피자, 핫도그, 떡볶이

02 **A, B, C, D, E는 아파트 101~105동 중 서로 다른 동에 각각 살고 있다. 다음 제시된 내용이 모두 참일 때, 다음 중 반드시 참인 것은?(단, 101~105동은 일렬로 나란히 배치되어 있다)**

- A와 B는 서로 인접한 동에 산다.
- C는 103동에 산다.
- D는 C 바로 옆 동에 산다.

① A는 101동에 산다.
② B는 102동에 산다.
③ D는 104동에 산다.
④ A가 102동에 산다면 E는 105동에 산다.
⑤ B가 102동에 산다면 E는 101동에 산다.

03 다음 중 옳은 것은?

- 4층짜리 서랍에 물건들이 각 층마다 하나씩 들어있다.
- 앨범은 수첩보다 위에 있는 서랍에 들어있다.
- 윗옷은 바지보다 위에 있는 서랍에 들어있다.
- 바지는 앨범보다 아래에 있는 서랍에 들어있다.
- 윗옷은 가장 위에 있는 서랍에 들어있지 않다.

A : 앨범은 가장 위에 있는 서랍에 들어있다.
B : 바지는 수첩보다 아래에 있는 서랍에 들어있다.

① A만 옳다.
② B만 옳다.
③ A, B 모두 옳다.
④ A, B 모두 틀리다.
⑤ A, B 모두 옳은지 틀린지 판단할 수 없다.

04 **김 대리, 박 과장, 최 부장 중 한 명은 점심으로 짬뽕을 먹었다. 다음 여러 개의 진술 중 두 개의 진술만 참이고 나머지는 모두 거짓일 때, 짬뽕을 먹은 사람과 참인 진술을 바르게 연결한 것은?(단, 중국집에서만 짬뽕을 먹을 수 있고, 중국 음식은 짬뽕뿐이다)**

김 대리 : 박 과장이 짬뽕을 먹었다.…㉠
나는 최 부장과 중국집에 갔다.…㉡
나는 중국 음식을 먹지 않았다.…㉢
박 과장 : 김 대리와 최 부장은 중국집에 가지 않았다.…㉣
나는 점심으로 짬뽕을 먹었다.…㉤
김 대리가 중국 음식을 먹지 않았다는 것은 거짓말이다.…㉥
최 부장 : 나와 김 대리는 중국집에 가지 않았다.…㉦
김 대리가 점심으로 짬뽕을 먹었다.…㉧
박 과장의 마지막 말은 사실이다.…㉨

① 김 대리, ㉡ · ㉥
② 박 과장, ㉠ · ㉤
③ 박 과장, ㉤ · ㉨
④ 최 부장, ㉡ · ㉦
⑤ 최 부장, ㉡ · ㉢

05 다음 글의 내용과 일치하는 것은?

일반적으로 종자를 발아시킨 후 약 1주일 정도 된 채소의 어린 싹을 새싹채소라고 말한다. 씨앗에서 싹을 틔우고 뿌리를 단단히 뻗은 성체가 되기까지 열악한 환경을 극복하고 성장하기 위하여 종자 안에는 각종 영양소가 많이 포함되어 있다.
이러한 종자의 에너지를 이용하여 틔운 새싹은 성숙한 채소에 비하여 영양성분이 약 3~4배 정도 더 많이 함유되어 있으며 종류에 따라서는 수십 배 이상의 차이를 보이기도 하는 것으로 보고되어 있다.
식물의 성장과정 중 씨에서 싹이 터 어린잎이 두세 개 달릴 즈음이 생명유지와 성장에 필요한 생리활성 물질을 가장 많이 만들어내는 때라고 한다. 그렇기 때문에 그 모든 영양이 새싹 안에 그대로 모일뿐더러, 단백질과 비타민, 미네랄 등의 영양적 요소도 결집하게 된다. 고로 새싹 채소는 영양면에 있어서도 다 자란 채소나 씨앗 자체보다도 월등히 나은 데다가 신선함과 맛까지 덤으로 얻을 수 있으니 더없이 매력적인 채소라 하겠다. 따라서 성체의 채소류들이 가지는 각종 비타민, 미네랄 및 생리활성 물질들을 소량의 새싹채소 섭취로 충분히 공급받을 수 있다.
채소류에 포함되어 있는 각종 생리활성 물질이 암의 발생을 억제하고 치료에 도움을 준다는 것은 많은 연구에서 입증되고 있으며 식이요법 등으로 활용되고 있다.
예로 브로콜리에 다량 함유되어 있는 황 화합물인 설포리팬의 항암활성 및 면역활성작용은 널리 알려져 있는데, 성숙한 브로콜리보다 어린 새싹에 설포리팬의 함량이 약 40배 이상 많이 들어 있는 것으로 보고되기도 한다. 메밀 싹에는 항산화 활성이 높은 플라보노이드 화합물인 루틴이 다량 함유되어 있어 체내 유해산소의 제거를 통하여 암의 발생과 성장의 억제에 도움을 줄 수 있다. 새싹채소는 기존에 널리 이용돼 온 무싹 등 이외에는 많이 알려져 있지 않았으나, 최근 이에 대한 관심이 고조되면서 다양한 새싹채소나 이를 재배할 수 있는 종자 등을 쉽게 구할 수 있게 되었다.
새싹채소는 종자를 뿌린 후 1주일 정도면 식용이 가능하므로 재배기간이 짧고 키우기가 쉬워 근래에는 가정에서도 많이 직접 재배하여 섭취하기도 한다. 새싹으로 섭취할 수 있는 채소로는 순무싹, 밀싹, 메밀싹, 브로콜리싹, 청경새싹, 보리싹, 케일싹, 녹두싹 등이 있는데 다양한 종류를 섭취하는 것이 좋다.

① 종자 상태에서는 아직 영양분을 갖고 있지 않다.
② 다 자란 식물은 새싹 상태에 비해 3~4배 많은 영양분을 갖게 된다.
③ 씨에서 싹이 바로 나왔을 때 비타민과 미네랄과 같은 물질을 가장 많이 생성한다.
④ 새싹채소 역시 성체와 마찬가지로 항암 효과를 보이는 물질을 가지고 있다.
⑤ 무싹은 새싹 채소 중 하나이나 아직 많은 사람들에게 알려지지 않았다.

06 다음 글의 주제로 옳은 것은?

> 허파는 들이마신 공기를 허파모세혈관 속의 정맥혈액(Venous Blood)에 전달하여 혈액을 산소화시키는 기능을 한다. 허파 주위에 있는 가슴막공간은 밀폐되어 있지만, 허파 속은 외부 대기와 자유롭게 통하고 있어서 허파의 압력이 유지된다.
> 가슴막공간이 가로막, 갈비사이근육 및 다른 근육들의 수축에 의해서 확장되면 허파 내압이 떨어지게 되어 허파가 확장되고, 따라서 외부공기가 안으로 빨려 들어오는 흡기작용(Inspiration)을 한다. 반대로 호흡근육들이 이완될 때는 가슴막공간이 작아지게 되고, 허파의 탄력조직이 오므라들면 공기가 밖으로 나가는 호기작용(Expiration)을 한다.
> 사람이 편안한 상태에서 교환되는 공기의 양인 호흡용적(Tidal Volume)은 약 500ml이며, 폐활량(Viral Lung Volume)은 심호흡 시 교환되는 양으로 3,700ml 이상이 된다. 최대호기작용 후에도 잔류용적(Residual Capacity) 약 1,200ml의 공기가 허파에 남아있다. 성인의 경우 편안한 상태에서의 정상 호흡횟수는 1분에 12~20회이며, 어린이는 1분에 20~25회이다.

① 허파의 기능
② 허파의 구조
③ 허파의 위치
④ 허파의 정의
⑤ 허파의 특징

02 수리자료분석

01 다음은 당해년도 주요 판매처에서 판매된 품목별 매출을 비교한 자료이다. 다음 〈보기〉에서 이 자료에 대한 설명으로 옳지 않은 것은?

〈당해년도 품목별 매출 현황〉

(단위 : 억 원)

품 목	전 체	외국산품	국산품		
			전 체	대기업	중소/중견
화장품	62,733	27,447	35,286	26,283	9,003
가방류	17,356	13,224	4,132	1,801	2,331
인 · 홍삼류	2,899	26	2,873	2,148	725
담 배	5,935	4,423	1,512	861	651
식품류	1,913	533	1,380	177	1,203
귀금속류	5,814	4,871	943	49	894
전자제품류	1,861	1,149	712	103	609
안경류	2,745	2,244	501	89	412
기 타	1,077	579	498	29	469
의 류	2,908	2,608	300	105	195
민예품류	264	32	232	1	231
향 수	3,375	3,239	136	3	133
시 계	9,359	9,258	101	–	101
주 류	3,296	3,210	86	4	82
신발류	1,222	1,197	25	1	24
합 계	122,757	74,040	48,717	31,654	17,063

보기

ㄱ. 각 품목 중 외국산품의 비중이 가장 높은 제품은 시계이다.
ㄴ. 대기업 비중이 가장 높은 제품은 인 · 홍삼류이다.
ㄷ. 전체 합계 대비 화장품 품목의 비율은 국산품 전체 합계 대비 국산 화장품의 비율보다 높다.
ㄹ. 전체 합계 대비 가방류 품목의 비율은 외국산품 전체 합계 대비 외국산 가방류의 비율보다 높다.

① ㄱ, ㄴ
② ㄱ, ㄷ
③ ㄴ, ㄷ
④ ㄴ, ㄹ
⑤ ㄷ, ㄹ

02 다음은 지난달 지역별 교통위반 단속 건수에 관한 자료이다. 이에 대한 설명으로 옳은 것은?

〈지역별 교통위반 단속 건수〉

(단위 : 건)

구 분	무단횡단	신호위반	과 속	불법주정차	음주운전	전 체
서 울	80	960	1,320	240	410	3,010
경 기	70	820	1,020	210	530	2,650
대 구	5	880	1,210	45	30	2,170
인 천	50	870	1,380	240	280	2,820
부 산	20	950	1,350	550	210	3,080
강 원	5	180	550	15	70	820
대 전	5	220	470	80	55	830
광 주	15	310	550	180	35	1,090
울 산	10	280	880	55	25	1,250
제 주	10	980	550	140	120	1,800
세 종	20	100	240	90	30	480
전 체	290	6,550	9,520	1,845	1,795	20,000

※ 수도권은 서울, 경기, 인천이다.

① 울산 지역의 단속건수가 전체 단속건수에서 차지하는 비중은 6.4%이다.

② 광주 지역의 단속건수가 전체 단속건수에서 차지하는 비중은 대전 지역보다 1.3%p 더 높다.

③ 수도권 지역의 단속건수는 전체 단속건수의 절반 이상이다.

④ 신호위반이 가장 많이 단속된 지역이 과속도 가장 많이 단속되었다.

⑤ 경기의 모든 항목에서 교통위반 단속 건수는 서울보다 적다.

03 다음은 업소별 월평균 방역횟수에 대한 자료이다. 이에 대한 설명으로 옳지 않은 것은?

〈업소별 월평균 방역횟수〉

(단위 : 회)

구 분		2020년		2021년	
		수도권	수도권 외	수도권	수도권 외
공공기관		12.5	8.4	19.25	11.34
사기업	대기업	18.2	15.4	21.8	16.2
	중소기업	8.8	4.2	13.9	11.2
	개인기업	3.4	1.8	10.1	6.5
학 교		10.8	7.2	16.8	15.5
병 원		62.4	58.2	88.2	70.4
학원 · 독서실		6.6	4.5	8.1	7.4
카 페		8.4	6.8	10.2	9.8
식 당		11.2	7.2	13.4	10.8
PC방		7.1	5.8	9.8	6.1
목욕탕 · 찜질방		5.9	1.2	6.3	4.1
노래방		2.8	1.4	4.3	4.1
유흥업소		1.8	1.1	3.8	2.7

① 2020년 대비 2021년 공공기관의 월평균 방역횟수 증가율은 수도권 지역이 수도권 외 지역보다 19%p 더 높다.

② 2020년 사기업 중 수도권 지역과 수도권 외 지역의 월평균 방역횟수의 차이가 가장 큰 곳은 중소기업이고, 2021년에는 개인기업이다.

③ 2021년 수도권 지역의 월평균 방역횟수가 가장 많은 곳과 가장 적은 곳의 차이는 84.4회이다.

④ 수도권 지역과 수도권 외 지역의 2020년 월평균 방역횟수가 차이가 가장 큰 곳은 목욕탕 · 찜질방이다.

⑤ 2020년 수도권 외 지역의 카페와 식당의 월평균 방역횟수의 평균 횟수는 PC방의 월평균 방역횟수보다 크다.

04 다음은 2018~2020년 주요 지역별 기온을 나타낸 자료이다. 자료에 대한 설명으로 옳지 않은 것은?

〈2018~2020년 주요 지역별 기온〉

(단위 : ℃)

구 분	2018년			2019년			2020년		
	최고 기온	최저 기온	평균 기온	최고 기온	최저 기온	평균 기온	최고 기온	최저 기온	평균 기온
서 울	28.5	-2.8	13.8	30.1	-0.5	14.2	31.4	0.9	14.8
경 기	29.2	-5.2	13.5	31.4	-1.2	13.9	31.9	-0.3	14.1
인 천	28.9	-3.4	14.1	30.5	-0.9	14.2	31.5	0.5	15.2
부 산	33.5	3.3	16.6	34.1	3.5	17.1	34.8	4.2	17.5
대 구	31.8	2.1	16.2	33.2	2.4	16.8	35.2	2.9	17.9
광 주	30.2	2.2	16.5	30.6	2.1	16.9	30.8	2.7	17.2
대 전	27.9	-1.1	14.4	28.2	0.2	15.1	28.8	0.9	15.4
울 산	29.3	1.2	15.5	29.5	1.4	15.9	30.4	2.1	16.1
제 주	28.8	5.8	18.2	29.9	6.2	18.8	31.1	6.9	19.2

※ 수도권 : 서울, 경기, 인천

① 2018년부터 2020년까지 수도권의 최고기온은 '경기－인천－서울' 순으로 높고, 최저기온은 역순으로 높다.

② 2018~2020년에 영하기온이 있는 지역의 수는 매년 감소하고 있다.

③ 2018~2020년에 대구의 최고기온이 부산의 최고기온보다 높아진 해는 2020년이다.

④ 2019년과 2020년의 모든 지역에서 최고기온과 최저기온은 전년 대비 증가했다.

⑤ 2019년 대비 2020년 평균기온이 1℃ 이상 증가한 지역은 두 곳이다.

※ 제시된 순서도에 의해 출력되는 값을 구하시오. [5~6]

05

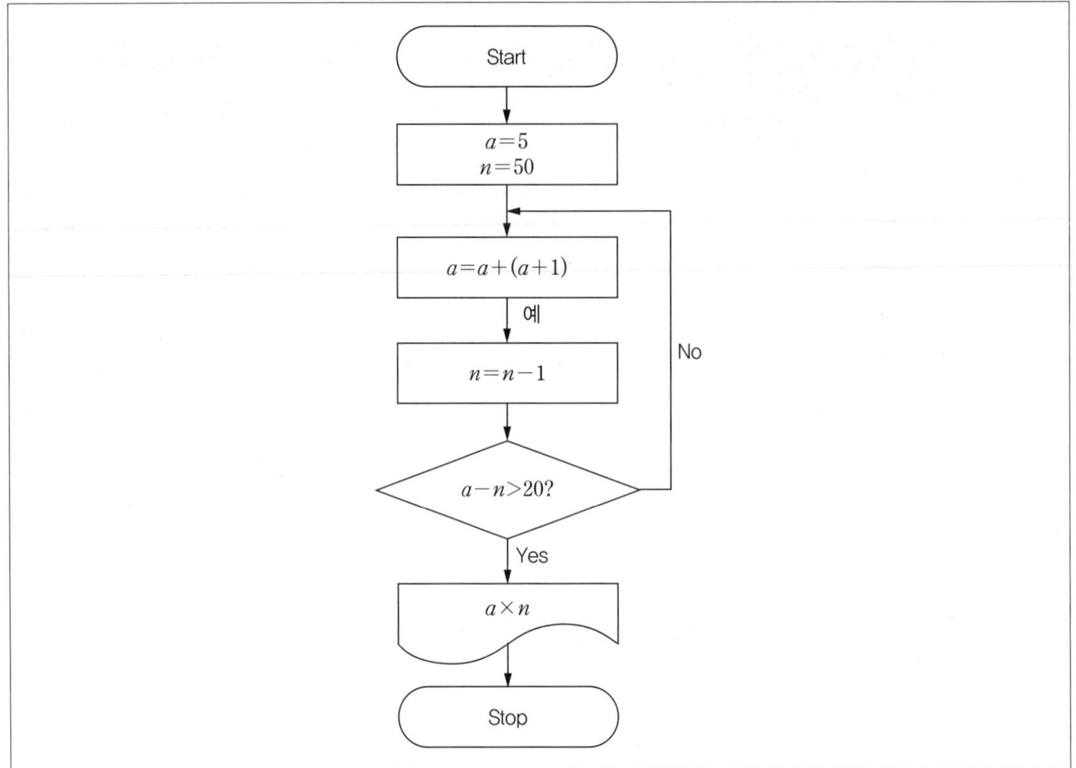

① 2,209

② 2,904

③ 3,642

④ 4,026

⑤ 4,370

06

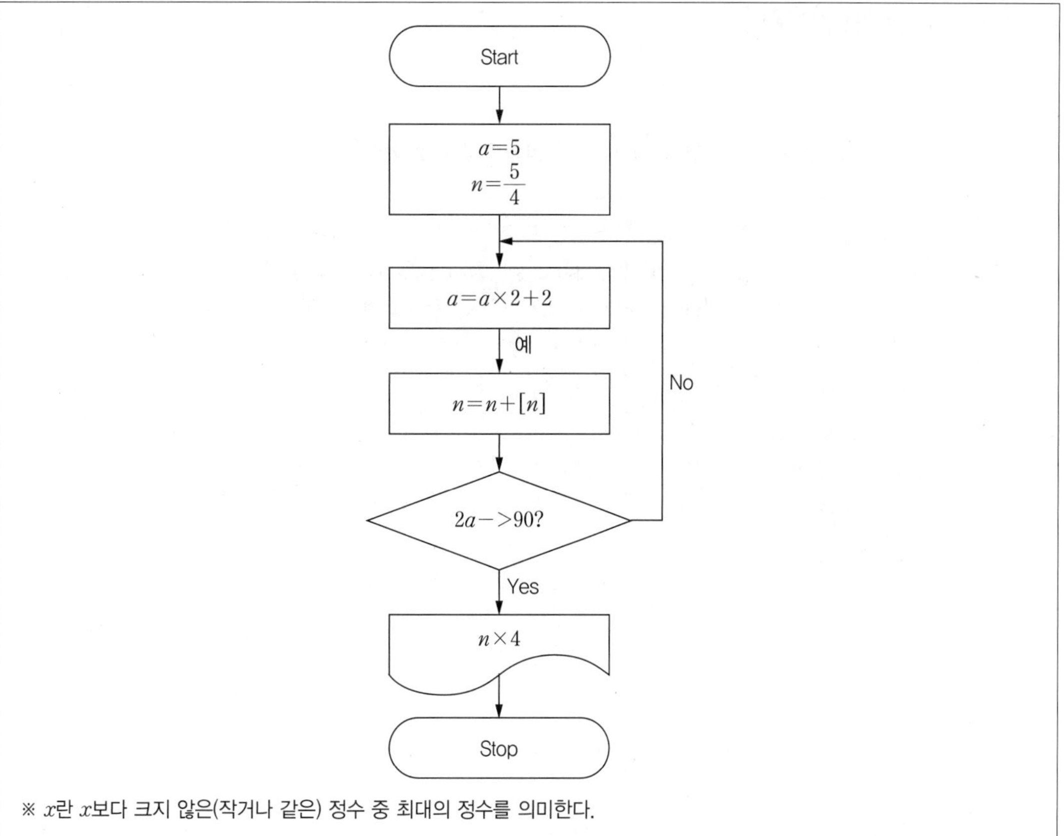

※ x란 x보다 크지 않은(작거나 같은) 정수 중 최대의 정수를 의미한다.

① 9

② 33

③ 65

④ 129

⑤ 237

03 어휘유창성(인문계)

01 다음과 같은 상황에서 사용하기에 가장 적절한 사자성어는?

> A씨는 업무를 정리하다가 올해 초 진행한 프로젝트에 자신의 실수가 있었음을 알게 되었다. 하지만 자신의 실수를 드러내고 싶지 않았고, 그리 큰 문제라고 생각하지 않은 A씨는 이를 무시하였다. 이후 다른 프로젝트를 진행하면서 지난번 실수와 동일한 실수를 다시 저지르면서 프로젝트에 큰 피해를 입혔다.

① 유비무환(有備無患)
② 유유상종(類類相從)
③ 회자정리(會者定離)
④ 개과불린(改過不吝)
⑤ 개세지재(蓋世之才)

02 다음 밑줄 친 단어의 맞춤법이 잘못된 것은?

① 우리는 첨단산업을 <u>개발하고</u> 육성해야 한다.
② 기술자가 없어서 고가의 장비를 <u>썩이고</u> 있다.
③ 생선 장수들이 좌판을 <u>벌이고</u> 손님을 맞아들였다.
④ 메모지를 벽에 덕지덕지 <u>붙여</u> 놓아 지저분해 보인다.
⑤ 언제부터인지 모르게 그 아이가 자신과 <u>맞먹고</u> 있다는 걸 느꼈다.

03 다음 중 밑줄 친 단어의 뜻풀이가 적절하지 않은 것은?

① 수레를 <u>밀다</u>. → 일정한 방향으로 움직이도록 반대쪽에서 힘을 가하다.
② 수염을 <u>밀다</u>. → 머리카락이나 털 따위를 매우 짧게 깎다.
③ 산을 <u>밀어</u> 도로를 만든다. → 나무 따위의 거친 표면을 반반하고 매끄럽게 깎다.
④ 그를 후보로 <u>밀다</u>. → 특정한 지위를 차지하도록 내세우거나 지지하다.
⑤ 반죽을 <u>밀다</u>. → 눌러서 얇게 펴다.

04 다음 제시된 문장에서 사용이 적절하지 않은 단어는?

- 그녀는 (   )에 대항해 힘껏 싸웠다.
- 그는 딸의 죽음을 (   )으로 받아들였다.
- 각자 맡은 바 (   )을 다하다.
- 그분의 (   )은 나도 들은 바 있소.

① 임명
② 사명
③ 운명
④ 고명
⑤ 숙명

05 다음 한자어의 뜻과 관련 있는 2음절의 한자어는?

千載一遇(천재일우)

① 機會
② 因緣
③ 努力
④ 時間
⑤ 條件

04 공간추리(이공계)

01 다음은 정육면체의 정면과 윗면이다. 검은색 부분이 지나간 경로이고, 경로가 모두 이어진다고 할 때, 우측면의 경로로 옳은 것은?

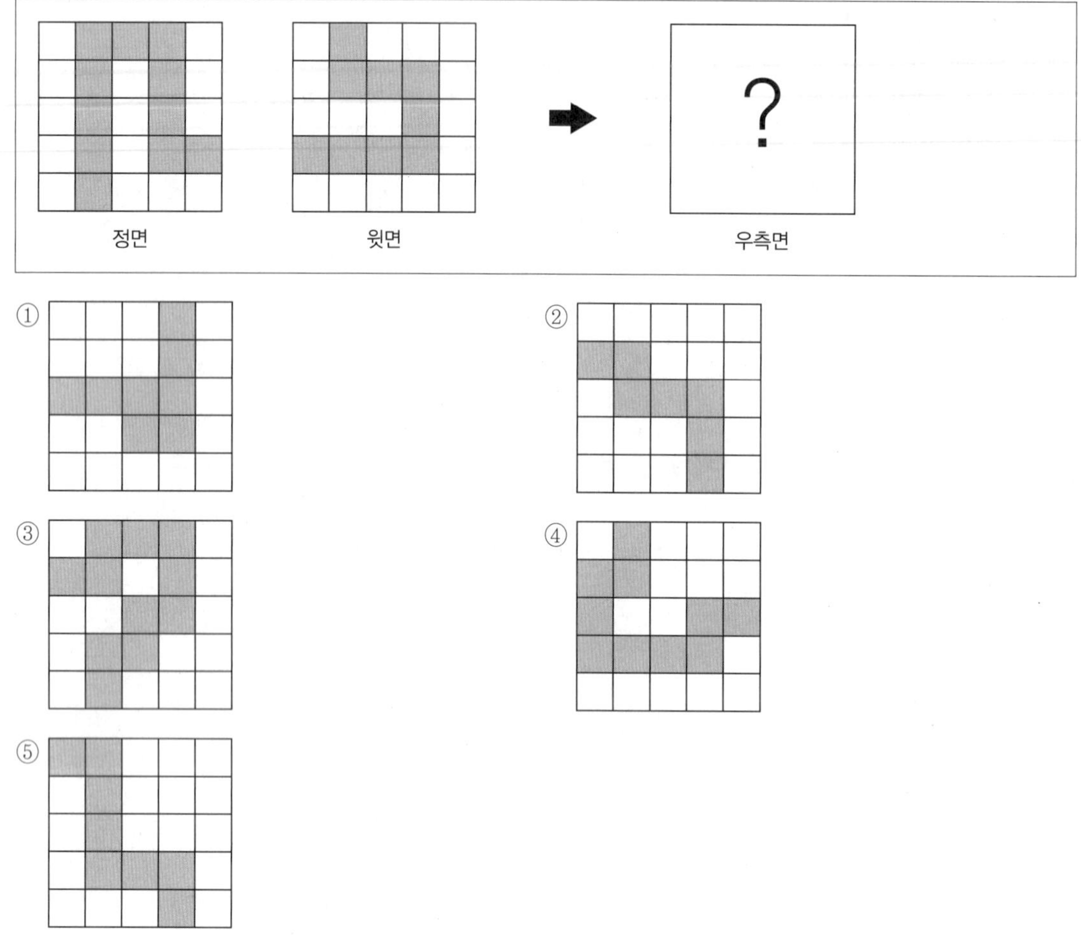

최신기출문제

※ 최신기출문제의 정답 및 해설은 최신기출문제 바로 뒤 p.052에 있습니다.

01 언어논리

01 서울에서 열린 H자동차 모터쇼 2층 특별 전시장에는 다섯 종류의 차량이 전시되어 있다. 차종은 제네시스, 소나타, 에쿠스, 그랜저, 투싼이며 색상은 흰색, 파란색, 검은색 중 하나이다. 주어진 〈조건〉이 다음과 같을 때, 다음 중 옳지 않은 것은?

> **조건**
> - 양 끝에 있는 차량은 모두 흰색이다.
> - 소나타는 가장 오른쪽에 있다.
> - 그랜저는 제네시스 바로 오른쪽에 있으며, 에쿠스보다는 왼쪽에 있다.
> - 제네시스와 투싼의 색상은 동일하고, 그 사이에는 검은색 차량 한 대가 있다.
> - 소나타 바로 왼쪽에 있는 차량은 파란색이다.

① 흰색 차량은 총 3대이다.
② 그랜저는 왼쪽에서 두 번째에 위치한다.
③ 검은색과 파란색 차량은 각각 1대씩 있다.
④ 에쿠스와 그랜저의 색상은 주어진 조건만으로는 알 수 없다.
⑤ 그랜저와 같은 색상의 차량은 없다.

02 갑, 을, 병, 정 네 사람에 대한 다음 〈조건〉으로부터 추론할 수 있는 것은?

> **조건**
>
> - 네 사람의 태어난 달은 모두 다르며, 4달에 걸쳐 연달아 생일이다.
> - 네 사람은 법학, 의학, 철학, 수학 중 하나를 전공했고, 전공이 모두 다르다.
> - 수학을 전공한 사람은 철학을 전공한 사람의 바로 전달에 태어났다.
> - 의학을 전공한 사람은 법학을 전공한 사람의 바로 다음 달에 태어났지만 정보다는 이전에 태어났다.
> - 병은 생일이 가장 빠르지는 않지만 갑보다는 이전에 태어났다.
> - 병과 정은 연달아 있는 달에 태어나지 않았다.

① 갑의 전공은 의학이다.

② 병의 전공은 철학이다.

③ 정의 전공은 철학이다.

④ 을은 갑의 다음 달에 태어났다.

⑤ 수학을 전공한 사람이 가장 먼저 태어났다.

03 20대 남녀, 30대 남녀, 40대 남녀 6명이 뮤지컬 관람을 위해 공연장을 찾았다. 다음 〈조건〉을 참고할 때, 항상 옳은 것은?

> **조건**
>
> - 양 끝자리에는 다른 성별이 앉는다.
> - 40대 남성은 왼쪽에서 두 번째 자리에 앉는다.
> - 30대 남녀는 서로 인접하여 앉지 않는다.
> - 30대와 40대는 인접하여 앉지 않는다.
> - 30대 남성은 맨 오른쪽 끝자리에 앉는다.

[뮤지컬 관람석]

① 20대 남녀는 왼쪽에서 첫 번째 자리에 앉을 수 없다.

② 20대 남녀는 서로 인접하여 앉는다.

③ 40대 남녀는 서로 인접하여 앉지 않는다.

④ 20대 남성은 40대 여성과 인접하여 앉는다.

⑤ 30대 남성은 20대 여성과 인접하여 앉지 않는다.

04 다음 중 밑줄 친 ㉠ ~ ㉢에 대한 사례로 적절하지 않은 것은?

> 4차 산업혁명의 주제는 무엇일까? 제조업의 입장에서 4차 산업혁명은 ICT와 제조업의 결합을 의미하며, 여기에서 발생하는 제조업의 변화 양상은 크게 제조업의 서비스화, 제조업의 디지털화, 제조업의 스마트화 등으로 정리할 수 있다.
>
> 먼저 ㉠ 제조업의 서비스화에서의 핵심은 '아이디어를 구체화하는 시스템'이다. 제조업체는 제품과 서비스를 통합적으로 제공하고, 이를 통해 제품의 부가가치와 경쟁력을 높여 수익을 증대하고자 한다.
>
> 다음으로 ㉡ 제조업의 디지털화는 '디지털 인프라 혁명'이라고도 하며, 가상과 현실, 사람과 사물이 연결되는 초연결(Hyper−connected) 네트워크 통해 언제 어디서나 접속 가능한 환경을 조성하여 재화를 생산하는 것을 의미한다. 제조업체는 맞춤형 생산이 가능한 3D프린팅, 스마트 공장, 증강현실 · 가상현실 기반 콘텐츠, 클라우드 기반 정보 시스템 등을 생산과정에 활용한다.
>
> 마지막으로 ㉢ 제조업의 스마트화는 인공지능(AI), 로봇, 사물인터넷(IoT), 빅데이터, 클라우드, AR, VR, 홀로그램 등 지능 기술의 발달에 따른 '기술적 혁명'을 말한다. 이는 생산성 향상, 생산 공정 최적화 등을 달성하는 데 기여할 것으로 예상된다. 이러한 제조업의 스마트화는 생산인구 감소, 고임금, 자원 고갈(에너지, 인력, 장비, 설비 등) 등에 대비해 노동 생산성과 자원 효율성 제고를 위한 새로운 전략적 대응으로 등장하였다.

① ㉠−애플은 하드웨어와 소프트웨어뿐만 아니라 콘텐츠 생산자와 소비자를 연결하는 플랫폼인 애플 스토어 서비스를 구축하였다.

② ㉠−롤스로이스는 항공기 엔진과 관련 부품의 판매뿐만 아니라 ICT를 이용한 실시간 모니터링을 통해 엔진의 유지 · 보수 및 관리가 가능한 엔진 점검 서비스를 제공한다.

③ ㉡−포드는 'TechShop' 프로젝트를 통해 2,000여 명의 회원들이 자유롭게 자사의 3D프린터 제작 설비를 활용하여 아이디어를 시제품으로 구체화할 수 있도록 지원했다.

④ ㉡−GE의 제조 공장에서는 제조 주기의 단축을 위한 기술을 축적하고 있으며, 하나의 공장에서 항공, 에너지, 발전 관련 등 다양한 제품군을 제조하는 설비를 갖추고자 노력하고 있다.

⑤ ㉢−지멘스의 제조 공장에서는 제품 개발 및 제조 · 기획을 관장하는 '가상생산' 시스템과 제품 수명 주기 관리를 통한 '공장생산' 시스템을 통합해 생산 효율성의 극대화를 추구한다.

05 다음 글의 요지로 알맞은 것은?

대부분의 동물에게 후각은 생존에 필수적인 본능으로 진화되었다. 수컷 나비는 몇 km 떨어진 곳에 있는 암컷 나비의 냄새를 맡을 수 있고, 돼지는 15cm 깊이의 땅 속에 숨어있는 송로버섯의 냄새를 맡을 수 있다. 그중에서도 가장 예민한 후각을 가진 동물은 개나 다람쥐처럼 냄새분자가 가라앉은 땅에 코를 바짝 댄 채 기어 다니는 짐승이다. 때문에 지구상의 거의 모든 포유류의 공통점은 '후각'의 발달이라고 할 수 있다.
여기서 주목할 만한 점은 만물의 영장이라 하는 인간이 후각 기능만큼은 대부분의 포유류보다 한참 뒤떨어진 수준이라는 사실이다. 개는 2억 2,000만 개의 후각세포를 갖고 있고, 토끼는 1억 개를 갖고 있는 반면, 인간은 500만 개의 후각세포를 갖고 있을 뿐이며, 그마저도 실제로 기능하는 것은 평균 375개 정도라고 알려져 있다.
이처럼 인간의 진화과정에서 유독 후각이 퇴화한 이유는 무엇일까? 새는 지면에서 멀리 떨어진 곳에 활동 영역이 있기 때문에 맡을 수 있는 냄새가 제한적이다. 자연스레 그들은 후각기관을 퇴화시키는 대신 시각기관을 발달시켰다. 인간 역시 직립보행 이후에는 냄새를 맡고 구별하는 능력보다는 시야의 확보가 생존에 더 중요해졌고, 점차 시각정보에 의존하기 시작하면서 후각은 자연스레 퇴화한 것이다.
따라서 인간의 후각정보를 관장하는 후각 중추는 이처럼 대폭 축소된 후각 기능을 반영이라도 하듯 아주 작다. 뇌 전체의 0.1% 정도에 지나지 않는 후각 중추는 감정을 관장하는 변연계의 일부이고, 언어 중추가 있는 대뇌지역과는 직접적인 연결이 없다. 따라서 후각은 시각이나 청각을 통해 감지한 요소에 비해 언어로 분석해서 묘사하기가 어려우며, 감정이 논리적 사고와 같이 정밀하고 체계적이지 못한 것처럼, 후각도 체계적이지 않다. 인간이 후각을 언어로 표현하는 것은 시각을 언어로 표현하는 것보다 세밀하지 못하며, 동일한 냄새에 대한 인지도 현저히 떨어진다는 사실은 이미 다양한 연구를 통해 증명되었다.
그러나 후각과 뇌변연계의 연결고리는 여전히 제법 강력하다. 냄새는 감정과 욕망을 넌지시 암시하고 불러일으킨다. 또한 냄새는 일단 우리의 뇌 속에 각인되면 상당히 오랫동안 지속되고, 이와 관련된 기억들을 상기시킨다. 언어로 된 기억은 기록의 힘을 빌리지 않고는 오래 남겨두기 어렵지만, 냄새로 이루어진 기억은 작은 단서만 있으면 언제든 다시 꺼낼 수 있다. 뿐만 아니라 후각은 청각이나 시각과 달리, 차단할 수 없는 유일한 감각이기도 하다. 하루에 2만 번씩 숨을 쉴 때마다 후각은 계속해서 작동하고 있고, 지금도 우리에게 영향을 끼치고 있다.

① 후각은 다른 모든 감각을 지배하는 상위 기능을 담당한다.
② 인간은 선천적인 뇌구조로 인해 후각이 발달하지 못했다.
③ 모든 동물은 정밀한 감각을 두 가지 이상 갖기 어렵다.
④ 인간은 진화하면서 필요에 따라 후각을 퇴화시켰다.
⑤ 인간은 후각이 가져다주는 영향으로부터 조금도 벗어날 수 없다.

06 다음 글에 나타난 필자의 주장을 강화할 수 있는 논거를 〈보기〉에서 모두 고르면?

> 에너지 빈곤 요인은 상호복합적이기 때문에 에너지 복지정책도 이에 따라 복합적인 형태로 접근해야 한다. 단순 가격보조 형태의 에너지 복지대책을 확대하는 것은 낮은 에너지 효율성이라는 에너지 빈곤 요인을 제거하지 못하기 때문에 행정적 부담만 지속적으로 증가할 것이다. 따라서 에너지 빈곤 해소의 가장 중요한 포인트는 에너지 효율성을 높여 에너지 소비량을 줄이는 방향으로 정책을 설계하는 것이며 이를 통해 가격보조 효과가 발생할 수 있도록 유도해야 하는 것이다.
>
> 에너지 복지 프로그램은 크게 '공급형', '효율형', '전환형' 세 가지로 유형화할 수 있다. 정부가 주로 활용하고 있는 '공급형'은 긴급 구호형태를 띄는 연료비 보존 및 단전 유예 등을 들 수 있다. 그러나 공급형은 에너지 수요관리를 해야 하는 에너지 정책과 상충하고, 복지효과 역시 지속적이지 않다는 단점이 있다. 이를 발전시킨 것이 미국의 저소득층 에너지 효율화 집수리 서비스(WAP; Weatherization Assistance Program)와 같은 '효율형' 에너지 복지대책이다. 이는 에너지 수요를 줄이면서도, 중장기적으로는 요금 절감 효과가 있어 '공급형'에 비해 훨씬 효과가 높은 것으로 평가받고 있다. 또한 저소득층을 에너지 효율화 집수리 사업에 고용하여 일자리 창출 효과도 높일 수 있다. 마지막으로 에너지원 자체를 재생가능 에너지로 전환해 주는 '전환형' 방법이 있다. 앞의 두 유형보다 복지 · 환경 효과는 더 높은 데 비해 재원이 많이 소요되고, 법 · 제도적으로도 보완해야 할 점이 많다는 점에서 시기상조로 보는 시각도 존재한다.
>
> 따라서 중단기적으로는 '효율형' 에너지 복지 대책에 집중하되, '전환형' 에너지 복지 프로그램을 병행하는 단계적 접근 전략이 필요하다. 그러나 현재 우리나라의 에너지 복지 정책들은 에너지 비용을 지원하는 단기적이고, 화석에너지 중심의 기본적인 수준에 머물고 있다. 이에 따라 복지 효과는 지속되지 못하고, 오히려 에너지 사용량이 늘어나 에너지 절감과 같은 환경 보호 효과는 다른 정책에 역행하는 양상을 나타내고 있다. 따라서 한국의 에너지 복지 정책 역시 단계적인 에너지 효율 개선과 에너지 전환을 위한 발전으로 확장할 필요가 있다.

보기

㉠ 저소득층에게 에너지 지원은 필수이다.
㉡ 현물이나 현금을 지원하는 것은 일시적 미봉책에 불과하다.
㉢ 에너지 복지 사업은 고용 창출과 환경보호를 고려해야 한다.

① ㉠
② ㉠, ㉡
③ ㉡, ㉢
④ ㉠, ㉢
⑤ ㉠, ㉡, ㉢

02 수리자료분석

01 다음은 2020년 국내공항 항공 통계이다. 자료를 읽고 이해한 것으로 옳은 것은?(단, 모든 값은 소수점 이하 둘째 자리에서 반올림한다)

〈국내공항 항공 통계〉

(단위 : 편, 명, 톤)

공항	운항			여객			화물		
	도착	출발	합계	도착	출발	합계	도착	출발	합계
인천	15,878	15,843	31,721	2,697,760	2,696,932	5,394,692	161,775	168,171	329,946
김포	6,004	6,015	12,019	1,034,808	1,023,256	2,058,064	12,013	11,087	23,100
김해	4,548	4,546	9,094	676,182	672,813	1,348,995	7,217	7,252	14,469
제주	7,296	7,295	14,591	1,238,100	1,255,050	2,493,150	10,631	12,614	23,245
대구	1,071	1,073	2,144	151,341	151,933	303,274	1,208	1,102	2,310
광주	566	564	1,130	82,008	80,313	162,321	529	680	1,209
합계	35,363	35,336	70,699	5,880,199	5,880,297	11,760,496	193,373	200,906	394,279

① 6개 공항 모두 출발 여객보다 도착 여객의 수가 많다.

② 제주공항 화물은 김해공항 화물의 1.5배 이상이다.

③ 인천공항 운항은 전체 공항 운항의 48%를 차지한다.

④ 도착 운항이 두 번째로 많은 공항은 도착 화물도 두 번째로 높은 수치를 보인다.

⑤ 김해공항과 제주공항의 운항을 합한 값은 김포공항 화물보다 작다.

02 다음은 2015년부터 2020년까지 소유자별 국토면적을 나타낸 자료이다. 자료에 대한 설명 중 옳지 않은 것은?

〈소유자별 국토면적〉

(단위 : km^2)

구 분	2015년	2016년	2017년	2018년	2019년	2020년
전 체	99,646	99,679	99,720	99,828	99,897	100,033
민유지	56,457	55,789	54,991	54,217	53,767	53,357
국유지	23,033	23,275	23,460	23,705	23,891	24,087
도유지	2,451	2,479	2,534	2,580	2,618	2,631
군유지	4,741	4,788	4,799	4,838	4,917	4,971
법 인	5,207	5,464	5,734	5,926	6,105	6,287
비법인	7,377	7,495	7,828	8,197	8,251	8,283
기 타	380	389	374	365	348	417

① 국유지 면적은 매년 증가하였고, 민유지 면적은 매년 감소하였다.

② 전년 대비 2016 ~ 2020년 군유지 면적의 증가량은 2019년에 가장 많다.

③ 2015년과 2020년을 비교했을 때, 법인보다 국유지 면적의 차이가 크다.

④ 전체 국토면적은 매년 조금씩 증가하고 있다.

⑤ 전년 대비 2020년 전체 국토면적의 증가율은 1% 미만이다.

03 다음은 A지역의 곡물 재배면적 및 생산량을 정리한 자료이다. 이에 대한 설명으로 옳은 것은?

〈A국의 곡물 재배면적 및 생산량〉

(단위 : ha, 백 톤)

구 분		2015년	2016년	2017년	2018년	2019년
미 곡	재배면적	1,148	1,100	998	1,118	1,164
	생산량	15,276	14,145	13,057	15,553	18,585
맥 류	재배면적	1,146	773	829	963	1,034
	생산량	7,347	4,407	4,407	6,339	7,795
두 류	재배면적	450	283	301	317	339
	생산량	1,940	1,140	1,143	1,215	1,362
잡 곡	재배면적	334	224	264	215	208
	생산량	1,136	600	750	633	772
서 류	재배면적	59	88	87	101	138
	생산량	821	1,093	1,228	1,436	2,612

① 잡곡의 생산량이 가장 적은 해와 잡곡의 재배면적이 가장 적은 해는 같다.

② 2015~2019년까지 잡곡의 재배면적은 매년 서류의 2배 이상이다.

③ 두류의 생산량이 가장 많은 해에 재배면적이 가장 큰 곡물은 맥류이다.

④ 2017~2019년 동안 미곡과 두류의 전년 대비 생산량의 증감 추이는 동일하다.

⑤ 2015~2019년 동안 매년 생산량은 두류가 잡곡보다 많다.

※ 일정한 규칙으로 수를 나열할 때, 빈칸에 들어갈 알맞은 수를 고르시오. [4~5]

04

10 3 7 −4 11 −15 ( )

① 22
② 24
③ 26
④ 28
⑤ 30

05

3 −2 4 −1 2 −3 6 1 −2 −7 14 ( )

① 2
② 9
③ 19
④ −28
⑤ −36

06 접시에 과자가 담겨 있는데, 민우가 접시에 있는 과자의 반을 먹었다. 지우는 민우가 먹고 남은 과자의 반을 먹었고, 이어서 경태가 남아있는 과자의 $\frac{1}{4}$을 먹었다. 마지막으로 수인과 진형이가 남아있는 과자를 똑같이 나누어 먹었을 때, 진형이가 3개의 과자를 먹었다면 민우가 먹기 전 처음 접시에 있었던 과자는 몇 개인가?

① 28개
② 30개
③ 32개
④ 34개
⑤ 36개

03 어휘유창성(인문계)

01 다음 단어의 뜻으로 가장 옳은 것은?

미쁘다

① 성품이 나쁘다.
② 믿음성이 있다.
③ 마음이 기쁘다.
④ 미안하면서 즐겁다.
⑤ 밉지만 좋다.

02 **다음 중 단어의 뜻풀이가 옳지 않은 것은?**

① 효시－효성이 지극한 자손
② 훼손－체면, 명예를 손상함. 또는 헐거나 깨뜨려 못쓰게 함
③ 흔쾌－기쁘고도 통쾌함
④ 흡사－거의 같음. 또는 그럴 듯하게 비슷함
⑤ 겸사－한 가지 일을 하면서 다른 일을 함

03 **다음 중 밑줄 친 부분의 띄어쓰기가 잘못된 것은?**

① 가방 안에 옷, 신발, 화장품 들을 넣었다.
② 모두 쳐다만 볼 뿐 누구 하나 나서는 사람이 없었다.
③ 소득 하위 10%가 소득 상위 10%만큼 벌려면 300배 더 많은 시간을 일해야 한다.
④ 1시간 이내에 불길이 잡힐 듯하다는 소식이 들렸다.
⑤ 영호가 단 한 번만에 시험에 합격했다는 소문이 들렸다.

04 **다음 제시된 사자성어와 유사한 뜻을 가진 속담은?**

부화뇌동(附和雷同)

① 서른세 해 만에 꿈 이야기 한다.
② 누운 소 똥 누듯 한다.
③ 서낭에 가 절만 한다.
④ 차돌에 바람 들면 석돌보다 못하다.
⑤ 팔 고쳐주니 다리 부러졌다 한다.

05 다음 중 중복된 언어 표현이 없는 것은?

① 저 사람이 바로 소위 말하는 문제의 인물이야.
② 이번 박람회는 시장 흐름을 미리 예측할 수 있는 좋은 기회이다.
③ 올해 추수한 햅쌀로 밥을 지어 어머니께 드렸다.
④ 이 지역은 장마철에 자주 침수되어 주민들의 걱정이 끊이지 않는다.
⑤ 고난을 겪었지만 멈추지 말고 앞으로 전진해야 한다.

06 다음 글과 가장 관련 있는 한자성어는?

> 똑같은 상품이라도 대형마트와 백화점 중 어디에서 판매하느냐에 따라 구매 선호도가 차이를 보이는 것으로 조사됐다.
> 한 백화점에서 지하 1층에 위치한 마켓의 올 한해 상품판매 추이를 분석한 결과, 신선식품과 유기농 식품 등에 대한 구매 선호도가 동일한 상품을 판매하는 대형마트보다 높게 나타났다. 상품군별 매출구성비를 살펴보면 신선식품의 경우 대형마트는 전체 매출의 23%대를 차지하고, 백화점 내 마켓은 32%의 구성비를 보이며 구매 선호도가 가장 높게 나타났다. 특히 유기농 상품매장의 경우, 유기농 상품의 평균 구매단가가 8,550원으로 대형마트의 7,050원보다 21%나 높음에도 불구하고 백화점 내 마켓 매출이 대형마트보다 월평균 3배 이상 높은 것으로 확인됐다.
> 또 유기농 선호품목의 경우 백화점 내 마켓에서는 우유 등 유제품과 사과, 바나나 등 과일에 대한 구매가 활발하지만, 대형마트에서는 잡곡과 쌀 등 곡류의 선호도가 높았다. 품목별 상품매출 구성비에서 상위 10위권 이내의 상품은 백화점의 경우 와인과 LCD TV, 프리미엄 냉장고, 노트북 등 문화가전 상품이 많았으나, 대형마트는 봉지라면과 쌀, 화장지, 병 소주 등 생활필수품이 인기를 끌었다. 백화점 내 마켓에서 판매된 2,000여 가지 상품 가운데 매출구성비 1위를 차지한 상품은 레드와인(3.4%)이었으며, 대형마트는 봉지라면(1.5%)이 1위를 차지했다.
> 백화점 관계자는 "똑같은 대형마트 상품이라도 백화점에서 판매하면 전혀 다른 상품 선호도와 소비 형태를 낳게 된다."며 "이는 장소에 따라 고객의 구매 목적과 집중도에서 차이를 보이기 때문"이라고 말했다.

① 귤화위지(橘化爲枳)
② 좌불안석(坐不安席)
③ 불문가지(不問可知)
④ 전화위복(轉禍爲福)
⑤ 일망타진(一網打盡)

04 공간추리(이공계)

※ 다음 〈예시〉를 참고하여 이어지는 물음에 답하시오. [1~2]

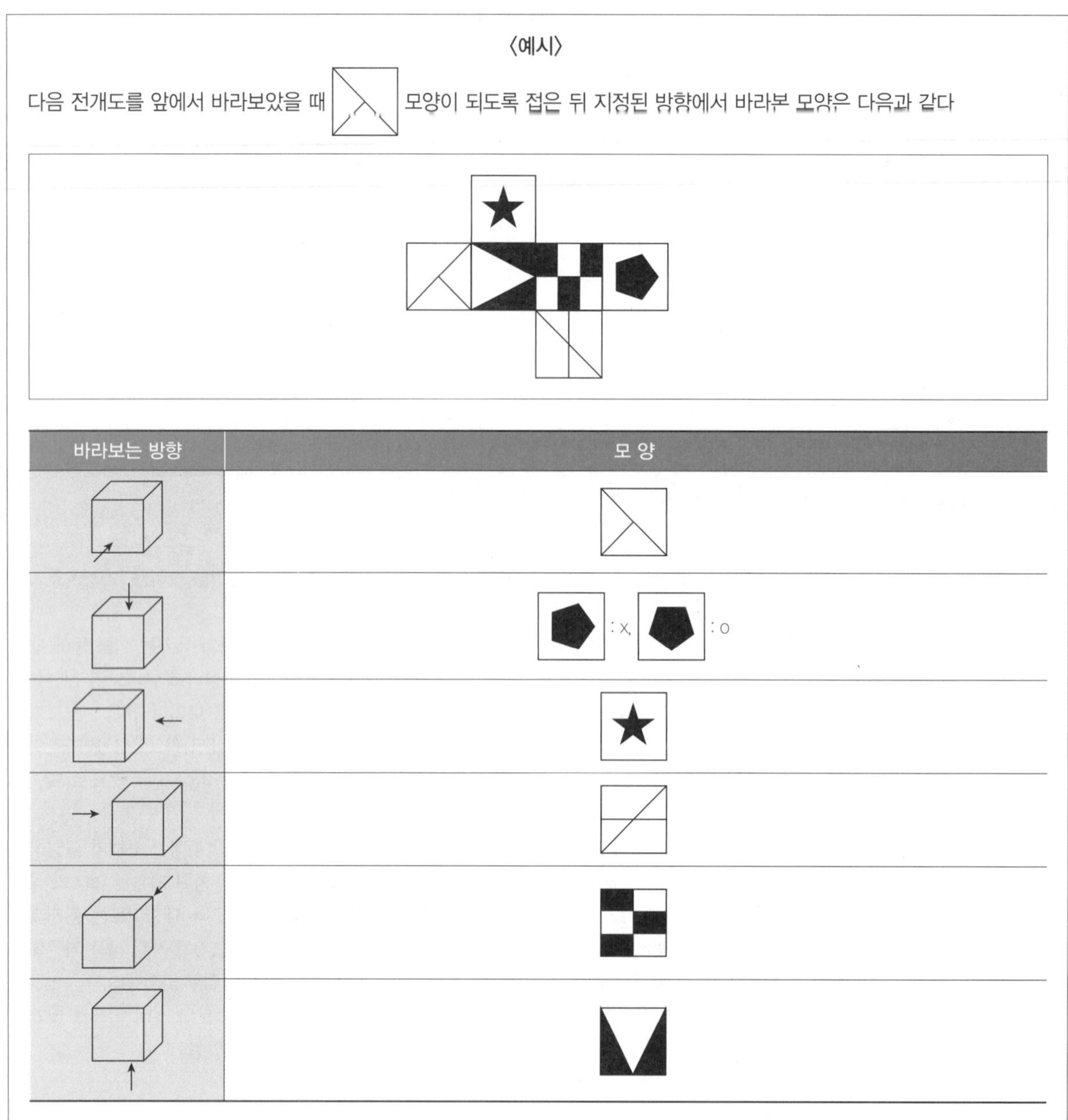

01 다음 전개도를 앞에서 바라보았을 때 [figure] 모양이 되도록 접고, 임의로 90° 회전을 2번 한 후 화살표 방향에서 바라본 모양으로 옳지 않은 것을 고르면?(단, 바라보는 면의 회전된 모양도 고려한다)

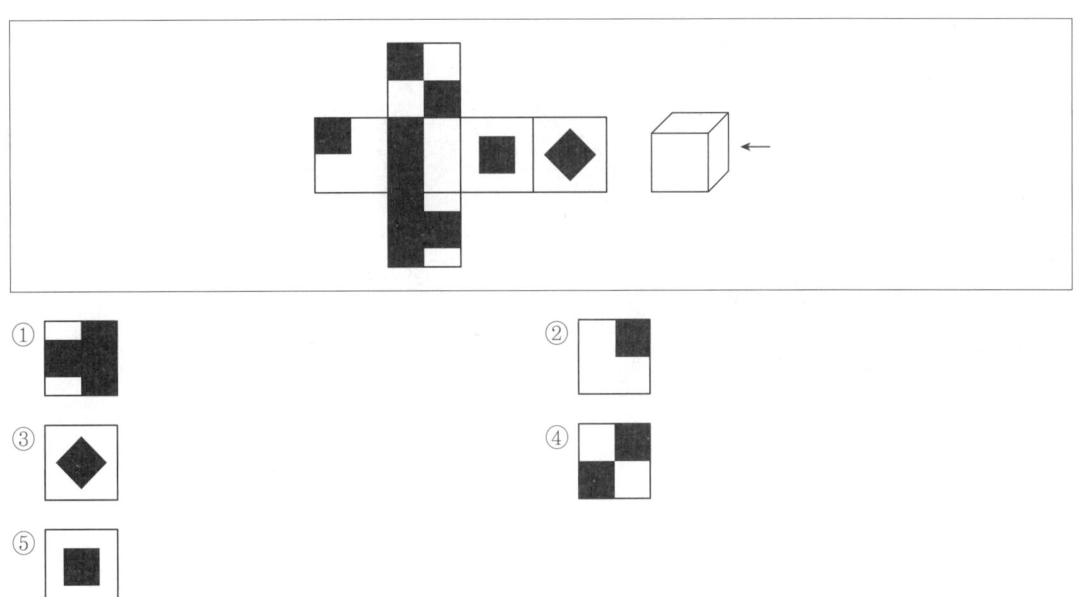

02 다음 전개도를 앞에서 바라보았을 때 [figure] 모양이 되도록 접고, 임의로 90° 회전을 2번 한 후 화살표 방향에서 바라본 모양으로 옳지 않은 것을 고르면?(단, 바라보는 면의 회전된 모양도 고려한다)

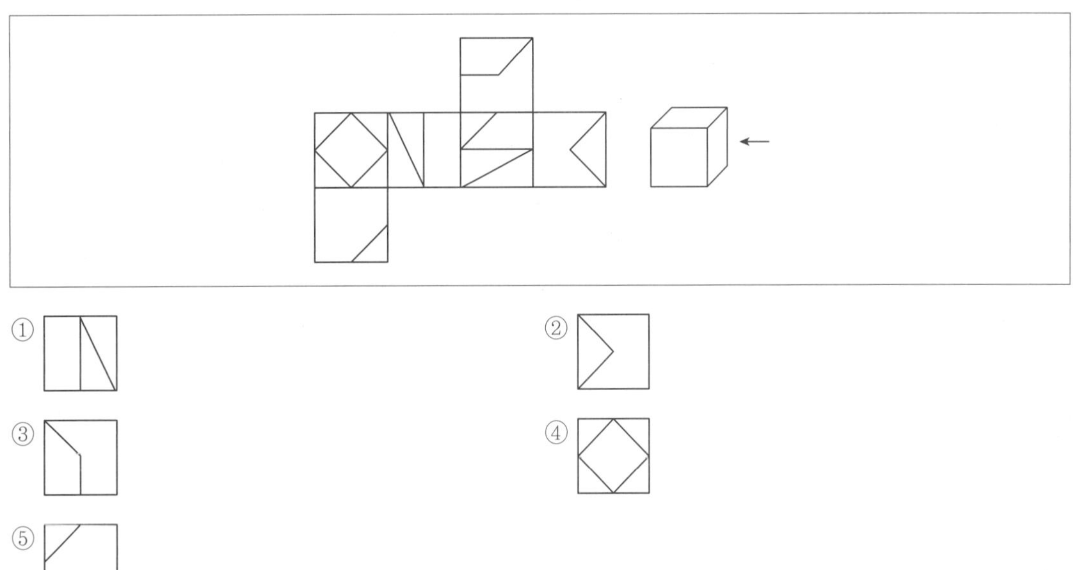

※ 제시된 4개의 도형 중 1개의 도형을 방향에 상관없이 90° 회전하고 순서 상관없이 모두 결합하여 2×4×4 도형을 만들었다. 다음 중 나올 수 없는 도형을 고르시오(단, 보이지 않는 곳에 색칠된 블록은 없다). [3~4]

03

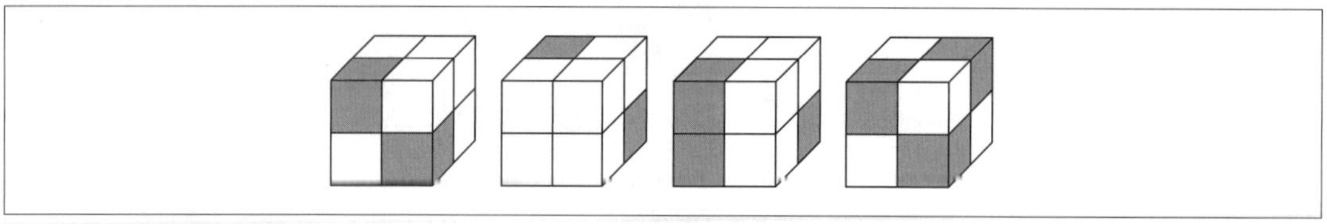

①

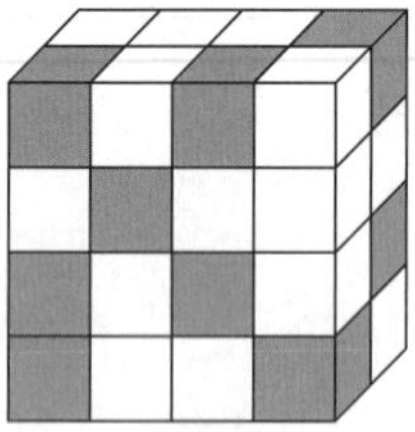

②

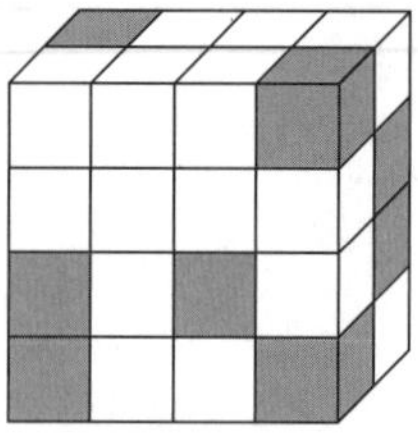

③

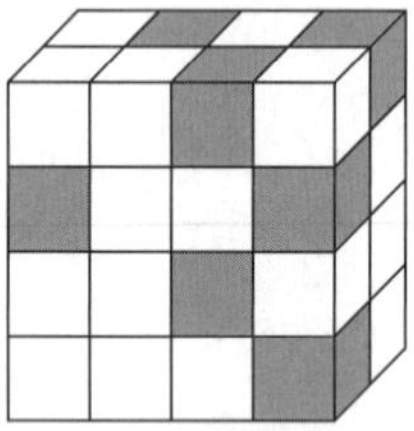

④

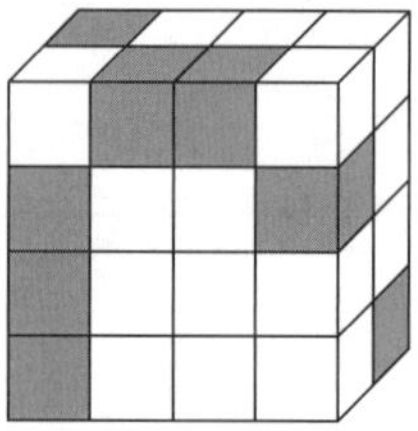

⑤

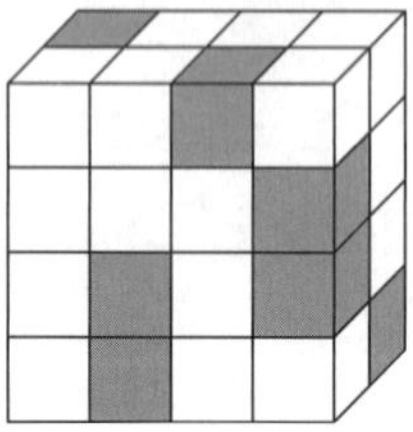

04

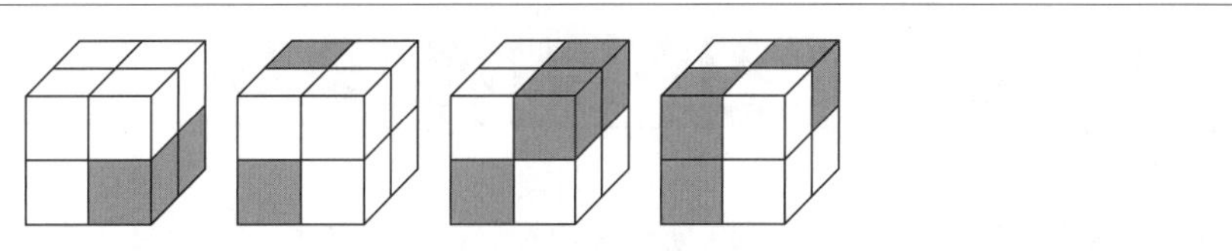

①

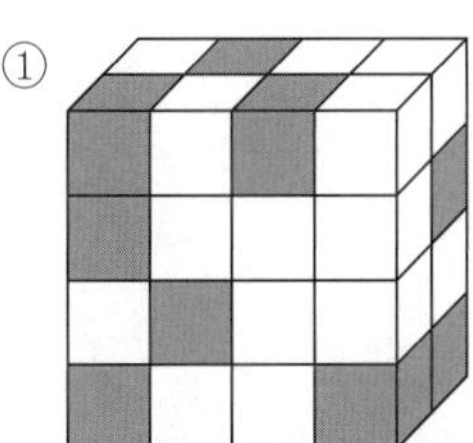

②

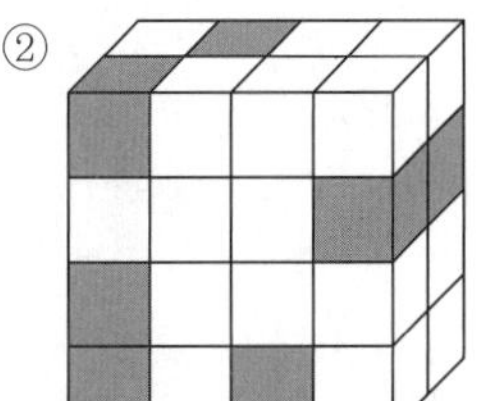

③

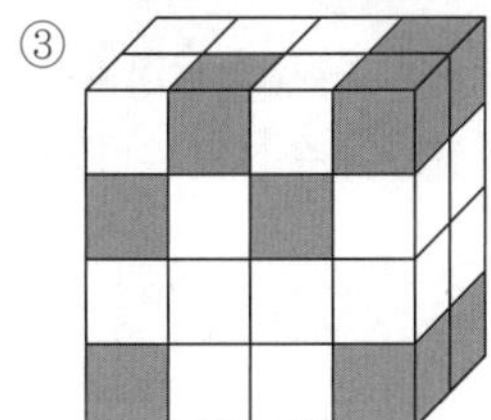

④

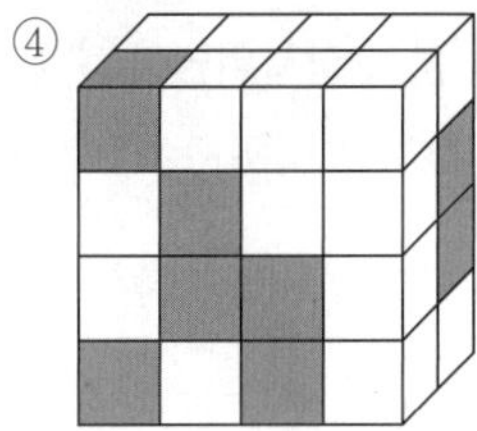

⑤

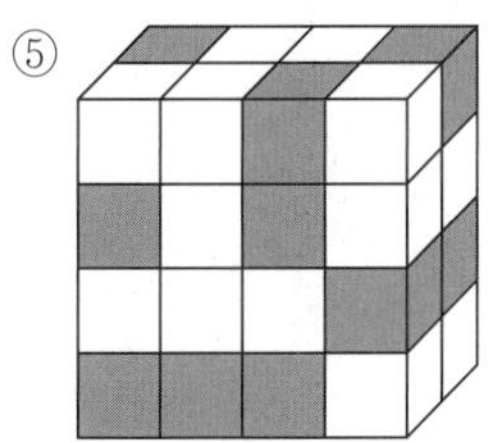

최신기출문제

※ 최신기출문제의 정답 및 해설은 최신기출문제 바로 뒤 p.060에 있습니다.

01 언어논리

01 국내 유명 감독의 영화가 이번에 개최되는 국제 영화 시상식에서 작품상, 감독상, 각본상, 편집상의 총 4개 후보에 올랐다. 4명의 심사위원이 해당 작품의 수상 가능성에 대해 다음과 같이 진술하였는데, 이들 중 3명의 진술은 모두 참이고 나머지 1명의 진술은 거짓이다. 다음 중 해당 작품이 수상할 수 있는 상의 최대 개수는?

> A심사위원 : 편집상을 받지 못한다면 감독상도 받지 못하며, 대신 각본상을 받을 것이다.
> B심사위원 : 작품상을 받는다면 감독상도 받을 것이다.
> C심사위원 : 감독상을 받지 못한다면 편집상도 받지 못한다.
> D심사위원 : 편집상과 각본상은 받지 못한다.

① 0개
② 1개
② 2개
④ 3개
⑤ 4개

02 출근 후 매일 영양제를 챙겨 먹는 슬기는 요일에 따라 서로 다른 영양제를 섭취한다. 다음 〈조건〉에 따라 평일 오전에 비타민B, 비타민C, 비타민D, 비타민E, 밀크시슬 중 하나를 섭취한다고 할 때, 다음 중 항상 옳은 것은?

> **조건**
> • 밀크시슬은 월요일과 목요일 중에 섭취한다.
> • 비타민D는 비타민C를 먹은 날로부터 이틀 뒤에 섭취한다.
> • 비타민B는 비타민C와 비타민E보다 먼저 섭취한다.

① 월요일에는 비타민B를 섭취한다.
② 화요일에는 비타민E를 섭취한다.
③ 수요일에는 비타민C를 섭취한다.
④ 비타민E는 비타민C보다 먼저 섭취한다.
⑤ 비타민D는 밀크시슬보다 먼저 섭취한다.

03

D사의 테니스 동아리는 봄을 맞아 소풍을 가려고 한다. A사원, B사원, C주임, D주임, E대리 5명은 서로 다른 색의 접시에 각기 다른 한 가지의 과일을 준비하였다. 다음 〈조건〉에 따라 판단할 때, B사원이 준비한 접시의 색깔과 C주임이 준비한 과일은?

조건

- 회원들이 준비한 과일들은 A사원, B사원, C주임, D주임, E대리 순서로 일렬로 놓여있다.
- 접시의 색은 빨강, 노랑, 초록, 검정, 회색이다.
- 과일은 참외, 수박, 사과, 배, 바나나가 있다.
- 수박과 참외는 이웃하지 않는다.
- 노란색 접시에 배가 담겨있고, 회색 접시에 참외가 담겨있다.
- 사원은 바나나를 준비하였다.
- 양쪽 끝 접시는 빨간색과 초록색이며, 이 두 접시에 담긴 과일의 이름은 두 글자이다.
- 바나나와 사과는 이웃한다.

	B사원이 준비한 접시의 색깔	C주임이 준비한 과일
①	검 정	사 과
②	빨 강	사 과
③	검 정	참 외
④	초 록	참 외
⑤	회 색	수 박

04

다음 글의 빈칸에 들어갈 내용으로 가장 적절한 것은?

발전은 항상 변화를 내포하고 있다. 그러나 모든 형태의 변화가 전부 발전에 해당하는 것은 아니다. 이를테면 교통신호등이 빨강에서 파랑으로, 파랑에서 빨강으로 바뀌는 변화를 발전으로 생각할 수는 없다. 즉, [　　　　] 좀 더 구체적으로 말해, 사태의 진전 과정에서 나중에 나타나는 것은 적어도 그 이전 단계에 내재적으로나마 존재했던 것의 전개에 해당한다는 것이다. 이렇게 볼 때, 발전은 선적(線的)인 특성이 있다. 순전한 반복의 과정으로 보이는 것을 발전이라고 규정하지 않는 이유는 그 때문이다. 반복 과정에서는 최후에 명백히 나타나는 것이 처음에 존재했던 것과 거의 다르지 않다. 그러나 또 한편으로 우리는 비록 반복의 경우라도 때때로 그 과정 중의 특정 단계를 따로 떼어서 그것을 발견이라고 생각하기도 한다. 즉, 전체 과정에서 어떤 종류의 질이 그 시기에 특정의 수준까지 진전한 경우를 말한다.

① 발전은 어떤 특정한 방향으로 일어나는 변화라는 의미를 내포하고 있다.
② 변화는 특정한 방향으로 발전하는 것을 의미한다.
③ 발전은 불특정 방향으로 일어나는 변모라는 의미이다.
④ 발전은 어떤 특정한 반복으로 일어나는 변화라는 의미로 사용된다.
⑤ 변화는 어떤 특정한 방향으로 일어나는 발전이라는 의미로 사용된다.

05 **다음 중 밑줄 친 ㉠~㉢에 대한 설명으로 적절하지 않은 것은?**

국내 연구팀이 반도체 집적회로에 일종의 ㉠ '고속도로'를 깔아 신호의 전송 속도를 높이는 신개념 반도체 소재 기술을 개발했다. 탄소 원자를 얇은 막 형태로 합성한 2차원 신소재인 그래핀을 반도체 회로에 깔아 기존 금속 선로보다 많은 양의 전자를 빠르게 운송하는 것이다.
최근 반도체 내에 많은 소자가 집적되면서 소자 사이의 신호를 전송하는 ㉡ '도로'인 금속 재질의 선로에 저항이 기하급수적으로 증가하는 문제가 발생했다. 이러한 집적화의 한계를 극복하기 위해 연구팀은 금속 재질 대신 그래핀을 신호 전송용 길로 활용했다.
그래핀은 탄소 원자가 육각형으로 결합한, 두께 0.3나노미터의 얇은 2차원 물질로 전선에 널리 쓰이는 구리보다 전기 전달 능력이 뛰어나며 전자 이동속도도 100배 이상 빨라 이상적인 반도체용 물질로 꼽힌다. 그러나 너무 얇다 보니 전류나 신호를 전달하는 데 방해가 되는 저항이 높고, 전하 농도가 낮아 효율이 떨어진다는 단점이 있었다.
연구팀은 이런 단점을 해결하고자 그래핀에 불순물을 얇게 덮는 방법을 생각했다. 그래핀 표면에 비정질 탄소를 흡착시켜 일종의 ㉢ '코팅'처럼 둘러싼 것이다. 연구 결과 이 과정에서 신호 전달을 방해하던 저항은 기존 그래핀 선로보다 60% 감소했고, 신호 손실은 약 절반 정도로 줄어들었으며, 전달할 수 있는 전하의 농도는 20배 이상 증가했다. 이를 통해 연구팀은 금속 선로의 수백분의 1 크기로 작으면서도 효율성은 그대로인 고효율, 고속 신호 전송 선로를 완성하였다.

① 연구팀은 ㉡을 ㉠으로 바꾸었다.
② 반도체 내에 많은 소자가 집적될수록 ㉡에 저항이 증가한다.
③ ㉠은 구리보다 전기 전달 능력과 전자 이동속도가 뛰어나다.
④ 연구팀은 전자의 이동속도를 높이기 위해 ㉠에 ㉢을 하였다.
⑤ ㉠은 그래핀, ㉡은 금속 재질, ㉢은 비정질 탄소를 의미한다.

06 다음 글에서 필자가 주장하는 내용으로 가장 적절한 것은?

> 현대 사회는 대중 매체의 영향을 많이 받는 사회이며, 그중에서도 텔레비전의 영향은 거의 절대적입니다. 언어 또한 텔레비전의 영향을 많이 받습니다. 그런데 텔레비전의 언어는 우리의 언어 습관을 부정적인 방향으로 흐르게 하고 있습니다.
> 텔레비전은 시청자들의 깊이 있는 사고보다는 감각적 자극에 호소하는 전달 방식을 사용하고 있습니다. 또 현대 자본주의 사회에서의 텔레비전 방송은 상업주의에 편승하여 대중을 붙잡기 위한 방편으로 쾌락과 흥미 위주의 언어를 무분별하게 사용합니다. 결국 텔레비전은 대중의 이성적 사고 과정을 마비시켜 오염된 언어 습관을 무비판적으로 수용하게 합니다. 그렇기 때문에 언어 사용을 통해 발전시킬 수 있는 상상적 사고를 기대하기 어렵게 하며, 창조적인 언어 습관보다는 단편적인 언어 습관을 갖게 만듭니다.
> 따라서 좋은 말 습관의 형성을 위해서는 또 다른 문화 매체가 필요합니다. 이러한 문제의 대안으로 문학 작품의 독서를 제시하려고 합니다. 문학은 작가적 현실을 언어를 매개로 형상화한 예술입니다. 작가적 현실을 작품으로 형상화하기 위해서는 작가의 복잡한 사고 과정을 거치듯이, 작품을 바르게 이해 · 해석 · 평가하기 위해서는 독자의 상상적 사고를 거치게 됩니다. 또한 문학은 아름다움을 지향하는 언어 예술로서 정제된 언어를 사용하므로 문학 작품의 감상을 통해 습득된 언어 습관은 아름답고 건전하리라 믿습니다.

① 쾌락과 흥미 위주의 언어 습관을 지양하고 사고 능력을 기를 수 있는 언어 습관을 길러야 한다.
② 사고 능력을 기르고 건전한 언어 습관을 길들이기 위해서 문학 작품의 독서가 필요하다.
③ 바른 언어 습관의 형성과 건전하고 창의적인 사고를 위해 텔레비전을 멀리 해야 한다.
④ 언어는 자신의 사상을 표현하는 매체일 뿐만 아니라 그것을 사용하는 사람의 인격을 가늠하는 척도이므로 바른 언어 습관이 중요하다.
⑤ 대중 매체가 개인의 언어 습관과 사고 과정에 미치는 영향이 절대적이므로 대중 매체에서 문학 작품을 다뤄야 한다.

01 다음은 최근 15주 동안 활동한 가수 A, B그룹의 곡에 대한 매주 스트리밍 지수이다. 아래 자료에 대한 해석으로 옳은 것은?

〈가수 그룹별 곡 스트리밍 지수〉

구 분	A그룹			B그룹		
	몬스터	로 또	라이프	파이어	블러드	스프링
1주	80,426	75,106	73,917	62,653	84,355	95,976
2주	89,961	78,263	76,840	66,541	86,437	94,755
3주	70,234	70,880	74,259	64,400	88,850	86,489
4주	64,094	72,009	79,969	66,146	89,855	88,385
5주	73,517	65,789	78,334	64,255	79,119	82,952
6주	62,447	69,467	74,077	62,165	78,191	75,362
7주	65,236	69,750	73,954	63,828	78,715	79,666
8주	65,719	67,919	72,926	41,320	69,823	78,749
9주	66,355	69,447	67,790	34,610	66,360	77,281
10주	65,353	64,035	68,103	39,569	59,052	75,454
11주	64,743	61,917	68,834	36,224	58,656	72,083
12주	61,815	60,534	45,226	29,816	55,893	70,002
13주	67,362	55,092	40,213	25,757	57,571	65,022
14주	59,142	56,906	39,157	26,983	56,663	58,972
15주	59,222	47,991	30,218	26,512	54,253	67,518

① A, B그룹의 곡 중에서 1주부터 3주까지 스트리밍 지수 합이 가장 큰 3곡을 순서대로 나열하면 '스프링－몬스터－블러드'이다.

② 라이프의 10주 스트리밍 지수는 블러드의 14주 스트리밍 지수의 1.2배 미만이다.

③ 8주 대비 9주의 스트리밍 지수 증가율이 가장 높은 곡은 A그룹의 몬스터이다.

④ 15주 동안 A그룹의 몬스터 스트리밍 지수가 B그룹의 블러드 스트리밍 지수보다 높았던 주는 6번 이상이다.

⑤ A, B그룹 모든 곡의 스트리밍 지수를 주별로 합했을 때, 6주의 스트리밍 지수 총합과 15주의 스트리밍 지수 총합의 차는 123,995이다.

02 다음은 10대 무역수지 흑자국에 대한 자료이다. 이에 대한 설명으로 옳지 않은 것은?

〈10대 무역수지 흑자국〉

(단위 : 백만 달러)

순 위	2016년		2017년		2018년	
	국가명	금 액	국가명	금 액	국가명	금 액
1	중 국	32,457	중 국	45,264	중 국	47,779
2	홍 콩	18,174	홍 콩	23,348	홍 콩	28,659
3	마샬군도	9,632	미 국	9,413	싱가포르	11,890
4	미 국	8,610	싱가포르	7,395	미 국	11,635
5	멕시코	6,161	멕시코	7,325	베트남	8,466
6	싱가포르	5,745	베트남	6,321	멕시코	7,413
7	라이베리아	4,884	인 도	5,760	라이베리아	7,344
8	베트남	4,780	라이베리아	5,401	마샬군도	6,991
9	폴란드	3,913	마샬군도	4,686	브라질	5,484
10	인 도	3,872	슬로바키아	4,325	인 도	4,793

① 2016년부터 2018년까지 10대 무역수지 흑자국에 2번 이상 포함된 국가의 수는 9개국이다.
② 2018년 1위 흑자국의 액수는 10위 흑자국 액수의 10배 이상이다.
③ 싱가포르의 2016년 대비 2018년의 흑자액은 2배 이상이다.
④ 싱가포르를 제외하고 2016년 대비 2018년의 흑자 증가율이 가장 높은 나라는 베트남이다.
⑤ 2016년부터 2018년까지 매년 순위가 상승하는 나라는 2개국이다.

03 다음은 2017~2019년 분야별 공공분야 국가연구개발 사업비 집행 추이에 관한 자료이다. 〈조건〉에 따라 B와 D에 해당하는 분야를 바르게 나열한 것은?

〈2017~2019년 분야별 공공분야 국가연구개발 사업비 집행 추이〉

(단위 : 억 원, %)

구 분	2017		2018		2019	
	금 액	비 중	금 액	비 중	금 액	비 중
소 계	123,420	100.0	123,623	100.0	127,763	100.0
건 강	15,152	12.3	15,298	12.4	15,957	12.5
A	25,356	20.5	26,460	21.4	28,861	22.6
사회구조 및 관계	968	0.8	1,025	0.8	1,124	0.9
B	15,311	12.4	13,332	10.8	11,911	9.3
우주개발 및 탐사	5,041	4.1	5,373	4.3	5,069	4.0
C	3,256	2.6	3,388	2.7	3,043	2.4
교통/정보통신/기타 기반시설	1,563	1.3	1,649	1.3	3,614	2.8
환 경	4,914	4.0	5,192	4.2	5,579	4.4
D	1,245	1.0	1,341	1.1	1,711	1.3
문화/여가증진/종교	861	0.7	902	0.7	903	0.7
교육 및 인력양성	9,986	8.1	10,452	8.5	11,287	8.8
지식의 진보(비목적 연구)	15,443	12.5	15,212	12.3	15,567	12.2
기타 공공목적	24,324	19.7	23,999	19.4	23,137	18.1

조건

- 2017년부터 2019년까지 사회질서 및 안전 분야의 국가연구개발 사업비는 매년 증가하였다.
- 2018~2019년 동안 매년 국방 분야의 국가연구개발 사업비는 우주개발 및 탐사 분야의 국가연구개발 사업비와 환경 분야의 국가연구개발 사업비의 합의 2배보다 크다.
- 2017년과 2019년에 지구개발 및 탐사 분야와 우주개발 및 탐사 분야의 국가연구개발 사업비의 합은 에너지 분야의 국가연구개발 사업비보다 작다.
- 2019년 국가연구개발 사업비가 전년 대비 감소한 분야는 에너지, 우주개발 및 탐사, 지구개발 및 탐사, 기타 공공목적이다.
- A~D는 에너지, 사회질서 및 안전, 국방, 지구개발 및 탐사 분야 중 하나이다.

	B	D
①	국방	에너지
②	에너지	지구개발 및 탐사
③	에너지	사회질서 및 안전
④	사회질서 및 안전	국방
⑤	사회질서 및 안전	에너지

04 영희는 3시에 학교 수업이 끝난 후 할머니를 모시고 병원에 간다. 학교에서 집으로 갈 때는 4km/h의 속력으로 이동하고 집에서 10분 동안 할머니를 기다린 후, 할머니와 병원까지 3km/h의 속력으로 이동한다고 한다. 학교와 집, 집과 병원 사이의 거리 비가 2:1일 때, 병원에 도착한 시각은 4시 50분이다. 병원에서 집까지의 거리는?

① 1km
② 2km
③ 3km
④ 4km
⑤ 5km

05 A씨는 지인의 추천으로 C기업 주식에 100만 원을 투자하였다. 주식가격이 첫째 날에는 10% 상승하고, 둘째 날에는 20% 상승하였다. 그러나 셋째 날에는 10% 하락하고 넷째 날에는 20%나 하락하였다. A씨는 큰 손실을 염려하여 주식을 모두 매도하였다. 다음 중 A씨의 주식투자 결과에 대한 설명으로 옳은 것은?(단, 주식거래수수료 등 기타비용은 고려하지 않는다)

① A씨가 둘째 날에 주식을 매도하였으면 원금 대비 30%의 수익률을 달성하였을 것이다.
② 셋째 날까지 주식은 원금 대비 16%의 수익률을 유지하고 있었다.
③ 수익도 손실도 없이 원금 1백만 원을 회수하였다.
④ A씨는 최종적으로 49,600원만큼 손실을 입었다.
⑤ A씨는 다행히 56,000원만큼 이익을 보았다.

06 양궁 대회에 참여한 진수, 민영, 지율, 보라 네 명의 최고점이 모두 달랐다. 진수의 최고점과 민영이 최고점의 2배를 합한 점수가 10점이었고, 지율이의 최고점과 보라 최고점의 2배를 합한 점수 35점이었다. 진수의 2배, 민영이의 4배와 지율이의 5배를 한 총점이 85점이었다면 보라의 최고점은 몇 점인가?

① 8점
② 9점
③ 10점
④ 11점
⑤ 12점

03 어휘유창성(인문계)

01 **다음 중 밑줄 친 어휘의 표기가 옳지 않은 것은?**

① 저 아줌마는 가납사니처럼 참견한다.
② 지난날의 따스한 추억은 생각만 해도 느껍다.
③ 할아버지는 무람없이 구는 손자에게 호통을 쳤다.
④ 사건에 대한 논란이 가열차게 오가고 있다.
⑤ 아침 댓바람부터 무슨 일이야?

02 **다음 중 밑줄 친 부분의 띄어쓰기가 잘못된 것은?**

① 날이 흐리니 비가 올 듯하다.
② 발표일이 다가오니 심장이 터질듯하다.
③ 떠난 그가 돌아올 듯하다.
④ 일이 그럭저럭 되어 가는듯하다.
⑤ 네 말을 들어보니 그럴 듯도 하다.

03 **제시된 문장에서 사용이 적절하지 않은 단어는?**

- 많은 사람이 이번 결정에 대해 공정성과 객관성이 ( )됐다고 비판하였다.
- 드디어 기업이 ( )을/를 충당하고 이익을 내기 시작했다.
- 겨울철에는 야외 활동이 적어 비타민 D의 ( )이/가 오기 쉽다.
- 유명 컴퓨터 회사는 일부 제품에서 배터리 ( )이/가 발견되자 리콜을 시행하였다.

① 결핍 ② 결함
③ 결여 ④ 결렬
⑤ 결손

04 **다음 글과 관련 있는 사자성어로 적절한 것은?**

> 패스트푸드 M사 사장은 국내 최고령 직원인 A씨를 축하하기 위해 서울의 한 매장을 찾았다. 일제 강점기에 태어난 A씨는 6 · 25전쟁에 참전하여 제대 후 은행원으로 일했고, 55세에 정년으로 퇴임한 뒤 M사의 한 매장에서 제2의 인생을 살고 있다. 그는 매주 일~수요일 오전 9시부터 오후 1시 30분까지 근무하며, 매장 청소와 뒷정리 등을 돕는 일을 하고 있다. 고령의 나이에도 불구하고 16년간 지각 및 무단결근을 한 적이 없으며, 변하지 않는 성실함으로 다른 직원들의 귀감이 되고 있다.

① 거재두량(車載斗量)
② 득롱망촉(得隴望蜀)
③ 교주고슬(膠柱鼓瑟)
④ 격화소양(隔靴搔癢)
⑤ 시종여일(始終如一)

05 **다음 글의 밑줄 친 부분에서 맞춤법이 잘못된 것은?**

> 어젯밤 꿈에서 돌아가신 할머니를 만났다. 할머니는 숨겨둔 비밀을 밝힐 때가 됐다며, 꿈에서 깨면 본인이 사용했던 화장대의 첫 번째 서랍을 열어보라고 하셨다. 나는 할머니의 비밀이 도대체 무엇인지 여러 차례 물었지만 돌아오는 것은 할머니의 미소뿐이었다. 꿈에서 깨어나 보니 할머니는 더 이상 보이질 않았고, 방안은 고요한 적막만 흘렀다. 나는 왠지 모르게 그동안 나를 덥쳤던 온갖 불행들이 사라진 것 같은 기분이 들었다.

① 숨겨둔
② 첫 번째
③ 미소뿐이었다
④ 깨어나 보니
⑤ 덥쳤던

06 다음 글에서 밑줄 친 ㉠~㉤의 수정 방안으로 적절하지 않은 것은?

나전 기법은 중국에서 시작되었고 당대(唐代)에 성행하여 한국과 일본에 전해진 것으로 보인다. 중국 당대에는 주로 백색의 야광패로 두껍게 만든 자개만을 사용하였다. 이것의 영향을 받아서 한국에서도 전래 초기에는 백색의 야광패를 ㉠ 사용하였고, 후대에는 청록빛을 ㉡ 띈 오묘한 색상의 전복껍데기를 얇게 만들어 ㉢ 부치는 방법이 발달하게 되었다. 이외에도 한국에서는 이전에 볼 수 없었던 끊음질 기법, 할패법 등의 다양한 표현 기법이 개발되어 나전 기법이 화려한 꽃을 피웠고 도리어 중국에 영향을 끼칠 정도로 성행하였다.
오늘날 중국과 일본의 나전은 쇠퇴하여 그 명맥이 끊겼지만, ㉣ 한국에서도 여전히 자개를 상감하는 나전칠기가 계속 이어져 오고 있으며, 그 섬세한 무늬와 신비스러운 빛으로 인해 ㉤ 오랜 세월 동안 우리 고유의 공예품으로 사랑받고 있다.

① ㉠ – 문맥의 흐름을 고려하여 '사용하였으나'로 고친다.
② ㉡ – 맞춤법에 어긋나므로 '띤'으로 고친다.
③ ㉢ – 문맥에 어울리지 않으므로 '붙이는'으로 고친다.
④ ㉣ – 조사의 쓰임이 적절하지 않으므로 '한국에서는'으로 고친다.
⑤ ㉤ – 띄어쓰기가 올바르지 않으므로 '오랜세월'로 고친다.

04 공간추리(이공계)

※ 다음과 같은 규칙을 적용하였을 때 전개도로 옳은 것을 고르시오. [1~2]

〈규칙〉

블록 색

• 흰색 블록+흰색 블록=흰색 블록

• 검은색 블록+검은색 블록=흰색 블록

• 흰색 블록+검은색 블록=검은색 블록

※ 보이지 않는 블록의 색은 흰색이다.

규칙	의미	예시
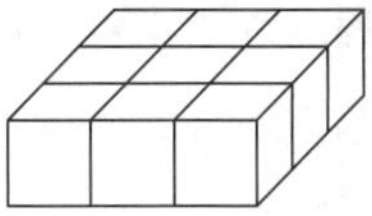	큐브의 위쪽 블록에 블록 색 입히기	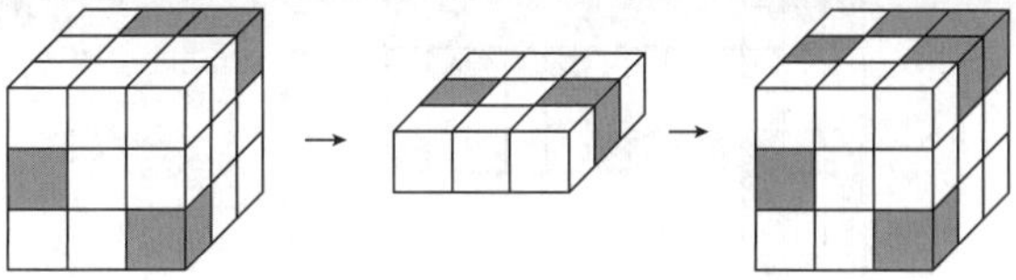 → →
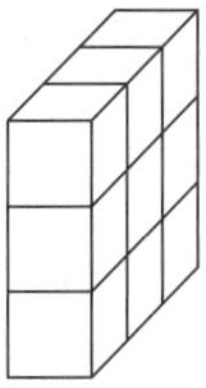	큐브의 오른쪽 블록에 블록 색 입히기	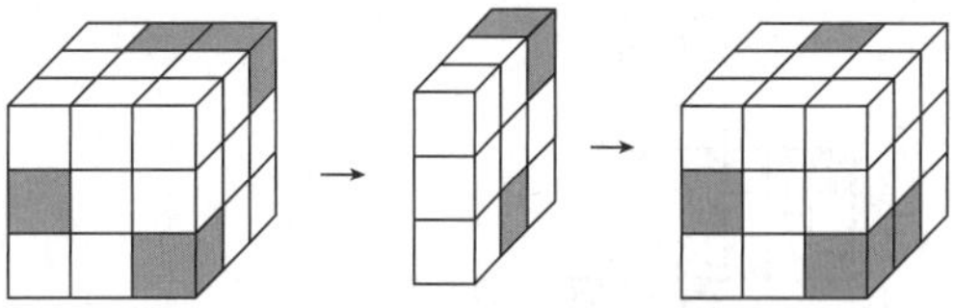 → →
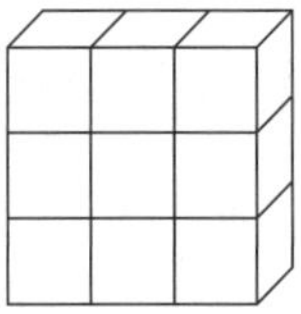	큐브의 앞쪽 블록에 블록 색 입히기	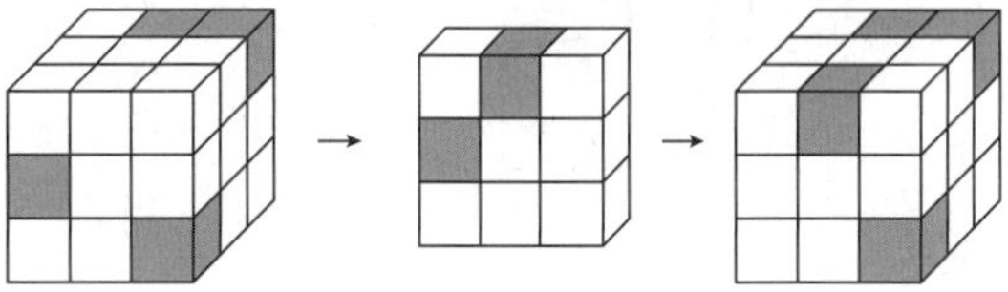 → →

01

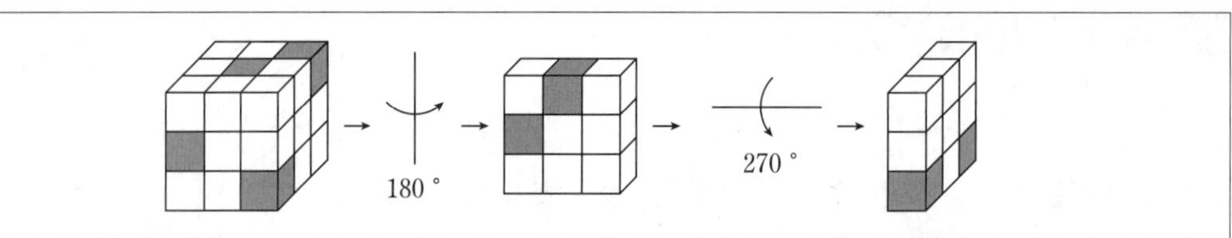

①

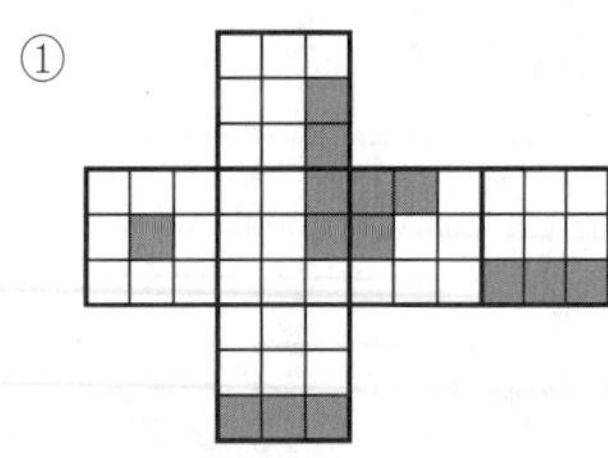

②

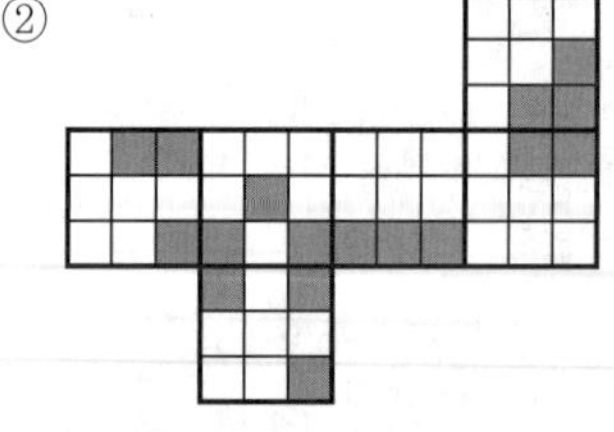

③

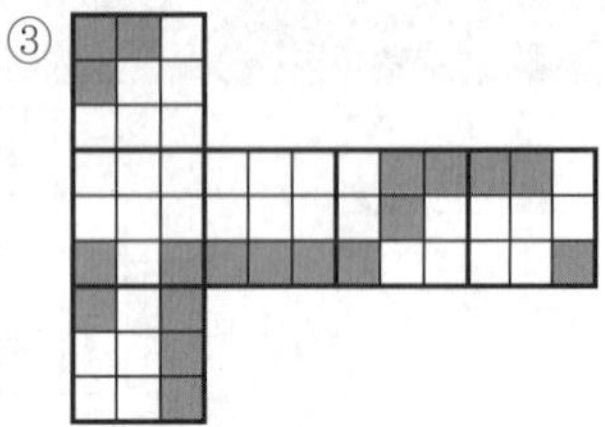

④

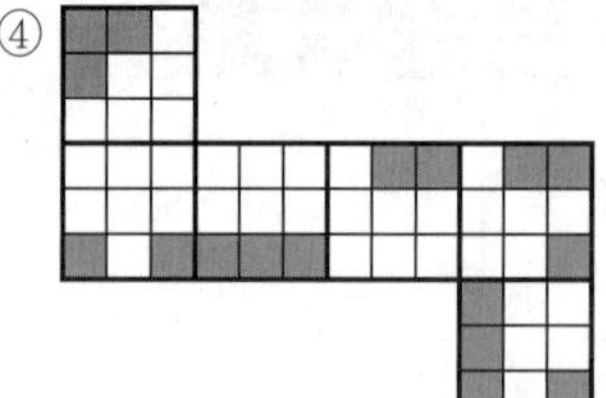

⑤

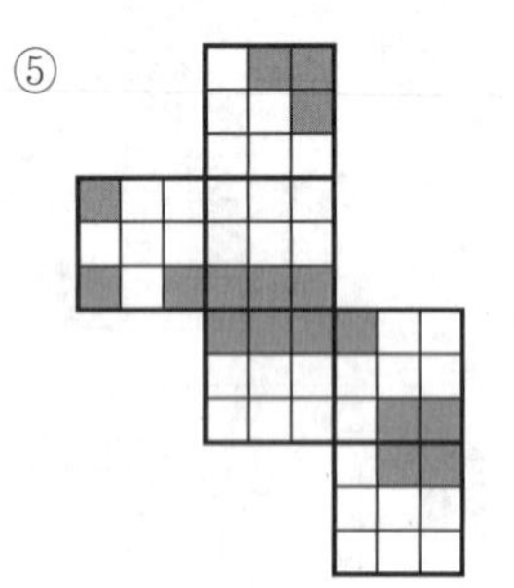

02

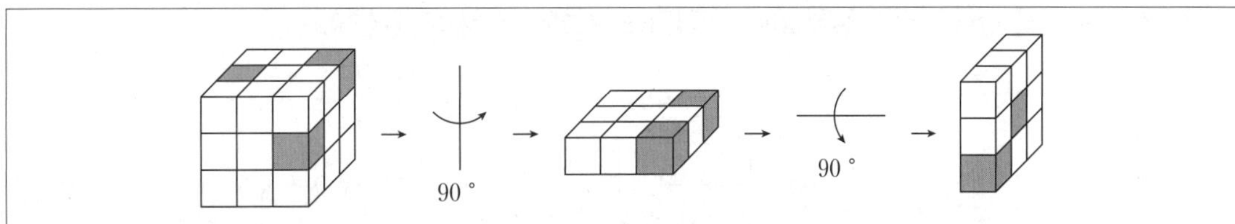

①

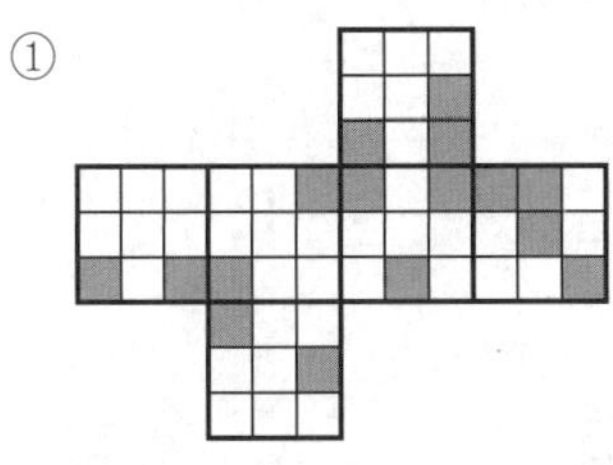

②

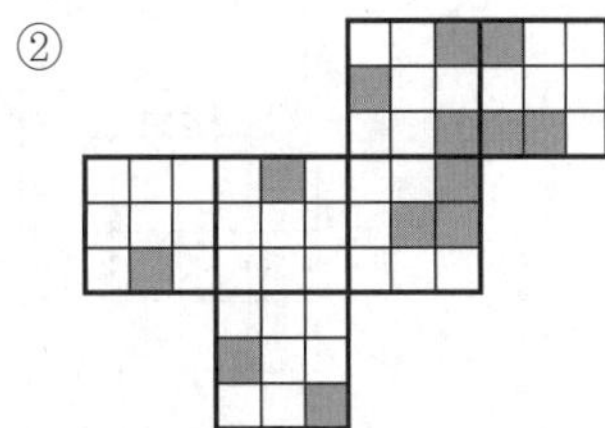

③

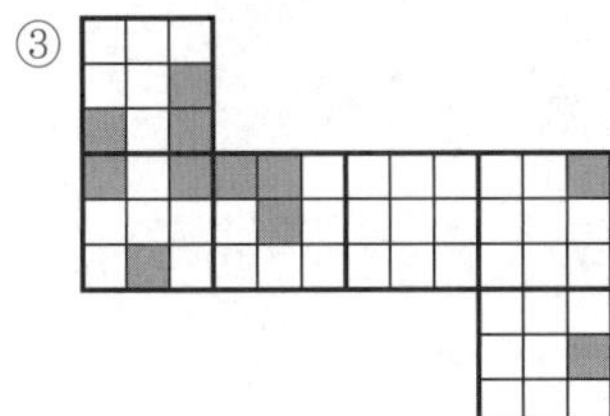

④

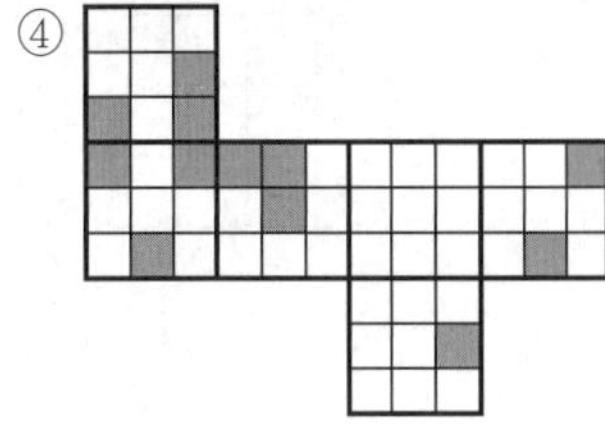

⑤

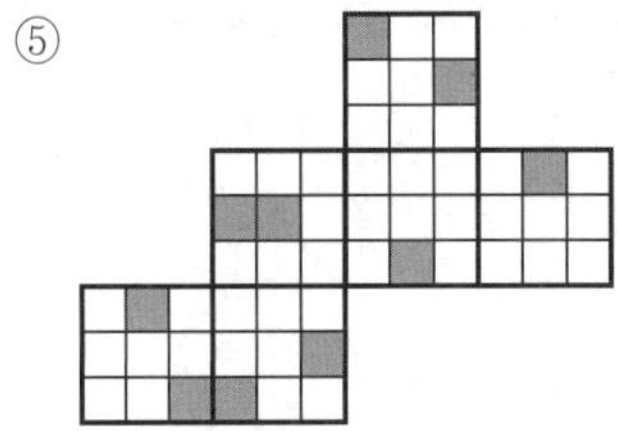

※ 3×3×3 큐브를 다음과 같이 정의할 때, 이어지는 물음에 답하시오. **[3~4]**

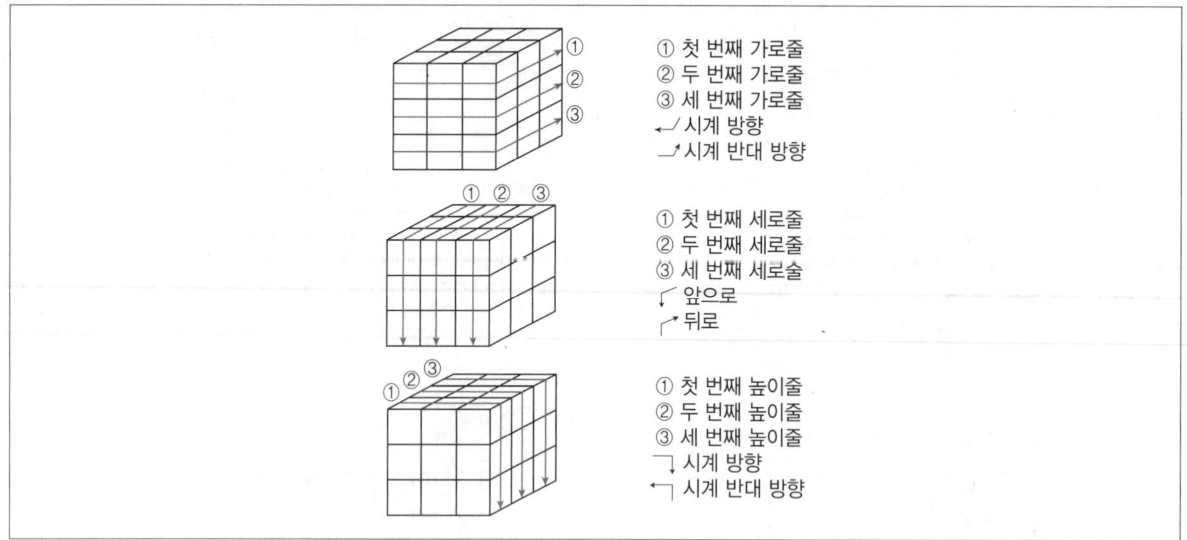

03 첫 번째 세로줄을 뒤로 90°, 두 번째 가로줄을 시계 방향으로 180°, 세 번째 높이줄을 시계 방향으로 90° 돌렸을 때, 나오는 모양을 다음과 같이 잘랐을 때의 단면은?

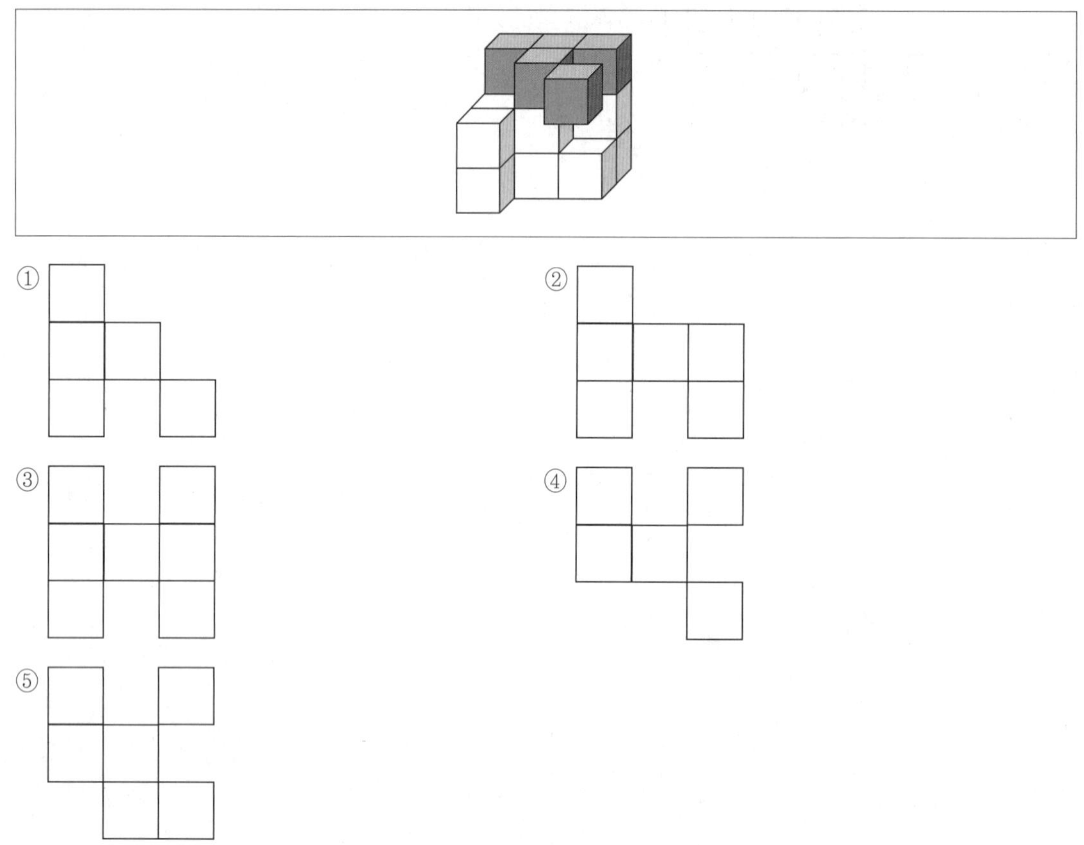

04 세 번째 높이줄을 시계 반대 방향으로 90˚, 세 번째 가로줄을 시계 방향으로 90˚, 두 번째 세로줄을 앞으로 180˚ 돌렸을 때, 나오는 모양을 다음과 같이 잘랐을 때의 단면은?

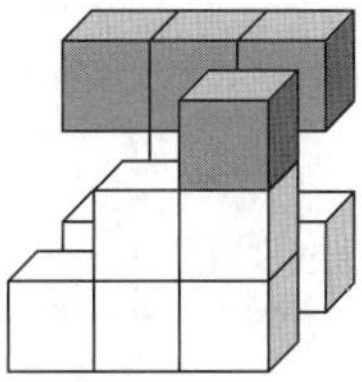

①

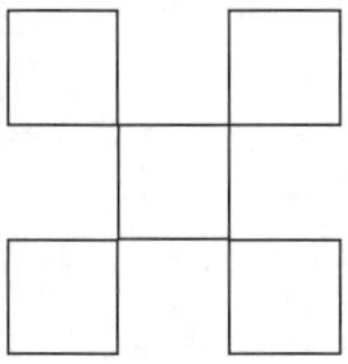

②

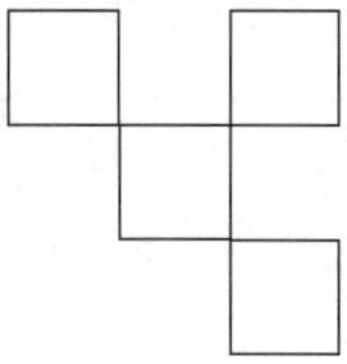

③

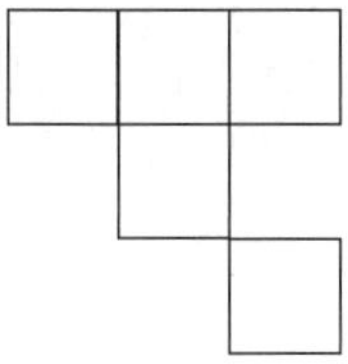

④

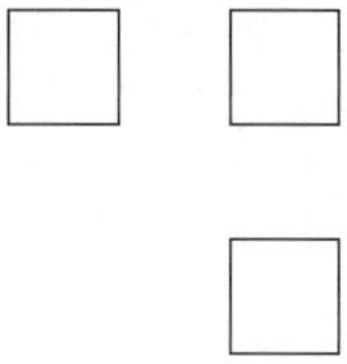

⑤

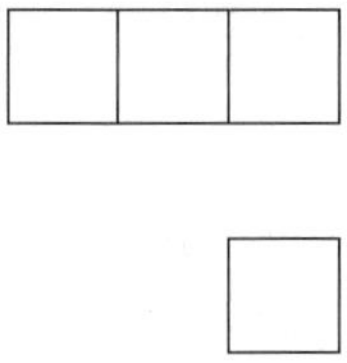

상반기 최신기출문제 정답 및 해설

01 언어논리

01	02	03	04	05	06				
④	④	①	⑤	④	①				

01 정답 ④

주어진 명제를 정리하면 다음과 같다.

- a : 치킨을 판매하는 푸드트럭이 선정된다.
- b : 핫도그를 판매하는 푸드트럭이 선정된다.
- c : 커피를 판매하는 푸드트럭이 선정된다.
- d : 피자를 판매하는 푸드트럭이 선정된다.
- e : 솜사탕을 판매하는 푸드트럭이 선정된다.
- f : 떡볶이를 판매하는 푸드트럭이 선정된다.

- $a \rightarrow \sim b$
- $\sim c \rightarrow d$
- $e \rightarrow a$
- $d \rightarrow \sim f$ or $f \rightarrow \sim d$
- $\sim e \rightarrow f$

핫도그를 판매하는 푸드트럭이 선정되면 $b \rightarrow \sim a \rightarrow \sim e \rightarrow f \rightarrow \sim d \rightarrow c$가 성립한다.

따라서 사업에 선정되는 푸드트럭은 핫도그, 커피, 떡볶이를 판매한다.

02 정답 ④

D는 102동 또는 104동에 살며, A와 B가 서로 인접한 동에 살고 있으므로 E는 101동 또는 105동에 산다. 이를 통해 101동부터 (A, B, C, D, E), (B, A, C, D, E), (E, D, C, A, B), (E, D, C, B, A)의 네 가지 경우를 추론할 수 있다. 따라서 'A가 102동에 산다면 E는 105동에 산다.'는 반드시 참이 된다.

03 정답 ①

A : 수첩과 바지는 앨범보다 아래에 있는 서랍에 들어있는데, 윗옷은 가장 위에 있는 서랍에 들어있지 않다고 했으므로 앨범이 가장 위에 있는 서랍에 들어있다.

B : 바지와 수첩의 서랍 순서는 알 수 없다.

04 정답 ⑤

㉡과 ㉣, ㉦은 상반되며, ㉢과 ㉥, ㉩ · ㉪ 역시 상반된다.

1) 김 대리가 짬뽕을 먹은 경우 : ㉥, ㉧, ㉨ 3개의 진술이 참이 되므로 성립하지 않는다.
2) 박 과장이 짬뽕을 먹은 경우 : ㉠, ㉢, ㉤ 3개의 진술이 참이 되므로 성립하지 않는다.
3) 최 부장이 짬뽕을 먹은 경우 : 최 부장이 짬뽕을 먹었으므로 ㉠, ㉤, ㉧은 반드시 거짓이 된다. 이때, ㉢은 반드시 참이 되므로 상반되는 ㉥, ㉨은 반드시 거짓이 되고, ㉣, ㉦ 또한 반드시 거짓이 되므로 상반되는 ㉡이 참이 되는 것을 알 수 있다.

따라서 짬뽕을 먹은 사람은 최 부장이고, 참인 진술은 ㉡ · ㉢이다.

05 정답 ④

생리활성 물질은 항암 효과를 가지고 있는데 새싹 채소와 성체 모두 이를 함유하고 있다.

오답분석

① 종자 안에는 성체로 자라기 위한 각종 영양소가 포함되어 있다.
② 새싹은 성숙한 채소에 비하여 영양성분이 약 3~4배정도 더 많이 함유되어 있으며, 종류에 따라서는 수십 배 이상의 차이를 보이기도 한다.
③ 바로 나왔을 때가 아닌 어린잎이 두세 개 달릴 즈음이 생명유지와 성장에 필요한 생리활성 물질을 가장 많이 만들어내는 때이다.
⑤ 무 싹은 새싹채소로 기존에 많이 이용돼 왔다.

06 정답 ①

제시된 글은 들이마신 공기를 정맥혈액에 전달하여 혈액을 산소화시키는 허파의 기능에 대해 말하고 있다.

02 수리자료분석

01	02	03	04	05	06				
⑤	②	②	④	⑤	③				

01 정답 ⑤

ㄷ. 전체 품목 중 화장품의 비율은 $\frac{62,733}{122,757}\times 100 \fallingdotseq 51.1\%$이며, 국산품 합계 중 국산 화장품의 비율은 $\frac{35,86}{48,717}\times 100 \fallingdotseq 72.4\%$로 국산 화장품 비율이 더 높다.

ㄹ. 전체 품목 중 가방류의 비율은 $\frac{17,356}{122,757}\times 100 \fallingdotseq 14.1\%$이며, 외국산품 합계 중 외국산 가방류의 비율은 $\frac{13,224}{74,040}\times 100 \fallingdotseq 17.9\%$로 외국산 가방류의 비율이 더 높다.

오답분석

ㄱ. 도표에서 품목별 외국산품 비중이 높은 주요 제품은 의류, 향수, 시계, 주류 그리고 신발류이다. 각각 품목 전체 별 비중을 계산하면 아래와 같다.

품 목	외국산품 비율
의 류	89.7%
향 수	96.0%
시 계	98.9%
주 류	97.4%
신발류	98.0%

ㄴ. 인 · 홍삼류의 대기업 비중은 $\frac{2,168}{2,899}\times 100 \fallingdotseq 74.1\%$로 가장 높다.

02 정답 ②

전체 단속건수에서 광주 지역과 대전 지역이 차지하는 비율은 다음과 같다.

- 광주 : $\frac{1,090}{20,000}\times 100 = 5.45\%$
- 대전 : $\frac{830}{20,000}\times 100 = 4.15\%$

따라서 광주 지역이 대전 지역보다 1.3%p 더 높다.

오답분석

① 울산 지역의 단속건수는 1,250건으로 전체 단속건수에서 차지하는 비중은 $\frac{1,250}{20,000}\times 100 = 6.25\%$이다.

③ 수도권 지역의 단속건수는 3,010+2,650+2,820+8,480건으로 전체 단속건수에서 차지하는 비중은 $\frac{8,480}{20,000}\times 100 = 42.4\%$이다. 따라서 수도권 지역의 단속건수는 전체 단속건수의 절반 미만이다.

④ 신호위반이 가장 많이 단속된 지역은 980건으로 제주이지만, 과속이 가장 많이 단속된 지역은 1,380건으로 인천이다.

⑤ 경기의 무단횡단 · 신호위반 · 과속 · 불법주정차 위반 건수는 서울보다 적지만, 음주운전 위반 건수는 서울보다 많다.

03 정답 ②

2020년과 2021년 사기업의 수도권 지역과 수도권 외 지역의 월평균 방역횟수 차이를 구하면 다음과 같다.

구 분	대기업	중소기업	개인기업
2020년	18.2−15.4=2.8회	8.8−4.2=4.6회	3.4−1.8=1.6회
2021년	21.8−16.2=5.6회	13.9−11.2=2.7회	10.1−6.5=3.6회

따라서 수도권 지역과 수도권 외 지역의 월평균 방역횟수의 차이가 가장 큰 곳은 2020년에는 중소기업이었으나, 2021년에는 대기업이다.

오답분석

① 수도권 지역과 수도권 외 지역의 2020년 대비 2021년 공공기관의 월평균 방역횟수 증가율을 구하면 다음과 같다.

− 수도권 : $\frac{19.25-12.5}{12.5}\times 100=54\%$

− 수도권 외 : $\frac{11.34-8.4}{8.4}\times 100=35\%$

따라서 월평균 방역횟수 증가율은 수도권 지역이 수도권 외 지역보다 54−35=19%p 더 높다.

③ 2021년 수도권 지역의 월평균 방역횟수가 가장 많은 곳은 병원이고, 가장 적은 곳은 유흥업소이다. 따라서 두 업소의 월평균 방역횟수 차이는 88.2−3.8=84.4회이다.

④ 2020년 수도권 지역과 수도권 외 지역의 월평균 방역횟수의 차이를 정리하면 다음과 같다.

구 분	수도권 지역	수도권 외 지역	수도권 − 수도권 외
공공기관	12.5	8.4	4.1
대기업	18.2	15.4	2.8
중소기업	8.8	4.2	4.6
개인기업	3.4	1.8	1.6
학 교	10.8	7.2	3.6
병 원	62.4	58.2	4.2
학원 · 독서실	6.6	4.5	2.1
카 페	8.4	6.8	1.6
식 당	11.2	7.2	4
PC방	7.1	5.8	1.3
목욕탕 · 찜질방	5.9	1.2	4.7
노래방	2.8	1.4	1.4
유흥업소	1.8	1.1	0.7

따라서 2020년 수도권 지역과 수도권 외 지역의 월평균 방역횟수의 차이가 가장 큰 곳은 4.7회인 목욕탕 · 찜질방이다.

⑤ 2020년 수도권 외 지역의 카페와 식당의 월평균 방역횟수의 평균횟수는 $\frac{6.8+7.2}{2}=7$회이다. 이는 PC방의 월평균 방역횟수인 5.8회보다 크다.

04 정답 ④

2019년과 2020년은 모든 지역에서 최고기온이 전년 대비 증가하였지만, 2019년 광주의 최저기온(2.1℃)은 전년인 2018년(2.2℃) 대비 감소하였다.

오답분석

① 수도권의 최고기온이 높은 순으로 나열하면 다음과 같다.

- 2018년 경기(29.2℃)−인천(28.9℃)−서울(28.5℃)
- 2019년 경기(31.4℃)−인천(30.5℃)−서울(30.1℃)

• 2020년 경기(31.9℃)－인천(31.5℃)－서울(31.4℃)

수도권의 최저기온이 높은 순대로 나열하면 다음과 같다.

• 2018년 서울(－2.8℃)－인천(－3.4℃)－경기(－5.2℃)
• 2019년 서울(－0.5℃)－인천(－0.9℃)－경기(－1.2℃)
• 2020년 서울(0.9℃)－인천(0.5℃)－경기(－0.3℃)

따라서 최고기온은 '경기－인천－서울'순으로 높고, 최저기온은 '서울－인천－경기' 순으로 높다.

② 2018~2020년에 영하기온이 있는 지역은 다음과 같다.

• 2018년 : 서울(－2.8℃), 경기(－5.2℃), 인천(－3.4℃), 대전(－1.1℃)
• 2019년 : 서울(－0.5℃), 경기(－1.2℃), 인천(－0.9℃)
• 2020년 : 경기(－0.3℃)

따라서 영하기온이 있는 지역의 수는 매년 감소하고 있다.

③ 2018~2020년에 대구와 부산의 최고기온은 다음과 같다.

• 2018년 최고기온 : 대구 31.8℃, 부산 33.5℃
• 2019년 최고기온 : 대구 33.2℃, 부산 34.1℃
• 2020년 최고기온 : 대구 35.2℃, 부산 34.8℃

따라서 2020년에 대구의 최고기온이 부산보다 높아졌다.

⑤ 2019년 대비 2020년 평균기온은 인천(15.2－14.2＝1.0℃), 대구(17.9－16.8＝1.1℃) 두 지역만 1℃ 이상 증가하였다.

05 정답 ⑤

a	n
5	50
$5+(5+1)=11$	$50-1=49$
$11+(11+1)=23$	$49-1=48$
$23+(23+1)=47$	$48-1=47$
$47+(47+1)=95$	$47-1=46$

$\therefore 95\times46=4{,}370$

06 정답 ③

a	n
1	$\frac{5}{4}$
$1\times2+2=4$	$\frac{5}{4}+1=\frac{9}{4}$
$4\times2+2=10$	$\frac{9}{4}+2=\frac{17}{4}$
$10\times2+2=22$	$\frac{17}{4}+4=\frac{33}{4}$
$22\times2+2=46$	$\frac{33}{4}+8=\frac{65}{4}$

$\therefore \frac{65}{4}\times4=65$

03 어휘유창성(인문계)

01	02	03	04	05					
④	②	③	①	①					

01 정답 ④

개과불린(改過不吝)은 허물을 고침에 인색하지 말라. 잘못된 것이 있으면, 고치는 데 주저하지 않고 빨리 바로잡아 반복하지 말자는 의미이다.

오답분석

① 유비무환(有備無患) : 준비가 있으면 근심이 없다.
② 유유상종(類類相從) : 같은 무리끼리 서로 사귐
③ 회자정리(會者定離) : 만남이 있으면 헤어짐도 있다.
⑤ 개세지재(蓋世之才) : 세상을 마음대로 다스릴 만한 뛰어난 재기(才氣) 또는 그러한 재기(才氣)를 가진 사람

02 정답 ②

'썩이다'는 '걱정이나 근심으로 몹시 괴로운 상태가 되게 하다.'라는 뜻으로, '물건이나 사람 또는 사람의 재능 따위가 쓰여야 할 곳에 제대로 쓰이지 못하고 내버려진 상태에 있게 하다.'라는 뜻의 '썩히다'로 고쳐야 한다.

03 정답 ③

'산을 밀어 도로를 만든다.'에서 '밀다'는 허물어 옮기거나 깎아 없앤다는 의미로 쓰인 것이므로 적절하지 않다. '나무 따위의 거친 표면을 반반하고 매끄럽게 깎다.'의 의미의 '밀다'는 '대패로 송판을 밀다.'와 같이 활용된다.

04 정답 ①

- 그녀는 (숙명/운명)에 대항해 힘껏 싸웠다.
- 그는 딸의 죽음을 (운명/숙명)으로 받아들였다.
- 각자 맡은 바 (사명)을 다하다.
- 그분의 (고명)은 나도 들은 바 있소.

- 임명(任命) : 일정한 지위나 임무를 남에게 맡김

오답분석

② 사명(使命) : 맡겨진 임무
③ 운명(運命) : 인간을 포함한 모든 것을 지배하는 초인간적인 힘
④ 고명(高名) : 높이 알려진 이름이나 높은 명예
⑤ 숙명(宿命) : 날 때부터 타고난 정해진 운명. 또는 피할 수 없는 운명

05 정답 ①

천재일우란 '천 년에 한 번 만날 만한 기회', 즉 '좀처럼 만나기 어려운 좋은 기회(機會)'라는 뜻이다.

오답분석

② 인연(因緣), ③ 노력(努力), ④ 시간(時間), ⑤ 조건(條件)

04 공간추리(이공계)

01									
②									

01 정답 ②

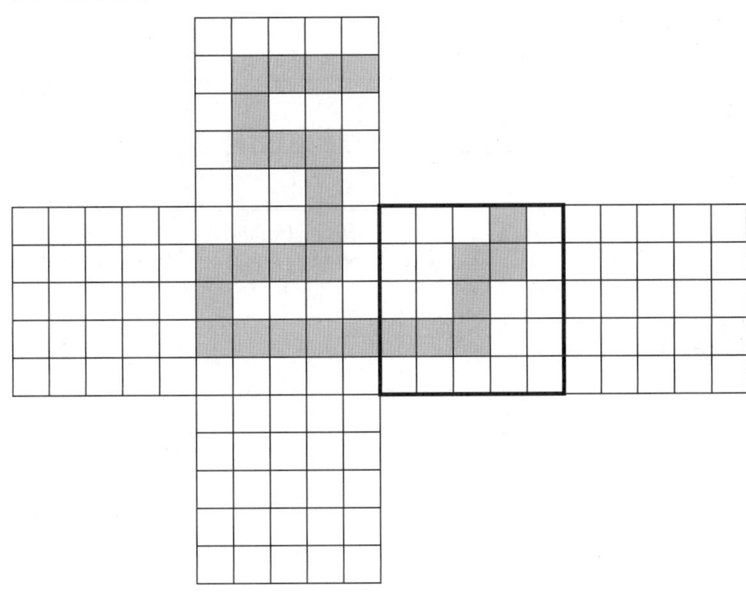

최신기출문제 정답 및 해설

01 언어논리

01	02	03	04	05	06				
④	③	①	④	④	③				

01 정답 ④

주어진 조건을 정리하면 다음과 같다.

제네시스	그랜저	투 싼	에쿠스	소나타
흰 색	검은색	흰 색	파란색	흰 색

따라서 주어진 조건을 통해 에쿠스는 파란색, 그랜저는 검은색임을 알 수 있다.

오답분석

① 흰색 차량은 제네시스, 투싼, 소나타 총 3대이다.
② 그랜저는 제네시스의 바로 오른쪽으로, 왼쪽에서 두 번째에 있다.
③ 그랜저는 검은색, 에쿠스는 파란색으로, 검은색과 파란색 차량은 각각 1대씩 있다.
⑤ 그랜저는 검은색 차량으로, 나머지 차량의 색상과 다르다.

02 정답 ③

다섯 번째, 여섯 번째 조건을 통해 생일이 빠른 순서로 정렬하면 '정 – 을 – 병 – 갑'또는 '을 – 병 – 갑 – 정'이다. 그러나 네 번째 조건에 따라 '정 – 을 – 병 – 갑'은 될 수 없다. 따라서 '을 – 병 – 갑 – 정' 순으로 생일이 빠르다. 또한 세 번째, 네 번째 조건에 따라 을은 법학, 병은 의학, 갑은 수학, 정은 철학을 전공했다.

03 정답 ①

오른쪽 끝자리에는 30대 남성이, 왼쪽에서 두 번째 자리에는 40대 남성이 앉고, 네 번째 조건에 따라 30대 여성은 왼쪽에서 네 번째 자리에 앉아야 한다. 이때, 40대 여성은 세 번째 조건에 의해 왼쪽에서 첫 번째 자리에 앉아야 하므로 남은 자리에 20대 남녀가 앉을 수 있다.

〈경우 1〉

40대 여성	40대 남성	20대 여성	30대 여성	20대 남성	30대 남성

〈경우 2〉

40대 여성	40대 남성	20대 남성	30대 여성	20대 여성	30대 남성

따라서 항상 옳은 것은 ①이다.

04 정답 ④

기술을 통한 제조 주기의 단축과 하나의 공장에서 다양한 제품군을 생산하는 것은 '기술적 혁명'을 통한 생산성 향상, 생산 공정 최적화 등과 관련이 있다. 따라서 GE의 제조 공장은 ⓒ 제조업의 스마트화 사례에 해당한다.

05 정답 ④

인간은 직립보행을 계기로 후각이 생존에 상대적으로 덜 영향을 주게 되면서, 시각을 발달시키는 대신 후각을 현저히 퇴화시켰다는 사실을 설명하고 있다. 다만 후각은 여전히 감정과 긴밀히 연계되어 있고 관련 기억을 불러일으킨다는 사실을 언급하며 마무리하고 있다. 따라서 인간은 후각을 부수적인 기능으로 남겨두었다는 것이 제시문의 요지이다.

06 정답 ③

현재 에너지 비용을 지원하는 단기적인 복지 정책은 효과가 지속되지 않고, 오히려 에너지 사용량이 늘어나 에너지 절감과 같은 환경 효과를 볼 수 없으므로 '효율형'과 '전환형'의 복합적인 에너지 복지 정책을 추진해야 한다는 내용의 글이다. 따라서 에너지 비용을 지원하는 정책의 효과가 지속되지 않는다는 데에는 ⓛ이, 일자리 창출 효과의 '효율형' 정책과 환경 보호 효과의 '전환형' 정책을 복합적으로 추진해야 한다는 데에는 ⓒ이 각각 필자의 논거로 사용될 수 있다.

02 수리자료분석

01	02	03	04	05	06				
②	③	⑤	③	②	③				

01 정답 ②

제주공항 화물은 김해공항 화물의 $\frac{23,245}{14,469}$≒1.6배이다.

오답분석

① 제주공항, 대구공항은 도착 여객보다 출발 여객의 수가 많다.

③ $\frac{31,721}{70,699}\times100$≒44.9%

④ 도착편이 두 번째로 많은 공항은 제주공항이다. 그러나 도착 화물이 두 번째로 많은 공항은 김포공항이다.

⑤ 김해공항 운항은 9,094편, 제주공항 운항은 14,591편이다. 김해공항 운항과 제주공항 운항을 합하면 9,094+14,591=23,685편이므로, 김포공항 화물인 23,100보다 많다.

02 정답 ③

2015년과 2020년을 비교했을 때, 국유지 면적의 차이는 24,087−23,033=1,054km^2이고, 법인 면적의 차이는 6,287−5,207=1,080km^2이므로 법인 면적의 차이가 더 크다.

오답분석

① 국유지 면적은 매년 증가하고, 민유지 면적은 매년 감소하는 것을 확인할 수 있다.

② 전년 대비 2016 ~ 2020년 군유지 면적의 증가량은 다음과 같다.

- 2016년 : 4,788−4,741=47km^2
- 2017년 : 4,799−4,788=11km^2
- 2018년 : 4,838−4,799=39km^2
- 2019년 : 4,917−4,838=79km^2
- 2020년 : 4,971−4,917=54km^2

따라서 군유지 면적의 증가량은 2019년에 가장 많다.

④ 전체 국토면적은 매년 증가하고 있는 것을 확인할 수 있다.

⑤ 전년 대비 2020년 전체 국토면적의 증가율은 $\frac{100,033-99,897}{99,897}\times100$≒0.14%이므로 1% 미만이다.

03 정답 ⑤

2015~2019년 동안 매년 생산량은 두류가 잡곡보다 많음을 알 수 있다.

오답분석

① 잡곡의 생산량이 가장 적은 해는 2016년이고, 재배면적이 가장 적은 해는 2019년이다.

② 2019년의 경우 잡곡의 재배면적은 208ha이며, 서류 재배면적의 2배인 138×2=276ha보다 작다.

③ 두류의 생산량이 가장 많은 해는 2015년이고, 같은 해에 재배면적이 가장 큰 곡물은 미곡이다.

④ 2017~2019년 동안 미곡의 전년 대비 생산량 증감 추이는 '감소−증가−증가'이고, 두류의 경우 계속 증가했다.

04 정답 ③

(1항)−(3항)=(2항), (2항)−(4항)=(3항), (3항)−(5항)=(4항) …이 반복된다.

따라서 11−( )= −15 → ( )=26이다.

05 정답 ②

-5, $\times(-2)$가 반복된다.

따라서 $14-5=9$이다.

06 정답 ③

맨 처음 접시에 있었던 과자의 개수를 x개라고 하면, 먹은 과자의 개수와 먹고 난 후 남은 과자의 개수는 다음과 같다.

구 분	먹은 과자개수	남은 과자개수
민 우	$\frac{1}{2}x$	$\frac{1}{2}x$
지 우	$\frac{1}{2}x\times\frac{1}{2}=\frac{1}{4}x$	$\frac{1}{2}x-\frac{1}{4}x=\frac{1}{4}x$
경 태	$\frac{1}{4}x\times\frac{1}{4}=\frac{1}{16}x$	$\frac{1}{4}x-\frac{1}{16}x=\frac{3}{16}x$
수인과 진형	$\frac{3}{16}x=6$	0

따라서 처음 접시에 있었던 과자의 개수는 $\frac{3}{16}x=6 \rightarrow x=32$개이다.

03 어휘유창성(인문계)

01	02	03	04	05	06				
②	①	⑤	③	④	①				

01 정답 ②

'미쁘다'는 '믿음성이 있다.'는 뜻으로 사용된다.

02 정답 ①

효시(嚆矢)는 어떤 사물이나 현상이 시작되어 나온 맨 처음을 비유적으로 이르는 말로, 전쟁을 시작할 때 우는살을 먼저 쏘았다는 데에서 유래됐다.

03 정답 ⑤

'만'은 횟수를 나타내는 말 뒤에 쓰여 '앞말이 가리키는 횟수를 끝으로'의 뜻을 나타내는 의존 명사이므로 '한 번 만에'와 같이 띄어 써야 한다.

오답분석

① '들'은 두 개 이상의 사물을 나열할 때, 그 열거한 사물 모두를 가리키거나 그 밖에 같은 종류의 사물이 더 있음을 나타내는 의존 명사이므로 앞말과 띄어 쓴다.
② 용언의 관형사형 뒤에 나타나는 '뿐'은 다만 어떠하거나 어찌할 따름이라는 뜻을 나타내는 의존 명사이므로 앞말과 띄어 쓴다.
③ 체언 바로 뒤에 붙어 나타나는 '-만큼'은 앞말과 비슷한 정도나 한도임을 나타내는 격조사이므로 붙여 쓴다.
④ '듯하다'는 앞말이 뜻하는 사건이나 상태 따위를 짐작하거나 추측함을 나타내는 보조 형용사이므로 한 단어로 붙여 쓴다.

04 정답 ③

- 부화뇌동(附和雷同) : '우레 소리에 맞춰 함께 한다'는 뜻으로, 자신의 뚜렷한 소신 없이 그저 남이 하는 대로 따라가는 것을 의미한다.
- 서낭에 가 절만 한다 : 서낭신 앞에 가서 아무 목적도 없이 절만 한다는 뜻으로, 영문도 모르고 남이 하는 대로만 따라함을 비유적으로 이르는 말

오답분석

① 까맣게 잊어버린 지난 일을 새삼스럽게 들추어내서 상기시키는 쓸데없는 행동을 비유적으로 이르는 말
② 무슨 일을 힘들이지 않고 쉽게 하는 것을 비유적으로 이르는 말
④ 오달진 사람일수록 한번 타락하면 걷잡을 수 없게 된다는 말
⑤ 체면이 없이 무리하게 계속 요구를 하는 경우를 이르는 말

05 정답 ④

오답분석

① '소위'가 '이른바(세상에서 말하는 바)'의 뜻으로 '말하는'과 의미가 중복된다.
② '미리'와 '예측(미리 헤아려 짐작함)'이 의미상 중복된다.
③ '올해 추수한'과 '햅쌀(그 해에 새로 난 쌀)'이 의미상 중복된다.
⑤ '전진'은 '앞으로 나아감'을 의미한다. 따라서 '앞으로'와 의미가 중복된다.

06 정답 ①

제시문에서는 대형마트와 백화점 중 판매되는 곳에 따라 나타나는 상품에 대한 구매 선호도의 차이를 이야기하고 있다. 따라서 제시문과 관련 있는 한자성어로는 '회남의 귤을 회북에 옮겨 심으면 탱자가 된다.'는 뜻의 '환경에 따라 사람이나 사물의 성질이 변함'을 의미하는 '귤화위지(橘化爲枳)'가 가장 적절하다.

오답분석

② 좌불안석(坐不安席) : 앉아도 자리가 편안하지 않다는 뜻으로, 마음이 불안하거나 걱정스러워서 한군데에 가만히 앉아 있지 못하고 안절부절못하는 모양을 이르는 말
③ 불문가지(不問可知) : 묻지 아니하여도 알 수 있음
④ 전화위복(轉禍爲福) : 재앙과 근심, 걱정이 바뀌어 오히려 복이 됨
⑤ 일망타진(一網打盡) : 한 번 그물을 쳐서 고기를 다 잡는다는 뜻으로, 어떤 무리를 한꺼번에 모조리 다 잡음을 이르는 말

04 공간추리(이공계)

01	02	03	04						
①	③	⑤	④						

01 ①

전개도를 앞에서 바라보았을 때  모양이 되도록 접으면 다음과 같다.

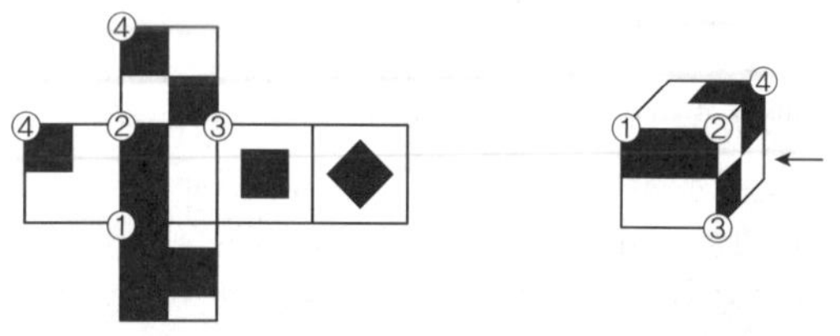

임의로 90° 회전을 2번 한 후 화살표 방향에서 바라본 모양은 ①이 나올 수 없다.

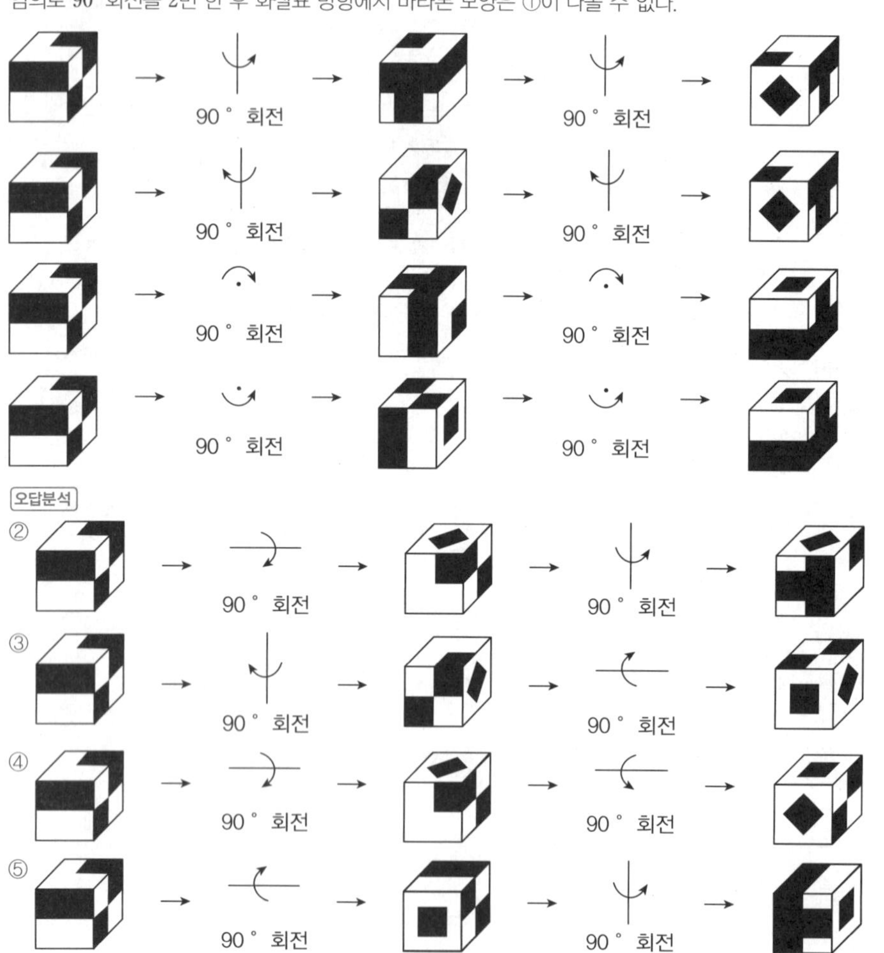

02 ③

다음 전개도를 앞에서 바라보았을 때 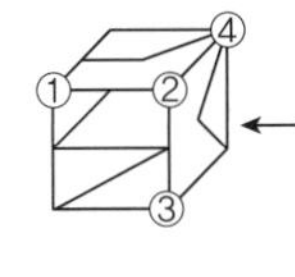 모양이 되도록 접으면 다음과 같다.

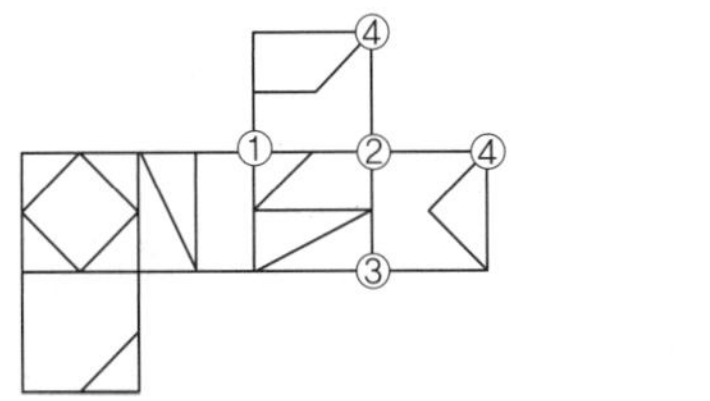

임의로 90° 회전을 2번 한 후 화살표 방향에서 바라본 모양은 ③이 나올 수 없다.

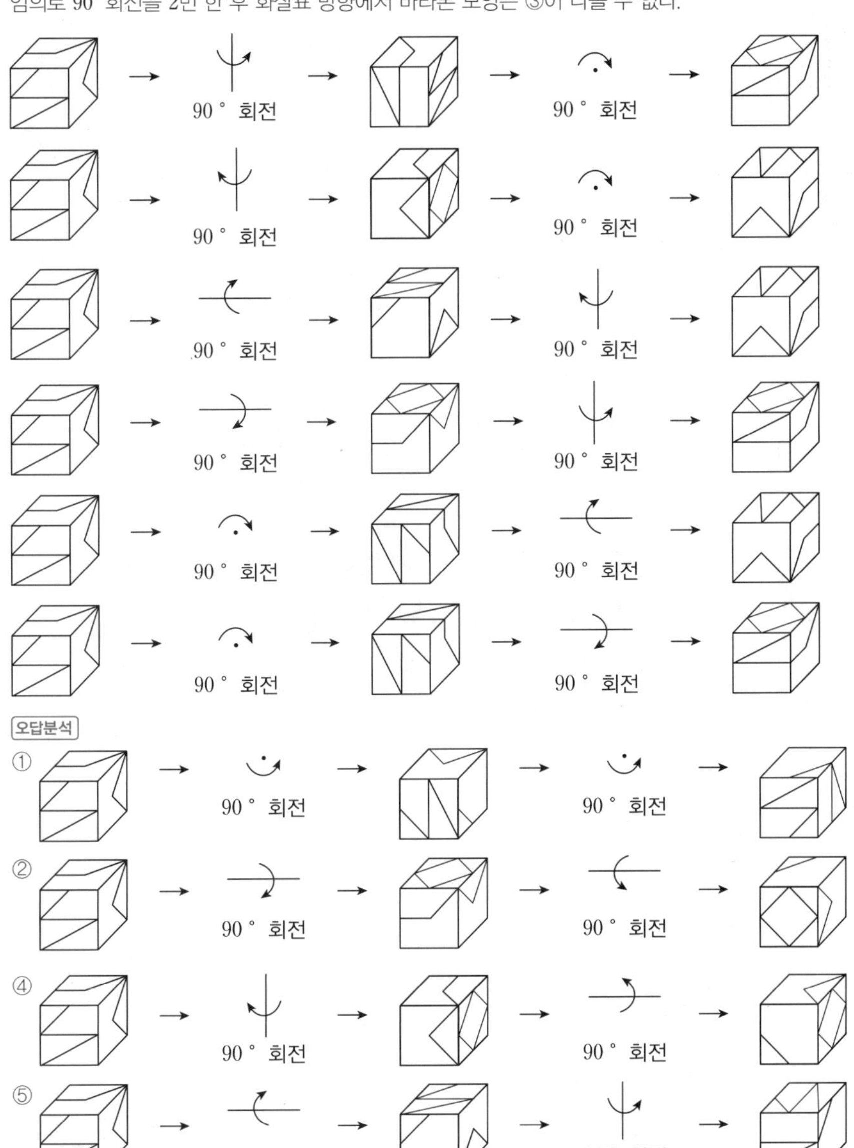

03 정답 ⑤

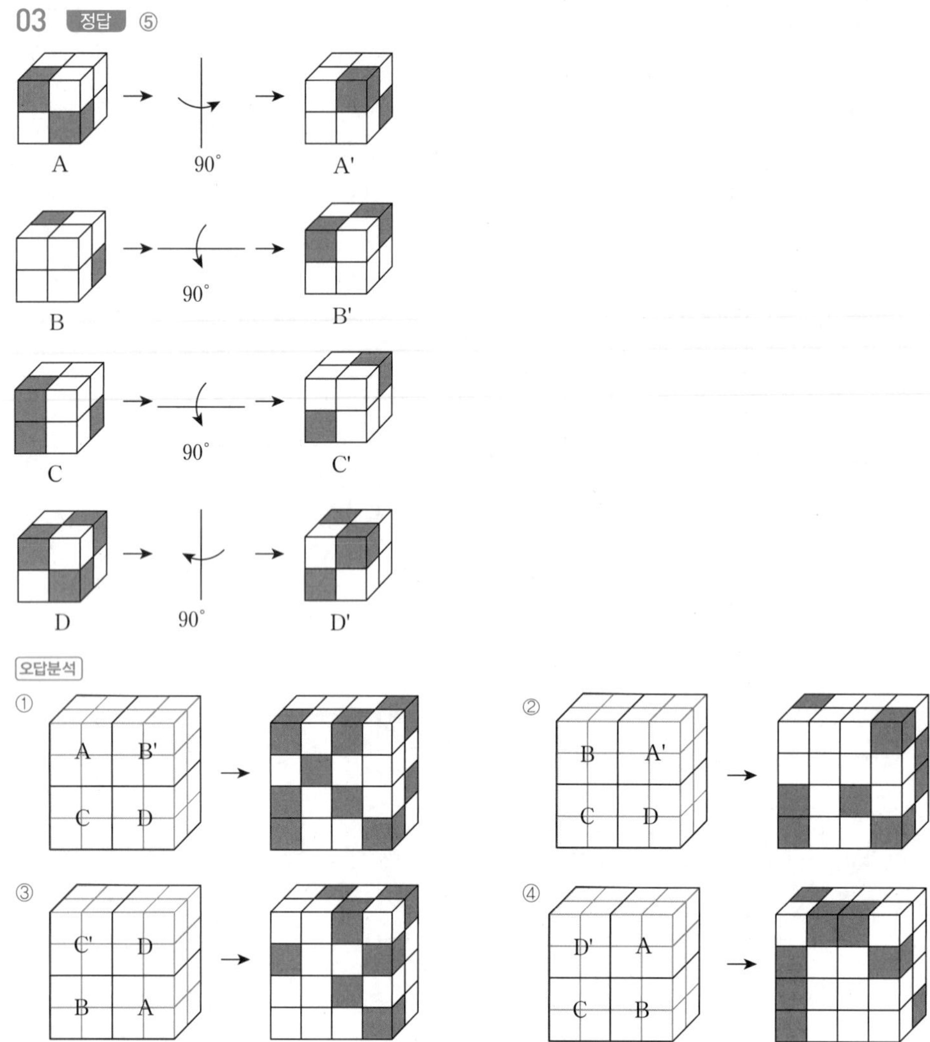

04 정답 ④

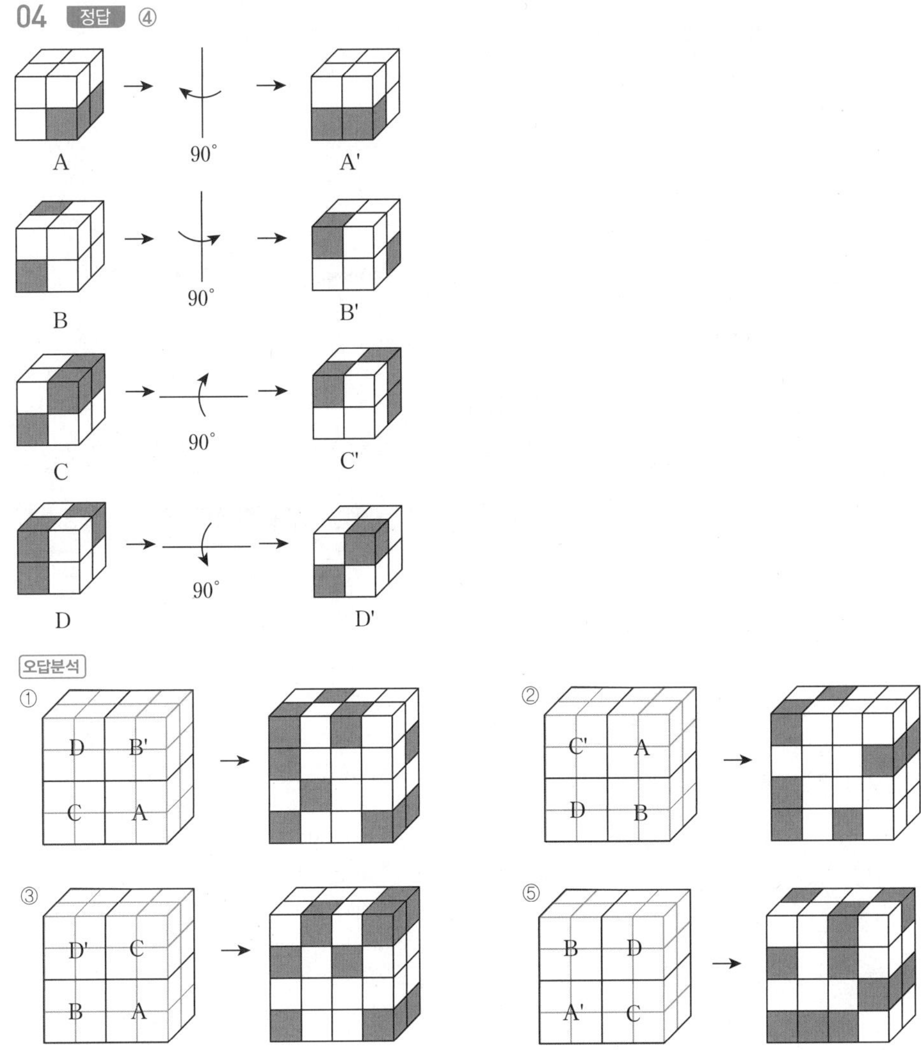

최신기출문제 정답 및 해설

01 언어논리

01	02	03	04	05	06				
⑤	③	③	①	④	②				

01 정답 ⑤

작품상을 p, 감독상을 q, 각본상을 r, 편집상을 s라고 한다면 심사위원의 진술은 다음과 같이 도식화할 수 있다.

- A : ~s → ~q and ~ s → r
- B : p → q
- C : ~q → ~s
- D : ~s and ~r

이때, D의 진술에 따라 편집상과 각본상을 모두 받지 못한다면, 편집상을 받지 못한다면 대신 각본상을 받을 것이라는 A의 진술이 성립하지 않으므로 A와 D의 진술 중 하나는 반드시 거짓임을 알 수 있다.

1) D의 진술이 참이고 A의 진술이 거짓인 경우
최대 개수를 구하기 위해 편집상과 각본상을 모두 받지 못하며, 작품상을 받는다고 가정하면 B의 진술에 따라 감독상도 받을 수 있다. 따라서 최대 2개의 상을 수상할 수 있다.

2) D의 진술이 거짓이고 A의 진술이 참인 경우
최대 개수를 구하기 위해 편집상과 각본상을 모두 받으며, 작품상을 받는다고 가정하면 감독상도 받을 수 있기 때문에 최대 4개의 상을 수상할 수 있다.
따라서 해당 작품이 수상할 수 있는 상의 최대 개수는 4개이다.

02 정답 ③

제시된 조건을 정리하면 밀크시슬을 월요일에 섭취하는 경우와 목요일에 섭취하는 경우로 나눌 수 있다.

구 분	월	화	수	목	금
〈 경우 1〉	밀크시슬	비타민B	비타민C	비타민E	비타민D
〈 경우 2〉	비타민B	비타민E	비타민C	밀크시슬	비타민D

따라서 수요일에는 항상 비타민C를 섭취한다.

오답분석

① 월요일에는 비타민B 또는 밀크시슬을 섭취한다.
② 화요일에는 비타민E 또는 비타민B를 섭취한다.
④ 〈경우 1〉에서는 비타민E를 비타민C보다 나중에 섭취한다.
⑤ 비타민D는 밀크시슬보다 나중에 섭취한다.

03 정답 ③

조건에 따라 각 부서원들이 준비한 과일과 접시를 정리하면 다음과 같다.

구 분	A사원	B사원	C주임	D주임	E대리
과 일	사 과	바나나	참 외	배	수 박
접 시	초록 /빨강	검 정	회 색	노 랑	빨강 /초록

B사원이 바나나를 준비하였으므로 A사원과 C주임 중 한 명이 사과를 준비하였다. 그런데 양쪽 끝 접시는 빨간색, 초록색이고 참외는 회색 접시에 담겨있으므로 양쪽 끝에 담긴 과일은 두 글자인 과일 중 참외를 제외한 사과, 수박이다. A사원은 사과를, E대리는 수박을 준비하였다. 수박과 참외는 이웃하지 않으므로 D주임이 준비한 과일은 참외일 수 없다.
따라서 C주임이 준비한 과일은 참외이다.
C주임은 참외를 준비했으므로 회색 접시를 준비했고, D주임은 노란 접시에 배를 준비했음을 알 수 있다.
따라서 B사원이 준비한 접시의 색깔은 검정색임을 알 수 있다.

04 정답 ①

제시문은 '발전'에 대한 개념을 설명하고 있다. 빈칸 앞에는 발전에 대해 '모든 형태의 변화가 전부 발전에 해당하는 것은 아니다.'라고 하면서 교통신호등을 예로 들고, 빈칸 뒤에는 '사태의 진전 과정에서 나중에 나타나는 것은 적어도 그 이전 단계에 내재적으로나마 존재했던 것의 전개에 해당한다는 것이다.'라고 서술하고 있다. 여기에 첫 번째 문장까지 고려한다면, ①의 내용이 빈칸에 들어가는 것이 적절하다.

05 정답 ④

㉠의 '고속도로'는 그래핀이 사용된 선로를 의미하며, ㉢의 '코팅'은 비정질 탄소로 그래핀을 둘러싼 것을 의미한다. ㉠의 그래핀은 전자의 이동속도가 빠른 대신 저항이 높고 전하 농도가 낮다. 연구팀은 이러한 그래핀의 단점을 해결하기 위해, 즉 저항을 감소시

키고 전하 농도를 증가시키기 위해 그래핀에 비정질 탄소를 얇게 덮는 방법을 생각해냈다.

[오답분석]

① ㉡의 '도로'는 기존 금속 재질의 선로를 의미한다. 연구팀은 기존의 금속 재질(㉡) 대신 그래핀(㉠)을 반도체 회로에 사용하였다.

② 반도체 내에 많은 소자가 집적되면서 금속 재질의 선로(㉡)에 저항이 기하급수적으로 증가하였다.

③ 그래핀(㉠)은 구리보다 전기 전달 능력이 뛰어나고 전자 이동속도가 100배 이상 빠르다.

⑤ ㉠의 '고속도로'는 그래핀, ㉡의 '도로'는 금속 재질, ㉢의 '코팅'은 비정질 탄소를 의미한다.

06 정답 ②

글의 내용을 요약하여 필자가 주장하는 핵심을 파악해야 한다. 제시문은 텔레비전의 언어가 개인의 언어 습관에 미치는 악영향을 경계하면서, 올바른 언어 습관을 길들이기 위한 방법으로 문학 작품의 독서를 강조하고 있다.

02 수리자료분석

01	02	03	04	05	06				
④	②	③	②	④	④				

01 ④

15주 동안 A그룹의 몬스터 스트리밍 지수가 B그룹의 블러드 스트리밍 지수보다 높은 지수였던 주는 2주, 10주~15주까지 총 7번이다.

오답분석

① A, B그룹의 모든 곡의 1주부터 3주까지 스트리밍 지수 합을 각각 구하면 다음과 같다.

구 분	A그룹			B그룹		
	몬스터	로 또	라이프	파이어	블러드	스프링
1주	80,426	75,106	73,917	62,653	84,355	95,976
2주	89,961	78,263	76,840	66,541	86,437	94,755
3주	70,234	70,880	74,259	64,400	88,850	86,489
계	240,621	224,249	225,016	193,594	259,642	277,220

따라서 스트리밍 지수 합이 높은 곡의 순서는 '스프링－블러드－몬스터－라이프－로또－파이어'이다.

② 라이프의 10주 스트리밍 지수는 68,103이고, 블러드의 14주 스트리밍 지수의 1.2배는 56,663×1.2=67,995.6이므로 라이프의 스트리밍 지수는 블러드의 스트리밍 지수의 1.2배 이상이다.

③ 8주 대비 9주의 스트리밍 지수가 증가한 곡은 A그룹의 몬스터와 로또이며, 나머지는 감소했다. 두 곡의 8주 대비 9주의 스트리밍 지수 증가율을 비교하면 로또의 증가율이 더 높다.

- 몬스터 : $\frac{66,355-65,719}{65,719}\times100 \fallingdotseq 0.97\%$
- 로또 : $\frac{69,447-67,919}{67,919}\times100 \fallingdotseq 2.25\%$

⑤ 6주일 때와 15주일 때, 6곡의 스트리밍 지수 합을 구하면 다음과 같다.

- 6주 : 62,447+69,467+74,077+62,165+78,191+75,362=421,709
- 15주 : 59,222+47,991+30,218+26,512+54,253+67,518=285,714

따라서 두 주의 스트리밍 지수 합의 차이는 421,709－285,714=135,995이다.

02 정답 ②

2018년 1위 흑자국 중국의 흑자액은 10위 흑자국 인도 흑자액의 $\frac{47,779}{4,793} \fallingdotseq 9.97$배이므로 10배 미만이다.

오답분석

① 2016년부터 2018년까지 폴란드, 슬로바키아, 브라질을 제외한 9개국은 모두 흑자국에 2번 이상을 포함되었다.

③ 싱가포르의 2016년 대비 2018년의 흑자액은 $\frac{11,890}{5,745} \fallingdotseq 2.07$배이므로 옳은 설명이다.

④ 2016년 대비 2018년 베트남의 흑자 증가율은 $\frac{8,466-4,780}{4,780}\times100 \fallingdotseq 77.1\%$로 가장 높다.

⑤ 조사기간 동안 싱가포르와 베트남 2개국이 매년 순위가 상승했다.

03 정답 ③

첫 번째 조건에 따르면, 국가연구개발 사업비가 2017년부터 2019년까지 매년 증가한 항목은 A~D 중 A와 D이다. 따라서 사회질서 및 안전 분야는 A or D이다.

두 번째 조건에 따르면, A~D 중 2018~2019년 동안 매년 국가연구개발 사업비가 우주개발 및 탐사 분야와 환경 분야의 국가연구개발 사업비의 합의 2배보다 컸던 항목은 A이므로 A가 국방 분야이고, 사회질서 및 안전 분야는 D가 된다.

네 번째 조건은 C와 B가 에너지 또는 지구개발 및 탐사 분야에 해당되는 것만 추론할 수 있다.

세 번째 조건에 따르면 2017년과 2019년에 지구개발 및 탐사 분야와 우주개발 및 탐사 분야의 국가연구개발 사업비의 합은 에너지 분야의 사업비보다 작다고 했으므로 지구개발 및 탐사 분야는 C로 하여 각각 5,041+3,256=8,297억 원, 5,069+3,043=8,112억 원이 나오고, 나머지 에너지 분야를 B라고 가정하면 각각 15,311억 원, 11,911억 원으로 조건에 부합하여 B가 에너지 분야이며 C가 지구개발 및 탐사 분야임을 알 수 있다.

기 호	분 야
A	국 방
B	에너지
C	지구개발 및 탐사
D	사회질서 및 안전

04 정답 ②

영희가 집에서 할머니를 기다린 10분을 제외하면, 학교에서 병원까지 총 이동시간은 1시간 40분이다.

1시간 40분은 $1+\frac{40}{60}=1+\frac{2}{3}=\frac{5}{3}$시간이다. 집과 병원 사이의 거리를 $x$km라고 하자.

$\frac{2x}{4}+\frac{x}{3}=\frac{5}{3} \rightarrow \frac{5}{6}x=\frac{5}{3}$

$x=2$

05 정답 ④

- 원금 : 1,000,000원
- 첫째 날 주식가격(10% 상승)
  : 1,000,000×1.1=1,100,000원
- 둘째 날 주식가격(20% 상승)
  : 1,100,000×1.2=1,320,000원
- 셋째 날 주식가격(10% 하락)
  : 1,320,000×0.9=1,188,000원
- 넷째 날 주식가격(20% 하락)
  : 1,188,000×0.8=950,400원

따라서 A씨는 최종적으로 1,000,000−950,400=49,600원 만큼 손실을 입었다.

오답분석

① 둘째 날 매도하였을 경우 매도가격은 1,320,000원이므로 수익률은

$\frac{1,320,000-1,000,000}{1,000,000}\times 100=32\%$이다.

② 셋째 날의 수익률은 $\frac{1,188,000-1,000,000}{1,000,000}\times 100=18.8\%$이다.

06 정답 ④

진수, 민영, 지율, 보라 네 명의 최고점을 각각 a, b, c, d점이라고 하자.

$a+2b=10$ … ㉠

$c+2d=35$ … ㉡

$2a+4b+5c=85$ … ㉢

㉢과 ㉠을 연립하면

$2\times10+5c=85 \rightarrow 5c=65 \rightarrow c=13$

c의 값을 ㉡에 대입하여 d를 구하면

$13+2d=35 \rightarrow 2d=22 \rightarrow d=11$

따라서 보라의 최고점은 11점이다.

03 어휘유창성(인문계)

01	02	03	04	05	06				
④	④	④	⑤	⑤	⑤				

01 정답 ④

'가열차다'는 '싸움이나 경기 따위가 가혹하고 격렬하다.'는 의미를 지닌 '가열하다'의 잘못된 표기이므로 '가열하게'가 올바른 표기이다.

오답분석

① 가납사니 : 쓸데없는 말을 지껄이기 좋아하는 수다스러운 사람
② 느껍다 : 어떤 느낌이 마음에 북받쳐서 벅차다.
③ 무람없이 : 예의를 지키지 않으며 삼가고 조심하는 것이 없게
⑤ 댓바람 : ('댓바람에', '댓바람부터'꼴로 쓰여) 아주 이른 시간

02 정답 ④

보조 용언이 거듭 나타나는 경우 앞의 보조 용언만을 붙여 쓸 수 있다. 즉, '가다'와 '듯하다'는 본용언 '되다'의 보조 용언이므로 앞의 보조 용언인 '가다'만 본용언과 붙여 쓸 수 있다. 따라서 '일이 그럭저럭 되어가는 듯하다.'가 옳은 표기이다.

오답분석

①·② 보조 용언은 띄어 씀을 원칙으로 하되, 경우에 따라 붙여 씀도 허용한다. 따라서 보조 용언인 '듯하다'는 ①과 같이 앞말과 띄어 쓰는 것이 원칙이나, ②와 같이 붙여 쓰는 것도 허용한다.
③ '돌아오다'는 합성 용언으로 앞말이 합성 용언인 경우 보조 용언 '듯하다'는 띄어 써야 한다.
⑤ 의존명사 '듯'뒤에 보조사 '도'가 쓰이면 '듯도 하다'와 같이 띄어 쓴다.

03 정답 ④

- 많은 사람이 이번 결정에 대해 공정성과 객관성이 (결여)됐다고 비판하였다.
- 드디어 기업이 (결손)을 충당하고 이익을 내기 시작했다.
- 겨울철에는 야외 활동이 적어 비타민 D의 (결핍/결여)이/가 오기 쉽다.
- 유명 컴퓨터 회사는 일부 제품에서 배터리 (결함)이 발견되자 리콜을 시행하였다.

- 결렬(決裂)
  1. 갈래갈래 찢어짐
  2. 교섭이나 회의 따위에서 의견이 합쳐지지 않아 각각 갈라서게 됨

오답분석

① 결핍(缺乏) : 있어야 할 것이 없어지거나 모자람
② 결함(缺陷) : 부족하거나 완전하지 못하여 흠이 되는 부분
③ 결여(缺如) : 마땅히 있어야 할 것이 빠져서 없거나 모자람
⑤ 결손(缺損)
  1. 어느 부분이 없거나 잘못되어서 불완전함
  2. 수입보다 지출이 많아서 생기는 금전상의 손실

04 정답 ⑤

- 시종여일(始終如一) : 처음부터 끝까지 변함없이 한결같음

오답분석

① 거재두량(車載斗量) : 수레에 싣고 말로 된다는 뜻으로, 물건이나 인재 따위가 많아서 그다지 귀하지 않음을 이르는 말
② 득롱망촉(得隴望蜀) : 농(隴)을 얻고서 촉(蜀)까지 취하고자 한다는 뜻으로, 만족할 줄을 모르고 계속 욕심을 부리는 경우를 비유적으로 이르는 말
③ 교주고슬(膠柱鼓瑟) : 아교풀로 비파나 거문고의 기러기발을 붙여 놓으면 음조를 바꿀 수 없다는 뜻으로, 고지식하여 조금도 융통성이 없음을 이르는 말
④ 격화소양(隔靴搔癢) : 신을 신고 발바닥을 긁는다는 뜻으로, 성에 차지 않거나 철저하지 못한 안타까움. 하는 행동에 비해 그 효과가 적거나 없음을 이르는 말

05 정답 ⑤

한글 맞춤법에 따르면 '덮치다'는 '덮다'에 사동 접미사 '－치－'가 결합한 형태로 그 어간을 밝혀 적어야 한다. 따라서 ⑤의 '덥쳤던'은 '덮쳤던'이 올바른 표기이다.

06 정답 ⑤

'오랜'은 '이미 지난 동안이 긴'의 의미를 지닌 관형사이므로 뒷말과 띄어 써야 한다. 따라서 ⓔ에는 '오랜 세월'이 적절하다.

04 공간추리(이공계)

01	02	03	04						
③	③	①	②						

01 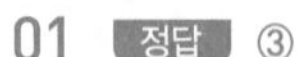 ③

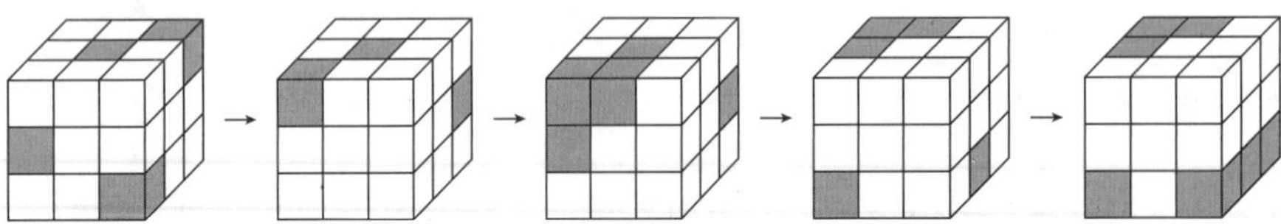

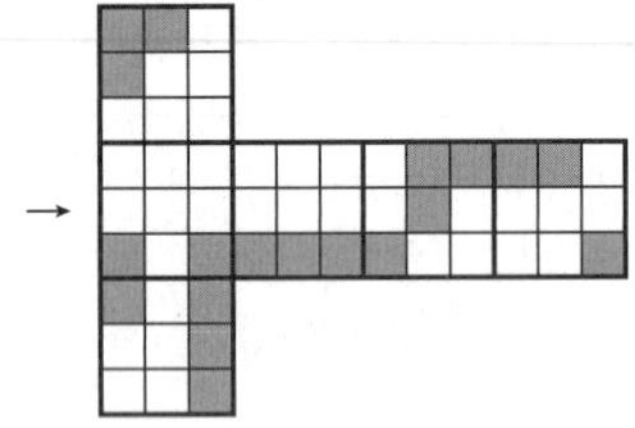

02 정답 ③

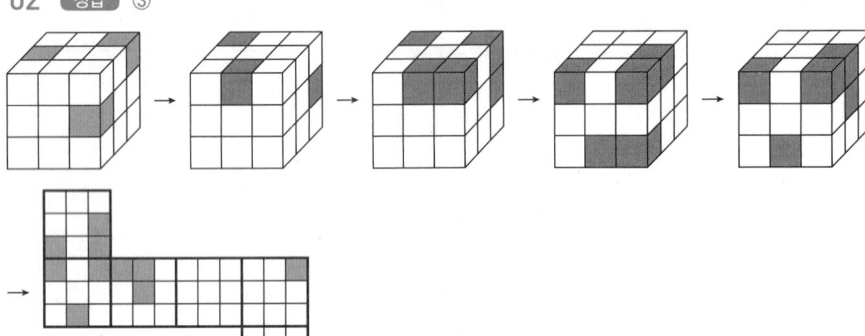

03 정답 ①

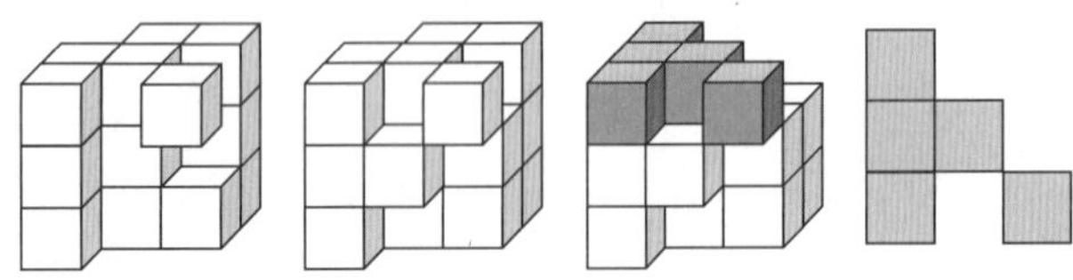

04 정답 ②

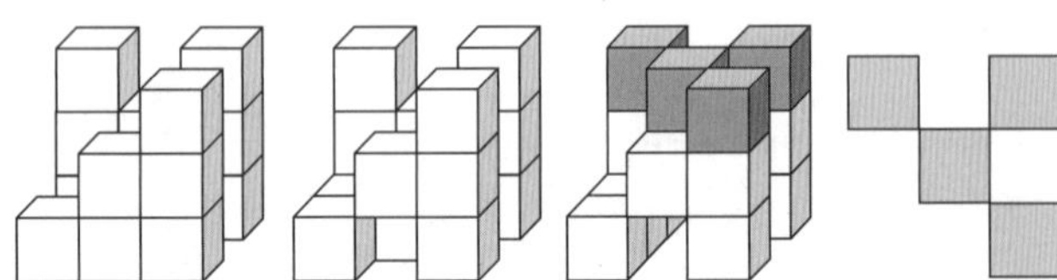

PART

1

기초적성검사

CHAPTER 01 언어논리

CHAPTER 02 수리자료분석

CHAPTER 03 어휘유창성(인문계)

CHAPTER 04 공간추리(이공계)

CHAPTER 01
언어논리

합격 Cheat Key

| 영역 소개 |

DCAT의 언어논리 영역은 이공계와 인문계의 공통 영역으로 크게는 언어추리와 독해 유형으로 나눌 수 있다. 언어추리에서는 명제추리와 연결하기·배열하기·묶기, 진실게임 등의 문제가 출제되며, 독해에서는 문장배열과 내용일치, 주제/제목 찾기 등의 문제가 출제된다. 총 30문항을 30분 동안 풀어야 하며, 이를 통해 추론능력과 논리적 사고력, 독해능력을 평가한다.

| 유형 소개 |

01 언어추리

언어추리는 주어진 3~4개의 명제나 조건에서 끌어낸 결론이 옳은지, 그른지의 여부를 판단하는 유형이다. 30문항 중 10문항 정도가 출제되며, 논리력과 독해력이 요구되는 유형이다. 단문을 통해 제시된 상황을 명확하게 이해하고 이를 통해 가정, 추론하는 능력 등을 평가한다.

학습포인트

- 세 개 이상의 비교대상이 등장하며, '~보다', '가장' 등의 표현에 유의해 풀어야 한다.
- '어떤'과 '모든'이 나오는 명제는 벤다이어그램을 활용한다.
- 주어진 규칙과 조건을 파악한 후 이를 도식화(표, 기호 등)하여 문제에 접근한다.
- 조건에 사용된 조사의 의미와 제한사항 등을 제대로 이해해야 정답을 찾을 수 있으므로 문제를 꼼꼼하게 읽는 습관을 기른다.

02 독 해

독해 유형은 글에 대한 이해력과 분석력을 평가하는 유형으로, 주제 찾기나 내용일치 등 일반적인 독해 문제들이 출제되고 있다. 전체 30문항 중 약 20문항이 출제되며, 문항 수 대비 시험시간을 계산해 보면 문제당 1분이 되지 않는다. 빠르게 글의 흐름 및 내용을 파악하고 제시되지 않은 부분을 추론하는 능력 등을 평가한다.

학습포인트

- 다양한 분야의 지문이 제시되므로 평소 여러 분야의 도서나 신문 기사 등을 읽어둔다.
- 문장배열의 경우 문장과 문장을 연결하는 접속어의 쓰임에 대해 정확히 알고 있어야 문제를 풀 수 있고, 문장 속에 나타나는 지시어는 해당 문장의 앞에 어떤 내용이 오는지에 대한 힌트가 되므로 이에 집중한다.
- 빈칸의 내용을 추론하는 문제의 경우 지문을 처음부터 끝까지 읽기보다는 빈칸의 앞뒤 문장만으로 빈칸에 들어갈 내용을 유추하는 연습을 하도록 한다.
- 내용일치나 주제/제목 찾기 유형의 경우 무작정 제시문을 읽고 문제를 풀기보다는, 문제와 선택지를 먼저 읽고 지문에서 찾아야 할 내용이 무엇인지를 먼저 파악하도록 한다.

CHAPTER 01

이론점검

01 언어추리

1. 연역 추론

CHECK POINT

연역 추론

모든 사람은 죽는다.
→ 나는 죽는다.
→ 영희는 죽는다.
→ 철수는 죽는다.

이미 알고 있는 판단(전제)을 근거로 새로운 판단(결론)을 유도하는 추론이다. 연역 추론은 진리일 가능성을 따지는 귀납 추론과는 달리, 명제 간의 관계와 논리적 타당성을 따진다. 즉, 연역 추론은 전제들로부터 절대적인 필연성을 가진 결론을 이끌어 내는 추론이다.

(1) **직접 추론** : 한 개의 전제로부터 중간적 매개 없이 새로운 결론을 이끌어 내는 추론이며, 대우 명제가 그 대표적인 예이다.

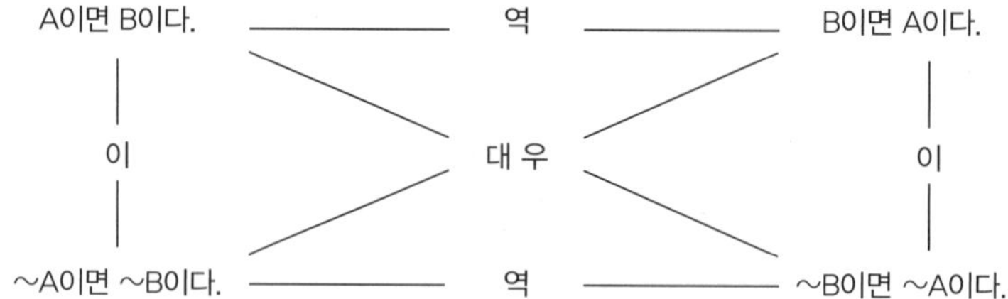

• 한국인은 모두 황인종이다.	(전 제)
• 그러므로 황인종이 아닌 사람은 모두 한국인이 아니다.	(결론 1)
• 그러므로 황인종 중에는 한국인이 아닌 사람도 있다.	(결론 2)

(2) **간접 추론** : 둘 이상의 전제로부터 새로운 결론을 이끌어 내는 추론이다. 삼단논법이 가장 대표적인 예이다.

① **정언 삼단논법** : 세 개의 정언명제로 구성된 간접추론 방식이다. 세 개의 명제 가운데 두 개의 명제는 전제이고, 나머지 한 개의 명제는 결론이다. 세 명제의 주어와 술어는 세 개의 서로 다른 개념을 표현한다. (P는 대개념, S는 소개념, M은 매개념이다)

• 모든 곤충은 다리가 여섯이다.	M은 P이다. (대전제)
• 모든 개미는 곤충이다.	S는 M이다. (소전제)
• 그러므로 모든 개미는 다리가 여섯이다.	S는 P이다. (결 론)

② **가언 삼단논법** : 가언명제로 이루어진 삼단논법을 말한다. 가언명제란 두 개의 정언명제가 '만일 ~이라면'이라는 접속사에 의해 결합된 복합명제이다. 여기서 '만일'에 의해 이끌리는 명제를 전건이라고 하고, 그 뒤의 명제를 후건이라고 한다. 가언 삼단논법의 종류로는 혼합가언 삼단논법과 순수가언 삼단논법이 있다.

㉠ 혼합가언 삼단논법 : 대전제만 가언명제로 구성된 삼단논법이다. 긍정식과 부정식 두 가지가 있으며, 긍정식은 'A면 B다. A다. 그러므로 B다.'이고, 부정식은 'A면 B다. B가 아니다. 그러므로 A가 아니다.'이다.

• 만약 A라면 B다. • B가 아니다. • 그러므로 A가 아니다.

㉡ 순수가언 삼단논법 : 대전제와 소전제 및 결론까지 모두 가언명제들로 구성된 삼단논법이다.

• 만약 A라면 B다. • 만약 B라면 C다. • 그러므로 만약 A라면 C다.

③ **선언 삼단논법** : '~이거나 ~이다'의 형식으로 표현되며 전제 속에 선언 명제를 포함하고 있는 삼단논법이다.

• 내일은 비가 오거나 눈이 온다.	A 또는 B이다.
• 내일은 비가 오지 않는다.	A가 아니다.
• 그러므로 내일은 눈이 온다.	그러므로 B다.

④ **딜레마 논법** : 대전제는 두 개의 가언명제로, 소전제는 하나의 선언명제로 이루어진 삼단논법으로, 양도추론이라고도 한다.

• 만일 네가 거짓말을 하면, 신이 미워할 것이다.	(대전제)
• 만일 네가 거짓말을 하지 않으면, 사람들이 미워할 것이다.	(대전제)
• 너는 거짓말을 하거나, 거짓말을 하지 않을 것이다.	(소전제)
• 그러므로 너는 미움을 받게 될 것이다.	(결 론)

2. 귀납 추론

특수한 또는 개별적인 사실로부터 일반적인 결론을 이끌어 내는 추론을 말한다. 귀납 추론은 구체적 사실들을 기반으로 하여 결론을 이끌어 내기 때문에 필연성을 따지기보다는 개연성과 유관성, 표본성 등을 중시하게 된다. 여기서 개연성이란, 관찰된 어떤 사실이 같은 조건 하에서 앞으로도 관찰될 수 있는가 하는 가능성을 말하

CHECK POINT

귀납 추론
소크라테스는 죽었다.
공자는 죽었다.
석가모니는 죽었다.
→ 모든 사람은 죽는다.

고, 유관성은 추론에 사용된 자료가 관찰하려는 사실과 관련되어야 하는 것을 일컬으며, 표본성은 추론을 위한 자료의 표본 추출이 공정하게 이루어져야 하는 것을 가리킨다. 이러한 귀납 추론은 일상생활 속에서 많이 사용하고, 우리가 알고 있는 과학적 사실도 이와 같은 방법으로 밝혀졌다.

- 히틀러도 사람이고 죽었다.
- 스탈린도 사람이고 죽었다.
- 그러므로 모든 사람은 죽는다.

그러나 전제들이 참이어도 결론이 항상 참인 것은 아니다. 단 하나의 예외로 인하여 결론이 거짓이 될 수 있다.

- 성냥불은 뜨겁다.
- 연탄불도 뜨겁다.
- 그러므로 모든 불은 뜨겁다.

위 예문에서 '성냥불이나 연탄불이 뜨거우므로 모든 불은 뜨겁다.'라는 결론이 나왔는데, 반딧불은 뜨겁지 않으므로 '모든 불이 뜨겁다.'라는 결론은 거짓이 된다.

CHECK POINT

귀납과 연역

한 가지의 구체적인 사실에서 일반적인 원리를 도출해 내는 것이 귀납이면, 반대로 일반적인 원리를 최초의 전제로 하고 거기에서 개별적인 경우를 추론하는 것이 연역이다. 즉, 귀납은 경험주의의 방법이며 연역은 합리주의의 방법이라 할 수 있다.

(1) 완전 귀납 추론

관찰하고자 하는 집합의 전체를 다 검증함으로써 대상의 공통 특질을 밝혀내는 방법이다. 이는 예외 없는 진실을 발견할 수 있다는 장점은 있으나, 집합의 규모가 크고 속성의 변화가 다양할 경우에는 적용하기 어려운 단점이 있다.

예 1부터 10까지의 수를 다 더하여 그 합이 55임을 밝혀내는 방법

(2) 통계적 귀납 추론

통계적 귀납 추론은 관찰하고자 하는 집합의 일부에서 발견한 몇 가지 사실을 열거함으로써 그 공통점을 결론으로 이끌어 내려는 방식을 가리킨다. 관찰하려는 집합의 규모가 클 때 그 일부를 표본으로 추출하여 조사하는 방식이 이에 해당하며, 표본 추출의 기준이 얼마나 적합하고 공정한가에 따라 그 결과에 대한 신뢰도가 달라진다는 단점이 있다.

예 여론조사에서 일부의 국민에 대한 설문 내용을 바탕으로, 이를 전체 국민의 여론으로 제시 하는 것

(3) 인과적 귀납 추론

관찰하고자 하는 집합의 일부 원소들이 지닌 인과 관계를 인식하여 그 원인이나 결과를 이끌어 내려는 방식을 말한다.

① **일치법** : 공통적인 현상을 지닌 몇 가지 사실 중에서 각기 지닌 요소 중 어느 한 가지만 일치한다면 이 요소가 공통 현상의 원인이라고 판단

예 마을 잔칫집에서 돼지고기를 먹은 사람들이 집단 식중독을 일으켰다.
따라서 식중독의 원인은 상한 돼지고기가 아닌가 생각한다.

② **차이법** : 어떤 현상이 나타나는 경우와 나타나지 않은 경우를 놓고 보았을 때, 각 경우의 여러 조건 중 단 하나만이 차이를 보인다면 그 차이를 보이는 조건이 원인이 된다고 판단

예 현수와 승재는 둘 다 지능이나 학습 시간, 학습 환경 등이 비슷한데 공부하는 태도에는 약간의 차이가 있다.
따라서 둘의 성적이 차이를 보이는 것은 학습 태도의 차이 때문으로 생각된다.

③ **일치 · 차이 병용법** : 몇 개의 공통 현상이 나타나는 경우와 몇 개의 그렇지 않은 경우를 놓고 일치법과 차이법을 병용하여 적용함으로써 그 원인을 판단

예 학업 능력 정도가 비슷한 두 아동 집단에 대해 처음에는 같은 분량의 과제를 부여하고 나중에는 각기 다른 분량의 과제를 부여한 결과, 많이 부여한 집단의 성적이 훨씬 높게 나타났다. 이로 보아, 과제를 많이 부여하는 것이 적게 부여하는 것보다 학생의 학업 성적 향상에 도움이 된다고 판단할 수 있다.

④ **공변법** : 관찰하는 어떤 사실의 변화에 따라 현상의 변화가 일어날 때 그 변화의 원인이 무엇인지 판단

예 담배를 피우는 양이 각기 다른 사람들의 집단을 조사한 결과, 담배를 많이 피울수록 폐암에 걸릴 확률이 높다는 사실이 발견되었다.

⑤ **잉여법** : 앞의 몇 가지 현상이 뒤의 몇 가지 현상의 원인이며, 선행 현상의 일부분이 후행 현상의 일부분이라면, 선행 현상의 나머지 부분이 후행 현상의 나머지 부분의 원인임을 판단

예 어젯밤 일어난 사건의 혐의자는 정은이와 규민이 두 사람인데, 정은이는 알리바이가 성립되어 혐의 사실이 없는 것으로 밝혀졌다.
따라서 그 사건의 범인은 규민이일 가능성이 높다.

3. 유비 추론

두 개의 대상 사이에 일련의 속성이 동일하다는 사실에 근거하여 그것들의 나머지 속성도 동일하리라는 결론을 이끌어 내는 추론, 즉 이미 알고 있는 것에서 다른 유사한 점을 찾아내는 추론을 말한다. 그렇기 때문에 유비 추론은 잣대(기준)가 되는 사물이나 현상이 있어야 한다. 유비 추론은 가설을 세우는 데 유용하다. 이미 알고 있는 사례로부터 아직 알지 못하는 것을 생각해 봄으로써 쉽게 가설을 세울 수 있다. 이때 유의할 점은 이미 알고 있는 사례와 이제 알고자 하는 사례가 매우 유사하다는 확신과 증거가 있어야 한다. 그렇지 않은 상태에서 유비 추론에 의해 결론을 이끌어 내면, 그것은 개연성이 거의 없고 잘못된 결론이 될 수도 있다.

CHECK POINT

연역 추론과 유비 추론
연역 추론은 대전제가 소전제와 결론을 포함하고 있기 때문에 추론의 결과가 항상 참이지만, 유비 추론은 일부의 공통점을 근거로 다른 일부도 공통적일 것이라고 추론하기 때문에 참이 아닌 경우도 있을 수 있다.

- 지구에는 공기, 물, 흙, 햇빛이 있다.
  A는 a, b, c, d의 속성을 가지고 있다.
- 화성에는 공기, 물, 흙, 햇빛이 있다.
  B는 a, b, c, d의 속성을 가지고 있다.
- 지구에 생물이 살고 있다.
  A는 e의 속성을 가지고 있다.
- 그러므로 화성에도 생물이 살고 있을 것이다.
  그러므로 B도 e의 속성을 가지고 있을 것이다.

02 독해

1. 논리구조

CHECK POINT

문장배열 Tip
접속어 및 지시대명사 확인 → 핵심어 찾기 → 문단별 중심 문장 찾기 → 전체 주제 찾기

문장삽입 Tip
주어진 보기를 분석 → 각 문단의 요지 파악 후 들어갈 자리 파악

빈칸추론 Tip
빈칸이 있는 앞뒤 문단 내용 파악 → 선택지 중 확실한 오답 제거 → 남은 선택지 중 자연스러운 내용 선택

논리구조에서는 주로 단락과 문장 간의 관계나 글 전체의 논리적 구조를 정확히 파악했는지를 묻는다. 글의 순서를 바르게 배열하는 유형이 출제되고 있다. 제시문의 전체적인 흐름을 바탕으로 각 문단의 특징, 단락 간의 역할 등을 논리적으로 구조화할 수 있는 능력을 길러야 한다.

(1) 문장의 관계와 원리

① 문장과 문장 간의 관계

㉠ 상세화 관계 : 주지 → 구체적 설명(비교, 대조, 유추, 분류, 분석, 인용, 예시, 비유, 부연, 상술 등)

㉡ 문제(제기)와 해결 관계 : 한 문장이 문제를 제기하고, 다른 문장이 그 해결책을 제시하는 관계(과제 제시 → 해결 방안, 문제 제기 → 해답 제시)

㉢ 선후 관계 : 한 문장이 먼저 발생한 내용을 담고, 다음 문장이 나중에 발생한 내용을 담고 있는 관계

㉣ 원인과 결과 관계 : 한 문장이 원인이 되고, 다른 문장이 그 결과가 되는 관계(원인 제시 → 결과 제시, 결과 제시 → 원인 제시)

㉤ 주장과 근거 관계 : 한 문장이 필자가 말하고자 하는 바(주지)가 되고, 다른 문장이 그 문장의 증거(근거)가 되는 관계(주장 제시 → 근거 제시, 의견 제안 → 의견 설명)

㉥ 전제와 결론 관계 : 앞 문장에서 조건이나 가정을 제시하고, 뒤 문장에서 이에 따른 결론을 제시하는 관계

② 문장의 연결 방식

㉠ 순접 : 원인과 결과, 부연 설명 등의 문장 연결에 쓰임

예 그래서, 그리고, 그러므로 등

㉡ 역접 : 앞글의 내용을 전면적 또는 부분적으로 부정

예 그러나, 그렇지만, 그래도, 하지만 등

㉢ 대등 · 병렬 : 앞뒤 문장의 대비와 반복에 의한 접속

예 및, 혹은, 또는, 이에 반하여 등

㉣ 보충 · 첨가 : 앞글의 내용을 보다 강조하거나 부족한 부분을 보충하기 위해 다른 말을 덧붙이는 문맥

예 단, 곧, 즉, 더욱이, 게다가, 왜냐하면 등

㉤ 화제 전환 : 앞글과는 다른 새로운 내용을 이야기하기 위한 문맥

예 그런데, 그러면, 다음에는, 이제, 각설하고 등

㉥ 비유 · 예시 : 앞글에 대해 비유적으로 다시 말하거나 구체적인 예를 보임

예 예를 들면, 예컨대, 마치 등

③ 원리 접근법

앞뒤 문장의 중심 의미 파악	⇨	앞뒤 문장의 중심 내용이 어떤 관계인지 파악	⇨	문장 간의 접속어, 지시어의 의미와 기능	⇨	문장의 의미와 관계성 파악
각 문장의 의미를 어떤 관계로 연결해서 글을 전개하는지 파악해야 한다.		지문 안의 모든 문장은 서로 논리적 관계성이 있다.		접속어와 지시어를 음미하는 것은 독해의 길잡이 역할을 한다.		문단의 중심 내용을 알기 위한 기본 분석 과정이다.

2. 논리적 이해

(1) 전제의 추론

전제의 추론은 원칙적으로 주어진 내용의 이면에 내포되어 있는 이미 옳다고 인정된 사실을 유추하는 유형이다.

① 먼저 주장이 무엇인지 명확하게 파악해야 한다.

② 주장이 성립하기 위해서 논리적으로 필요한 요건이 무엇인지 생각해 본다.

③ 선택지 중 주장과 논리적으로 인과 관계를 형성할 수 있는 조건을 찾아낸다.

CHECK POINT

문단의 종류

(1) 주지 문단 : 필자가 말하고자 하는 중심 내용이 담긴 문단

(2) 보조 문단(뒷받침 문단) : 중심 문단의 내용을 뒷받침해 주는 문단

① 도입 단락
② 전제 문단
③ 예증 · 예시 문단
④ 부연 · 상술 문단
⑤ 첨가 · 보충 문단
⑥ 강조 문단
⑦ 연결 문단

(2) 결론의 추론

주어진 내용을 명확히 이해한 다음, 이를 근거로 이끌어 낼 수 있는 올바른 결론이나 관련 사항을 논리적인 관점에서 찾는 문제 유형이다. 이와 같은 문제는 평상시 비판적이고 논리적인 관점으로 글을 읽는 연습을 충분히 해 두어야 유리하다고 볼 수 있다.

※ 자주 출제되는 유형
- 정의가 바르게 된 것
- 문맥상 삭제해도 되는 부분
- 빈칸에 들어갈 적절한 것
- 다음 글에 이어 나올 수 있는 것
- 글의 내용을 통해 알 수 없는 것
- 가장 타당한 논증
- 다음 내용이 들어가기에 가장 적절한 위치

이와 같은 유형의 문제를 풀 때는 먼저 제시문을 읽고, 그 글을 통해 타당성 여부를 검증해 가는 방법을 취하는 것이 좋다. 물론 통독(通讀)을 통해 각 문단에서 다루고 있는 내용이 무엇인지 미리 확인해 두어야만 선택지와 관련된 내용을 이끌어 낼 근거가 언급된 부분을 쉽게 찾을 수 있다.

CHECK POINT

독 해
글을 구성하는 각 단위의 내용 관계 파악 → 글의 중심 내용 파악 → 글의 전개 방식과 구조적 특징 파악

(3) 주제의 추론

주제와 관련된 추론 문제는 적성검사에서 자주 출제되는 유형으로서, 글의 표제, 부제, 주제, 주장, 의도를 파악하는 형태의 문제와 같은 유형이다. 이러한 유형의 문제는 주제를 글의 첫 문단이나 마지막 문단을 통해서 찾을 수 있으며, 그렇지 않으면 문단의 병렬 · 대등 관계를 파악하면 쉽게 찾을 수 있다.
여러 문단에서 공통된 주제를 추론할 때는, 각각의 제시문을 먼저 요약한 뒤, 핵심 키워드를 찾은 다음, 이를 토대로 주제문을 가려내어 하나의 주제를 유추하면 된다. 평소에 제시문을 읽고, 핵심 키워드를 찾아 문장을 구성하는 연습을 많이 해 두어야 한다. 또한 겉으로 드러난 주제나 정보를 찾는 데 그치지 않고 글 속에 숨겨진 의도나 정보를 찾기 위해 꼼꼼히 관찰하는 태도가 필요하다.

| 언어추리 | 대표유형 1

조건추리

유형 분석

- 일반적으로 4~5명의 진술이 제시되며, 각 진술의 진실 및 거짓 여부를 확인하여 범인을 찾는 유형이다.
- 추리영역 중에서도 체감난이도가 상대적으로 높은 유형으로 알려져 있으므로 충분히 연습한다.
- 각 진술 사이의 모순을 찾아 성립하지 않는 경우의 수를 제거하거나, 경우의 수를 나누어 모든 조건이 맞는지를 확인해야 한다.

갑, 을, 병 세 사람이 피아노, 조각, 테니스를 함께 하는데, 각기 서로 다른 하나씩을 잘한다. 조각을 잘하는 사람은 언제나 진실을 말하고, 테니스를 잘하는 사람은 항상 거짓을 말한다고 할 때, 다음 중 누가 무엇을 잘하는가?

> 갑 : 병이 조각을 잘한다.
> 을 : 아니다. 병은 피아노를 잘한다.
> 병 : 둘 다 틀렸다. 나는 조각도 피아노도 잘하지 못한다.

① 갑－피아노
② 갑－테니스
③ 을－피아노
④ 을－테니스
⑤ 병－테니스

문제풀이 ②

피아노를 잘하는 사람의 경우 진실을 말할 수도 있고, 거짓을 말할 수도 있다는 점에 유의한다.

- 갑이 진실을 말했을 경우 : 병은 항상 참을 말하는데, 진술의 모순이 발생한다.
- 을이 진실을 말했을 경우 : 병과 갑이 모두 거짓을 말한 것이 된다. 따라서 을이 조각, 병이 피아노(거짓을 말함), 갑이 테니스를 잘하는 사람이다.
- 병이 피아노를 잘하면서 거짓을 말했을 경우는 을이 조각, 갑이 테니스를 잘하는 사람이다. 반대의 경우는 병의 말이 모순되어 성립되지 않는다.

CHAPTER 01

| 언어추리 | 대표유형 2

명제

유형분석

- 삼단논법을 활용해서 풀이하는 유형이 있다.
- 명제의 역 · 이 · 대우 및 '~보다', '가장' 등의 표현에 유의해 풀어야 한다.

다음 명제가 모두 참일 때, 명제를 통해 얻을 수 있는 결론으로 타당한 것은?

- 마케팅팀의 사원은 기획 역량이 있다.
- 마케팅팀이 아닌 사원은 영업 역량이 없다.
- 기획 역량이 없는 사원은 소통 역량이 없다.

① 마케팅팀의 사원은 영업 역량이 있다.
② 소통 역량이 있는 사원은 마케팅팀이다.
③ 영업 역량을 가진 사원은 기획 역량이 있다.
④ 기획 역량이 있는 사원은 소통 역량이 있다.
④ 영업 역량이 없으면 소통 역량도 없다.

문제풀이 ③

주어진 명제가 모두 참이면 명제의 대우도 모두 참이 된다. 따라서 명제와 대우 명제를 정리하면 다음과 같다.

- 마케팅팀 ○ → 기획 역량 ○[기획 역량 ×→ 마케팅팀 ×]
- 마케팅팀 × → 영업 역량 ×[영업 역량 ○ → 마케팅팀 ○]
- 기획 역량 × → 소통 역량 ×[소통 역량 ○ → 기획 역량 ○]

위의 명제를 정리하면 다음과 같다.

- 영업 역량 ○ → 마케팅팀 ○ → 기획 역량 ○[기획 역량 ×→ 마케팅팀 ×→ 영업 역량 ×]

따라서 '영업 역량을 가진 사원은 기획 역량이 있다.'라는 명제는 참이다.

이거 알면 30초 컷!

명제 문제를 풀 때는 각 명제들을 간단하게 기호화한 다음, 순서대로 도식화하면 깔끔하게 풀이를 할 수 있다. 참인 명제의 대우 명제도 반드시 참이라는 점을 항상 기억하자.

언어추리 유형점검

정답 및 해설 p.002

01 빨강, 파랑, 노랑, 초록 화분이 있고, 이 화분에 빨강, 파랑, 노랑, 초록 꽃씨를 심으려고 한다. 같은 색끼리는 심을 수 없다고 할 때, 다음 〈보기〉를 바탕으로 추론한 것으로 옳지 않은 것은?

> **보기**
> - 빨강 꽃씨를 노랑 화분에 심을 수 없으며, 노랑 꽃씨를 빨강 화분에 심지 못한다.
> - 파랑 꽃씨를 초록 화분에 심을 수 없으며, 초록 꽃씨를 파랑 화분에 심지 못한다.

① 빨강 화분에 파랑 꽃씨를 심었다면, 노랑 화분에는 초록 꽃씨를 심을 수 있다.
② 파랑 화분에 빨강 꽃씨를 심었다면, 초록 화분에는 노랑 꽃씨를 심을 수 있다.
③ 초록 화분과 노랑 화분에 심을 수 있는 꽃씨의 종류는 같다.
④ 빨강 화분과 노랑 화분에 심을 수 있는 꽃씨의 종류는 같다.
⑤ 모든 꽃씨는 두 종류의 화분에만 심을 수 있다.

02 D회사에서 신입사원 채용을 위해 면접을 실시한다고 한다. A~E면접관 5명은 2명 또는 3명, 두 팀으로 나누어 면접실로 들어간다. 면접을 보는 사람들은 30명이며, 205~209호 면접실에 면접자는 5~7명이 들어간다. 호실 숫자가 큰 면접실부터 면접을 진행한다고 할 때, C면접관이 처음 들어갈 면접실은 몇 호인가?(단, 205~209호에서만 면접이 진행된다)

> - A면접관과 E면접관은 같은 팀이다.
> - B면접관과 D면접관은 같은 팀이 아니다.
> - 205호에는 5명, 208호에는 6명의 면접자들이 앉아 있다.
> - 연달아 있는 면접실에는 면접자들의 인원이 같지 않다.
> - 2명인 면접관 팀은 면접자 인원수가 5명인 방에만 들어간다.
> - 면접실은 205호를 시작으로 왼쪽부터 차례로 배치되어 있다.

① 205호 ② 206호
③ 207호 ④ 208호
⑤ 209호

Hard

03

A, B, C, D, E, F 여섯 명이 일렬로 된 6개의 좌석에 앉으려고 한다. 좌석은 왼쪽부터 1번으로 시작하는 번호가 순차적으로 매겨져 있고, 다음과 같이 규칙을 정해 앉기로 했을 때, C가 4번 자리에 앉는다. 다음 중 항상 옳은 것은?

- D와 E는 사이에 세 명을 두고 있다.
- A와 F는 인접할 수 없다.
- D는 F보다 왼쪽에 있다.
- F는 C보다 왼쪽에 있다.

① A는 C보다 오른쪽에 앉아 있다.
② F는 3번에 앉아 있다.
③ E는 A보다 왼쪽에 앉아 있다.
④ D는 B보다 왼쪽에 앉아 있다.
⑤ E는 C보다 오른쪽에 앉아 있다.

04

연경, 효진, 다솜, 지민, 지현 5명 중에 1명이 선생님 책상의 화병에 꽃을 꽂아두었다. 이 가운데 두 명의 이야기는 모두 거짓이고, 나머지 세 명의 이야기는 모두 참이라고 할 때, 선생님 책상에 꽃을 꽂아둔 사람은?

연경 : 화병에 꽃을 꽂아두는 것을 나와 지현이만 보았다. 효진이의 말은 모두 맞다.
효진 : 화병에 꽃을 꽂아둔 사람은 지민이다. 지민이가 그러는 것을 지현이가 보았다.
다솜 : 지민이는 꽃을 꽂아두지 않았다. 지현이의 말은 모두 맞다.
지민 : 화병에 꽃을 꽂아두는 것을 세 명이 보았다. 효진이는 꽃을 꽂아두지 않았다.
지현 : 나와 연경이는 꽃을 꽂아두지 않았다. 나는 누가 그러는지 보지 못했다.

① 연경
② 효진
③ 다솜
④ 지민
⑤ 지현

05

전주국제영화제에 참석한 충원이는 A, B, C, D, E, F영화를 다음 〈조건〉에 맞춰 5월 1일부터 5월 6일까지 하루에 한 편씩 보려고 한다. 다음 중 항상 옳은 것은?

> **조건**
>
> • F영화는 3일과 4일 중에 상영한다.
> • D영화는 C영화가 상영된 날 이틀 후에 상영한다.
> • B영화는 C, D영화보다 먼저 상영된다.
> • 첫째 날 B영화를 본다면 5일에는 반드시 A영화를 본다.

① A영화는 C영화보다 먼저 상영될 수 없다.
② C영화는 E영화보다 먼저 상영된다.
③ D영화는 5일이나 폐막작으로 상영될 수 없다.
④ B영화는 1일 또는 2일에 상영된다.
⑤ E영화는 개막작이나 폐막작으로 상영된다.

06

D회사의 건물은 5층이고, A, B, C, D, E의 5개의 부서가 있다. 각 부서가 한 층에 한 개씩 위치하고 있을 때, 다음을 바탕으로 항상 옳은 것은?

> • A부서는 1층과 5층에 위치하고 있지 않다.
> • B부서와 D부서는 인접하고 있다.
> • A부서와 E부서 사이에 C부서가 위치하고 있다.
> • A부서와 D부서는 인접하고 있지 않다.

① B부서는 2층에 있다.
② D부서는 1층에 있다.
③ D부서는 5층에 있다.
④ A부서는 3층에 있다.
⑤ C부서가 2층에 있다.

07 **다음 제시된 명제들로부터 할 수 있는 추론으로 옳은 것은?**

- 연차를 쓸 수 있으면 제주도 여행을 한다.
- 회를 좋아하면 배낚시를 한다.
- 다른 계획이 있으면 배낚시를 하지 않는다.
- 다른 계획이 없으면 연차를 쓸 수 있다.

① 제주도 여행을 하면 다른 계획이 없다.
② 연차를 쓸 수 있으면 배낚시를 한다.
③ 다른 계획이 있으면 연차를 쓸 수 없다.
④ 배낚시를 하지 않으면 제주도 여행을 하지 않는다.
⑤ 제주도 여행을 하지 않으면 배낚시를 하지 않는다.

08 **경찰은 범행 현장에 있었던 용의자 5명을 대상으로 수사를 벌이고 있다. 범인을 검거하기 위해 경찰은 용의자 5명을 심문하였다. 이들 5명은 아래와 같이 진술하였는데 이 중 2명의 진술은 모두 참이고, 3명의 진술은 모두 거짓이라고 한다. 다음 중 범인은 누구인가?(단, 범인은 1명이고, 목격자가 아니다)**

A : 나는 범인이 아니고, 나와 E는 목격자이다.
B : C와 D는 범인이 아니고, 목격자는 2명이다.
C : 나는 B와 함께 있었고, 목격자가 아니다.
D : C의 말은 모두 참이고, B가 범인이다.
E : 나는 목격자가 아니고, A가 범인이다.

① A
② B
③ C
④ D
⑤ E

※ A, B, C, D, E, F 여섯 명은 번지 점프를 하기 위해 줄을 서 있다. 그들에 대한 정보는 다음과 같다. 이어지는 물음에 답하시오. [9~10]

- A와 D 사이에는 세 명이 있다.
- C는 D보다는 늦게, E는 C보다 늦게 뛰어내린다.
- F와 E는 연속으로 뛰어내리지 않는다.

09 B가 두 번째로 뛰어내릴 때, 항상 옳은 것은?

① F는 A보다 빨리 뛰어내린다.
② B는 C보다 늦게 뛰어내린다.
③ A는 다섯 번째에 뛰어내린다.
④ E는 F보다 늦게 뛰어내린다.
⑤ C는 세 번째에 뛰어내린다.

10 B가 다섯 번째에 뛰어내릴 때, C의 바로 다음에 뛰어내리는 사람은?

① A ② B
③ D ④ E
⑤ F

CHAPTER 01

| 독해 | 대표유형 1

문장배열

유형 분석

- 문단 및 문장의 전체적인 흐름을 파악하고 순서대로 배열하는 유형이다.
- 각 문장의 지시어나 접속어에 주의해야 한다.

다음 문장을 논리적 순서대로 바르게 배열한 것은?

(가) 상품의 가격은 기본적으로 수요와 공급의 힘으로 결정된다. 시장에 참여하고 있는 경제 주체들은 자신이 가진 정보를 기초로 하여 수요와 공급을 결정한다.

(나) 이런 경우에는 상품의 가격이 우리의 상식으로는 도저히 이해하기 힘든 수준까지 일시적으로 뛰어오르는 현상이 나타날 가능성이 있다. 이런 현상은 특히 투기의 대상이 되는 자산의 경우 자주 나타나는데, 우리는 이를 '거품 현상'이라고 부른다.

(다) 그러나 현실에서는 사람들이 서로 다른 정보를 갖고 시장에 참여하는 경우가 많다. 어떤 사람은 특정한 정보를 갖고 있는데 거래 상대방은 그 정보를 갖고 있지 못한 경우도 있다.

(라) 일반적으로 거품 현상이란 것은 어떤 상품－특히 자산－의 가격이 지속해서 급격히 상승하는 현상을 가리킨다. 이와 같은 지속적인 가격 상승이 일어나는 이유는 애초에 발생한 가격 상승이 추가적인 가격 상승의 기대로 이어져 투기 바람이 형성되기 때문이다.

(마) 이들이 똑같은 정보를 함께 갖고 있으며 이 정보가 아주 틀린 것이 아닌 한, 상품의 가격은 어떤 기본적인 수준에서 크게 벗어나지 않을 것이라고 예상할 수 있다.

① (마)－(가)－(다)－(라)－(나)
② (라)－(가)－(다)－(나)－(마)
③ (나)－(마)－(다)－(가)－(라)
④ (가)－(마)－(다)－(나)－(라)
⑤ (가)－(다)－(나)－(라)－(마)

문제풀이 ④

제시문은 가격을 결정하는 요인과 현실적인 여러 요인으로 인해 나타나는 '거품 현상'에 대해 설명하고 있다. 따라서 (가) 수요와 공급에 의해 결정되는 가격 → (마) 상품의 가격에 대한 일반적인 예상 → (다) 가격의 현실적인 상황 → (나) 현실적인 가격 결정 '거품 현상' → (라) '거품 현상'에 대한 구체적인 설명의 순서로 연결되어야 한다.

이거 알면 30초 컷!

글의 내용에서 반전이 있는 내용은 주로 뒷편에 위치한다.

| 독해 | 대표유형 2

주제 찾기

유형 분석

- 제시된 글의 중심 내용을 파악할 수 있는지를 평가하는 유형이다.
- 경제 · 경영 · 철학 · 역사 · 예술 · 과학 등 다양한 분야와 관련된 지문이 제시되므로 평소에 폭넓은 독서를 해두어야 한다.

다음 글의 주제로 가장 적절한 것은?

칸트는 인간이 이성을 부여받은 것은 욕망에 의해 움직이지 않게 하기 위함이라고 말하면서 자신의 행복을 우선시하기보다는 도덕적인 의무를 먼저 수행해야 한다고 주장했다. 칸트의 시각에서 볼 때 행동의 도덕적 가치를 결정하는 것은 어떠한 상황에서든 모든 사람들이 그 행동을 했을 때에 아무런 모순이 생기지 않아야 한다는 보편주의이다. 내가 타인을 존중하지 않으면서 타인이 나를 존중하고 도와줄 것을 기대한다면, 이는 보편주의를 위배하는 것이다. 그러므로 남이 나에게 해주길 바라는 것을 실천하는 것이 바로 도덕적 행동이라는 것이다. 따라서 도덕적 행동이 나의 이익이나 본성과 일치하지 않더라도 나는 나의 의무를 수행해야 한다고 역설했다.

① 칸트의 도덕관에 대한 비판
② 칸트가 생각하는 도덕적 행동
③ 도덕적 가치에 대한 칸트의 관점
④ 무목적성을 지녀야 하는 도덕적 행위
⑤ 칸트의 도덕적 의무론이 지니는 가치

문제풀이 ②

제시된 글의 중심 내용은 칸트가 생각하는 도덕적 행동에 대한 것이며, 그는 도덕적 행동을 '남이 나에게 해주길 바라는 것을 실천하는 것'이라고 말했다.

이거 알면 30초 컷!

글의 중심 내용은 주로 글의 맨 앞이나 맨 뒤에 위치한다. 따라서 글의 맨 첫 문단과 마지막 문단을 먼저 확인해보고 필요한 경우 그 문단을 보충해주는 부분을 읽어가면서 주제를 파악한다.

| 독해 | 대표유형 3

내용 일치 · 불일치

유형 분석

- 제시문의 내용을 그대로 선택지에 제시하거나 다른 표현으로 돌려서 표현한다.
- 답의 근거가 명확한 선택지를 답으로 고른다.

다음 중 글의 내용과 일치하지 않는 것은?

우리 은하에서 가장 가까이 위치한 은하인 안드로메다 은하까지의 거리는 220만 광년이다. 이처럼 엄청난 거리로 떨어져 있는 천체까지의 거리는 어떻게 측정한 것인가?
첫 번째 측정 방법은 삼각 측량법이다. 그러나 피사체가 매우 멀리 있는 경우라면 삼각형의 밑변이 충분히 길 필요가 있다. 지구는 1년에 한 바퀴씩 태양 주변을 공전하는데 우리는 이 공전 궤도 반경을 알고 있기 때문에 이를 밑변으로 삼아 별까지의 거리를 측정할 수 있다. 그러나 가까이 있는 별까지의 거리도 지구 궤도 반지름에 비하면 엄청나게 커서 연주 시차는 아주 작은 값이 되므로 측정하기가 쉽지 않다. 두 번째 측정 방법은 주기적으로 별의 밝기가 변하는 변광성의 주기와 밝기를 연구하는 과정에서 얻어졌다. 보통 별의 밝기는 거리의 제곱에 반비례해서 어두워지는데, 1등급과 6등급의 별은 100배의 밝기 차이가 있다. 그러나 밝은 별이 반드시 어두운 별보다 가까이 있는 것은 아니다. 별의 거리는 밝기의 절대 등급과 겉보기 등급의 비교를 통해 확정되기 때문이다. 즉, 모든 별이 같은 거리에 놓여 있다고 가정하고, 밝기 등급을 매긴 것을 절대 등급이라 하는데, 만약 이 등급이 낮은(밝은) 별이 겉보기에 어둡다면 이 별은 매우 멀리 있는 것으로 볼 수 있다.

① 절대 등급과 겉보기 등급은 다를 수 있다.
② 별은 항상 같은 밝기를 가지고 있지 않다.
③ 삼각 측량법은 지구의 궤도 반경을 알아야 측정이 가능하다.
④ 어두운 별은 밝은 별보다 항상 멀리 있기 때문에 밝기에 의해 거리의 차가 있다.
⑤ 모든 별이 같은 거리에 놓여 있을 경우, 절대 등급이 높을수록 어둡다.

문제풀이 ④

제시된 글에 따르면 '밝은 별이 반드시 어두운 별보다 가까이 있는 것은 아니다.'라고 했으므로 일치하지 않는다.

오답분석

① 별의 거리는 밝기의 절대 등급과 겉보기 등급의 비교를 통해 확정된다고 하였으므로 절대 등급과 겉보기 등급은 다를 수 있다.

② 보통 별의 밝기는 거리의 제곱에 반비례해서 어두워진다고 하였으므로 별은 항상 같은 밝기를 가지고 있지 않다.

③ 삼각 측량법은 공전 궤도 반경을 알고 있기 때문에 거리를 측정할 수 있다고 했다.

⑤ 절대 등급이 낮은 별이 더 밝기 때문에 등급이 낮은 별이 겉보기에 어두울 경우 멀리 있다고 했다.

이거 알면 30초 컷!

선택지를 보고 자주 등장하는 키워드가 무엇인지를 파악한 후 제시문을 읽는다.

PART 1 언어논리 수리자료 어휘유창성 공간추리

독해 유형점검

정답 및 해설 p.003

01 다음 글의 내용과 일치하는 것은?

세계 식품 시장의 20%를 차지하는 할랄식품(Halal Food)은 '신이 허용한 음식'이라는 뜻으로 이슬람 율법에 따라 생산, 처리, 가공되어 무슬림들이 먹거나 사용할 수 있는 식품을 말한다. 이런 기준이 적용된 할랄식품은 엄격하게 생산되고 유통과정이 투명하기 때문에 일반 소비자들에게도 좋은 평을 얻고 있다.
할랄식품 시장은 최근들어 급격히 성장하고 있는데 이의 가장 큰 원인은 무슬림 인구의 증가이다. 무슬림은 최근 20년 동안 5억 명 이상의 인구증가를 보이고 있어서 많은 유통업계들이 할랄식품을 위한 생산라인을 설치하는 등의 노력을 하고 있다.
그러나 할랄식품을 수출하는 것은 쉬운 일이 아니다. 신이 '부정한 것'이라고 하는 모든 것으로부터 분리돼야 하기 때문이다. 또한, 국제적으로 표준화된 기준이 없다는 것도 할랄식품 시장의 성장을 방해하는 요인이다. 세계 할랄 인증 기준만 200종에 달하고 수출업체는 각 무슬림 국가마다 별도의 인증을 받아야 한다. 전문가들은 이대로라면 할랄 인증이 무슬림 국가들의 '수입장벽'이 될 수 있다고 지적한다.

① 할랄식품은 무슬림만 먹어야 하는 식품이다.
② 할랄식품의 이미지 때문에 소비자들에게 인기가 좋다.
③ 할랄식품 시장의 확대로 유통업계에서 할랄식품을 위한 생산라인을 설치 중이다.
④ 표준화된 할랄 인증 기준을 통과하면 무슬림 국가에 수출이 가능하다.
⑤ 할랄식품은 그 자체가 브랜드이기 때문에 큰 걸림돌 없이 지속적인 성장이 가능하다.

02 다음 글을 이해한 내용으로 가장 적절한 것은?

> 온갖 사물이 뒤섞여 등장하는 사진에서 고양이를 틀림없이 알아보는 인공지능이 있다고 해보자. 그러한 식별 능력은 고양이 개념을 이해하는 능력과 어떤 관계가 있을까? 고양이를 실수 없이 가려내는 능력이 고양이 개념을 이해하는 능력의 필요충분조건이라고 할 수 있을까?
> 인공지능이든, 사람이든 고양이 개념에 대해 이해하면서도 영상 속의 짐승이나 사물이 고양이인지 정확히 판단하지 못하는 경우는 있을 수 있다. 예를 들어, 누군가가 전형적인 고양이와 거리가 먼 희귀한 외양의 고양이를 보고 "좀 이상하게 생긴 족제비로군요."라고 말했다고 해보자. 이것은 틀린 판단이지만, 그렇다고 그가 고양이 개념을 이해하지 못하고 있다고 평가하는 것은 부적절한 일일 것이다.
> 이번에는 다른 예로 누군가가 영상자료에서 가을에 해당하는 장면들을 실수 없이 가려낸다고 해보자. 그는 가을 개념을 이해하고 있다고 보아야 할까? 그 장면들을 실수 없이 가려낸다고 해도 그가 가을이 적잖은 사람들을 왠지 쓸쓸하게 하는 계절이라든가, 농경문화의 전통에서 수확의 결실이 있는 계절이라는 것, 혹은 가을이 지구 자전축의 기울기와 유관하다는 것 등을 반드시 알고 있는 것은 아니다. 심지어 가을이 지구의 1년을 넷으로 나눈 시간 중 하나를 가리킨다는 사실을 모르고 있을 수도 있다. 만일 가을이 여름과 겨울 사이에 오는 계절이라는 사실조차 모르는 사람이 있다면, 우리는 그가 가을 개념을 이해하고 있다고 인정할 수 있을까? 그것은 불합리한 일일 것이다.
> 가을이든, 고양이든 인공지능이 그런 개념들을 충분히 이해하는 것이 영원히 불가능하다고 단언할 이유는 없다. 하지만 우리가 여기서 확인한 점은 개념의 사례를 식별하는 능력이 개념을 이해하는 능력을 함축하는 것은 아니고, 그 역도 마찬가지라는 것이다.

① 다양한 형태의 크고 작은 상자들 가운데 정확하게 정사각형의 상자를 찾아낸다면, 정사각형의 개념을 이해한 것이라고 볼 수 있겠어.

② 인간과 동물의 개념을 명확하게 이해하고 있다면, 동물과 인간을 실수 없이 구별해야 해.

③ 영상자료에서 가을의 장면을 제대로 가려내지 못한 사람은 가을의 개념을 명확히 이해하지 못한 사람이야.

④ 인공지능이 자동차와 사람의 개념을 제대로 이해했다면, 영상 속의 자동차를 사람으로 착각할 리 없어.

⑤ 날아가는 비둘기를 참새로 오인했다고 해서 비둘기 개념을 이해하지 못하고 있다고 평가하기는 어려워.

Hard

03 다음 빈칸에 들어갈 문장으로 가장 적절한 것은?

과거, 민화를 그린 사람들은 화업을 전문으로 하는 사람이 아니었다. 대부분 타고난 그림 재주를 밑천으로 그림을 그려 가게에 팔거나 필요로 하는 사람에게 그려주고 그 대가로 생계를 유지했던 사람들이다. 그들은 민중의 수요를 충족시키기 위해 정형화된 내용과 상투적 양식의 그림을 반복적으로 그렸다.
민화는 당초부터 세련된 예술미 창조를 목표로 하는 그림이 아니었다. 단지 이 세상을 살아가는 데 필요한 진경(珍景)의 염원과 장식 욕구를 충족할 수만 있으면 그것으로 족한 그림이었다. 그래서 표현 기법이 비록 유치하고, 상투적이라 해도 화가나 감상자(수요자) 모두에게 큰 문제가 되지 않았다.
[ ] 다시 말해 민화는 필력보다, 소재와 그것에 담긴 의미가 더 중요한 그림이었던 것이다. 문인 사대부들이 독점 향유해 온 소재까지도 서민들은 자기식으로 해석, 번안하고 그 속에 현실적 욕망을 담아 생활 속에 향유했다. 민화에 담은 주된 내용은 세상에 태어나 죽을 때까지 많은 자손을 거느리고 부귀를 누리면서 편히 오래 사는 것이었다.

① ‘어떤 기법을 쓰는가?’에 따라 민화는 색채가 화려하거나 단조로울 수 있다.
② ‘어떤 기법을 쓰는가?’보다 ‘작품에 어떠한 의미가 있는가?’를 중시하는 것이 민화였다.
③ ‘어떤 기법을 쓰는가?’보다 감상자가 쉽게 접할 수 있는지를 중시하는 것이 민화였다.
④ ‘어떤 기법을 쓰는가?’에 따라 세련된 그림이 나올 수도 있고, 투박한 그림이 나올 수 있다.
⑤ ‘어떤 기법을 쓰는가?’와 ‘무엇을 어떤 생각으로 그리는가’를 모두 중시하는 것이 민화이다.

※ 다음 문장을 논리적 순서대로 바르게 배열한 것을 고르시오. [4~5]

04

(가) 하지만 이 문제는 독일의 음향학자인 요한 샤이블러에 의해 1834년에 명쾌하게 해결되었다.
(나) 이렇게 만들어진 소리굽쇠로 악기를 조율하였기에 지역마다, 연주자마다 악기들은 조금씩 다른 기준음을 가졌다.
(다) 소리굽쇠는 1711년에 영국의 트럼펫 연주자인 존 쇼어가 악기를 조율할 때 기준음을 내는 도구로 개발한 것이다.
(라) 그러나 소리굽쇠가 정확하게 얼마의 진동수를 갖는지 알아내는 것은 정확한 측정 장치가 없는 당시로서는 매우 어려운 문제처럼 보였다.
(마) 처음에 사람들은 소리굽쇠가 건반악기의 어떤 음을 낸다는 것은 알았지만, 그것이 정확하게 초당 몇 회의 진동을 하는지는 알지 못했다.

① (가) – (라) – (다) – (나) – (마)
② (가) – (다) – (나) – (라) – (마)
③ (다) – (마) – (나) – (라) – (가)
④ (다) – (가) – (마) – (나) – (라)
⑤ (다) – (나) – (가) – (라) – (마)

05

(가) 사진관은 영구적인 초상을 금속판에 남기는 일로 많은 돈을 벌어들였다.
(나) 특허에 묶여 있었던 칼로 타입이 그나마 퍼질 수 있었던 곳은 프랑스였다. 프랑스의 화가와 판화가들은 칼로 타입이 흑백의 대조가 두드러진다는 점에서 판화와 유사함을 발견하고 이 기법을 활용하여 작품을 만들었다.
(다) 금속판에 정밀한 세부 묘사를 장점으로 하는 다게레오 타입은 초상 사진 분야에서 큰 인기를 누렸다.
(라) 반면에 명암의 차이가 심하고 중간색이 거의 없었던 칼로 타입은 초상 사진보다는 풍경 · 정물 사진에 제한적으로 이용되었다.
(마) 사진이 산업으로서의 가능성을 최초로 보여 준 분야는 초상 사진이었다.

① (다) – (라) – (가) – (마) – (나)
② (다) – (가) – (나) – (라) – (마)
③ (마) – (가) – (나) – (다) – (라)
④ (마) – (다) – (가) – (라) – (나)
⑤ (마) – (가) – (다) – (라) – (나)

06 (가)와 같은 개요를 작성했다가 (나)의 자료 내용을 추가하기로 했다. (가)와 (나)를 종합하여 작성한 〈보기〉의 개요 중 적절하지 않은 것은?

(가) 제목 : 나노 기술의 유용성
Ⅰ. 나노 기술과 나노 물질 소개
Ⅱ. 나노 기술의 다양한 이용 사례
1. 주방용품
2. 건축 재료
3. 화장품
Ⅲ. 나노 기술의 무한한 발전 가능성

(나) 나노 물질의 위험성 : 우리 몸의 여과 장치 그대로 통과
인간을 비롯한 지구상 동물들의 코 점막이나 폐의 여과 장치 등은 나노 입자보다 천 배나 더 큰 마이크로 입자를 걸러내기에 적당하게 발달해 왔기 때문에, 나노 크기의 물질은 우리 몸의 여과 장치를 그대로 통과하여 건강에 악영향을 끼칠 가능성이 높다는 경고가 나왔다. 쥐를 대상으로 한 실험을 통해 쥐의 폐에 주입된 탄소 나노튜브가 폐 조직을 손상시킨다는 사실을 확인했을 뿐만 아니라, 다양한 크기의 입자를 쥐에게 흡입시켰을 때 오직 나노 수준의 미세한 입자만이 치명적인 피해를 입힌다는 사실도 확인했다는 것이다.

보기

제목 : 나노 기술의 양면성 …… ①
Ⅰ. 나노 기술과 나노 물질 소개 …… ②
Ⅱ. 나노 기술의 양면성
1. 나노 기술의 유용성 …… ③
– 인간생활의 다양한 분야에서 활용
2. 나노 기술의 위험성 …… ④
– 인간과 동물의 건강에 악영향
Ⅲ. 요구되는 태도 …… ⑤
나노 기술의 응용분야 확대

※ 다음 글을 읽고 이어지는 물음에 답하시오. [7~8]

미술가가 얻어내려고 하는 효과가 어떤 것인지는 결코 예견할 수 없기 때문에 특정한 종류의 규칙을 설정하기는 불가능하며, 또한 이것이 진리이다. 미술가는 일단 옳다는 생각이 들면 전혀 조화되지 않는 것까지 시도하기를 원할지 모른다. 하나의 그림이나 조각이 어떻게 되어 있어야 제대로 된 것인지 말해 줄 수 있는 규칙이 없기 때문에 우리가 어떤 작품을 걸작이라고 느끼더라도 그 이유를 정확한 말로 표현한다는 것은 거의 불가능하다. 그러나 그렇다고 어느 작품이나 다 마찬가지라거나, 사람들이 취미에 대해 논할 수 없다는 뜻은 아니다. 만일 그러한 논의가 별 의미가 없는 것이라 하더라도 그러한 논의들은 우리에게 그림을 더 보도록 만들고, 우리가 그림을 더 많이 볼수록 전에는 발견하지 못했던 점들을 깨달을 수 있게 된다. 그림을 보면서 각 시대의 미술가들이 이룩하려 했던 조화에 대한 감각을 발전시키고, 이러한 조화들에 의해 우리의 느낌이 풍부해질수록 우리는 더욱 그림 감상을 즐기게 될 것이다. '취미에 관한 문제는 논의의 여지가 없다.'는 오래된 경구는 진실이겠지만, 이로 인해 '취미는 개발될 수 있다.'는 사실이 숨겨져서는 안 된다. 예컨대 ㉠ 차를 마셔 버릇하지 않은 사람들은 여러 가지 차를 혼합해서 만드는 차와 다른 종류의 차가 똑같은 맛을 낸다고 느낄지 모른다. 그러나 만일 그들이 여가(餘暇)와 기회가 있어 그러한 맛의 차이를 찾아내려 한다면 그들은 자기가 좋아하는 혼합된 차의 종류를 정확하게 식별해 낼 수 있는 진정한 감식가가 될 수 있을 것이다.

분명히 미술 작품에 대한 취미는 음식이나 술에 대한 취미보다 매우 복잡하다. 그것은 여러 가지 미묘한 풍미(風味)를 발견하는 문제일 뿐 아니라 훨씬 진지하고 중요한 것이다. 요컨대 위대한 미술가들은 작품에 그들의 모든 것을 바치고 그 작품들로 인해 고통을 받고 그들 작품에 심혈을 기울였으므로, 그들은 우리에게 최소한 그들이 원하는 방식으로 미술 작품을 이해하도록 우리가 노력해야 한다고 요구할 권리가 있다.

07 윗글의 목적으로 가장 적절한 것은?

① 미의 표현 방식을 설명하기 위해
② 미술에 대한 관심을 불러일으키기 위해
③ 미술 교육이 나아갈 방향을 제시하기 위해
④ 미술을 통해 얻는 효과를 이해시키기 위해
⑤ 미술 작품 감상의 올바른 태도를 제시하기 위해

08 다음 중 ㉠이 의미하는 사람으로 가장 적절한 것은?

① 미술에 대해 편견을 갖고 있는 사람
② 미술 작품을 소장하고 있지 않은 사람
③ 미술 작품을 자주 접할 기회가 없는 사람
④ 그림을 그리는 방법을 잘 알지 못하는 사람
⑤ 미술 작품 감상을 시간 낭비라고 생각하는 사람

※ 다음 글을 읽고 이어지는 물음에 답하시오. [9~10]

고려와 조선은 국가적으로 금속화폐의 통용을 추진한 적이 있다. 화폐 주조권을 장악하여 세금을 효과적으로 징수하고 효율적으로 저장하려는 것이 그 목적이었다. 그러나 물품화폐에 익숙한 농민들은 금속화폐를 불편하게 여겼으므로 금속화폐의 유통 범위는 한정되고 끝내는 삼베를 비롯한 물품화폐에 압도당하고 말았다. ㉠ 조선 태종 때와 세종 때에도 동전의 유통을 시도하였지만 실패하였다.

조선 전기 은화(銀貨)는 서울을 중심으로 유통되었는데, 주로 왕실과 관청, 지배층과 상인, 역관(譯官) 등이 이용한 '돈'이었다. 그러나 은화(銀貨)는 고액 화폐였다. 그 때문에 서민의 경제생활에서는 여전히 무명 옷감이 화폐의 기능을 담당하였다. 그러한 가운데서도 농업생산력의 발전과 인구의 증가, 17세기 이후 지방시장의 성장은 금속화폐 통용을 위한 여건이 마련되었음을 뜻하였다. 17세기 전반 이미 개성에서는 모든 거래가 동전으로 이루어지고 있었다. 이러한 여건 아래에서 1678년(숙종 4년)부터 강력한 통용책이 추진되면서 금속화폐가 널리 보급될 수 있었다.

동전인 상평통보 1개는 1푼이었다. 10푼이 1전, 10전이 1냥, 10냥이 1관이다. 대원군이 집권할 때 주조된 당백전(當百錢)과 1883년 주조된 당오전(當五錢)은 1개가 각각 100푼과 5푼의 가치를 가지는 동전이었다. 동전 주조가 늘면서 그 유통 범위가 경기, 충청 지방으로부터 점차 확산되어 18세기 초에는 전국에 미칠 정도였다. 동전을 시전(市廛)에 무이자로 대출하고, 관리의 녹봉을 동전으로 지급하고, 일부 세금을 동전으로 거두어들이는 등의 국가 정책도 동전의 통용을 촉진하였다.

화폐경제의 성장은 상업적 동기를 촉진시키고 경제생활, 나아가 사회생활에 변화를 주었다. 이러한 가운데 일부 위정자들은 화폐경제로 인한 부작용을 우려했는데 특히 농촌 고리대금업(高利貸金業)의 성행을 가장 심각한 문제로 생각했다. 그래서 동전의 폐지를 주장하는 이도 있었다. 1724년 등극한 영조는 이 주장을 받아들여 동전 주조를 중단하였다. 그런데 당시에 동전은 이미 일상생활로 퍼졌기 때문에 동전의 수요에 비해 공급이 부족한 현상이 일어나 화폐 유통질서와 상품경제에 타격을 가하였다. 돈이 매우 귀하게 되어 농민과 상인의 교역에 불편을 가져다 준 것이다.

또한, 소수의 부유한 상인이 동전을 집중적으로 소유하여 고리대금업(高利貸金業) 활동을 강화함에 따라서 오히려 농민 몰락이 조장되었다. 결국 영조 7년 이후 동전은 다시 주조되기 시작했다.

09 윗글을 통해 해결할 수 없는 질문은?

① 조선시대 화폐가 통용되기 위한 여건은 무엇인가?
② 조선시대 사람들은 무엇으로 물건값을 지불했을까?
③ 조선시대 화폐 사용에 대한 국가정책은 무엇인가?
④ 조선 후기 화폐가 통용되면서 나타난 현상은 무엇인가?
⑤ 조선 후기 국가는 화폐를 어떤 과정으로 주조하였는가?

Hard

10 **윗글을 바탕으로 ㉠과 같은 현상이 나타나게 된 이유를 추론해 볼 때 거리가 먼 것은?**

① 화폐가 유통될 시장이 발달하지 않았군.
② 화폐가 주로 일부 계층 위주로 통용되었군.
③ 백성들이 화폐보다 물품화폐를 선호하였군.
④ 국가가 화폐 수요량만큼 원활하게 공급하지 못했군.
⑤ 화폐가 필요할 만큼 농업생산력이 발전하지 못했군.

CHAPTER 02
수리자료분석

합격 Cheat Key

| 영역 소개 |

DCAT의 수리자료분석 영역은 이공계와 인문계 공통 영역으로 크게 자료해석과 응용수리, 수추리와 알고리즘 등의 유형들이 출제된다. 30분 동안 총 30문항을 풀어야 하는데 자료해석 20문항을 제외한 10문항은 나머지 3개 영역 중 무작위로 한 가지 유형이 출제되고 있어, 모든 유형을 대비하는 것이 이롭다.

| 유형 소개 |

01 자료해석

자료해석은 제시된 표나 그래프 등의 자료를 이해하고, 그 중 필요한 자료를 선택하여 문제 해결에 적용하는 유형으로 30문항 중 20문항이 출제된다. 자료를 모두 확인하기에는 주어진 시간이 매우 짧기 때문에 문제를 읽음과 동시에 필요한 자료가 무엇인지를 파악하여 선택적으로 분석하는 능력이 요구된다.

학습포인트

- 표, 꺾은선그래프, 막대그래프, 원그래프 등 다양한 형태의 자료를 눈에 익힌다.
- 자료해석 유형의 문제는 제시되는 정보의 양이 매우 많으므로 시간을 절약하기 위해서는 문제를 읽고 바로 자료 분석에 들어가는 것보다, 선택지를 먼저 읽고 필요한 정보를 선택적으로 접근하는 것이 좋다.

02 응용수리

응용수리는 수의 관계에 대해 알고 그것을 응용하여 계산할 수 있는지, 그리고 미지수를 구하기 위해 필요한 계산식을 세울 수 있는지를 평가하는 유형이다.

학습포인트

- 정확하게 답을 구하지 못하면 답을 맞출 수 없게 출제되고 있어 정확하게 계산하는 연습이 필요하다.
- 정형화된 여러 유형을 풀어보고 숙지하여 기본기를 갖추도록 한다.

03 수추리

수추리는 나열된 수열을 보고 규칙을 찾아서 빈칸에 들어갈 알맞은 숫자를 고르는 유형이다. 간단해 보이지만 실제 수험생들이 가장 어려운 영역으로 손꼽는데, 기본적인 수열뿐 아니라 종잡을 수 없는 복잡한 형태의 규칙도 나오는 데다 제한시간 또한 짧기 때문이다.

학습포인트

- 눈으로만 규칙을 찾고자 할 경우 변화된 값을 모두 외우기 어려우므로 나열된 수의 변화 값을 적어 규칙 파악에 어려움이 없도록 한다.
- 규칙이 발견되지 않는 경우에는 홀수 항과 짝수 항을 분리하여 파악하거나 군수열을 생각해 본다.

04 알고리즘

알고리즘은 제시된 조건을 차례대로 적용하였을 때 마지막에 도출되는 값을 찾는 유형이다. 알고리즘의 흐름을 이해하고 순서도 과정을 분석하는 등 수험생의 판단력과 추리력, 그리고 수학적 능력을 평가한다.

학습포인트

알고리즘 기호의 형태와 의미를 사전에 숙지하여 문제를 풀이할 때 혼동이 없도록 하는 것이 좋다.

이론점검

01 자료해석

(1) 도 표

① 꺾은선(절선)그래프

㉠ 시간적 추이(시계열 변화)를 표시하는 데 적합하다.

예 연도별 매출액 추이 변화 등

㉡ 경과 · 비교 · 분포를 비롯하여 상관관계 등을 나타날 때 사용한다.

〈중학교 장학금, 학비감면 수혜현황〉

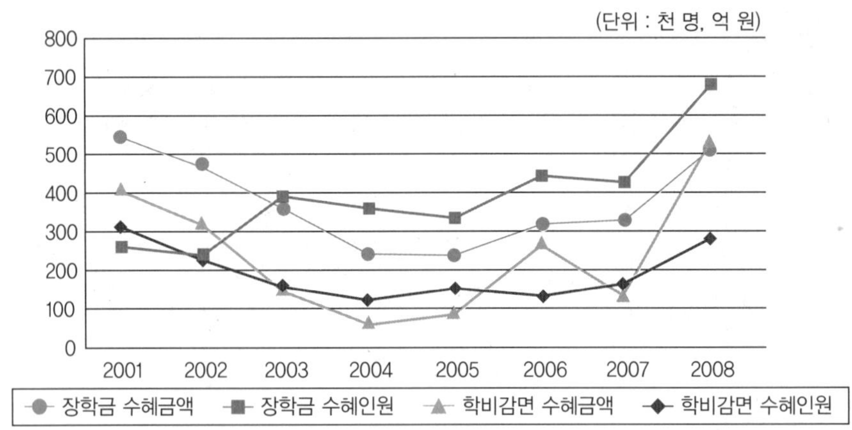

CHECK POINT

비 율
기준량에 대한 비교하는 양의 비율

$= \frac{(\text{비교하는 양})}{(\text{기준량})}$

백분율(%)
기준량을 100으로 할 때의 비교하는 양의 비율

$= \frac{(\text{비교하는 양})}{(\text{기준량})} \times 100$

② 막대그래프

㉠ 비교하고자 하는 수량을 막대 길이로 표시하고, 그 길이를 비교하여 각 수량 간의 대소 관계를 나타내는 데 적합하다.

예 영업소별 매출액, 성적별 인원분포 등

㉡ 가장 간단한 형태로 내역 · 비교 · 경과 · 도수 등을 표시하는 용도로 사용한다.

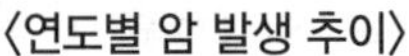

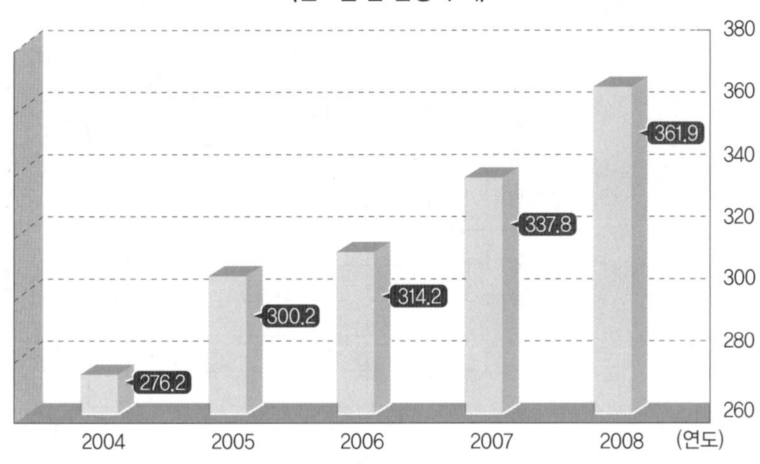

③ 원그래프

㉠ 내역이나 내용의 구성비를 분할하여 나타내는 데 적합하다.

예 제품별 매출액 구성비 등

㉡ 원그래프를 정교하게 작성할 때는 수치를 각도로 환산해야 한다.

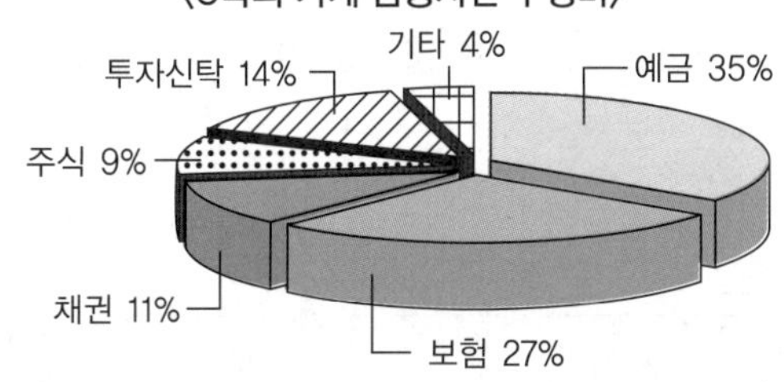

CHECK POINT

증감률

$= \frac{(비교대상의 값)-(기준값)}{(기준값)}$

%와 %p

- %(퍼센트) : 어떤 양이 전체(100)에 대해서 얼마를 차지하는가를 나타내는 단위
- %p(퍼센트 포인트) : %로 나타낸 수치가 이전 수치와 비교했을 때 증가하거나 감소한 양

④ 점그래프

㉠ 지역분포를 비롯하여 도시, 지방, 기업, 상품 등의 평가나 위치, 성격을 표시하는 데 적합하다.

예 광고비율과 이익률의 관계 등

㉡ 종축과 횡축에 두 요소를 두고, 보고자 하는 것이 어떤 위치에 있는가를 알고자 할 때 사용한다.

〈OECD 국가의 대학졸업자 취업률 및 경제활동인구 비중〉

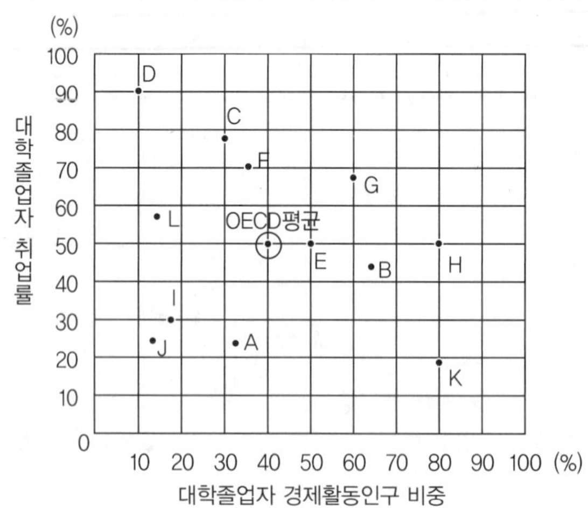

CHECK POINT

자료의 비교

- 평균 : (변량의 총합)÷(변량의 개수)
  ={(계급값)×(도수)의 총합}÷{(도수)의 총합}
- 증감률 : 그래프 기울기 비교
- 증감량 : 그래프 폭 비교

⑤ 층별그래프

㉠ 합계와 각 부분의 크기를 백분율로 나타내고 시간적 변화를 보는 데 적합하다.

㉡ 합계와 각 부분의 크기를 실수로 나타내고 시간적 변화를 보는 데 적합하다.

예 상품별 매출액 추이 등

㉢ 선의 움직임보다는 선과 선 사이의 크기로써 데이터 변화를 나타내는 그래프이다.

〈우리나라 세계유산 현황〉

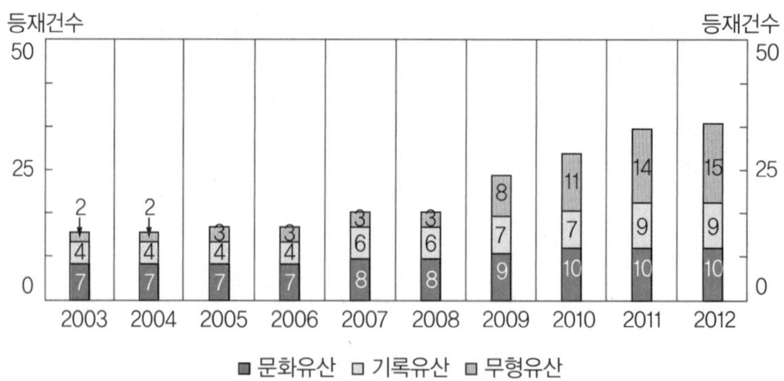

⑥ 레이더 차트(거미줄그래프)

㉠ 다양한 요소를 비교할 때, 경과를 나타내는 데 적합하다.

예 매출액의 계절변동 등

㉡ 비교하는 수량을 직경, 또는 반경으로 나누어 원의 중심에서의 거리에 따라 각 수량의 관계를 나타내는 그래프이다.

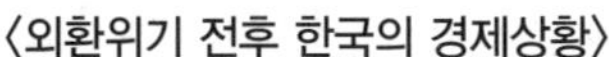

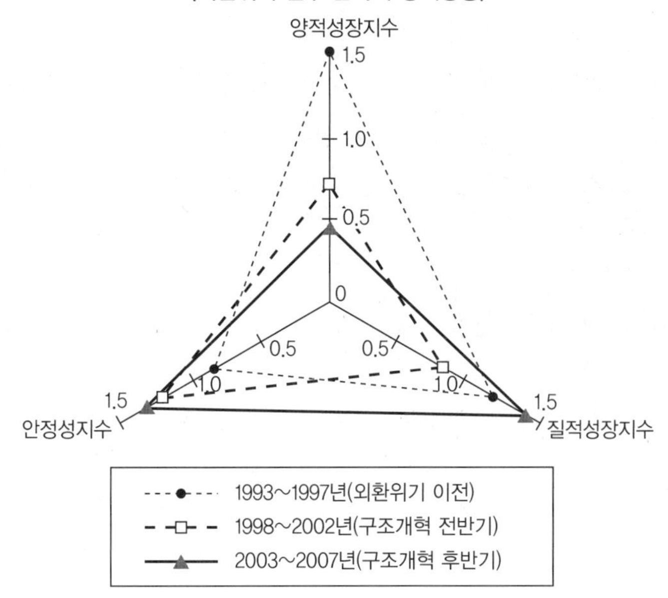

02 응용수리

CHECK POINT

소 수
예 10이하의 소수는 2, 3, 5, 7이다.

서로소
예 (3, 7)=1이므로, 3과 7은 서로소이다.

소인수분해
예 $12=2^2\times3$

1. 수의 관계

(1) **약수와 배수** : a가 b로 나누어떨어질 때, a는 b의 배수, b는 a의 약수라고 한다.

(2) **소수** : 1과 자기 자신만을 약수로 갖는 수. 즉, 약수의 개수가 2개인 수

(3) **합성수** : 1과 자신 이외의 수를 약수로 갖는 수. 즉, 소수가 아닌 수 또는 약수의 개수가 3개 이상인 수

(4) **최대공약수** : 2개 이상의 자연수의 공통된 약수 중에서 가장 큰 수

(5) **최소공배수** : 2개 이상의 자연수의 공통된 배수 중에서 가장 작은 수

(6) **서로소** : 1 이외에 공약수를 갖지 않는 두 자연수. 즉, 최대공약수가 1인 두 자연수

(7) **소인수분해** : 주어진 합성수를 소수의 거듭제곱의 형태로 나타내는 것

(8) **약수의 개수** : 자연수 $N=a^m\times b^n$에 대하여, N의 약수의 개수는 $(m+1)\times(n+1)$개

(9) **최대공약수와 최소공배수의 관계** : 두 자연수 A, B에 대하여, 최소공배수와 최대공약수를 각각 L, G라고 하면 $A\times B=L\times G$가 성립한다.

CHECK POINT

시 계
Q 5분 동안 시침과 분침이 각각 이동한 각도는?
A 시침 : $0.5°\times5=2.5°$
분침 : $6°\times5=30°$

2. 방정식의 활용

(1) **날짜 · 요일 · 시계**

① 날짜 · 요일

㉠ 1일=24시간=1,440분=86,400초

㉡ 날짜 · 요일 관련 문제는 대부분 나머지를 이용해 계산한다.

② 시 계

㉠ 시침이 1시간 동안 이동하는 각도 : 30°

㉡ 시침이 1분 동안 이동하는 각도 : 0.5°

㉢ 분침이 1분 동안 이동하는 각도 : 6°

(2) 시간 · 속력 · 거리

① $(시간)=\frac{(거리)}{(속력)}$

② $(속력)=\frac{(거리)}{(시간)}$

㉠ 흐르는 물에서 배를 타는 경우

• (하류로 내려갈 때의 속력)=(배 자체의 속력)+(물의 속력)

• (상류로 올라갈 때의 속력)=(배 자체의 속력)−(물의 속력)

③ (거리)=(속력)×(시간)

㉠ 기차가 터널을 통과하거나 다리를 지나가는 경우

• (기차가 움직인 거리)=(기차의 길이)+(터널 또는 다리의 길이)

㉡ 두 사람이 반대 방향 또는 같은 방향으로 움직이는 경우

• (두 사람 사이의 거리)=(두 사람이 움직인 거리의 합 또는 차)

(3) 나이 · 인원 · 개수

구하고자 하는 것을 미지수로 놓고 식을 세운다. 동물의 경우 다리의 개수에 유의해야 한다.

(4) 원가 · 정가

① (정가)=(원가)+(이익), (이익)=(정가)−(원가)

② a원에서 $b\%$ 할인한 가격$=a\times\left(1-\frac{b}{100}\right)$

(5) 일률 · 톱니바퀴

① 일 률

전체 일의 양을 1로 놓고, 시간 동안 한 일의 양을 미지수로 놓고 식을 세운다.

• $(일률)=\frac{(작업량)}{(작업기간)}$

• $(작업기간)=\frac{(작업량)}{(일률)}$

• (작업량)=(일률)×(작업기간)

② 톱니바퀴

(톱니 수)×(회전수)=(총 맞물린 톱니 수)

즉, A, B 두 톱니에 대하여, (A의 톱니 수)×(A의 회전수)=(B의 톱니 수)×(B의 회전수)가 성립한다.

CHECK POINT

시간 · 속력 · 거리

Q 전체 거리가 12km인 거리를 가는 데 3시간이 걸렸다면 속력은?

A $(속력)=\frac{(거리)}{(시간)}=\frac{12}{3}$

$=4km/h$

CHECK POINT

일 률

Q 하나의 일을 끝마치는 데 5일이 걸리는 A가 3일 동안 끝낸 일의 양은?

A A가 하루에 할 수 있는 일의 양 : $\frac{1}{5}$

따라서 A가 3일 동안 끝낸 일의 양은 $\frac{1}{5}\times3=\frac{3}{5}$이다.

CHECK POINT

소금의 양

Q 농도 30%인 소금물 150g이 있을 때, 이 소금물에 들어있는 소금의 양은?

A $150\times\frac{30}{100}=45$g

(6) 농 도

① $(\text{농도})=\frac{(\text{용질의 양})}{(\text{용액의 양})}\times100$

② $(\text{용질의 양})=\frac{(\text{농도})}{100}\times(\text{용액의 양})$

(7) 수 I

① 연속하는 세 자연수 : $x-1,\ x,\ x+1$

② 연속하는 세 짝수(홀수) : $x-2,\ x,\ x+2$

(8) 수 II

① 십의 자릿수가 x, 일의 자릿수가 y인 두 자리 자연수 : $10x+y$
이 수에 대해, 십의 자리와 일의 자리를 바꾼 수 : $10y+x$

② 백의 자릿수가 x, 십의 자릿수가 y, 일의 자릿수가 z인 세 자리 자연수 : $100x+10y+z$

(9) 증가 · 감소에 관한 문제

① x가 a% 증가 : $\left(1+\frac{a}{100}\right)x$

② y가 b% 감소 : $\left(1-\frac{b}{100}\right)y$

CHECK POINT

$n!$

Q 5명을 한 줄로 세우는 경우의 수는?

A $5!=5\times4\times3\times2\times1$
$=120$가지

${}_nP_m$

Q 5명 중 3명을 뽑아 한 줄로 세우는 경우의 수는?

A ${}_5P_3=5\times4\times3=60$가지

${}_nC_m$

Q 5명 중 무작위로 3명을 뽑는 경우의 수는?

A ${}_5C_3=\frac{5\times4\times3}{3\times2\times1}$
$={}_5C_2=\frac{5\times4}{2\times1}=10$가지

3. 경우의 수 · 확률

(1) 경우의 수

① 경우의 수 : 어떤 사건이 일어날 수 있는 모든 가짓수

② 합의 법칙

㉠ 두 사건 A, B가 동시에 일어나지 않을 때, A가 일어나는 경우의 수를 m, B가 일어나는 경우의 수를 n이라고 하면, 사건 A 또는 B가 일어나는 경우의 수는 $m+n$이다.

㉡ '또는', '~이거나'라는 말이 나오면 합의 법칙을 사용한다.

③ 곱의 법칙

㉠ A가 일어나는 경우의 수를 m, B가 일어나는 경우의 수를 n이라고 하면, 사건 A와 B가 동시에 일어나는 경우의 수는 $m\times n$이다.

㉡ '그리고', '동시에'라는 말이 나오면 곱의 법칙을 사용한다.

④ 여러 가지 경우의 수

㉠ 동전 n개를 던졌을 때, 경우의 수 : 2^n

㉡ 주사위 m개를 던졌을 때, 경우의 수 : 6^m

㉢ 동전 n개와 주사위 m개를 던졌을 때, 경우의 수 : $2^n\times6^m$

㉣ n명을 한 줄로 세우는 경우의 수 : $n!=n\times(n-1)\times(n-2)\times\cdots\times2\times1$

㉤ n명 중, m명을 뽑아 한 줄로 세우는 경우의 수 : ${}_{n}P_{m}=n\times(n-1)\times\cdots\times(n-m+1)$

㉥ n명을 한 줄로 세울 때, m명을 이웃하여 세우는 경우의 수 : $(n-m+1)!\times m!$

㉦ 0이 아닌 서로 다른 한 자리 숫자가 적힌 n장의 카드에서, m장을 뽑아 만들 수 있는 m자리 정수의 개수 : ${}_{n}P_{m}$

㉧ 0을 포함한 서로 다른 한 자리 숫자가 적힌 n장의 카드에서, m장을 뽑아 만들 수 있는 m자리 정수의 개수 : $(n-1)\times{}_{n-1}P_{m-1}$

㉨ n명 중, 자격이 다른 m명을 뽑는 경우의 수 : ${}_{n}P_{m}$

㉩ n명 중, 자격이 같은 m명을 뽑는 경우의 수 : ${}_{n}C_{m}=\frac{{}_{n}P_{m}}{m!}$

㉪ 원형 모양의 탁자에 n명을 앉히는 경우의 수 : $(n-1)!$

⑤ **최단거리 문제** : A에서 B 사이에 P가 주어져 있다면, A와 P의 최단거리, B와 P의 최단거리를 각각 구하여 곱한다.

(2) 확 률

① (사건 A가 일어날 확률)$=\frac{\text{(사건 A가 일어나는 경우의 수)}}{\text{(모든 경우의 수)}}$

② 여사건의 확률

㉠ 사건 A가 일어날 확률이 p일 때, 사건 A가 일어나지 않을 확률은 $(1-p)$이다.

㉡ '적어도'라는 말이 나오면 주로 사용한다.

③ 확률의 계산

㉠ 확률의 덧셈

두 사건 A, B가 동시에 일어나지 않을 때, A가 일어날 확률을 p, B가 일어날 확률을 q라고 하면, 사건 A 또는 B가 일어날 확률은 $p+q$이다.

㉡ 확률의 곱셈

A가 일어날 확률을 p, B가 일어날 확률을 q라고 하면, 사건 A와 B가 동시에 일어날 확률은 $p\times q$이다.

④ 여러 가지 확률

㉠ 연속하여 뽑을 때, 꺼낸 것을 다시 넣고 뽑는 경우 : 처음과 나중의 모든 경우의 수는 같다.

㉡ 연속하여 뽑을 때, 꺼낸 것을 다시 넣지 않고 뽑는 경우 : 나중의 모든 경우의 수는 처음의 모든 경우의 수보다 1만큼 작다.

㉢ (도형에서의 확률)$=\frac{\text{(해당하는 부분의 넓이)}}{\text{(전체 넓이)}}$

CHECK POINT

확률

Q 주사위를 던졌을 때, 1 또는 4가 나올 확률은?

A $\frac{2}{6}=\frac{1}{3}$

CHECK POINT

등차수열

첫째 항이 a, 공차가 d인 등차수열의 일반항을 a_n이라고 하면

$a_n=a+(n-1)d$

$a_{n+1}-a_n=d$

등비수열

첫째 항이 a, 공비가 r인 등비수열의 일반항을 a_n이라고 하면

$a_n=ar^{n-1}$

$a_{n+1}\div a_n=r\ (a\neq 0,\ r\neq 0)$

계차수열

$b_n=a_{n+1}-a_n(n=1,\ 2,\ 3\cdots)$

03 수추리

(1) **등차수열** : 앞의 항에 일정한 수를 더해 이루어지는 수열

예 1 3 5 7 9 11 13 15

+2 +2 +2 +2 +2 +2 +2

(2) **등비수열** : 앞의 항에 일정한 수를 곱해 이루어지는 수열

예 1 2 4 8 16 32 64 128

×2 ×2 ×2 ×2 ×2 ×2 ×2

(3) **계차수열** : 앞의 항과의 차가 일정하게 증가하는 수열

예 1 2 4 7 11 16 22 29

+1 +2 +3 +4 +5 +6 +7

+1 +1 +1 +1 +1 +1

(4) **피보나치 수열** : 앞의 두 항의 합이 그 다음 항의 수가 되는 수열

$a_n=a_{n-1}+a_{n-2}\ (n\geq 3,\ a_1=1,\ a_2=1)$

예 1 1 2 3 5 8 13 21

1+1 1+2 2+3 3+5 5+8 8+13

(5) **건너뛰기 수열** : 두 개 이상의 수열이 일정한 간격을 두고 번갈아가며 나타나는 수열

예 1 1 3 7 5 13 7 19

- 홀수 항 : 1 3 5 7
  +2 +2 +2
- 짝수 항 : 1 7 13 19
  +6 +6 +6

(6) **군수열** : 일정한 규칙성으로 몇 항씩 묶어 나눈 수열

예 • 1 1 2 1 2 3 1 2 3 4

⇒ $\underline{1}$ $\underline{1\ 2}$ $\underline{1\ 2\ 3}$ $\underline{1\ 2\ 3\ 4}$

• 1 3 4 6 5 11 2 6 8 9 3 12

⇒ $\underbrace{1\ 3\ 4}_{1+3=4}$ $\underbrace{6\ 5\ 11}_{6+5=11}$ $\underbrace{2\ 6\ 8}_{2+6=8}$ $\underbrace{9\ 3\ 12}_{9+3=12}$

• 1 3 3 2 4 8 5 6 30 7 2 14

⇒ $\underbrace{1\ 3\ 3}_{1\times3=3}$ $\underbrace{2\ 4\ 8}_{2\times4=8}$ $\underbrace{5\ 6\ 30}_{5\times6=30}$ $\underbrace{7\ 2\ 14}_{7\times2=14}$

CHECK POINT

군수열
- 각 군 안에서 항들이 이루는 수열
- 각 군의 항의 개수가 이루는 수열
- 각 군의 첫째 항들이 이루는 수열

CHAPTER 02

| 자료해석 | 대표유형 1

정보추론

유형 분석

- 자료를 보고 추론한 내용을 고르는 문제가 출제된다.
- 증감 추이, 증감률, 증감폭 등의 간단한 계산이 포함되어 있다.
- %와 %p의 차이점을 알고 적용할 수 있어야 한다.

A편의점은 3월부터 8월까지 6개월간 캔 음료 판매현황을 아래와 같이 정리하였다. 자료를 이해한 것으로 적절하지 않은 것은?(단, 3~5월은 봄, 6~8월은 여름이다)

〈캔 음료 판매현황〉

(단위 : 개)

구 분	맥 주	커 피	탄산음료	이온음료	과일음료
3월	601	264	448	547	315
4월	536	206	452	523	362
5월	612	184	418	519	387
6월	636	273	456	605	406
7월	703	287	476	634	410
8월	812	312	513	612	419

① 맥주는 매월 커피의 2배 이상 판매량을 보이고 있다.
② 모든 캔 음료는 봄보다 여름에 더 잘 팔리는 편이다.
③ 3월 대비 8월의 탄산음료 판매량의 증감률은 이온음료 판매량의 증감률보다 높다.
④ 여름에 모든 캔 음료 판매량은 매월 꾸준히 증가하고 있다.
⑤ 맥주는 매월 가장 많은 판매 비중을 보이고 있다.

문제풀이 ④

이온음료는 7월에서 8월로 넘어가면서 판매량이 줄어드는 모습을 보이고 있다.

오답분석

① 맥주의 판매량은 매월 커피 판매량의 2배 이상임을 알 수 있다.

② 3~5월 판매현황과 6~8월 판매현황을 비교해볼 때, 모든 캔 음료는 봄보다 여름에 더 잘 팔린다.

③ 3월 대비 8월의 탄산음료와 이온음료 판매량의 증감률은 다음과 같다.

- 탄산음료 : $\frac{513-448}{448}\times100 \fallingdotseq 14.5\%$
- 이온음료 : $\frac{612-547}{547}\times100 \fallingdotseq 11.9\%$

따라서 탄산음료의 증감률이 더 높다.

⑤ 맥주는 매월 다른 캔 음료보다 가장 많은 판매량을 보이고 있음을 볼 때, 가장 많은 판매 비중을 보임을 알 수 있다.

이거 알면 30초 컷!

계산이 필요 없거나 생각하지 않아도 되는 선택지를 먼저 해결한다.

예 ①은 제시된 수치의 백의 자리 수만으로 판단이 가능하므로 가장 먼저 풀이 가능하다.

이거 알면 30초 컷!

증감률을 계산하거나, 비율을 구할 때 분모와 분자의 크기를 먼저 비교한다.

예
- 탄산음료의 증감률 : $\frac{65}{448}$
- 이온음료의 증감률 : $\frac{65}{547}$

분자의 크기는 같지만, 이온음료 분모의 크기가 더 크므로 탄산음료의 증감률이 더 크다.

| 자료해석 | 대표유형 2

자료계산

유형 분석

- 주어진 자료를 통해 문제에서 주어진 특정한 값을 찾고, 자료의 변동량을 구할 수 있는지를 평가하는 유형이다.
- 난이도는 어렵지 않은 편이나 정확한 계산력을 요구하는 유형으로 실수하지 않는 것이 중요하다.

다음은 우리나라 초 · 중 · 고 학생의 사교육 현황을 나타낸 것이다. 한 달을 4주라고 했을 때, 사교육에 참여한 일반고등학교 학생의 1시간 사교육비를 구하면?(단, 소수 둘째 자리에서 반올림한다)

〈우리나라 초 · 중 · 고 학생의 사교육 현황〉

구 분	총 사교육비 (억 원)	학생 1인당 연평균 사교육비 (만 원)	전체학생 1인당 월평균 사교육비 (만 원)	참여학생 1인당 월평균 사교육비 (만 원)	사교육 참여율 (%)	사교육 참여시간 (주당 평균)
초등학교	97,080	294.3	24.5	28.3	86.8	8.2
중학교	60,396	305.8	25.5	35.3	72.2	7.7
고등학교	51,242	198.75	16.5	34.45	43.55	3.4
일반고	47,512	317.5	26.5	43.3	61.1	4.8
전문고	3,730	80.0	6.7	25.6	26.0	2.0

① 23,000원
② 27,000원
③ 33,000원
④ 37,000원
⑤ 43,000원

문제풀이 ①

사교육에 참여한 일반고등학교 학생의 1시간 사교육비는 다음과 같다.

$$=\frac{(\text{참여학생 1인당 월평균 사교육비})}{(\text{한 달간 사교육 참여시간})}$$

$$=\frac{(\text{참여학생 1인당 월평균 사교육비})}{\{\text{사교육 참여시간(주당 평균)}\}\times 4}$$

$$=\frac{43.3}{4.8\times 4}\fallingdotseq 2.3\text{만 원}$$

CHAPTER 02

자료해석 유형점검

정답 및 해설 p.005

Easy

01 다음은 자동차 생산 · 내수 · 수출 현황에 대한 자료이다. 아래 표를 보고 판단한 것 중 옳지 않은 것은?

〈자동차 생산 · 내수 · 수출 현황〉

(단위 : 내, %)

구 분		2016년	2017년	2018년	2019년	2020년
생 산	대 수	4,086,308	3,826,682	3,512,926	4,271,741	4,657,094
	증감률	6.4	−6.4	−8.2	21.6	9.0
내 수	대 수	1,219,335	1,154,483	1,394,000	1,465,426	1,474,637
	증감률	4.7	−5.3	20.7	5.1	0.6
수 출	대 수	2,847,138	2,683,965	2,148,862	2,772,107	3,151,708
	증감률	7.5	−5.7	−19.9	29.0	13.7

※ 증감률은 전년에 대비하여 구한 값이다.

① 2016년에는 전년 대비 생산, 내수, 수출이 모두 증가했다.
② 전년 대비 내수가 가장 큰 폭으로 증가한 해에는 생산과 수출이 모두 감소했다.
③ 전년 대비 수출이 증가했던 해는 생산과 내수도 증가했다.
④ 전년 대비 생산, 내수, 수출이 모두 감소한 해가 있다.
⑤ 전년 대비 생산이 증가한 해에도 내수나 수출이 감소한 해가 있다.

Easy

02 다음은 제54회 전국기능경기대회 지역별 결과이다. 다음 자료에 대한 내용 중 옳은 것은?

〈제54회 전국기능경기대회 지역별 결과표〉

(단위 : 개)

지역 \ 상	금메달	은메달	동메달	최우수상	우수상	장려상
합계(점)	3,200	2,170	900	1,640	780	1,120
서울	2	5		10		
부산	9		11	3	4	
대구	2					16
인천			1	2	15	
울산	3				7	18
대전	7		3	8		
제주		10				
경기도	13	1				22
경상도	4	8		12		
충청도		7		6		

※ 합계는 전체 참가지역의 각 메달 및 상의 점수합계이다.

① 메달 및 상을 가장 많이 획득한 지역은 경상도이다.
② 메달 한 개당 점수는 금메달은 80점, 은메달은 70점, 동메달은 60점이다.
③ 전국기능경기대회 결과표에서 메달 및 상 중 동메달 개수가 가장 많다.
④ 울산 지역에서 획득한 메달 및 상의 총점은 800점이다.
⑤ 장려상을 획득한 지역 중 금 · 은 · 동메달 총 개수가 가장 적은 지역은 대전이다.

03 다음은 공급원별 골재채취 현황(구성비)에 대한 자료이다. 이에 대한 해석으로 옳지 않은 것은?

〈공급원별 골재채취 현황(구성비)〉

(단위 : %)

구 분	2014년	2015년	2016년	2017년	2018년	2019년
하천골재	16.6	19.8	21.3	14.8	17.0	9.9
바다골재	25.7	20.1	17.6	25.6	25.0	31.1
산림골재	48.8	53.1	54.5	52.5	52.0	53.4
육상골재	8.9	7.0	6.6	7.1	6.0	5.6
합 계	100.0	100.0	100.0	100.0	100.0	100.0

※ 골재 : 하천 · 산림 · 공유수면 기타 지상 · 지하 등에 부존되어 있는 암석(쇄석용에 한함) · 모래 또는 자갈로, 건설공사의 기초재료로 쓰이는 것

※ 골재채취 : 골재를 캐거나 들어내는 등 자연 상태로부터 분리하는 것

① 하천골재의 비중은 2016년에 가장 높고, 2019년에 가장 낮다.

② 다른 골재에 비해 산림골재가 차지하는 비중이 매년 가장 높다.

③ 2016년 산림골재가 차지하는 비중은 2014년 육상골재가 차지하는 비중의 8배 이상이다.

④ 2018년과 비교했을 때, 바다골재는 2019년에 차지하는 비중이 6.1%p 증가했다.

⑤ 바다골재 구성비는 항상 육상골재 구성비의 2배가 넘는다.

Easy

04

다음은 학교급별 급식학교 수와 급식인력(영양사, 조리사, 조리보조원)의 현황을 나타낸 자료이다. 이에 대한 설명 중 옳지 않은 것은?

〈학교급별 급식학교 수와 급식인력 현황〉

(단위 : 개, 명)

구 분	급식학교 수	직 종					
		영양사			조리사	조리보조원	총 계
		정규직	비정규직	소 계			
초등학교	5,417	3,377	579	3,956	4,955	25,273	34,184
중학교	2,492	626	801	1,427	1,299	10,147	12,873
고등학교	1,951	1,097	603	1,700	1,544	12,485	15,729
특수학교	129	107	6	113	135	211	459
전 체	9,989	5,207	1,989	7,196	7,933	48,116	63,245

① 급식인력은 4개의 학교 중 초등학교가 가장 많다.

② 4개의 학교 모두 급식인력 중 조리보조원이 차지하는 비율이 가장 높다.

③ 중학교 정규직 영양사는 고등학교 비정규직 영양사보다 23명 더 많다.

④ 특수학교는 4개의 학교 중 유일하게 정규직 영양사보다 비정규직 영양사의 수가 더 적다.

⑤ 급식인력의 정규직 비율은 특수학교가 중학교보다 2배 이상 높다.

05

다음은 15~24세의 청년들을 대상으로 가장 선호하는 직장에 대해 조사한 자료이다. 아래 표에 대한 해석으로 옳지 않은 것은?

〈15~24세가 가장 선호하는 직장〉

(단위 : %)

구 분		국가기관	공기업	대기업	벤처기업	외국계기업	전문직기업	중소기업	해외취업	자영업	기 타
성 별	남 성	32.2	11.1	19.5	5.0	2.8	11.9	2.9	1.8	11.9	0.9
	여 성	34.7	10.9	14.8	1.8	4.5	18.5	2.0	3.7	7.9	1.2
연 령	청소년(15~18세)	35.9	8.1	18.4	4.1	3.1	17.2	2.2	2.7	7.1	1.2
	청소년(19~24세)	31.7	13.2	16.0	2.7	4.2	14.0	2.6	2.8	11.9	0.9
학 력	중학교 재학	35.3	10.3	17.6	3.5	3.9	16.5	2.0	3.1	6.7	1.1
	고등학교 재학	35.9	7.8	18.5	4.3	3.0	17.5	2.1	2.8	6.8	1.3
	대학교 재학	34.3	14.4	15.9	2.3	5.4	14.6	1.9	3.8	6.5	0.9
	기 타	30.4	12.1	16.1	3.0	3.3	13.5	3.1	2.3	15.3	0.9
가구소득	100만 원 미만	31.9	9.5	18.5	3.9	2.8	15.0	3.0	2.5	11.3	1.6
	100~200만 원 미만	32.6	10.4	19.1	3.5	3.1	14.2	2.6	2.2	11.4	0.9
	200~300만 원 미만	34.7	11.2	15.9	3.1	3.1	16.1	2.5	2.5	9.8	1.1
	300~400만 원 미만	36.5	12.0	15.3	3.6	4.0	14.5	2.1	3.0	8.2	0.8
	400~600만 원 미만	31.9	12.0	17.0	2.4	6.4	16.5	1.9	4.6	6.5	0.8
	600만 원 이상	29.1	11.1	15.5	2.8	6.1	18.0	1.7	3.5	10.5	1.7

① 가구소득이 많을수록 중소기업을 선호하는 비율은 줄어들고 있다.
② 남성의 경우 여성보다 대기업과 벤처기업을 더 선호하고 있다.
③ 국가기관은 모든 기준으로 볼 때 가장 선호하는 직장임을 알 수 있다.
④ 남성과 여성 모두 국가기관에 대한 선호 비율은 공기업에 대한 선호 비율의 3배 이상이다.
⑤ 연령을 기준에서 3번째로 선호하는 직장은 15~18세의 경우와 19~24세의 경우가 같다.

06 다음은 2019년에 집계한 장래인구추계이다. 다음 자료를 보고 올바르게 판단한 것은?

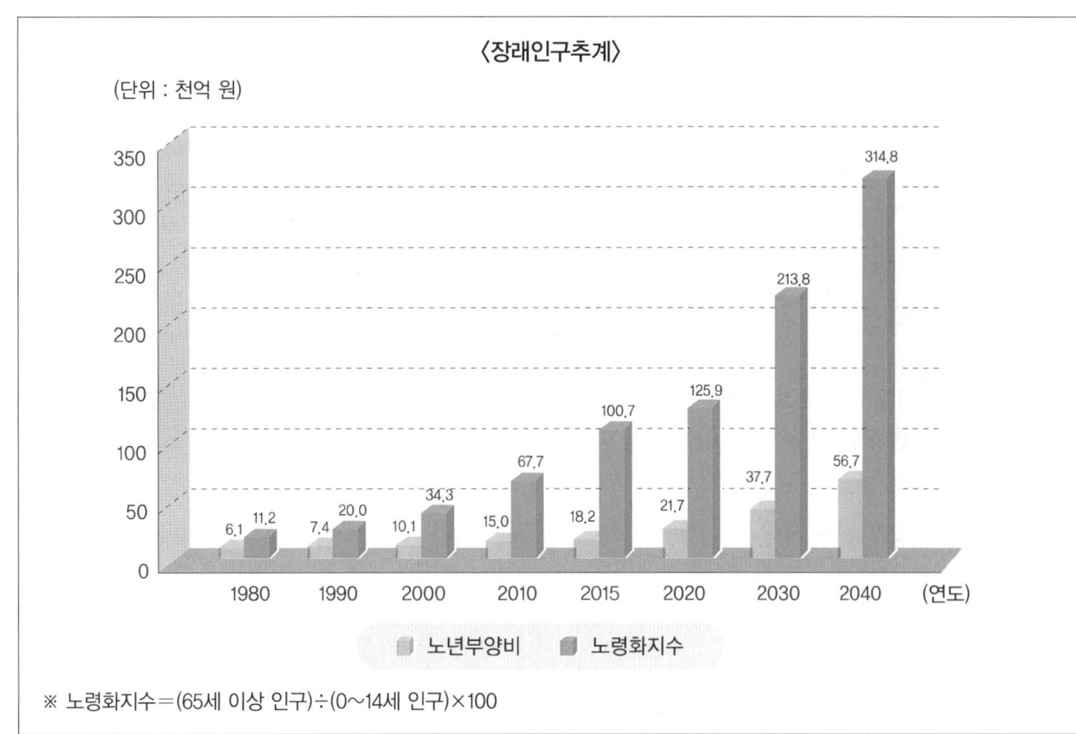

① 1990년 대비 2015년 노령화지수는 7배 이상 증가했다.

② 노년부양비가 2020년 이후 급격히 증가하는 것은 그만큼의 GDP가 증가하기 때문이라고 할 수 있다.

③ 2020년 대비 2030년 노령화지수 증가율과 2010년 대비 2020년 노령화지수 증가율은 모두 100%를 넘는다.

④ 2010년 이후 인구증가율이 동일하다면 2015년 이후의 노령화지수가 급격하게 상승하는 이유는 기대수명이 길어진 것 때문이라고 할 수 있다.

⑤ 노년부양비가 1조 원을 초과한 시점부터 10년당 증가액은 항상 두 배가 넘게 추정되었다.

07 다음은 우표 발행 현황에 관한 자료이다. 이에 대한 해석으로 옳은 것은?

〈우표 발행 현황〉

(단위 : 천 장)

구 분	2016년	2017년	2018년	2019년	2020년
보통우표	163,000	164,000	69,000	111,000	105,200
기념우표	47,180	58,050	43,900	35,560	33,630
나만의 우표	7,700	2,368	1,000	2,380	1,908
합 계	217,880	224,418	113,900	148,940	140,738

① 2018년 전체 발행 수에 비해 나만의 우표가 차지하고 있는 비율은 1% 이상이다.

② 기념우표 발행은 나만의 우표 발행과 발행 목적이 일치한다고 볼 수 있다.

③ 모든 종류의 우표 발행 수가 가장 적은 년도는 2018년이다.

④ 보통우표와 기념우표 발행 수가 가장 큰 차이를 보이는 해는 2016년이다.

⑤ 2020년에서 기념우표가 차지하고 있는 비중은 30% 이상이다.

08 다음은 지역별 가구의 PC 보유율에 대한 자료이다. 이에 대한 내용으로 옳지 않은 것은?

〈지역별 가구의 PC 보유율〉

(단위 : %)

구 분	2015년	2016년	2017년	2018년	2019년
서 울	88.7	89.0	86.9	83.7	82.5
부 산	84.7	84.5	81.6	79.0	76.4
대 구	81.6	81.5	81.1	76.9	76.0
인 천	86.9	86.4	83.6	84.7	81.8
광 주	84.4	85.2	82.8	83.2	80.0
대 전	85.4	86.1	83.7	82.5	79.9
울 산	87.7	88.0	87.1	85.6	88.3
경 기	86.2	86.5	86.6	85.4	84.6
강 원	77.2	78.2	67.0	64.3	62.5
충 청	72.9	74.3	73.3	69.1	66.7
전 라	69.3	71.3	67.8	65.6	65.7
경 상	70.2	71.7	71.4	67.8	67.7
제 주	77.4	79.1	78.3	76.2	74.9

① 대구 지역의 PC 보유율은 2015년 이래 지속적으로 감소하고 있다.
② 광주 지역의 PC 보유율은 2015년 이래 증가와 감소가 반복되고 있다.
③ 전 기간 중 가장 낮은 PC 보유율을 기록한 지역은 강원 지역이다.
④ 충청 지역과 전라 지역의 PC 보유율 변화 양상은 동일하다.
⑤ 2016년 두 번째로 낮은 PC 보유율을 보인 지역은 경상 지역이다.

Hard

09 다음은 2010년부터 2019년까지의 주택전세가격 증감률에 대한 자료이다. 아래 그래프에 대한 해석으로 옳지 않은 것은?

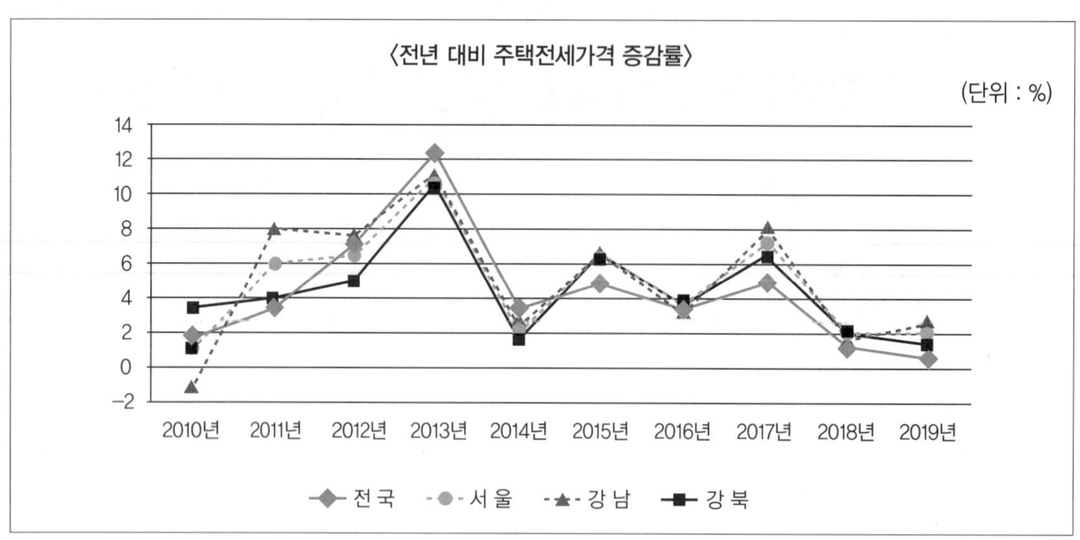

① 전국의 주택전세가격은 2010년부터 2019년까지 매년 증가하고 있다.

② 2013년 강북의 주택전세가격은 2011년과 비교해 20% 이상 증가했다.

③ 2016년 이후 서울의 주택전세가격 증가율은 전국 평균 증가율보다 높다.

④ 강남 지역의 전년 대비 주택전세가격 증가율이 가장 높은 시기는 2013년이다.

⑤ 2010년부터 2019년까지 전년 대비 주택전세가격이 감소한 적이 있는 지역은 한 곳뿐이다.

10 다음은 국내 지역별 백미 생산량을 나타낸 자료이다. 이에 대한 설명으로 옳지 않은 것은?

〈국내 백미 생산량〉

(단위 : ha, 톤)

구 분	논 벼		밭 벼	
	면 적	생산량	면 적	생산량
서울 · 인천 · 경기	91,557	468,506	2	4
강 원	30,714	166,396	0	0
충 북	37,111	201,670	3	5
세종 · 대전 · 충남	142,722	803,806	11	21
전 북	121,016	687,367	10	31
광주 · 전남	170,930	871,005	705	1,662
대구 · 경북	105,894	591,981	3	7
부산 · 울산 · 경남	77,918	403,845	11	26
제 주	10	41	117	317

① 광주 · 전남 지역은 백미 생산 면적이 가장 넓고 백미 생산량도 가장 많다.
② 제주 지역의 밭벼 생산량은 제주 지역 백미 생산량의 약 88.5%를 차지한다.
③ 면적당 논벼 생산량이 가장 많은 지역은 세종 · 대전 · 충남이다.
④ 전국 밭벼 생산 면적 중 광주 · 전남 지역의 면적이 차지하는 비율은 80% 이상이다.
⑤ 제주를 제외한 지역의 면적당 논벼 생산량은 5톤 이상이다.

PART 1 언어논리 수리자료 어휘유창성 공간추리

안심Touch

| 응용수리 | 대표유형 1

방정식

유형 분석

- 미지수의 값을 계산에 의해 정확하게 구하는 것이 아니라 가능한 경우의 수를 찾아서 조건에 맞는 적절한 값을 고르는 유형이다.
- 주로 인원수나 개수를 구하는 유형으로 출제된다.

다정이네 집에는 화분 2개가 있다. 두 화분에 있는 식물 나이의 합은 8살이고, 각 나이를 제곱한 값의 합은 34살이다. 이때 두 식물의 나이 차는 얼마인가?(단, 식물의 나이는 자연수이다)

① 2살
② 3살
③ 4살
④ 5살
⑤ 6살

문제풀이 ①

두 식물의 나이를 각각 x, y살이라고 하자.

$x+y=8$ ⋯ ㉠

$x^2+y^2=34$ ⋯ ㉡

$x^2+y^2=(x+y)^2-2xy$와 같으므로 ㉠과 ㉡을 연립하면

$34=64-2xy \rightarrow xy=15$

식물의 나이는 자연수라고 했으므로 $(x, y)=(1, 15), (15, 1), (5, 3), (3, 5)$이 가능하다.

이 중 ㉠을 만족하는 것은 $(5, 3), (3, 5)$이다.

따라서 두 식물의 나이 차는 2살이다.

이거 알면 30초 컷!

미지수의 값을 추론하는 문제의 경우 구하려는 수에 해당하는 값이 지나치게 큰 문제는 출제하지 않으므로 지나치게 큰 값이 나온다면 가장 마지막에 계산하는 것이 좋다.

| 응용수리 | 대표유형 2

경우의 수/확률

유형 분석

- 순열(P)과 조합(C)을 활용하여 가능한 경우의 수를 구하는 유형이다.
- 합의 법칙과 곱의 법칙을 정확히 이해하고 있어야 한다.
- 벤다이어그램을 활용하는 문제가 자주 출제되고 있다.
- 원순열이나 중복순열의 경우 빈출유형이므로 이에 대한 개념과 공식을 알고 있어야 한다.

월드컵 축구 경기는 한 조당 4개의 국가로 구성되어 있으며 총 8개의 조가 출전했다. 각 조 내에서는 국가별로 빠짐없이 서로 각각 한 번씩 경기를 치르는 리그전이 진행되고, 이후 각 조마다 두 국가가 선정되면 본선은 토너먼트 경기 방식으로 진행한다. 축구 한 경기가 열릴 때 얻을 수 있는 수익이 5만 달러라면, 월드컵에서 발생하는 총 부가가치는 얼마인가?(단, 토너먼트로 올라가는 대진표는 주최측에서 임의로 정하고, 3 · 4위 경기는 하지 않는다)

① 300만 달러
② 315만 달러
③ 330만 달러
④ 345만 달러
⑤ 350만 달러

문제풀이 ②

한 조 내에서는 4개 국가가 모두 서로 한 번씩 경기하기 때문에 ${}_4C_2=\frac{4\times3}{2}=6$번의 경기를 하게 된다.

총 8개의 조가 경기하므로 $6\times8=48$번을 시합을 하여 각 조에서 두 국가가 토너먼트 경기에 출전한다. 본선은 주최측에서 임의로 토너먼트 대진표를 작성한다고 하였으므로, 해당 경우의 수를 고려하지 않고 16개 국가가 토너먼트 방식으로 경기를 하면 $8+4+2+1=15$번의 경기가 진행된다. 따라서 총 경기 수는 $48+15=63$회이며, 총 수익은 $63\times5=315$만 달러이다.

이거 알면 30초 컷!

직관적으로 문제에서 가장 최소한의 계산 과정을 사용하는 조건을 기준으로 삼고, 경우의 수를 구한다.

응용수리 유형점검

정답 및 해설 p.007

01 월드컵 축구 중계방송이 끝나고 3분간 광고 방송을 하려고 한다. 30초짜리 광고 3개와 10초짜리, 20초짜리 광고를 합쳐 총 10개의 광고 방송을 기획했다. 10초짜리 광고 수를 a개, 20초짜리 광고 수를 b개라 할 때, $a-b$의 값은?(단, 두 광고 사이에 시간의 공백은 없다)

① -3
② -1
③ 1
④ 3
⑤ 5

Easy

02 A, B 두 회사는 협력업체이다. A회사는 10분에 5개의 인형을 생산한다. B회사는 1시간에 1대의 인형 뽑기 기계를 생산한다. 이 두 회사가 40시간 동안 일을 하면 인형이 들어있는 기계를 몇 대 완성할 수 있는가?(단, 인형 뽑기 기계 하나에는 반드시 40개의 인형을 넣는다)

① 25대
② 30대
③ 35대
④ 40대
⑤ 45대

03 동생은 누나가 집을 나가고 30분 후에, 누나가 놓고 간 지갑을 갖다 주기 위해 자전거로 누나를 따라 갔다. 누나는 분속 9m, 동생은 분속 12m로 이동할 때, 동생은 출발한 지 몇 분 만에 누나를 만났겠는가?(단, 누나는 계속 일정한 속력으로 이동 중이다)

① 70분
② 80분
③ 90분
④ 100분
⑤ 110분

04 x%의 소금물 200g에 y%의 소금물 200g을 넣었더니 15%의 소금물이 되었다. y의 값은?

① $30-x$
② $25-x$
③ $30-2x$
④ $25-2x$
⑤ $35-x$

05 갑의 주머니에는 검은 공 3개, 흰 공 2개가 들어 있고, 을의 주머니에는 검은 공 1개, 흰 공 2개가 들어 있다. 갑의 주머니에서 임의로 1개의 공을 꺼내 을의 주머니에 넣은 후 을의 주머니에서 임의로 1개의 공을 꺼낼 때, 그 공이 검은 공일 확률은?

① $\frac{1}{10}$
② $\frac{2}{5}$
③ $\frac{3}{25}$
④ $\frac{3}{5}$
⑤ $\frac{8}{25}$

06 어느 수조에 물이 가득 들어 있다. 이것을 비우는 데 각각 A관은 12분, B관은 16분, C관은 32분이 걸린다. 이 세 개의 관을 동시에 열어 물이 가득 찬 수조를 비우려면 몇 분이 걸리겠는가?

① 4분
② $\frac{84}{15}$분
③ 5분
④ $\frac{92}{15}$분
⑤ $\frac{96}{17}$분

Easy

07

원가가 a원인 아이스크림을 40%의 이익을 붙여 팔다가 다시 20% 할인을 하여 팔았다. 이때, 아이스크림을 하나 팔 때 남는 이익은 얼마인가?

① $0.12a$원
② $0.13a$원
③ $0.14a$원
④ $0.15a$원
⑤ $0.16a$원

Easy

08

아버지와 아버지 친구의 나이 합은 형과 형 친구의 나이 합의 3배이다. 형과 동생의 나이 차는 3살이고 동생의 나이가 10살일 때, 아버지의 나이는 몇 세인가?(단, 친구끼리는 나이가 같다)

① 38세
② 39세
③ 40세
④ 41세
⑤ 42세

09

Q사원은 자동차를 타고 시속 60km로 출근하던 중에 15분이 지난 시점에서 중요한 서류를 집에 두고 나온 사실을 알았다. Q사원은 처음 출근했을 때의 1.5배의 속력으로 다시 돌아가 서류를 챙긴 후, 지각하지 않기 위해 서류를 가지러 갔을 때의 1.2배의 속력으로 다시 회사로 향했다. Q사원이 출근하는 데 소비한 전체 시간이 50분이라고 할 때, Q사원의 집에서 회사까지의 거리는?(단, 서류를 챙기는 데 걸린 시간은 고려하지 않는다)

① 40km
② 45km
③ 50km
④ 55km
⑤ 60km

10

IT 부서에서는 중요한 프로젝트를 위해 24시간 동안 3교대 근무를 하기로 하였다. IT 부서에는 총 10명의 사람이 근무하고 있고 있는데 인턴은 내규에 따라 교대근무를 시킬 수 없다. 교대 근무 시간표를 짜려고 할 때, 가능한 경우의 수는?(단, 인턴은 한 명이고 한 조에 3명씩 편성된다)

① 210가지
② 420가지
③ 840가지
④ 1,680가지
⑤ 3,360가지

| 수추리 | 대표유형 1

일반 수열

유형 분석

- 나열된 수를 분석하여 그 안의 규칙을 찾고 적용할 수 있는지를 평가하는 유형이다.
- 규칙에 분수나 소수가 나오면 어려운 문제인 것처럼 보이지만 오히려 규칙은 단순한 경우가 많다.
- 일반적인 방법으로 규칙이 보이지 않는다면 홀수 항과 짝수 항을 분리해서 파악하거나, 군수열을 의심하고 n개의 항을 묶어 생각한다.

※ 일정한 규칙으로 수를 나열할 때, 빈칸에 들어갈 알맞은 수를 고르시오. [1~2]

01

1 4 13 40 121 ( ) 1,093

① 351 ② 363 ③ 364
④ 370 ⑤ 392

02

6 10 37 14 27 12 20 ( ) 7

① 20 ② 23 ③ 26
④ 29 ⑤ 32

문제풀이

01 ③
앞의 항에 $\times 3+1$을 적용한 수열이다.
따라서 ( )$=121\times 3+1=364$이다.
또는 3^1, 3^2, 3^3 …을 더하는 수열도 된다.
따라서 $121+(3^5)=364$이다.

02 ③
$\underline{A\ B\ C} \rightarrow A+B+C=53$
따라서 ( )$=53-(20+7)=26$이다.

Ⅰ 수추리 Ⅰ 대표유형 2

여러 가지 수열

유형 분석

여러 가지 모양의 수열을 보고 숨겨진 규칙을 찾을 수 있는지 평가하는 유형이다.

다음 전개도는 일정한 규칙에 따라 나열된 수열이다. ?에 들어갈 값으로 알맞은 것은?

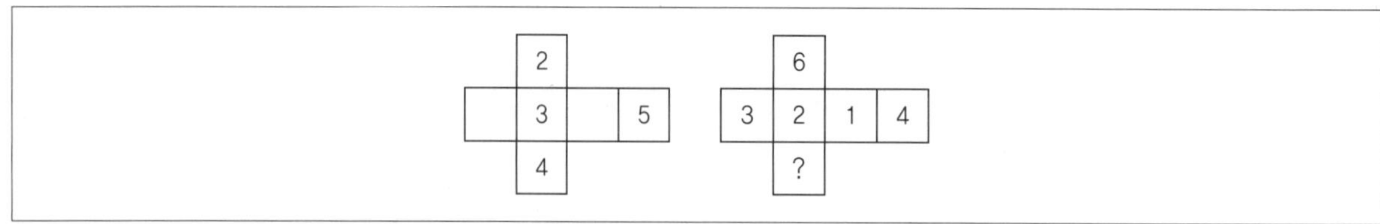

① 2 ② 3
③ 4 ④ 5
⑤ 6

문제풀이 ③
전개도를 접어 입체도형을 만들었을 때 마주 보는 면에 적혀 있는 수의 차가 2이다.

이거 알면 30초 컷!

다양한 형태로 출제되는 수열 문제의 경우, 일반 수열 문제보다 낯선 대신 수열 전개 방식은 단순한 경우가 많다. 따라서 일반 수열 문제와 달리 사칙연산 등 기본적인 규칙을 생각하며 접근하는 것이 도움이 될 수 있다.

수추리 유형점검

정답 및 해설 p.009

※ 일정한 규칙으로 수를 나열할 때, 빈칸에 들어갈 알맞은 수를 고르시오. [1~6]

01

2　512　20　512　200　256　2,000　(　)

① 60　② 64
③ 128　④ 164
⑤ 200

02

$\frac{5}{3}$　$\frac{15}{6}$　$\frac{45}{9}$　$\frac{135}{12}$　(　)

① $\frac{140}{15}$　② $\frac{425}{15}$
③ $\frac{405}{15}$　④ $\frac{425}{25}$
⑤ $\frac{405}{25}$

03

6　7　19　20　58　59　(　)

① 172　② 173
③ 174　④ 175
⑤ 176

Easy

04

4 3 1 2 −1 3 ( )

① −3
② −4
③ 5
④ −6
⑤ 6

05

( ) 3 81 2 4 16 3 5 125

① 1
② 3
③ 4
④ 5
⑤ 7

06

1 2 $\sqrt{5}$ 2 3 $\sqrt{13}$ 3 4 5 4 5 ( )

① $\sqrt{41}$
② 7
③ $\sqrt{42}$
④ 8
⑤ $3\sqrt{5}$

※ 다음은 일정한 규칙에 따라 나열된 수열이다. ?에 들어갈 값으로 알맞은 것을 고르시오. [7~8]

07

2	0	3	8	7
7	5	4	6	3
15	1	13	49	?

① 20
② 21
③ 22
④ 23
⑤ 24

Hard

08

2	2
3	5
5	10
6	16
10	?

① 22
② 23
③ 24
④ 25
⑤ 26

CHAPTER 02

| 알고리즘 | 대표유형

알고리즘

유형 분석

알고리즘의 규칙에 따라 차례대로 적용하여 도출되는 값을 찾을 수 있는지 평가하는 유형이다.

제시된 순서에 따라 출력되는 값은?

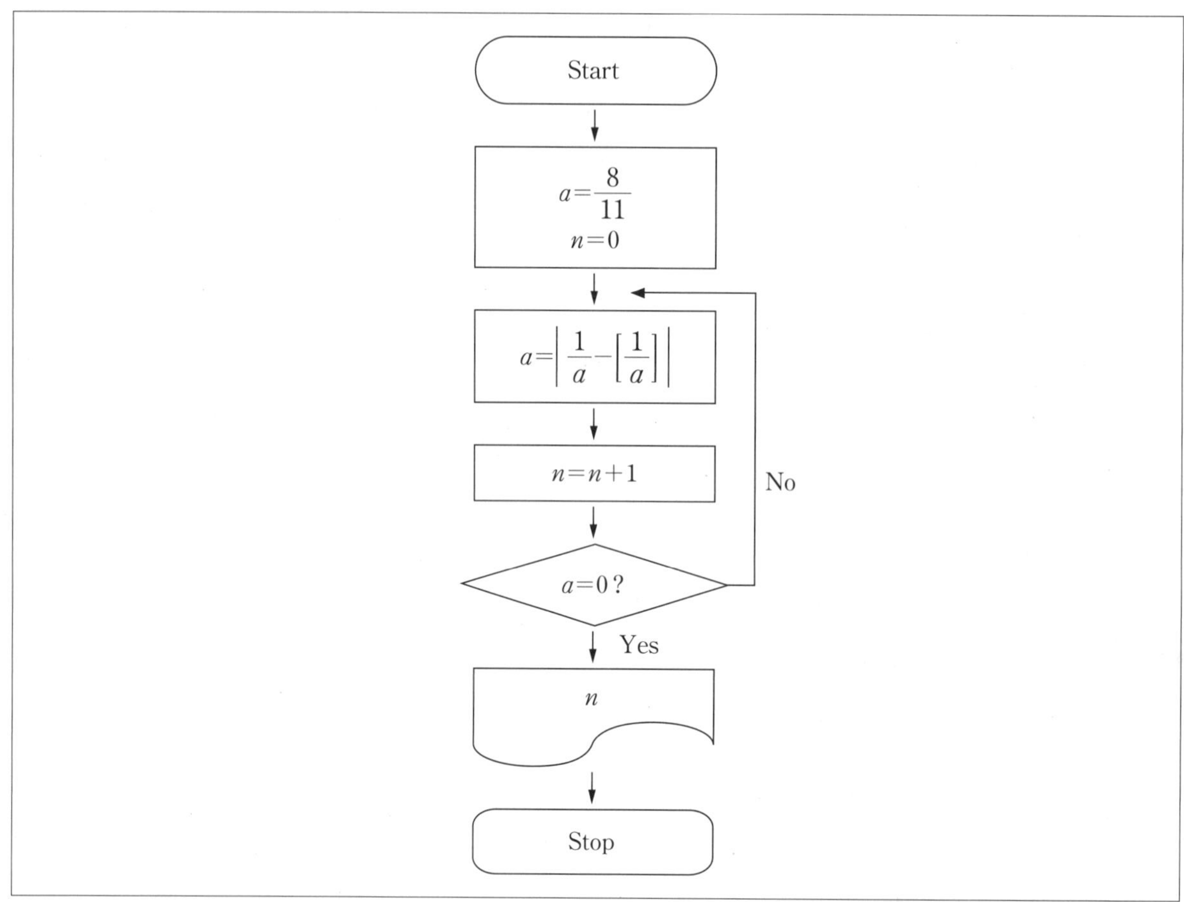

① 1
② 2
③ 3
④ 4
⑤ 5

문제풀이 ④

a	n
$\frac{8}{11}$	0
$\frac{11}{8}-1=\frac{3}{8}$	1
$\frac{8}{3}-2=\frac{2}{3}$	2
$\frac{3}{2}-1=\frac{1}{2}$	3
$\frac{2}{1}-2=0$	4

PART 1 언어논리 수리자료 어휘유창성 공간추리

안심Touch

알고리즘 유형점검

정답 및 해설 p.010

※ 제시된 순서에 따라 출력되는 값을 구하시오. [1~5]

01

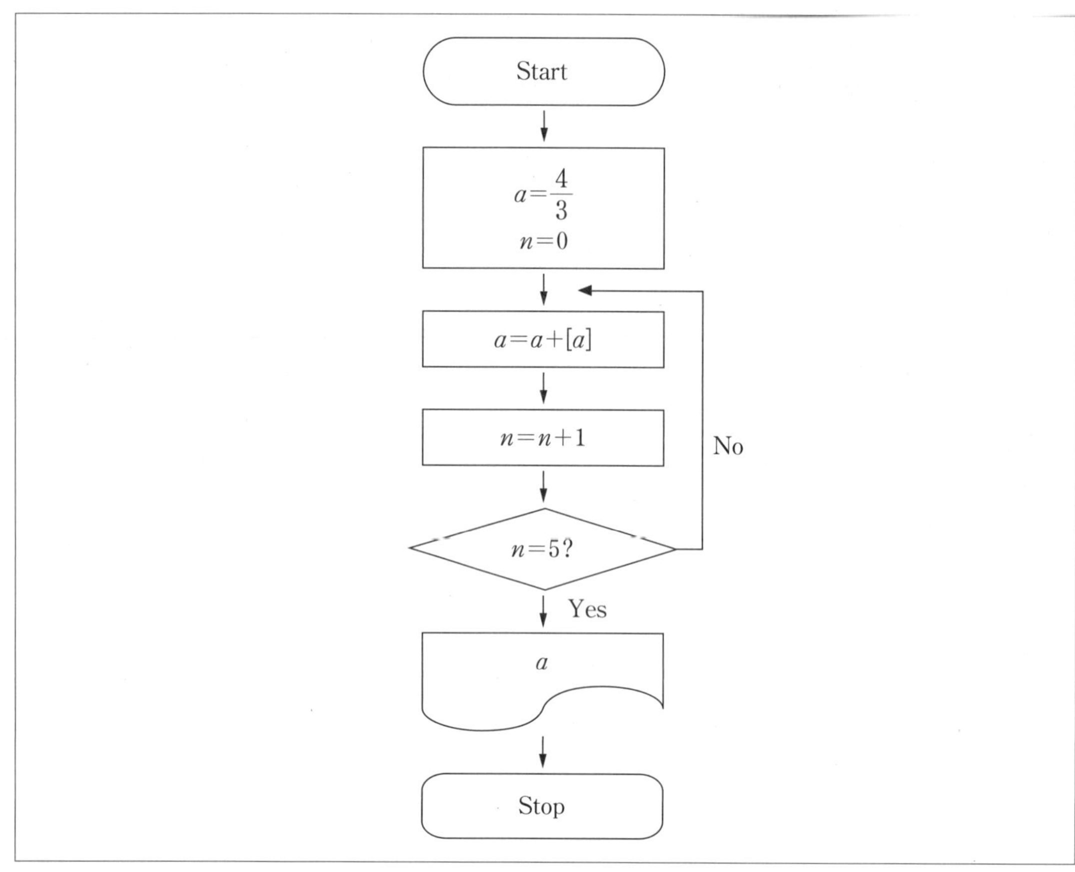

① $\frac{97}{3}$

② $\frac{99}{3}$

③ $\frac{101}{3}$

④ $\frac{103}{3}$

⑤ $\frac{105}{3}$

02

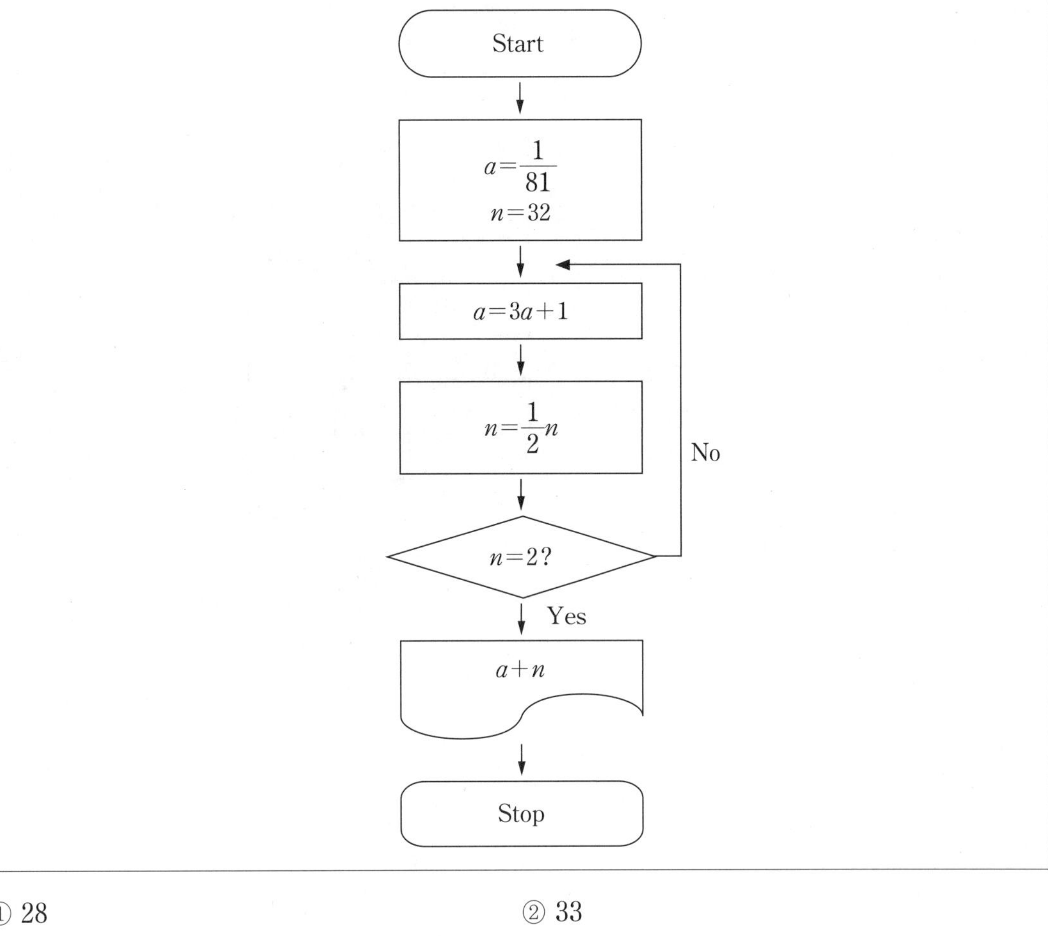

① 28
② 33
③ 35
④ 41
⑤ 43

03

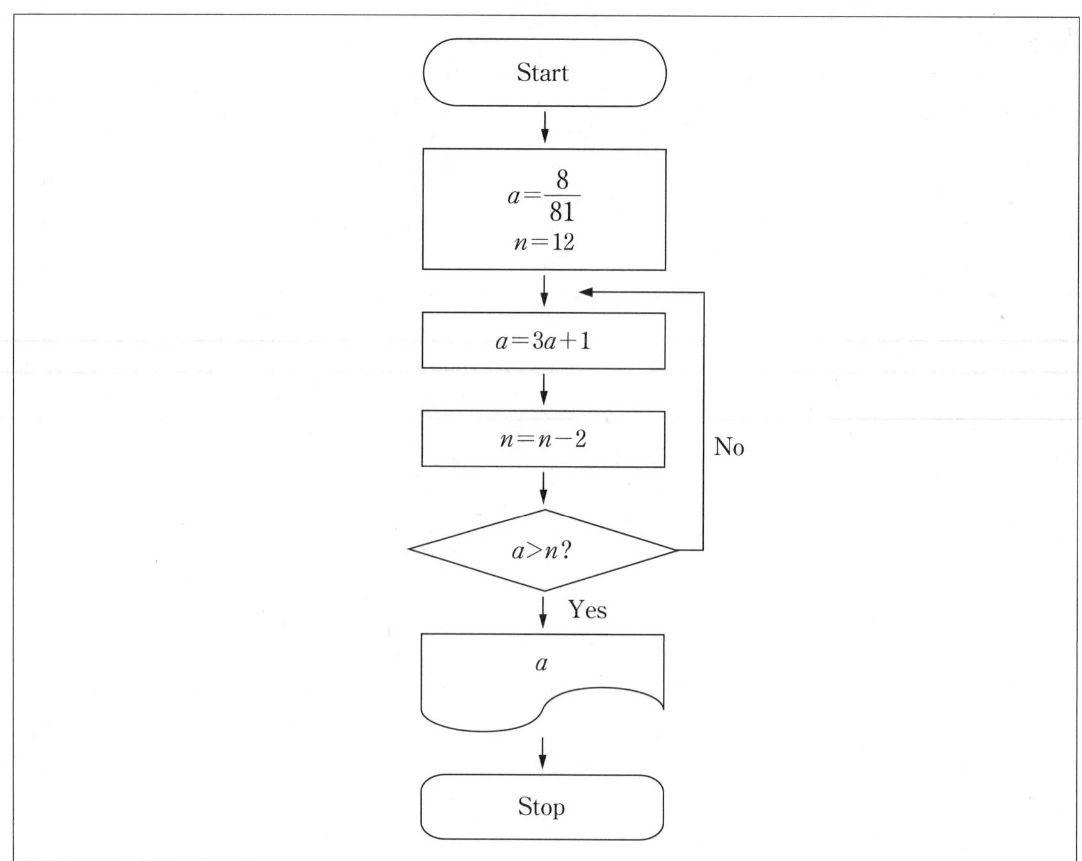

① $\frac{8}{81}$

② $\frac{8}{9}$

③ $\frac{35}{27}$

④ $\frac{44}{9}$

⑤ $\frac{47}{3}$

04

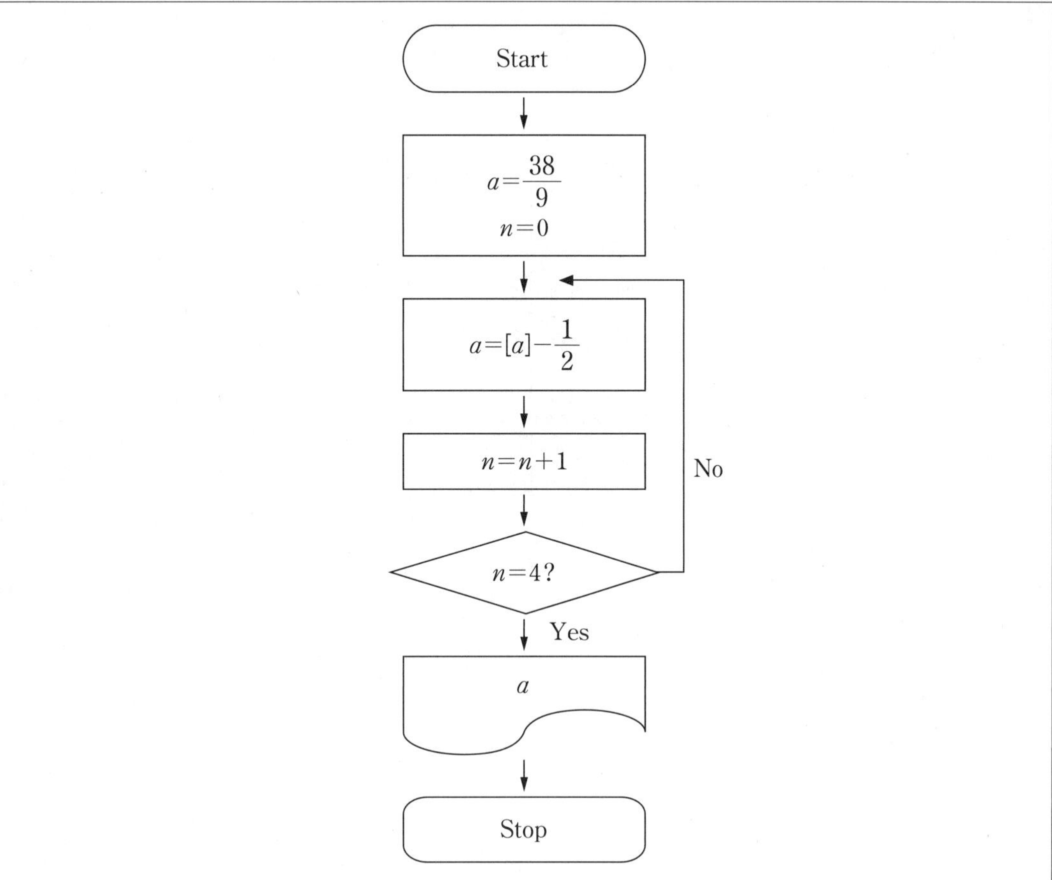

① 1　　② $\frac{1}{2}$

③ $\frac{1}{3}$　　④ $\frac{1}{4}$

⑤ $\frac{1}{5}$

Hard

05

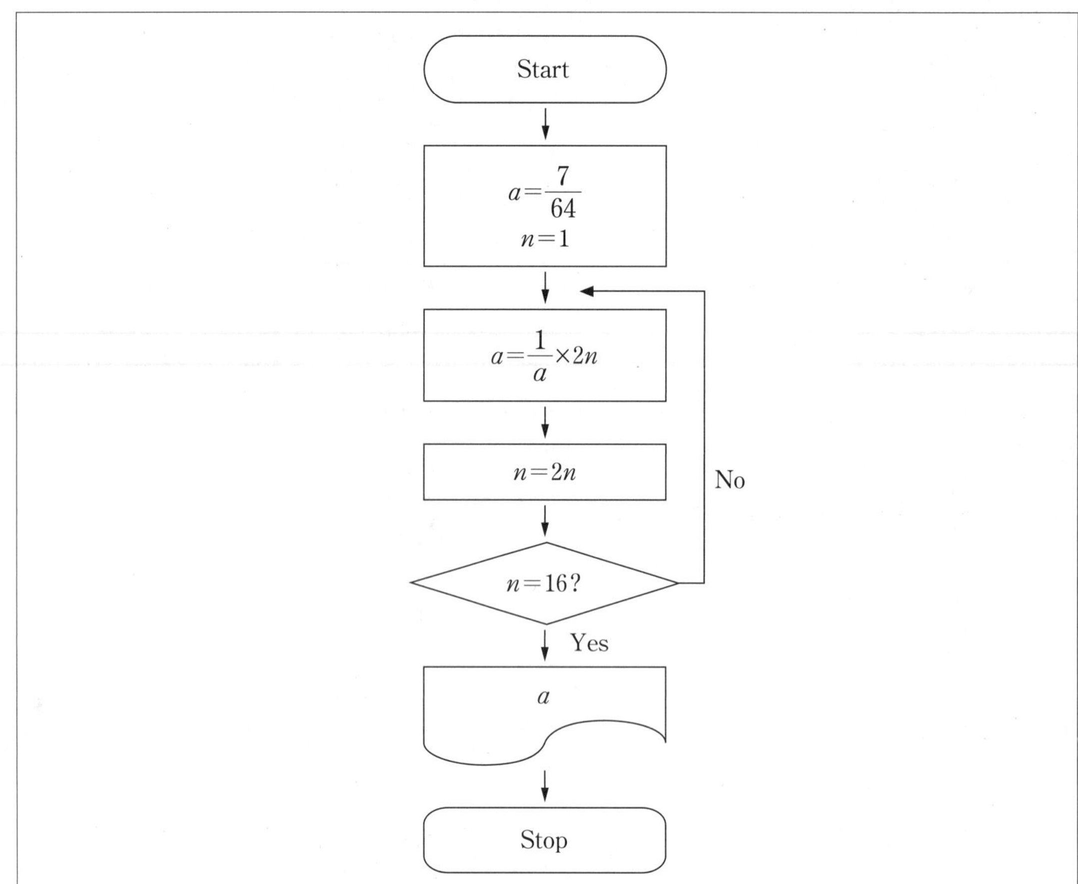

① $\frac{7}{32}$

② $\frac{256}{7}$

③ $\frac{7}{16}$

④ $\frac{128}{7}$

⑤ $\frac{7}{64}$

MEMO

I wish you the best of luck!

CHAPTER 03
어휘유창성(인문계)

합격 Cheat Key

| 영역 소개 |

DCAT의 어휘유창성 영역은 인문계 시험 영역으로 한자성어, 맞춤법, 높임말, 어휘 등 언어와 관련된 다양한 유형의 문제들이 출제되고 있다. 총 30문항을 20분 동안 풀어야 하며, 평소 익숙지 않은 어휘나 속담, 한자성어가 출제되므로 일정 이상의 어휘력을 요구하는 영역이다. 따라서 평소 어휘력 향상을 위한 학습이 요구되며, 다방면의 지식을 폭넓게 알아두는 것 또한 중요하다.

01 어휘력

DCAT의 어휘력 유형은 동의어나 반의어 찾기, 어휘의 의미 찾기 및 빈칸 넣기 등 어휘에 관련된 다양한 문제들이 출제된다.

학습포인트

일상에서 자주 쓰이는 대표적인 동의어와 반의어를 숙지하는 것은 물론, 사회 · 정치 · 기술 · 과학 등과 관련된 지문이 출제되므로 어휘의 쓰임새와 관용어 등을 정리하는 것이 좋다.

02 맞춤법

DCAT의 맞춤법 유형은 다른 유형에 비해서 어렵지 않은 수준으로 출제되고 있다. 하지만 실제 시험 후기에서는 수험생들의 체감 난이도가 높은 유형으로 알려져 있어 꾸준한 학습이 요구되는 유형이기도 하다.

학습포인트

평소 맞춤법 실력에 자신이 없을 경우에는 일상생활에서 가장 많이 틀리는 맞춤법을 따로 정리해 놓거나 맞춤법 관련 도서를 읽어두는 것이 좋다.

03 관용적 표현

DCAT의 관용적 표현 유형은 주로 한자성어나 속담을 포함한 문제들이 출제된다. 단순히 한자성어나 속담의 뜻을 묻고 답하는 문제뿐만이 아니라 독해력을 요구하는 유형이기 때문에 글의 맥락을 파악하여 이에 적절한 표현을 찾는 것을 요구한다.

학습포인트

단순히 한자성어나 속담과 그 의미를 외우는 것보다는 이들이 사용된 신문 사설이나 글 등을 통해 주로 어떠한 상황에서 관용구로 쓰이는지 파악해두는 것이 좋다.

CHAPTER 03

| 어휘력 | 대표유형 1

유의어 · 반의어

유형 분석

주어진 단어의 의미를 정확히 알고 있는지 평가하는 유형이다.

01 다음 중 동의 또는 유의 관계인 단어를 2개 고르면?

① 견주다
② 두껍다
③ 들이다
④ 대보다
⑤ 후하다

02 다음 중 반의 관계인 단어를 2개 고르면?

① 기준
② 표준
③ 수긍
④ 훈련
⑤ 부인

문제풀이

01 ①, ④

• 견주다 : 둘 이상의 사물을 질이나 양에서 어떠한 차이가 있는지 알기 위하여 서로 대어 보다.

• 대보다 : 서로 견주어 보다.

02 ③, ⑤

• 수긍 : 옳다고 인정함

• 부인 : 어떤 내용이나 사실을 옳거나 그러하다고 인정하지 아니함

빈칸 추론

유형 분석

- 글의 맥락을 파악하여 빈칸에 들어갈 적절한 단어를 찾을 수 있는지 평가하는 유형이다.
- 적절한 어휘를 찾는 것은 물론, 정확한 독해력을 요구하므로 문장의 흐름에 유의하도록 한다.

다음 빈칸에 들어갈 말로 알맞게 짝지어진 것은?

컴퓨터용 한글 자판에는 세벌식 자판과 두벌식 자판이 있다. 그리고 세벌식 자판이 두벌식 자판에 비해 더 [㉠]이고 편리하다는 평가가 많다. [㉡] 새로 컴퓨터를 사용하기 시작하는 사람이 두벌식 자판을 선택하는 이유는 기존의 컴퓨터 사용자의 대다수가 두벌식 자판을 사용하고 있다는 사실이 새로운 사용자에게 영향을 주었기 때문이다. 이처럼 어떤 제품의 사용자 또는 소비자 집단이 네트워크를 이루고, 다른 사람의 수요에 미치는 영향을 네트워크 효과 또는 '네트워크 외부성'이라고 한다. 네트워크 외부성에 영향을 미치는 요인은 두 가지 차원에서 생각해 볼 수 있다. 우선 가장 직접적인 영향을 미치는 것은 사용자 기반이다. 네트워크에 연결된 사람이 늘어날수록 사용자들이 제품이나 서비스를 사용함으로써 얻게 되는 효용은 더욱 증가하고, [㉢] 더 많은 소비자들이 그 제품을 선택하게 된다. 인터넷 지식 검색의 경우, 전체 가입자의 수가 많을수록 개별 사용자의 만족도가 높아지는 경향이 있는데, 이는 사용자 기반이 네트워크 외부성에 영향을 미치는 사례로 볼 수 있다. 둘째, 해당 재화나 서비스의 표준 달성 여부이다. 시장에 출시된 제품 중에서 한쪽이 일정 수준 이상의 사용자 수를 확보해서 시장 지배적 제품으로서 표준이 되면 소비자의 선택에 중요한 영향을 주기 때문이다. 예를 들어 컴퓨터 운영 체제로서 윈도우즈는 개인용 컴퓨터(PC) 시장의 대부분을 장악하고 있는데, 개인용 컴퓨터 제조업체들이 자사 제품에 윈도우즈 로고를 붙여야 판매가 가능할 정도로 윈도우즈의 시장 지배력은 압도적이다. 이런 상황에서 컴퓨터를 구매하려는 소비자가 윈도우즈 대신 다른 운영 체제를 선택할 가능성은 매우 낮다.

	㉠	㉡	㉢
①	비효율적	그런데도	이처럼
②	비효율적	그래서	이렇게
③	효율적	그런데도	이로 인해
④	효율적	그렇게	이로 인해
⑤	효율적	그런데도	그리고

문제풀이 ③

㉠ 이 문장은 세벌식 자판과 두벌식 자판의 비교 부분인데, 뒤의 편리하다는 내용과 '－이고'로 대등하게 연결된 것으로 보아 긍정적인 내용이 나와야 하므로 '효율적'이 적절하다.

㉡ 앞에서 세벌식 자판이 효율적이고 편리하다고 했는데 상반된 내용이 이어지고 있으므로 '그런데도'가 적절하다.

㉢ 뒤 문장은 앞에서 설명한 현상에 대한 결과를 설명하고 있으므로 앞 문장을 지칭하는 '이로 인해'가 적절하다.

CHAPTER 03

어휘력 유형점검

정답 및 해설 p.013

※ 다음 중 동의 또는 유의 관계인 단어를 2개 고르시오. [1~2]

01

① 서술하다
② 초래하다
③ 가져오다
④ 소진하다
⑤ 생각하다

02

① 비호
② 추론
③ 트집
④ 동등
⑤ 변호

※ 다음 중 반의 관계인 단어를 2개 고르시오. [3~4]

03

① 부시다
② 깔보다
③ 부질없다
④ 존경하다
⑤ 쓸모없다

04

① 머쓱하다
② 닦달하다
③ 좀스럽다
④ 관대하다
⑤ 지나치다

05 다음 중 빈칸에 들어갈 말로 알맞게 짝지어진 것은?

아리랑 민요는 지방에 따라 여러 가지가 있는데, 지금까지 발굴된 것은 약 30종 가까이 된다. 그중 대표적인 것으로는 서울의 본조 아리랑을 비롯하여 강원도 아리랑, 정선 아리랑, 밀양 아리랑, 진도 아리랑, 해주 아리랑, 원산 아리랑 등을 들 수 있다. 거의 도마다 대표적인 아리랑이 있으나 평안도와 제주도가 없는데, 그것은 발굴하지 못했기 때문이고, [㉠] 울릉도 아리랑까지 발견하였을 정도이니 실제로 더 있었던 것으로 보인다. [㉡] 이들 민요는 가락과 가사의 차이는 물론 후렴의 차이까지 있다. 그중 정선 아리랑이 느리고 구성진 데 비해, 밀양 아리랑은 흥겹고 힘차며, 진도 아리랑은 서글프면서도 해학적인 멋이 있다. 서울 아리랑은 이들의 공통점이 응집되어 구성지거나 서글프지 않으며, 또한 흥겹지도 않은 중간적인 은근한 느낌을 주는 것이 특징이다. [㉢] 서울 아리랑은 그 형성 시기도 지방의 어느 것보다도 늦게 이루어진 것으로 짐작된다.

	㉠	㉡	㉢
①	최근에는	그래서	또한
②	최근에는	또한	그러므로
③	과거에는	왜냐하면	그러므로
④	과거에는	그러므로	그럼에도 불구하고
⑤	미래에는	왜냐하면	그럼에도 불구하고

06 다음 글의 논지를 고려할 때, ㉠ : ㉡의 관계와 가장 유사한 것은?

나의 아내가 내 글을, 1956년에 새것을 사서 지금도 잘 작동하고 있는 로열 스탠더드 ㉠ 타자기로 내용을 입력해 준다. 내용을 입력하면서 잘못된 것이 있으면 가장자리에 조그맣게 표시를 한다. 아내는 나의 가장 훌륭한 비평가인데, 그것은 나의 습관적인 실수나 약점을 가장 잘 알고 있기 때문이다. 아내는 내가 무엇을 써야 할지를 알며, 어떤 경우에는 그것에 대해 나보다도 더 해박하다. 나는 우리가 기분 좋게 잘 돌아가는 문학의 가내공업을 하는 것이라고 생각한다. 거기에는 아무것도 잘못된 것이 없다. 지금까지 꽤 많은 사람들이 나에게, ㉡ 컴퓨터를 사면 생활이 크게 개선될 수 있다고 말해 왔다. 그에 대한 한결같은 나의 대답은 그렇게 하지 않겠다는 것이다. 거기에는 여러 가지 훌륭한 이유가 있다.

① 자전거 : 자동차
② 호미 : 쟁기
③ 세탁기 : 탈수기
④ 한옥 : 양옥
⑤ 영화 : 텔레비전

07 다음 중 ㉠과 가장 유사한 의미로 사용된 것은?

> 아이들은 12개월부터 소리를 모방하기 시작하여 24개월에는 50개 단어를 익히고, 36개월이면 1,000개 정도의 단어를 알게 된다. 이것은 거의 부모의 언어를 듣고 따라한 결과다. 따라서 부모는 이야기를 할 때 정확한 발음을 사용하여 아이가 자연스럽게 모방할 수 있도록 유도해야 한다.
> 간혹 아이가 자발적으로 따라하도록 두지 않고 아이에게 말하기를 강요하는 경우가 있는데, 이는 바람직하지 않은 행동이므로 ㉠ 피해야 한다. 아이들은 24개월 전후로 사고 능력이 빠르게 발달한다. 그래서 행동하기 전에 생각할 수도 있게 되며, 사건의 원인과 결과도 어느 정도 이해할 수 있다. 직접 경험해 보지 않아도 언어를 사용하여 표현하고 이해할 수 있으며 기억력 역시 증가한다.

① 길가 돌담집 처마 아래서 비를 피하다.
② 손 있는 날을 피하다.
③ 이 곳에서 얌전히 몸을 피하고 있어라.
④ 친구와의 싸움은 피하고 사이좋게 지내라.
⑤ 지하실로 피했으나 적에게 잡히고 말았다.

Hard

08 다음 〈보기〉의 설명을 참고하여 다음 문장의 빈칸에 공통적으로 들어갈 어휘를 고르면?

> **보기**
> 명 사
> 1. 두 사물의 끝이 맞닿은 자리
> 2. 물건과 물건의 한가운데
> 3. 구역과 구역의 경계점
> 4. 시간이나 장소나 사건 따위의 일정한 테두리 안 또는 그 가까이

> ㉠ 한길에서 공장 신축장으로 들어가는 (　　)에 생긴 포장마차가 있었다.
> ㉡ 바닷물과 갯벌이 맞물려 있는 (　　)에 그물이 설치되어 있었다.
> ㉢ 등교 때나 퇴교 때 같으면 규율부가 나와 있어 연락이 가능했지만 목요일의 오후 세 시 (　　)은/는 그러기에도 어중간한 시간이었다.

① 틈새　　② 어름
③ 가름　　④ 가늠
⑤ 어림

※ 다음 밑줄 친 단어와 같거나 유사한 의미를 가진 것을 고르시오. [9~10]

09

이번 기회에 빚을 모두 <u>정리했다</u>.

① 청렴
② 청유
③ 청산
④ 파산
⑤ 미진

10

지금 상황을 그 문제와 <u>연관 짓다</u>.

① 결처
② 결과
③ 결제
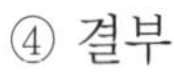
④ 결부
⑤ 가부

CHAPTER 03

| 맞춤법 | 대표유형

맞춤법

유형 분석

- 어법에 맞게 맞춤법을 잘 사용할 수 있는지 평가하는 유형이다.
- 한 단어가 지니는 다양한 의미와 각각의 쓰임새에 대해 숙지하는 것은 물론 높임법이나 로마자 표기법 등 맞춤법과 관련된 다양한 문제들이 출제된다.

다음 중 어법에 맞게 고친 것은?

- 빨리 도착하려면 저 산을 ㉠ 넘어야 한다.
- 장터는 저 산 ㉡ 넘어에 있소.
- 나는 대장간 일을 ㉢ 어깨너머로 배웠다.
- 자동차는 수많은 작은 부품들로 ㉣ 나뉜다.
- 나는 일이 바빠 쉴 ㉤ 새가 없었다.

① ㉠－목적지에 대해 설명하고 있으므로 '너머'로 수정한다.
② ㉡－산으로 가로막힌 반대쪽 장소를 의미하기 때문에 '너머'로 수정한다.
③ ㉢－남몰래 보고 배운 것을 뜻하므로 '어깨넘어'로 수정한다.
④ ㉣－피동 표현을 사용해야 하므로 '나뉘어진다'로 수정한다.
⑤ ㉤－'세'로 수정한다.

문제풀이 ②

오답분석

① 산을 '넘는다'는 행위의 의미이므로 '넘어'가 맞다.
③ 어깨너머 : 타인이 하는 것을 옆에서 보거나 듣거나 함(명사)
④ '나뉘다(나누이다)'는 '나누다'의 피동형이므로 피동을 나타내는 접사 '－어지다'와 결합할 수 없다.
⑤ 새 : '사이'의 준말

맞춤법 유형점검

정답 및 해설 p.014

01 다음 중 어미 '데'의 쓰임이 잘못 연결된 것은?

> ㉠ 과거 어느 때에 직접 경험하여 알게 된 사실을 현재의 말하는 장면에 그대로 옮겨 와서 말함을 나타내는 종결 어미
> ㉡ 뒤 절에서 어떤 일을 설명하거나 묻거나 시키거나 제안하기 위하여 그 대상과 상관되는 상황을 미리 말할 때에 쓰는 연결 어미
> ㉢ 일정한 대답을 요구하며 물어보는 뜻을 나타내는 종결 어미

① ㉠－내가 어릴 때 살던 곳은 아직 그대로던<u>데</u>.
② ㉠－그 친구는 발표를 정말 잘하던<u>데</u>.
③ ㉡－그를 설득하는 <u>데</u> 며칠이 걸렸다.
④ ㉡－가게에 가는<u>데</u> 뭐 사다 줄까?
⑤ ㉢－저기 저 꽃의 이름은 뭔<u>데</u>?

02 다음 중 띄어쓰기가 바르게 된 것은?

① 철수가 떠난지가 한 달이 지났다.
② 얼굴도 예쁜데다가 마음씨까지 곱다.
③ 허공만 바라볼뿐 아무 말도 하지 않았다.
④ 회의 중에는 잡담을 하지 마시오.
⑤ 그 일을 책임지기는 커녕 모른 척 하기 바쁘다.

03 다음은 표준어 규정 중의 일부를 제시한 것이다. ㉠~㉤에 대한 구체적 예시 자료로 적절하지 않은 것은?

㉠ 기술자에게는 '-장이', 그 외에는 '-쟁이'가 붙는 형태를 표준어로 삼는다. ㉡ 준말이 널리 쓰이고 본말이 잘 쓰이지 않는 경우에는, 준말만을 표준어로 삼는다. ㉢ 어원에서 멀어진 형태로 굳어져서 널리 쓰이는 단어는, 그것을 표준어로 삼는다. ㉣ 양성 모음이 음성 모음으로 바뀌어 굳어진 단어는 음성 모음 형태를 표준어로 삼는다. ㉤ '웃-' 및 '윗-'은 명사 '위'에 맞추어 '윗-'으로 통일하지만, '아래, 위'의 대립이 없는 단어는 '웃-'으로 발음되는 형태를 표준어로 삼는다.

① ㉠-'소금쟁이'를 표준어로 삼고, '소금장이'를 버림
② ㉡-'솔개'를 표준어로 삼고, '소리개'를 버림
③ ㉢-'사글세'를 표준어로 삼고, '삭월세'를 버림
④ ㉣-'깡충깡충'을 표준어로 삼고, '깡총깡총'을 버림
⑤ ㉤-'웃도리'를 표준어로 삼고, '윗도리'를 버림

Hard

04 다음 중 띄어쓰기가 바르지 않은 것은?

① 바늘 한 쌈은 바늘 24개를 말한다.
② 이번 출장은 열흘 내지 보름은 걸릴 거야.
③ 이건 어디까지나 다 너를 위한 결정이었어.
④ 아는대로 말하지 않으면 법대로 처리하겠다.
⑤ 여기저기 돌아다녀 봤지만 내 집이 가장 좋아.

05 다음 글의 ㉠~㉤ 중 맞춤법을 맞게 사용한 것은?

문득 만나고 싶은 사람들이 있다. 얼굴을 마주 대하고 눈빛을 읽으며 이야기를 나누고 싶은 사람들이 있다. 그런 사람이 떠오를 때 나는 편지를 쓴다. 이 시간은 메마른 내 마음에 기름을 ㉠ 붇고 심지를 ㉡ 돋우며 등불을 켜는 시간이다. 다 쓴 편지를 산 ㉢ 넘어 먼 하늘에 ㉣ 띠우고 그것을 어떤 사람이 받아 읽을 때, ㉤ 비로서 불씨는 점화되고 마음과 마음이 하나로 이어진다.

① ㉠
② ㉡
③ ㉢
④ ㉣
⑤ ㉤

06

다음 중 밑줄 친 부분의 띄어쓰기가 옳지 않은 것은?

① 우리는 그를 단 한번 만났다.
② 우리는 오늘 큰집에서 제사가 있다.
③ 그는 나의 동생보다 손아래이다.
④ 그는 우리 집안의 어른이다.
⑤ 규민이는 그 문제를 잘 아는 척했다.

07

다음 중 밑줄 친 부분의 어법이 옳은 것은?

① 1등을 하던지 2등을 하던지 합격만 하면 된다.
② 그녀는 대학을 졸업하던 해에 취직하였다.
③ 가수는 노래를 잘 부르던지 춤을 잘 추던지 하나는 잘 해야 한다.
④ 공부는 할 만하겠든?
⑤ 밥이던지 빵이던지 아침은 먹어야 한다.

Hard

08

다음 중 로마자 표기가 바르지 않은 것은?

① 벚꽃(beotkkot)
② 대관령(Daegwallyeong)
③ 묵호(Mukho)
④ 좋고(jokko)
⑤ 해돋이(haedoji)

09 다음 중 높임법의 사용이 잘못된 것은?

① 할아버지께서 선물을 주셨다.
② 수지는 아버지를 모시고 집에 갔다.
③ (후임이 선임에게) 김 병장님, 이 상병이 할 말이 있다고 합니다.
④ (점원이 손님에게) 15,000원이십니다.
⑤ 변변치 못한 선물이오나, 정으로 드리오니 받아 주시옵소서.

10 다음 중 밑줄 친 단어의 표기가 올바른 것은?

① 나의 <u>바램</u>대로 내일은 흰 눈이 왔으면 좋겠다.
② 엿가락을 고무줄처럼 <u>늘였다</u>.
③ 학생 신분에 <u>알맞는</u> 옷차림을 해야 한다.
④ 계곡물에 손을 <u>담구니</u> 시원하다.
⑤ <u>지리한</u> 장마가 끝나고 불볕더위가 시작되었다.

| 관용적 표현 | 대표유형

관용적 표현

유형 분석

- 주어진 글을 읽고 맥락과 일치하는 표현을 사용할 수 있는지 평가하는 유형이다.
- 사자성어와 속담은 물론 단어에 내포된 관용적 의미를 묻는 문제들이 출제되기도 한다.

다음 상황에 적절한 사자성어는?

어느 고을에 김 사또와 최 진사가 있었다. 김 사또는 자신에게 항상 옳은 말만 하고 사람들이 입을 모아 칭찬하는 최 진사를 싫어했다. 어느 날, 최 진사의 아들이 실수로 돈 없이 식사하다 관아에 잡혀 오게 되었다. 이를 기회로 삼은 김 사또는 아들의 죗값은 잘못 가르친 아버지가 함께 받아야 한다며, 최 진사를 감옥에 가두었다.
그러던 어느 날, 김 사또의 아들이 길거리에서 싸움하다가 상대방을 죽였다. 이 소식을 들은 김 사또는 뒤늦게 땅을 치고 후회했지만 자신이 만든 법에 따라 관직에서 쫓겨나 감옥에 갇히는 신세가 되었다.

① 망운지정(望雲之情)
② 이심전심(以心傳心)
③ 자중지란(自中之亂)
④ 자가당착(自家撞着)
⑤ 자승자박(自繩自縛)

문제풀이 ⑤

- 자승자박(自繩自縛) : 자기가 한 말과 행동에 자기 자신이 옭혀 곤란하게 됨

오답분석

① 망운지정(望雲之情) : 자식이 객지에서 고향에 계신 어버이를 생각하는 마음
② 이심전심(以心傳心) : 마음에서 마음으로 뜻이 전해짐. 또는 내가 생각한 것과 상대방이 생각하는 것이 같음
③ 자중지란(自中之亂) : 같은 편 안에서 일어나는 혼란이나 난리
④ 자가당착(自家撞着) : 자기의 언행이 앞뒤가 서로 맞지 않음

관용적 표현 유형점검

정답 및 해설 p.015

01 다음 관용어의 뜻을 잘못 설명한 것은?

① 먹물을 먹다 : 책을 읽고 공부를 하다.
② 손사래를 치다 : 거절하거나 부인하다.
③ 머리가 깨다 : 골치 아픈 일로 속을 썩다.
④ 잔뼈가 굵다 : 오래 일하여 익숙해지다.
⑤ 가슴에 못을 박다 : 마음속 깊이 원통한 생각이 맺히게 하다.

02 다음 속담의 풀이로 가장 적절한 것은?

산에 가야 범을 잡고, 물에 가야 고기를 잡는다.

① 일을 처리함에 있어 아무런 원칙이 없다.
② 무슨 일이든지 순서에 맞게 처리해야 한다.
③ 선천적 재능과 후천적 노력이 모두 중요하다.
④ 일이 성공하려면 그에 맞는 조건이 갖추어져야 한다.
⑤ 어떠한 일은 결국 필요한 사람이 일을 하게 마련이다.

03 다음 글의 내용과 가장 관계 깊은 속담은?

제주도의원 예비후보자로부터 8천 원짜리 축하 화분을 받은 유권자에게 40만 원의 과태료가 부과됐다. 5.31 지방 선거와 관련해 제주도에서는 처음 있는 일이다. 김 모(53, 제주시)씨는 최근 화장품 가게를 개업했다. 개업식에는 제주도의원 예비후보자 이 모(55, 제주시)씨가 보낸 8천 원짜리 축하화분도 있었다. 하지만 선거법은 예비후보자로부터 선거구민이 어떠한 향응이나 금품도 받을 수 없도록 규정하고 있다. 결국 이 같은 사실은 제주도선거관리위원회에 적발됐고, 김 씨에게는 50배의 과태료가 부과됐다. 8천 원짜리 화분 1개를 받았다가 40만 원의 과태료를 내야 할 처지가 된 것이다.

① 떡 본 김에 제사 지낸다.
② 깐깐 오월 미끈 유월
③ 개를 따라가면 측간으로 간다.
④ 가는 방망이 오는 홍두깨
⑤ 가을볕에는 딸을 쬐이고, 봄볕에는 며느리를 쬐인다.

※ 다음 제시된 관용어구들의 빈칸에 공통으로 들어갈 말로 적절한 것을 고르시오. [4~6]

04

- (　　)에 밟히다.
- (　　)에 익다.
- (　　)를/을 끌다.
- (　　)가/이 높다.

① 발
② 손
③ 눈
④ 귀
⑤ 입

05

- 돼지를 (　　).
- 도랑을 (　　).
- 사군자를 (　　).
- 술을 (　　).

① 잡다
② 놓다
③ 치다
④ 붓다
⑤ 입다

Easy

06

> • (　　)이 넓다.
> • (　　)을 구르다.
> • (　　)을 빼다.

① 손
② 귓문
③ 오지랖
④ 발
⑤ 눈

※ 제시된 글과 관련 있는 사자성어를 고르시오. [7~8]

07

> 경기가 호황일 때는 직원들의 희생을 강요하던 회사가 경제가 어려워지자 직원들의 임금부터 조정하려고 한다.

① 감언이설(甘言利說)
② 당랑거철(螳螂拒轍)
③ 무소불위(無所不爲)
④ 감탄고토(甘呑苦吐)
⑤ 속수무책(束手無策)

08

> 이제 막 성인이 되어 직장생활을 시작한 철수는 학창시절 선생님의 농담 같았던 이야기들이 사회에서 꼭 필요한 것들이었음을 깨달았다.

① 오비이락(烏飛梨落)
② 중언부언(重言復言)
③ 탁상공론(卓上空論)
④ 희희낙락(喜喜樂樂)
⑤ 언중유골(言中有骨)

Hard

09 다음 글의 나타난 자식의 태도와 관련 있는 속담은?

> 자수성가한 A씨는 젊어서 고생한 덕분에 여유로운 노후를 보내고 있다. 어린 시절 많이 고생했던 기억 때문에 자녀들에게는 아낌없이 지원하여 키웠다. 그러나 독립한 자녀들은 각자 생활이 바쁘다는 이유로 전화나 방문을 일절 하지 않았다. 그러던 어느 날 자녀들이 찾아와서 "아버지는 나이 드셔서 큰돈을 쓸 일이 없으니, 재산을 나눠 달라. 그 돈으로 우리가 효도하겠다."며 재산 상속을 권유했다. A씨는 결국 재산 상속을 마쳤지만, 자녀들은 여전히 핑계를 대며 찾아오거나 전화 한 통도 하지 않는다.
> 이러한 사회문제가 증가하면서 이른바 '불효자방지법'에 대한 논의가 활발하게 진행되고 있다. 지금까지 발의된 불효자방지법은 재산을 증여받고도 부양의무를 다하지 않는 자녀에 대해 증여를 되돌리는 내용이 주를 이룬다. 불효자 방지법은 노인 문제를 해결하자는 취지에서 발의된 법이지만 가족 간의 문제는 법이 아닌 도덕적으로 해결해야 한다는 반대 여론 또한 높다.

① 자는 중도 떡 세 개
② 꽃샘추위에 설늙은이 얼어 죽는다.
③ 거미도 줄을 쳐야 벌레를 잡는다.
④ 나갔던 며느리 효도한다.
⑤ 다 된 밥에 재 뿌리기

10 다음 글의 주제로 적합한 고사성어는?

> 미국 메릴랜드대학 의학센터에서는 흥미로운 실험 하나가 진행됐다. 지원자 20명에게 웃음을 유발하는 코미디영화와 긴장감을 조성하는 전쟁영화를 차례로 보여주고 혈류량을 측정했다. 그 결과 희극영화를 볼 때는 대부분 지원자의 혈류량이 평균 22% 증가했지만, 전쟁영화를 볼 때는 혈류량이 34% 감소했다. 이는 웃을 때 분비되는 엔도르핀이라는 호르몬이 혈관을 이완시켜 혈류량을 증가시켰기 때문이었다.
> 웃음 초기에는 맥박과 혈압이 증가하지만, 나중에는 동맥이 이완되면서 맥박과 혈압이 감소한다. 이러한 작용은 내부 장기를 마사지하는 효과가 있어서 혈액 순환 및 소화를 촉진하고 산소의 농도를 증가시키기 때문에 긴장을 완화한다.
> 또한 스트레스는 면역반응을 억제하는데 웃을 때 분비되는 엔도르핀은 T－림프구의 효과를 증가시켜서 감기에서 암에 이르는 질병에 대항할 면역계의 능력을 강화한다. 이러한 점들 때문에 최근 많은 암 병원에서는 전문 웃음치료사를 통한 웃음치료를 진행하고 있다. 암 환자들은 암과 같은 치명적인 질병 앞에서 분노와 두려움의 반응을 보일 수 밖에 없는데, 이때 웃음은 환자들의 부정적인 감정을 조절하는 역할을 한다.

① 망운지정(望雲之情)
② 소문만복래(掃門萬福來)
③ 출필고반필면(出必告反必面)
④ 맹모삼천지교(孟母三遷之敎)
⑤ 일소일소 일노일노(一笑一少 一怒一老)

CHAPTER 04
공간추리(이공계)

합격 Cheat Key

| 영역 소개 |

DCAT의 공간추리 영역은 이공계의 시험 영역으로 3×3×3형태의 큐브를 비롯하여 톱니바퀴 등 다양한 평면도형이나 입체도형의 회전, 전개도와 단면도 등의 문제들이 주로 출제되고 있다. 총 30문항을 20분이라는 짧은 시간 동안 풀어야 하고, DCAT의 공간추리 영역은 여러 인적성검사 영역을 통틀어 가장 어려운 영역으로 손꼽히고 있어 충분한 준비가 요구된다.

| 유형 소개 |

DCAT의 공간추리는 전개도를 비롯해 다양한 유형의 출제되어 왔으나, 최근에는 큐브를 활용한 문제가 주로 출제되고 있다. DCAT의 공간추리 문제들은 연습장에 적거나 시험지에 손을 대며 푸는 것을 금지하고 있기 때문에 눈으로 확인하고 연상하여 푸는 연습이 필요하다.

학습포인트

- 유형의 난이도는 물론 풀이방식에도 제한이 있기 때문에 개념을 이해하기 전까지는 직접 그려보며 문제를 풀되, 이후에 눈으로만 도형을 움직이고 연상하는 연습을 충분히 할 수 있도록 한다.
- 여러 시점에서 바라본 도형의 모습을 연상하여, 보이지 않는 부분까지도 유추할 수 있는 능력을 기르도록 한다.
- 큐브 유형이 현재 주를 이루고 있지만 전개도를 시작으로 다양한 도형 문제들이 출제되고 있으므로 최대한 많은 유형을 연습한다.

대표유형 1

큐브 돌리기

유형 분석

- 큐브를 회전시켰을 때의 모양과 그 단면도를 연상할 수 있는지 평가하는 유형이다.
- 주어진 시간이 많지 않으므로 처음 문제에서 규칙과 풀이법을 제대로 숙지했는지의 여부가 중요하다.

3×3×3 큐브를 다음과 같이 정의한다고 할 때, 다음 중 두 번째 가로줄을 시계 방향으로 270°, 세 번째 높이줄을 시계 반대 방향으로 90°, 첫 번째 가로줄을 시계 방향으로 270° 돌렸을 때, 나오는 모양을 다음과 같이 잘랐을 때의 단면은?

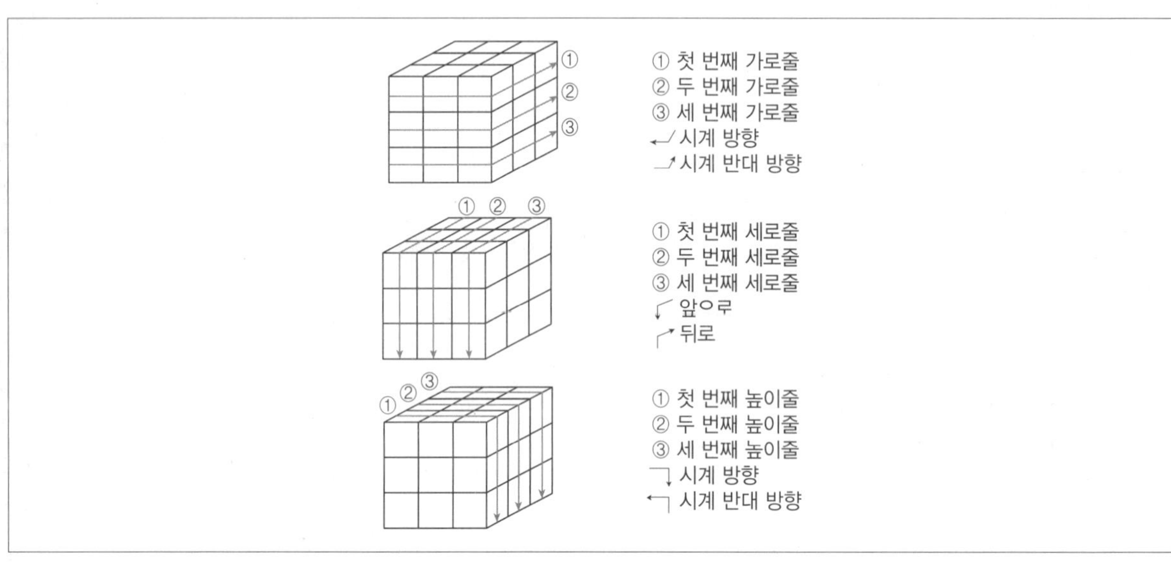

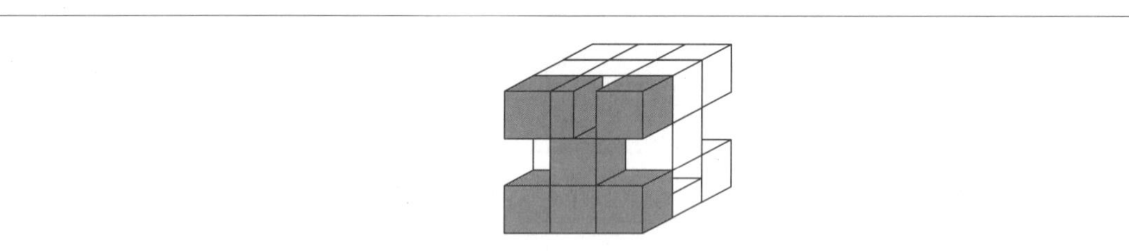

①
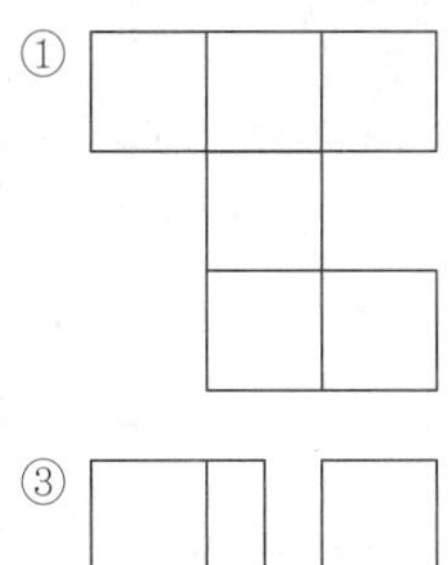

②
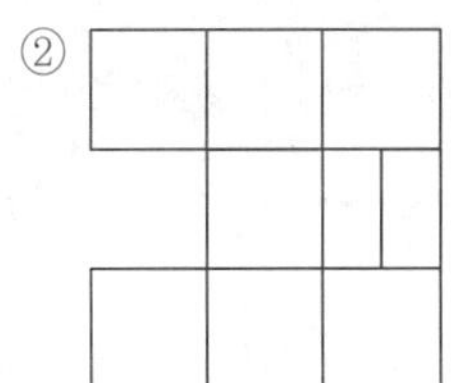

③
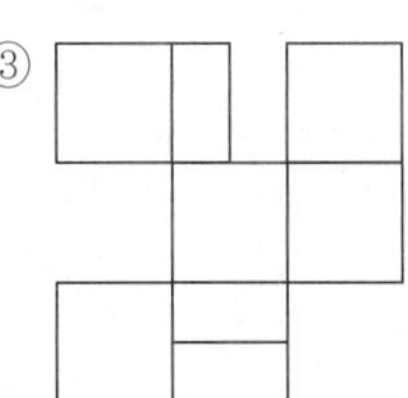

④
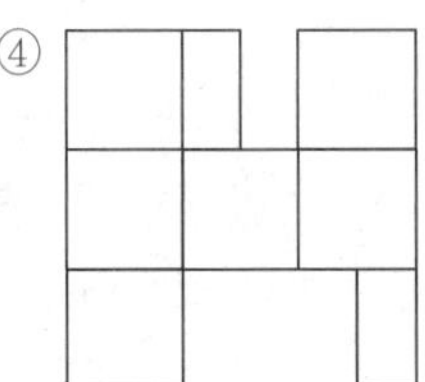

⑤
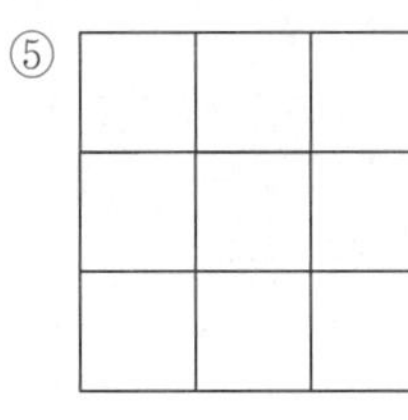

⑤

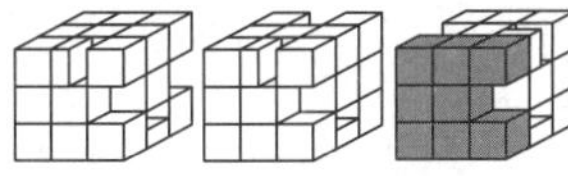
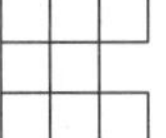

대표유형 2

전개도

유형 분석

- 주어진 입체도형을 보고, 전개도를 추리할 수 있는지 평가하는 유형이다.
- 일반적인 전개도 유형과 달리 물이 담겨 있거나 정육면체를 회전하는 등 추가되는 조건이 있으므로 문제를 꼼꼼히 읽어 놓치지 않도록 한다.

절반의 물이 들어 있는 정육면체를 다음과 같이 회전했을 때, 물이 묻어 있는 부분의 전개도로 알맞은 것은?

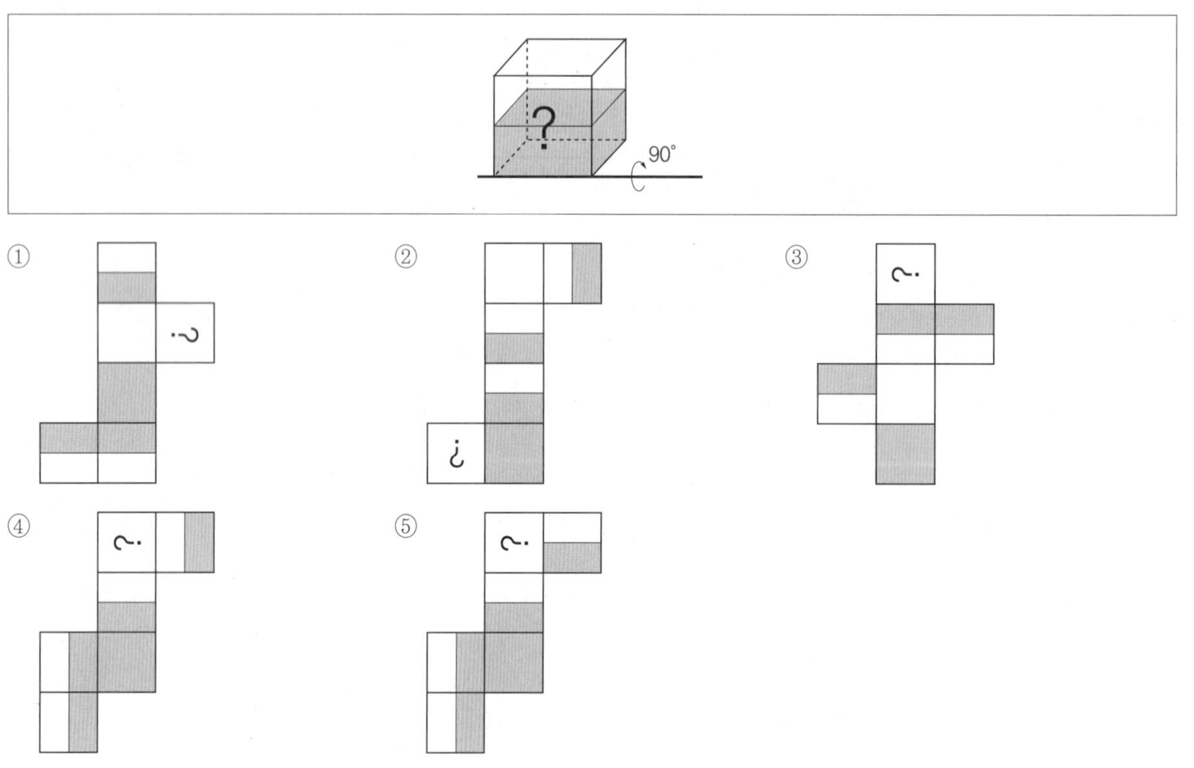

문제풀이 ④

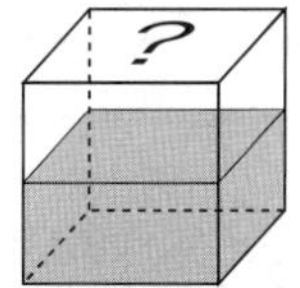

이거 알면 30초 컷!

정육면체의 물음표를 기준으로 물에 닿아있는 부분과 닿아있지 않은 부분을 구분하여 전개도를 구별하면 한결 수월하게 문제를 풀 수 있다.

유형점검

정답 및 해설 p.017

※ 3×3×3 큐브를 다음과 같이 정의할 때, 이어지는 물음에 답하시오. **[1~3]**

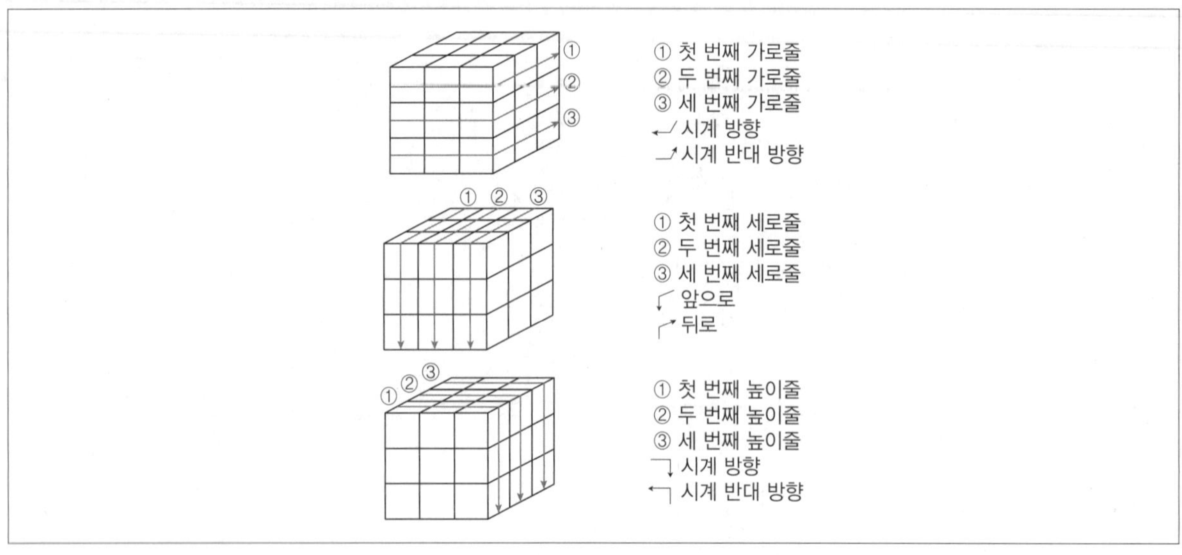

01 두 번째 세로줄을 앞으로 90°, 세 번째 가로줄을 시계 방향으로 90°, 세 번째 높이줄을 시계 반대 방향으로 90° 돌렸을 때, 나오는 모양을 다음과 같이 잘랐을 때의 단면은?

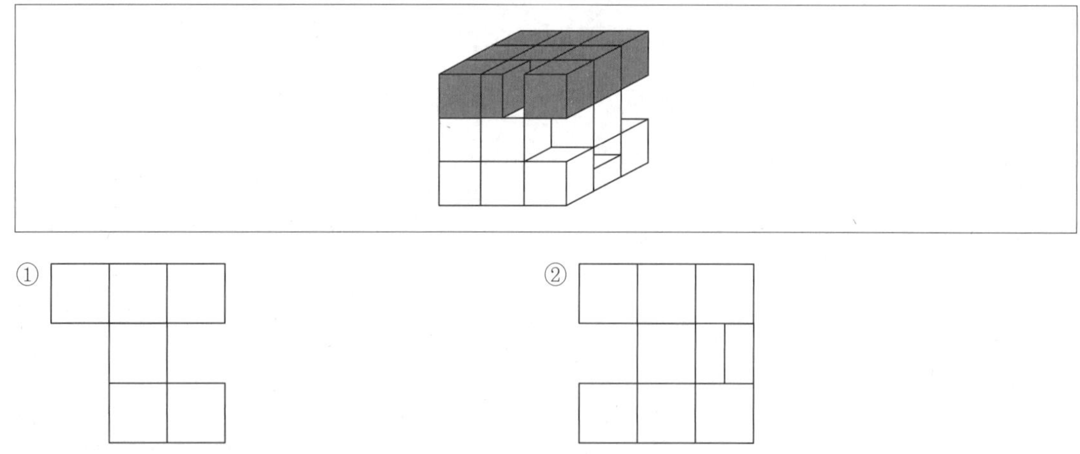

③ 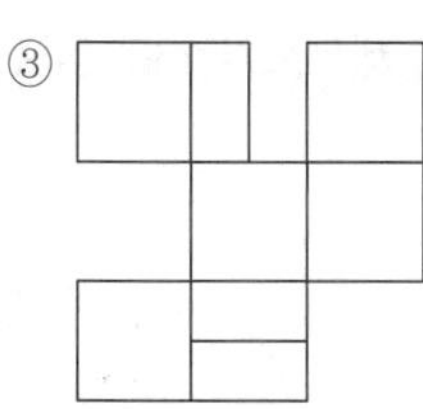

④ 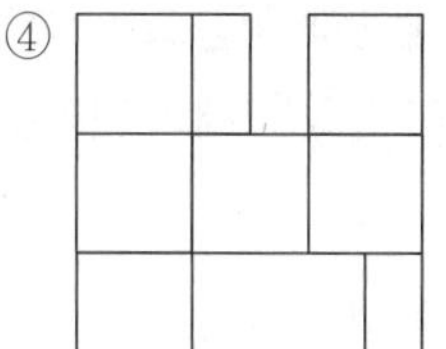

⑤ 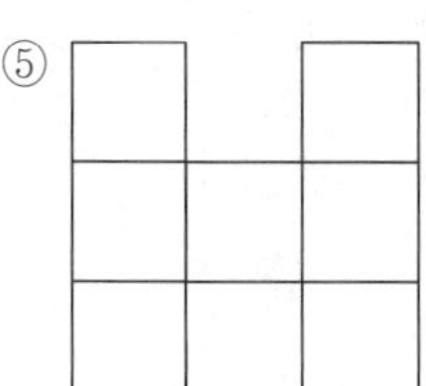

02 세 번째 높이줄을 시계 반대 방향으로 90˚, 첫 번째 가로줄을 시계 방향으로 90˚, 두 번째 세로줄을 앞으로 90˚ 돌렸을 때, 나오는 모양을 다음과 같이 잘랐을 때의 단면은?

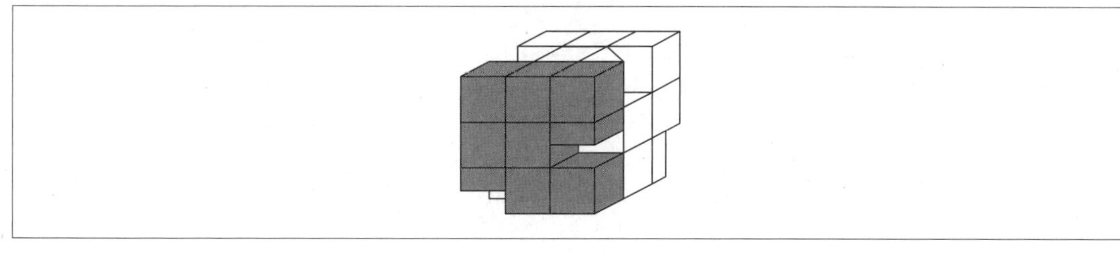

① 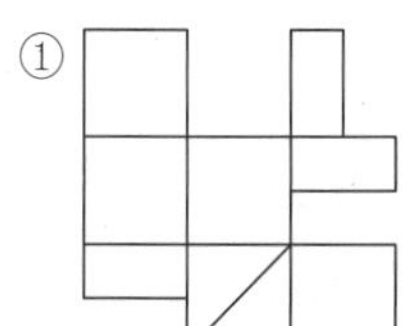

② 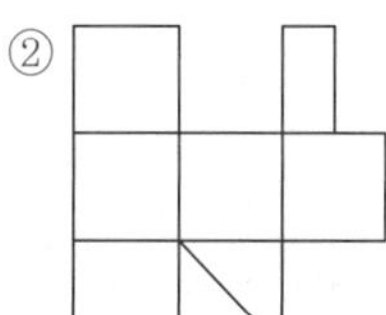

③ 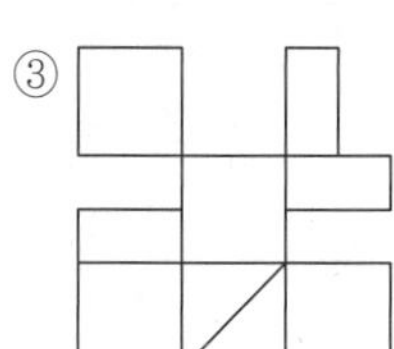

④ 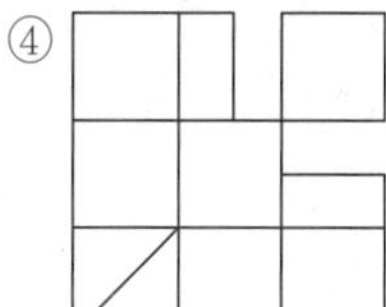

⑤ 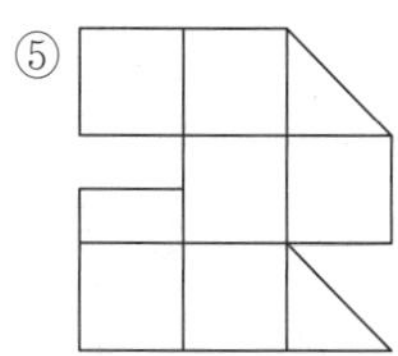

03 세 번째 높이줄을 시계 반대 방향으로 90°, 첫 번째 가로줄을 180°, 세 번째 세로줄을 180° 돌렸을 때, 나오는 모양을 다음과 같이 잘랐을 때의 단면은?

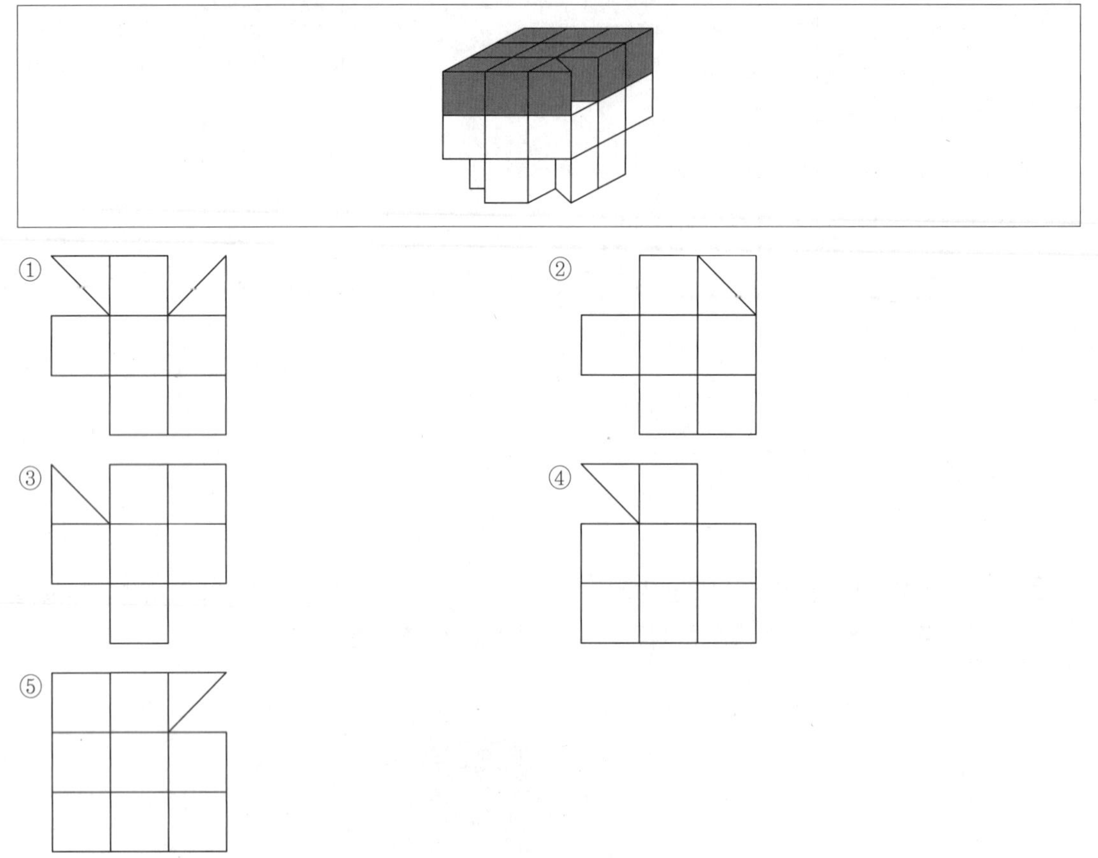

Hard

04 왼쪽 톱니를 시계 방향으로 72°, 오른쪽 톱니를 시계 반대 방향으로 144° 회전시킨 후, 화살표 방향에서 바라보았을 때 겹쳐진 모양은?

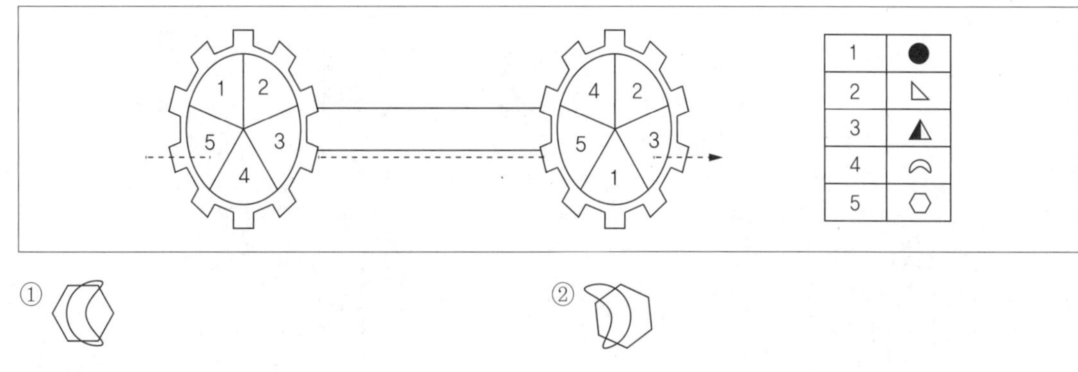

① 

②

③

④

⑤

05 왼쪽 톱니를 시계 방향으로 90°, 오른쪽 톱니를 시계 반대 방향으로 270° 회전시킨 후, 화살표 방향에서 바라보았을 때 겹쳐진 모양은?

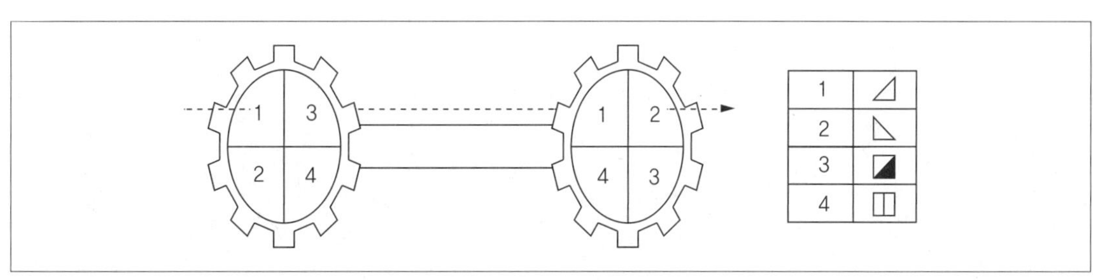

① 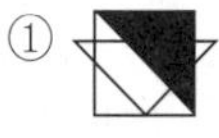

② 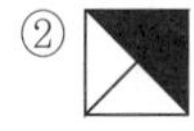

③ 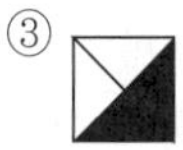

④ 

⑤ 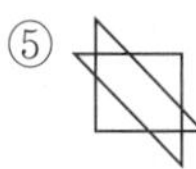

06 제시된 4개의 도형 중 1개의 도형을 방향에 상관없이 90° 회전하고 순서 상관없이 모두 결합하여 2×4×4 도형을 만들었다. 다음 중 나올 수 없는 도형을 고르면?(단, 보이지 않는 곳에 색칠된 블록은 없다)

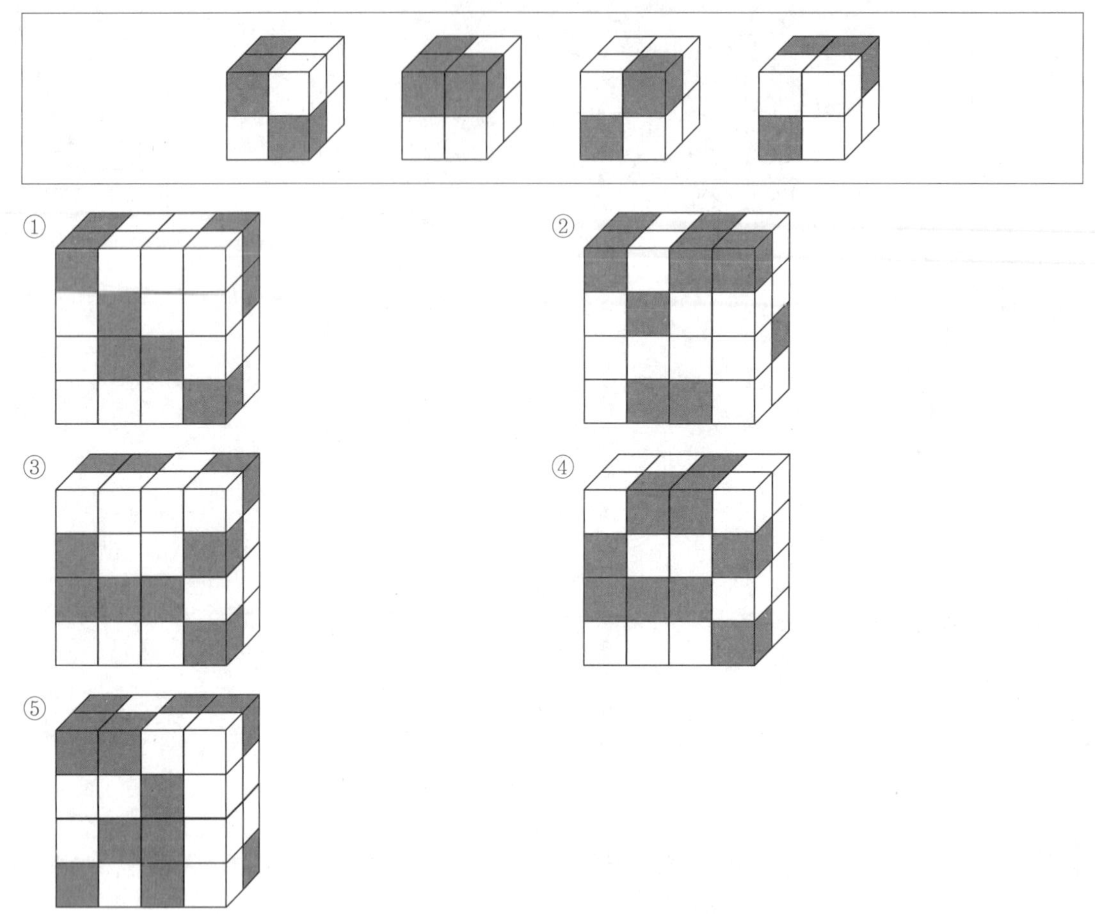

※ 절반의 물이 들어 있는 정육면체를 다음과 같이 회전했을 때 물이 묻어 있는 부분의 전개도로 알맞은 것을 고르시오. **[7~8]**

07

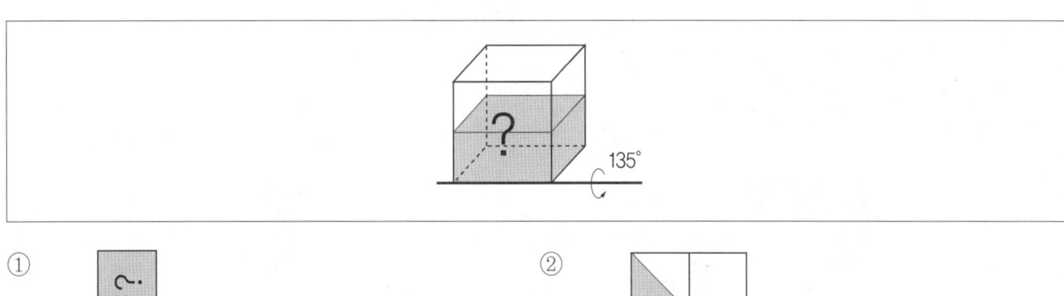

① 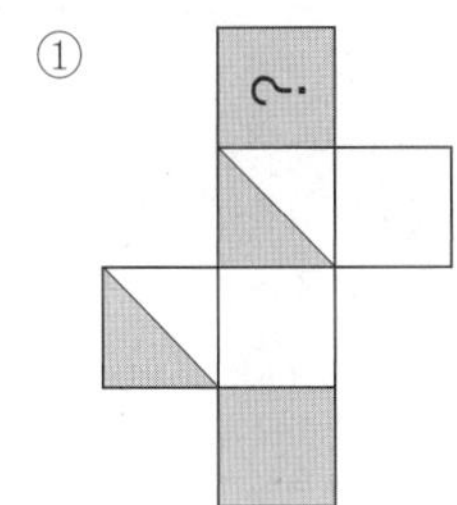

② 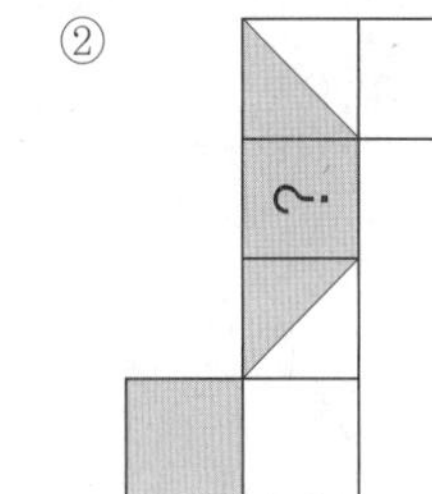

③ 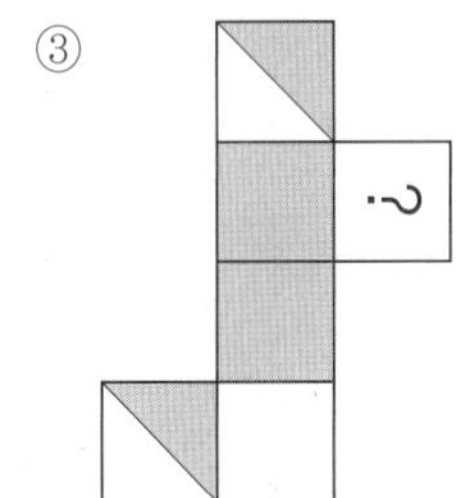

④ 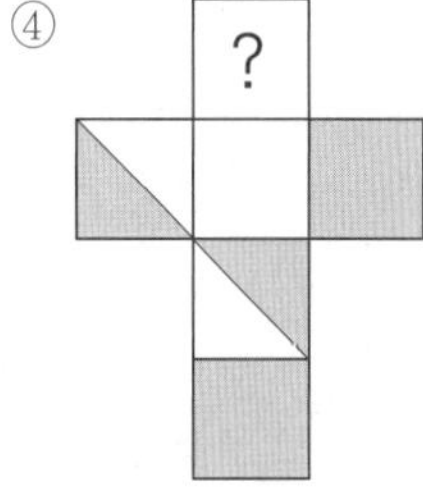

⑤ 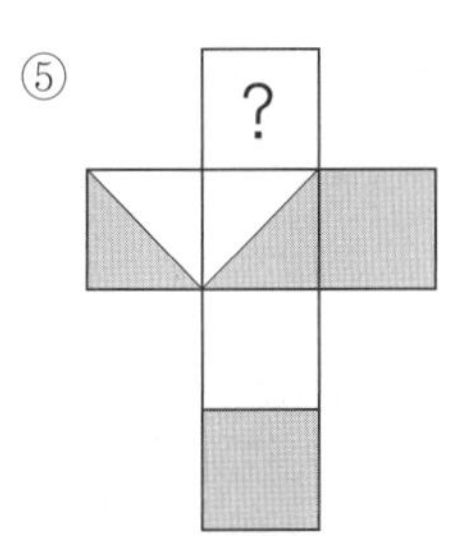

08

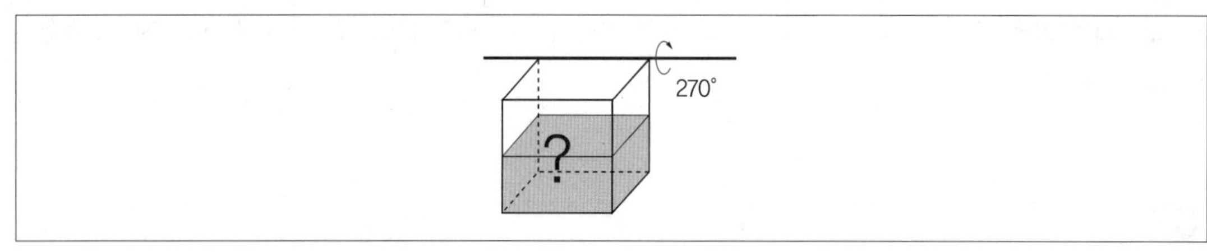

①

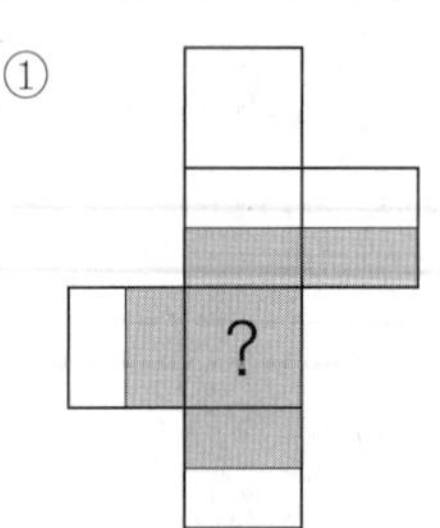

②

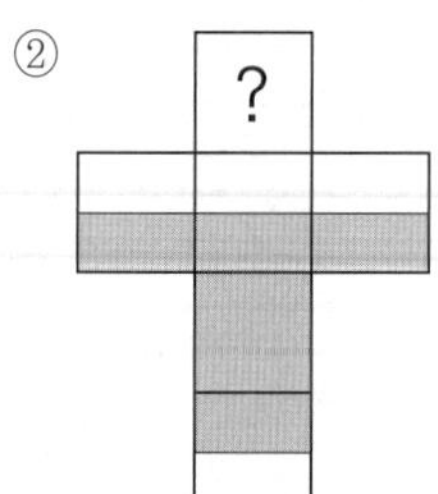

③

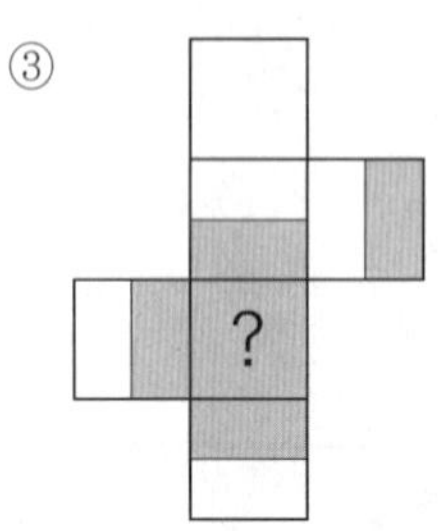

④

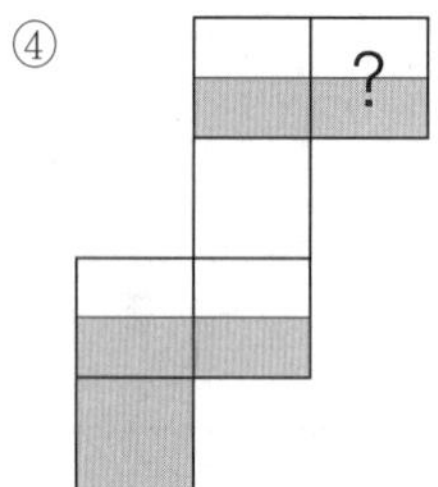

⑤

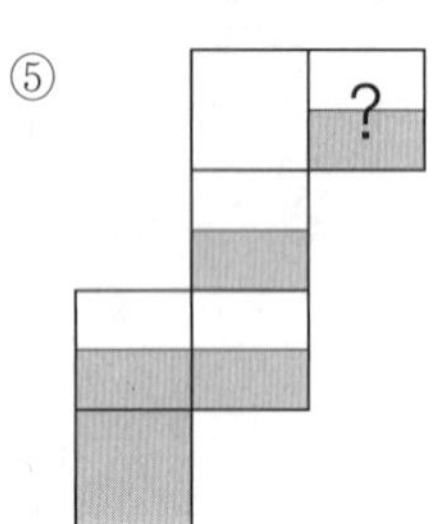

최종점검 모의고사

DCAT 두산그룹 종합적성검사		
영역	문항 수	제한시간
1교시 언어논리	30문항	30분
2교시 수리자료분석	30문항	30분
3교시 어휘유창성(인문계)	30문항	20분
3교시 공간추리(이공계)	30문항	20분

※ 영역별 제한시간이 종료되고 OMR 답안지에 마킹하거나 이전 영역의 시험지를 넘기는 행동은 부정행위로 간주한다.

최종점검 모의고사

모바일 OMR 답안분석 서비스

인문계

이공계

응시시간 : 80분 문항 수 : 90문항

정답 및 해설 p.020

01 언어논리

01 다음 중 논리적 오류의 성격이 다른 것은?

① 그는 박사가 많이 나온 곳에서 태어났으므로 나중에 분명히 박사가 될 거야.
② 벽에 못도 잘 박지 못하는 위인이니까 학생들도 제대로 가르칠 수 없을 거야.
③ 이 약수터의 물을 마시고 위장병을 고친 사람이 많으므로 너도 곧 나을 거야.
④ 가자마자 무조건 우는 척하면 봐 주실 거야. 그 분은 눈물에는 매우 약하시잖아.
⑤ 규민이는 벌써 두 번이나 회의에 지각했으니, 그는 지각대장일 것이다.

02 다음 중 글의 구조를 잘못 분석한 것은?

> ㉠ 인간이 동물로서의 불리한 조건을 극복하고 고등동물이 된 까닭은 무엇인가?
> ㉡ 인간은 직립 보행(直立步行)을 한다.
> ㉢ 이로 말미암아 인간은 손의 자유를 얻고, 도구를 제작하여 사용할 수 있게 되었다.
> ㉣ 일부 유인원(類人猿)도 흩어진 궤짝을 쌓고 올라가 높은 곳에 있는 먹이를 집거나 긴 막대로 나무의 열매를 딴다.
> ㉤ 하지만 이들이 사용하는 것들은 이미 만들어졌거나 자연 그대로의 것이므로 인간의 그것과는 구별된다.

① ㉠은 물음을 통한 화제의 제시이다.
② ㉡은 ㉠에 대한 대답의 서두이다.
③ ㉢은 ㉡에서 파생된 결과이다.
④ ㉣은 ㉡의 반박이다.
⑤ ㉤은 ㉣에 대한 반박이다.

03 다음 명제들이 항상 참일 때, 내릴 수 있는 추론으로 옳지 않은 것은?

- 책을 좋아하면 영화를 좋아한다.
- 여행을 좋아하지 않으면 책을 좋아하지 않는다.
- 산책을 좋아하면 게임을 좋아하지 않는다.
- 영화를 좋아하면 산책을 좋아한다.

① 책을 좋아하면 산책을 좋아한다.
② 영화를 좋아하지 않으면 책을 좋아하지 않는다.
③ 책을 좋아하면 여행을 좋아한다.
④ 게임을 좋아하면 영화를 좋아하지 않는다.
⑤ 여행을 좋아하지 않으면 게임을 좋아하지 않는다.

Easy

04 신제품의 설문조사를 위하여 A, B, C, D, E, F를 2인 1조로 조직하여 파견 근무를 보내려고 한다. 회사의 사정상 다음과 같이 2인 1조를 조직하게 되었다. 한 조가 될 수 있는 두 사람을 고르면?

- A는 C나 D와 함께 갈 수 없다.
- B는 반드시 D 아니면 F와 함께 가야 한다.
- C는 반드시 E 아니면 F와 함께 가야 한다.
- A가 C와 함께 갈 수 없다면, A는 반드시 F와 함께 가야 한다.

① A, E
② B, D
③ B, F
④ C, D
⑤ C, F

05 최 대리는 연휴를 맞아 유럽일주를 계획하고 있다. 하지만 시간 관계상 벨기에, 프랑스, 영국, 독일, 오스트리아, 스페인 중 4개 국가만 방문하고자 한다. 다음과 같이 방문할 국가를 고를 때, 최 대리가 방문하지 않을 국가는?

- 스페인은 반드시 방문한다.
- 프랑스를 방문하면 영국은 방문하지 않는다.
- 오스트리아를 방문하면 스페인은 방문하지 않는다.
- 벨기에를 방문하면 영국도 방문한다.
- 오스트리아, 벨기에, 독일 중 적어도 2개 국가를 방문한다.

① 영국, 프랑스
② 벨기에, 독일
③ 영국, 벨기에
④ 오스트리아, 프랑스
⑤ 독일, 오스트리아

Easy

06 다음 다섯 사람 중 한 사람이 거짓말을 하고 있다. 거짓말을 하고 있는 사람은?

A : C는 거짓말을 하고 있다.
B : C의 말이 참이면 E의 말도 참이다.
C : B는 거짓말을 하고 있지 않다.
D : A의 말이 거짓이면 내 말은 진실이다.
E : C의 말은 참이다.

① A
② B
③ C
④ D
⑤ E

Hard

07 영업팀 A, B, C와 기획팀 D, E, 혁신팀 F, G가 원탁에 둘러앉아 회의를 진행하려고 한다. 아래와 같이 좌석을 배치한다고 할 때, 다음 중 옳은 것은?

- 좌석은 총 8개이고 좌석 사이의 간격은 모두 같다.
- 같은 팀끼리는 붙어서 앉지 않는다.
- A는 F의 맞은편에, D는 G의 맞은편에 앉는다.
- E는 B와 붙어서 앉는다.
- A와 G의 양 옆자리는 비어있지 않다.

① 기획팀끼리는 서로 마주보고 앉는다.
② 혁신팀끼리는 사람을 사이에 두고 앉는다.
③ G는 B의 옆에 앉는다.
④ D의 한쪽 옆자리는 비어있다.
⑤ 영업팀 사이에 E가 앉는다.

08 A, B, C, D, E는 함께 카페에 가서 다음과 같이 음료를 주문하였다. 다음 중 녹차를 주문한 사람은?(단, 한 사람당 하나의 음료만 주문하였다)

- 홍차를 주문한 사람은 2명이며, B는 커피를 주문하였다.
- A는 홍차를 주문하였다.
- C는 홍차 또는 녹차를 주문하였다.
- D는 커피 또는 녹차를 주문하였다.
- E는 딸기주스 또는 홍차를 주문하였다.
- 직원의 실수로 E만 잘못된 음료를 받았다.
- 주문 결과 홍차 1잔과 커피 2잔, 딸기주스 1잔, 녹차 1잔이 나왔다.

① A
② B
③ C
④ D
⑤ E

09

A, B, C, D, E 5명이 중식당에 들러 짜장면 둘과 짬뽕 하나, 볶음밥 하나와 군만두 하나를 주문했다. 다음의 명제가 모두 참일 때 주문한 사람과 주문한 음식이 올바르게 짝지어진 것은?

- B는 군만두를 주문하지 않았다.
- C는 A와 같은 음식을 주문했다.
- D는 짜장면을 주문하지 않았다.
- E는 볶음밥을 주문했다.

① A－군만두
② B－짬뽕
③ C－군만두
④ D－짬뽕
⑤ E－군만두

10

기말고사를 치르고 난 후 A, B, C, D, E 5명의 친구가 다음과 같이 성적에 대해 이야기를 나누었는데, 이 중 한 명은 거짓말을 하고 있다. 다음 중 올바른 결론은?(단, 동점은 없고, 거짓말을 한 사람의 진술은 모두 거짓이다)

A : E는 1등이고, D는 C보다 성적이 높다.
B : B는 E보다 성적이 낮고, C는 A보다 성적이 높다.
C : A는 B보다 성적이 낮다.
D : B는 C보다 성적이 높다.
E : D는 B보다, A는 C보다 성적이 높다.

① E가 1등이다.
② A가 1등이다.
③ B가 1등이다.
④ B는 3등이다.
⑤ D가 2등이다.

11 다음 제시된 명제들이 항상 참일 때, 다음 중 옳은 것은?

- 수박을 사면 감자를 산다.
- 귤을 사면 고구마를 사지 않는다.
- 사과를 사면 배도 산다.
- 배를 사면 수박과 귤 중 하나를 산다.
- 고구마를 사지 않으면 감자를 산다.

① 사과를 사면 수박과 귤을 모두 산다.
② 수박을 사지 않으면 고구마를 산다.
③ 배를 사지 않으면 수박과 귤 모두 산다.
④ 귤을 사면 감자도 산다.
⑤ 수박을 사면 귤을 산다.

Easy

12 주방에 요리사인 철수와 설거지 담당인 병태가 있다. 요리에 사용되는 접시는 하나의 탑처럼 순서대로 쌓여있다. 철수는 접시가 필요할 경우 이 접시 탑의 맨 위에 있는 접시부터 하나씩 사용한다. 병태는 자신이 설거지한 깨끗한 접시를 해당 탑의 맨 위에 하나씩 쌓는다. 철수와 병태가 (가), (나), (다), (라) 작업을 차례대로 수행한다고 할 때, 철수가 (라) 작업을 완료한 이후 접시 탑의 맨 위에 있는 접시는?

(가) 병태가 시간 순서대로 접시 A, B, C, D를 접시 탑에 쌓는다.
(나) 철수가 접시 한 개를 사용한다.
(다) 병태가 시간 순서대로 접시 E, F를 접시 탑에 쌓는다.
(라) 철수가 접시 세 개를 순차적으로 사용한다.

① A
② B
③ C
④ D
⑤ E

※ 다음 글의 주제로 적절한 것을 고르시오. [13~14]

13

분노는 공격과 복수의 행동을 유발한다. 분노 감정의 처리에는 '눈에는 눈, 이에는 이'라는 탈리오 법칙이 적용된다. 분노의 감정을 느끼게 되면 상대방에 대해 공격적인 행동을 하고 싶은 공격 충동이 일어난다. 동물의 경우, 분노를 느끼면 이빨을 드러내게 되고 발톱을 세우는 등 공격을 위한 준비 행동을 나타내게 된다. 사람의 경우에도 분노를 느끼면 자율신경계가 활성화되고 눈매가 사나워지며 이를 꽉 깨물고 주먹을 불끈 쥐는 등 공격 행위와 관련된 행동들이 나타나게 된다. 특히 분노 감정이 강하고 상대방이 약할수록 공격 충동은 행동화되는 경향이 있다.

① 공격을 유발하게 되는 원인
② 분노가 야기하는 행동의 변화
③ 탈리오 법칙의 정의와 실제 사례
④ 동물과 인간의 분노 감정의 차이
⑤ 분노 감정의 처리와 법칙

14

감시용으로만 사용되던 CCTV가 최근에 개발된 신기술과 융합되면서 그 용도가 점차 확대되고 있다. 대표적인 것이 인공지능(AI)과의 융합이다. CCTV가 지능을 가지게 되면 단순 행동 감지에서 벗어나 객체를 추적해 행위를 판단할 수 있게 된다. 단순히 사람의 눈을 대신하던 CCTV가 사람의 두뇌를 대신하는 형태로 진화하고 있는 셈이다. 인공지능을 장착한 CCTV는 범죄현장에서 이상 행동을 하는 사람을 선별하고, 범인을 추적하거나 도주 방향을 예측해 통합관제센터로 통보할 수 있다. 또 수상한 사람의 행동 패턴에 따라 지속적인 추적이나 감시를 수행하고, 차량번호 및 사람 얼굴 등을 인식해 관련 정보를 분석해 제공할 수 있다.
한국전자통신연구원(ETRI)에서는 CCTV 등의 영상 데이터를 활용해 특정 인물이 어떤 행동을 할지를 사전에 예측하는 영상분석 기술을 연구 중인 것으로 알려져 있다. 인공지능 CCTV는 범인 추적뿐만 아니라 자연재해를 예측하는 데 사용할 수도 있다. 장마철이나 국지성 집중호우 때 홍수로 범람하는 하천의 수위를 감지하는 것은 물론 산이나 도로 등의 붕괴 예측 등 다양한 분야에 적용될 수 있기 때문이다.

① AI와 융합한 CCTV의 진화
② 범죄를 예측하는 CCTV
③ 당신을 관찰한다, CCTV의 폐해
④ CCTV와 AI의 현재와 미래
⑤ 인공지능과 사람의 공존 방향

※ 다음 문장을 논리적 순서대로 알맞게 배열한 것을 고르시오. [15~17]

15

(가) 근대에 접어들어 모든 사물이 생명력을 갖지 않는 일종의 기계라는 견해가 강조되면서, 아리스토텔레스의 목적론이 비과학적이라는 이유로 많은 비판에 직면한다.

(나) 대표적인 근대 사상가인 갈릴레이는 목적론적 설명이 과학적 설명으로 사용될 수 없다고 주장했고, 베이컨은 목적에 대한 탐구가 과학에 무익하다고 평가했으며, 스피노자는 목적론이 자연에 대한 이해를 왜곡한다고 비판했다.

(다) 일부 현대 학자들은 근대 사상가들이 당시 과학에 기초한 기계론적 모형이 더 설득력을 갖는다는 일종의 교조적 믿음에 의존했을 뿐, 아리스토텔레스의 목적론을 거부할 충분한 근거를 제시하지 못했다고 비판한다.

(라) 이들의 비판은 목적론이 인간 이외의 자연물도 이성을 갖는 것으로 의인화한다는 것이다. 그러나 이런 비판과는 달리 아리스토텔레스는 자연물을 생물과 무생물로, 생물을 식물 · 동물 · 인간으로 나누고, 인간만이 이성을 지닌다고 생각했다.

① (가)－(라)－(나)－(다)
② (가)－(나)－(라)－(다)
③ (가)－(다)－(나)－(라)
④ (나)－(다)－(라)－(가)
⑤ (나)－(라)－(다)－(가)

16

(가) 하지만 막상 앱을 개발하려 할 때 부딪히는 여러 난관이 있다. 여행지나 주차장과 같이 한가지 주제에 대한 정보를 모으는 것도 문제이고, 정보를 지속적으로 갱신하는 것도 문제이다. 이런 문제 때문에 결국 아이디어를 포기하는 경우가 많다.

(나) 그러나 이제는 아이디어를 포기하지 않아도 된다. 바로 공공 데이터가 있기 때문이다. 공공 데이터는 공공 기관에서 생성, 취득하여 관리하고 있는 정보 중, 전자적 방식으로 처리되어 누구나 이용할 수 있도록 국민들에게 제공된 것을 말한다.

(다) 현재 정부에서는 공공 데이터 포털 사이트를 개설하여 국민들이 쉽게 이용할 수 있도록 하고 있다. 공공 데이터 포털 사이트에서는 800여 개 공공 기관에서 생성한 15,000여 건의 공공 데이터를 제공하고 있으며, 제공하는 공공 데이터의 양을 꾸준히 늘리고 있다.

(라) 앱을 개발하려는 사람들은 아이디어가 넘친다. 사람들이 여행 준비를 위해 많은 시간을 허비하는 것을 보면 한 번에 여행 코스를 짜 주는 앱을 만들어 보고 싶어 하고, 도심에 주차장을 못 찾아 헤매는 사람들을 보면 주차장을 쉽게 찾아 주는 앱을 만들어 보고 싶어 한다.

① (가)－(라)－(나)－(다)
② (가)－(나)－(다)－(라)
③ (가)－(다)－(나)－(라)
④ (라)－(가)－(나)－(다)
⑤ (나)－(라)－(다)－(가)

17

(가) 또 그는 현대 건축 이론 중 하나인 '도미노 이론'을 만들었는데, 도미노란 집을 뜻하는 라틴어 '도무스(Domus)'와 혁신을 뜻하는 '이노베이션(Innovation)'을 결합한 단어다.

(나) 그는 이 이론의 원칙을 통해 인간이 효율적으로 살 수 있는 집을 꾸준히 연구해왔으며, 그가 제안한 건축방식 중 필로티와 옥상정원 등이 최근 우리나라 주택에 많이 쓰이고 있다.

(다) 최소한의 철근 콘크리트 기둥들이 모서리를 지지하고 평면의 한쪽에서 각 층으로 갈 수 있게 계단을 만든 개방적 구조가 이 이론의 핵심이다. 건물을 돌이나 벽돌을 쌓아 올리는 조적식 공법으로만 지었던 당시에 이와 같은 구조는 많은 이들에게 적지 않은 충격을 주었다.

(라) 스위스 출신의 프랑스 건축가 르 꼬르뷔지에(Le Corbusier)는 근대주택의 기본형을 추구했다는 점에서 현대 건축의 거장으로 불린다. 그는 현대 건축에서의 집의 개념을 '거주 공간'에서 '더 많은 사람이 효율적으로 살 수 있는 공간'으로 바꿨다.

① (가)－(라)－(다)－(나)
② (나)－(다)－(라)－(가)
③ (다)－(가)－(라)－(나)
④ (라)－(가)－(다)－(나)
⑤ (라)－(나)－(가)－(다)

※ 다음 글의 내용과 일치하지 않는 것을 고르시오. [18~19]

18

고야의 마녀도 리얼하다. 이는 고야가 인간과 마녀를 분명하게 구별하지 않고, 마녀가 실존하는 것처럼 그렸기 때문이다. 따라서 우리는 고야가 마녀의 존재를 믿었는지 의심할 수 있다. 그러나 그것은 중요한 문제가 아니다. 고야는 마녀를 비이성의 상징으로 그려서 세상이 완전하게 이성에 의해서만 지배되지 않음을 표현하고 있을 뿐이다. 또한 비이성은 사실 인간 자신의 정신 내면에 존재하는 것임을 시사한다. 그것이 바로 가장 유명한 작품인 제43번 「이성이 잠들면 괴물이 나타난다」에서 그려진 것이다.

① 고야가 마녀의 존재를 믿었는가의 여부는 알 수 없다.
② 고야는 이성의 존재를 부정하였다.
③ 고야는 비이성이 인간 내면에 존재한다고 판단했다.
④ 고야는 세상을 이성과 비이성이 뒤섞인 상태로 이해했다.
⑤ 고야는 작품을 통해 비이성이 인간의 정신 내면에 존재하는 점을 시사하였다.

19

ASEM에서 논의 중인 아시아 지역의 무역자유화를 위해 한국 정부에서는 A와 B 두 가지 협상안 중 한 가지를 선택하고자 한다. A안이 선택되었을 때, 다른 회원국들의 협조가 있다면 한국은 연간 약 30억의 경제적 이익을, 다른 회원국들은 230억의 경제적 이익을 볼 수 있다. 그러나 A안이 선택되었을 때, 다른 회원국들의 협조가 없다면 한국이 얻을 수 있는 경제적 이익은 없고, 다른 회원국들의 이익은 150억 정도가 된다. B안이 선택될 경우, 다른 회원국들의 협조가 있다면, 한국은 연간 20억의 경제적 이익을, 다른 회원국들은 200억의 경제적 이익을 얻을 수 있다. 그러나 다른 회원국들의 협조가 없다면, 한국은 연간 10억의 경제적 손실을, 다른 회원국들은 180억의 경제적 이익을 얻을 수 있다.

① 한국의 입장에서는 다른 회원국들이 협조할 것이라고 판단되면, A안을 선택하는 것이 유리하다.
② 전체 아시아 지역의 경제적 이익을 모두 고려하는 ASEM은 다른 회원국들이 협조할 것으로 판단되면, A안을 선택하는 것이 유리하다.
③ 한국의 입장에서는 다른 회원국들이 비협조할 것이라고 판단되면, B안을 선택하는 것이 유리하다.
④ 아시아 전체적으로 보아 A안이 선택되면, 모든 회원국이 협조하는 것이 유리하다.
⑤ 다른 회원국이 비협조하는 경우 한국이 A안을 선택하면 경제적 이익은 없다.

20 다음 대화를 바탕으로 '즐겁게 관람하고 체험할 수 있는 박물관 만들기'라는 주제의 글을 쓰기 위해 개요를 작성해 보았다. 〈보기〉의 개요를 수정 · 보완하기 위해 검토한 내용으로 적절하지 않은 것은?

> 어머니 : 오늘 박물관 견학은 어땠니?
> 학　생 : 그냥 그랬어요.
> 어머니 : 왜? 재미없었니?
> 학　생 : 무척 기대하고 갔었는데, 막상 가보니 그저 그렇더라고요. 전시물 옆에 있는 설명은 너무 어려웠고, 안내문의 내용도 충분하지 않았어요. 그나마 안내 책자에는 제법 자세한 설명이 있던데, 너무 비싸니 사 보기도 어렵고……. 그래서 그냥 대충 보고 나왔어요.

보기

Ⅰ. 문제 제기
Ⅱ. 문제점과 원인
　1. 문제점
　　(1) 관람객 수가 점차 감소함 …… ㉠
　　(2) 관람객들이 박물관 관람에 흥미를 느끼지 못함
　2. 원 인
　　(1) 박물관 관람 안내 서비스 부족 …… ㉡
　　　• 전시물에 대한 어려운 설명
　　　• 상세하지 못한 안내문
　　(2) 단조롭고 수동적인 관람 방법
　　(3) 이용객이 직접 참여할 수 있는 프로그램 개발 …… ㉢
　　　• 유물 발굴 체험 프로그램
　　　• 가상 족장 회의 체험 프로그램
Ⅲ. 해결방안 : 관람 서비스 개선 …… ㉣
　1. 상세한 설명의 안내문 개발 · 보급
　2. 안내 책자의 무료 제공 또는 저가 판매
Ⅳ. 제언 : 이용객들의 역사 의식 각성 촉구 …… ㉤

① ㉠은 대화의 내용으로는 알 수 없으므로 삭제한다.
② ㉡은 하위 항목을 포괄할 수 있도록 '박물관에 대한 홍보 부족'으로 고친다.
③ ㉢은 논지 전개상 어색하므로 'Ⅲ. 해결방안'의 하위 항목으로 이동한다.
④ ㉣의 하위 항목에 '3. 전시물을 쉽고 재미있게 설명해주는 관람 도우미 배치'를 추가한다.
⑤ ㉤은 글의 맥락과 어울리지 않으므로 '박물관을 즐겁게 이용하기 위한 서비스 개선 및 프로그램 마련 촉구'로 바꾼다.

21 다음 글을 읽고 다음 내용으로 이어질 것은?

> 언론 보도에 노출된 범죄 피의자는 경제적 · 직업적 · 가정적 불이익을 당할 뿐만 아니라, 인격이 심하게 훼손되거나 심지어는 생명을 버리기까지도 한다. 따라서 사회적 공기(公器)인 언론은 개인의 초상권을 존중하고 언론 윤리에 부합하는 범죄 보도가 될 수 있도록 신중을 기해야 한다. 범죄 보도가 초래하는 법적 · 윤리적 논란은 언론계 전체의 신뢰도에 치명적인 손상을 가져올 수도 있다.

① 언론은 범죄를 취잿감으로 찾아내기가 쉽고 편의에 따라 기사화할 수 있을 뿐만 아니라, 범죄 보도를 통하여 시청자의 관심을 끌 수 있기 때문이다.

② 다시 말해, 기자정신을 갖지 않는 기자가 많아졌다는 말이다.

③ 범죄 보도를 통하여 국민들에게 범죄에 대한 경각심을 키워줄 수 있다.

④ 언론에 의한 초상권 침해의 유형으로는 본인의 동의를 구하지 않은 무단 촬영 · 보도, 승낙의 범위를 벗어난 촬영 · 보도, 몰래 카메라를 동원한 촬영 · 보도 등을 들 수 있다.

⑤ 이는 범죄가 언론에는 매혹적인 보도 소재이지만, 자칫 부메랑이 되어 언론에 큰 화가 될 수 있다는 의미이다.

22 다음 글을 통해 추론할 수 있는 내용은?

> 만약 어떠한 불쾌한 것을 인식한다고 하자. 우리가 불쾌한 것을 불쾌하게 인식하는 것은 그것이 불쾌해서가 아니라 우리의 형식이 그것을 불쾌하다고 규정짓기 때문이다. 이렇게 쾌와 불쾌는 대상에 내재하는 성질이 아니라 우리의 형식에 달려 있다. 우리는 대상 그 자체를 감각하는 것이 아니라, 대상의 현상을 우리의 형식에 따라 감각하는 것이다. 대상 그 자체는 감각될 수 없으며, 단지 사유될 수만 있다. 따라서 대상 그 자체가 갖는 성질을 논하는 것은 불가능하고 또한 필요 없는 행위이며, 실제 세계에서 나타나는 대상의 성질은 단지 우리의 형식에 의거하여 감각되므로, 감각 행위에서 중요한 것은 대상이 아니라, 바로 우리 자신이다.

① 감각의 근거는 오로지 대상에 내재한다.

② 불쾌한 것이 불쾌한 것은 그것이 불쾌함을 내재하기 때문이다.

③ 대상 그 자체의 성질을 논하여야 한다.

④ 감각 주체에 따라 감각 행위의 내용이 달라진다.

⑤ 감각 행위에서 중요한 것은 대상 그 자체이다.

23 다음 글에 대한 비판으로 가장 적절한 것은?

> "향후 은행 서비스(Banking)는 필요하지만 은행(Bank)은 필요 없을 것이다." 최근 4차 산업혁명으로 대변되는 빅데이터, 사물인터넷, AI, 블록체인 등 신기술이 금융업을 강타하면서 빌 게이츠의 20년 전 예언이 화두로 부상했다. 모든 분야에서 초연결화, 초지능화가 진행되고 있는 4차 산업혁명이 데이터 주도 경제를 열어가면서 데이터에 기반을 둔 금융업에도 변화의 물결이 밀려들고 있다. 이미 전통적인 은행, 증권, 보험, 카드업 등 전 분야에서 금융기술인 소위 '핀테크(Fintech)'가 출현하면서 금융서비스의 가치 사슬이 해체되기 시작한 것이다. 이전에는 상상조차 하지 못했던 IT 등 이종기업의 금융업 진출도 활발하게 이루어지면서 전통 금융회사들을 위협하고 있다.
> 빅데이터, 사물인터넷, 인공지능, 블록체인 등 새로운 기술로 무장한 4차 산업혁명으로 인해 온라인 플랫폼을 통한 크라우드 펀딩 등 P2P 금융의 출현, 로보 어드바이저에 의한 저렴한 자산관리 서비스의 등장, 블록체인 기술 기반의 송금 등 다양한 가치 거래의 탈중계화가 진행되면서 금융 중개, 재산 관리, 위험 관리, 지급 결제 등 금융의 본질적인 요소들이 변화하고 있는 것은 아닌지 의구심이 일어나고 있는 것이다. 혹자는 이들 변화의 종점에 금융의 정체성(Identity) 상실이 기다리고 있다며 금융업 종사자의 입장에서 보면 우울한 전망마저 내놓고 있다. 금융도 디지털카메라의 등장으로 사라진 필름회사 코닥과 같은 비운을 피하기 어렵다며 금융의 종말(The Demise of Banking), 은행의 해체(Unbundling the Banks), 탈중계화, 플랫폼 혁명(Platform Revolution) 등 다양한 화두가 미디어의 전면에 등장하고 있다.

① 가치 거래의 탈중계화는 금융 거래의 보안성에 심각한 위협 요인으로 작용할 것이다.
② 금융 발전의 미래를 위해 금융업에 있어 인공지능의 도입을 막아야 한다.
③ 기술 발전은 금융업에 있어 지금까지처럼 효율성 향상이라는 제한적인 틀에서 크게 벗어나지 못할 것이다.
④ 로보 어드바이저에 의한 자산관리 서비스는 범죄에 악용될 위험이 크다.
⑤ 금융의 종말을 방지하기 위해서라도 핀테크 도입의 법적인 제도 마련이 필요하다.

24 다음 빈칸에 들어갈 내용으로 적절한 것은?

> 어떤 기업체에서 사원을 선발하는 방법으로 끈으로 묶은 꾸러미를 내놨는데 한 사람은 주머니칼을 꺼내어 끈을 잘라 버렸고, 다른 한 사람은 끈을 풀었다. 채용된 쪽은 칼을 사용한 사람이었는데, 기업주는 물자보다 시간을 아꼈기 때문이다. [   ]
> 소비자는 낭비된 물자의 대가를 고스란히 떠맡는다. 자원의 임자인 지구나 그 혜택을 받는 뭇 생명들 차원에서 본다면 에너지와 자원의 손실을 떠맡아야 한다. 아주 미세한 얘긴지 모르겠다. 그러나 도처에서 지속적으로 행해온 그 후유증을 우리는 현재 겪고 있는 것이다. 그것은 보이지 않는 유령이며 그것들로 인하여 지구는 병들어가고 있다. 많은 종(種)들이 하나둘 사라져갔으며 이 활기에 넘쳐 보이는 현실은 실상 자원 고갈을 향해 행진을 멈추지 않고 있는 것이다.

① 왜냐하면 시간을 아껴 써야 기업이 성공할 수 있기 때문이다.
② 물론 기업주는 물자와 시간 가운데 더 중요한 것을 선택했다.
③ 그러나 이러한 선택으로 아껴지는 것은 기업주의 시간일 뿐이다.
④ 이러한 행동은 경제성만을 추구한 데서 비롯된 당연한 결과이다.
⑤ 그런데 이러한 판단으로 생긴 피해를 소비자들은 기꺼이 떠맡았다.

※ 다음 글을 읽고 이어지는 물음에 답하시오. [25~26]

신문이나 잡지는 대부분 유료로 판매된다. 반면에 인터넷 뉴스 사이트는 신문이나 잡지의 기사와 같거나 비슷한 내용을 무료로 제공한다. 왜 이런 현상이 발생하는 것일까?
이 현상 속에는 경제학적 배경이 숨어 있다. 대체로 상품의 가격은 그 상품을 생산하는 데 드는 비용의 언저리에서 결정된다. 생산 비용이 많이 들면 들수록 상품의 가격이 상승하는 것이다. 그런데 인터넷에 게재되는 기사를 생산하는 데 드는 비용은 0원에 가깝다. 기자가 컴퓨터로 작성한 기사를 신문사 편집실로 보내 종이 신문에 게재하고, 그 기사를 그대로 재활용하여 인터넷 뉴스 사이트에 올리기 때문이다. 또한, 인터넷 뉴스 사이트 방문자 수가 증가하면 사이트에 걸어 놓은 광고에 대한 수입도 증가하게 된다. 이러한 이유로 신문사들은 경쟁적으로 인터넷 뉴스 사이트를 개설하여 무료로 운영했던 것이다.
그런데 무료인터넷 뉴스 사이트를 이용하는 사람들이 폭발적으로 늘어나면서 돈을 지불하고 신문이나 잡지를 구독하는 사람들이 점점 줄어들기 시작했다. 그 결과 언론사들의 수익률이 감소하여 재정이 악화되었다. 문제는 여기서 그치지 않는다. 언론사들의 재정적 악화는 깊이 있고 정확한 뉴스를 생산하는 그들의 능력을 저하시키거나 사라지게 할 수도 있다. 결국 그로 인한 피해는 뉴스를 이용하는 소비자에게로 되돌아올 것이다.
그래서 언론사들, 특히 신문사들의 재정악화 개선을 위해 인터넷 뉴스를 유료화해야 한다는 의견이 있다. 하지만 그러한 주장을 현실화하는 것은 그리 간단하지 않다. 소비자들은 어떤 상품을 구매할 때 그 상품의 가격이 얼마 정도면 구입할 것이고, 얼마 이상이면 구입하지 않겠다는 마음의 선을 긋는다. 이 선의 최대치가 바로 최대지불의사(Willingness to Pay)이다. 소비자들의 머릿속에 한번 각인된 최대지불의사는 좀처럼 변하지 않는 특성이 있다. 인터넷 뉴스의 경우 오랫동안 소비자에게 무료로 제공되었고, 그러는 사이 인터넷 뉴스에 대한 소비자들의 최대지불의사가 0원으로 굳어진 것이다. 그런데 이제 와서 무료로 이용하던 정보를 유료화한다면 소비자들은 여러 이유를 들어 불만을 토로할 것이다.
해외 신문 중 일부 경제 전문지는 이러한 문제를 성공적으로 해결했다. 그들은 매우 전문화되고 깊이 있는 기사를 작성하여 소비자에게 제공하는 대신 인터넷 뉴스 사이트를 유료화했다. 그럼에도 불구하고 많은 소비자들이 기꺼이 돈을 지불하고 이들 사이트의 기사를 이용하고 있다. 전문화되고 맞춤화 된 뉴스일수록 유료화 잠재력이 높은 것이다. 이처럼 제대로 된 뉴스를 만드는 공급자와 제값을 내고 제대로 된 뉴스를 소비하는 수요자가 만나는 순간 문제해결의 실마리를 찾을 수 있을 것이다.

25 글쓴이의 주장에 바탕이 되는 경제관으로 적절하지 않은 것은?

① 경제적 이해관계는 사회현상의 변화를 초래한다.
② 상품의 가격이 상승할수록 소비자의 수요가 증가한다.
③ 소비자들의 최대지불의사는 상품의 구매 결정과 밀접한 관련이 있다.
④ 일반적으로 상품의 가격은 상품 생산의 비용과 가까운 수준에서 결정된다.
⑤ 적정 수준의 상품가격이 형성될 때, 소비자의 권익과 생산자의 이익이 보장된다.

26 윗글을 읽은 학생들의 반응으로 적절하지 않은 것은?

① 정보를 이용할 때 정보의 가치에 상응하는 이용료를 지불하는 것은 당연한 거라고 생각해.
② 현재 무료인 인터넷 뉴스 사이트를 유료화하려면 먼저 전문적이고 깊이 있는 기사를 제공하는 것이 좋겠어.
③ 인터넷 뉴스가 광고를 통해 수익을 내는 경우도 있으니, 신문사의 재정을 악화시키는 것만은 아니야.
④ 인터넷 뉴스 사이트 유료화가 정확하고 공정한 기사를 양산하는 결과에 직결되는 것은 아니라고 생각해.
⑤ 인터넷 뉴스만 보는 독자들의 행위가 질 나쁜 뉴스를 생산하게 만드는 근본적인 원인이니까, 종이 신문을 많이 구독해야겠어.

27 다음 글의 내용과 일치하지 않는 것은?

일반적으로 문화는 '생활양식' 또는 '인류의 진화로 이룩된 모든 것'이라는 포괄적인 개념을 갖고 있다. 이렇게 본다면 언어는 문화의 하위 개념에 속하는 것이다. 그러나 언어는 문화의 하위 개념에 속하면서도 문화 자체를 표현하여 그것을 전파 · 전승하는 기능도 한다. 이로 보아 언어에는 그것을 사용하는 민족의 문화와 세계 인식이 녹아 있다고 할 수 있다. 가령 '사촌'이라고 할 때, 영어에서는 'Cousin'으로 이를 통칭(通稱)하는 것을 우리말에서는 친 · 외 · 고종 · 이종 등으로 구분하고 있다. 친족 관계에 대한 표현에서 우리말이 영어보다 좀 더 섬세하게 되어 있는 것이다. 이것은 친족 관계를 좀 더 자세히 표현하여 차별 내지 분별하려 한 우리 문화와 그것을 필요로 하지 않는 영어권 문화의 차이에서 기인한 것이다.

문화에 따른 이러한 언어의 차이는 낱말에서만이 아니라 어순(語順)에서도 나타난다. 우리말은 영어와 주술 구조가 다르다. 우리는 주어 다음에 목적어, 그 뒤에 서술어가 온다. 이에 비해 영어에서는 주어 다음에 서술어, 그 뒤에 목적어가 온다. 우리말의 경우 '나는 너를 사랑한다.'라고 할 때, '나'와 '너'를 먼저 밝히고, 그 다음에 '나의 생각'을 밝히는 것에 비하여, 영어에서는 '나'가 나오고, 그 다음에 '나의 생각'이 나온 뒤에 목적어인 '너'가 나온다. 이러한 어순의 차이는 결국 나의 의사보다 상대방에 대한 관심을 먼저 보이는 우리와 나의 의사를 밝히는 것이 먼저인 영어를 사용하는 사람들의 문화 차이에서 기인한 것이다. 대화를 할 때 다른 사람을 대우하는 것에서도 이런 점을 발견할 수 있다. 손자가 할아버지에게 무엇을 부탁하는 경우를 생각해 보자. 이 경우 영어에서는 'You do it, please.'라고 하고, 우리말에서는 '할아버지께서 해주세요.'라고 한다. 영어에서는 상대방이 누구냐에 관계없이 상대방을 가리킬 때 'You'라는 지칭어를 사용하고, 서술어로는 'do'를 사용한다. 그런데 우리말에서는 상대방을 가리킬 때, 무조건 영어의 'You'에 대응하는 '당신(너)'이라는 말만을 쓰는 것은 아니고 상대에 따라 지칭어를 달리 사용한다. 뿐만 아니라, 영어의 'do'에 대응하는 서술어도 상대에 따라 '해 주어라, 해주게, 해 주오, 해 주십시오, 해 줘, 해 줘요'로 높임의 표현을 달리한다. 이는 우리말이 서열을 중시하는 전통적인 유교 문화를 반영하고 있기 때문이다. 언어는 단순한 음성기호 이상의 의미를 지니고 있다. 앞의 예에서 알 수 있듯이 언어에는 그 언어를 사용하는 민족의 문화가 용해되어 있다. 따라서 우리 민족이 한국어라는 구체적인 언어를 사용한다는 것은 단순히 지구상에 있는 여러 언어 가운데 개별 언어 한 가지를 쓴다는 사실만을 의미하지는 않는다. 한국어에는 우리 민족의 문화와 세계인식이 녹아있기 때문이다. 따라서 우리말에 대한 애정은 우리 문화에 대한 사랑이요, 우리의 정체성을 살릴 수 있는 길일 것이다.

① 언어는 문화를 표현하고 전파 · 전승하는 기능을 한다.
② 문화의 하위 개념인 언어는 문화와 밀접한 관련이 있다.
③ 영어에 비해 우리말은 친족 관계를 나타내는 표현이 다양하다.
④ 우리말에 높임 표현이 발달한 것은 서열을 중시하는 유교 문화가 반영된 것이다.
⑤ 우리말의 문장 표현에서는 상대방에 대한 관심보다는 나의 생각을 우선시한다.

※ 다음 글을 읽고 이어지는 물음에 답하시오. [28~30]

(가) 우리는 처음 만난 사람의 외모를 보고, 그를 어떤 방식으로 대우해야 할지를 결정할 때가 많다. 그가 여자인지 남자인지, 나이가 많은지 적은지 혹은 그의 스타일이 조금은 상류층의 모습을 띠고 있는지 아니면 너무나 흔해서 별 특징이 드러나 보이지 않는 차림새를 하고 있는지 등을 통해 그들과 나의 차이를 재빨리 감지한다. 일단 감지가 되면 우리는 둘 사이의 지위 차이를 인식하고 우리가 알고 있는 방식으로 그를 대하게 된다. 한 개인이 특정 집단에 속한다는 것은 단순히 다른 집단의 사람과 다르다는 것뿐만 아니라, 그 집단이 다른 집단보다는 지위가 높거나 우월하다는 믿음을 갖게 한다. 모든 인간은 평등하다는 우리의 신념에도 불구하고 왜 인간들 사이의 이러한 위계화(位階化)를 당연한 것으로 받아들일까? 위계화란 특정 부류의 사람들은 자원과 권력을 소유하고 다른 부류의 사람들은 낮은 사회적 지위를 갖게 되는 사회적이며 문화적인 체계이다. 다음에서 우리는 이러한 불평등이 어떠한 방식으로 경험되고 조직화되는지를 살펴보기로 하자.

(나) 인간이 불평등을 경험하게 되는 방식은 여러 측면으로 나눌 수 있다. 산업 사회에서의 불평등은 계층과 계급의 차이를 통해서 정당화되는데, 이는 재산, 생산 수단의 소유 여부, 학력, 집안 배경 등등의 요소들의 결합에 의해 사람들 사이의 위계를 만들어 낸다. 또한 모든 사회에서 인간은 태어날 때부터 얻게 되는 인종, 성, 종족 등의 생득적 특성과 나이를 통해 불평등을 경험한다. 이러한 특성들은 단순히 생물학적인 차이를 지칭하는 것이 아니라, 개인의 열등성과 우등성을 가늠하게 만드는 사회적 개념이 되곤 한다.

(다) 한편 불평등이 재생산되는 다양한 사회적 기제들이 때로는 관습이나 전통이라는 이름하에 특정 사회의 본질적인 문화적 특성으로 간주되고 당연시되는 경우가 많다. 불평등은 체계적으로 조직되고 개인에 의해 경험됨으로써 문화의 주요 부분이 되었고, 그 결과 같은 문화권 내의 구성원들 사이에 권력 차이와 그에 따른 폭력이나 비인간적인 행위들이 자연스럽게 수용될 때가 많다.

(라) 문화 인류학자들은 사회 집단의 차이와 불평등, 사회의 관습 또는 전통이라고 얘기되는 문화현상에 대해 어떤 입장을 취해야 할지 고민을 한다. 문화 인류학자가 이러한 문화 현상은 고유한 역사적 산물이므로 나름대로 가치를 지닌다는 입장만을 반복하거나 단순히 관찰자로서의 입장에 안주한다면, 이러한 차별의 형태를 제거하는 데 도움을 줄 수 없다. 실제로 문화 인류학 연구는 기존의 권력 관계를 유지시켜주는 다양한 문화적 이데올로기를 분석하고, 인간 간의 차이가 우등성과 열등성을 구분하는 지표가 아니라 동등한 다름일 뿐이라는 것을 일깨우는 데 기여해 왔다.

28 윗글의 내용을 포괄하는 제목으로 가장 알맞은 것은?

① 차이와 불평등
② 차이의 감지 능력
③ 문화 인류학의 역사
④ 위계화의 개념과 불평등
⑤ 관습과 전통의 계승과 창조

29 다음 글이 들어가기에 가장 적절한 곳은?

> 잘 알려진 나치 치하의 유태인 대학살은 아리안 종족의 우월성에 대한 믿음에서 기인했다. 또한 한 사회에서 어떠한 가치와 믿음이 중요하다고 여겨지느냐에 따라, '얼굴이 희다.'는 것은 단순히 개인의 매력을 평가하는 척도로 취급될 수 있으나, 동시에 인종적 우월성을 정당화시키는 문화적 관념으로 기능하기도 한다. '나의 조상이 유럽인이다.'라는 사실은 라틴 아메리카의 다인종 사회에서는 주요한 사회적 의미를 지닌다. 왜냐하면 그 사회에서는 인종적 차이가 보상과 처벌이 분배되는 방식을 결정하기 때문이다.

① (가)가 시작되는 부분
② (가)와 (나) 사이
③ (나)와 (다) 사이
④ (다)와 (라) 사이
⑤ (라)가 끝나는 부분

30 윗글의 내용을 바르게 해석한 것은?

① 자원과 권력만 공평하게 소유하게 된다면 인간은 불평등을 경험하지 않을 것이다.
② 문화 인류학자의 임무는 객관적인 입장에서 인간의 문화 현상을 관찰하는 것으로 끝나야 한다.
③ 관습이나 전통은 때로 구성원끼리의 권력 차이나 폭력을 수용하는 사회적 기제로 이용되기도 한다.
④ 두 사람이 싸우다가 당신의 나이가 몇 살이냐고 묻는 것은 단순히 생물학적 차이를 알고자 하는 것이다.
⑤ 인간이 불평등하다는 것을 경험하게 되면 '인간은 평등하다.'는 신념을 일깨우고자 하는 노력은 아무도 하지 않을 것이다.

02 수리자료분석

※ 실제시험에서는 자료해석 20문항, 알고리즘 · 응용계산 · 수추리 영역 중 한 가지로 10문항이 출제되었으나 본 모의고사에서는 기출 유형을 섞어서 출제하였습니다.

Easy

01 다음은 1인 1일 스팸 수신량에 대한 자료이다. 아래 그래프를 보고 이해한 것으로 옳지 않은 것은?

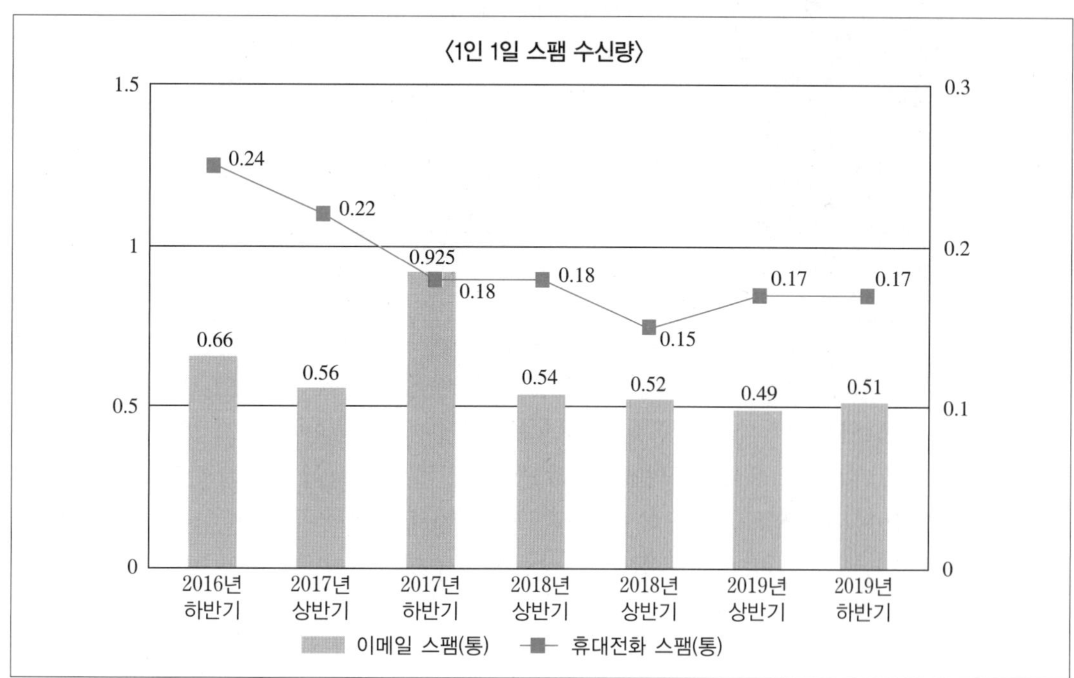

① 이메일과 휴대전화 모두 스팸 수신량이 가장 높은 시기는 2017년 하반기이다.

② 이메일 스팸 수신량이 휴대전화 스팸 수신량보다 항상 많다.

③ 이메일과 휴대전화 스팸 수신량 사이에 밀접한 관련이 있다고 보기 어렵다.

④ 이메일 스팸 수신량의 평균은 휴대전화 스팸 수신량의 평균 2배 이상이다.

⑤ 컴퓨터 사용량과 이메일 스팸 수신량이 정비례 관계에 있다고 한다면, 2017년 하반기에 평균 컴퓨터 사용량이 가장 많았을 것이다.

PART 2 제1회 제2회
안심Touch

02 다음은 주요 국가별 자국 영화 점유율을 나타낸 자료이다. 이에 대한 설명 중 옳지 않은 것은?

〈주요 국가별 자국 영화 점유율〉

(단위 : %)

구 분	2017년	2018년	2019년	2020년
한 국	50.8	42.1	48.8	46.5
일 본	47.7	51.9	58.8	53.6
영 국	28.0	31.1	16.5	24.0
독 일	18.9	21.0	27.4	16.8
프랑스	36.5	45.3	36.8	35.7
스페인	13.5	13.3	16.0	12.7
호 주	4.0	3.8	5.0	4.5
미 국	90.1	91.7	92.1	92.0

① 자국 영화 점유율에서, 독일과 프랑스가 한국을 앞지른 해는 한 번도 없다.
② 지난 4년간 자국 영화 점유율이 매년 꾸준히 상승한 국가는 하나도 없다.
③ 2017년 대비 2020년 자국 영화 점유율이 가장 많이 하락한 국가는 한국이다.
④ 2019년 자국 영화 점유율이 해당 국가의 4년간 통계에서 가장 높은 국가가 절반 이상이다.
⑤ 2019년을 제외하고 영국, 독일, 프랑스의 자국 영화 점유율 순위는 매년 같다.

03 다음은 어느 나라의 부패인식지수(CPI) 연도별 변동 추이에 대한 자료이다. 이에 대한 설명 중 옳지 않은 것은?

〈부패인식지수(CPI) 연도별 변동 추이〉

구 분		2013년	2014년	2015년	2016년	2017년	2018년	2019년
CPI	점 수	4.5	5.0	5.1	5.1	5.6	5.5	5.4
	조사대상국	146	159	163	180	180	180	178
	순 위	47	40	42	43	40	39	39
	백분율	32.2	25.2	25.8	23.9	22.2	21.6	21.9
OECD	회원국	30	30	30	30	30	30	30
	순 위	24	22	23	25	22	22	22

※ 0~10점 : 점수가 높을수록 청렴함을 의미한다.

① CPI를 확인해 볼 때, 다른 해에 비해 2017년도에 가장 청렴했다고 볼 수 있다.
② CPI 순위는 2018년에 처음으로 30위권에 진입했다.
③ 청렴도가 가장 낮은 해와 2019년도의 청렴도 점수의 차이는 0.9점이다.
④ CPI 순위와 OECD 순위가 가장 낮은 해는 각각 2013년과 2016년이다.
⑤ OECD 순위는 2013년부터 2019년까지 상위권이라 볼 수 있다.

04 다음은 2019년 10월 우리나라 출입국 사무소에 신고한 외국인 입국 목적별 인원이다. 이 자료를 보고 판단한 내용 중 옳은 것은?(단, 소수점 첫째 자리에서 반올림한다)

〈외국인 입국 목적별 인원〉

(단위 : 명)

국 적	관 광	상 용	공 용	기 타	합 계	전년 동월 (입국자 수)
네덜란드	14,412	474	16	4,376	19,278	19,108
뉴질랜드	17,205	494	6	3,869	21,574	21,232
말레이시아	96,722	878	24	17,642	115,266	74,594
미 국	411,979	9,561	13,316	125,204	560,060	558,640
영 국	70,723	3,188	48	14,367	88,326	82,386
인 도	16,758	20,619	97	40,028	77,502	74,843
일 본	2,588,167	15,800	813	47,447	2,652,227	2,518,314
중 국	1,097,050	83,217	2,619	596,582	1,779,468	1,619,944
캐나다	70,145	921	44	31,832	102,942	100,413
필리핀	70,728	2,295	684	205,987	279,694	254,162

① 2019년 10월 입국객의 50% 이상이 관광목적으로 입국한 나라는 모두 여섯 개이다.

② 전년 동기 대비 입국자 수가 가장 많이 증가한 나라는 일본이다.

③ 인도의 경우 입국자 수의 30% 이상이 상용목적으로 입국했다.

④ 전년 동기 대비 입국자 수가 감소한 나라는 1개 이상이다.

⑤ 미국인의 공용목적 입국자 비율은 3% 미만이다.

05 다음은 정보통신기기 수출입 현황에 대한 자료이다. 이를 보고 이해한 내용으로 옳지 않은 것은?(단, 소수점 둘째 자리에서 반올림한다)

〈정보통신기기 수출입 현황〉

(단위 : 억 달러)

구분		2015	2016	2017	2018	2019
수출액	전자부품	578	655	637	627	913
	컴퓨터 및 주변기기	119	128	97	70	77
	통신 및 방송기기	271	307	360	310	278
	영상 및 음향기기	103	94	90	80	105
	광자기 매체	9	11	11	11	15
	소 계	1,080	1,195	1,195	1,098	1,388
수입액	전자부품	367	415	435	373	444
	컴퓨터 및 주변기기	80	86	85	72	93
	통신 및 방송기기	51	56	66	55	69
	영상 및 음향기기	27	29	32	26	29
	광자기 매체	12	15	14	10	17
	소 계	537	601	632	536	652

① 2015년부터 2019년까지 매년 수출액이 수입액을 초과하는 분야는 3개 분야이다.

② 2015년 대비 2019년에 수출액이 감소한 분야는 있지만 수입액이 감소한 분야는 없다.

③ 2015년 대비 2019년 광자기 매체의 수출액 증가율은 수입액 증가율보다 크다.

④ 2015년 대비 2019년 수출 · 수입액의 증가율을 볼 때, 가장 큰 증가율을 보인 분야는 전자부품 수출액이다.

⑤ 2015년 대비 2019년 영상 및 음향기기의 수출 및 수입액의 증가율 중 수입액의 증가율이 더 높다.

06 다음은 2015년부터 2019년까지 어느 나라의 출생아 수 및 사망자 수에 대한 자료이다. 이에 대한 설명으로 옳지 않은 것은?(단, 소수점 첫째 자리에서 반올림한다)

〈우리나라 출생아 수 및 사망자 수 현황〉

(단위 : 명)

구 분	2015년	2016년	2017년	2018년	2019년
출생아 수	436,455	435,435	438,420	406,243	357,771
사망자 수	266,257	267,692	275,895	280,827	285,534

① 출생아 수가 가장 많았던 해는 2017년이다.

② 사망자 수는 2016년부터 2019년까지 매년 전년 대비 증가하고 있다.

③ 2015년부터 2019년까지 사망자 수가 가장 많은 해와 가장 적은 해의 사망자 수 차이는 15,000명 이상이다.

④ 2017년 출생아 수는 같은 해 사망자 수의 1.7배 이상이다.

⑤ 2016년 출생아 수는 2019년 출생아 수보다 15% 이상 많다.

07 다음은 차종 및 운행연수별 자동차검사 부적합률 자료이다. 이에 대한 〈보기〉의 설명 중 틀린 것을 모두 고른 것은?

〈차종 및 운행연수별 자동차검사 부적합률〉

(단위 : %)

구 분	4년 이하	5~6년	7~8년	9~10년	11~12년	13~14년	15년 이상	전 체
승용차	5.2	7.2	9.9	13.0	16.4	19.3	23.9	13.8
승합차	6.6	12.2	12.7	15.1	17.1	17.7	20.4	14.0
화물차	6.8	15.3	20.3	21.6	21.6	23.5	22.9	18.2
특수차	8.3	14.0	13.2	13.5	14.0	16.2	18.7	14.3
전 체	6.3	9.5	12.5	15.3	17.7	20.5	23.2	15.2

보기

ㄱ. 운행연수가 4년 이하인 차량 중 부적합률이 가장 높은 차종은 화물차이다.
ㄴ. 승용차의 경우, 운행연수가 11~12년인 차량의 부적합률은 5~6년인 차량의 부적합률의 2배 이상이다.
ㄷ. 승합차의 경우, 운행연수가 낮을수록 부적합률도 높은 경향을 보인다.
ㄹ. 운행연수가 13~14년인 차량 중 화물차의 부적합률 대비 특수차의 부적합률의 비율은 80% 이상이다.

① ㄱ
② ㄴ
③ ㄴ, ㄷ
④ ㄱ, ㄴ, ㄹ
⑤ ㄱ, ㄷ, ㄹ

08 다음은 A방송사의 매출액 추이를 나타낸 자료이다. 〈보기〉에서 이에 대해 올바르게 분석한 사람을 모두 고르면?

〈A방송사 매출액 추이〉

(단위 : 천만 원)

구 분		2015년	2016년	2017년	2018년	2019년
방송사업 매출액	방송수신료	5,645	5,717	5,452	5,325	5,487
	광 고	21,990	21,437	23,825	22,785	22,186
	협 찬	3,154	3,085	3,306	3,142	3,145
	프로그램 판매	1,202	1,195	1,294	1,322	1,299
	기타 방송사업	1,961	2,145	2,097	2,018	2,012
기타 사업		4,204	4,219	4,275	4,224	4,281
합 계		76,312	75,596	80,498	77,632	76,820

보기

지환 : 방송수신료 매출액의 증감 추이와 반대되는 추이를 보이는 항목이 존재해.
소영 : 5년 동안 모든 항목의 최대 매출액과 최소 매출액의 차이는 10억 원 이상의 변동폭을 보이고 있어.
동현 : 5년간 각 항목의 매출액 순위는 한 번도 변동 없이 동일했구나.
세미 : 2015년과 비교했을 때 2019년에 매출액이 상승하지 않은 항목은 2개뿐이군.

① 지환, 소영
② 소영, 세미
③ 지환, 동현
④ 동현, 세미
⑤ 지환, 동현, 세미

09 다음은 난민 통계 현황과 관련한 자료이다. 아래 표에 근거하여 정리한 것 중 옳지 않은 것은?(단, 소수점 둘째 자리에서 반올림한다)

〈난민 신청자 현황〉

(단위 : 명)

구분		2016년	2017년	2018년	2019년
성별	남자	1,039	1,366	2,403	4,814
	여자	104	208	493	897
국적	파키스탄	242	275	396	1,143
	나이지리아	102	207	201	264
	이집트	43	97	568	812
	시리아	146	295	204	404
	중국	3	45	360	401
	기타	178	471	784	2,687

〈난민 인정자 현황〉

(단위 : 명)

구분		2016년	2017년	2018년	2019년
성별	남자	39	35	62	54
	여자	21	22	32	51
국적	미얀마	18	19	4	32
	방글라데시	16	10	2	12
	DR콩고	4	1	3	1
	에티오피아	4	3	43	11
	기타	18	24	42	49

① 난민 신청자 연도 · 국적별 현황

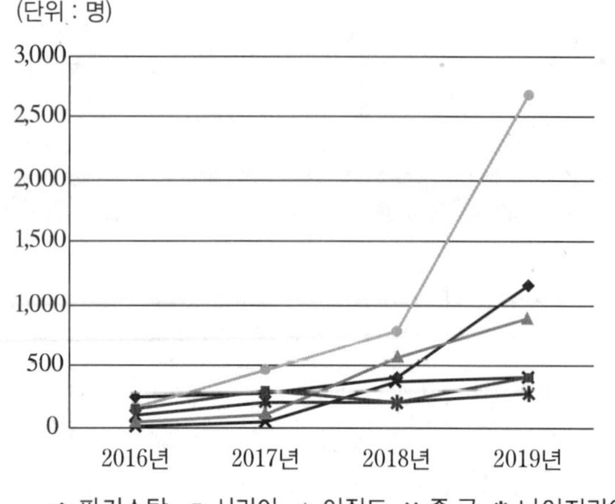

② 전년 대비 난민 인정자 증감률(2017~2019년)

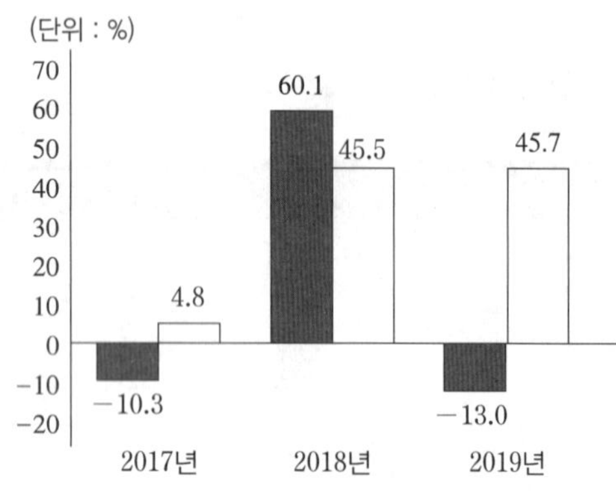

③ 난민 신청자 현황

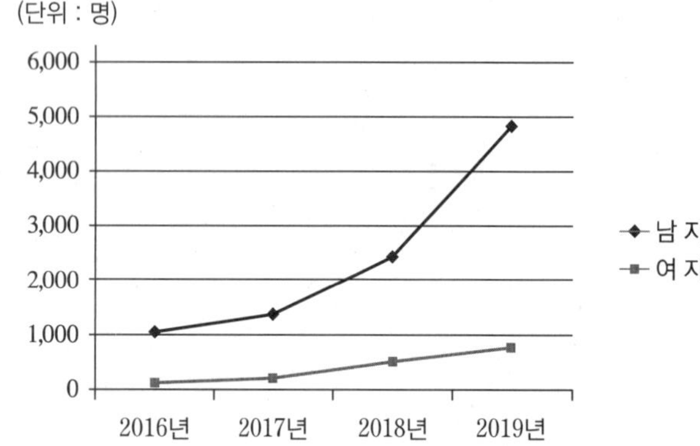

④ 난민 인정자 남 · 여 비율

	남자	여자
2019년	51.4	48.6
2018년	66.0	34.0
2017년	61.4	38.6
2016년	65.0	35.0

(단위 : %)

■ 남자 □ 여자

⑤ 2019년 국가별 난민 신청자 비율

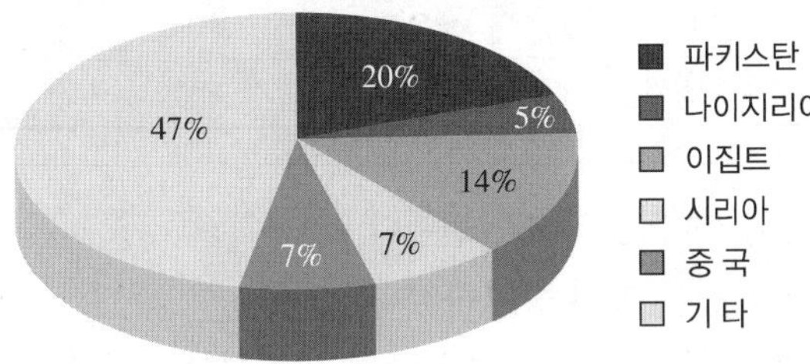

10 다음은 우리나라 4인 가족이 생활하는 데 들어가는 비용을 항목별로 나누어 정리한 것이다. 아래 자료에 대한 설명 중 옳지 않은 것을 고르면?(단, 소수점 둘째 자리에서 반올림한다)

〈4인 가족 기준 항목별 생활비용〉

(단위 : 만 원)

구 분	2015년	2016년	2017년	2018년	2019년
주거 · 수도 · 광열	64.7	65.4		67.0	68.9
통 신	12.9	13.0	12.8	14.3	15.6
주류 · 담배	10.2	10.1	16.4	17.0	17.4
음시 · 숙바	130.6	133.7	134.2	135.2	136.8
의류 · 가정용품	41.9	41.3	42.5	44.8	44.6
합 계	260.3	263.5	271.2	280.2	283.3

① 2017년 4인 가족의 주거 · 수도 · 광열 비용은 65.3만 원이다.

② 2016~2019년 동안 전년 대비 통신 비용은 매년 증가하였다.

③ 2018년과 2019년의 주류 · 담배 비용이 각 연도 지출액에서 차지하는 비중은 같으나, 금액은 3,000원 이상 차이 난다.

④ 2016~2019년 동안 전년 대비 음식 · 숙박 비용은 매년 증가하였다.

⑤ 4인당 지출액은 매년 증가하고, 2015년 대비 2019년 총 지출액은 10만 원 이상 차이 난다.

※ A헬스장에서 운동하는 회원들에게 설문조사를 하였다. 다음은 설문조사 결과에 따라 연령별 운동 횟수와 평균운동시간에 따른 해당 인원을 정리한 자료이다. 아래 표를 참고하여, 이어지는 물음에 답하시오. [11~12]

〈연령별 일주일간 운동 횟수〉

(단위 : 명)

구 분	2014년			2015년			2016년		
	1회	2회	3회 이상	1회	2회	3회 이상	1회	2회	3회 이상
10대	21	16	9	20	14	11	24	14	16
20대	14	12	11	12	15	11	14	19	17
30대	17	10	19	17	10	20	14	14	30
40대	13	15	22	12	15	25	16	10	23
50대	10	5	5	10	3	7	15	3	10
60대	12	17	10	12	12	10	16	15	8
70대 이상	6	5	12	7	5	12	9	7	8
구 분	2017년			2018년			2019년		
	1회	2회	3회 이상	1회	2회	3회 이상	1회	2회	3회 이상
10대	16	14	16	14	13	10	14	15	8
20대	16	15	15	17	10	22	18	12	20
30대	10	11	22	6	9	29	5	7	30
40대	16	10	23	12	16	23	12	16	23
50대	20	3	11	15	3	10	15	4	10
60대	14	13	12	14	13	12	14	13	12
70대 이상	6	7	10	5	8	9	6	6	9

〈1회 운동 시 평균운동시간〉

(단위 : 명)

구 분	30분 미만	30분 이상~ 1시간 미만	1시간 이상~ 2시간 미만	2시간 이상	합 계
2014년	78	85	65	33	261
2015년	76	92	54	38	260
2016년	75	82	103	42	302
2017년	67	96	95	22	280
2018년	59	88	89	34	270
2019년	52	81	92	44	269

11 제시된 자료에 대한 설명 중 옳지 않은 것은?(단, 소수점 첫째 자리에서 반올림한다)

① 2016년 주 1회 운동하는 회원 수는 전년 대비 약 20% 이상 증가했다.
② 각 연도의 연령대 중 주 2회 운동하는 회원 수가 두 번째로 많은 부분은 2014년도 60대이다.
③ 2017년 전년 대비 1회 운동시간이 30분 이상 1시간 미만인 회원 수는 20% 이하로 상승했다.
④ 2019년 주 2회 운동하는 70세 이상인 회원들은 2014년보다 35% 이상 증가했다.
⑤ 주 2회 운동하는 회원들이 전년 대비 가장 많이 증가한 연도는 2015년이다.

12 주 2회 운동하는 회원들의 성비가 1 : 1이라고 가정할 때, 여자 회원은 몇 명인가?(단, 인원과 비율은 소수점 이하 첫째 자리에서 버린다)

① 216명
② 227명
③ 284명
④ 312명
⑤ 340명

※ 일정한 규칙으로 수를 나열할 때, 빈칸에 들어갈 알맞은 것을 고르시오. [13~16]

13

$-5 \quad 5 \quad 9 \quad -9 \quad -1 \quad (\quad) \quad 13$

① 1
② 2
③ −1
④ −2
⑤ 3

14

84 80 42 20 21 ( ) 10.5 1.25

① 7
② 6
③ 5
④ 4
⑤ 3

15

7 8 13 38 ( ) 788

① 160
② 161
③ 162
④ 163
⑤ 164

16

12 34 ( ) 298 892 2,674

① 90
② 100
③ 110
④ 120
⑤ 130

※ 다음은 일정한 규칙에 따라 나열된 수열이다. ?에 들어갈 값으로 알맞은 것을 고르시오. **[17~18]**

17

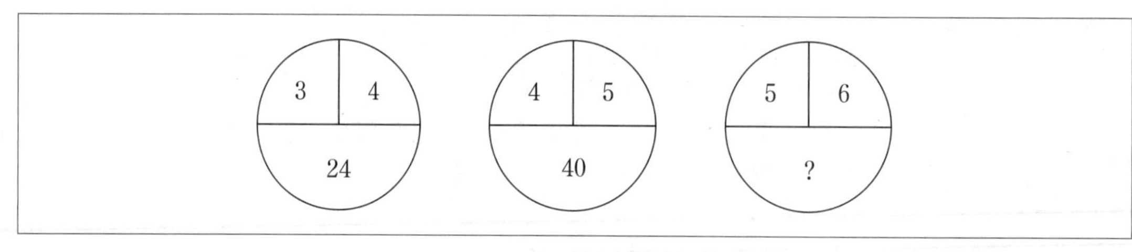

① 30
② 55
③ 60
④ 90
⑤ 120

18

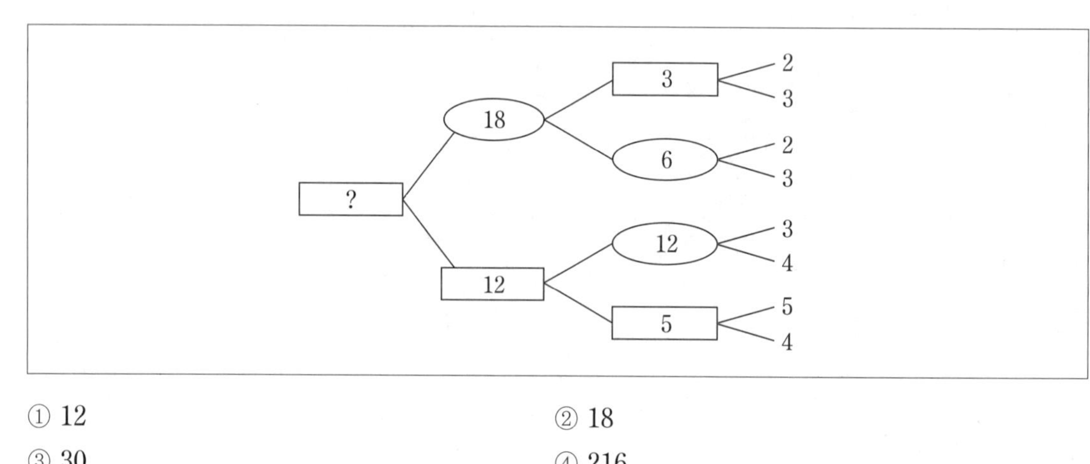

① 12
② 18
③ 30
④ 216
⑤ 432

19 철수는 오후 3시에 집에서 출발하여 평지를 지나 산꼭대기까지 갔다가 같은 길을 되돌아 왔다. 집에 저녁 9시에 도착했다고 할 때, 평지에서는 시속 4km로 걸었고, 산을 올라갈 때는 시속 3km, 내려올 때는 시속 6km로 걸었다면 철수는 총 몇 km를 걸었는가?

① 6km
② 12km
③ 18km
④ 21km
⑤ 24km

20 A, B 두 개의 톱니가 서로 맞물려 있다. A의 톱니 수는 B의 톱니 수보다 20개 더 많고, A가 6회전할 때, B는 10회전한다면, A의 톱니 수는 몇 개인가?

① 35개 ② 40개
③ 45개 ④ 50개
⑤ 55개

21 어떤 물건을 원가의 50% 이익을 붙여 팔았는데, 잘 팔리지 않아서 다시 20% 할인해서 팔았더니, 물건 1개당 1,000원의 이익을 얻었다. 이 물건의 원가는 얼마인가?

① 4,000원 ② 4,500원
③ 5,000원 ④ 6,000원
⑤ 6,500원

22 어느 모임의 여자 회원의 수는 남자 회원의 80%이다. 남자 회원 5명이 모임을 탈퇴하고 여자 회원 1명이 새로 가입한다면 남자 회원과 여자 회원의 수가 같아진다. 이 모임의 회원 수는?

① 26명 ② 30명
③ 50명 ④ 54명
⑤ 60명

23 9%의 소금물 xg과 18%의 소금물 yg을 섞어 12%의 소금물을 만들려고 했으나, 잘못하여 9%의 소금물 yg과 18% 소금물 xg을 섞었다. 이렇게 만들어진 소금물의 농도는?

① 13% ② 14%
③ 15% ④ 16%
⑤ 17%

24 어른 3명과 어린 아이 3명이 함께 식당에 갔다. 자리가 6개인 원탁에 앉는다고 할 때, 자리에 앉을 수 있는 경우의 수는?(단, 아이들은 식사를 돕기 위해 어른들 사이에 앉힌다)

① 8가지
② 12가지
③ 16가지
④ 20가지
⑤ 24가지

25 D사에서는 벽화 그리기 행사를 진행하기로 하였다. 김 사원과 박 대리가 함께 일을 하면 8일이 걸리고, 김 사원의 출장 일정으로 혼자 4일을 일하면 박 대리가 혼자 10일 동안 일해야 끝마칠 수 있다. 이 일을 김 사원 혼자 한다면 며칠이 걸리는가?

① 18일
② 20일
③ 22일
④ 24일
⑤ 26일

※ 제시된 순서에 따라 출력되는 값을 구하시오. [26~30]

26

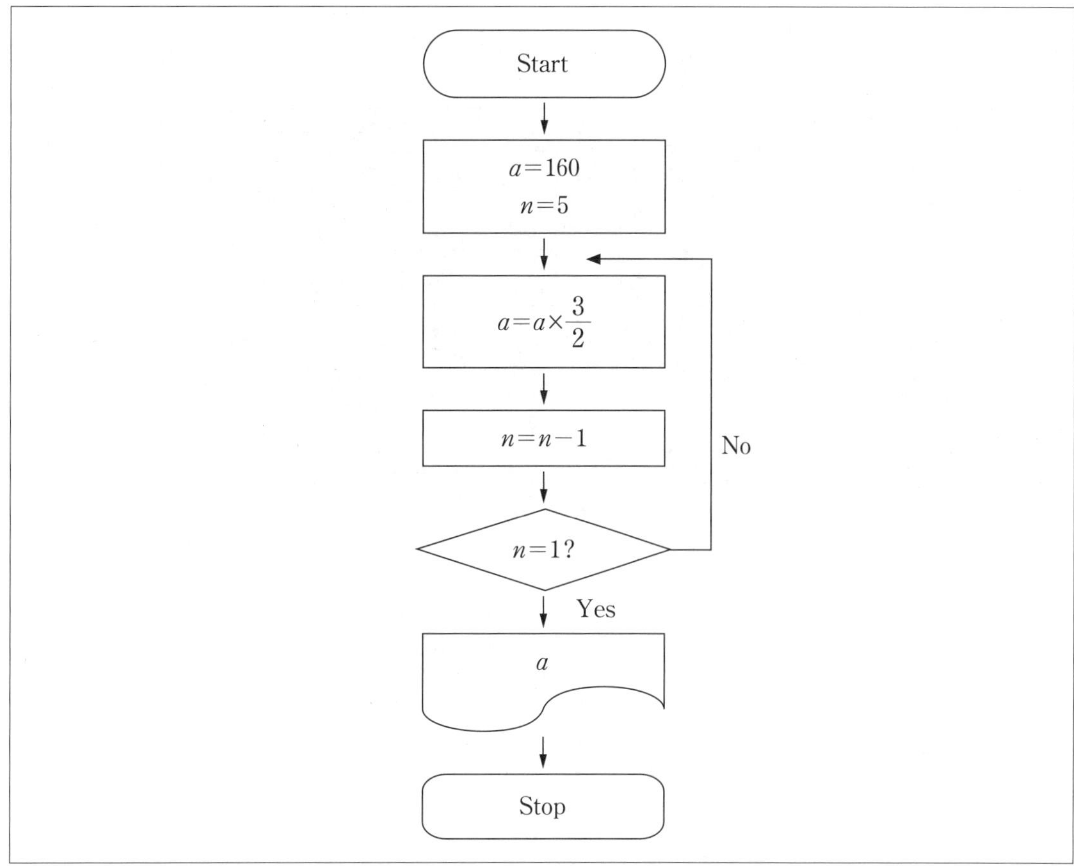

① 340 ② 420

③ 540 ④ 720

⑤ 810

27

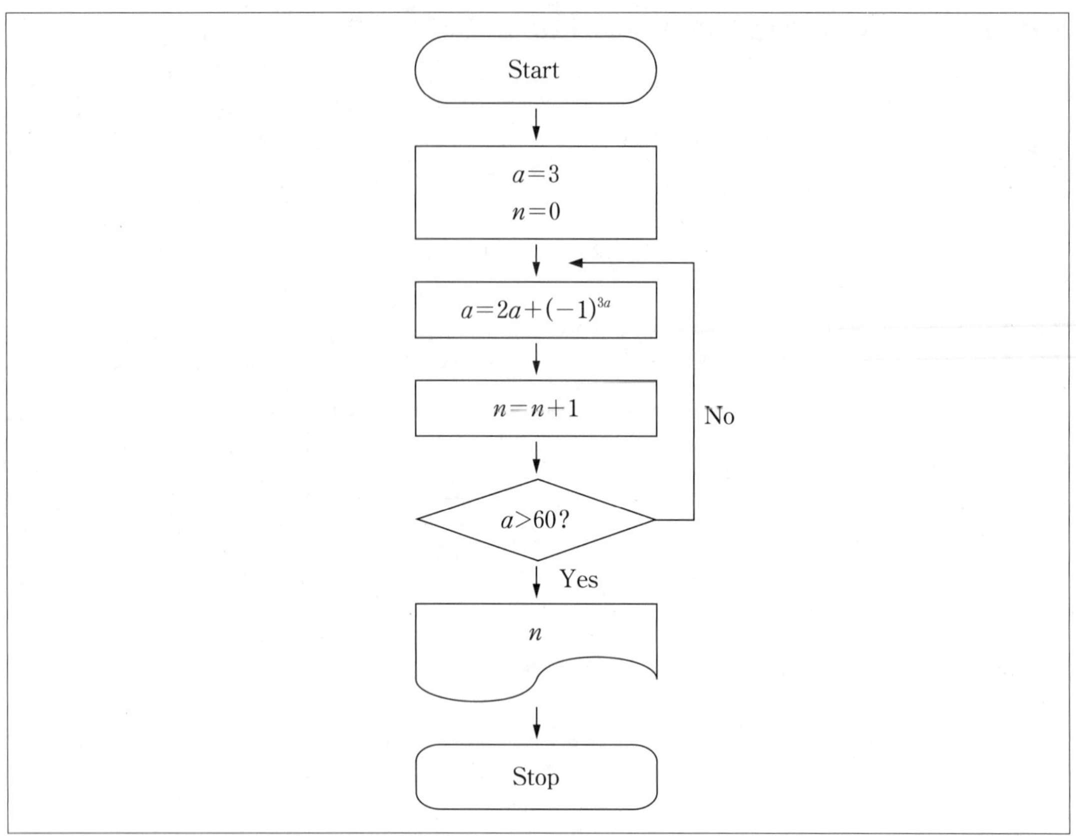

① 2 ② 3

③ 4 ④ 5

⑤ 6

Easy

28

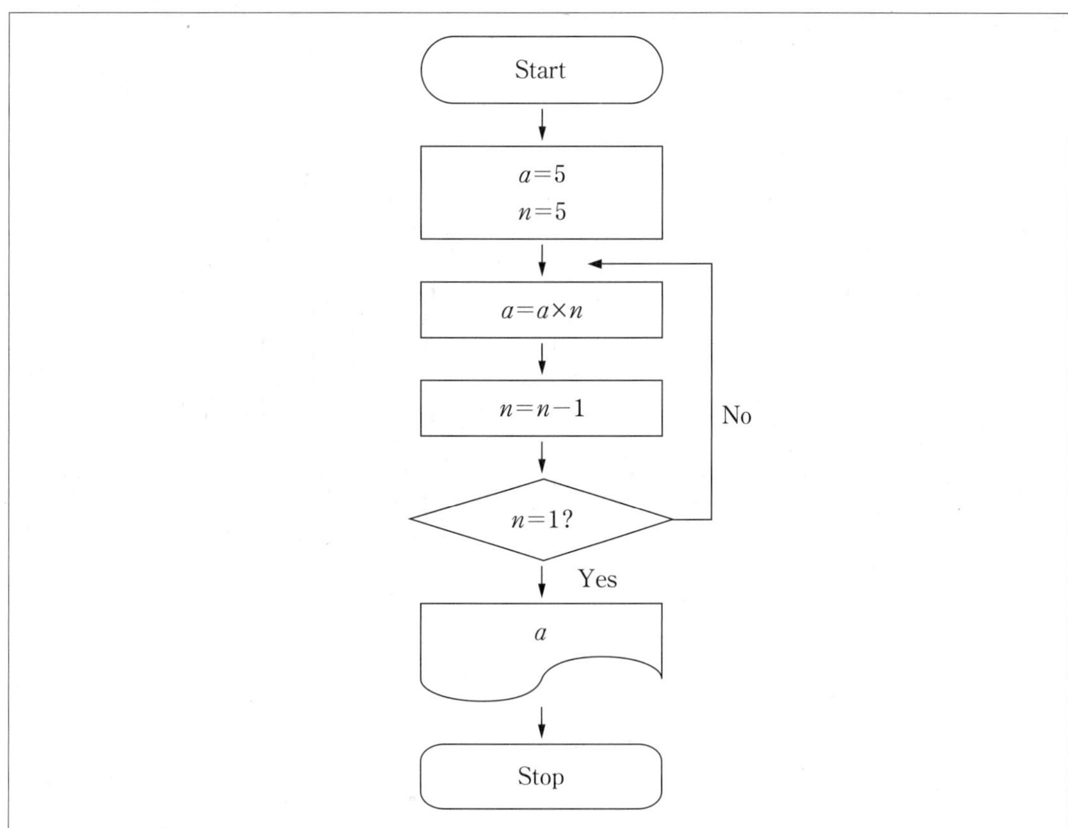

① 200 ② 400

③ 600 ④ 800

⑤ 1,000

29

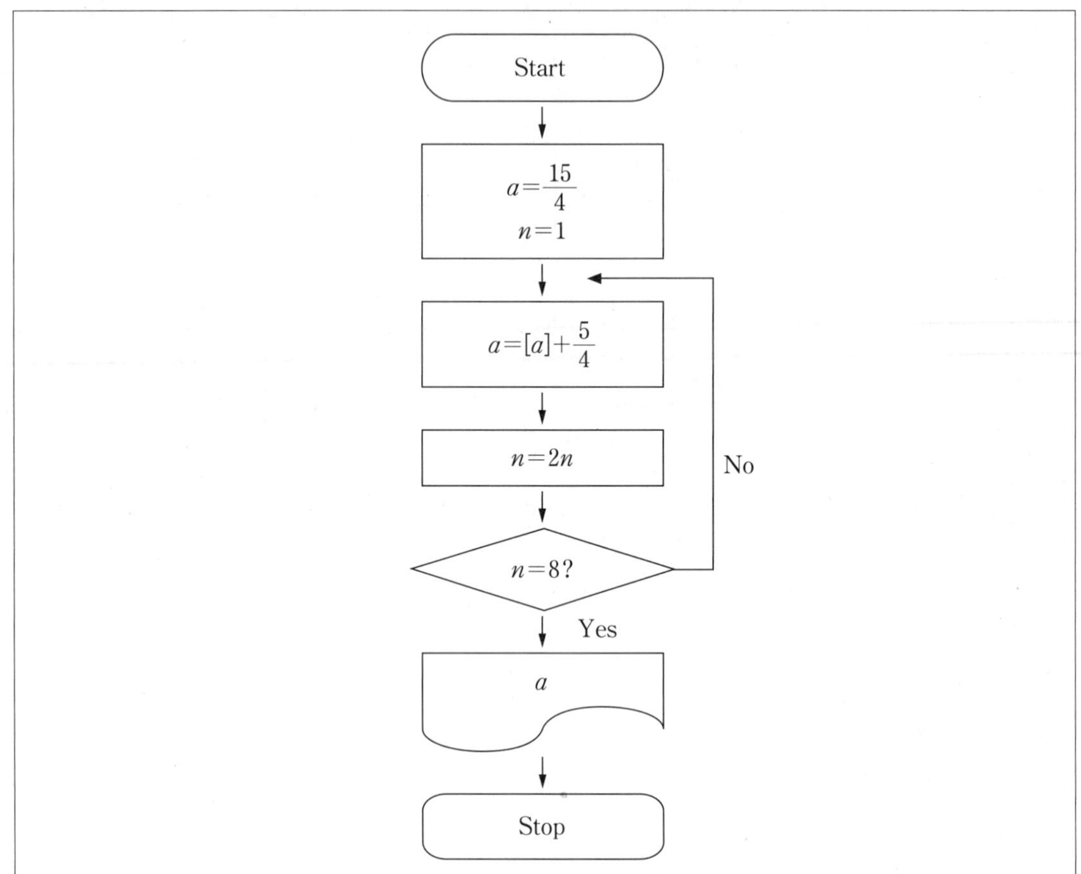

① $\frac{29}{8}$

② $\frac{9}{4}$

③ $\frac{22}{8}$

④ $\frac{13}{4}$

⑤ $\frac{25}{4}$

30

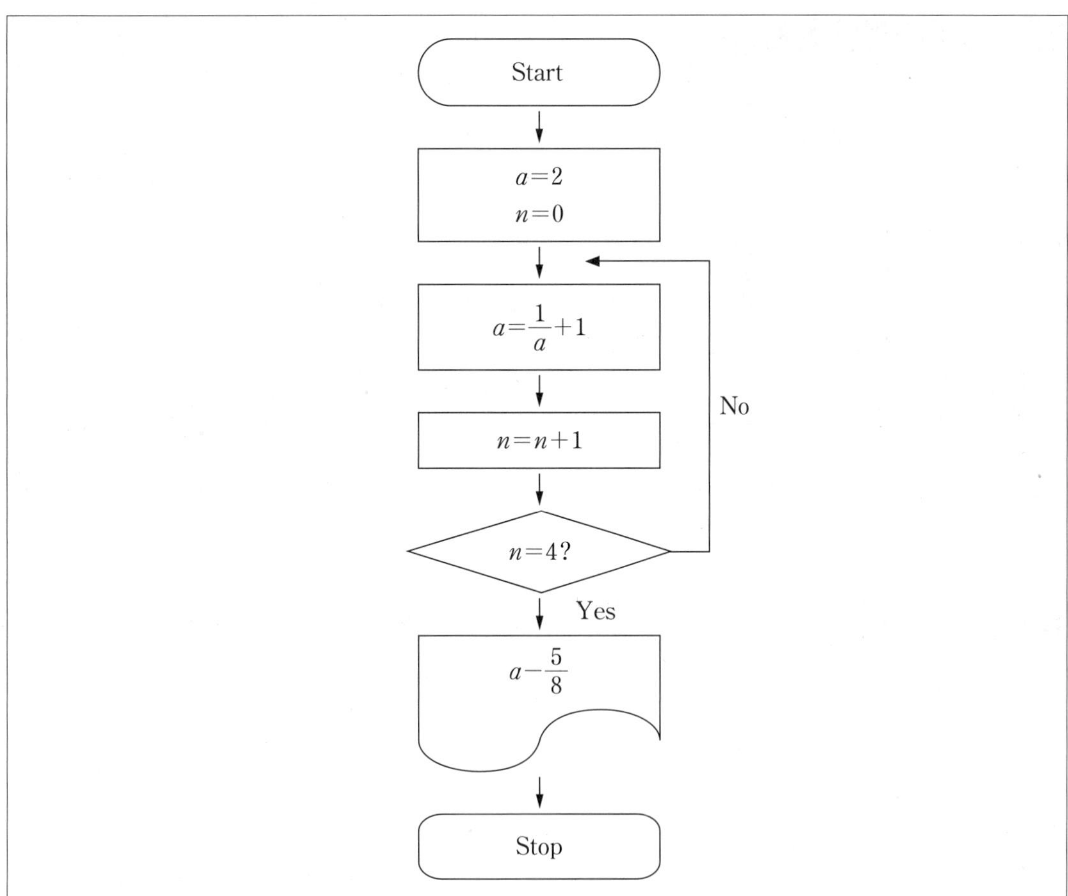

① 1
② 3
③ 5
④ 7
⑤ 9

03 어휘유창성(인문계)

※ 다음 중 동의 또는 유의 관계인 단어를 2개 고르시오. [1~2]

01

① 힐난
② 농락
③ 책망
④ 오만
⑤ 허점

02

① 혼돈
② 기준
③ 근거
④ 규격
⑤ 납득

※ 다음 중 반의 관계인 단어를 2개 고르시오. [3~4]

03

① 은폐
② 농후
③ 모방
④ 창안
⑤ 희박

Hard

04

① 설면하다
② 멀찍하다
③ 서낙하다
④ 깝살리다
⑤ 가직하다

※ 다음 밑줄 친 부분과 같은 의미로 쓰인 것을 고르시오. [5~7]

05

노는 시간에 잠 좀 그만 자고 소설책이라도 읽어라.

① 우리 가게는 월요일에 논다.
② 앞니가 흔들흔들 논다.
③ 뱃속에서 아기가 논다.
④ 동생이 공놀이를 하며 논다.
⑤ 노는 돈이 좀 있으면 빌려 다오.

06

친구들에게서 온 편지를 책으로 묶어 보관해 두었다.

① 적이 책 쪽으로 접근해 왔다.
② 일이 그 사람들만 잘못했다고 책을 하기는 어렵게 되었다.
③ 연락과 운송의 책을 맡다.
④ 백지로 책을 매어 낙서를 하거나 삽화를 그리거나 화보를 붙여 놓았다.
⑤ 책이 오래되어 일부는 보수하고 일부는 다시 세우기로 했다.

07

> 자식 놈이 부모를 앞서는 일이 도대체 어디 있단 말입니까?

① 아무래도 네 어미가 나보다 앞설 것 같구나.
② 면접에 앞서 필기시험을 치르다.
③ 동렬은 관옥을 동정하기에 앞서 자신도 모르게 이상한 안도감을 느꼈다.
④ 그는 항상 이성보다는 감정이 앞선다.
⑤ 사람들은 보통 실력이 자기보다 앞서 있는 친구를 경쟁자로 삼는다.

08 **다음 중 밑줄 친 부분의 의미가 나머지 넷과 다른 것은?**

① 국수의 발이 너무 가늘다.
② 도둑이 제 발 저리다.
③ 손이 발이 되도록 빌었다.
④ 단골손님마저 발을 끊고 말았다.
⑤ 신이 발에 꼭 맞다.

※ 다음 빈칸에 들어갈 말로 알맞게 짝지어진 것을 고르시오. [9~12]

09

경제성장으로 중산층이 급속히 늘고 있는 인도에서 포도주 바람이 불고 있다. BBC 방송에 의하면 지난해 인도에선 350만 병의 포도주가 소비되었다. 이에 따라 포도주 제조 및 수입 회사들은 인도 전역의 대도시에서 포도주 시음행사를 열고 있다. 인도에서 프랑스산 포도주를 마시는 사람은 대개 영어를 유창하게 하고, 서구에서 교육받은 남녀들이다. 인도 포도주 붐도 일본, 한국에서와 마찬가지로 건강요인이 [㉠]하고 있다는 것이 현지 분석이다. 이제 인도 포도주는 서구 시장으로도 [㉡]하고 있다. 인도에서 처음으로 포도주 생산을 시작한 술라 포도농원의 경우 미국, 이탈리아는 물론 프랑스에까지 수출하고 있다. 이 회사는 현재 생산설비를 대대적으로 [㉢]하고 있다. 현재 연 50만 병 규모를 150만 병으로 늘릴 예정이다. 인도의 포도주 소비가 앞으로 5년간 연 30%씩 증가할 것이란 [㉣]을 바탕으로 한 증설이다.

	㉠	㉡	㉢	㉣
①	창궐	수출	증가	가설
②	만연	복귀	증축	증설
③	작용	진출	확충	예측
④	개설	진입	개편	예언
⑤	침투	확장	재편	사실

10

오늘날의 사회는 [㉠]로 움직인다. 이른바 세계화라는 물결이 전 세계를 휘감으면서, 사람들은 끊임없이 이윤 창출을 위해 움직여야 한다. 이 움직임이 조금만 [㉡] 도태되기 십상이다. 뿐만 아니라, 내가 살아남기 위해서는 남이 실패해야 하는 [㉢] 사회 풍토 또한 심화되고 있다. 이기는 자가 모든 몫을 가지는 소위 [㉣] 독식 체제가 견고해지고 있기 때문이다.

	㉠	㉡	㉢	㉣
①	저속도	빨라져도	낙천적	패자
②	급속도	늦어져도	경쟁적	승자
③	급속도	늦어져도	낙천적	승자
④	저속도	늦어져도	경쟁적	승자
⑤	급속도	늦어져도	경쟁적	패사

11

구석기인들이 지녔던 '기술'은 과학사에 있어서 상당히 [㉠]하다. 구석기인들의 생존은 전적으로 자연에 대한 지식과 연관이 있었다. 그들은 살기 위해 자연을 [㉡] 시각으로 관찰했던 것이다. 여기서 그치지 않고 그들은 자신들의 관찰을 분류하기 위한 분류법까지 [㉢]했을 것이다. 몇몇 고고학적 증거는 구석기인들이 과학과 매우 유사해 보이는 활동을 했었다는 것을 [㉣]하기도 한다.

	㉠	㉡	㉢	㉣
①	무의미	예리한	개발	뒷받침
②	무의미	둔감한	개발	뒷받침
③	유의미	예리한	개발	뒷받침
④	무의미	둔감한	폐기	앞받침
⑤	무의미	예리한	폐기	앞받침

12

강력한 국가의 등장, [㉠] 경찰이나 안보 기구의 등장은 해방 이후 필연적으로 발생하게 된 '힘의 공백'의 아노미 상태에 대처하는 데에는 나름의 기여를 했다고 볼 수 있을 것이다. [㉡] 이 힘이 워낙 강력하다 보니까 다양한 세력의 경쟁을 통해 정의로운 체제나 이념을 도출하는 데는 무리가 있었다. [㉢] 강한 세력이 약한 세력을 억압하면서 그들의 목소리는 철저하게 배제될 수밖에 없었기 때문이다. [㉣] 강력한 국가의 등장은 정의로운 체제를 만드는 것이 아니라 강자의 이익을 중심으로 체제를 형성하게 되는 악영향을 끼치게 되었다.

	㉠	㉡	㉢	㉣
①	그러나	왜냐하면	즉	결과적으로
②	그러나	하지만	즉	다시 말해
③	즉	또는	왜냐하면	결과적으로
④	즉	그러나	왜냐하면	결과적으로
⑤	즉	그러나	특히	따라서

※ 다음 ㉠, ㉡에 들어갈 말로 알맞게 짝지어진 것을 고르시오. [13~14]

Hard

13

1. 는	2. 개	■	■	3.	■
■	정	■	4. ㉠		■
■	■	■		■	■
8.	■	■	5.	6. 수	
9. ㉡		■	■	뇌	■
	■	7. 주	전	부	리

〈가 로〉	〈세 로〉
1. 안개보다는 조금 굵고 이슬비보다는 가는 비 4. 쌀을 넣어두는 곳간 5. 수분을 막아 견디어 내는 성질 7. 때를 가리지 않고 군음식을 자주 먹는 입버릇 9. ㉡ 연꽃의 다른 말	2. 주로 문서의 내용 따위를 고쳐 바르게 함 3. 조기 따위의 물고기나 고사리 따위의 산나물을 세는 단위 4. ㉠ 은하수의 순우리말 6. 어떤 조직이나 단체, 기관의 가장 중요한 지위에 있는 사람들 8. 남의 아버지를 지칭하는 말

	㉠	㉡
①	미리내	나리
②	비나리	나리
③	여우별	부용
④	미리내	부용
⑤	비나리	부용

14

1. 지	■	■	■	8. ㉡	7.
2. 구	사	3. 일	생	■	
력	■	거	■	6.	
■	4.	양			■
■	■	득	■		■
■	■	■	■	5. ㉠	

〈가 로〉	〈세 로〉
2. '아홉 번 죽을 뻔 하다가 한 번 살아난다.'는 뜻으로, 여러 차례 죽을 고비를 겪고 간신히 목숨을 건짐 4. 조선시대 7대 세조가 임금이 되기 전의 호칭 5. ㉠ 같은 지역에서 생활하고 있는 식물개체군들의 집단 6. 땅에서 캐내어 말리지 않은 상태의 인삼 8. ㉡ 거리의 단위로서 오 리나 십 리가 못 되는 거리	1. 일정한 작업을 장시간 계속할 수 있는 능력 3. '한 가지 일로써 두 가지 이익을 얻는다.'는 뜻 6. 남이 알아듣지 못하도록 낮은 목소리로 자꾸 가만가만 이야기하는 소리 또는 그 모양 7. 산양 산삼이라고도 불리며, 인삼의 씨를 산에 뿌려 야생 상태로 재배한 삼

	㉠	㉡
①	곤군	반보
②	군락	마장
③	곤군	갈이
④	군진	마장
⑤	군락	갈이

15 다음 ㉠~㉤ 중 어법에 맞지 않는 단어는?

> 여행의 재미 가운데 ㉠ 빼놓을 수 없는 것이 자신이 다녀온 곳에 대한 기억을 평생의 추억으로 바꿔 주는 사진 촬영이라고 할 수 있다. 사진을 찍을 때 가장 중요한 것은 어떤 카메라로 찍느냐보다는 ㉡ 어떻게 찍느냐 하는 것이다. 으리으리한 카메라 장비를 ㉢ 둘러메고 다니며 사진을 찍는 사람을 보면서 기가 죽을 필요는 없다. 아무리 ㉣ 변변찮은 카메라도 약간의 방법만 익히면 무엇을 ㉤ 찍던지 생각 이상으로 멋진 작품을 만들 수 있다.

① ㉠
② ㉡
③ ㉢
④ ㉣
⑤ ㉤

16 다음 밑줄 친 부분의 띄어쓰기가 모두 옳은 것은?

① 최선의 세계를 만들기 위해서 무엇 보다 이 세계에 있는 모든 대상들이 지닌 성질을 정확하게 인식해야 만 한다.
② 일과 여가 두가지를 어떻게 조화시키느냐하는 문제는 항상 인류의 관심대상이 되어 왔다.
③ 내로라하는 영화배우 중 내 고향 출신도 상당수 된다. 그래서 어릴 때부터 자연스럽게 영화배우를 꿈꿨고, 그러다 보니 영화는 내 생활의 일부가 되었다.
④ 실기시험은 까다롭게 심사하는만큼 준비를 철저히 해야 한다. 한 달 간 실전처럼 연습하면서 시험에 대비하자.
⑤ 우주의 삼라 만상은 우리에게 온갖 경험을 제공하지만 많은 경험의 결과들이 서로 모순 되는 때가 많다.

17 다음 밑줄 친 부분을 가장 잘 나타내는 속담은?

우리는 어떤 공동체 안에서 흔히 일어나는 억압적인 현상을 힘 있는 강자가 명분을 경시하거나 무시하는 데서 기인하는 것으로 볼 필요가 있다. 크게 보아 전통 사회에서는 오히려 위아래의 구성원이 각각 그 역할에 따라 명분의 제약을 받음으로써 공동체의 질서와 결속을 확보해 왔던 것이다. 그러나 실제 전통 사회에서는 신분에 따른 구속에서 벗어나고 싶어 하는 인간의 자연적 욕구를, 명분을 앞세워 억제한 측면도 없지 않았다. 또한 명분론은 기존의 안정적인 질서를 깨뜨리고 역동적인 변화를 추구하고자 하는 인간의 진보적 요구를 억누르는 보수적 성격도 띠고 있었다.

이 같은 계층적 명분관은 근대로 내려오면서 신분 제도가 동요하고 붕괴함에 따라 점차 타당성을 잃게 되었다. 그러나 아직도 우리 사회에는 자신의 분수를 지키는 것을 미덕으로 여기면서, 도전과 모험의 진취적 태도를 부정하는 의식의 흔적이 도처에 남아 있음을 볼 수 있다.

① 못된 송아지 엉덩이에 뿔난다.
② 하늘이 돈 잎만 하다.
③ 송충이가 갈잎을 먹으면 죽는다.
④ 양반은 얼어 죽어도 겻불은 안 쬔다.
⑤ 한강 물도 제 곬으로 흐른다.

18 다음 중 ㉠을 비판하는 말로 가장 적절한 것은?

모든 사람들이 행복하기를 원하지만, 실제로 행복을 얻는 사람은 비교적 적은 편이다. 사람들이 행복을 열심히 추구하는 데도 그것을 얻지 못하는 데는 여러 가지 이유가 있을 것이다. 그러나 그 가운데서 가장 근본적인 이유는 행복의 조건에 대한 무지라고 생각된다.

행복의 본질은 삶에 대한 깊은 만족과 마음의 평화에 있으며, 그것을 얻기 위해서는 몇 가지 갖추어야 할 조건들이 있다. 그 행복의 조건이 무엇인지 모르고, 행복의 조건을 갖추고자 하는 노력도 게을리하면서, ㉠ 엉뚱한 방향으로 행복을 추구하려 하기 때문에 행복을 얻지 못하는 경우가 많은 것이다. 행복을 얻으려면 행복의 조건을 바르게 알고, 바른 길에서 행복을 찾아야 한다.

① 우물에서 숭늉 찾는 격이군.
② 부뚜막의 소금도 집어넣어야 짜지.
③ 물이 깊어야 고기가 모이는 게 아닌가.
④ 호랑이를 잡으려면 호랑이 굴에 가야지.
⑤ 소가 뒷걸음질하다가 쥐 잡은 격이군.

19 **다음 글의 내용과 가장 관계 깊은 속담은?**

> 기부문화가 변하고 있다. 성탄절과 연말에만 등장하던 기부가 이제 자신의 재능을 담보로 일 년 내내 사회 곳곳에서 이뤄진다. 여름방학이면 떠나던 대학 농촌봉사활동도 육체노동 대신 자신의 전공에 맞춘 전문적 재능기부 활동으로 변모하고 있다.
> 지난 17일에는 장애인을 포함한 곰두리봉사단이 농어촌 재능기부에 나섰고, ○○대 한의대학생들도 전남 나주에서 의료봉사를 펼치기도 했다. 또 농식품부 A장관도 강원도 평창군을 찾아 '농어촌 집 고쳐주기' 재능기부에 동참하는 등 각계각층의 재능기부 활동도 늘어나고 있다.

① 낙숫물은 떨어지던 데 또 떨어진다.
② 지렁이도 밟으면 꿈틀한다.
③ 쥐구멍에도 볕들 날이 있다.
④ 공든 탑이 무너지랴.
⑤ 흘러가는 물도 떠 주면 공이다.

※ 다음 중 밑줄 친 말의 쓰임이 적절하지 않은 것을 고르시오. [20~21]

Hard

20
① 그는 어릴 때부터 씨억씨억하게 잘 놀고 이따금 싸움도 하였다.
② 눈물이 고인 채 도로를 바라보니 불빛이 어룽어룽하게 보였다.
③ 그는 화가 나면 아무에게나 귀둥대둥 굴어대는 버릇이 있다.
④ 그는 아무것도 없는 창고를 바라보며 엉기정기 서 있었다.
⑤ 그녀가 놓고 간 종이에는 괴발개발 낙서가 되어 있었다.

21
① 어려운 문제의 답을 맞혀야 높은 점수를 받을 수 있다.
② 공책에 선을 반듯이 긋고 그 선에 맞춰 글을 쓰는 연습을 해.
③ 생선을 간장에 10분 동안 졸이면 요리가 완성된다.
④ 미안하지만 지금은 바쁘니까 이따가 와서 얘기해.
⑤ 땅 주인은 땅을 사려는 사람에게 흥정을 붙였다.

Easy

22 다음 밑줄 친 관용구의 사용이 적절하지 않은 것은?

① 개 발에 땀 나도록 일했더니 계획했던 목표를 달성할 수 있었다.
② 개인주의가 만연하면서 수판을 놓는 사람이 많아졌다.
③ 참새 물 먹듯 일을 한 번에 처리해야 해.
④ 그는 반죽이 좋아 웬만한 일에도 화를 내지 않았다.
⑤ 그는 얼굴이 두꺼워 어려운 부탁도 서슴지 않고 했다.

※ 다음 중 제시된 글과 관련 있는 사자성어를 고르시오. [23~24]

23

설 연휴마다 기차표를 예매하기 위해 아침 일찍 서울역에 갔던 아버지는 집에서도 인터넷을 통해 표를 예매할 수 있다는 아들의 말을 듣고 깜짝 놀랐다.

① 건목수생(乾木水生)
② 견강부회(牽强附會)
③ 격세지감(隔世之感)
④ 독불장군(獨不將軍)
⑤ 수구초심(首丘初心)

Hard

24

밖에서 계속 싸움을 하고 다니는 학생의 부모님은 전화가 올 때마다 속이 시커멓게 타들어 가고 있다.

① 오매불망(寤寐不忘)
② 이효상효(以孝傷孝)
③ 형설지공(螢雪之功)
④ 구곡간장(九曲肝腸)
⑤ 과유불급(過猶不及)

25 다음 중 외래어 표기법이 잘못된 것은?

① 플래시(flash)
② 옐로(yellow)
③ 비전(vision)
⑤ 리더십(readership)
⑤ 쇼파(sofa)

※ 다음 중 밑줄 친 부분의 높임 표현이 잘못 사용된 것을 고르시오. [26~27]

26

① (이 대리가 한 과장에게) 과장님, 넥타이가 잘 <u>어울리십니다</u>.
② (이 대리가 김 부장에게) 부장님, 한 과장님은 회의에 <u>가셨습니다</u>.
③ (이 대리가 한 과장에게) 지난 업무 실적을 <u>보고하겠습니다</u>.
④ (이 대리가 회사 전 직원에게) 이어서 사장님 말씀이 <u>계시겠습니다</u>.
⑤ (한 과장이 이 대리에게) 이 대리, 그럼 <u>수고하게나</u>.

27

① 어머니는 할머니를 정성으로 <u>모셨다</u>.
② 어려운 내용은 선생님께 <u>여쭈어 보았다</u>.
③ 아버지, 할아버지께서 방으로 <u>오시래요</u>.
④ 가방을 아버지께 가져다 <u>드렸다</u>.
⑤ 다음 손님 <u>들어가실게요</u>.

28 다음 글에 나타난 동양 사상의 언어관(言語觀)이 가장 잘 반영된 속담은?

동양 사상이라 해서 언어와 개념을 무조건 무시하는 것은 결코 아니다. 만약 그렇다면 동양 사상은 경전이나 저술을 통해 언어화되지 않고 순전히 침묵 속에서 전수되어 왔을 것이다. 물론 이것은 사실이 아니다.
동양 사상도 끊임없이 언어적으로 다듬어져 왔으며 논리적으로 전개되어 왔다. 흔히 동양 사상은 신비주의적이라고 말하지만, 이것은 동양 사상의 한 면만을 특정 지우는 것이지 결코 동양의 철인(哲人)들이 사상을 전개함에 있어 논리를 무시했다거나 항시 어떤 신비한 체험에 호소해서 자신의 주장들을 폈다는 것을 뜻하지는 않는다.
그러나 역시 동양 사상은 신비주의적임에 틀림없다. 거기서는 지고(至高)의 진리란 언제나 언어화될 수 없는 어떤 신비한 체험의 경지임이 늘 강조되어 왔기 때문이다. 최고의 진리는 언어 이전, 혹은 언어 이후의 무언(無言)의 진리이다. 엉뚱하게 들리겠지만, 동양 사상의 정수(精髓)는 말로써 말이 필요 없는 경지를 가르치려는 데에 있다. 말이 스스로를 부정하고 초월하는 경지를 나타내도록 사용된 것이다. 언어로써 언어를 초월하는 경지를 나타내고자 하는 것이야말로 동양 철학이 지닌 가장 특징적인 정신이다.
동양에서는 인식의 주체를 심(心)이라는 매우 애매하면서도 포괄적인 말로 이해해 왔다. 심(心)은 물(物)과 항시 자연스러운 교류를 하고 있으며, 이성은 단지 심(心)의 일면일 뿐인 것이다. 동양은 이성의 오만이라는 것을 모른다. 지고의 진리, 인간을 살리고 자유롭게 하는 생동적 진리는 언어적 지성을 넘어선다는 의식이 있었기 때문일 것이다. 언어는 언제나 마음을 못 따르며 둘 사이에는 항시 괴리가 있다는 생각이 동양인들의 의식의 저변에 깔려 있는 것이다.

① 가는 말이 고와야 오는 말이 곱다.
② 말 한 마디에 천 냥 빚을 갚는다.
③ 말을 적게 하는 사람이 일은 많이 하는 법이다.
④ 아는 사람은 말 안 하고, 말하는 사람은 알지 못한다.
⑤ 가루는 칠수록 고와지고 말은 할수록 거칠어진다.

※ 다음 글의 요지로 적절한 한자성어를 고르시오. [29~30]

29

저출산이 국가의 해결과제로 등장했다. 그러나 저출산 문제를 고민하면서도 집중관리가 필요한 미숙아나 고위험 신생아에 대한 관리는 크게 변하지 않았다.
저출산으로 인해 신생아 수는 점점 주는데 미숙아 수는 해마다 늘어나고 있다. 하지만 예산 부족 및 지속적인 적자로 집중치료를 위한 병상 수는 수요에 미치지 못하고 있다. 그나마도 태어날 때부터 장애를 가지고 태어난 아기들이 3~4개월 정도 집중치료 병상을 이용한다는 점을 고려할 때, 집중치료를 해야 하는 많은 신생아들이 집중치료실 밖에서 생존경쟁을 펼치고 있다는 것을 알 수 있다.
이에 따라 정부에서는 인큐베이터 숫자를 늘리는 정책을 펴고 있지만 노후화된 인큐베이터가 대다수인 것으로 확인됐다. 또한, 미숙아 전문 의료진을 늘리려고 했지만 고된 노동과 그에 비해 낮게 책정된 예산으로 인해 이 또한 적절한 대안이 되지 못하고 있다. 이를 해결하기 위해서는 의료수가를 늘리는 것이 근본적인 해결 방법이다. 하지만 최근 저출산 대책을 위한 예산이 증가한 것에 비해 신생아 집중치료에 대한 예산은 감소하여 문제가 되고 있다.

① 줄탁동시(啐啄同時)
② 화양연화(花樣年華)
③ 오십보백보(五十步百步)
④ 일신우일신(日新又日新)
⑤ 수신제가치국평천하(修身齊家治國平天下)

30

세도 정치기 때 임금의 권력은 거의 허수아비에 불과했다. 정치 권력은 세도가문이 독점했고, 이들의 독주를 견제할 세력이 없어서 정치 기강은 문란할 수밖에 없었다. 이러한 현실에서 농민들의 삶은 피폐할 대로 피폐해졌고 고향을 버리고 도망갈 정도로 극한 상황에 내몰렸다.
당시 농민들이 국가에 내는 세금은 크게 세 종류였는데 농토에 부과한 전세, 군 생활을 해야 하는 사람에게 거두어들이는 군포, 봄에 관청이 비축해 놓은 곡식을 빌려주고 가을에 이자와 함께 거두어들이는 환곡이다. 이를 합하여 삼정이라고 하는데 관리들이 다양한 방법으로 수탈하여 삼정의 문란이 심각했다.
삼정 중에서도 특히 환곡의 폐단은 농민들에게 극심한 고통을 주었는데, 1년 동안 먹고 살 곡식이 없었던 농민들은 굶어 죽지 않기 위해 봄에 관청에서 곡식을 빌렸다. 그런데 탐관오리들은 곡식을 빌려줄 때 곡식과 모래를 섞어 빌려주고 가을에 거두어들일 때는 질 좋은 곡물로만 받아들여 차액을 착복했을 뿐만 아니라 빌려주지도 않은 곡식을 장부에 빌려줬다고 기록해 놓고 가을이 되면 거짓 기록된 장부를 내놓으며 봄에 빌려 간 곡물을 갚으라고 윽박지르기도 했다. 무엇보다, 이를 견디지 못해 도망간 백성이 있으면 그 이웃에게 대신 세금을 물렸다.

① 기우(杞憂)
② 일장춘몽(一場春夢)
③ 파안대소(破顔大笑)
④ 가정맹어호(苛政猛於虎)
⑤ 진인사대천명(盡人事待天命)

04 공간추리(이공계)

※ 실제 시험에서는 각 유형 중 한 가지로 30문제가 출제되었으나 본 모의고사에서는 기출 유형을 섞어서 출제하였습니다.

※ 3×3×3 큐브를 다음과 같이 정의할 때, 이어지는 물음에 답하시오. [1~8]

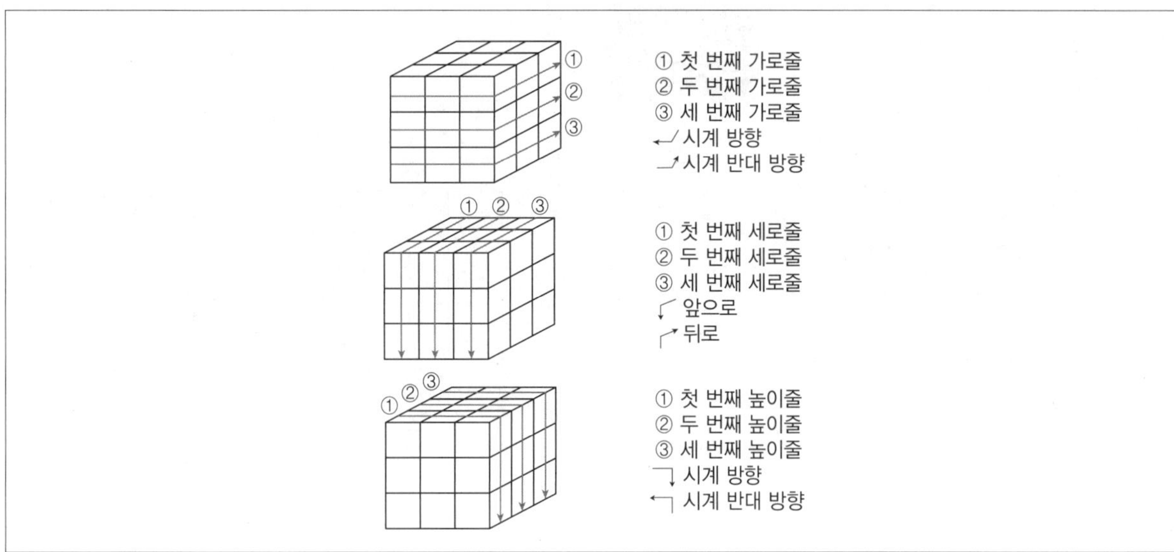

01 세 번째 가로줄을 시계 방향으로 90°, 세 번째 높이줄을 시계 반대 방향으로 90°, 두 번째 세로줄을 뒤로 90° 돌렸을 때, 나오는 모양을 다음과 같이 잘랐을 때의 단면은?

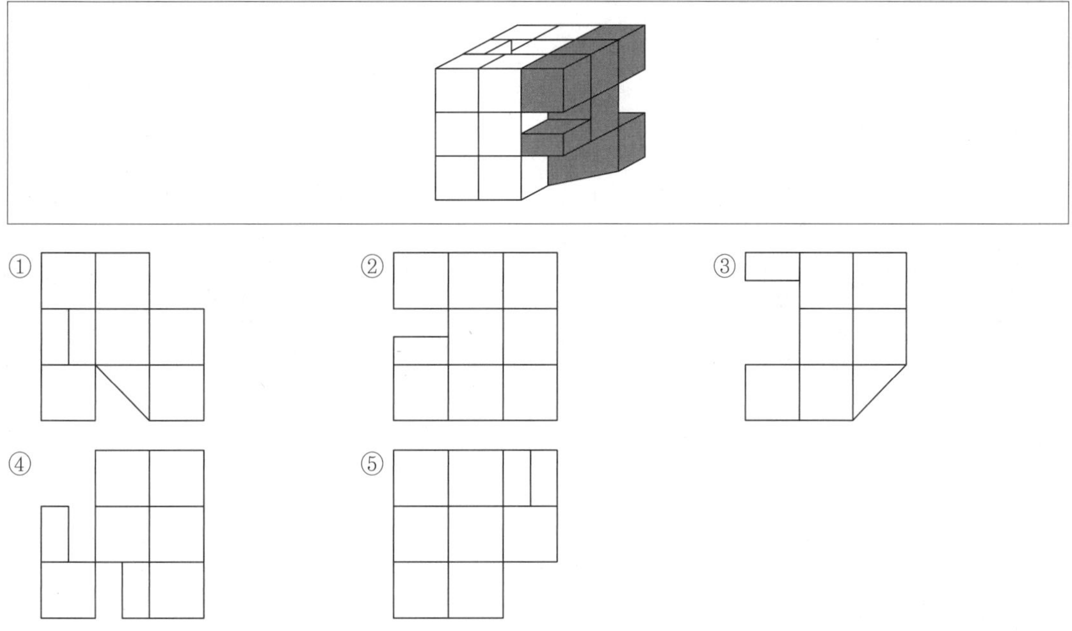

02 세 번째 가로줄을 시계 반대 방향으로 90°, 두 번째 높이줄을 시계 반대 방향으로 90°, 첫 번째 가로줄을 180° 돌렸을 때, 나오는 모양을 다음과 같이 잘랐을 때의 단면은?

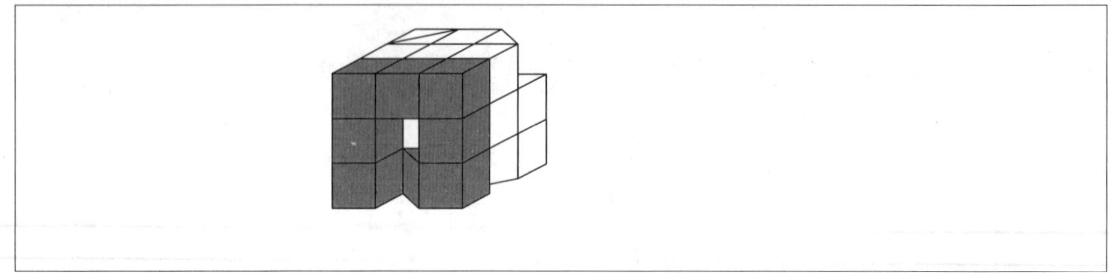

① 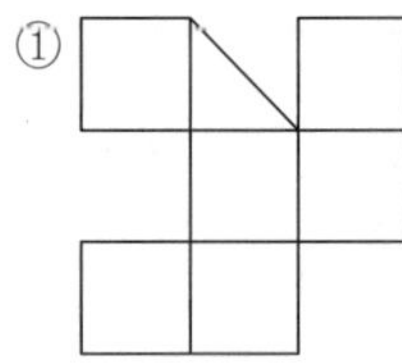

② 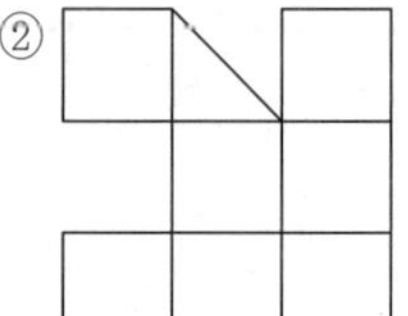

③ 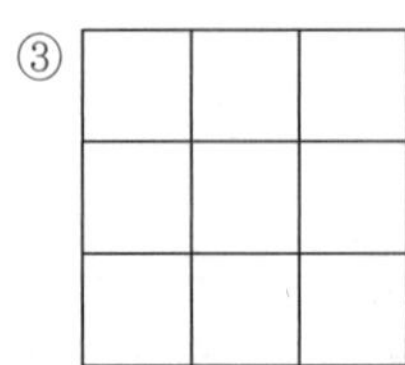

④ 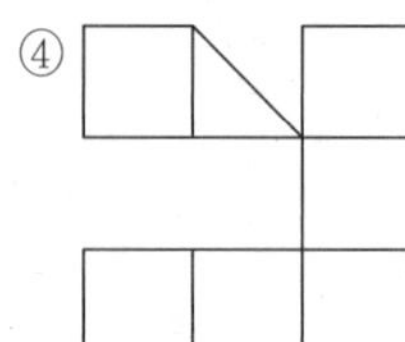

⑤ 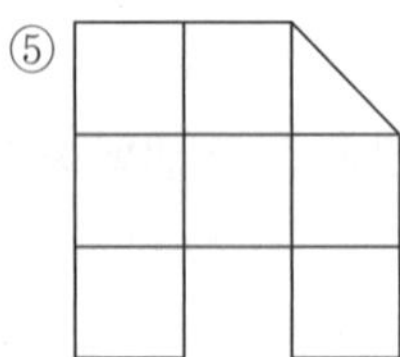

Easy

03

첫 번째 가로줄을 시계 방향으로 90°, 두 번째 높이줄을 시계 반대 방향으로 90°, 두 번째 세로줄을 앞으로 90° 돌렸을 때, 나오는 모양을 다음과 같이 잘랐을 때의 단면은?

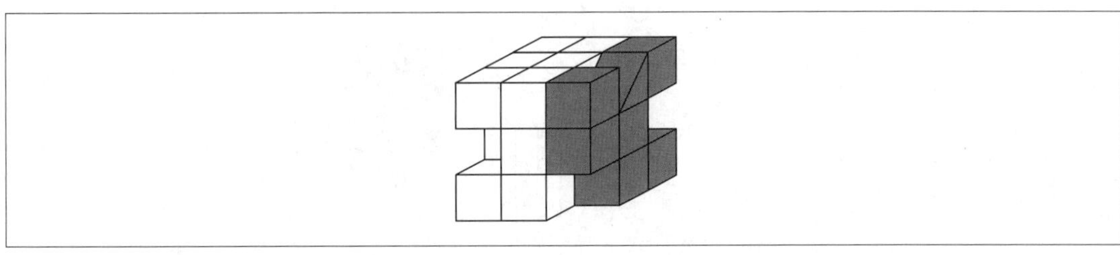

①
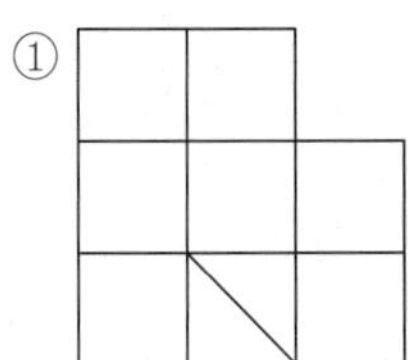

②
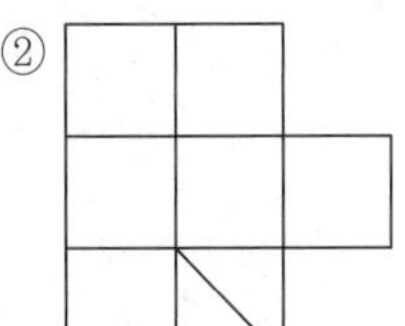

③
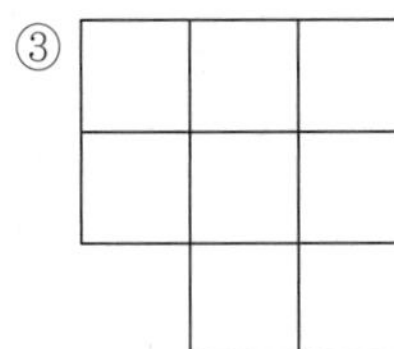

④
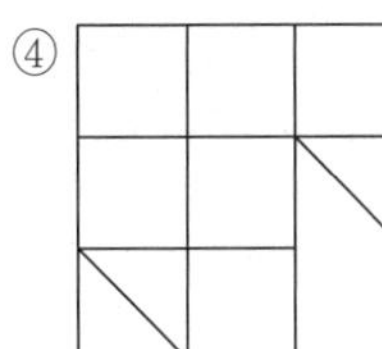

⑤
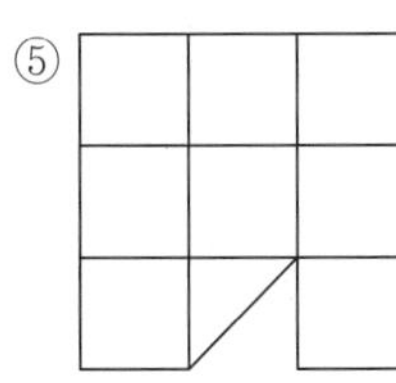

04 두 번째 세로줄을 뒤로 90°, 두 번째 가로줄을 시계 반대 방향으로 90°, 두 번째 높이줄을 180° 돌렸을 때, 나오는 모양을 다음과 같이 잘랐을 때의 단면은?

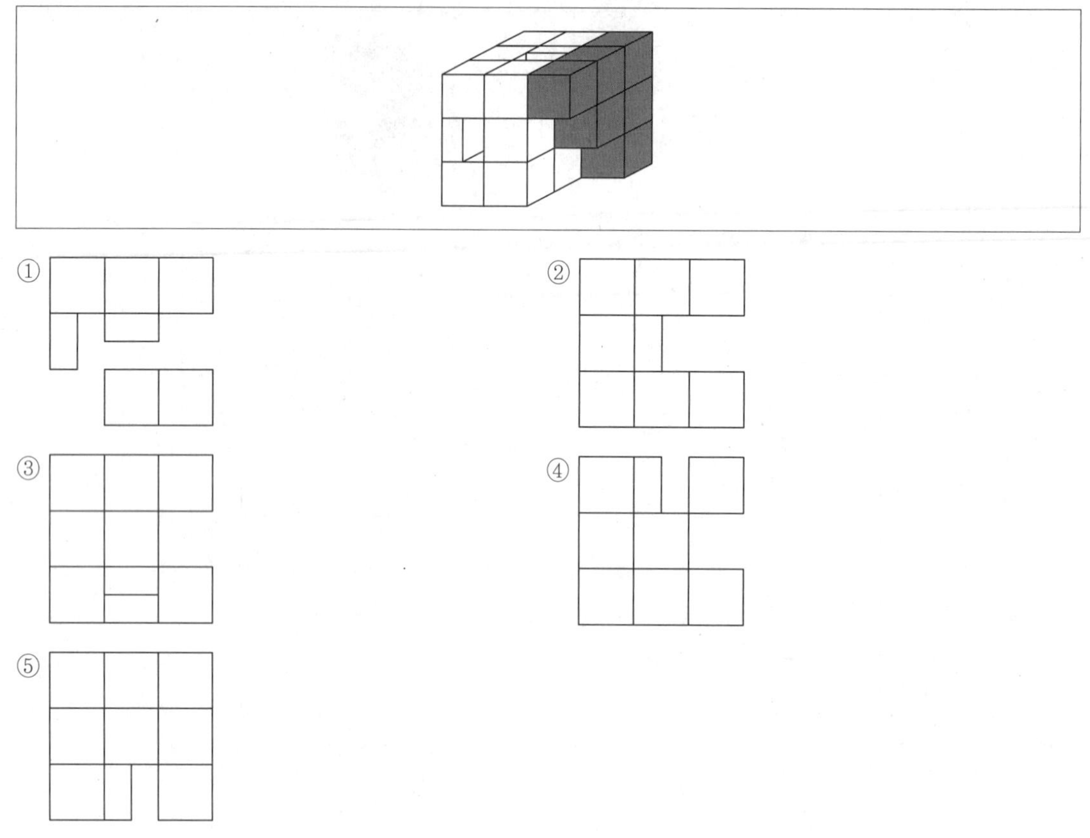

①
②
③
④
⑤

05 두 번째 가로줄을 시계 반대 방향으로 90°, 세 번째 세로줄을 앞으로 90°, 두 번째 높이줄을 180° 돌렸을 때, 나오는 모양을 다음과 같이 자른 단면은?

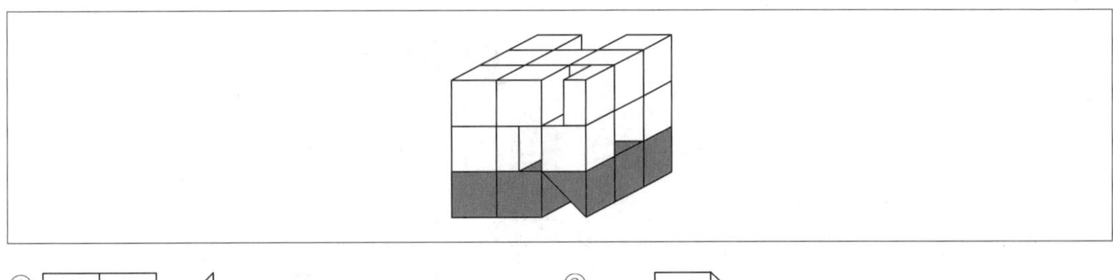

① 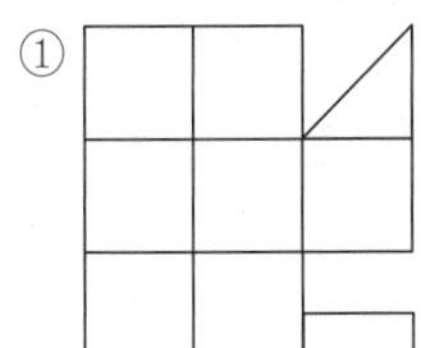

② 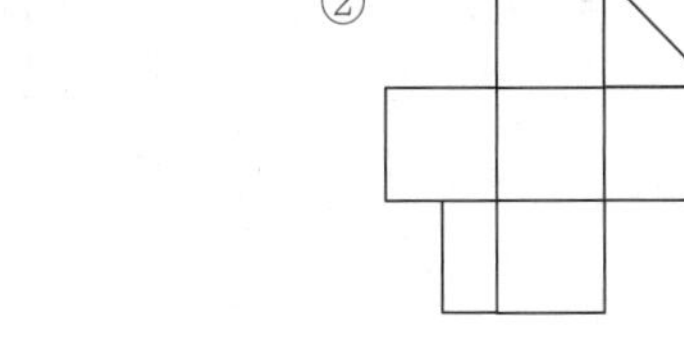

③ 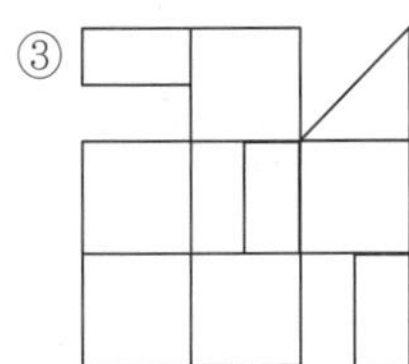

④ 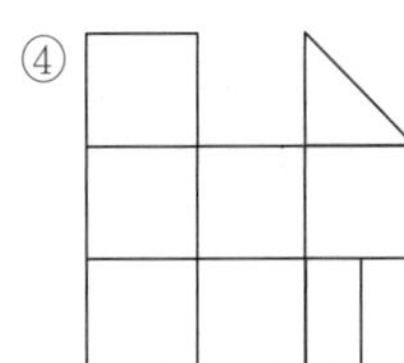

⑤ 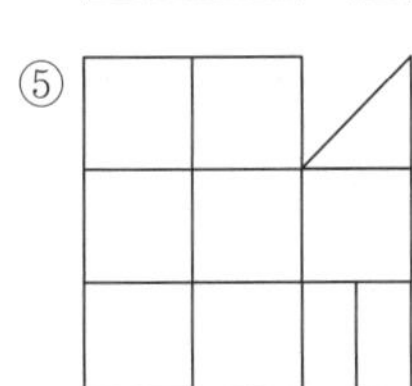

PART 2 제1회 제2회

06 첫 번째 높이줄을 시계 방향으로 90°, 두 번째 세로줄을 뒤로 90°, 세 번째 높이줄을 시계 반대 방향으로 90° 돌렸을 때, 나오는 모양을 다음과 같이 자른 단면은?

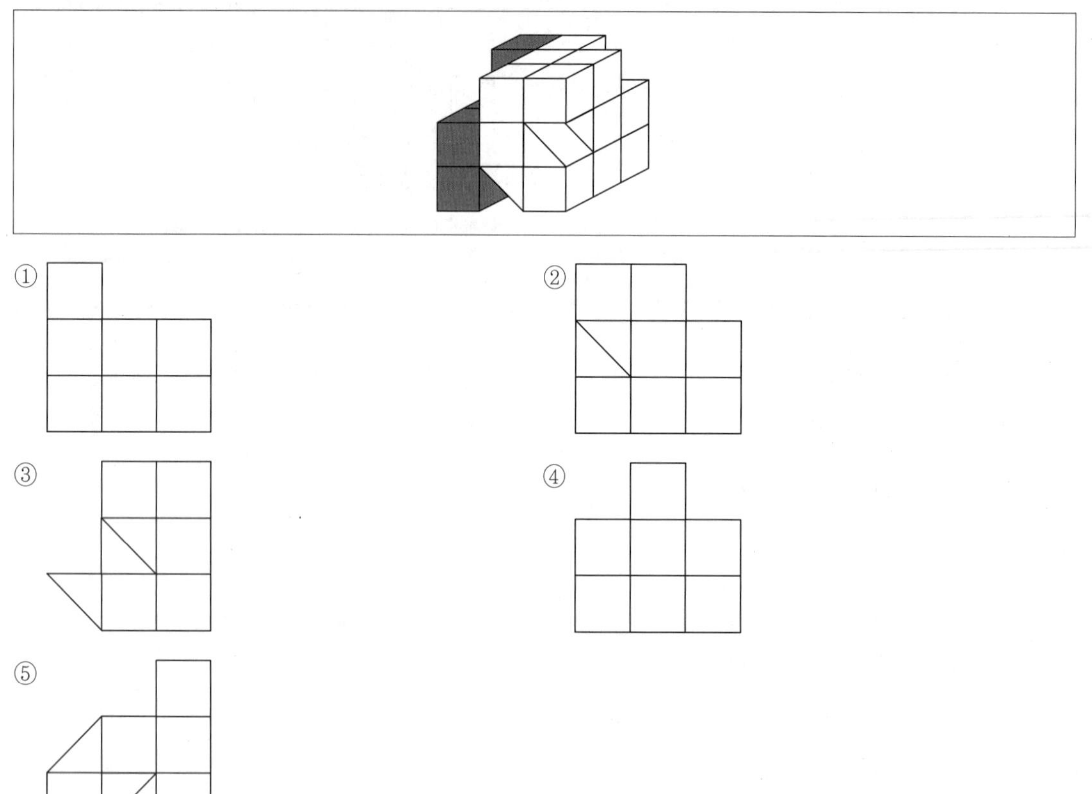

Hard

07 첫 번째 세로줄을 앞으로 90°, 세 번째 높이줄을 시계 반대 방향으로 90°, 첫 번째 가로줄을 시계 방향으로 90° 돌렸을 때, 나오는 모양을 다음과 같이 자른 단면은?

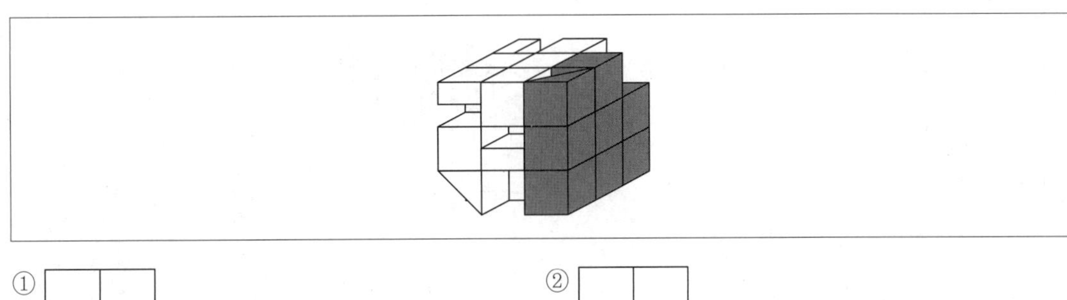

① 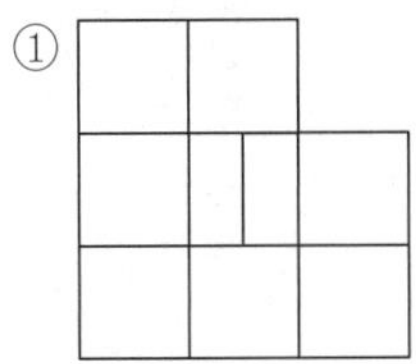

② 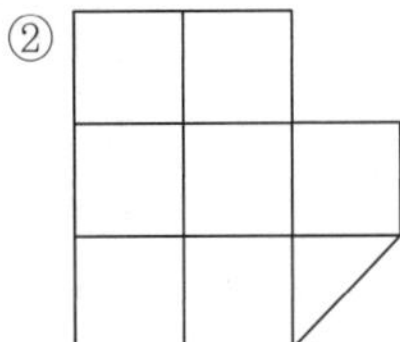

③ 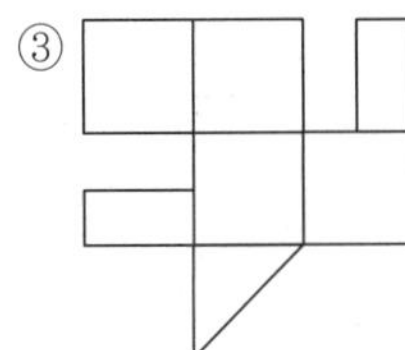

④ 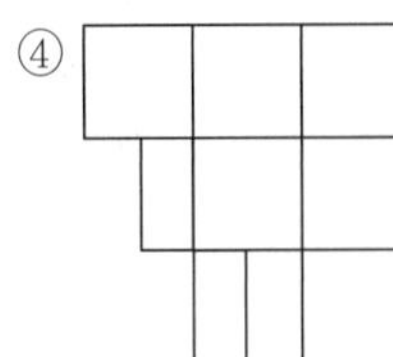

⑤ 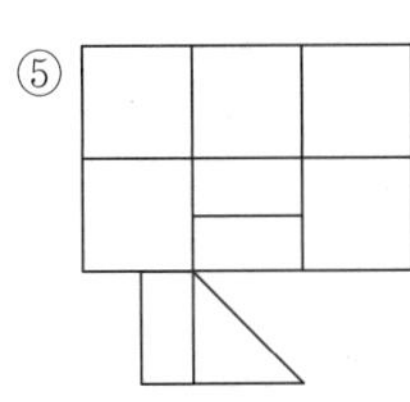

Hard

08 세 번째 가로줄을 시계 반대 방향으로 90°, 두 번째 세로줄을 앞으로 90°, 첫 번째 세로줄을 앞으로 90° 돌렸을 때, 나오는 모양을 다음과 같이 자른 단면은?

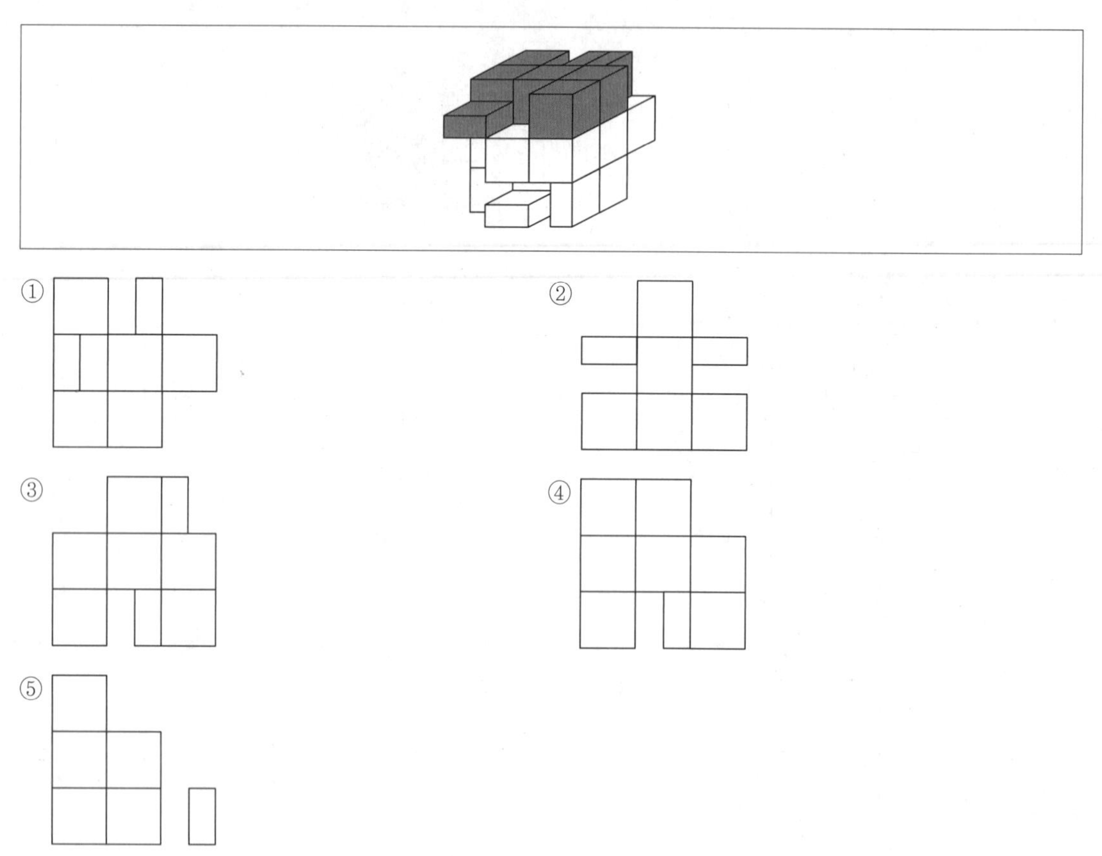

①

②

③

④

⑤

09 정면이 다음과 같도록 정육면체의 전개도를 접은 후, 조건에 따라 회전시켰을 때 정면에서 바라본 모양으로 알맞은 것은?

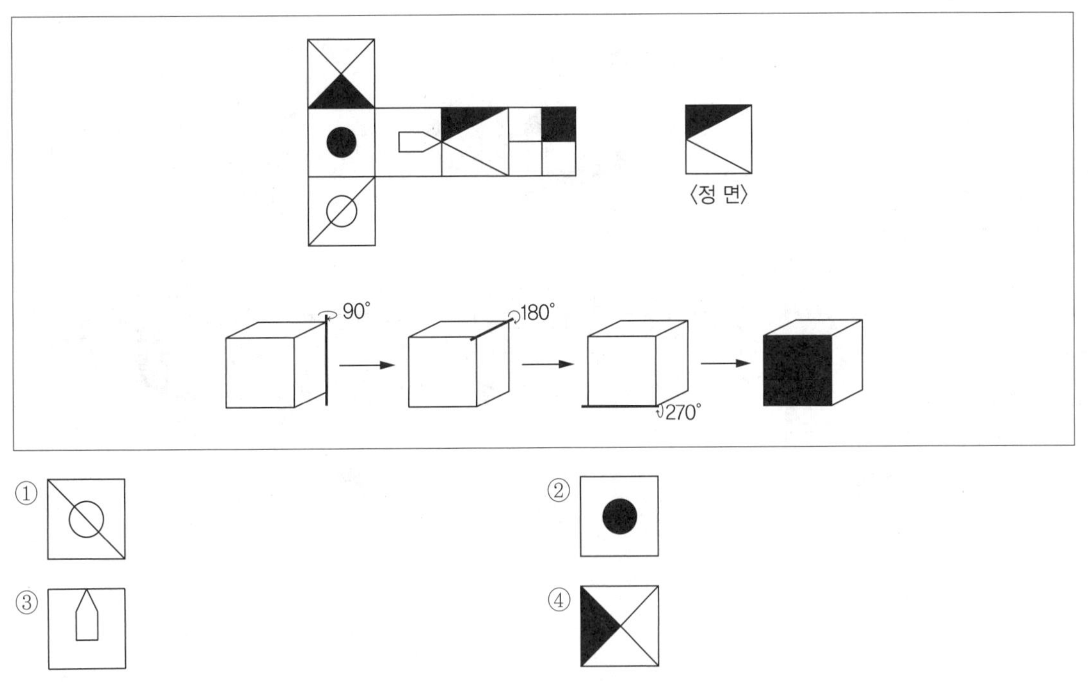

①

②

③

④

⑤

Hard

10 정면이 다음과 같도록 정육면체의 전개도를 접은 후, 조건에 따라 회전시켰을 때 우측에서 바라본 모양으로 알맞은 것은?

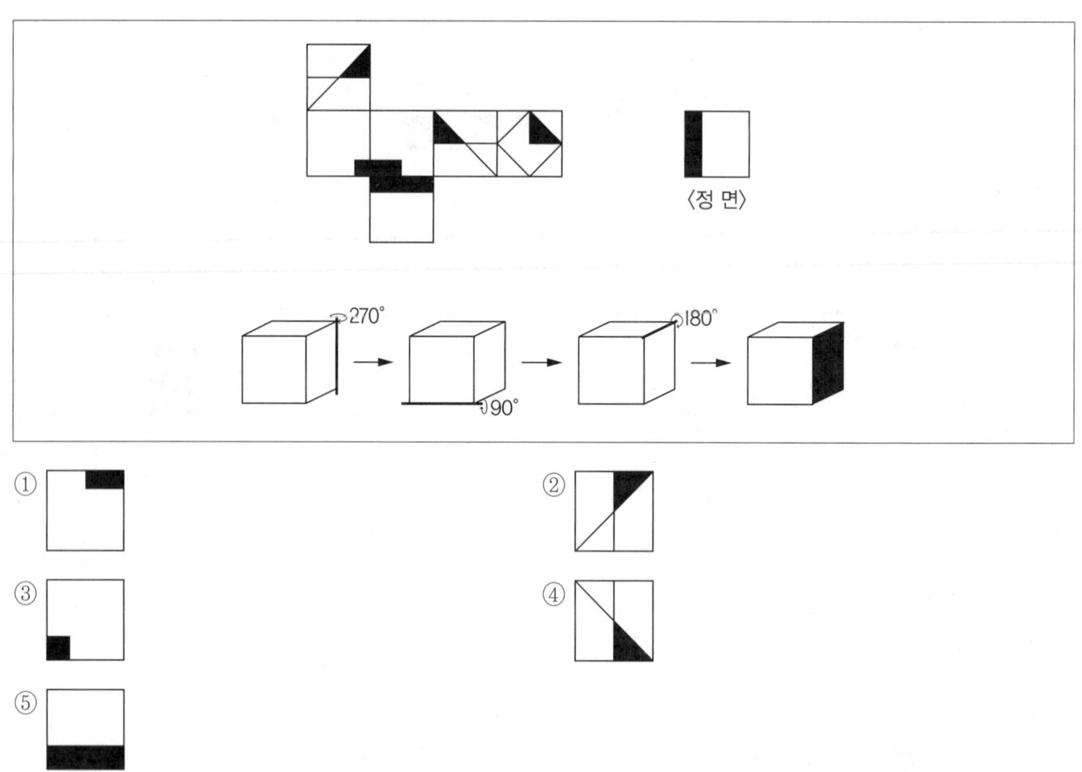

①

②

③

④

⑤

11 정면이 다음과 같도록 정육면체의 전개도를 접은 후, 조건에 따라 회전시켰을 때 정면에서 바라본 모양으로 알맞은 것은?

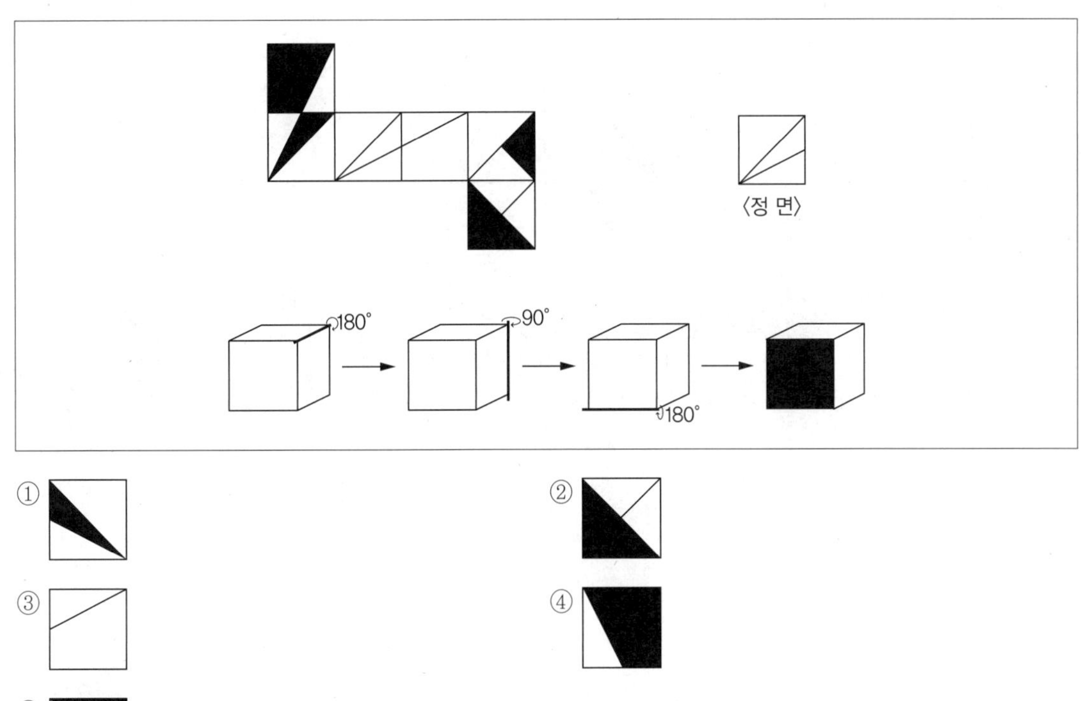

① ② ③ ④ ⑤

12 정면이 다음과 같도록 정육면체의 전개도를 접은 후, 조건에 따라 회전시켰을 때 우측에서 바라본 모양으로 알맞은 것은?

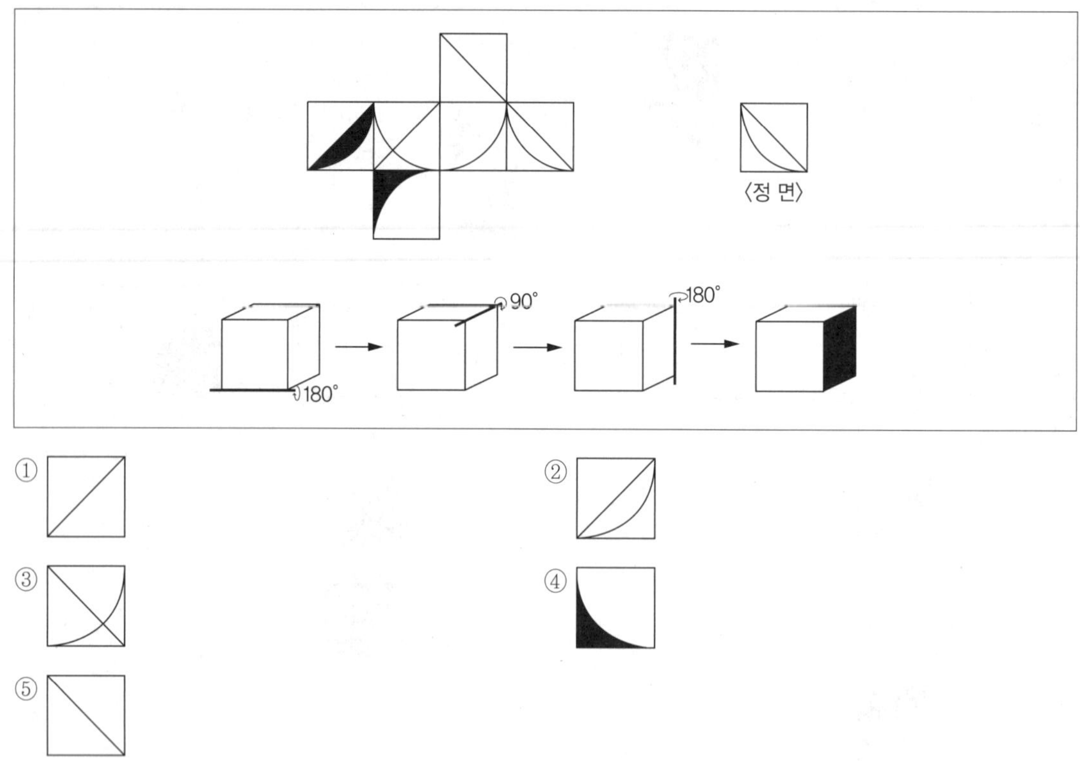

①

②

③

④

⑤

13 정면이 다음과 같도록 정육면체의 전개도를 접은 후, 조건에 따라 회전시켰을 때 위에서 바라본 모양으로 알맞은 것은?

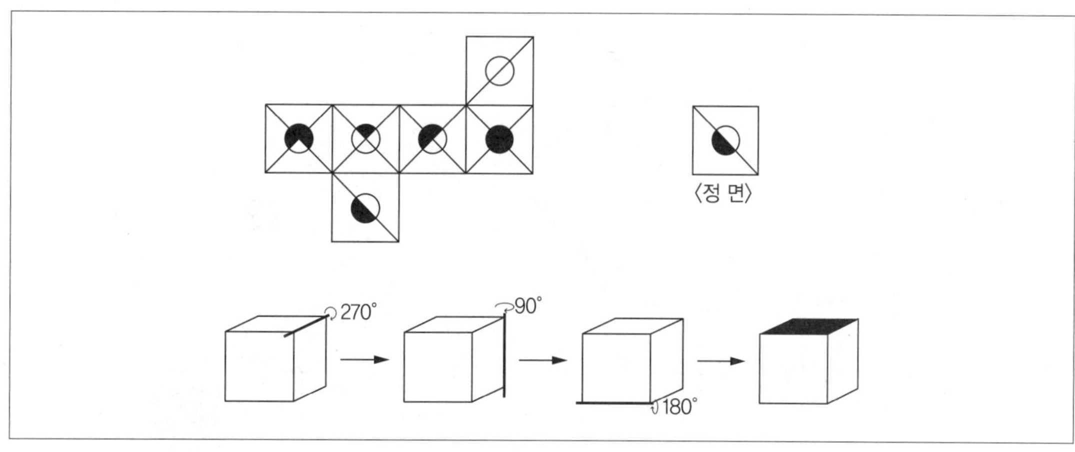

① 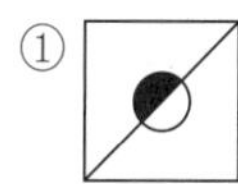

② 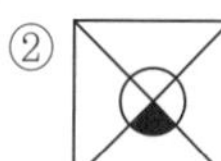

③ 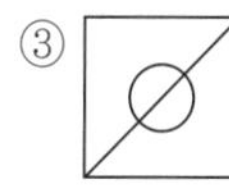

④ 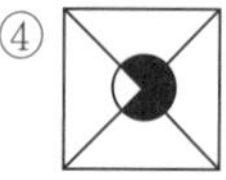

⑤ 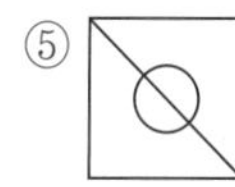

14 정면이 다음과 같도록 정육면체의 전개도를 접은 후, 조건에 따라 회전시켰을 때 정면에서 바라본 모양으로 알맞은 것은?

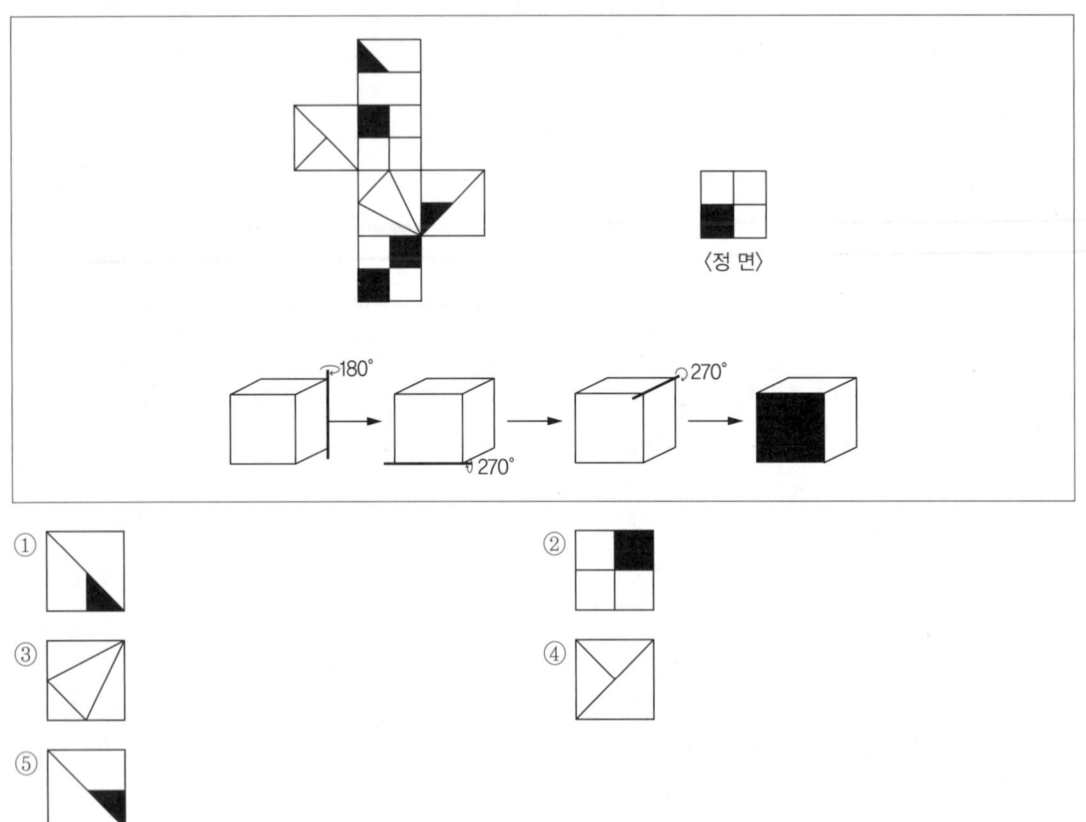

①

②

③

④

⑤

Hard

15 정면이 다음과 같도록 정육면체의 전개도를 접은 후, 조건에 따라 회전시켰을 때 우측에서 바라본 모양으로 알맞은 것은?

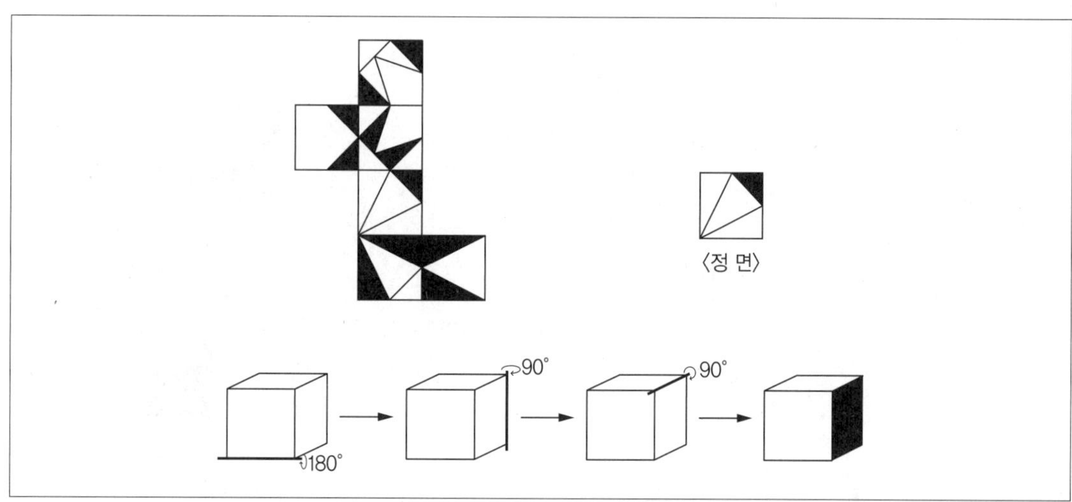

① 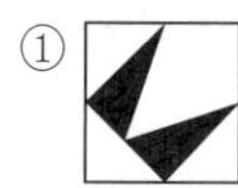

② 

③ 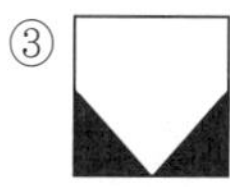

④ 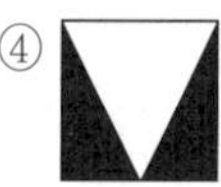

⑤ 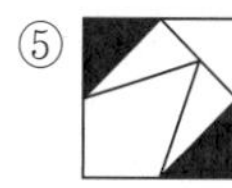

Hard

16 정면이 다음과 같도록 정육면체의 전개도를 접은 후, 조건에 따라 회전시켰을 때 정면에서 바라본 모양으로 알맞은 것은?

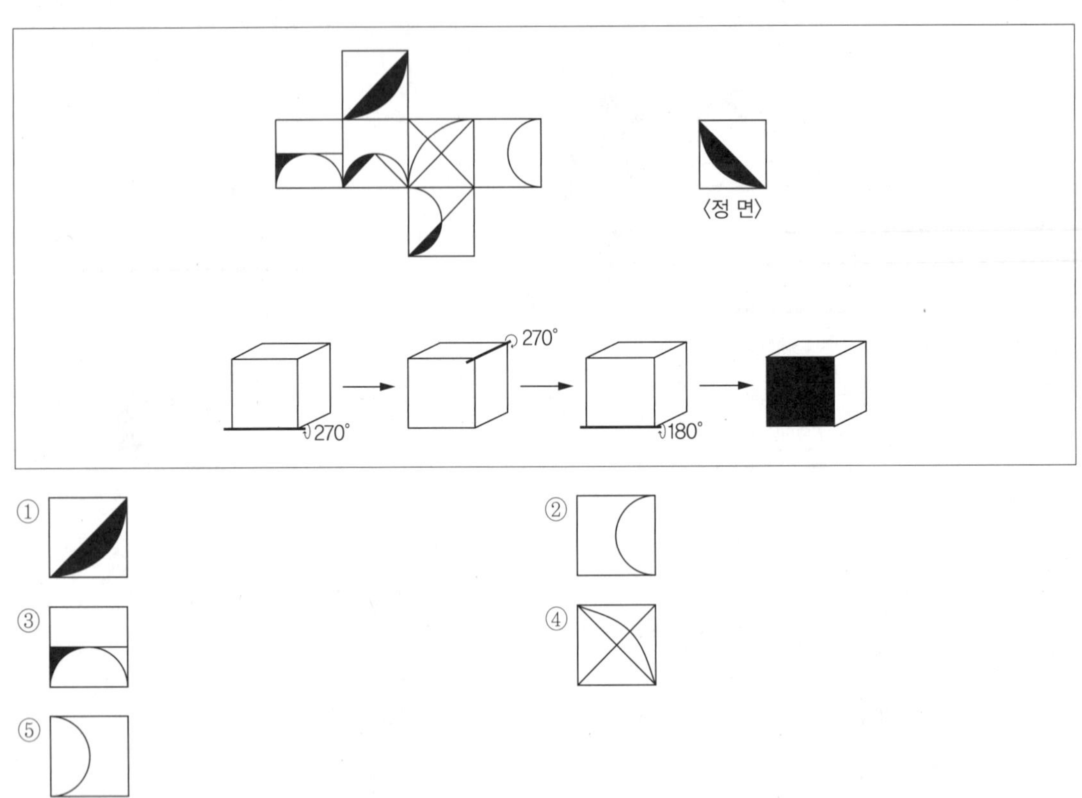

①

②

③

④

⑤

17 정면이 다음과 같도록 정육면체의 전개도를 접은 후, 조건에 따라 회전시켰을 때 우측에서 바라본 모양으로 알맞은 것은?

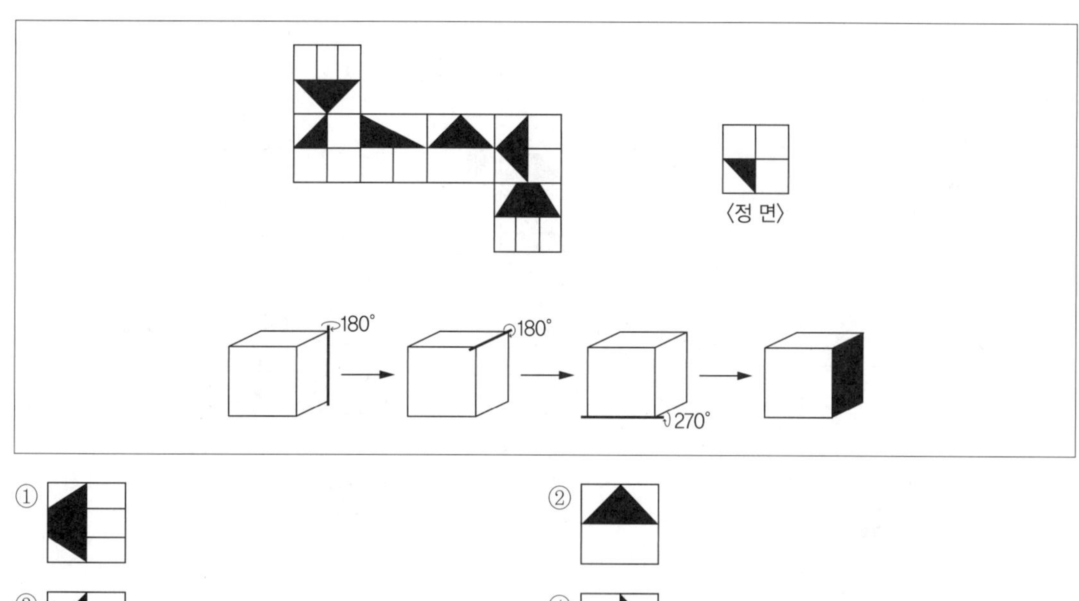

① 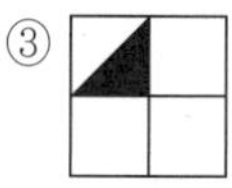

② 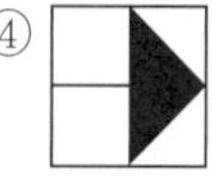

③ 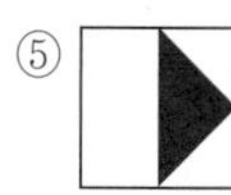

④

⑤

18 정면이 다음과 같도록 정육면체의 전개도를 접은 후, 조건에 따라 회전시켰을 때 위에서 바라본 모양으로 알맞은 것은?

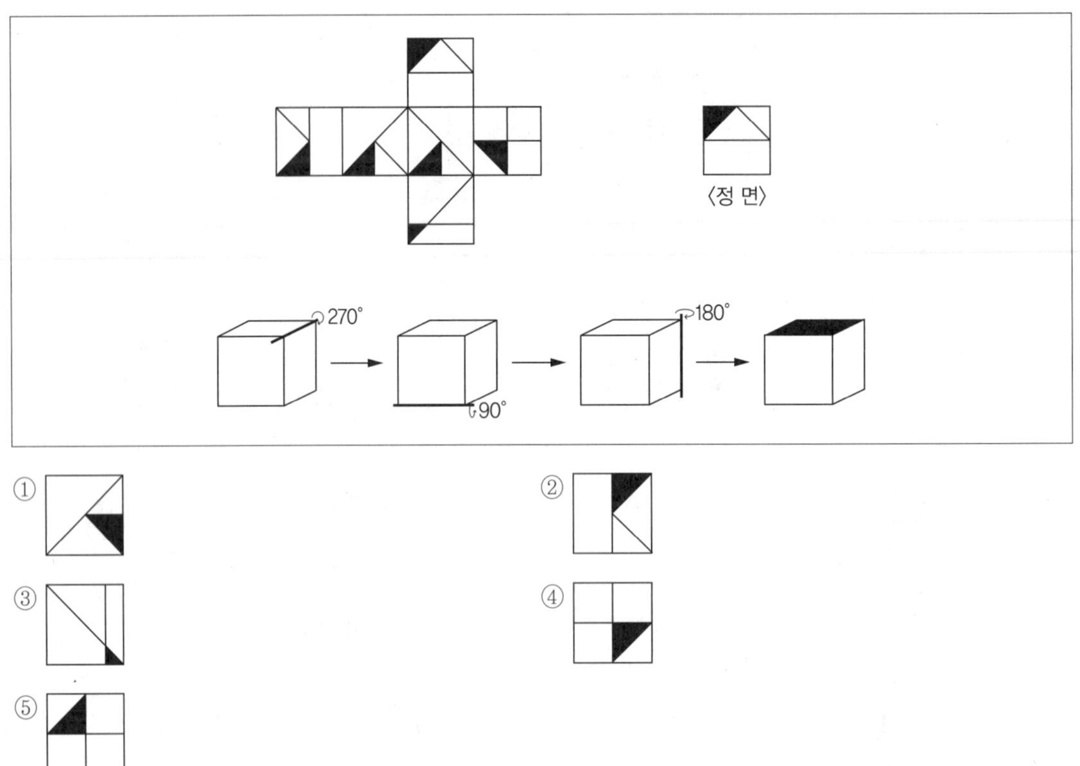

①

②

③

④

⑤

Easy

19 왼쪽 톱니를 시계 방향으로 180°, 오른쪽 톱니를 시계 반대 방향으로 90° 회전시킨 후, 화살표 방향에서 바라보았을 때 겹쳐진 모양은?

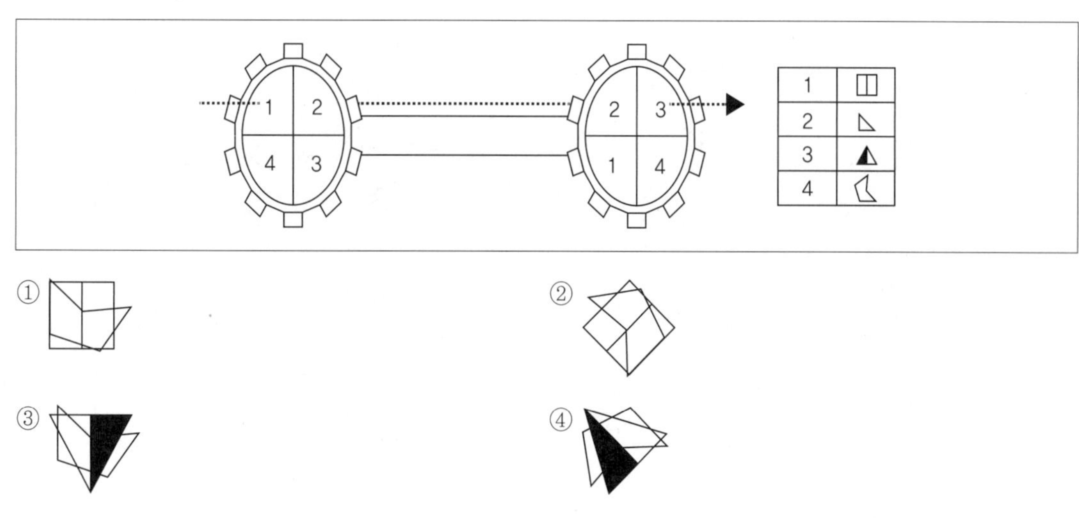

① ②

③ ④

⑤

20 왼쪽 톱니를 시계 반대 방향으로 72°, 오른쪽 톱니를 시계 방향으로 72° 회전시킨 후, 화살표 방향에서 바라보았을 때 겹쳐진 모양은?

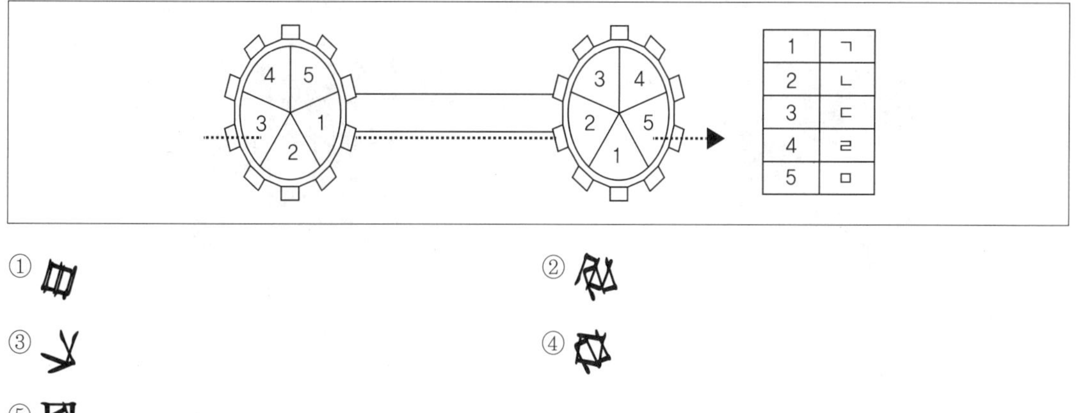

① ②

③ ④

⑤

21
왼쪽 톱니를 시계 방향으로 216°, 오른쪽 톱니를 시계 반대 방향으로 144° 회전시킨 후, 화살표 방향에서 바라보았을 때 겹쳐진 모양은?

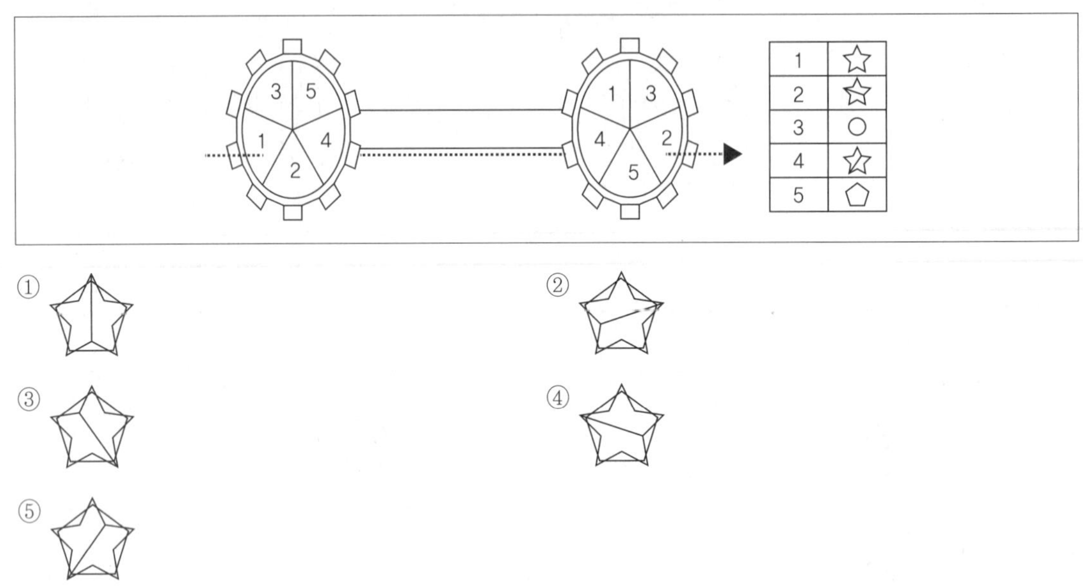

①

②

③

④

⑤

※ 제시된 4개의 도형 중 1개의 도형을 방향에 상관없이 90° 회전하고 순서 상관없이 모두 결합하여 2×4×4도형을 만들었다. 다음 중 나올 수 없는 도형을 고르시오(단, 보이지 않는 곳에 색칠된 블록은 없다). **[22~23]**

22

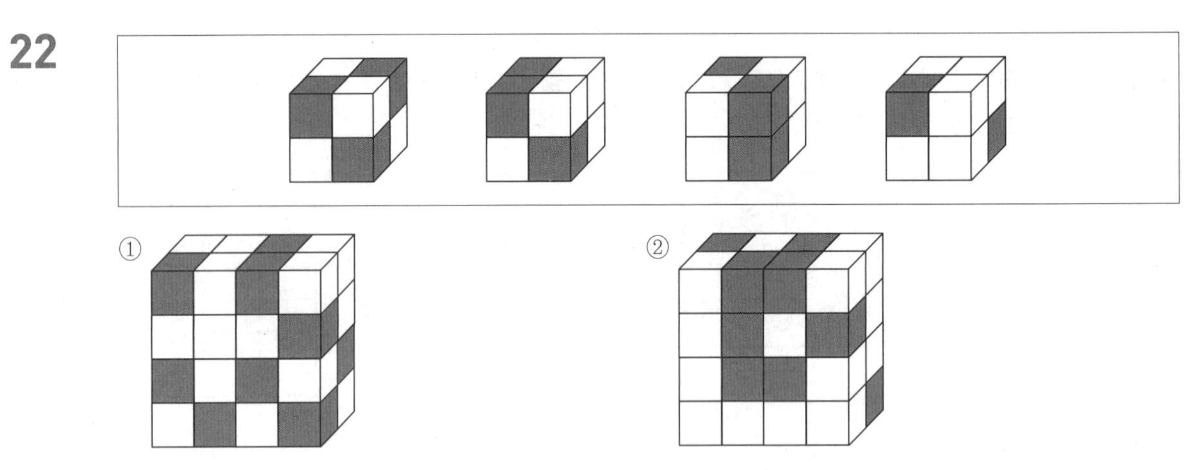

①

②

③

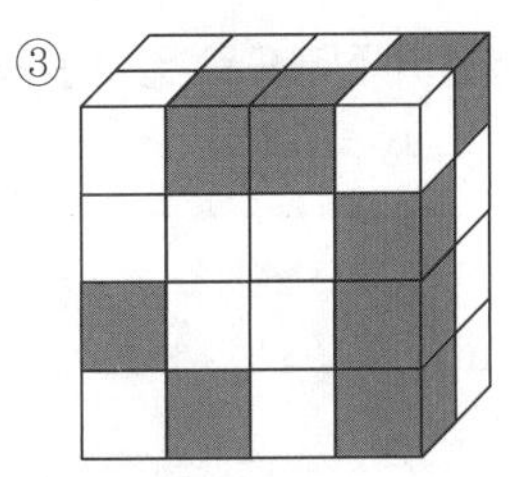

④

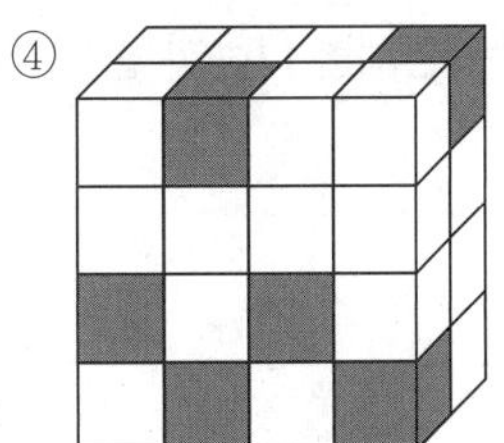

⑤

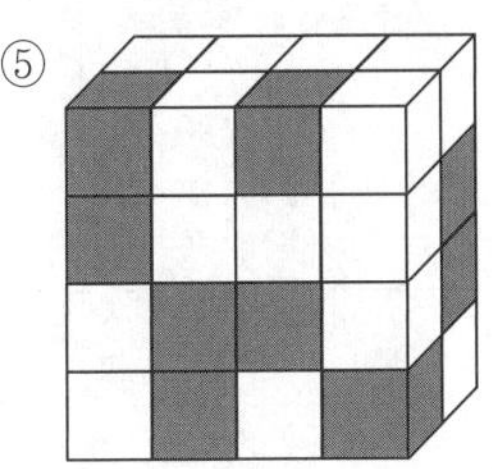

23

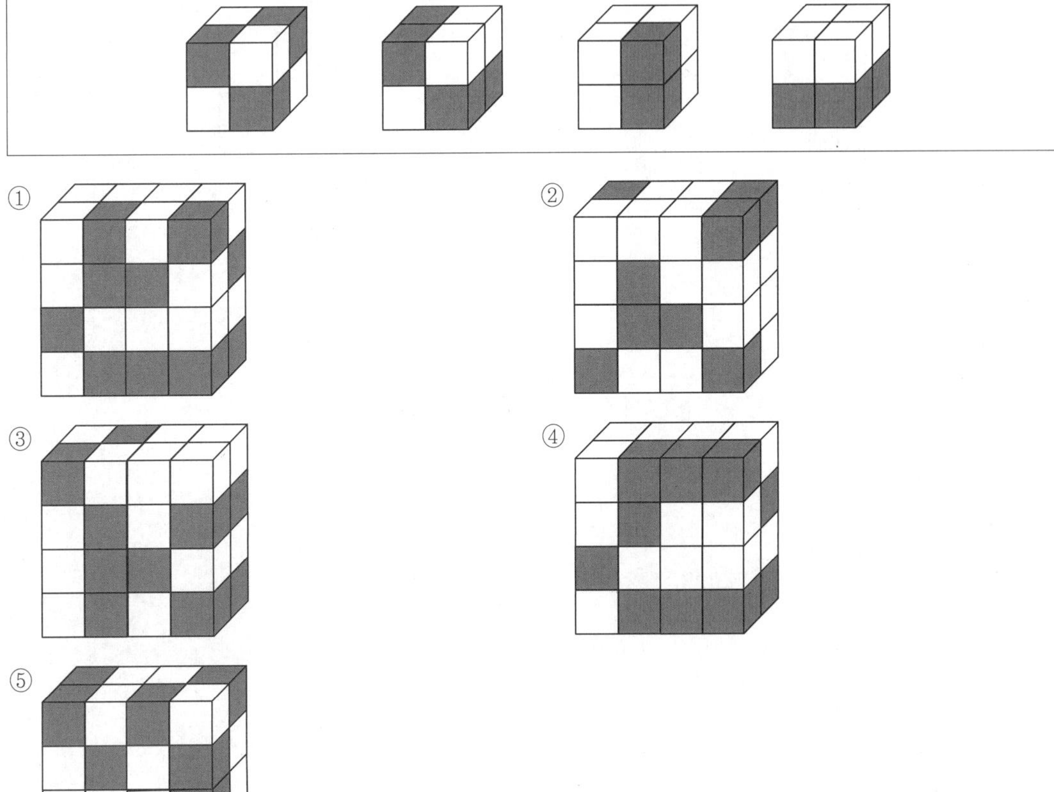

※ 절반의 물이 들어 있는 정육면체를 다음과 같이 회전했을 때 물이 묻어 있는 부분의 전개도로 알맞은 것을 고르시오. [24~28]

24

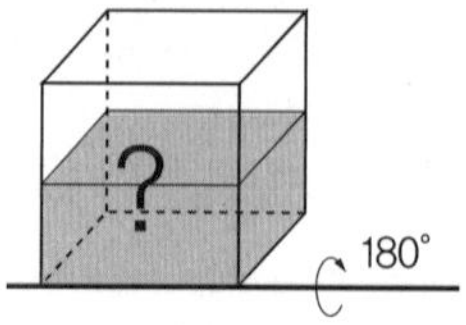

?

180°

①

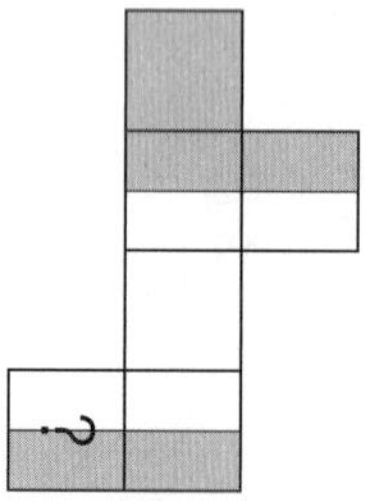

?

②

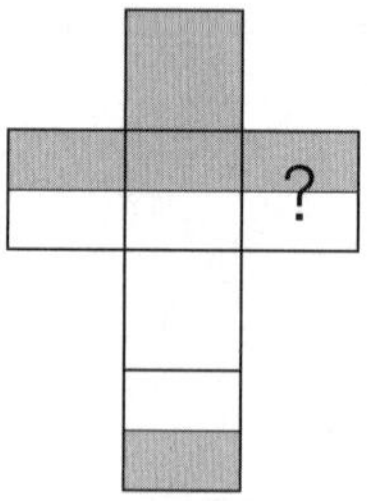

?

③

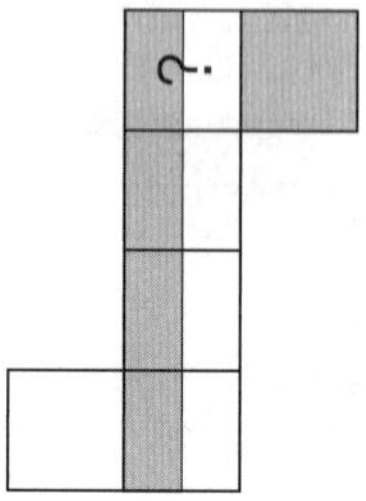

?

④

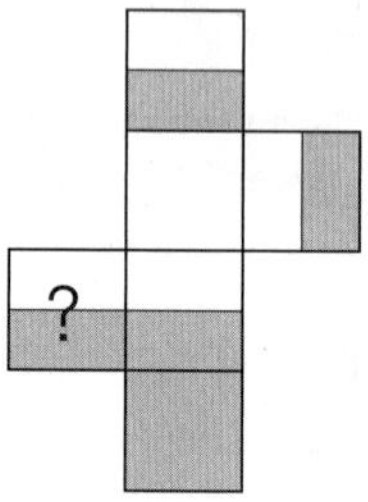

?

⑤

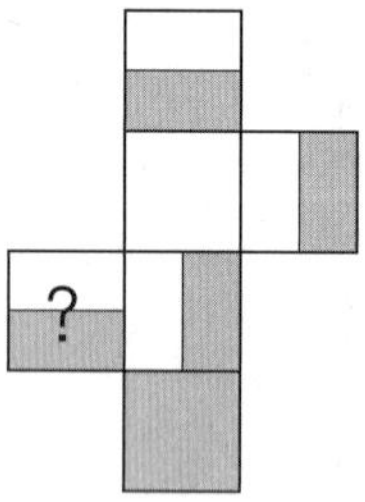

?

25

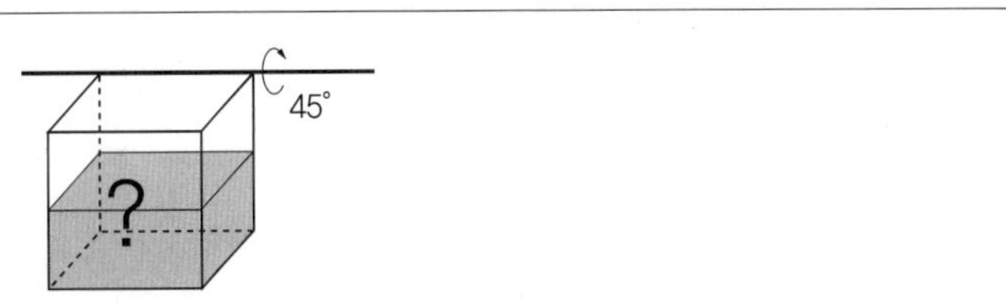

① 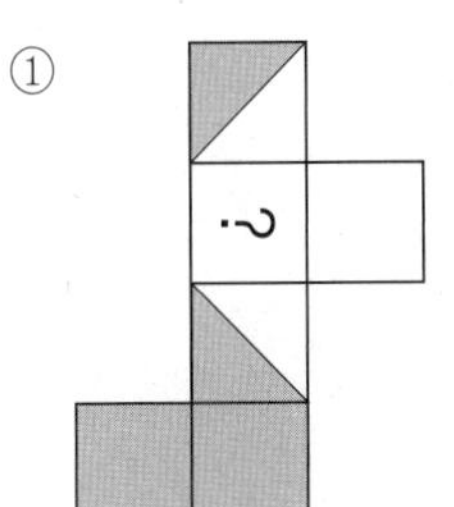

② 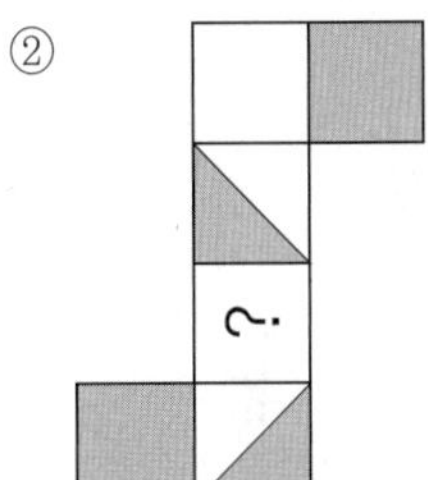

③ 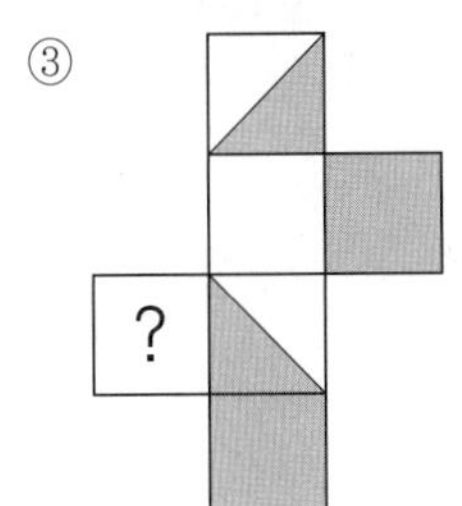

④ 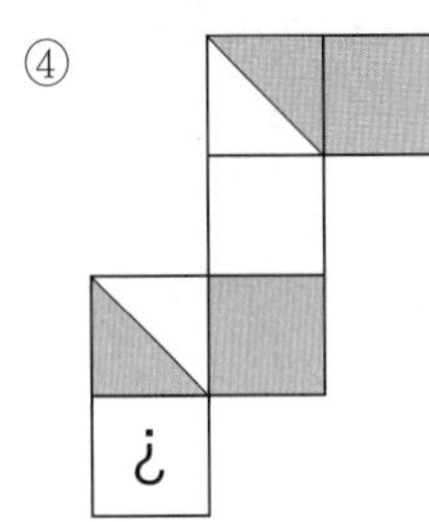

⑤ 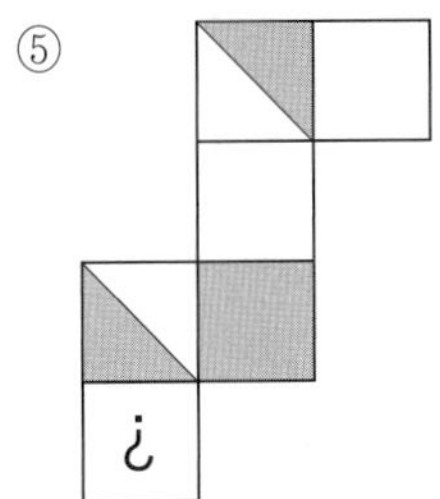

Easy

26

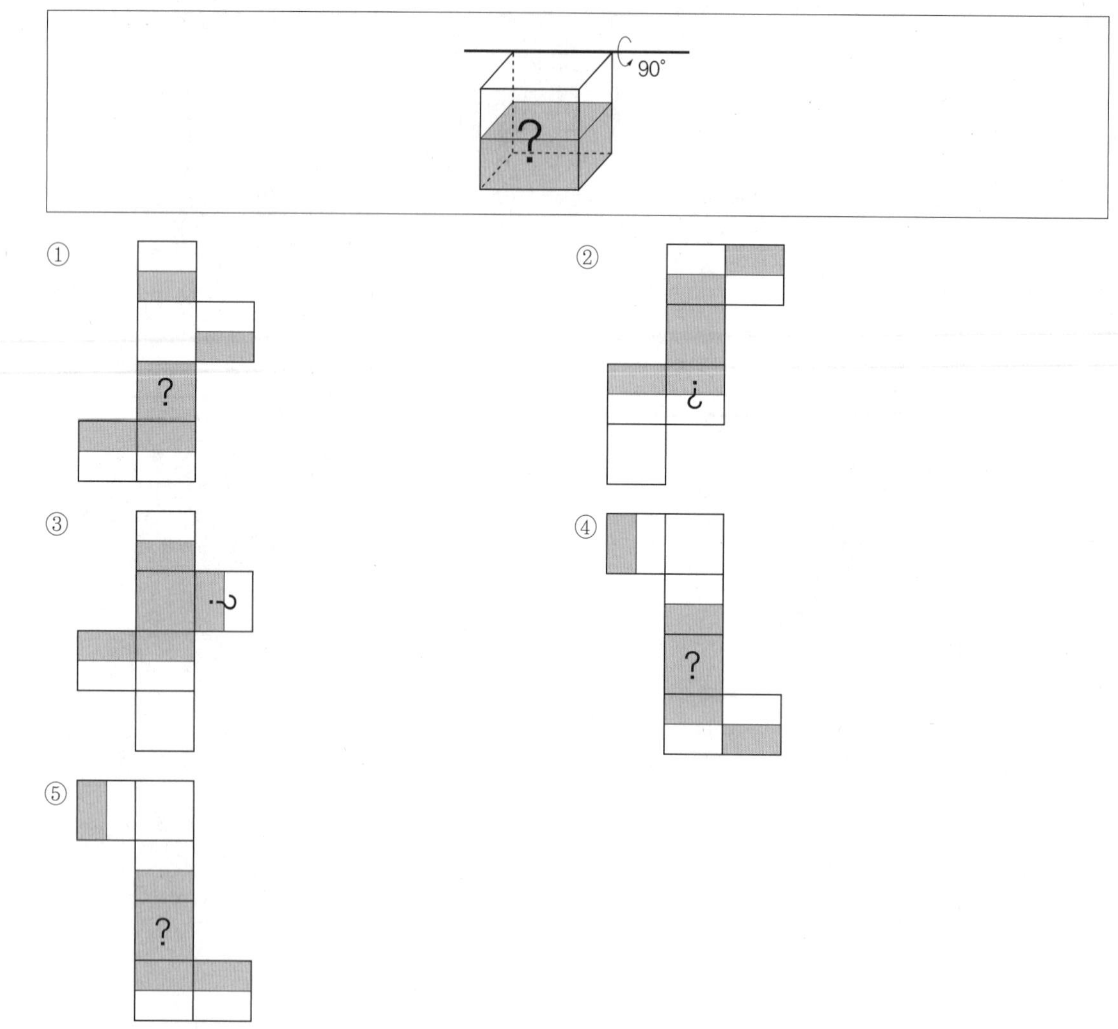

27

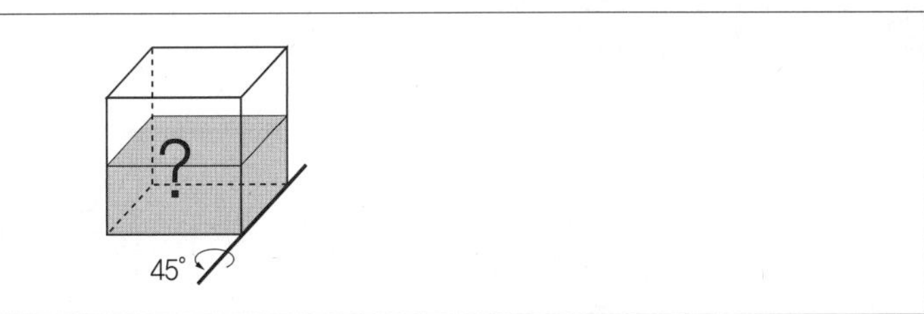

①

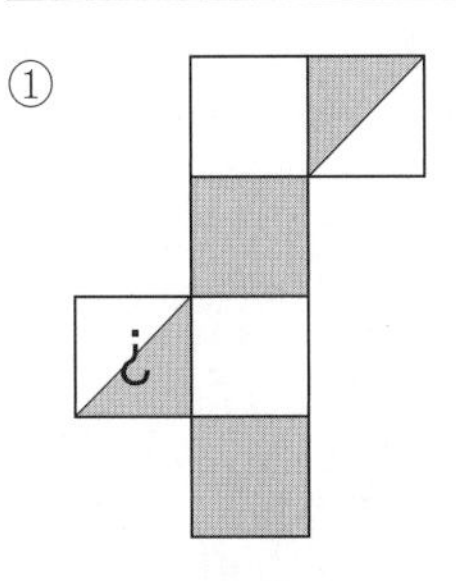

②

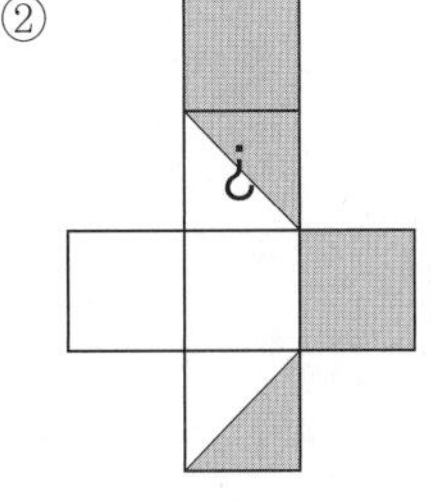

③

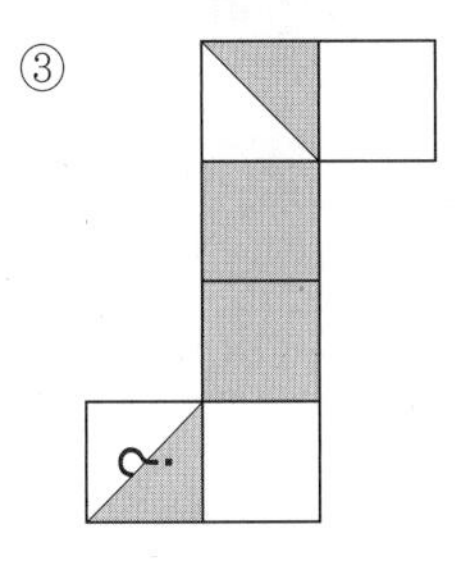

④

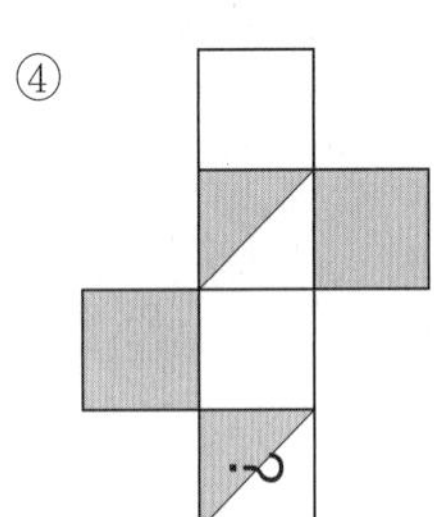

⑤

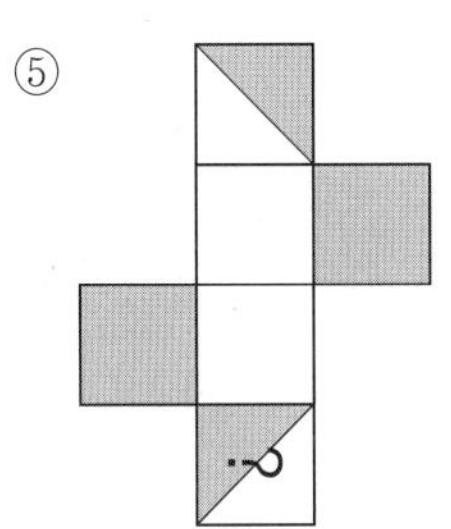

PART 2 제1회 제2회

28

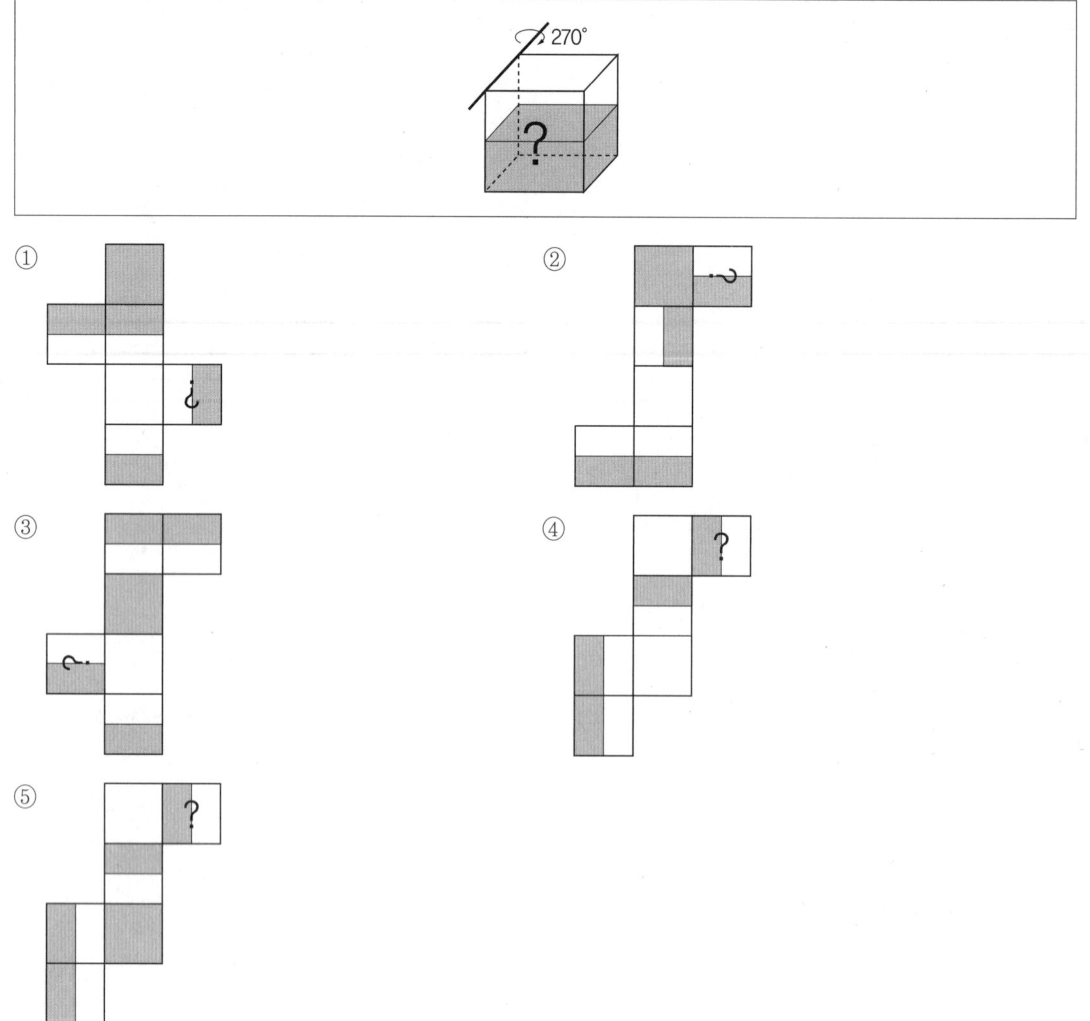

29 다음 Ⓐ, Ⓑ, Ⓒ의 전개도를 ÷ 면이 전면에 오도록 접은 후 주어진 방향으로 회전하여 아래의 결합 모양과 같이 붙인 그림으로 알맞은 것은?

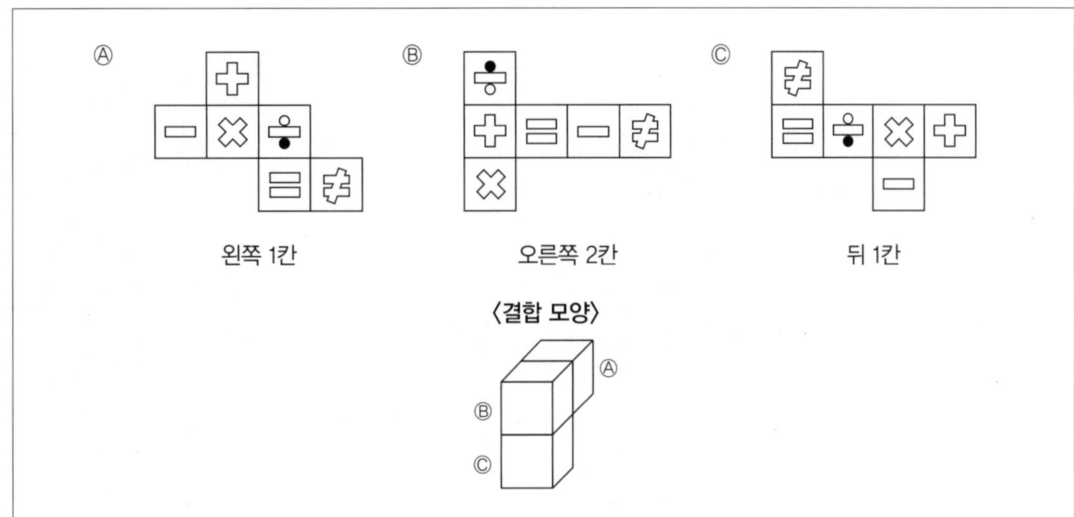

①
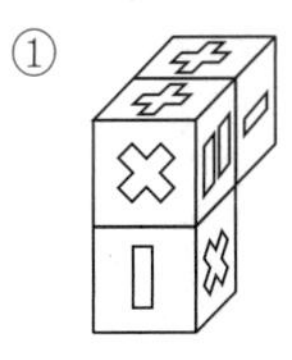

②

③
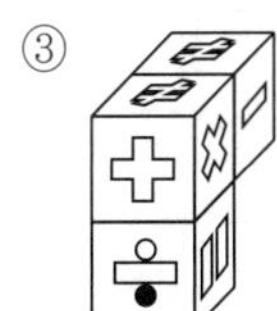

④
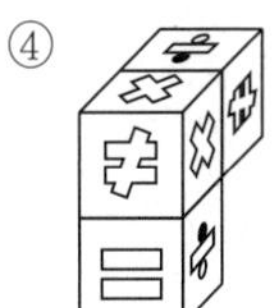

⑤

Hard

30

다음 Ⓐ, Ⓑ, Ⓒ의 전개도를 면이 전면에 오도록 접은 후 주어진 방향으로 회전하여 아래의 결합 모양과 같이 붙인 그림으로 알맞은 것은?

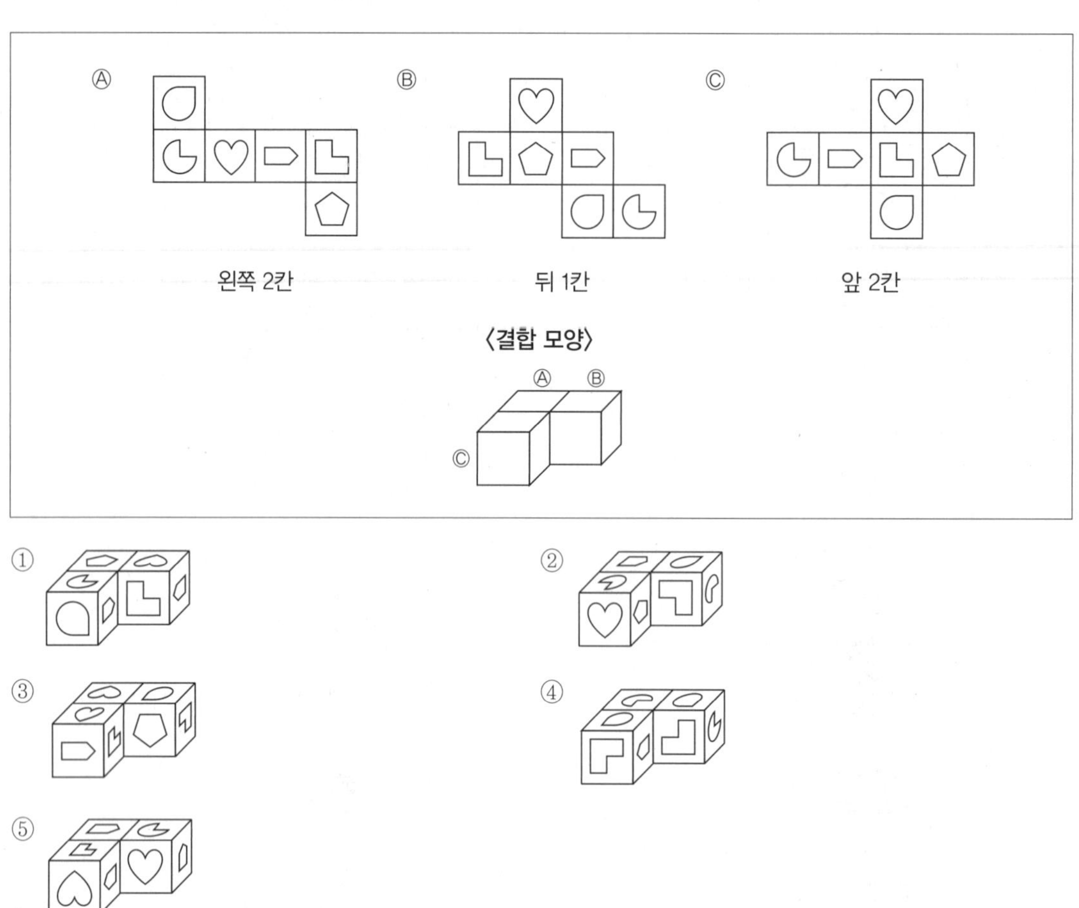

최종점검 모의고사

모바일 OMR 답안분석 서비스

인문계

이공계

응시시간 : 80분 문항 수 : 90문항

정답 및 해설 p.041

01 언어논리

01 용의자 1~5호 중 2명은 범인이고, 3명은 범인이 아니다. 범인은 거짓말을 하고, 범인이 아닌 사람은 진실을 말한다고 할 때 범인은 누구인가?

- 1호는 2, 4호 중 한 명이 범인이라고 주장한다.
- 2호는 3호가 범인이라고 주장한다.
- 3호는 2호가 범인이라고 주장한다.
- 4호는 1호가 범인이라고 주장한다.
- 5호는 1호와 2호가 범인이 아니라고 주장한다.

① 1호, 2호
② 2호, 3호
③ 3호, 4호
④ 4호, 5호
⑤ 1호, 5호

Easy

02 월요일부터 금요일까지 소연이를 포함한 5명의 학생이 하루에 한 명씩 돌아가며 교실 청소를 하기로 했다. 다음을 바탕으로 지현이가 월요일에 청소를 한다면 보람이는 언제 청소하는가?

- 은정이는 월, 화, 수요일에는 청소를 할 수 없다.
- 지현이와 보람이는 수요일에 청소를 할 수 없다.
- 지수는 금요일에 청소를 할 것이다.

① 월요일
② 화요일
③ 수요일
④ 목요일
⑤ 금요일

03 **A, B, C, D, E, F, G는 게스트하우스에서 1층에 방 3개, 2층에 방 2개를 빌렸다. 다음과 같이 방을 배정했을 때, 1층은 몇 명이 사용하는가?**

- 1인용 방은 꼭 혼자 사용해야 하고, 2인용 방은 혼자 또는 두 명이 사용할 수 있다.
- 1인용 방은 각 층에 하나씩 있으며 각각 F와 D가 사용한다.
- A와 F는 2층을 사용한다.
- B와 G는 같은 방을 사용한다.
- C와 E는 다른 층에 있다.

① 2명
② 3명
③ 4명
④ 5명
⑤ 6명

04 **A~E 다섯 사람이 우산을 쓰고 걸어가고 있다. 다음과 같이 우산을 쓰고 있다고 할 때, 항상 옳은 것은?**

- A, B, C, D, E 다섯 사람이 우산 세 개를 썼다.
- 한 우산은 최대 두 사람이 함께 쓸 수 있으며, 우산을 쓰지 않은 사람은 없다.
- A는 B와 우산을 같이 쓰지 않았다.
- B는 C와 우산을 같이 쓰지 않았다.
- A와 B 두 사람은 우산을 혼자 쓰지 않았다.

① A는 C는 항상 우산을 함께 쓴다.
② E는 우산을 혼자 쓴다.
③ A와 D가 우산을 같이 쓴다면 C와 E는 우산을 함께 쓴다.
④ B와 D는 항상 우산을 함께 쓴다.
⑤ C가 혼자 우산을 쓰는 경우가 가장 많다.

05 왼쪽부터 순서대로 빨간색, 갈색, 검은색, 노란색, 파란색의 5개 컵들이 일렬로 놓여 있다. 그중 4개의 컵에는 각각 물, 주스, 맥주 그리고 포도주가 들어 있고, 하나의 컵은 비어 있다. 다음 제시되는 정보를 바탕으로 각 컵에 들어 있는 내용물이 바르게 짝지어진 것은?

- 물은 항상 포도주가 들어 있는 컵의 오른쪽 컵에 들어 있다.
- 주스는 비어 있는 컵의 왼쪽 컵에 들어 있다.
- 맥주는 빨간색 또는 검은색 컵에 들어 있다.
- 맥주가 빨간색 컵에 들어 있으면 파란색 컵에는 물이 들어 있다.
- 포도주는 빨간색, 검은색, 파란색 컵 중에 들어 있다.

① 빨간색 컵 – 물
② 갈색 컵 – 포도주
③ 검은색 컵 – 맥주
④ 노란색 컵 – 포도주
⑤ 파란색 컵 – 주스

PART 2 제1회 제2회

06 A, B, C, D, E 다섯 명은 팀을 이루어 총싸움을 하는 온라인 게임에 한 팀으로 참전하였다. 이때, 팀의 개인은 늑대 인간과 드라큘라 중 하나의 캐릭터를 선택할 수 있다. 주어진 〈조건〉이 다음과 같을 때, 다음 중 항상 옳은 것은?

조건

- A, B, C는 상대팀을 향해 총을 쏘고 있다.
- D, E는 상대팀에게 총을 맞은 상태로 관전만 가능하다.
- 늑대 인간은 2명만이 살아남아 총을 쏘고 있다.
- A는 늑대 인간 캐릭터를 선택하였다.
- D와 E의 캐릭터는 서로 같지 않다.

① 3명은 늑대 인간 캐릭터를, 2명은 드라큘라 캐릭터를 선택했다.
② B는 드라큘라 캐릭터를 선택했다.
③ C는 늑대 인간 캐릭터를 선택했다.
④ 드라큘라의 수가 늑대 인간의 수보다 많다.
⑤ D는 드라큘라, E는 늑대 인간 캐릭터를 각각 선택했다.

※ D아파트의 다섯 동 주민들이 쓰레기 배출에 대한 규칙을 만들었다. 이어지는 물음에 답하시오. [7~8]

이번 달부터 아래와 같은 규칙에 따라 쓰레기를 버린다. (가) 다섯 동 주민들은 모두 다른 날에 쓰레기를 버린다. (나) 쓰레기 배출은 격일로 이루어진다. (다) 다섯 동 주민들은 A동, B동, C동, D동, E동 순서대로 쓰레기를 버린다. 위와 같은 규칙은 A동이 월요일에 쓰레기를 버리는 것으로 시작한다.

Hard

07 다음 중 참이 아닌 것은?

① 각 동의 주민들이 다시 쓰레기를 버리는 날의 요일은 3일씩 밀린다.
② 첫째 주를 1주라고 할 때, 홀수 주에는 쓰레기를 4번 버린다.
③ 첫째 주를 1주라고 할 때, 짝수 주에는 쓰레기를 3번 버린다.
④ 10주째가 되면 다시 A동이 월요일에 쓰레기를 버린다.
⑤ 첫째 주를 1주라고 할 때, 3주까지는 A동이 쓰레기를 가장 많이 버린다.

08 다음 중 참이 아닌 것은?

① A동과 E동은 같은 주에 쓰레기를 버릴 수 있다.
② A동과 E동이 같은 주에 쓰레기를 버릴 때 그 주는 홀수 주이다.
③ A동은 모든 요일에 쓰레기를 버린다.
④ 2주에 걸쳐 연속으로 쓰레기를 버릴 수 있는 동은 총 2동이다.
⑤ 토, 일에 쓰레기 배출을 금지한다면 B동은 같은 요일에 쓰레기를 버린다.

※ 6층짜리 주택에 A, B, C, D, E, F가 입주하려고 한다. 다음 규칙을 지켜야 한다고 했을 때, 이어지는 물음에 답하시오. [9~10]

- B는 D보다 4층 위에 산다.
- B와 F는 인접할 수 없다.
- A는 E보다 아래층에 산다.
- D는 A보다 아래층에 산다.

09 E가 4층에 입주했을 때 항상 옳은 것은?

① C는 B보다 높은 곳에 산다.
② B는 F보다 높은 곳에 산다.
③ E는 F와 인접해 있다.
④ F는 A보다 낮은 곳에 산다.
⑤ A는 D보다 낮은 곳에 산다.

10 D가 2층에 입주했을 때, 항상 옳은 것은?

① E는 C보다 밑에 산다.
② C가 1층에 산다면, E는 F보다 높은 곳에 산다.
③ F가 1층에 산다면, E는 C보다 높은 곳에 산다.
④ F는 A보다 밑에 산다.
⑤ F는 B보다 높은 곳에 산다.

11 다음 중 글의 내용과 일치하는 것은?

인류가 남긴 수많은 미술 작품을 살펴보다 보면 다양한 동물들이 등장하고 있음을 알 수 있다. 미술 작품 속에 등장하는 동물에는 일상에서 흔히 접할 수 있는 개나 고양이, 꾀꼬리 등도 있지만 해태나 봉황 등 인간의 상상에서 나온 동물도 적지 않음을 알 수 있다.
미술 작품에 등장하는 동물은 그 성격에 따라 나누어 보면 종교적 · 주술적인 동물, 신을 위한 동물, 인간을 위한 동물로 구분할 수 있다. 물론 이 구분은 엄격한 것이 아니므로 서로의 개념을 넘나들기도 하며, 여러 뜻을 동시에 갖기도 한다.
종교적 · 주술적인 성격의 동물은 가장 오랜 염원을 가진 것으로, 사냥 미술가들의 작품에 등장하거나 신앙을 목적으로 형성된 토템 등에서 확인할 수 있다. 여기에 등장하는 동물들은 대개 초자연적인 강대한 힘을 가지고 인간 세계를 지배하거나 수호하는 신적인 존재이다. 그러나 인간의 이지가 발달함에 따라 이들의 신적인 기능은 점차 감소되어, 결국 이들은 인간에게 봉사하는 존재로 전락하고 만다.
동물은 절대적인 힘을 가진 신의 위엄을 뒷받침하고 신을 도와 치세(治世)의 일부를 분담하기 위해 이용되기도 한다. 이 동물들 역시 현실 이상의 힘을 가지며 신성시되는 것이 보통이지만, 이는 어디까지나 신의 권위를 강조하기 위한 것에 지나지 않는다. 이들은 신에게 봉사하기 위해서 많은 동물 중에서 특별히 선택되었다. 그리하여 그 신분에 적합한 모습으로 조형화되었다.

① 미술 작품 속에는 일상에서 흔히 접할 수 있는 개나 고양이, 꾀꼬리 등이 주로 등장하고, 해태나 봉황 등은 찾아보기 어렵다.
② 미술 작품에 등장하는 동물은 성격에 따라 종교적 · 주술적인 동물, 신을 위한 동물, 인간을 위한 동물로 엄격하게 구분되어 등장한다.
③ 종교적 · 주술적인 성격의 동물은 초자연적인 강대한 힘으로 인간 세계를 지배하거나 수호하는 신적인 존재로 나타난다.
④ 인간의 이지가 발달함에 따라 신적인 기능이 감소한 종교적 · 주술적인 성격의 동물은 신에게 봉사하는 존재로 전락한다.
⑤ 신의 위엄을 뒷받침하고 신을 도와 치세의 일부를 분담하기 위해 이용되는 동물은 별다른 힘을 지니지 않는다.

12 다음 글에 나타난 '정원'에 대한 설명으로 적절하지 않은 것은?

야생의 자연이라는 이상을 고집하는 자연 애호가들은 인류가 자연과 내밀하면서도 창조적인 관계를 맺었던 반(反)야생의 자연, 즉 '정원'을 간과한다. 정원은 울타리를 통해 농경지보다 야생의 자연과 분명한 경계를 긋는다. 집약적인 토지 이용이라는 전통은 정원에서 시작되었다. 정원은 대규모의 농경지 경작이 행해지지 않은 원시적인 문화에서도 발견된다. 만여 종의 경작용 식물들은 모두 대량 생산에 들어가기 전에 정원에서 자라는 단계를 거쳐 온 것으로 보인다.

농업경제의 역사에서 정원이 갖는 의미는 시대와 지역에 따라 매우 달랐다. 좁은 공간에서 집약적인 농사를 짓는 지역에서는 농부가 곧 정원사였다. 반면 예전의 독일 농부들은 정원이 곡물 경작에 사용될 퇴비를 앗아가므로 정원을 악으로 여기기도 했다. 하지만 여성들의 입장은 지역적인 차이가 없었다. 아메리카의 푸에블로 인디언부터 근대 독일의 농부 집안까지 정원은 농업 혁신에 주도적인 역할을 해온 여성들에게는 자신들의 제국이자 자존심이었다. 그곳에는 여성들이 경험을 통해 쌓은 지식 전통이 살아 있었다. 환경사에서 여성이 갖는 특별한 역할의 물질적 근간은 대부분 정원에서 발견된다. 지난 세기의 경우 이는 특히 여성 제후들과 관련되어 있으며 자료가 풍부하다. 작센의 여성 제후인 안나는 식물에 관한 지식을 늘 공유했던 긴밀하고도 광범위한 사회적 네트워크를 가지고 있었는데, 그중에는 식물 경제학에 관심이 깊은 고귀한 신분의 여성들도 많았으며 수도원 소속의 여성들도 있었다.

여성들이 정원에서 쌓은 경험의 특징은 무엇일까? 정원에서는 땅을 면밀히 살피고 손으로 흙을 부스러뜨리는 습관이 생겨났을 것이다. 정원에서 즐겨 이용되는 삽도 다양한 토질의 층을 자세히 연구하도록 부추겼을 것이 분명하다. 넓은 경작지보다는 정원에서 땅을 다룰 때 더 아끼고 보호했을 것이다. 정원이라는 매우 제한된 공간에는 옛날에도 충분한 퇴비를 줄 수 있었다. 경작지보다도 다양한 종류의 퇴비로 실험할 수 있었고 새로운 작물을 키우며 경험을 수집할 수 있었다. 정원에서는 좁은 공간에서 다양한 식물이 자라기 때문에 모든 종류의 식물들이 서로 잘 지내지는 않는다는 사실에도 주의를 기울였다. 이는 식물 생태학의 근간을 이루는 통찰이었다.

결론적으로 정원은 여성들이 주가 되어 토양과 식물을 이해하고, 농경지 경작에 유용한 지식과 경험을 배양할 수 있는 좋은 장소였다.

① 울타리를 통해 야생의 자연과 분명한 경계를 긋는다.
② 집약적 토지 이용의 전통이 시작된 곳으로 원시적인 문화에서도 발견된다.
③ 시대와 지역에 따라 정원에 대한 여성들의 입장이 달랐다.
④ 정원에서는 모든 종류의 식물들이 서로 잘 지내지는 않는다.
⑤ 여성이 갖는 특별한 역할의 물질적 근간이 대부분 발견되는 곳이다.

※ 다음 글을 읽고 구조화한 것으로 옳은 것을 고르시오. **[13~14]**

Hard

13

(가) 호락논쟁(湖洛論爭)은 중국으로부터 건너온 성리학을 온전히 우리 스스로의 역사적 경험과 실천 가운데 소화해 낸 그야말로 적공(積功)의 산물이다. 그것은 이제 펼쳐질 새로운 근대 세계를 앞두고 최종적으로 성취해 낸 우리 정신사의 한 정점이다. 낙학(洛學)과 호학(湖學)이 정립된 시기는 양란을 거치면서 사대부의 자기 확인이 절실히 필요한 때였다.

(나) 낙학의 정신은 본체로 향하고 있다. 근원적 실재인 본체에 접근하는 낙학의 방법은 이론적 탐색이 아니라 강력하고 생생한 주관적 체험이었다. 그들은 본체인 본성에 대한 체험을 통해 현실 세계 속에서 실천하는 주체적인 자아로 자신을 정립하고자 하였다. 그 자아는 바로 사대부의 자아를 의미한다. 본체를 실천하는 주체에 대한 낙학의 관심은 마음에 대한 탐구로 나타났다. 낙학은 이론의 구성에서는 주희의 마음 이론을 표준으로 삼았지만 호학이라는 또 하나의 조선 성리학 전통과의 논쟁을 통해 형성된 것이었다.

(다) 호학은 현실 세계를 규율하는 원리와 규범에 집중하였다. 그들에게 절박했던 것은 규범의 현실성이며, 객관성이었다. 본체인 본성은 현실 세계를 객관적, 합법적으로 강제하는 규범의 근저로서 주관적 체험의 밖에 존재한다. 본체의 인식은 마음의 체험을 통해서가 아니라 세계에 대한 객관적 인식의 축적에 의해 달성되는 것이다. 그런 점에서 호학의 정신은 이성주의라 할 수 있다.

(라) 호학의 정신은 기질의 현실 세계, 곧 생산 계층인 농민들의 우연적이고 다양한 욕망의 세계를 객관 규범에 의해 제어하면서 왕권까지도 규범의 제약 아래 두려 한다는 점에서 역시 사대부의 자아 정립과 관련이 깊다. 객관 규범에 대한 호학의 강조는 왕권마저 본체의 제약을 받아야 한다는 의미를 함축하고 있는 것이다.

① (가) ┬ (나) – (다)
　　　 └ (라)

② (가) ┬ (나)
　　　 ├ (다)
　　　 └ (라)

③ (가) – (나) ┬ (다)
　　　　　　 └ (라)

④ (가) ┬ (나)
　　　 └ (다) – (라)

⑤ (가) – (나) – (다) – (라)

14

(가) 경쟁 정책은 본래 독점이나 담합 등과 같은 반경쟁적 행위를 국가가 규제함으로써 시장에서 경쟁이 활발하게 이루어지도록 하는 데 중점을 둔다. 이러한 경쟁 정책은 결과적으로 소비자에게 이익이 되므로, 소비자 권익을 보호하는 데 유효한 정책으로 인정된다. 경쟁 정책이 소비자 권익에 기여하는 모습은 생산적 효율과 배분적 효율의 두 측면에서 살펴볼 수 있다.

(나) 먼저, 생산적 효율은 주어진 자원으로 낭비 없이 더 많은 생산을 하는 것으로서, 같은 비용이면 더 많이 생산할수록, 같은 생산량이면 비용이 적을수록 생산적 효율이 높아진다. 시장이 경쟁적이면 개별 기업은 생존을 위해 비용 절감과 같은 생산적 효율을 추구하게 되고, 거기서 창출된 여력은 소비자의 선택을 받고자 품질을 향상시키거나 가격을 인하하는 데 활용될 것이다. 그리하여 경쟁 정책이 유발한 생산적 효율은 소비자 권익에 기여하게 된다. 물론 비용 절감의 측면에서는 독점 기업이 더 성과를 낼 수도 있겠지만, 꼭 이것이 가격 인하와 같은 소비자의 이익으로 이어지지는 않는다. 따라서 독점에 대한 감시와 규제는 지속적으로 필요하다.

(다) 다음으로, 배분적 효율은 사람들의 만족이 더 커지도록 자원이 배분되는 것을 말한다. 시장이 독점 상태에 놓이면 영리 극대화를 추구하는 독점 기업은 생산을 충분히 하지 않은 채 가격을 올림으로써 배분적 비효율을 발생시킬 수 있다. 반면에 경쟁이 활발해지면 생산량 증가와 가격 인하가 수반되어 소비자의 만족이 더 커지는 배분적 효율이 발생한다. 그러므로 경쟁 정책이 시장의 경쟁을 통하여 유발한 배분적 효율도 소비자의 권익에 기여하게 된다.

(라) 경쟁 정책은 이처럼 소비자 권익을 위해 중요한 역할을 수행해 왔지만, 이것만으로 소비자 권익이 충분히 실현되지는 않는다. 시장을 아무리 경쟁 상태로 유지하더라도 여전히 남는 문제가 있기 때문이다. 우선, 전체 소비자를 기준으로 볼 때 경쟁 정책이 소비자 이익을 증진하더라도, 일부 소비자에게는 불이익이 되는 경우도 있다. 예를 들어, 경쟁 때문에 시장에서 퇴출된 기업의 제품은 사후 관리가 되지 않아 일부 소비자가 피해를 보는 일이 있다. 그렇다고 해서 경쟁 정책 자체를 포기하면 전체 소비자에게 불리한 결과가 되므로, 국가는 경쟁 정책을 유지할 수밖에 없는 것이다. 다음으로, 소비자는 기업에 대한 교섭력이 약하고, 상품에 대한 정보도 적으며, 충동구매나 유해 상품에도 쉽게 노출되기 때문에 발생하는 문제가 있다. 이를 해결하기 위해 상품의 원산지 공개나 유해 상품 회수 등의 조치를 생각해 볼 수 있지만, 경쟁 정책에서 직접 다루는 사안은 아니다.

①
```
      ┌ (나) – (다)
(가) ─┤
      └ (라)
```

②
```
      ┌ (나)
(가) ─┼ (다)
      └ (라)
```

③
```
┌ (가)
│
└ (나) ─┬ (다)
        └ (라)
```

④
```
┌ (가) ─┬ (나)
│       └ (다)
└ (라)
```

⑤
```
(가) – (나) ─┬ (다)
             └ (라)
```

Hard

15 다음 글을 내용에 따라 세 부분으로 적절하게 나눈 것은?

(가) '소 잃고 외양간 고친다.'는 닥쳐올 위험을 사전에 막아야 한다는 교훈을 주는 속담이다. 보통 우리는 이 속담을 '아둔함'을 경계하는 것에 사용한다. 하지만 과연 소를 잃고 나서 외양간을 고치는 사람을 아둔한 사람이라고 할 수 있는 것일까? 다르게 생각하면 오히려 그들은 뼈아픈 실수를 바탕으로, 외양간을 더 견고하게 고치는 현명한 사람이 될 수도 있다.

(나) 미국 미시간 주 앤아버에는 로버트 맥메스(Robert McMath)가 설립한 실패 박물관(New Product Works)라는 박물관이 있다. 이 박물관은 보편적으로 가치 있는 물품을 전시하는 기존의 박물관과 다르게, 많은 기업이 야심 차게 출시했지만 시장의 외면을 받은 상품들을 전시하고 있다.

(다) 대표적인 사례는 '크리스탈 펩시'이다. 펩시 사는 1992년에 이 무색의 콜라를 내놓아 소비자들에게 깨끗하다는 인식을 주고, 이를 통해 판매량 확보를 노렸지만, '콜라는 흑갈색이다.'라는 소비자들의 고정관념을 깨지 못하고 쓰디쓴 고배를 마셨다. 또 다른 상품으로는 데어리메틱스 사의 어린이용 분사식 치약 '닥터케어'가 있다. 어린이 고객층을 겨냥하여 분무식의 치약을 만들었지만, 실제로는 욕실이 지저분하게 될 것이라는 의심만 산 채 시장에서 사라졌다. 이 외에도 박물관에는 수많은 기업의 실패작이 전시되어 있다.

(라) 놀라운 사실은 실패작을 진열한 이 박물관에 최근 각국의 여러 기업이 견학을 오는 것이다. 이유는 바로 실패작들의 원인을 분석해서 같은 실수를 반복하지 않고 성공으로 향할 방법을 찾기 위해서이다.

(마) 실패 박물관을 방문하는 사람들을 통해서도 알 수 있듯이, 우리는 실패를 외면하기만 했던 과거와 달리, 실패 사례를 연구하고 이를 성공의 발판으로 삼는 시대를 살고 있다. 따라서 실패에 넋을 놓고 자책하기보다는, 오히려 실패를 발전의 기회로 삼는 것이 더 중요하다.

① (가) / (나) / (다), (라), (마)
② (가) / (나), (다) / (라), (마)
③ (가) / (나), (다), (라) / (마)
④ (가), (나) / (다), (라) / (마)
⑤ (가), (나), (다) / (라) / (마)

16 다음과 같이 '한류(韓流)의 장기적 육성 방안'에 대한 개요를 작성하였다. 〈보기〉에서 개요 수정 및 자료 제시 방안으로 적절하지 않은 것은?

> Ⅰ. 서 론
> 1. 아시아 각국에서 한국 문화에 대한 관심의 증폭 …… ㉠
> 2. 한류를 장기적으로 육성하기 위한 전략의 필요성
>
> Ⅱ. 본 론
> 1. 한류 육성의 의의
> (1) 아시아 속의 한국 위상 제고
> (2) 경제적인 파급 효과 …… ㉡
> 2. 현 상황에서의 한류의 문제점
> (1) 정부 차원에서의 지원 부족
> (2) 특정 한 분야에만 열풍 …… ㉢
> (3) 상업적 목적에 치중
> 3. 한류의 지원 및 육성 방안
> (1) 기업을 중심으로 한류 지원 방안 수립 …… ㉣
> (2) 다양하게 개발하여 보급
> (3) [　　　　　　] …… ㉤
>
> Ⅲ. 결론 : 한류에 대한 전망과 제언

보기

㉠ 중국, 대만, 홍콩, 일본, 베트남 등의 아시아 각국에서 불고 있는 한류 열풍을 사례로 한다.
㉡ 아시아 각국에서 한국으로 많은 문화가 수출되고 있음을 근거 자료로 제시한다.
㉢ 드라마 위주로 한류 열풍이 불고 있음을 근거 자료로 제시한다.
㉣ Ⅱ－2－(1)을 고려하여 '정부 차원에서의 지원 방안 수립'으로 수정한다.
㉤ Ⅱ－2－(3)을 고려하여 '진정한 의미의 문화 교류라는 측면에서 접근'이라는 내용을 추가한다.

① ㉠　　② ㉡
③ ㉢　　④ ㉣
⑤ ㉤

17 다음과 같이 '국내 외국인 노동자 문제 해결 방안'에 대한 글을 쓰기 위해 개요를 작성하였다. 〈보기〉에서 개요 수정 및 자료 제시 방안으로 적절하지 않은 것은?

Ⅰ. 서론 : 국내에서 일하고 있는 외국인 노동자의 현황 …… ㉠
Ⅱ. 본 론
  1. 외국인 노동자의 국내 유입 원인
    (1) 국내 중소기업 생산직의 인력난 …… ㉡
    (2) 가난에서 벗어나기 위한 외국인 노동자의 선택
  2. 국내 외국인 노동자에 대한 문제 및 실태 …… ㉢
    (1) 국내 문화에 대한 부적응
    (2) 과중한 노동시간과 저임금
    (3) 내국인 직원에 의한 신체 및 정서적 폭력
  3. 국내 외국인 노동자 문제에 대한 해결 방안
    (1) 인간다운 생활을 보장하기 위한 사회제도 마련 …… ㉣
    (2) 노동기본권을 보장하기 위한 법적 조치
    (3) [   ] …… ㉤
Ⅲ. 결론 : 국내 외국인 노동자도 인간으로서의 권리를 갖고 있음을 강조

보기

㉠ 우리의 산업 현장에서 일하고 있는 외국인 노동자의 수를 통계 수치로 제시한다.
㉡ 중소기업의 생산직을 피하고 싶다는 예비 직장인의 직업선호도 조사 자료를 제시한다.
㉢ 외국인 노동자라는 이유로 법에서 정한 근로 조건을 보장받지 못하고 있는 사례를 제시한다.
㉣ 'Ⅱ-2-(1)'을 고려하여 '기술 습득을 돕기 위한 정부 차원의 제도 마련'으로 수정한다.
㉤ 'Ⅱ-2-(3)'을 고려하여 '국내 외국인 노동자에 대한 내국인 직원의 의식 개선 교육 강화'라는 항목을 추가한다.

① ㉠
② ㉡
③ ㉢
④ ㉣
⑤ ㉤

18 다음 글의 주제로 적절한 것은?

발전된 산업 사회는 인간을 단순히 수단으로 지배하기 위한 새로운 수단을 발전시키고 있다. 여러 사회 과학들과 심층 심리학이 이를 위해서 동원되고 있다. 목적이나 이념의 문제를 배제하고 가치 판단으로부터의 중립을 표방하는 사회 과학들은 쉽게 인간 조종을 위한 기술적 · 합리적인 수단을 개발해서 대중 지배에 이바지한다. 마르쿠제는 발전된 산업 사회에 있어서의 이러한 도구화된 지성을 비판하면서 이것을 '현대인의 일차원적 사유'라고 불렀다. 비판과 초월을 모르는 도구화된 사유라는 것이다. 따라서 산업 사회에서의 합리화라는 것은 기술적인 수단의 합리화를 의미하는 데 지나지 않는다.
이와 같이 발전된 산업 사회는 사회 과학과 도구화된 지성을 동원해서 인간을 조종하고 대중을 지배할 뿐만 아니라 향상된 생산력을 통해 인간을 매우 효율적으로 거의 완전하게 지배한다. 곧 그의 높은 생산력을 통해서 늘 새로운 수요들을 창조하고 이러한 새로운 수요들을 광고와 매스컴과 모든 선전 수단을 동원해서 인간의 삶을 위한 불가결의 것으로 만든다.

① 산업 사회의 새로운 수요의 창조와 공급
② 산업 사회의 발전과 경제력 향상
③ 산업 사회의 특징과 생산력 향상
④ 산업 사회의 발전 수단
⑤ 산업 사회의 대중 지배 양상

19 다음 글의 내용과 일치하는 것은?

1899년 베이징의 한 금석학자는 만병통치약으로 알려진 '용골'을 살펴보다가 소스라치게 놀랐다. 용골의 표면에 암호처럼 알 듯 모를 듯한 글자들이 빼곡히 들어차 있었던 것이다. 흥분이 가신 후에 알아보니, 용골은 은 왕조의 옛 도읍지였던 허난성 안양현 샤오툰(小屯)촌 부근에서 나온 것이었다. 바로 갑골문자가 발견되는 순간이었다. 현재 갑골문자는 4천여 자가 확인되었고, 그 중 약 절반 정도가 해독되었다. 사마천의 『사기』에는 은 왕조에 대해서 자세히 기록되어 있었으나, 사마천이 살던 시대보다 1천 수백 년 전의 사실이 너무도 생생하게 표현되어 있어 마치 소설처럼 생각되었다. 그런데 갑골문자를 연구한 결과, 거기에는 반경(般庚) 때부터 은나라 말까지 약 2백여 년에 걸친 내용이 적혀 있었고, 이를 통하여 『사기』에 나오는 은나라의 왕위 계보도 확인할 수 있었다.

① 베이징은 은 왕조의 도읍지였다.
② 용골에는 당대의 소설이 생생하게 표현되었다.
③ 사마천의 『사기』에 갑골문자에 관한 기록이 나타난다.
④ 현재 갑골문자는 약 2천여 자가 해독되었다.
⑤ 사마천의 『사기』는 1천 수백 년 전의 사람이 만들었다.

20 다음 글의 내용과 일치하지 않는 것은?

> 현재 전해지는 조선시대의 목가구는 대부분 조선 후기의 것들로 단단한 소나무, 느티나무, 은행나무 등의 곧은결을 기둥이나 쇠목으로 이용하고, 오동나무, 느티나무, 먹감나무 등의 늘결을 판재로 사용하여 자연스런 나뭇결의 재질을 살렸다. 또한 대나무 혹은 엇갈리거나 소용돌이 무늬를 이룬 뿌리 부근의 목재 등을 활용하여 자연스러운 장식이 되도록 하였다.
>
> 조선시대의 목가구는 대부분 한옥의 온돌에서 사용되었기에 온도와 습도 변화에 따른 변형을 최대한 방지할 수 있는 방법이 필요하였다. 그래서 단단하고 가느다란 기둥재로 면을 나누고, 기둥재에 홈을 파서 판재를 끼워 넣는 특수한 짜임과 이음의 방법을 사용하였으며, 꼭 필요한 부위에만 접착제와 대나무 못을 사용하여 목재가 수축·팽창하더라도 뒤틀림과 휘어짐이 최소화될 수 있도록 하였다. 조선시대 목가구의 대표적 특징으로 언급되는 '간결한 선'과 '명확한 면 분할'은 이러한 짜임과 이음의 방법에 기초한 것이다. 짜임과 이음은 조선시대 목가구 제작에 필수적인 방법으로, 겉으로 드러나는 아름다움은 물론 보이지 않는 내부의 구조까지 고려한 격조 높은 기법이었다.
>
> 한편 물건을 편리하게 사용할 수 있게 해주며, 목재의 결합부위나 모서리에 힘을 보강하는 금속 장석은 장식의 역할도 했지만 기능상 반드시 필요하거나 나무의 질감을 강조하려는 의도에서 사용되어, 조선 시대 목가구의 절제되고 간결한 특징을 잘 살리고 있다.

① 조선시대 목가구는 온도와 습도 변화에 따른 변형을 방지할 방법이 필요했다.
② 금속 장석은 장식의 역할도 했지만, 기능상 필요에 의해서도 사용되었다.
③ 나무의 곧은결을 기둥이나 쇠목으로 이용하고, 늘결을 판재로 사용하였다.
④ 접착제와 대나무 못을 사용하면 목재의 수축과 팽창이 발생하지 않게 된다.
⑤ 목재의 결합부위나 모서리에 힘을 보강하기 위해 금속 장석을 사용하였다.

※ 다음 글을 읽고 이어지는 물음에 답하시오. [21~23]

서민들의 생활문화에서 생성되고, 향수되었던 민속음악에는 궁중음악이나 선비 풍류 음악과 다른 특성이 깃들어 있다. 먼저 민속음악은 기쁘고, 노엽고, 슬프고, 즐거운 마음의 변화를 드러내는 것을 주저하지 않는다. 풀어질 수 있는 데까지 풀어져 보고, 직접 음악에 뛰어들어 보는 현실적인 음악성을 추구하며, 흥과 신명은 드러내고 한(恨)을 풀어냄으로써 팍팍한 삶의 고비를 흥겹게 넘게 하는 음악, 이것이 민속음악이 지닌 큰 미덕이라고 할 수 있다.
다음으로 민속음악은 일정한 격식이나 외적인 연주 조건에 얽매이지 않기 때문에 악대의 편성과 공연방식이 매우 개방적이다. 일상에서는 한두 가지 악기로 장단과 가락에 맞추어 노래하거나 춤을 곁들이는 경우가 많고, 또한 음악에서 격식이나 사상을 표출하기보다는 음악에 개인의 생활과 감정을 담기 때문에 표현도 직접적이고 적극적인 경우가 많다. 음악의 농현이나 시김새를 변화 있게 사용하여 흥과 한, 신명을 마음껏 표현한다. 음을 떨어내는 농현을 격렬하게 해서 음악을 극적으로 유도하며 음의 진행에 나타나는 '조이고 푸는' 과정을 뚜렷하게 내보인다. 음악의 속도는 느린 것과 빠른 것이 짝을 이루기도 하고, 음악의 진행에 따라 속도가 조절되기도 하지만, 대체로 느리고 엄숙한 이미지를 지닌 궁중음악이나 선비 풍류 음악에 비해 빠르고 발랄하다. 그런가 하면 민속음악에서는 곱고 예쁘게 다듬어내는 음보다 힘있고 역동적으로 표출되는 음이 아름답다고 여긴다. 판소리 명창이 고함치듯 질러대는 높은 소리에 청중들은 기다렸다는 듯이 '얼씨구'라는 추임새로 호응한다. 이러한 특성은 서양 클래식이나 정악의 개념에서 볼 때 이해하기 어려운 부분이다.
민속음악은 또 즉흥적인 신명성을 추구한다. 악보나 작곡자의 뜻이 강하게 반영되는 음악과 달리 우리의 민속 음악가들은 어느 정도의 음악적 틀을 지키는 가운데 그때그때의 흥을 실어 즉흥적인 음악성을 발휘하는 것이다. 그것은 또 청중의 음악적 기대와도 상통한다. 즉 민속음악을 듣는 데 귀가 트인 명창들은 판소리 명창들이 매번 똑같이 연주하는 것을 '사진 소리'라 하여 생명력 없는 음악으로 여겼다는 것은 널리 알려진 사실이다. 이러한 점은 산조에서도 마찬가지고 시나위 연주에서도 마찬가지여서 민속음악은 '배운대로 잘하면 대가가 되는 것'이 아니라 자기가 음악을 자유자재로 이끌어 갈 수 있도록 민속 음악의 어법에 완전히 달통한 경지에 이르러야 비로소 좋은 연주를 하게 되는 것이다.
또한 민속음악이 지닌 가장 큰 특징 중 하나는 지역에 따라 음악의 표현요소가 많이 다르다는 것이다. 마치 각 지역의 방언이 다르듯, 민속음악은 서도와 남도, 동부, 경기 지역에 따라 다른 음악언어를 갖는다. 민요와 풍물, 무속음악을 말할 때 반드시 지역을 구분하는 것은 민속음악이 지닌 지역적 특징 때문이다.

21 윗글의 주된 내용 전개방식으로 적절한 것은?

① 여러 가지 대상들을 비교 분석하고 있다.
② 현상이 나타나게 된 원인을 제시하고 있다.
③ 대상이 가진 특징에 대해 설명하고 있다.
④ 특정 주장에 대해 비판하고 있다.
⑤ 여러 가지 대상들의 차이점을 제시하고 있다.

22 윗글에 제시된 민속음악의 특징으로 옳지 않은 것은?

① 기쁘고, 노엽고, 슬프고, 즐거운 마음의 변화를 드러낸다.
② 일정한 격식이나 외적인 연주 조건에 얽매이지 않는다.
③ 음악의 농현이나 시김새를 변화 있게 사용하여 흥과 한, 신명을 마음껏 표현한다.
④ 곱고 예쁘게 다듬어내는 음에 청중들이 추임새로 호응한다.
⑤ 서도와 남도, 동부, 경기 지역에 따라 다른 음악언어를 갖는다.

23 윗글에 대한 이해를 심화 · 발전시키기 위한 활동으로 가장 적절한 것은?

① 각 지역적 민속음악 요소를 반영한 공연을 관람한다.
② 서양의 클래식과 궁중음악의 공통점과 차이점을 비교해 보았다.
③ 박물관에 가서 전통 악보에 대해 관찰하고 보고서를 작성했다.
④ 민속음악과 서양음악이 협업 된 공연을 관람한다.
⑤ 전통음악을 하는 명창들과 현대의 대중가수를 비교 · 분석하여 공통점을 찾아보았다.

※ 다음 글을 읽고 이어지는 물음에 답하시오. [24~25]

오늘날 의학계에서 사용하고 있는 기술과 도구는 수없이 많다. 그중에서 가장 알맞은 것을 선택하여 사용하는 것은 의료인의 지혜요, 능력이며 그러한 혜택을 제한 없이 누리는 것이 인류의 행복이라고 할 수 있다. 그러나 의학 기술과 도구를 구분해 놓고 서로 상대방의 것을 사용하지 않으려는 배타적인 태도를 보이는 사회에 사는 것은 불행한 일이라 아니할 수 없다. 의학은 기술의 일종이다. 다시 말해서 의술은 사람을 고치는 기술인 것이다. 동서양을 막론하고 의학에 얽힌 현상들을 이해하기 위해 예로부터 많은 기술과 이론을 동원하였다. 어떤 때는 무속의 의식을 이용하기도 하였고, 어떤 때는 종교적 설명을 이끌어 들이기도 하였다. 여기서 철학적이며 형이상학적인 것을 의술에 접합시킨 것이 동양 의학이요, 과학과 기술을 이용하여 형성된 것이 서양 의학이다. 서양 의학에서는 인체의 기본 단위를 세포로 본다. 모든 세포가 정상적인 상태를 유지하고 있으면 '건강'이라고 부르고 세포들이 비정상적인 상태라면 '병'이라고 부른다. 그리하여 모든 병의 근원을 세포에서 찾는다. 세포의 수가 비정상적으로 늘어나거나 줄어드는 것이 병적인 상태이며, 또 세포의 수는 변하지 않으면서 낱개의 세포가 비정상적으로 비대해지거나 위축되는 것도 병적인 상태이다.

이러한 세포의 변화를 종양, 결손, 염증, 퇴행성 변화로 나누어 이런 병명이 어디에 생기느냐에 따라 임상적 병명을 붙이게 된다. 예를 들어 염증이 관절에 생기면 관절염이요, 신장에 생기면 신장염이라 부르는 것이다. 이처럼 병에 대한 서양 의학적 관점은 다분히 해부학적이며 과학적이다. 그렇다면 동양 의학의 관점은 어떠한가? 우리 몸 안에는 항상 몸의 상태를 정상적으로 유지시키려는 자연 치유 에너지가 내재해 있는데 이 에너지가 바로 '기(氣)'이다. 기의 기능이 정상적이면 이를 '건강'이라고 부르고, 기의 기능이 비정상적이면 이를 '병'이라고 부른다. 기가 건강하게 조화를 이루고 있는 상태를 제1단계, 기의 부조화 상태를 제2단계, 기가 비정상적인 상태를 제3단계라고 한다면, 제2단계인 기의 부조화 상태가 바로 건강하지 않은 상태이다. 이것을 보면 병에 대한 동양 의학적 관점으로 다분히 가설적이며 철학적임을 알 수 있다. 병의 발생 과정은 가스 파이프에 비유할 수 있다. 처음에는 파이프가 깨끗하고 단단한 상태이나(제1단계), 가스 파이프에 녹이 슬거나 구멍이 뚫리면 가스가 새게 되고(제2단계), 이 상태가 지속되면 언젠가는 화재가 일어나게 될 것이다(제3단계). 병인(病因)과 치료 면에서 제2단계인 예방을 중시하는 것이 동양 의학이요, 제3단계를 중시하는 것이 서양 의학이라 할 수 있다. 따라서 서양 의학과 동양 의학은 병인을 보는 관점과 그에 대한 치료방법이 다른 것일 뿐 별개의 존재로 볼 수 없는 것이다.

현재 우리나라에는 동양 의학과 서양 의학을 별도로 인정하는 의료 제도가 정착되어 있다. 그러나 앞에서 보았듯이 동양 의학과 서양 의학은 서로 별개의 것이 아니다.

서양 의학과 동양 의학은 동전의 양면과 같은 것으로서 그저 의학이라는 한 분야의 두 측면일 뿐이다. 그러므로 서양 의학과 동양 의학은 새의 양 날개와 같이 서로 조화를 이루어 동시에 펄럭거리는 날갯짓을 할 때, 비로소 새로운 종합 의학으로 비상하게 될 것이다.

24 윗글의 주제로 가장 적절한 것은?

① 현대 의학의 특징
② 우리 의학이 나아갈 방향
③ 동양 의학의 현대화 방안
④ 동양 의학과 서양 의학의 딜레마
⑤ 동양 의학과 서양 의학의 장점과 단점

25 윗글에 나타난 '동양 의학'과 '서양 의학'의 특징이 잘못 짝지어진 것은?

	동양 의학	서양 의학
①	형이상학적	기술적
②	철학적	과학적
③	가설적	해부학적
④	치료 중시	예방 중시
⑤	기(氣) 중시	세포 중시

※ 다음 글을 읽고 이어지는 물음에 답하시오. [26~27]

인지부조화는 한 개인이 가지는 둘 이상의 사고, 태도, 신념, 의견 등이 서로 일치하지 않거나 상반될 때 생겨나는 심리적인 긴장상태를 의미한다. 인지부조화는 불편함을 유발하기 때문에 사람들은 이것을 감소시키려고 한다. 인지부조화를 감소시키는 방법은 서로 모순관계에 있어서 양립할 수 없는 인지들 가운데 하나 이상의 인지가 갖는 내용을 바꾸어 양립할 수 있게 만들거나, 서로 모순되는 인지들 간의 차이를 좁힐 수 있는 새로운 인지를 추가하여 부조화된 인지상태를 조화된 상태로 전환하는 것이다.

그런데 실제로 부조화를 감소시키는 행동은 비합리적인 면이 있다. 그 이유는 그러한 행동들이 사람들로 하여금 중요한 사실을 배우지 못하게 하고 자신들의 문제에 대해서 실제적인 해결책을 찾지 못하도록 할 수 있기 때문이다. 부조화를 감소시키려는 행동은 자기방어적인 행동이고, 부조화를 감소시킴으로써 우리는 자신의 긍정적인 이미지, 즉 자신이 선하고 현명하며 상당히 가치 있는 인물이라는 긍정적인 측면의 이미지를 유지하게 된다. 비록 자기방어적인 행동이 유용한 것으로 생각될 수 있지만, 이러한 행동은 부정적인 결과를 초래할 수 있다.

한 실험에서 연구자는 인종차별 문제에 대해서 확고한 입장을 보이는 사람들을 선정하였다. 일부는 차별에 찬성하였고, 다른 일부는 차별에 반대하였다. 선정된 사람들에게 인종차별에 대한 찬성과 반대 의견이 실린 글을 모두 읽게 하였는데, 어떤 글은 지극히 논리적이고 그럴듯하였고, 다른 글은 터무니없고 억지스러운 것이었다. 실험에서는 참여자들이 과연 어느 글을 기억할 것인지에 관심이 있었다. 인지부조화 이론에 따르면, 사람들은 현명한 사람을 자기 편, 우매한 사람을 다른 편이라 생각할 때 마음이 편안해질 것이다. 그렇다면 이 실험에서 인지부조화 이론은 다음과 같은 ㉠ 결과를 예측할 것이다.

26 윗글의 내용과 일치하는 것은?

① 사람들은 인지부조화가 일어날 경우 이것을 무시하고 방치하려는 경향이 있다.
② 부조화를 감소시키는 행동은 합리적인 행동이다.
③ 부조화를 감소시키는 행동의 비합리적인 면 때문에 문제에 대한 본질적인 해결책을 찾지 못할 수 있다.
④ 부조화의 감소는 사람들로 하여금 자신의 긍정적인 이미지를 유지할 수 있게 하고, 부정적인 이미지를 감소시킨다.
⑤ 부조화를 감소시키는 자기방어적인 행동은 사람들에게 긍정적인 결과를 가져온다.

Easy
27 다음 중 ㉠에 해당하는 내용으로 가장 적절한 것은?

① 참여자들은 자신의 의견과 동일한 주장을 하는 모든 글과 자신의 의견과 반대되는 주장을 하는 모든 글을 기억한다.
② 참여자들은 자신의 의견과 동일한 주장을 하는 모든 글과 자신의 의견과 반대되는 주장을 하는 모든 글을 기억하지 못한다.
③ 참여자들은 자신의 의견과 동일한 주장을 하는 형편없는 글과 자신의 의견과 반대되는 주장을 하는 형편없는 글을 기억한다.
④ 참여자들은 자신의 의견과 동일한 주장을 하는 논리적인 글과 자신의 의견과 반대되는 주장을 하는 형편없는 글을 기억한다.
⑤ 참여자들은 자신의 의견과 동일한 주장을 하는 형편없는 글과 자신의 의견과 반대되는 주장을 하는 논리적인 글을 기억한다.

※ 다음 글을 읽고 이어지는 물음에 답하시오. [28~30]

법은 사회적 · 경제적 · 정치적 기타 사회 제도들을 반영하는 동시에 이에 대해 영향을 준다. '합의 이론'은 사회 규범과 도덕 규범에 대한 전반적 합의와 사회의 모든 요소들과 관련된 공통적 이해관계를 언급함으로써 법의 내용과 운용을 설명한다. '갈등 이론'은 법과 형사 사법 체계가 전체적인 사회의 이해관계나 규범보다는 사회에서 가장 힘 있는 집단의 이해관계와 규범을 구체화시킨다고 주장한다. 그렇기 때문에 법은 사회에서 힘없는 집단을 부당하게 낙인찍고 처벌하는 형사 사법 체계에 의해 집행되는 것으로 주장한다.

합의 이론과 갈등 이론에 대한 경험적 자료는 법의 제정에 대한 연구, 범죄에 대한 연구, 검거 · 유죄 판결 · 형벌에서의 인종 · 계급 · 성별 · 연령에 의한 불공정성에 대한 연구로부터 나온다. 경험적 연구는 다원적 갈등 이론을 뒷받침하는 경향이 있는데, 그 내용을 보면 핵심적 법 규범에 대해서는 합의가 있지만, 입법과 법의 집행에서는 경쟁적 이익 집단들 사이에 갈등이 있다는 것이다. 경험적 자료를 통해서는 인종 차별주의와 성 차별주의가 형사 사법 체계에서 횡행하고 있는 것으로 나타나지는 않는다. 그러나 형사 사법 체계가 편견으로부터 자유롭다는 것도 보여 주지 못한다. 그럼에도 불구하고 다수의 경험적 연구 결과들은 형사 사법 체계가 법 외적 변수보다는 법적으로 관련된 변수들에 입각하여 운용된다는 결론을 지지하는데 이는 극단적 갈등 이론과는 대조적인 것이며 다원적 갈등 이론과 일치하는 것이다.

갈등 이론은 범죄를 문화적 갈등이나 집단 갈등 속에 휩쓸린 개인의 행동으로 설명한다. 그러나 범죄 행위에 관한 이러한 이론을 검증한 연구는 거의 없다. 정치적 혹은 이데올로기적 동기로 인한 범죄는 갈등 이론과 잘 맞는 것으로 보인다. 하지만 청소년 비행이나 살인, 절도, 방화, 화이트칼라 범죄, 조직범죄와 같은 대다수의 범죄에는 갈등 이론이 설득력을 갖지 못한다. 갈등 이론은 형사 사법 체계의 운용이나 범죄 행위에 관한 설명으로서보다는 법 제정에 대한 설명으로서 더 큰 경험적 지지를 받는다.

갈등 이론과 합의 이론은 모두 다양한 이해와 가치가 공정하게 대표되고, 법과 형사 사법 체계가 비차별적이라는 점을 암시적으로 지지하지만 갈등 이론이 범죄 행위에 대해 갖는 구체적인 정책적 함의는 찾아보기 어렵다.

Hard

28 윗글을 바탕으로 성립하기 어려운 진술은?

① 외국인 이주자가 이전에 살던 나라의 특수한 관습에 따라 행동한다면 이주해 온 국가의 법을 위반하게 될 수 있다.

② 다원적 갈등 이론은 경쟁적 이익 집단이 입법과 통치를 통해 그들의 가치를 실현시키려는 사회에 적용된다.

③ 한 국가 내에서 농촌 이주자들이 도시에서 자신들의 규범과 가치에 맞는 행동을 하게 되면, 도시의 법과 갈등 관계에 놓일 수 있다.

④ 갈등 이론은 입법, 법 위반, 법 집행의 모든 과정이 사회적 · 경제적 · 정치적 이익 집단들 사이의 갈등과 권력 차이에 관련되는 것으로 본다.

⑤ 합의된 규범과 사회 가치, 사회 체계의 질서 정연한 균형, 사회 통합이라는 법의 궁극적 기능을 강조하는 기능주의는 극단적 갈등 이론의 경험적인 사례를 잘 보여주는 것으로 해석할 수 있다.

29 다음 중 '갈등 이론'으로 설명하기 어려운 사례에 해당하는 것은?

① 금품을 빼앗을 목적으로 친구에게 사기 협박을 하는 경우
② 저항이나 혁명이 성공하여 이전의 지배자들이 범죄자로 전락하는 사태
③ 이민자가 모국의 특수한 관습에 따라 행동하다가 이주한 나라의 법을 위반하는 것
④ 낙태 합법화에 반대하는 기득권자들이 낙태를 하는 병원의 문을 닫게 하는 행위
⑤ 흑인 차별법을 시행하고 이를 위반한 흑인을 범죄자로 낙인찍은 백인 지상주의자들이 오늘날에는 시민 권리에 관한 법을 위반한 범죄자로 간주되는 것

30 윗글에 나타난 '합의 이론'의 관점과 거리가 먼 것은?

① 법의 내용과 본질은 사회의 기본적인 특징인 유기적 연대에서 찾을 수가 있을 것이다.
② 사회의 통합이 보다 합리적으로 이루어지게 되면 법의 통제도 합리적으로 이루어질 것이다.
③ 법의 내용은 공식적 법 개정에 의하거나 법원이 행하는 법 적용을 통해서 발전할 수 있을 것이다.
④ 법은 힘 있는 집단의 특별한 이익을 위해서가 아닌 사회 모든 사람의 이익을 위해서 봉사해야 할 것이다.
⑤ 어떤 사람은 범죄를 범하고 어떤 사람은 왜 범하지 않는가를 묻기보다 '어떤 행위는 범죄로 정의되지만, 어떤 행위는 왜 범죄로 보지 않는가?'를 묻는 것이 더 중요할 것이다.

02 수리자료분석

※ 실제시험에서는 자료해석 20문항, 알고리즘 · 응용계산 · 수추리 영역 중 한 가지로 10문항이 출제되었으나 본 모의고사에서는 기출 유형을 섞어서 출제하였습니다.

Easy

01 다음은 1,000명을 대상으로 5개 제조사 타이어제품에 대한 소비자 선호도 조사 결과에 대한 자료이다. 1차 선택 후, 일주일간 사용하고 다시 2차 선택을 하였다. 〈보기〉의 두 가지 물음에 대한 답을 순서대로 짝지은 것은?

〈5개 제조사 타이어제품에 대한 소비자 선호도 조사 결과〉

1차 선택 \ 2차 선택	A사	B사	C사	D사	E사	총 계
A사	120	17	15	23	10	185
B사	22	89	11	(가)	14	168
C사	17	11	135	13	12	188
D사	15	34	21	111	21	202
E사	11	18	13	15	200	257
총 계	185	169	195	194	257	1,000

보기

- (가)에 들어갈 값은?
- 1차에서 D사를 선택하고, 2차에서 C사를 선택한 소비자 수와 1차에서 E사를 선택하고 2차에서 B사를 선택한 소비자 수의 차이는?

① 32, 3
② 32, 6
③ 12, 11
④ 12, 3
⑤ 32, 11

02 P잡지에서는 인터넷 이용동향을 조사할 목적으로 700명의 표본을 골라 조사를 실시했다. 다음 표 A, B는 그 조사 결과의 일부이다. 다음 〈보기〉에서 옳은 것은?

〈표 A〉

구 분	자주 이용	가끔 이용	이용하지 않음	합 계
남	113	145	92	350
여	99	175	76	350
합 계	212	320	168	700

〈표 B〉

구 분	자주 이용	가끔 이용	이용하지 않음	합 계
30세 미만	135	159	56	350
30세 이상	77	161	112	350
합 계	212	320	168	700

보기

가 : 인터넷을 자주 이용하는 사람은 30세 이상의 남성층이 30세 미만의 여성층보다 약간 많다.
나 : 인터넷을 이용하는 사람은 여성보다 남성이 더 많다.
다 : 인터넷을 이용하지 않는 사람은 여성보다 남성이 많으며, 30세 이상보다 30세 미만이 더 많다.

① 가
② 나
③ 다
④ 모두 틀림
⑤ 모두 맞음

03 다음은 전년 동월 대비 특허 심사 건수 증감 및 등록률 증감 추이를 나타낸 자료이다. 이에 대한 〈보기〉의 설명 중 옳지 않은 것을 모두 고르면?

〈전년 동월 대비 특허 심사 건수 증감 및 등록률 증감 추이〉

(단위 : 건, %)

구 분	2019년 1월	2019년 2월	2019년 3월	2019년 4월	2019년 5월	2019년 6월
심사 건수 증감	125	100	130	145	190	325
등록률 증감	1.3	−1.2	−0.5	1.6	3.3	4.2

보기

㉠ 2019년 3월에 전년 동월 대비 등록률이 가장 많이 낮아졌다.
㉡ 2019년 6월의 심사 건수는 325건이다.
㉢ 2019년 5월의 등록률은 3.3%이다.
㉣ 2018년 1월 심사 건수가 100건이라면, 2019년 1월 심사 건수는 225건이다.
㉤ 2019년 2월에 전년 동월 대비 등록률이 가장 많이 높아졌다.
㉥ 2018년 5월 심사 건수가 150건이라면, 2019년 5월 심사 건수는 340건이다.

① 1개
② 2개
③ 3개
④ 4개
⑤ 5개

※ 다음은 D회사의 협력 건축자재 회사별 자재 가격 및 주문량에 대한 자료이다. 이어지는 물음에 답하시오. [4~5]

〈건축자재 회사별 자재 가격〉

구 분	내장재(원/판)	천장재(원/판)	단열재(원/판)	바닥재(원/roll)
K자재	2,000	1,200	1,500	2,700
L자재	2,200	1,200	1,500	2,500
H자재	2,000	1,000	1,600	2,600
D자재	2,200	1,100	1,500	2,500
A자재	2,200	1,100	1,600	2,700

〈D회사 주문량〉

구 분	내장재	천장재	단 열	바닥재
주문량	20판	70판	100판	5roll

04 가장 저렴한 한 업체를 선정하여 필요한 모든 자재를 주문하려 한다. D회사가 주문을 넣을 건축자재 회사는?

① K자재회사
② L자재회사
③ H자재회사
④ D자재회사
⑤ A자재회사

05 바닥재 주문량을 7roll로 늘리면 어떻게 되는가?

① K자재가 가장 저렴해진다.
② L자재가 가장 저렴해진다.
③ H자재가 가장 저렴해진다.
④ D자재가 가장 저렴해진다.
⑤ K자재가 가장 비싸진다.

06 다음은 2010~2019년 물이용부담금 총액에 관한 자료이다. 이에 대한 〈보기〉의 설명 중 옳지 않은 내용을 모두 고른 것은?

〈물이용부담금 총액〉

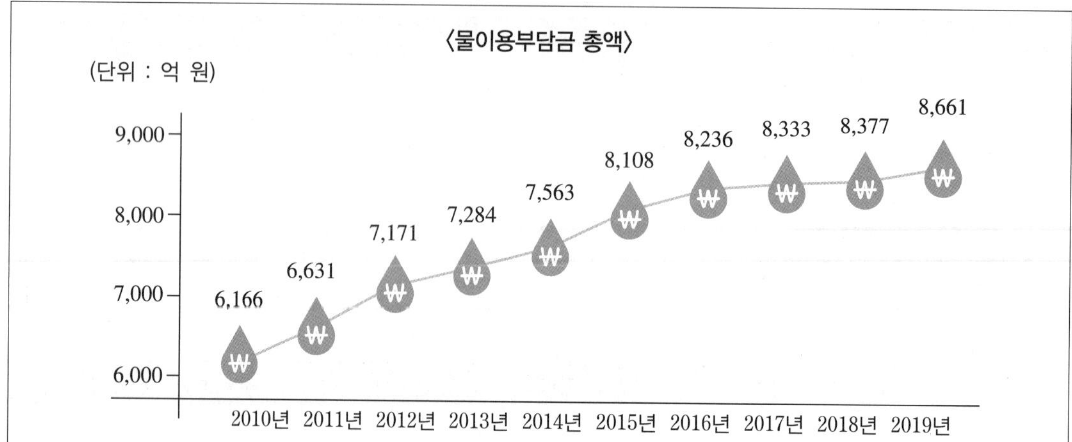

※ 상수원 상류지역에서의 수질개선 및 주민지원 사업을 효율적으로 추진하기 위한 재원 마련을 위해 최종수요자에게 물 사용량에 비례하여 물이용부담금 부과

※ 물이용부담금 단가는 한강, 낙동강, 영 · 섬유역은 170원/m^3, 금강유역은 160원/m^3

보기

㉠ 물이용부담금 총액은 지속적으로 증가하는 추세를 보이고 있다.
㉡ 2011년~2019년 중 물이용부담금 총액이 전년 대비 가장 많이 증가한 해는 2012년이다.
㉢ 2019년 물이용부담금 총액에서 금강유역 물이용부담금 총액이 차지하는 비중이 20%라면, 2019년 금강유역에서 사용한 물의 양은 약 10.83억m^3이다.
㉣ 2019년 물이용부담금 총액은 전년 대비 약 3.2% 이상 증가했다.

① ㉠
② ㉡
③ ㉢
④ ㉠, ㉣
④ ㉡, ㉣

07 다음은 로봇산업현황에 관한 자료 중 일부이다. 제조업용 로봇 생산액의 2018년 대비 2020년의 성장률은?(단, 소수점 이하 둘째 자리에서 반올림한다)

〈국내시장(생산기준) 규모〉

(단위 : 억 원, %)

구 분		2018년		2019년			2020년		
		생산액	구성비	생산액	구성비	전년 대비	생산액	구성비	전년 대비
제조업용 로봇		6,272	87.2	6,410	85.0	2.2	7,016	84.9	9.5
서비스용 로봇		447	6.2	441	5.9	−1.1	483	5.9	9.4
	전문 서비스용	124	1.7	88	1.2	−29.1	122	1.5	38.4
	개인 서비스용	323	4.5	353	4.7	9.7	361	4.4	2.2
로봇부품 및 부분품		478	6.6	691	9.2	44.5	769	9.2	11.4
계		7,197	100.0	7,542	100.0	4.8	8,268	100.0	9.6

① 약 7.3%
② 약 8.9%
③ 약 10.2%
④ 약 11.9%
⑤ 약 13.4%

Easy

08 다음은 어느 대학의 모집단위별 지원자 수 및 합격자 수를 나타낸 자료이다. 이에 대한 설명 중 옳지 않은 것은?

〈모집단위별 지원자 수 및 합격자 수〉

(단위 : 명)

모집단위	남자		여자		합계	
	합격자 수	지원자 수	합격자 수	지원자 수	모집정원	지원자 수
A	512	825	89	108	601	933
B	353	560	17	25	370	585
C	138	417	131	375	269	792
계	1,003	1,802	237	508	1,240	2,310

※ $(경쟁률)=\frac{(지원자\ 수)}{(모집정원)}$

① 세 개의 모집단위 중, 총 지원자 수가 가장 많은 집단은 A이다.

② 세 개의 모집단위 중, 합격자 수가 가장 적은 집단은 C이다.

③ 이 대학의 남자 합격자 수는 여자 합격자 수의 5배 이상이다.

④ B집단의 경쟁률은 $\frac{117}{74}$이다.

⑤ C집단에서는 남자의 경쟁률이 여자의 경쟁률보다 높다.

09 다음은 어느 나라의 여성 공무원 현황에 대한 자료이다. 이에 대한 설명으로 옳지 않은 것은?

〈여성 공무원 현황〉

(단위 : 명, %)

구 분	2014년	2015년	2016년	2017년	2018년	2019년
전체 공무원	266,176	272,584	275,484	275,231	278,303	279,636
여성 공무원	70,568	75,608	78,855	80,666	82,178	83,282
여성 공무원 비율(%)	26.5	27.7	(가)	29.3	29.5	29.8

① 2014년 이후 여성 공무원 수는 꾸준히 증가하고 있다.
② (가)에 들어갈 비율은 35% 이상이다.
③ 2019년도에 남성 공무원이 차지하는 비율은 70% 이상이다.
④ 2019년 여성 공무원의 비율은 2014년과 비교했을 때, 약 3.3%p 차이가 난다.
⑤ 남성 공무원의 비율은 매년 감소하고 있다.

10 다음 표는 일 년 동안 A병원을 찾은 당뇨병 환자에 대한 자료이다. 이에 대한 설명으로 옳지 않은 것은?

〈당뇨병 환자 현황〉

(단위 : 명)

당뇨병 / 나이	경 증		중 증	
	여 자	남 자	여 자	남 자
50세 미만	9	13	8	10
50세 이상	10	18	8	24

① 전체 여자 환자 중 중증인 환자의 비율은 45% 이상이다.
② 경증 환자 중 남자 환자의 비율은 중증 환자 중 남자 환자의 비율보다 높다.
③ 50세 이상의 환자 수는 50세 미만 환자 수의 1.5배이다.
④ 중증인 여자 환자의 비율은 전체 당뇨병 환자의 16%이다.
⑤ 50세 미만 남자 중에서 경증 환자 비율은 50세 이상 여자 중에서 경증 환자 비율보다 높다.

※ 다음 자료를 읽고 물음에 답하시오. [11~12]

〈국내 공항 방문객 수〉

(단위 : 명)

구 분		국내도착 외국인 국적		내국인 해외 목적지	
		2019년 10월	2018년 10월	2019년 10월	2018년 10월
총 계		574,690	475,442	757,538	648,385
아시아		428,368	346,303	553,875	454,102
	일 본	256,813	179,212	122,777	126,283
	중 국	59,730	58,477	232,885	164,603
	홍 콩	11,337	12,276	28,068	20,576
	대 만	29,415	26,881	10,975	8,137
	필리핀	19,098	19,148	30,789	28,554
	태 국	10,398	8,978	68,309	55,416
	싱가포르	7,094	7,572	14,477	13,316
	말레이시아	7,847	10,356	5,449	5,204
	인도네시아	4,654	5,092	8,247	9,511
	인 도	5,344	4,489	2,257	1,499
오세아니아		7,149	6,066	31,347	28,165
	호 주	5,345	4,610	14,740	15,902
	뉴질랜드	1,445	1,137	7,169	5,865
북아메리카		59,133	50,285	52,372	54,973
	미 국	49,225	42,159	42,392	45,332
	캐나다	7,404	6,253	8,620	8,383
유 럽		49,320	43,376	46,460	42,160
아프리카		1,738	2,142	1,831	1,830
기 타		28,982	27,270	71,653	67,155

11 다음 중 자료를 보고 판단한 것으로 옳지 않은 것은?

① 전년 동월 대비 2019년 10월 외국인 국내 방문객 수가 감소한 아시아 국가는 5개국이다.
② 전년 동월 대비 2019년 10월 내국인의 미국 방문객 감소량은 말레이시아의 국내 방문객 감소량보다 크다.
③ 2019년 10월 뉴질랜드의 국내 방문객과 내국인의 뉴질랜드 방문객 수는 전년 동월 대비 모두 증가했다.
④ 아시아 국가 중 2018년 10월과 2019년 10월 내국인 해외 방문객 수가 많은 순서대로 나열하면 상위 5개국의 순서는 동일하다.
⑤ 전년 동월 대비 유럽의 2019년 10월 국내 방문객 증가율은 내국인의 유럽 방문객 증가율보다 낮다.

Hard

12 아시아, 오세아니아, 북아메리카, 유럽, 아프리카 중 내국인 해외 목적지로 전년 동월에 비해 2019년 10월에 가장 큰 증가율을 보인 대륙에서 내국인이 가장 많이 찾은 해외 목적지의 인원은?

① 232,885명
② 122,777명
③ 14,740명
④ 42,392명
⑤ 30,789명

Easy

13 연속하는 세 홀수에 대하여, 가장 큰 수는 나머지 두 수의 합보다 11만큼 작다. 이때 가장 작은 수는?

① 9
② 13
③ 17
④ 21
⑤ 25

14 어느 중학교의 작년 학생 수는 500명이다. 올해는 남학생이 10% 증가하고, 여학생은 20% 감소하여, 작년보다 총 10명 감소하였다. 올해 남학생 수는?

① 300명
② 315명
③ 330명
④ 350명
⑤ 370명

15 철수와 민수는 피자를 먹었다. 철수는 전체 피자의 $\frac{1}{3}$을 먹고, 민수는 철수가 먹고 남은 피자의 $\frac{5}{6}$를 먹었다. 민수가 먹고 남은 피자가 4조각일 때 피자의 전체 조각 수는?

① 7조각
② 12조각
③ 26조각
④ 36조각
⑤ 42조각

16 A지점에서 150km 떨어진 B지점까지 평균시속 75km로 왕복하였다. 갈 때는 시속 100km로 운전하였다면 올 때의 시속은 몇 km인가?

① 60km/h
② 65km/h
③ 70km/h
④ 75km/h
⑤ 80km/h

17 세 자연수 a, b, c가 있다. $a+b+c=5$일 때, 순서쌍 (a, b, c)의 값이 될 수 있는 경우는 몇 가지인가?

① 1가지
② 3가지
③ 4가지
④ 5가지
⑤ 6가지

Easy

18 동전 한 개와 주사위 두 개를 던져서 동전의 앞면이 나올 때 주사위 두 개의 곱이 홀수가 되는 확률은?

① $\frac{1}{3}$
② $\frac{1}{4}$
③ $\frac{1}{5}$
④ $\frac{1}{6}$
⑤ $\frac{1}{8}$

※ 일정한 규칙으로 수를 나열할 때, 빈칸에 들어갈 알맞은 수를 고르시오. [19~22]

19

−2　4　20　10　16　80　(　)　46　230　115

① 10　② 30
③ 40　④ 60
⑤ 90

20

3　6　13　46　53　206　(　)

① 208　② 210
③ 213　④ 227
⑤ 288

21

2　2　3　4　2　4　4　3　(　)

① 1　② 3
③ 5　④ 7
⑤ 9

22

6　4　30　21　5　78　19　(　)　156

① 31　② 32
③ 33　④ 34
⑤ 35

※ 다음은 일정한 규칙에 따라 나열된 수열이다. ?에 들어갈 값으로 알맞은 것을 고르시오. [23~24]

Hard

23

10	2	8	5	6	8
	20	?	19	19	

① 15
② 19
③ 21
④ 29
⑤ 38

24

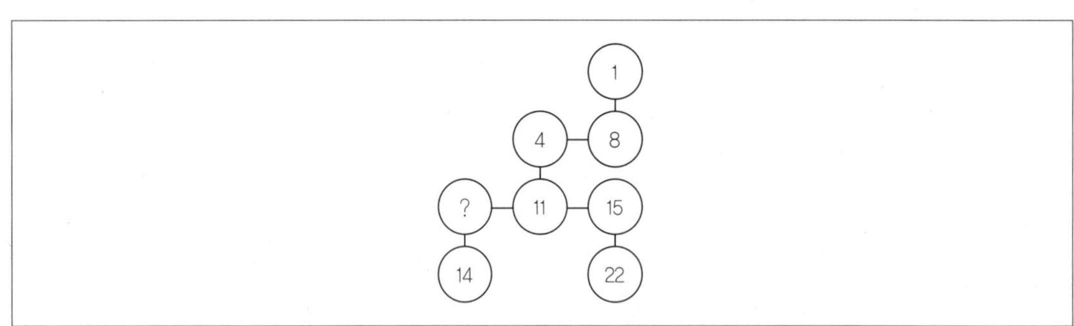

① 6
② 7
③ 8
④ 9
⑤ 10

※ 제시된 순서에 따라 출력되는 값을 구하시오. [25~30]

25

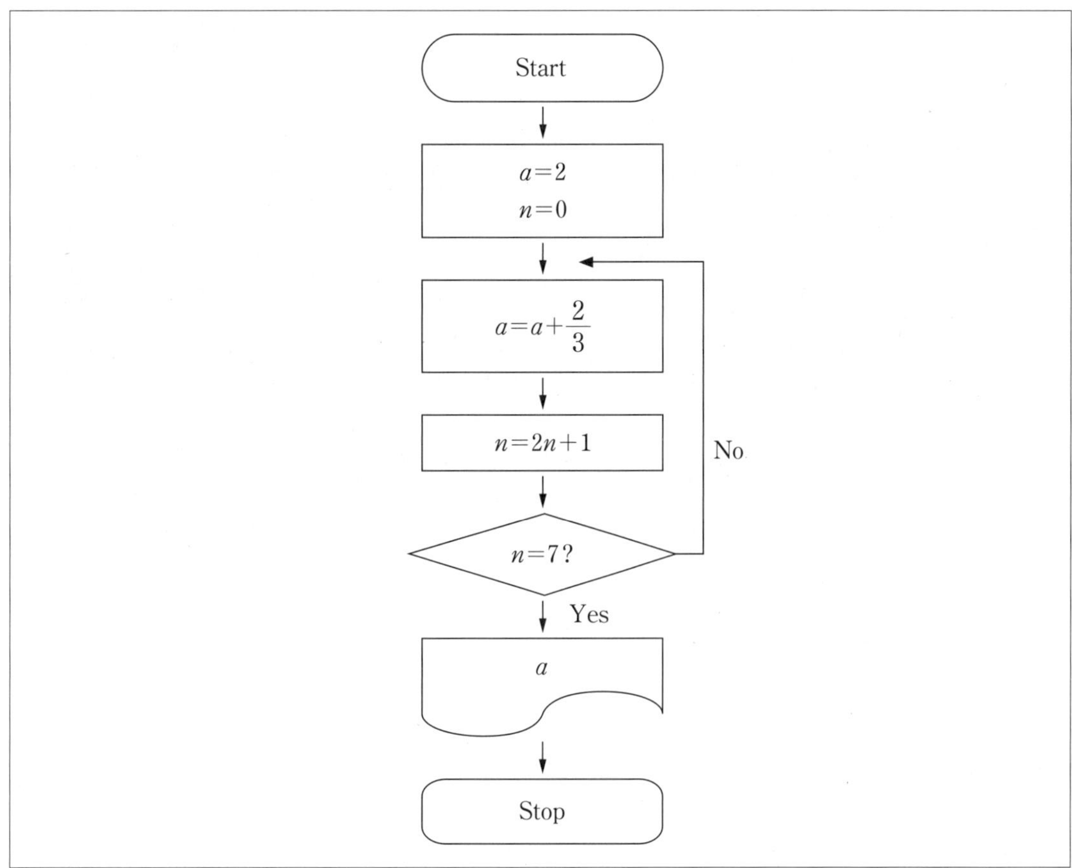

① 6

② 4

③ $\frac{14}{3}$

④ $\frac{41}{24}$

⑤ $\frac{10}{24}$

26

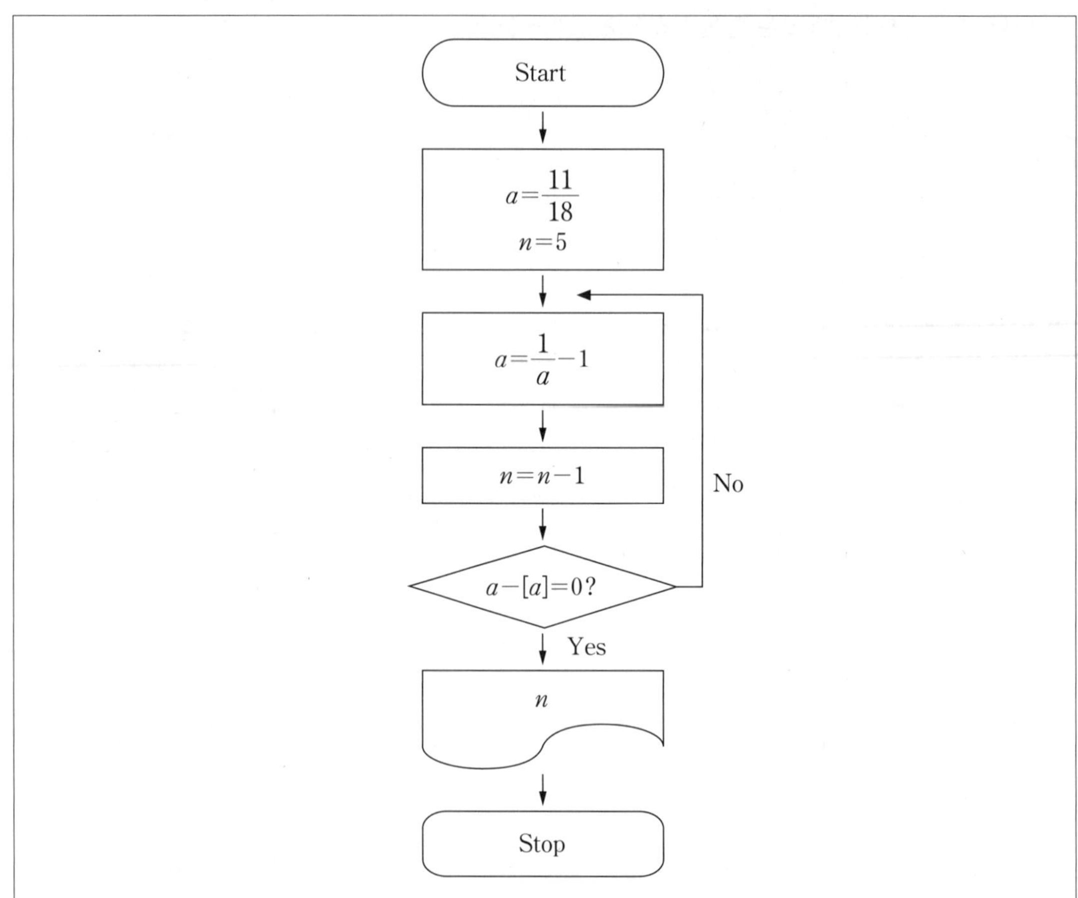

① 4
② 3
③ 2
④ 1
⑤ 0

27

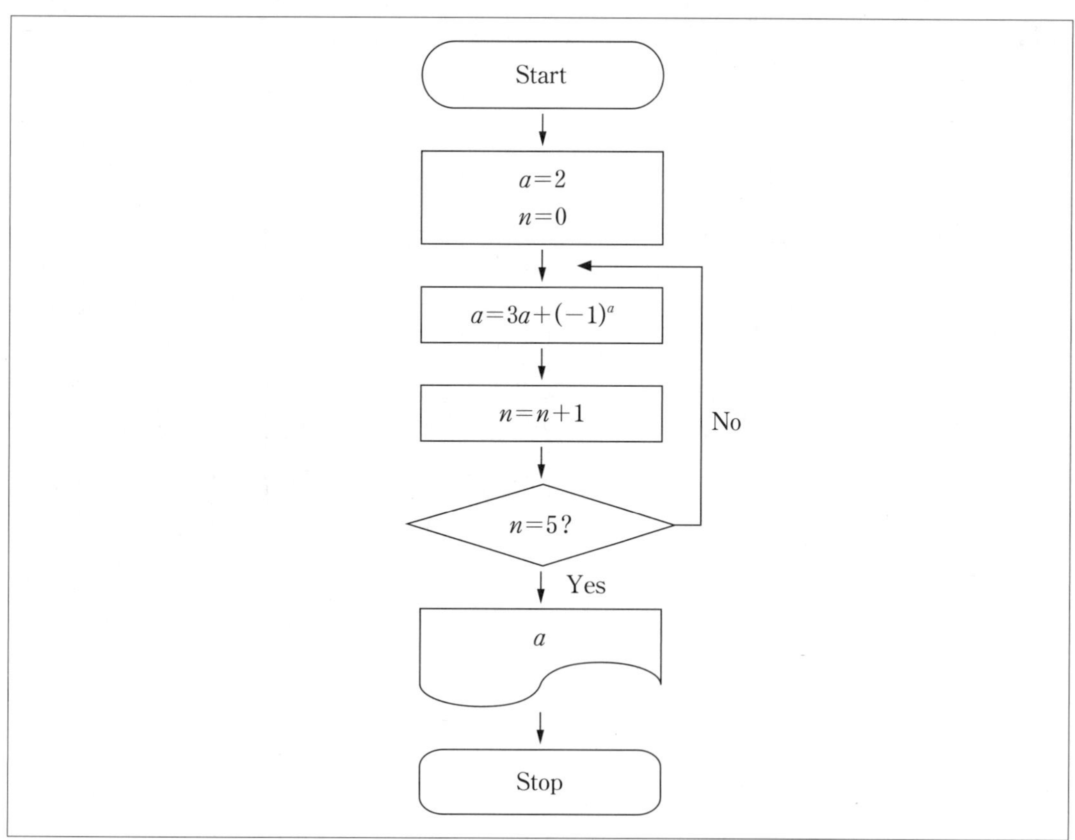

① 547 ② 545

③ 543 ④ 541

⑤ 539

28

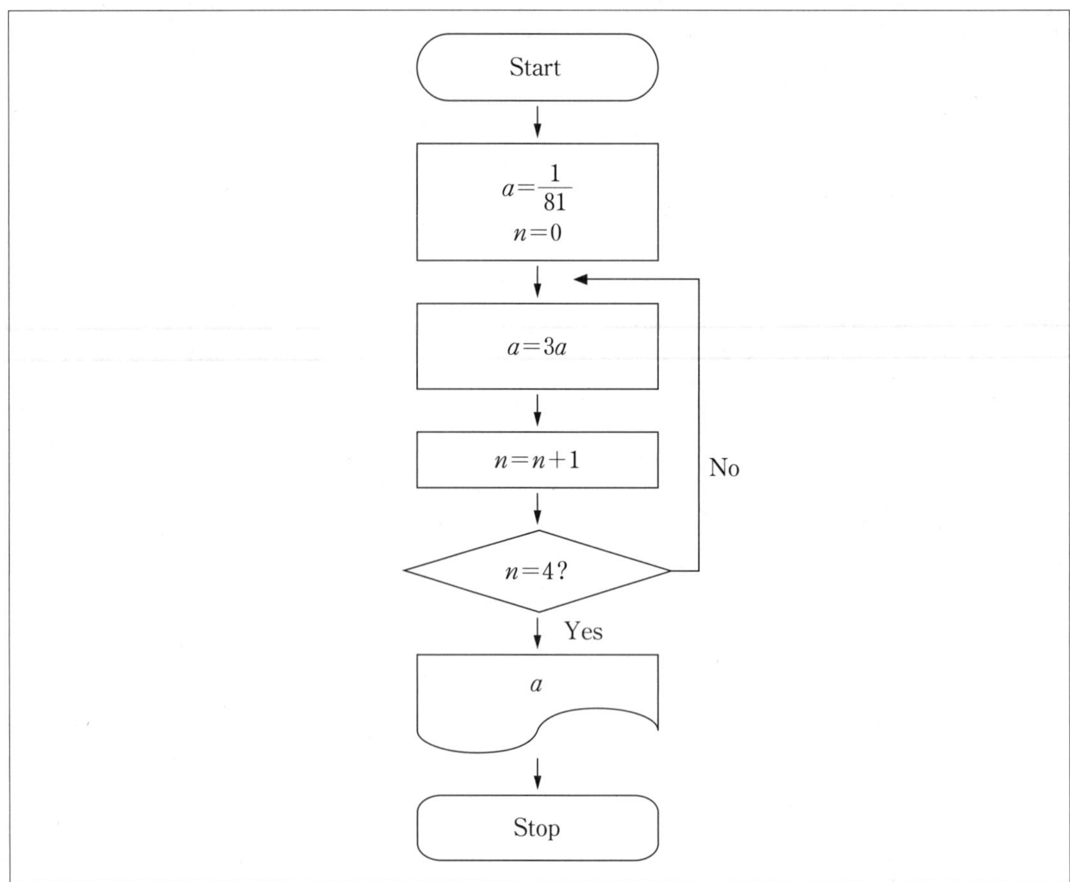

① 1　　② 2

③ 3　　④ 4

⑤ 5

29

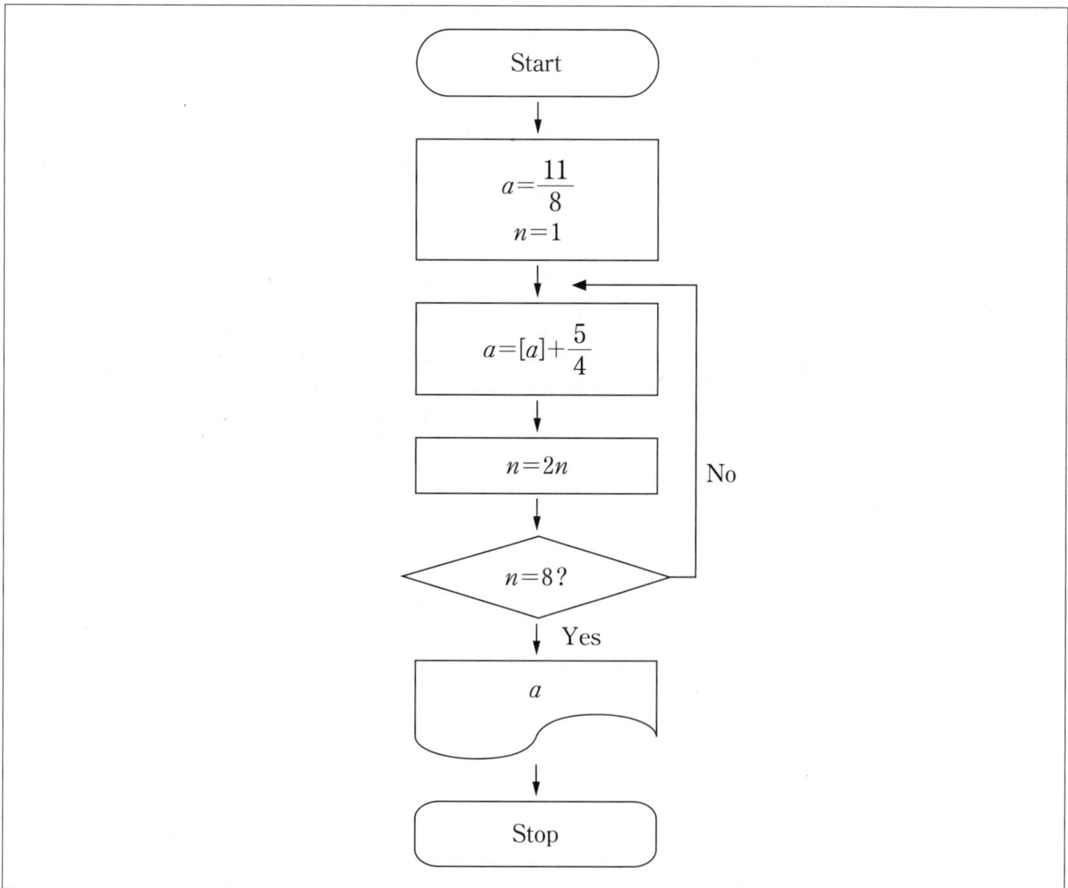

① $\frac{29}{8}$

② $\frac{9}{4}$

③ $\frac{22}{8}$

④ $\frac{13}{4}$

⑤ $\frac{17}{4}$

PART 2 제1회 제2회

안심Touch

30

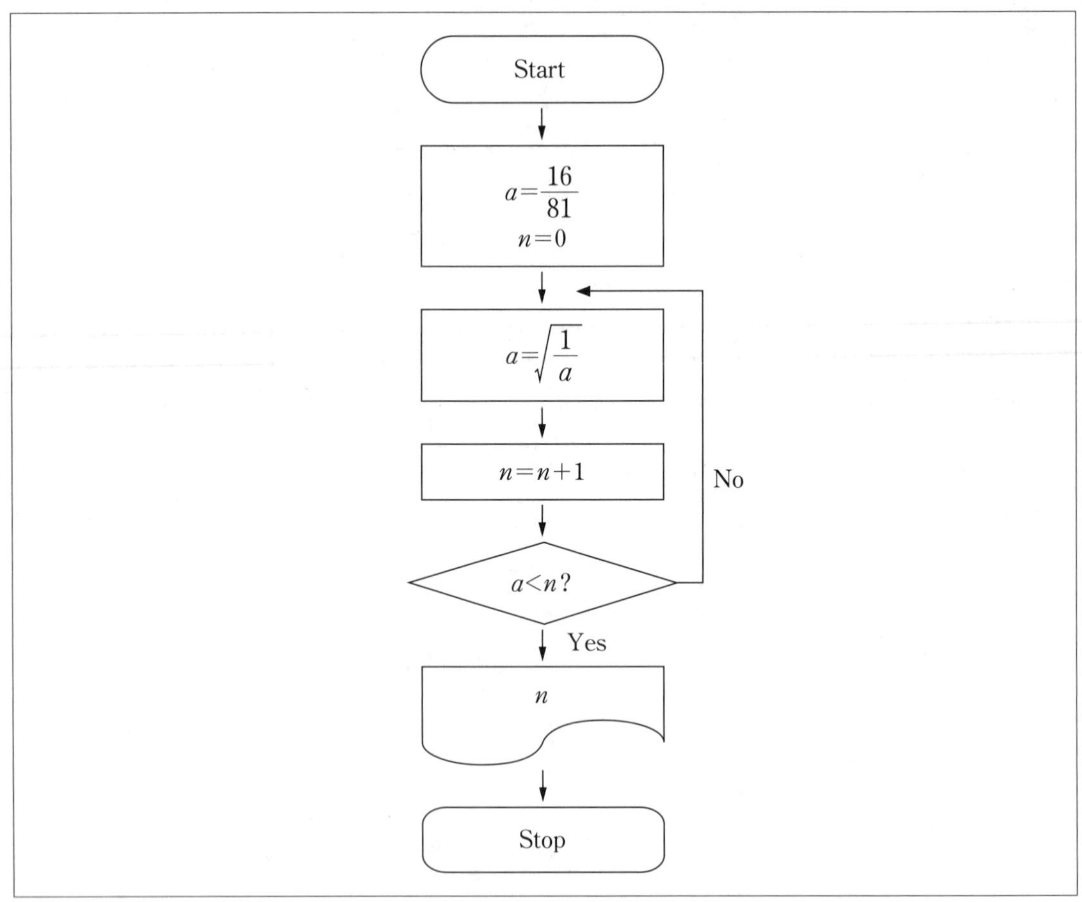

① 2
② 3
③ 4
④ 5
⑤ 6

03 어휘유창성(인문계)

※ 다음 중 동의 또는 유의 관계인 단어를 2개 고르시오. [1~3]

01 ① 질색하다 ② 소소하다
③ 특별하다 ④ 평범하다
⑤ 비범하다

02 ① 실하다 ② 평탄하다
③ 야무지다 ④ 가파르다
⑤ 자욱하다

03 ① 편안하다 ② 아쉽다
③ 충분하다 ④ 모자라다
⑤ 중요하다

※ 다음 중 서로 반의 관계인 단어를 2개 고르시오. [4~6]

Hard
04 ① 원료 ② 봉건
③ 가공 ④ 차용
⑤ 반제

05 ① 정밀 ② 개선
③ 동조 ④ 조잡
⑤ 독려

06 ① 추상 ② 망각

③ 상태 ④ 심리

⑤ 기억

07 **다음 중 어미 '–지'의 쓰임이 잘못 연결된 것은?**

> ㉠ '–지' : 상반되는 사실을 서로 대조적으로 나타내는 연결 어미
> ㉡ '–지' : (용언 어간이나 어미 '–으시–', '–었–', '–겠–' 뒤에 붙어) 해할 자리에 쓰여, 어떤 사실을 긍정적으로 서술하거나 묻거나 명령하거나 제안하는 따위의 뜻을 나타내는 종결 어미. 서술, 의문, 명령, 제안 따위로 두루 쓰인다.
> ㉢ '–지' : (용언의 어간이나 어미 '–으시–', '–었–' 뒤에 붙어) 그 움직임이나 상태를 부정하거나 금지하려 할 때 쓰이는 연결 어미. '않다', '못하다', '말다' 따위가 뒤따른다.

① ㉠–콩을 심으면 콩이 나지 팥이 날 수는 없다.

② ㉡–그는 이름난 효자이지.

③ ㉡–그는 어떤 사람이지?

④ ㉢–쓰레기를 버리지 마시오.

⑤ ㉢–그는 얼마나 부지런한지 세 사람 몫의 일을 해낸다.

※ 다음 밑줄 친 부분과 같은 의미로 쓰인 것을 고르시오. [8~9]

Hard

08

어머니는 잔칫상을 보느라 바쁘시다.

① 주무실 자리를 봐 드려라.
② 며느리를 보다.
③ 이 회사에서 사무를 보고 있다.
④ 궁합을 볼 필요가 있다.
⑤ 이제 끝장을 보자.

09

'철도가 그리는 아름다운 세상'이라는 주제로 열린 이번 철도 사진 공모전의 대상은 붉은 노을을 한 몸에 받으며 달리는 KTX의 곡선미를 담은 '오렌지색 KTX'가 차지했다.

① 유명 아이돌 가수 P는 팬들로부터 많은 선물과 편지를 받았다.
② 막내로 집에서 귀염을 받으며 자란 그녀는 세상 물정을 너무 모른다.
③ 네가 이번 시험에서 100점을 받으면 최신 휴대폰을 사줄게.
④ 너와 나란히 달빛을 받으며 걷는 지금 이 순간이 꿈만 같아.
⑤ 친구의 전화를 받으며 횡단보도를 건너다 사고가 날 뻔했어.

10 다음 중 밑줄 친 어휘의 표기가 옳은 것은?

① 벌써 사흘이 지났건만 그는 콧배기도 내밀지 않는다.
② 힘없이 걸어가는 그의 모습이 가엾어 보였다.
③ 얼마 전에 담근 알타리무 김치가 맛있게 익었어.
④ 짐을 구루마에 실어 옮겨야겠어.
⑤ 안절부절하는 태도를 보니 그 말은 거짓이 틀림없군.

11 다음 중 밑줄 친 부분의 띄어쓰기가 잘못된 것은?

① 아는 만큼 보인다.
② 먹을 만큼만 담으시오.
③ 네 생각 만큼 어렵지 않을 거야.
④ 나만큼 빨리 뛸 수 있는 사람은 없어.
⑤ 그 핸드폰은 비싼 만큼 오래 쓸 수 있을 거야.

12 다음 중 밑줄 친 부분의 맞춤법 수정방안으로 적절하지 않은 것은?

> 옛것을 본받는 사람은 옛 자취에 얽메이는 것이 문제다. 새것을 만드는 사람은 이치에 합당지 않은 것이 걱정이다. 진실로 능히 옛것을 변화할줄 알고, 새것을 만들면서 법도에 맞을 수만 있다면 지금 글도 옛글 만큼 훌륭하게 쓸 수 있을 것이다.

① 본받는 → 본 받는
② 얽메이는 → 얽매이는
③ 합당지 → 합당치
④ 변화할줄 → 변화할 줄
⑤ 옛글 만큼 → 옛글만큼

13 다음 글과 관련 있는 사자성어는?

> TV 드라마에는 주인공이 어릴 적 헤어졌던 가족 혹은 연인을 바로 눈앞에 두고도 알아보지 못하는 안타까운 상황이 자주 등장한다.

① 누란지위(累卵之危)
② 등하불명(燈下不明)
③ 사면초가(四面楚歌)
④ 조족지혈(鳥足之血)
⑤ 지란지교(芝蘭之交)

Hard

14 우리말의 높임 표현에 대한 설명이다. 〈보기 1〉을 바탕으로 〈보기 2〉를 바르게 분석한 것은?

보기 1

화자와 청자, 말하는 대상의 관계에 따라 높임 관계를 달리 표현하는 것을 높임 표현이라 한다. 이때 사용되는 문법 요소가 높임법으로, 선어말어미 '－시－', 조사 '－께', '주무시다, 잡수시다' 등과 같은 특수 어휘를 통해 실현된다.

구분	설명
상대높임법	화자가 청자를 높이거나 낮추는 표현
주체높임법	서술상의 주체가 화자보다 나이가 많거나 사회적 지위가 높을 때 서술의 주체를 높이는 표현
객체높임법	목적어나 부사어가 지시하는 대상, 즉 서술의 객체를 높이는 표현

보기 2

㉠ 여러분, 모두 자리에 앉아 주십시오.
㉡ 여러분, 모두 자리에 앉아요.
㉢ 영희는 선생님께 책을 드렸다.
㉣ 그녀는 시어머니를 모시고 병원에 갔다.
㉤ 할아버지께서 노인정에 가시려고 한다.

① ㉠은 비격식체, ㉡은 격식체로 각각 화자가 청자를 높이고 있다.
② ㉢은 특수한 어휘를 통해 높임 표현을 실현하고 있다.
③ ㉢은 조사와 선어말어미를 활용하여 높임 표현을 실현하고 있다.
④ ㉢과 ㉣은 주체높임법이 실현된 문장이다.
⑤ ㉤은 객체높임법이 실현된 문장이다.

15 다음 중 ㉠을 가장 잘 나타내고 있는 속담은?

사람들은 일상성의 세계를 의심하지 않는다. 오히려 당연한 것으로 받아들인다. 너무도 당연시하는 까닭에 그것에 대해 특별한 관심이나 특별한 의심을 품지 않는다. 때때로 그 일상성의 세계는 신성시될 때도 있다. 마치 종교인이 절대자인 신을 의심하여 상대화시키는 것을 끔찍스러운 일로 받아들이듯이, 물론의 세계와 당연의 세계도 때때로 신비의 베일로 가려져 있고, 그것 자체가 신성화되어 버린다. 그래서 감히 아무도 그것의 정체에 대해서 묻고자 하지 않는다. 여기에는 모든 것이 당연한 것으로 받아들여지기 때문에 ㉠ 당연하지 않은 것, 이상한 것이 나타나면 대번에 잘못된 것이거나 범죄적인 것으로 규정되고 그것을 약화시키거나 소외시키거나 제거하려고 한다. 이것이 바로 일상성의 횡포다. 이러한 일상성의 세계는 한 마디로 문제가 없는 세계다. 문제될 만한 것은 가려져 있든지 아니면 그것이 드러나면 재깍 없어져 버린다. 그러니까 모두가 일상성에 대해 '지당합니다.'라든지 '물론입죠.'라고 대답한다. 여기에서 현상과 사건의 문제성을 꿰뚫어 본다는 것은 결코 쉬운 일이 아니다.

① 독 안에 든 쥐다.
② 모난 돌이 정 맞는다.
③ 두부 먹다 이 빠진다.
④ 밤 잔 원수 없고 날 샌 은혜 없다.
⑤ 못된 송아지 엉덩이에서 뿔이 난다.

※ 다음 빈칸에 들어갈 말로 알맞게 짝지어진 것을 고르시오. [16~20]

16

공공부조와 사회보험은 이미 널리 알려진 [㉠]이다. 공공부조는 국민 혹은 시민의 기초 생활을 보장하기 위하여 국가가 최저생계가 불가능한 사람들을 대상으로 생계비, 생필품 혹은 기본 서비스를 [㉡]하는 것을 가리킨다. 이때 공공부조의 재원은 일반조세를 통해 마련되며, 수급자는 수혜 받은 것에 상응하는 의무를 지지 않는다. 그런데 공공부조의 경우 국가가 수급 대상자를 선별하기 위해 대상자의 소득이나 자산을 조사하는 과정에서 수급자의 자존감을 떨어뜨려 이들에게 사회적 [㉢]을 안겨줄 가능성이 있다. 이와 달리 사회보험은 기본적으로 수급자의 기여를 토대로 이루어지는 복지제도라고 할 수 있다. 현재 대부분의 복지국가는 미래의 불확실성과 불안정성에 대비해서 일정한 소득과 재산이 있는 시민들과 관련 기업에 보험금을 납부하도록 강제하는 법의 [㉣]을 통해 사회보험제도를 시행하고 있다.

	㉠	㉡	㉢	㉣
①	체계	수여	소외감	제정
②	제도	수여	소외감	개정
③	체계	지급	자신감	제정
④	제도	제공	소외감	제정
⑤	관습	제공	자신감	개정

17

전통적 의미에서 영화적 재현과 만화적 재현의 큰 [㉠] 중 하나는 움직임의 유무일 것이다. 영화는 사진에 결여되었던 사물의 운동, 즉 시간을 재현한 예술 장르이다. 반면, 만화는 공간이라는 차원만을 알고 있다. 독자는 정지된 이미지에서 상상을 통해 움직임을 끌어낸다. 그리고 인물이나 물체의 주변에 그어져 속도감을 [㉡]하는 효과선은 독자의 상상을 더욱 부추긴다. 만화는 물리적 시간의 부재를 공간의 유연함으로 [㉢]한다. 영화화면의 테두리인 프레임과 달리, 만화의 칸은 그 크기와 모양이 다양하다. 또한 만화에는 한 칸 내부에 그림뿐 아니라, 말풍선과 인물의 심리나 작중 상황을 드러내는 언어적 · 비언어적 정보를 모두 담을 수 있는 자유로움이 있다. 그리고 그것이 독자의 읽기 시간에 [㉣]을/를 주게 된다. 하지만 영화에서는 이미지를 영사하는 속도가 일정하여 감상의 속도가 강제된다.

	㉠	㉡	㉢	㉣
①	비교	암시	저항	전환
②	차이	암시	극복	변화
③	차이	비유	극복	전환
④	차별	비유	적응	변화
⑤	비교	암시	적응	변화

18

> 우리나라에서 공적 연금 제도를 운영하는 과정에는 사회적 연대를 중시하는 입장과 경제적 성과를 중시하는 입장이 부딪치고 있다. 구체적으로 전자는 이 제도를 계층 간, 세대 간 소득 재분배의 [㉠]으로 이용해야 한다고 주장한다. 소득이 적어 보험료를 적게 낸 사람에게 보험료를 많이 낸 사람과 비슷한 연금을 지급하고, 자녀 세대의 보험료로 부모 세대의 연금을 [㉡]하는 것은 그러한 관점에서 이해될 수 있다. 하지만 후자는 이처럼 사회 구성원 일부에게 [㉢]을 강요하는 소득 재분배는 물가 상승을 [㉣]하여 연금의 실질 가치를 보장할 수 있을 때만 허용되어야 한다고 비판한다. 사회 내의 소득 격차가 커질수록, 자녀 세대의 보험료 부담이 커질수록, 이 비판은 더욱 강해질 수밖에 없다.

	㉠	㉡	㉢	㉣
①	수단	충전	희생	투영
②	방편	축적	헌신	투영
③	수단	충당	희생	반영
④	수단	충전	헌신	투영
⑤	방편	충당	희생	반영

19

> 유추에 의해 단어가 형성되는 과정은 보통 네 가지 단계로 이루어진다. 첫째, 새로운 개념을 나타내는 어떤 단어가 필요한 경우 그것을 만들겠다고 [㉠]한다. 둘째, 머릿속에 들어 있는 수많은 단어 가운데 근거로 이용할 만한 단어들을 찾는다. 셋째, 수집한 단어들과 만들려는 단어의 개념과 형식을 비교하여 공통성을 [㉡]한다. 이 단계에서 근거로 삼을 단어를 확정한다. 넷째, 근거로 삼은 단어의 개념과 형식 관계를 [㉢]해서 단어 형성을 완료한다. 이렇게 형성된 단어는 처음에는 신어로 다루어지지만 이후에 널리 쓰이게 되면 국어사전에 [㉣]된다.

	㉠	㉡	㉢	㉣
①	판결	포획	적용	등재
②	결정	포착	도입	등제
③	판결	포착	도입	등재
④	확인	포획	개선	등제
⑤	결정	포착	적용	등재

20

공자가 제시한 '군자'는 도덕적 [㉠]을 완성하기 위해 애쓰는 사람이기도 하면서 자신의 도덕적 [㉡]을 통해 예를 실현하는 사람이다. 원래 군자는 정치적 지배계층을 가리키는 말로 일반 서민을 가리키는 소인과 [㉢]되는 개념이었다. 공자는 이러한 개념을 확장하여 군자와 소인을 도덕적으로도 구별하였다. 사리사욕에 사로잡혀 자신의 이익과 욕심을 채우는 데만 [㉣]하는 소인과 도덕적 수양을 최우선으로 삼는 군자를 도덕적으로 차별화한 것이다. 군자는 이익을 따지기보다는 무엇이 옳고 그른지를 먼저 [㉤]해야 한다고 하였다.

	㉠	㉡	㉢	㉣	㉤
①	인격	수양	대비	몰두	판단
②	인권	수양	비교	연구	판정
③	성격	수행	대비	몰락	판정
④	인권	수행	비교	몰두	판단
⑤	인격	수양	비교	연구	판단

21 다음 중 글쓴이가 하고자 하는 말과 어울리는 속담은?

부지런함이란 무얼 뜻하겠는가? 오늘 할 일을 내일로 미루지 말며, 아침때 할 일을 저녁때로 미루지 말며, 맑은 날에 해야 할 일을 비 오는 날까지 끌지 말도록 하고, 비 오는 날 해야 할 일도 맑은 날까지 끌지 말아야 한다. 늙은이는 앉아서 감독하고, 어린 사람들은 직접 행동으로 어른의 감독을 실천에 옮기고, 젊은이는 힘이 드는 일을 하고, 병이 든 사람은 집을 지키고, 부인들은 길쌈을 하느라 한밤중이 넘도록 잠을 자지 않아야 한다. 요컨대 집안의 상하 남녀 간에 단 한 사람도 놀고먹는 사람이 없게 하고, 또 잠깐이라도 한가롭게 보여서는 안 된다. 이런 걸 부지런함이라 한다.

① 백짓장도 맞들면 낫다.
② 작은 것부터 큰 것이 이루어진다.
③ 사공이 많으면 배가 산으로 간다.
④ 일찍 일어나는 새가 벌레를 잡는다.
⑤ 고기 보고 기뻐만 말고 가서 그물을 떠라.

22 다음 중 밑줄 친 부분의 의미로 적절한 것은?

> 지난날의 인간 사회에서 일어난 사실들 가운데 지금까지도 역사로 남아 있을 수 있는 것은 사람의 지혜가 발달해도 언제나 중요하고 참고될 만한 사실, 시대의 변화에 따라 그 뜻이 줄어드는 것이 아니라 더 높아지고 확대되는 사실들이라 일단 생각할 수 있다.

① 위축(萎縮)되는
② 단축(短縮)되는
③ 약화(弱化)되는
④ 경감(輕減)되는
⑤ 소진(消盡)되는

※ 다음 중 밑줄 친 것과 같은 의미로 사용한 것을 고르시오. [23~25]

Hard

23

> 특수한 이론도 그 도착점은 보편적인 것이어야 하며, 보편적인 이론도 그 출발점은 특수한 곳이다. 그 둘은 학문하는 사람이라면 마땅히 갖추어야 할 태도를 지적하고 있을 뿐이다. 따라서 그것은 문제 제기가 잘못된 것이다. 특수성이냐 보편성이냐 하는 추상적이고 형식적인 문제가 아니라 구체적인 문제, 예컨대 인간 사회를 따져야 한다. 지금 여기 우리의 이성은 무엇인가, 그것의 구체적인 표현으로서 우리의 언어는 무엇인가, 혹은 우리의 사회 구성체의 현재와 미래는 무엇인가 등등 이런 것을 따져야 할 것이다. 그리고 우리의 학문은 이 단계에 들어서고 있다.

① 집에 들어서자 아이들이 달려 나왔다.
② 열차가 들어올 때면 한 발 들어서야 한다.
③ 그 숲에는 소나무가 울창하게 들어서 있다.
④ 새 정권이 들어섰으니 우리 사회도 많이 바뀔 것이다.
⑤ 신학기에 들어서 가장 변화된 것은 교복 자율화이다.

24

> 판소리를 부르는 데는 무대가 필요하지 않다. 마당에 자리 한 닢을 깔면 그만이다. 그 위에 광대는 서고 고수는 앉아서, 광대는 창을 하고 고수는 북으로 장단을 치며 추임새라고 하는 탄성을 발해 흥을 돋우기도 한다.

① 그 소매치기가 주로 활동한 무대는 명동이다.
② 그는 자기의 소질을 외교 무대에서 한껏 발휘했다.
③ 교실을 무대로 한 일대 활극이 그것도 수업 중에 벌어졌다.
④ 인생은 무대 없는 연극이고 우리는 분장 없이 등장하는 배우이다.
⑤ 그는 세계를 무대로 활동했다.

25

> 예술가들 개인의 입장에서 볼 때, 과학자나 기술자 혹은 경제학자에 비해서 자신의 직업에 보다 전인간적인 투자를 하고 있거나 한 번뿐인 자신의 삶을 온통 자신의 창작 작업에 몰두하는 예를 허다하게 찾아볼 수 있다. 그들에게 예술은 단순히 어떤 목표를 성취하기 위한 수단에 그치지 않고 그 자체로서 가치가 있는 실존적 의미를 지닌다. 예술을 위하여 물질적인 풍요나 사회적인 명예를 <u>버리고</u> 경제적으로나 사회적으로 비참한 소외자가 되기를 스스로 선택했던 수많은 예술가들이 있어 왔음을 우리는 잘 알고 있다.

① 방에 널려 있는 쓰레기를 <u>버리고</u> 오너라.
② 그는 속세를 <u>버리고</u> 깊은 산속으로 들어갔다.
③ 아내와 헤어지더라도 아들을 <u>버리기</u> 쉽지 않습니다.
④ 우리는 모든 희망을 <u>버리고</u> 죽을 날만을 기다렸다.
⑤ 가정을 <u>버리고</u> 떠난 사람이 다시 돌아오기는 어렵다.

※ 다음 중 밑줄 친 맞춤법이 올바르게 쓰인 것을 고르시오. [26~27]

Easy

26

① <u>반듯이</u> 대학에 합격할 것이다.
② 허리를 펴고 <u>반듯이</u> 앉아라.
③ <u>반듯이</u> 약속 시간에 늦어서는 안 된다.
④ 인간은 <u>반듯이</u> 죽는다.
⑤ <u>반듯이</u> 우승해야 한다.

27

① 저 산의 높이를 <u>갈음</u>해 보자.
② 소년 가장들의 모습은 장하기도 하지만, 애처롭고 <u>안스러워요</u>.
③ 보기와는 달리 <u>어쭙잖게</u> 아는 체하기에 슬그머니 화가 나지 않겠소.
④ 상처를 깨끗한 물로 닦든지 연고를 발라라. <u>진무르지</u> 않게 말이다.
⑤ 아시아 청소년 결승전 우승팀 <u>맞추기</u>에서 내가 일등을 했다.

※ 다음 글을 읽고, 이어지는 물음에 답하시오. [28~30]

㉠ 우리나라에도 몇몇 도입종들이 활개를 치고 있다. 예전엔 청개구리가 울던 연못에 요즘은 미국에서 건너온 황소개구리가 들어 앉아 이것저것 닥치는 대로 삼키고 있다. 어찌나 먹성이 좋은지 심지어는 우리 토종 개구리들을 먹고 살던 뱀까지 잡아먹는다. 토종 물고기들 역시 미국에서 들여온 블루길에게 물길을 빼앗기고 있다. 이들이 어떻게 자기 나라보다 남의 나라에서 더 잘 살게 된 것일까?

도입종들이 모두 잘 적응하는 것은 결코 아니다. 사실, 절대 다수는 낯선 땅에 발도 제대로 붙여 보지 못하고 사라진다. 정말 아주 가끔 남의 땅에서 들풀에 붙은 불길처럼 무섭게 번져 나가는 것들이 있어 우리의 주목을 받을 뿐이다. 그렇게 남의 땅에서 의외의 성공을 거두는 종들은 대개 그 땅의 특정 서식지에 마땅히 버티고 있어야 할 종들이 쇠약해진 틈새를 비집고 들어온 것들이다. 토종이 제자리를 당당히 지키고 있는 곳에 쉽사리 뿌리 내릴 수 있는 외래종은 거의 없다.

제아무리 대원군이 살아 돌아온다 하더라도 더는 타문명의 유입을 막을 길은 없다. 어떤 문명들은 서로 만났을 때 충돌을 면치 못할 것이고, 어떤 것들은 비교적 평화롭게 공존하게 될 것이다. 결코 일반화할 수 있는 문제는 아니겠지만 스스로 아끼지 못한 문명은 외래 문명에 ㉡ 텃밭을 빼앗기고 말 것이라는 예측을 해도 큰 무리는 없을 듯싶다. 내가 당당해야 남을 수용할 수 있다.

영어만 잘 하면 성공한다는 믿음에 온 나라가 야단법석이다. 배워서 나쁠 것 없고, 영어는 국제 경쟁력을 키우는 차원에서 반드시 배워야 한다. 하지만 영어보다 더 중요한 것은 우리 한글이다. 한술 더 떠 ㉢ 일본을 따라 영어를 공용어로 하자는 주장이 심심찮게 들리고 있다. 그러나 우리글을 제대로 세우지 않고 영어를 들여오는 일은 우리 개구리들을 돌보지 않은 채 황소개구리를 들여온 우를 또다시 범하는 것이다.

영어를 자유롭게 구사하는 일은 새 시대를 살아가는 필수 조건이다. 하지만 우리 한글을 바로 세우는 일에도 소홀해서는 절대 안 된다. 황소개구리의 황소 울음 같은 소리에 익숙해져 청개구리의 소리를 잊어서는 안되는 것처럼.

Easy

28 다음 중 ㉠의 상황에 가장 잘 어울리는 말은?

① 말보다 주먹을 앞세운다.
② 초상집 개 신세만도 못하다.
③ 굴러온 돌이 박힌 돌 빼낸다.
④ 고래 싸움에 새우 등 터진다.
⑤ 하늘은 스스로 돕는 자를 돕는다.

29 다음 중 ㉡의 문맥적 의미를 풀이한 것으로 바른 것은?

① 대세의 흐름
② 생존의 수단
③ 힘들여 가꾼 농토
④ 자신의 권리나 문화
⑤ 그나마 남아있는 영역

30 글쓴이가 ⓒ과 같이 주장하는 이에게 할 만한 말을 표현한 관용어로 가장 적절한 것은?

① 우리말 표현에는 이력이 난 사람이군.
② 괜히 딴죽을 걸어 상대를 괴롭게 할 사람이군.
③ 뒷다리를 잡히면 꼼짝도 못할 사람이 큰 소리는.
④ 영어를 전가의 보도(寶刀)처럼 사용할 사람이군.
⑤ 언어를 빼앗기고 설움을 겪어야 했던 전철을 또 밟고 싶소?

04 공간추리(이공계)

※ 실제 시험에서는 각 유형 중 한 가지로 30문제가 출제되었으나 본 모의고사에서는 기출 유형을 섞어서 출제하였습니다.

※ 3×3×3 큐브를 다음과 같이 정의할 때, 이어지는 물음에 답하시오. [1~8]

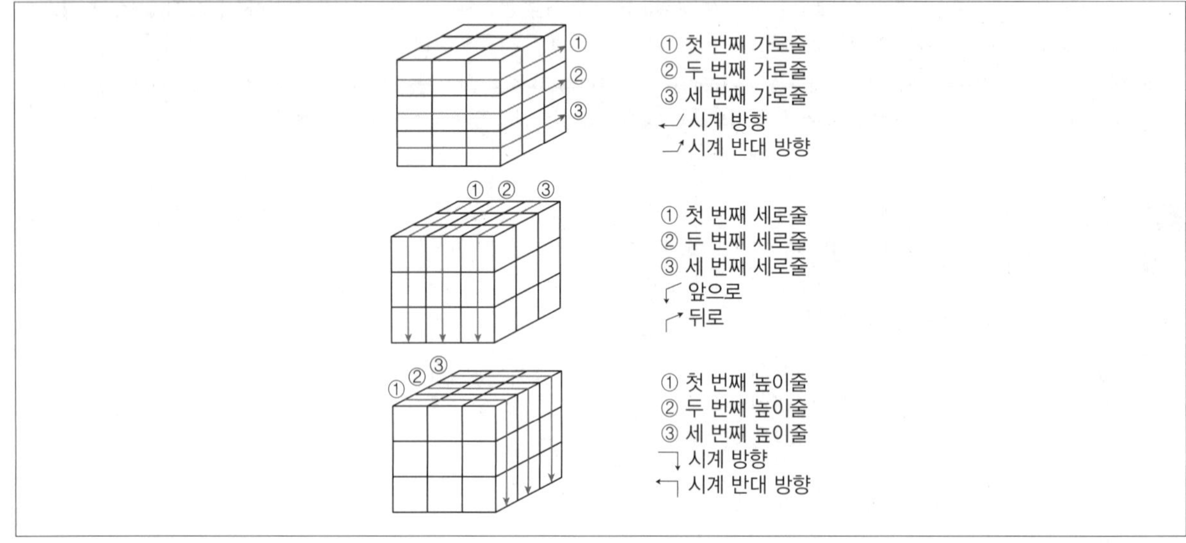

01 첫 번째 가로줄을 180°, 두 번째 가로줄을 시계 방향으로 270°, 첫 번째 세로줄을 뒤로 270° 돌렸을 때, 나오는 모양을 다음과 같이 잘랐을 때의 단면은?

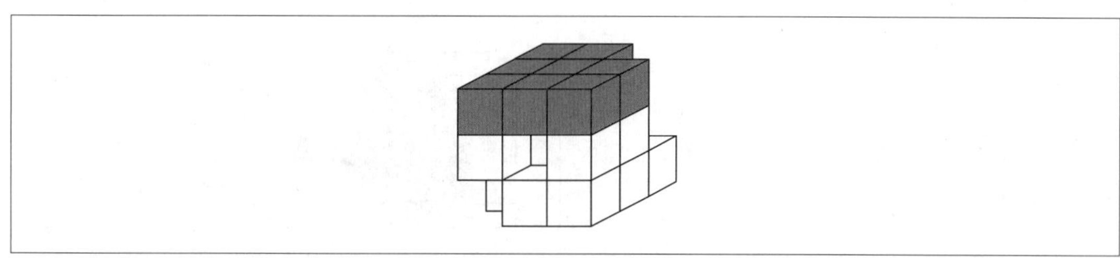

① 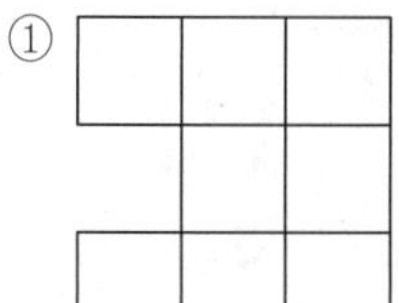

② 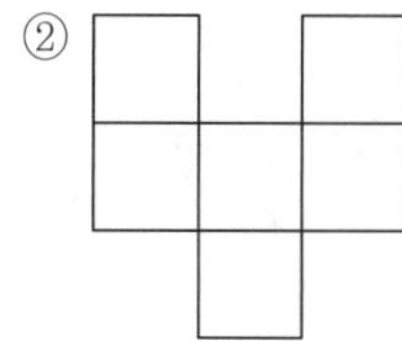

③ 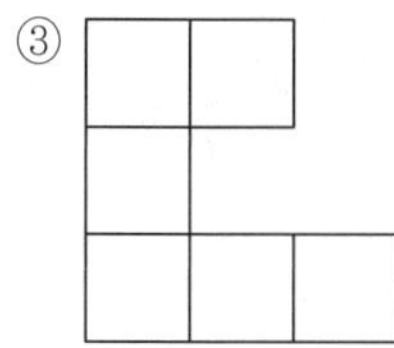

④ 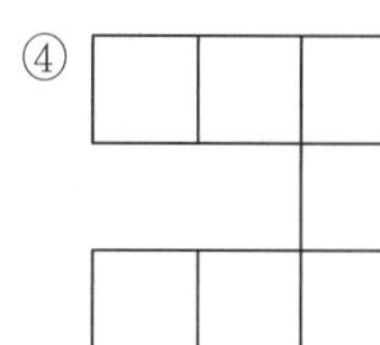

⑤ 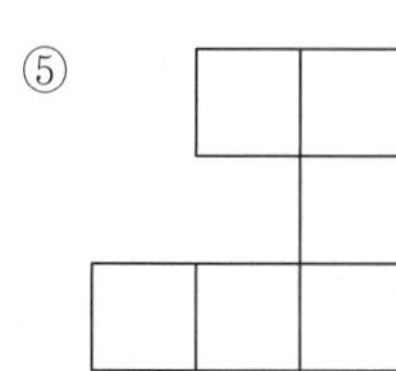

02 첫 번째 세로줄을 뒤로 270°, 두 번째 가로줄을 시계 반대 방향으로 270°, 첫 번째 가로줄을 시계 반대 방향으로 90° 돌렸을 때, 나오는 모양을 다음과 같이 잘랐을 때의 단면은?

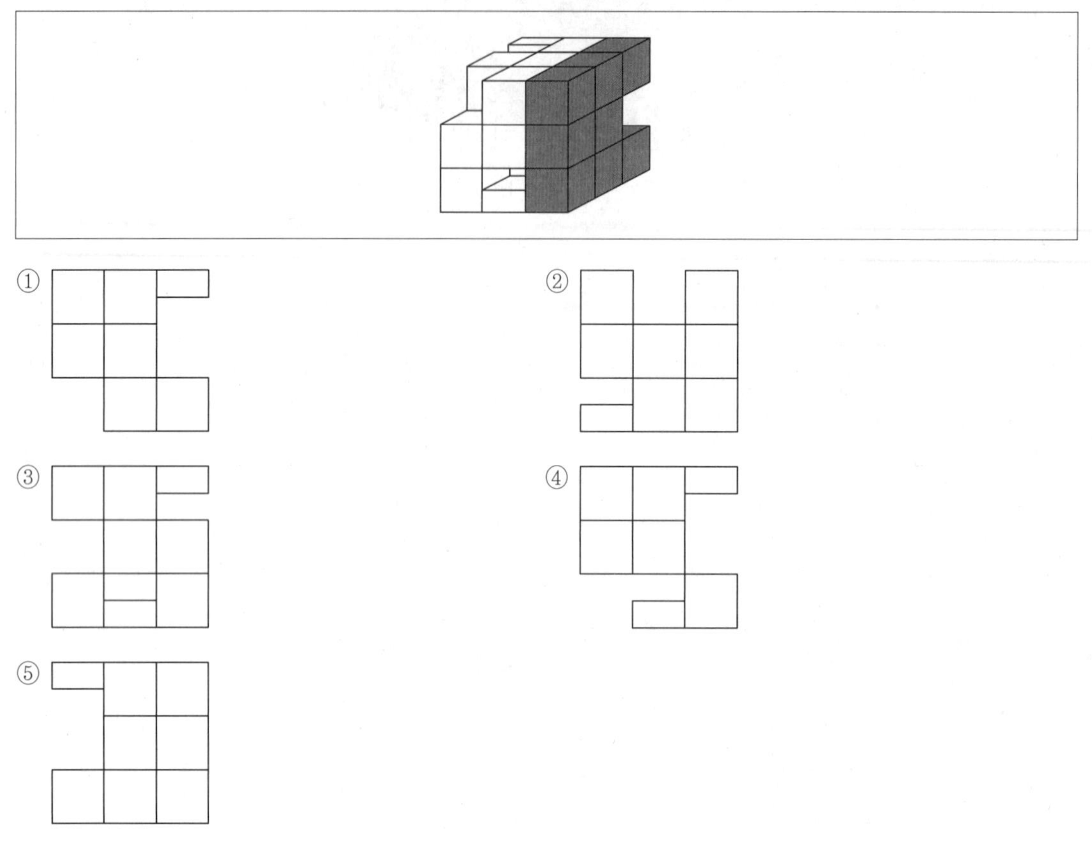

03 세 번째 높이줄을 시계 방향으로 270°, 첫 번째 가로줄을 180°, 세 번째 세로줄을 180° 돌렸을 때, 나오는 모양을 다음과 같이 잘랐을 때의 단면은?

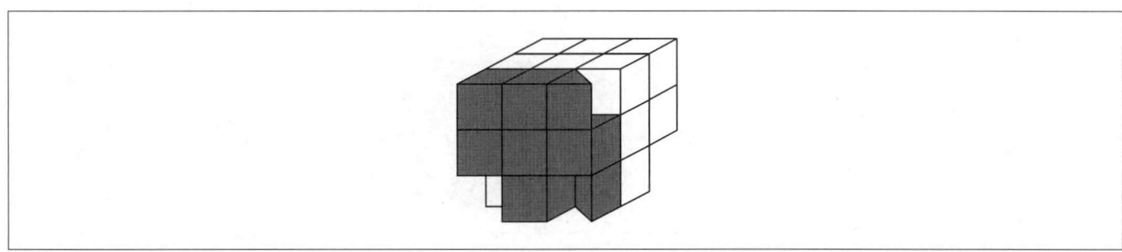

① 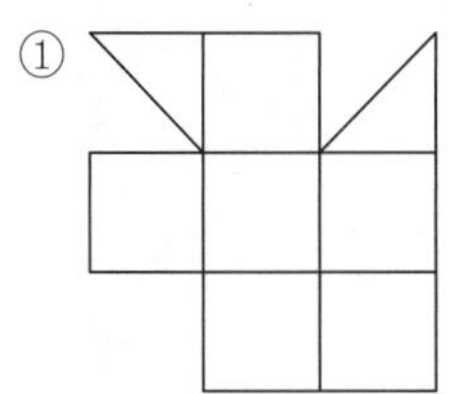

② 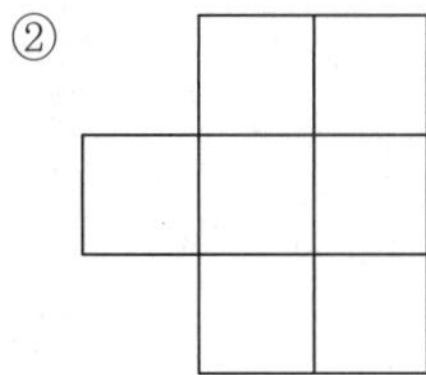

③ 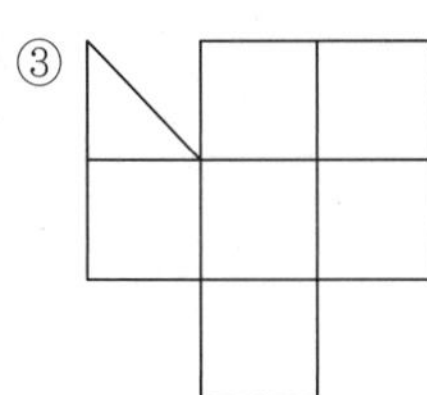

④ 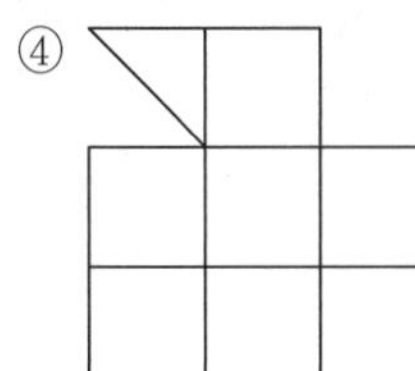

⑤ 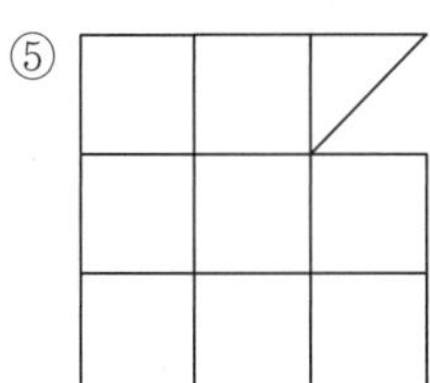

PART 2 제1회 제2회

안심Touch

04 세 번째 세로줄을 180°, 두 번째 가로줄을 시계 반대 방향으로 90°, 두 번째 세로줄을 앞으로 90° 돌렸을 때, 나오는 모양을 다음과 같이 잘랐을 때의 단면은?

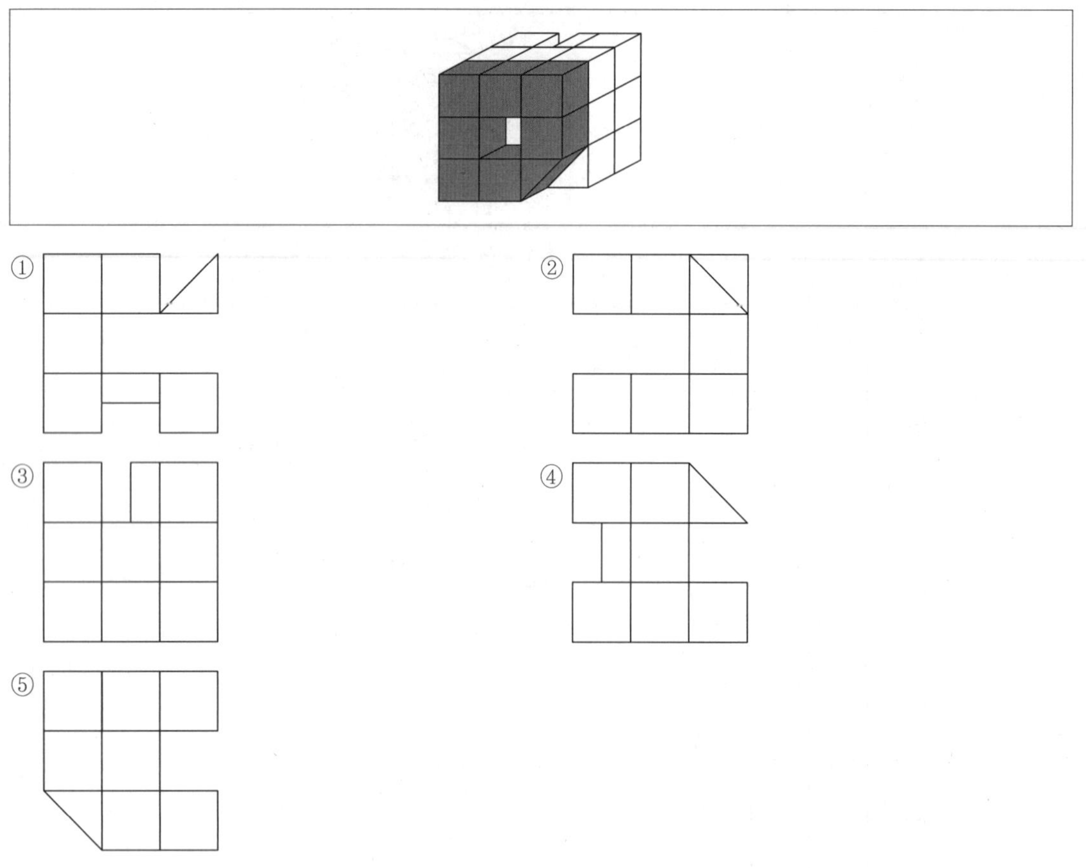

Hard

05 두 번째 세로줄을 앞으로 90°, 두 번째 높이줄을 시계 반대 방향으로 90°, 세 번째 가로줄을 180° 돌렸을 때, 나오는 모양을 다음과 같이 잘랐을 때의 단면은?

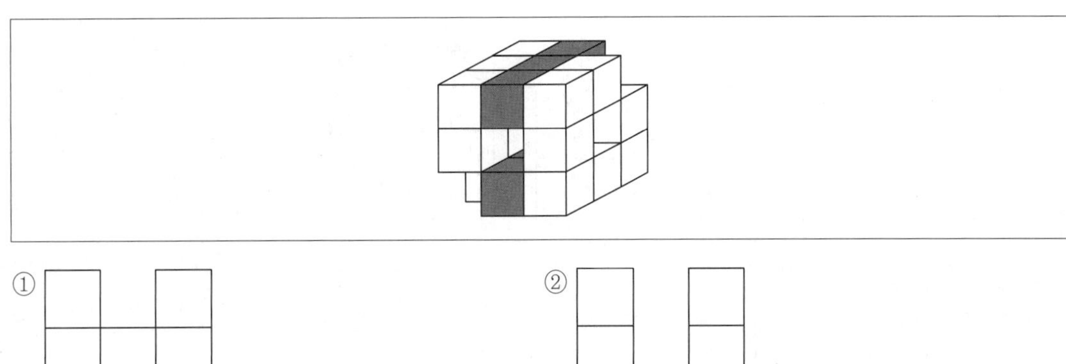

①

② 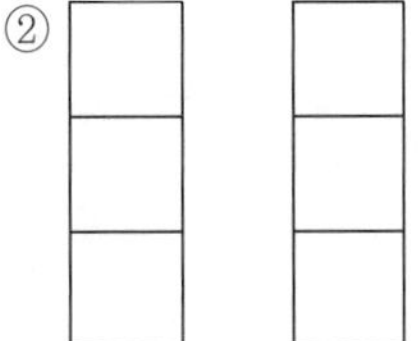

③ 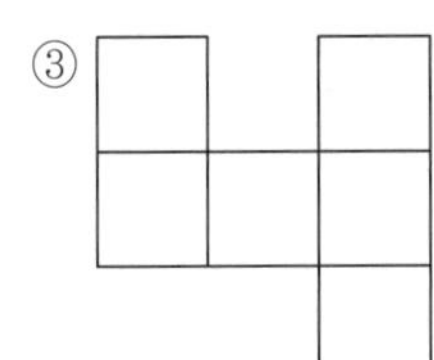

④ 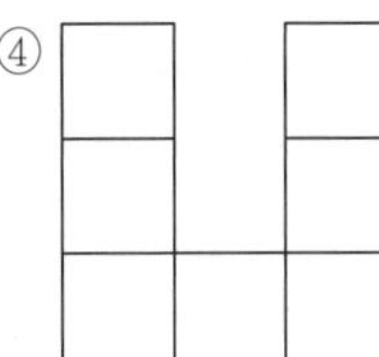

⑤ 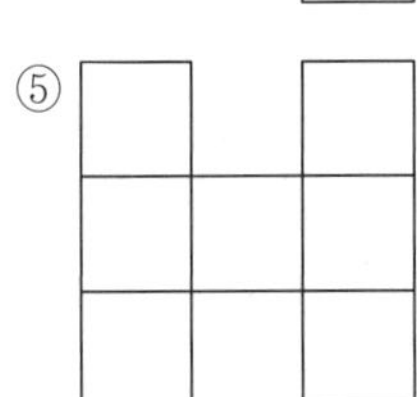

06 두 번째 세로줄을 앞으로 90˚, 세 번째 높이줄을 시계 방향으로 90˚, 첫 번째 가로줄을 시계 반대 방향으로 90˚ 돌렸을 때, 나오는 모양을 다음과 같이 잘랐을 때의 단면은?

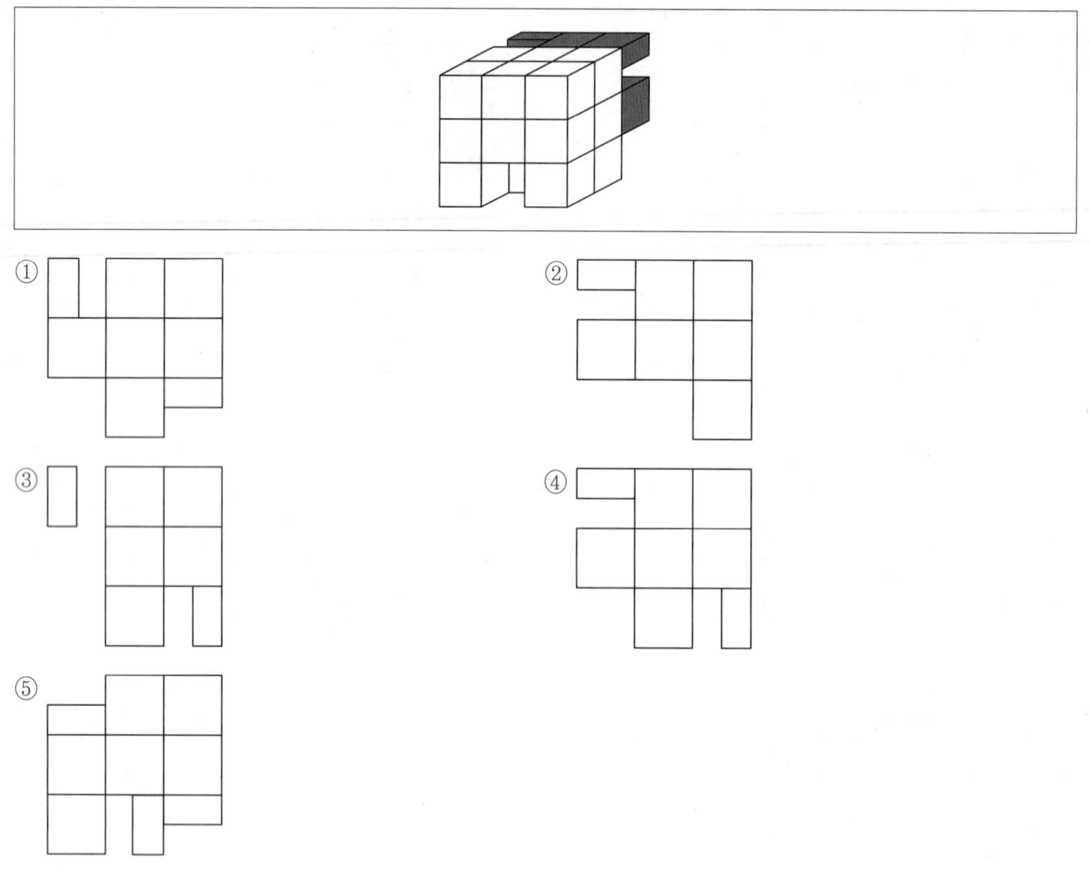

07 두 번째 가로줄을 시계 반대 방향으로 90˚, 세 번째 세로줄을 뒤로 90˚, 두 번째 가로줄을 시계 방향으로 90˚ 돌렸을 때, 나오는 모양을 다음과 같이 잘랐을 때의 단면은?

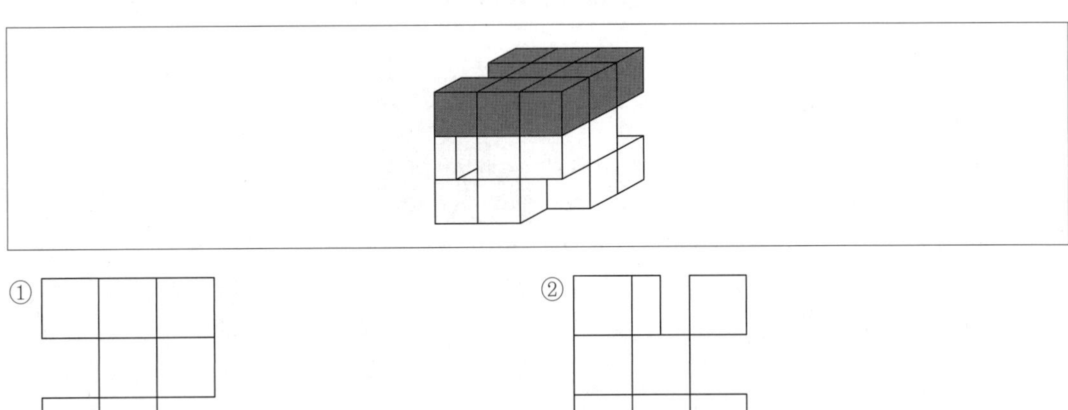

①

② 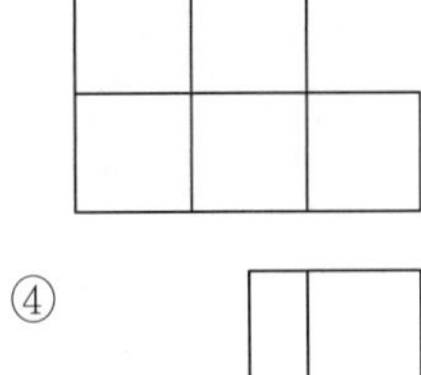

③ 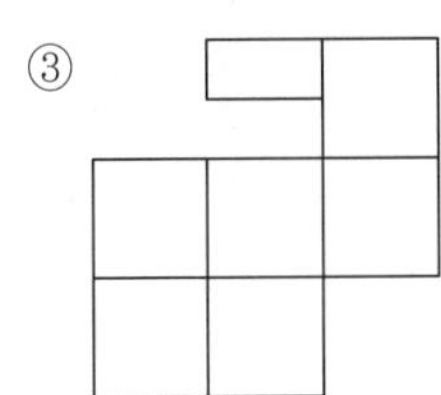

④ 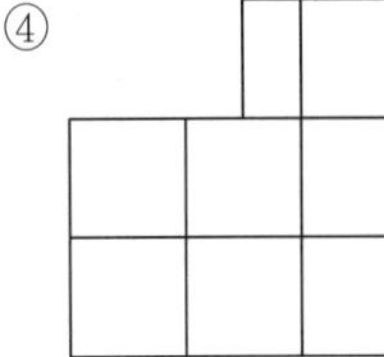

⑤ 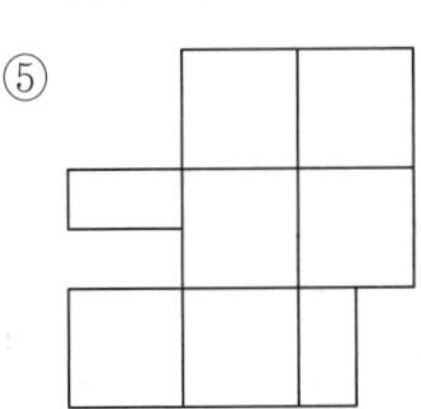

08 세 번째 가로줄을 시계 반대 방향으로 90°, 세 번째 세로줄을 180°, 두 번째 가로줄을 시계 반대 방향으로 90° 돌렸을 때, 나오는 모양을 다음과 같이 잘랐을 때의 단면은?

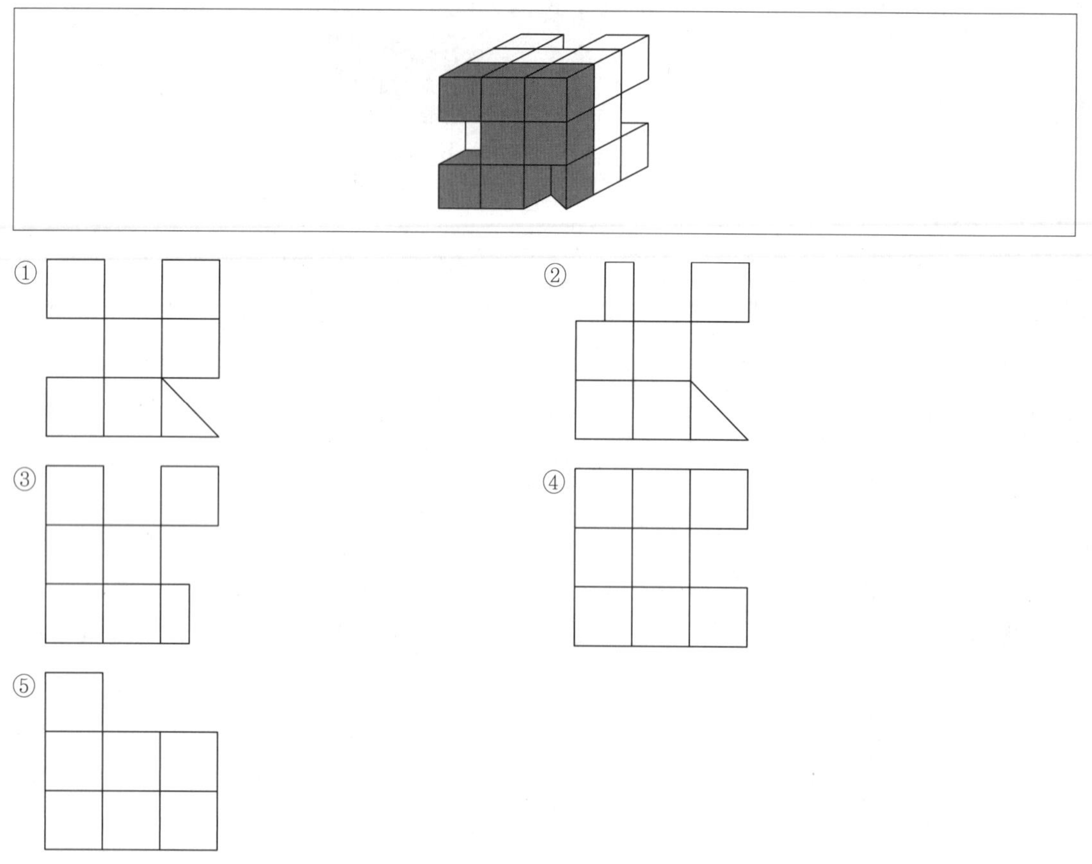

①

②

③

④

⑤

※ 절반의 물이 들어 있는 정육면체를 다음과 같이 회전했을 때 물이 묻어 있는 부분의 전개도로 알맞은 것을 고르시오. [9~10]

09

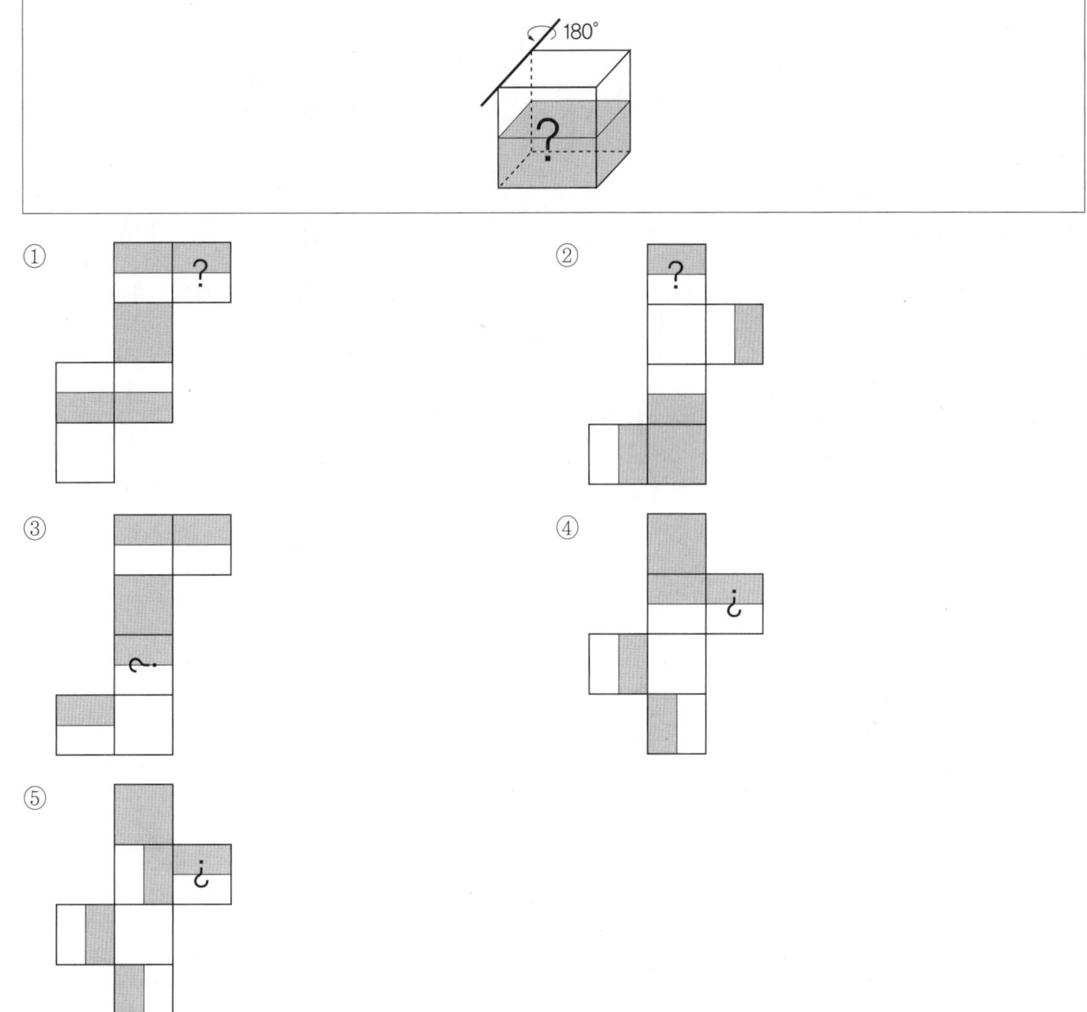

10

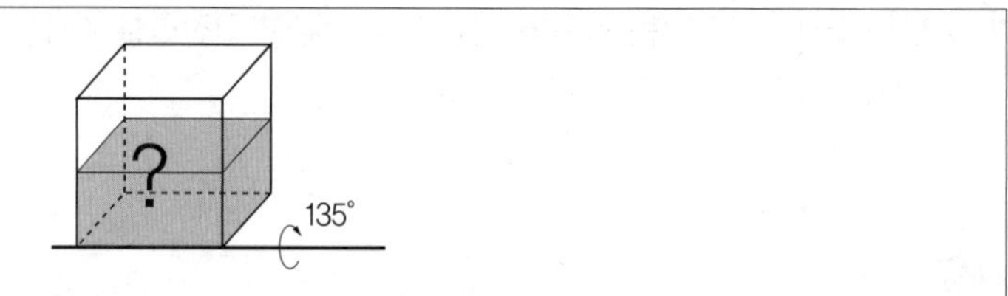

①
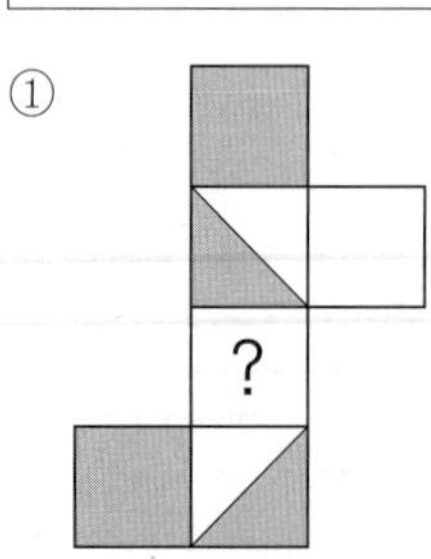

②
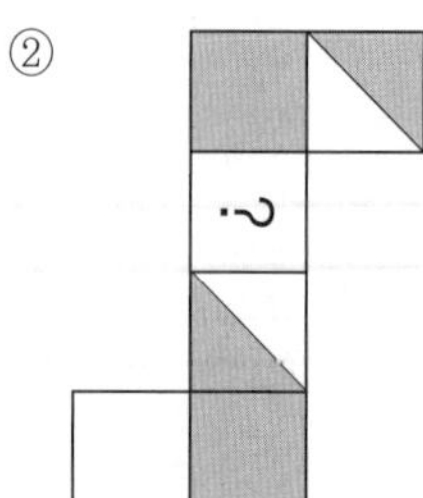

③
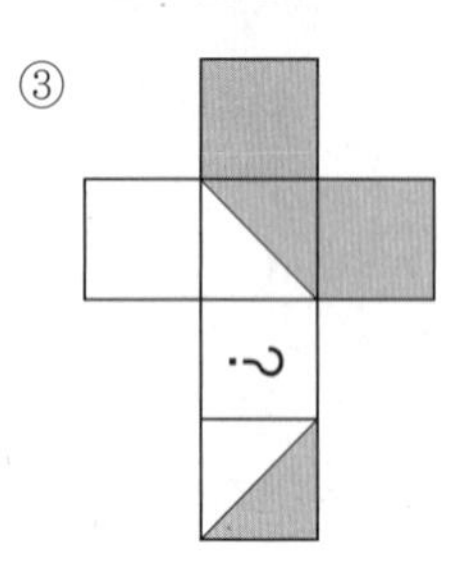

④
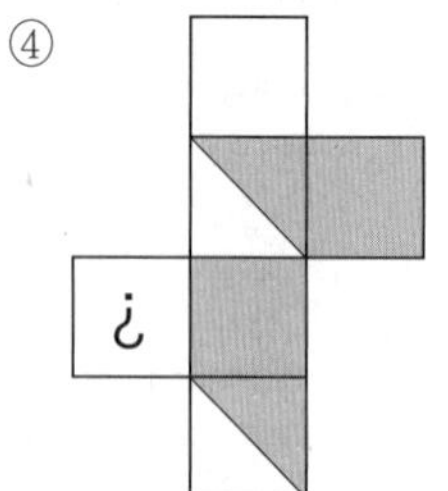

⑤
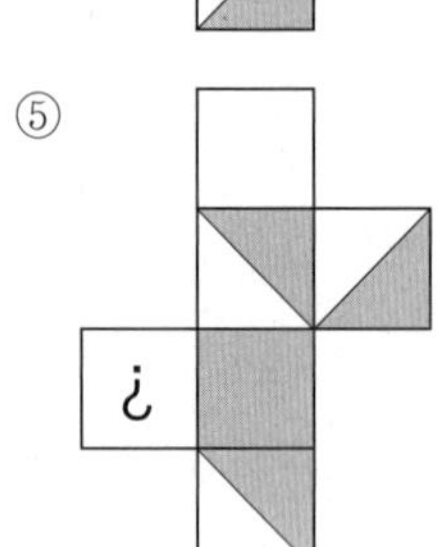

11 왼쪽 톱니를 시계 방향으로 315°, 오른쪽 톱니를 시계 반대 방향으로 225° 회전시킨 후, 화살표 방향에서 바라보았을 때 겹쳐진 모양은?

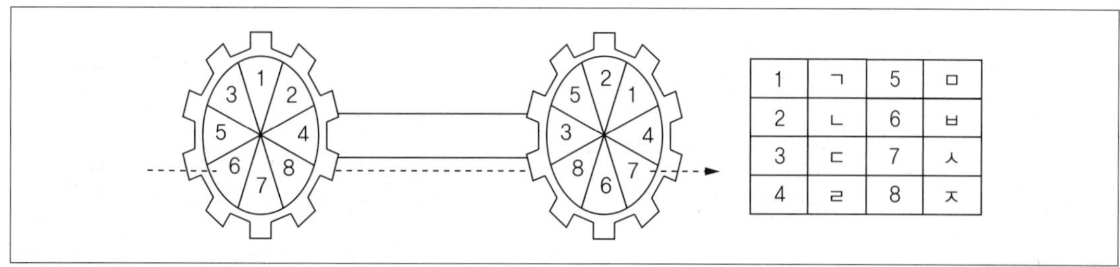

①　　　　②

③　　　　④

⑤

12 왼쪽 톱니를 시계 방향으로 36°, 오른쪽 톱니를 시계 방향으로 144° 회전시킨 후, 화살표 방향에서 바라보았을 때 겹쳐진 모양은?

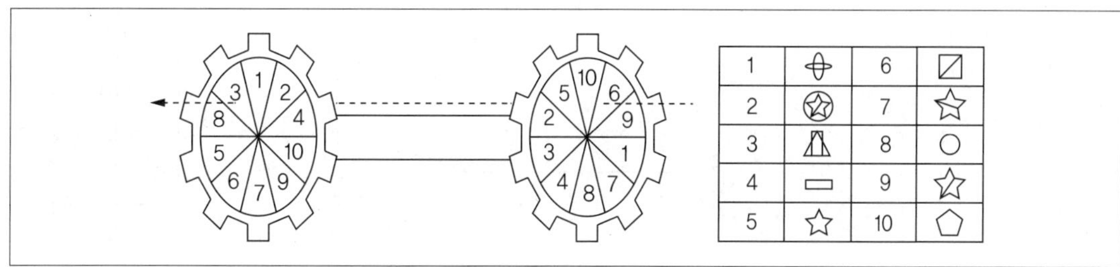

①　　　　②

③　　　　④

⑤ 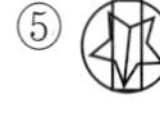

13 왼쪽 톱니를 시계 방향으로 216°, 오른쪽 톱니를 시계 반대 방향으로 72° 회전시킨 후, 화살표 방향에서 바라보았을 때 겹쳐진 모양은?

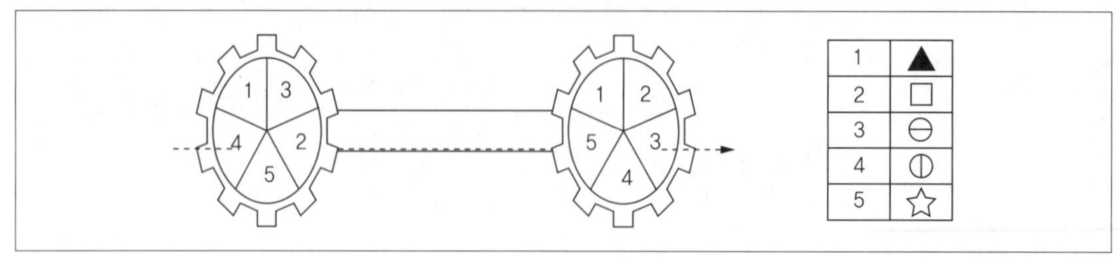

①

②

③

④

⑤

14 왼쪽 톱니를 시계 반대 방향으로 72°, 오른쪽 톱니를 시계 방향으로 144° 회전시킨 후, 화살표 방향에서 바라보았을 때 겹쳐진 모양은?

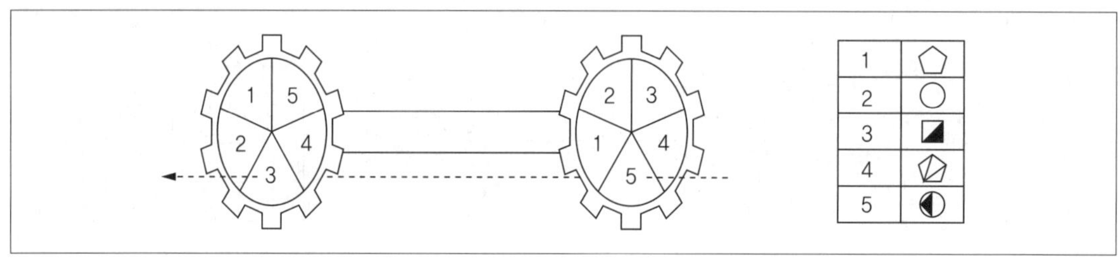

①

②

③

④

⑤

15 왼쪽 톱니를 시계 방향으로 72°, 오른쪽 톱니를 시계 방향으로 216° 회전시킨 후, 화살표 방향에서 바라보았을 때 겹쳐진 모양은?

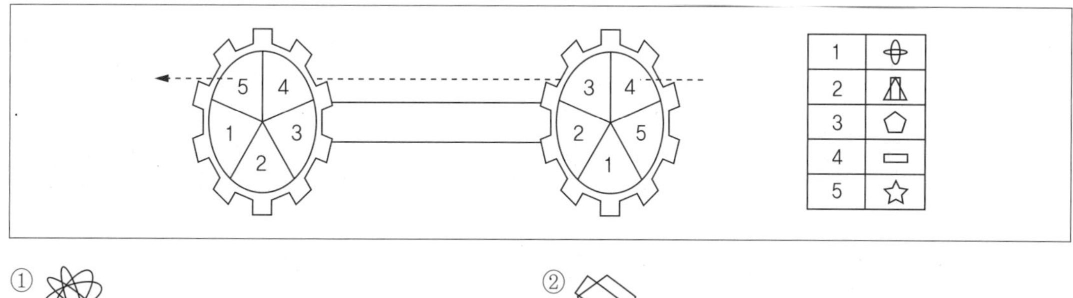

① 

② 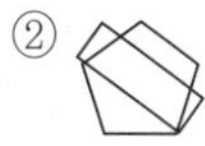

③ 

④ 

⑤

16 왼쪽 톱니를 180°, 오른쪽 톱니를 시계 반대 방향으로 90° 회전시킨 후, 화살표 방향에서 바라보았을 때 겹쳐진 모양은?

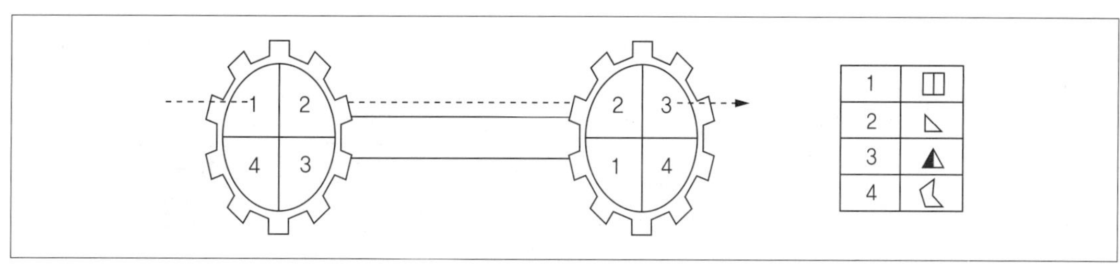

① 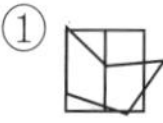

② 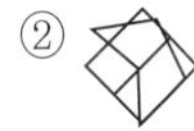

③ 

④ 

⑤ 

17 왼쪽 톱니를 시계 반대 방향으로 120°, 오른쪽 톱니를 시계 방향으로 60° 회전시킨 후, 화살표 방향에서 바라보았을 때 겹쳐진 모양은?

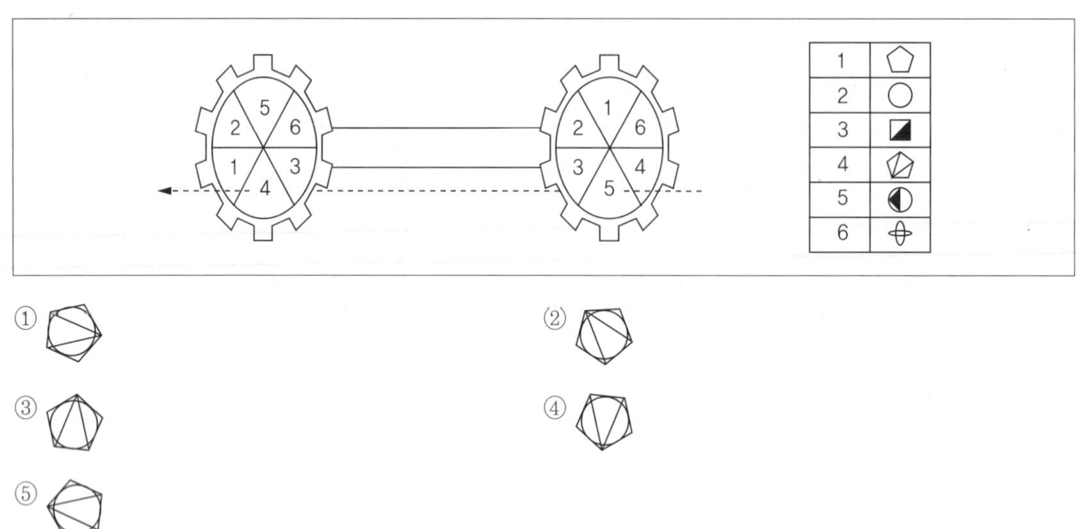

18 정면이 다음과 같도록 정육면체의 전개도를 접은 후, 조건에 따라 회전시켰을 때 정면에서 바라본 모양으로 알맞은 것은?

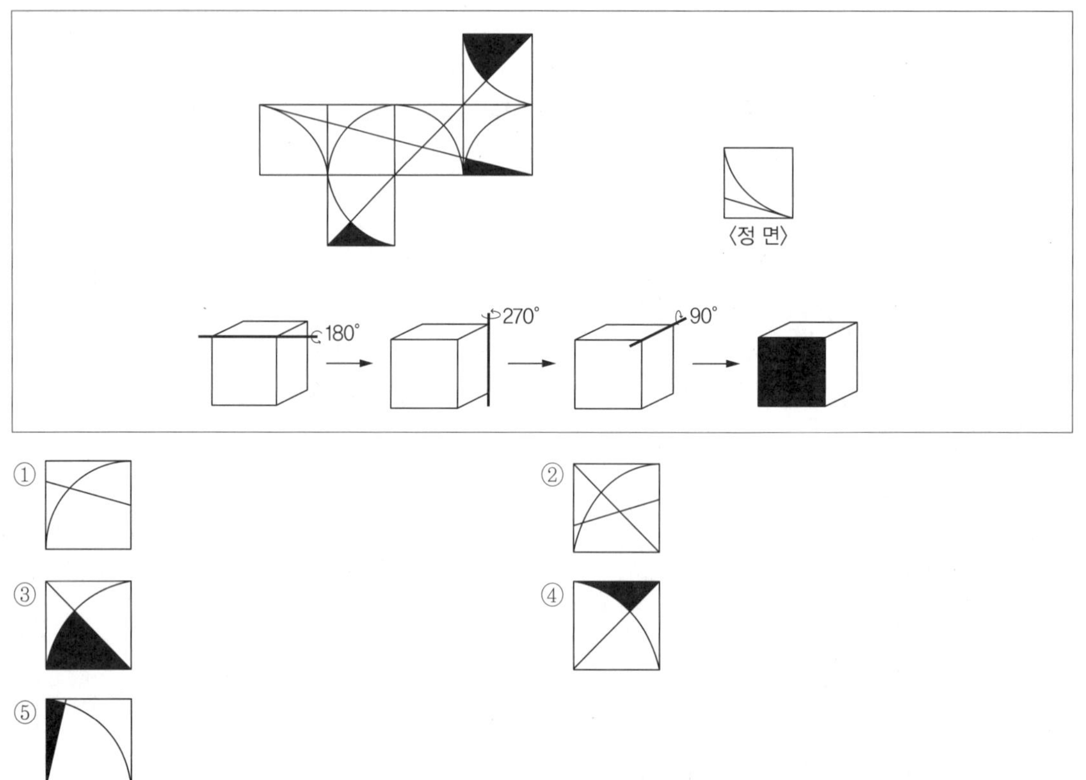

19 정면이 다음과 같도록 정육면체의 전개도를 접은 후, 조건에 따라 회전시켰을 때 우측에서 바라본 모양으로 알맞은 것은?

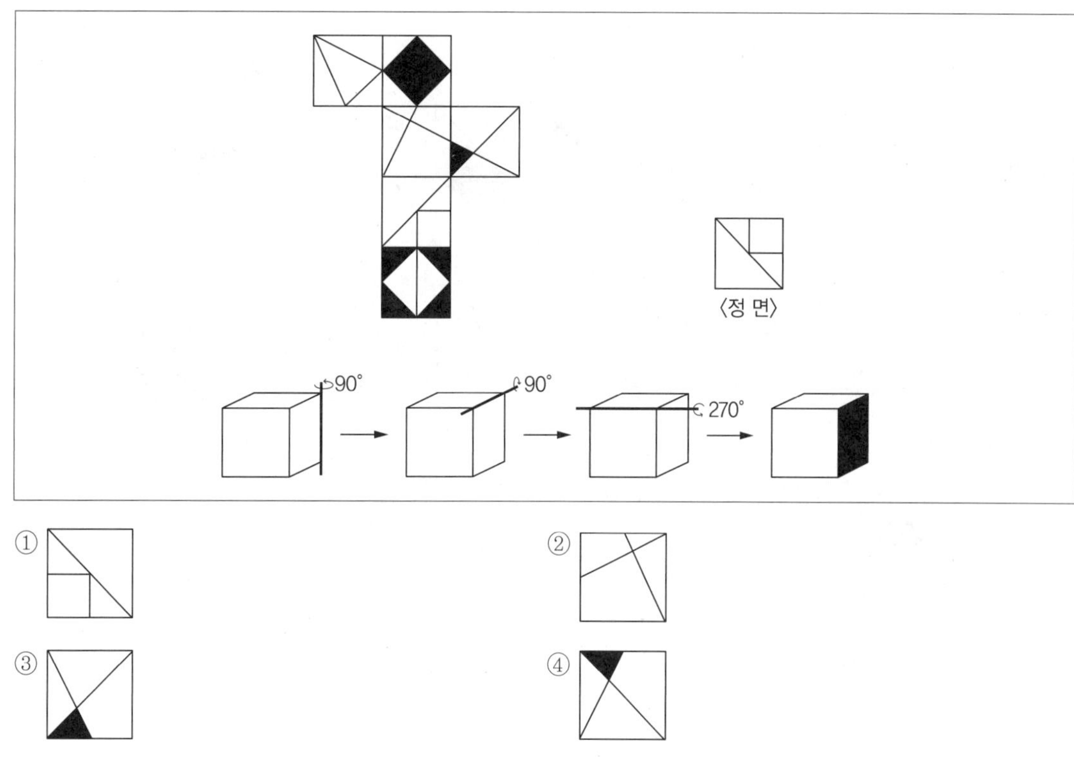

①

②

③

④

⑤

20 정면이 다음과 같도록 정육면체의 전개도를 접은 후, 조건에 따라 회전시켰을 때 정면에서 바라본 모양으로 알맞은 것은?

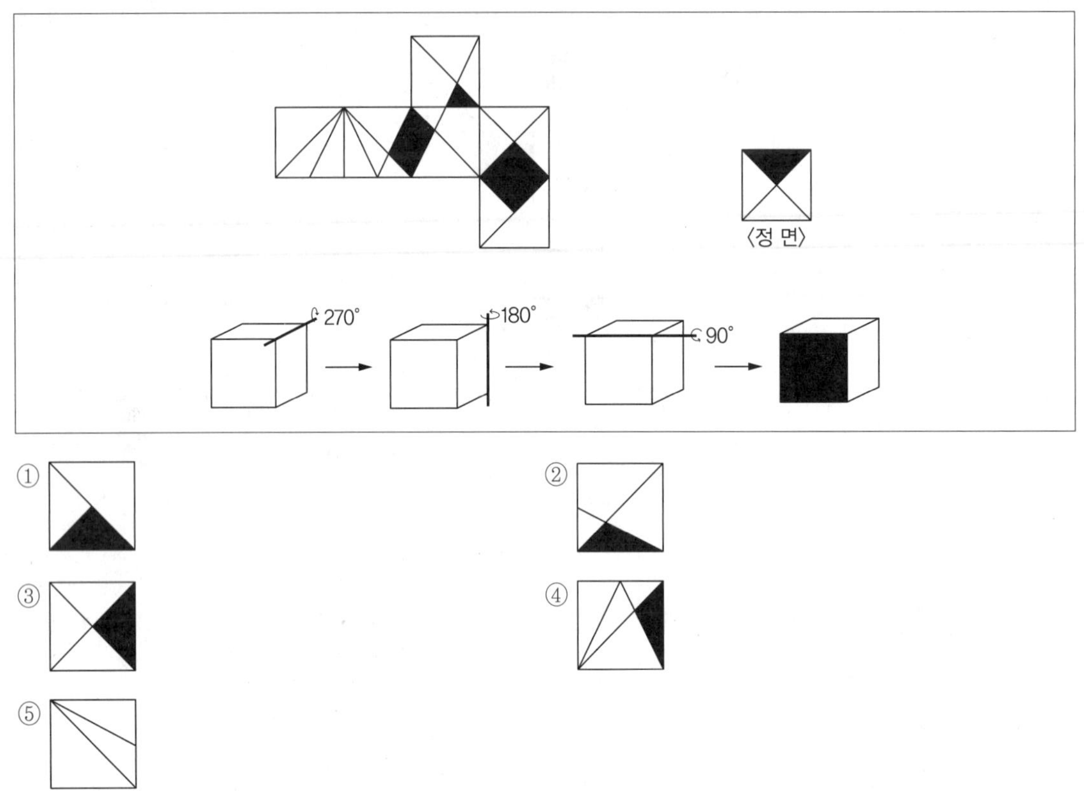

①

②

③

④

⑤

21 정면이 다음과 같도록 정육면체의 전개도를 접은 후, 조건에 따라 회전시켰을 때 정면에서 바라본 모양으로 알맞은 것은?

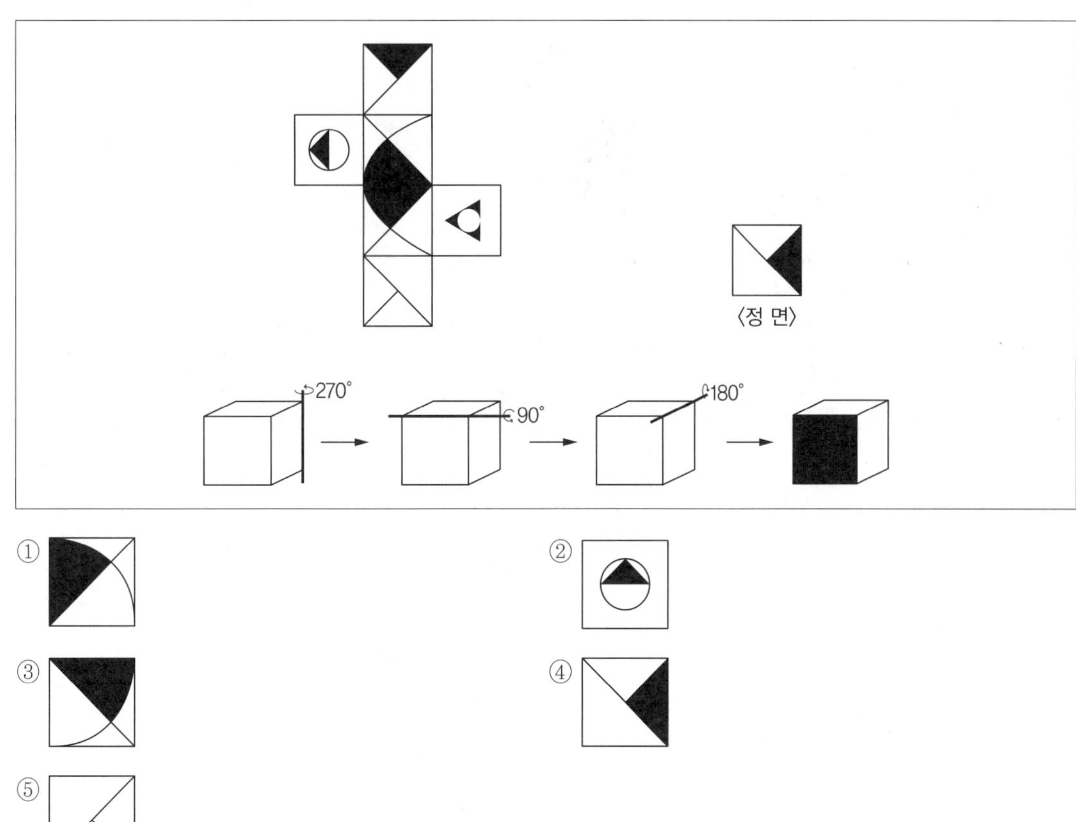

22 정면이 다음과 같도록 정육면체의 전개도를 접은 후, 조건에 따라 회전시켰을 때 우측에서 바라본 모양으로 알맞은 것은?

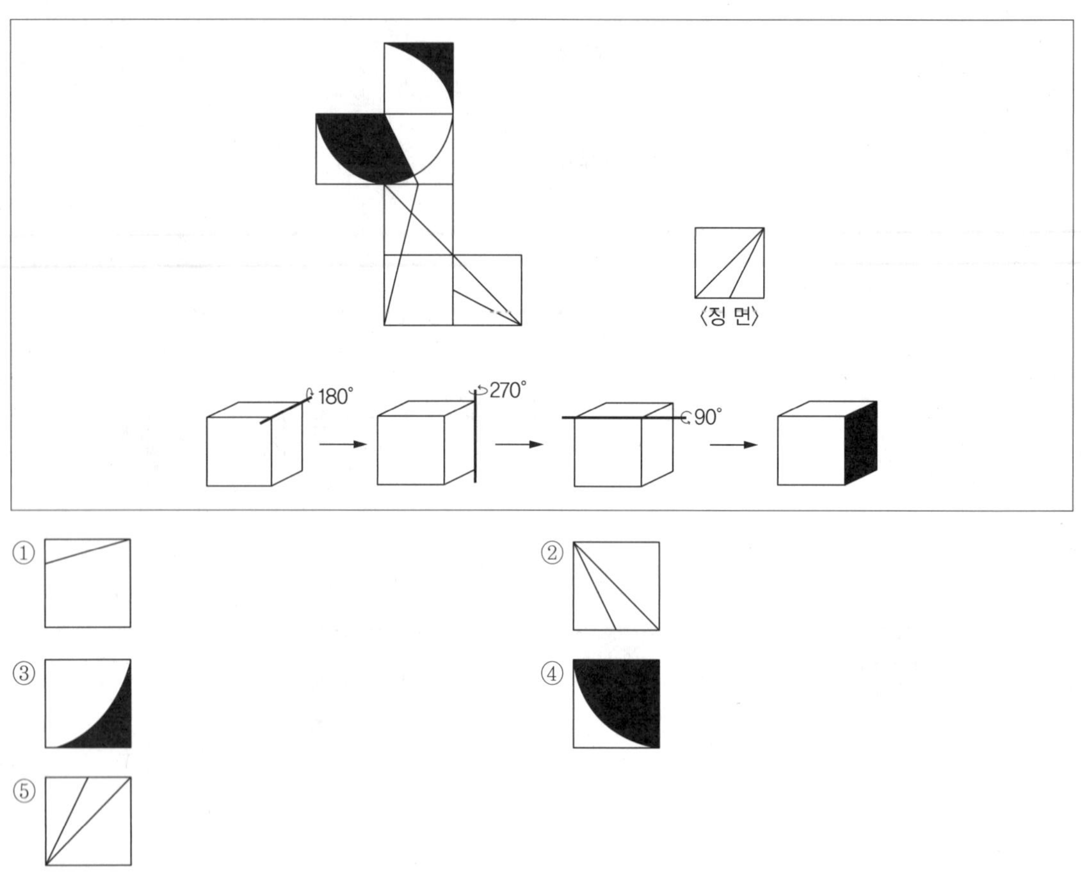

23 정면이 다음과 같도록 정육면체의 전개도를 접은 후, 조건에 따라 회전시켰을 때 정면에서 바라본 모양으로 알맞은 것은?

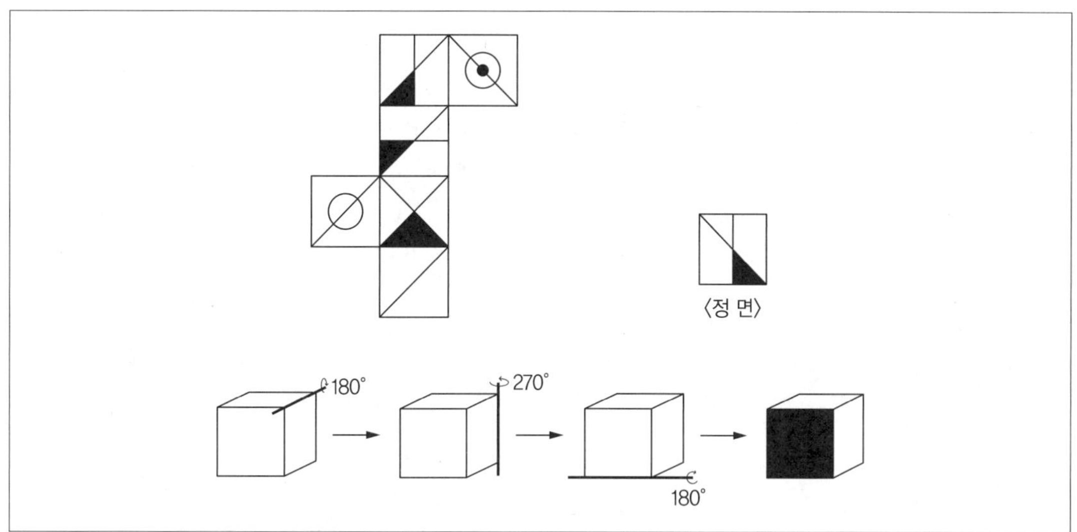

① 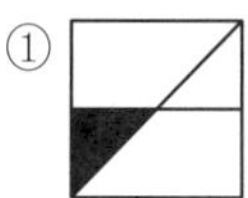

② 

③ 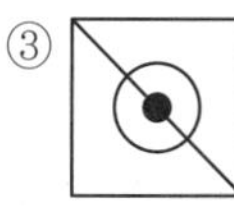

④ 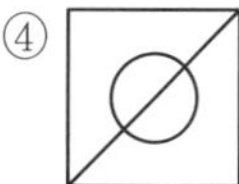

⑤ 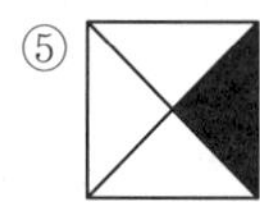

24 정면이 다음과 같도록 정육면체의 전개도를 접은 후, 조건에 따라 회전시켰을 때 우측에서 바라본 모양으로 알맞은 것은?

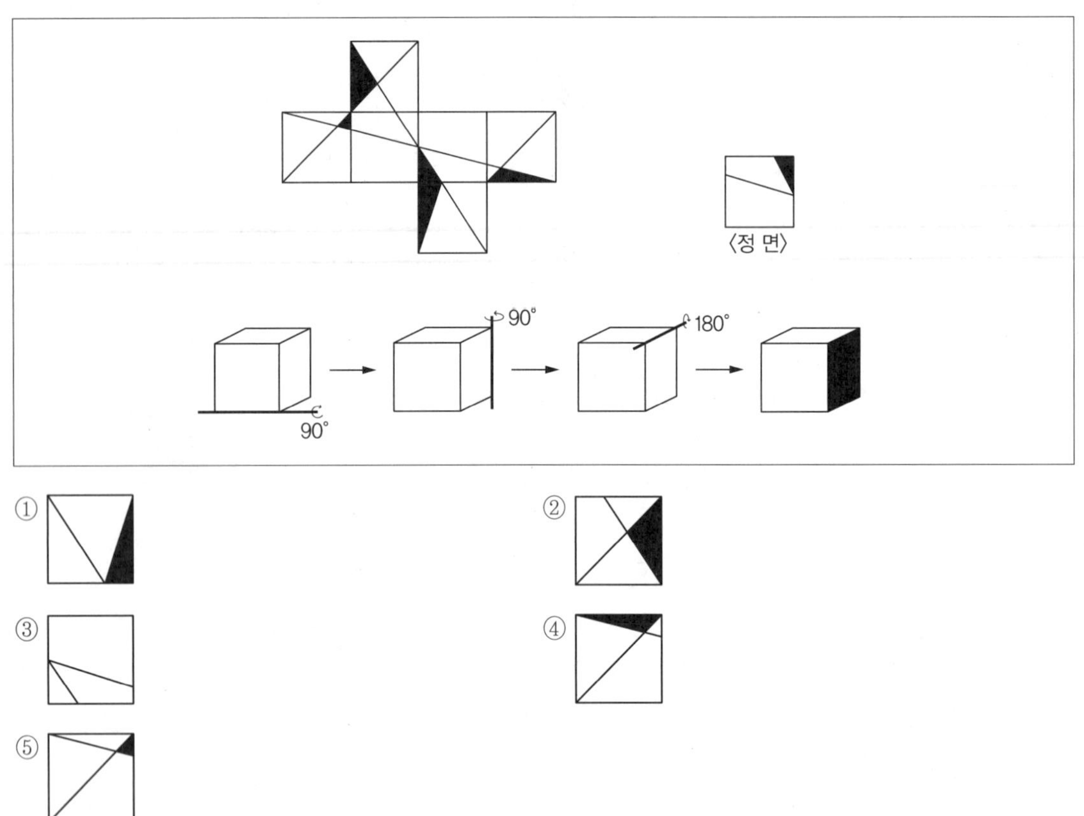

①

②

③

④

⑤

25 정면이 다음과 같도록 정육면체의 전개도를 접은 후, 조건에 따라 회전시켰을 때 정면에서 바라본 모양으로 알맞은 것은?

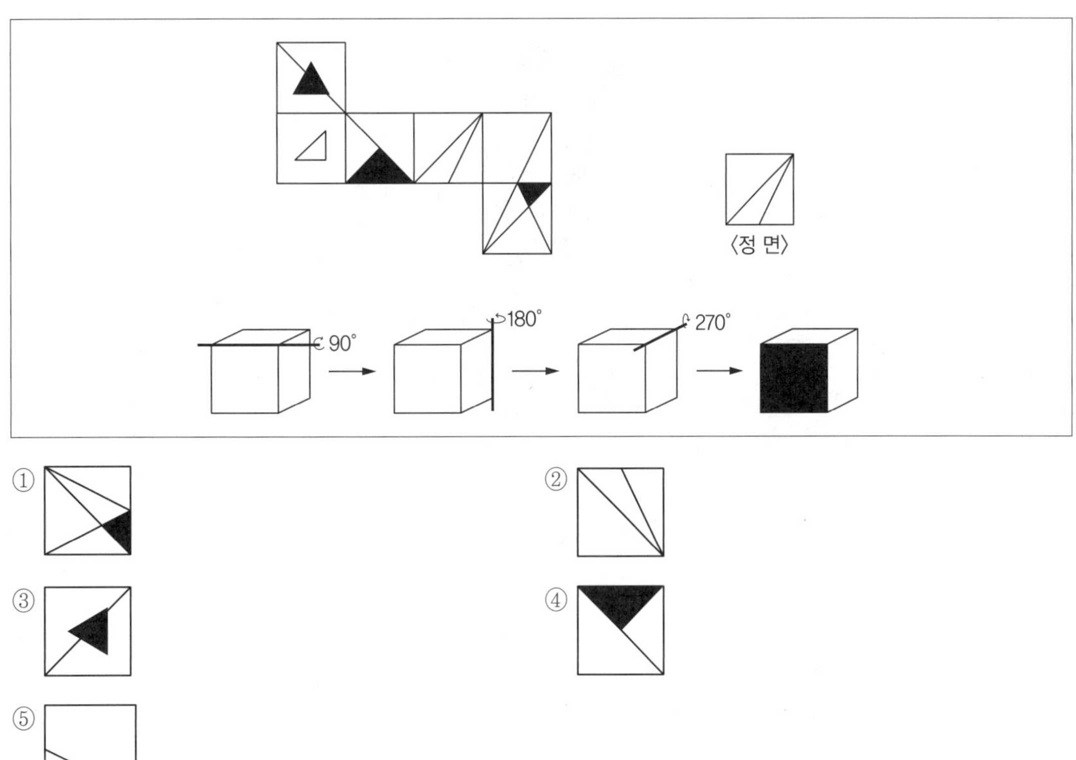

① ② ③ ④ ⑤

26 정면이 다음과 같도록 정육면체의 전개도를 접은 후, 조건에 따라 회전시켰을 때 우측에서 바라본 모양으로 알맞은 것은?

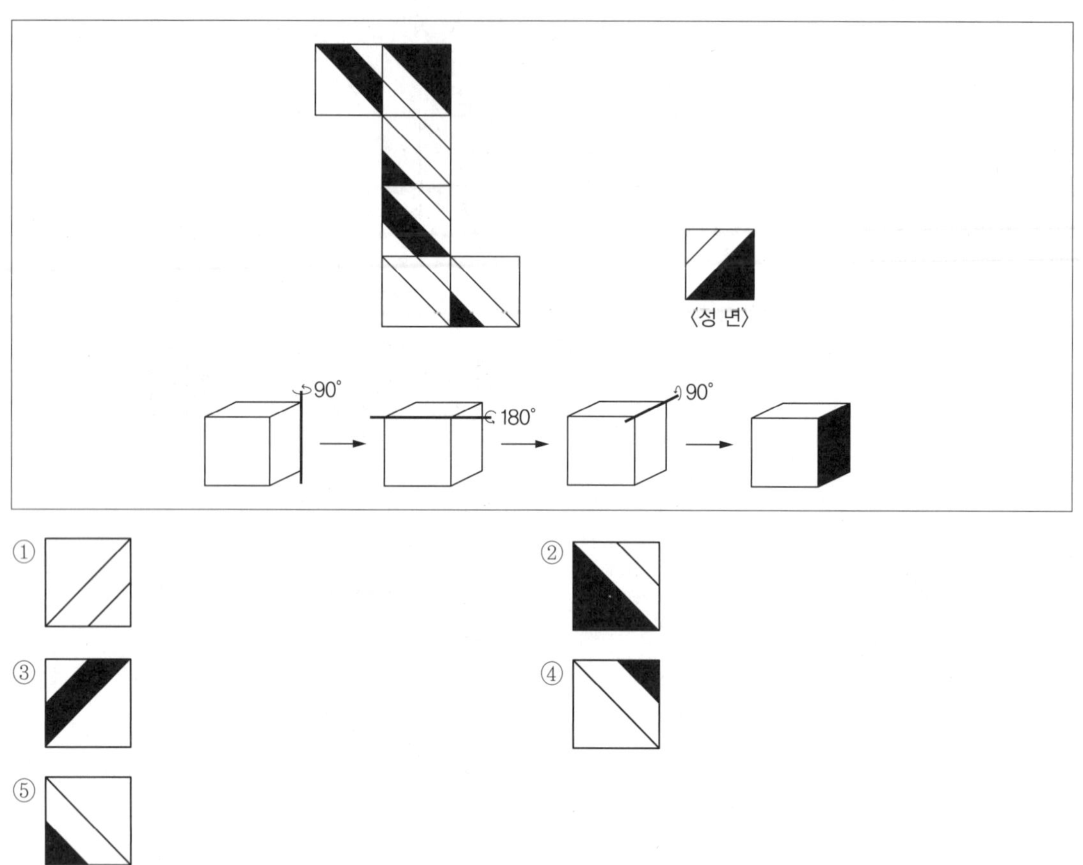

①

②

③

④

⑤

27 정면이 다음과 같도록 정육면체의 전개도를 접은 후, 조건에 따라 회전시켰을 때 위에서 바라본 모양으로 알맞은 것은?

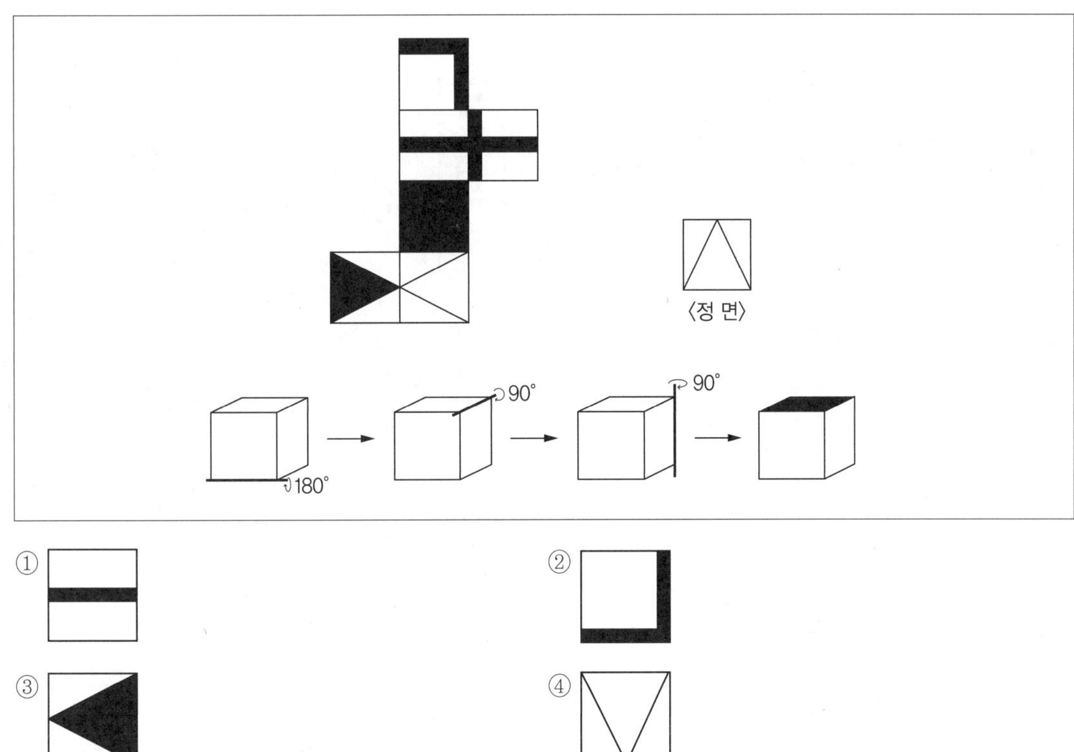

①

②

③

④

⑤

28 다음 Ⓐ, Ⓑ, Ⓒ의 전개도를 [ ] 면이 전면에 오도록 접은 후 주어진 방향으로 회전하여 아래의 결합 모양과 같이 붙인 그림으로 알맞은 것을 고르면?

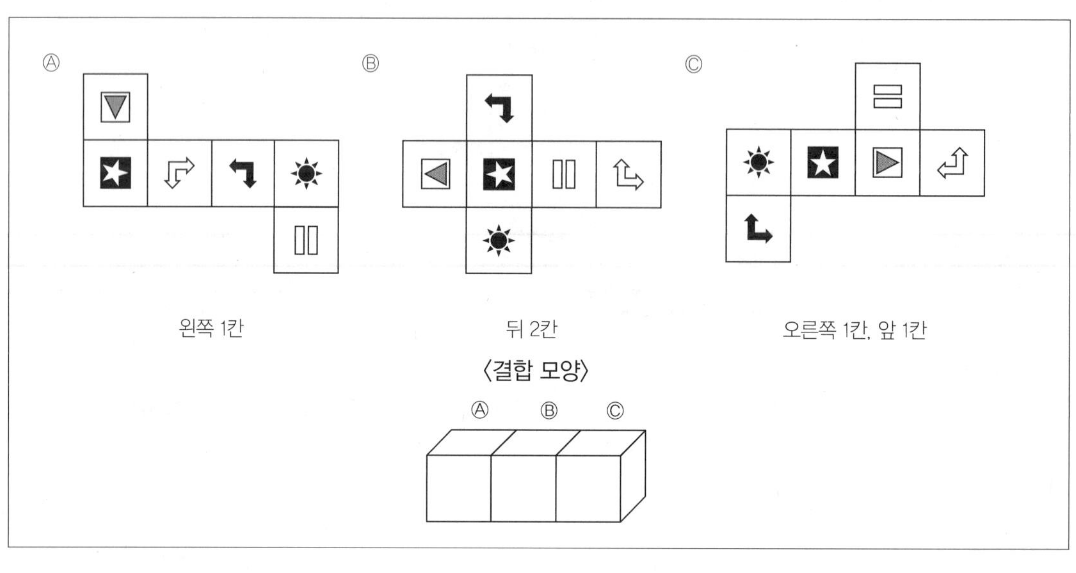

①
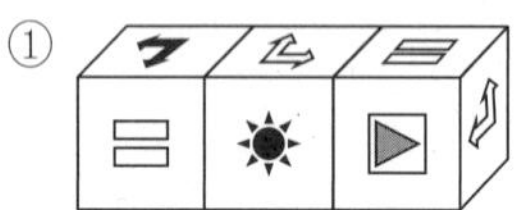

②

③

④

⑤
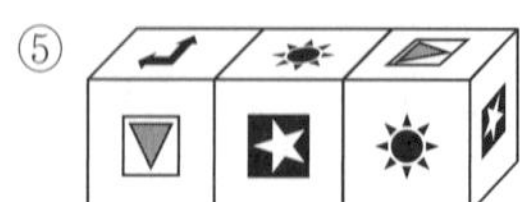

29 다음 Ⓐ, Ⓑ, Ⓒ의 전개도를 [◤] 면이 전면에 오도록 접은 후 주어진 방향으로 회전하여 아래의 결합 모양과 같이 붙인 그림으로 알맞은 것을 고르면?

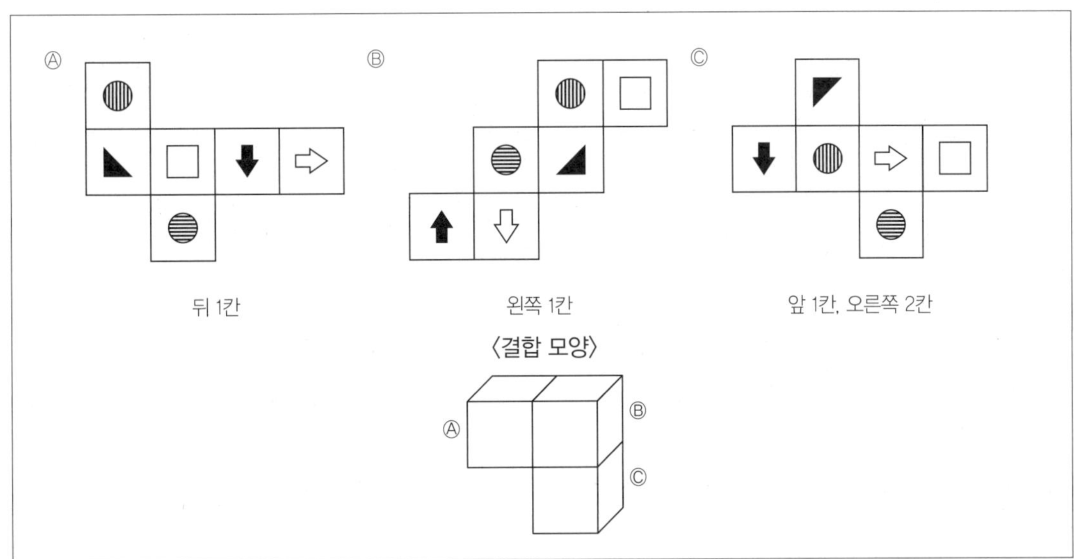

① 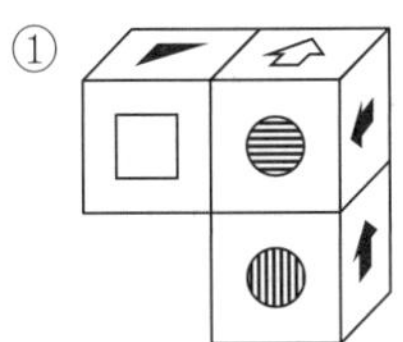

② 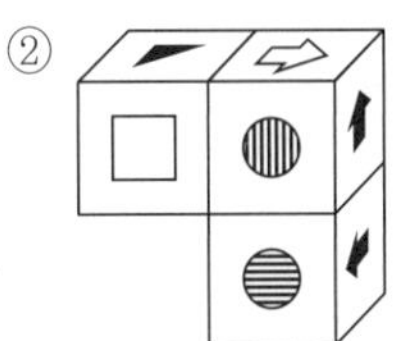

③ 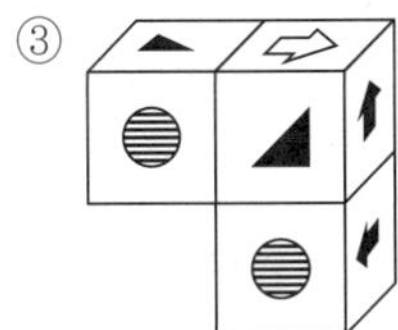

④ 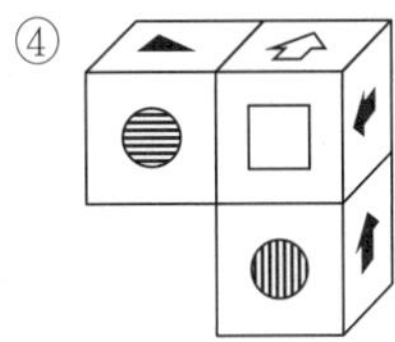

⑤ 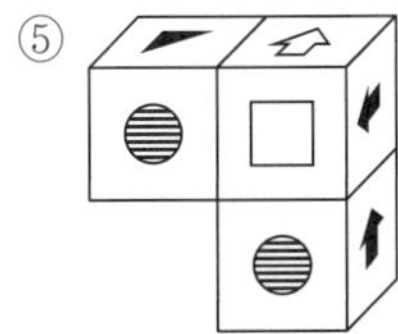

Hard

30 다음 ㉠, ㉡, ㉢의 전개도를 ♣ 면이 전면에 오도록 접은 후 주어진 방향으로 회전하여 붙인 그림으로 올바른 것은?

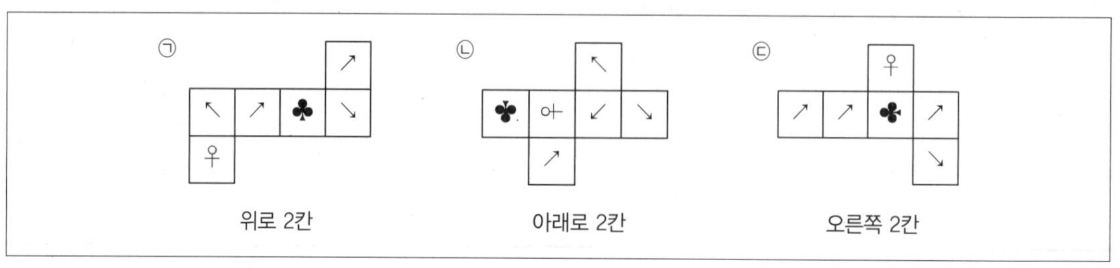

①
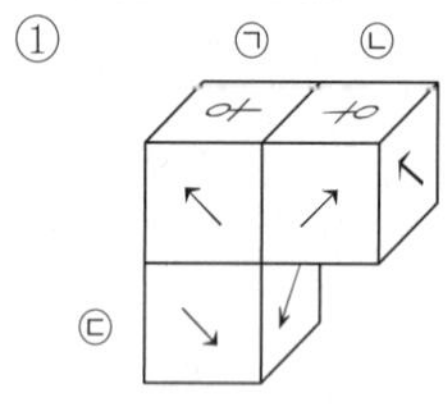

②
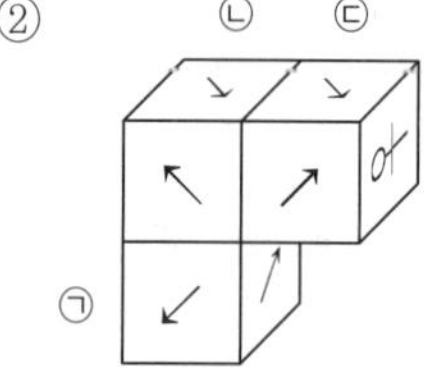

③
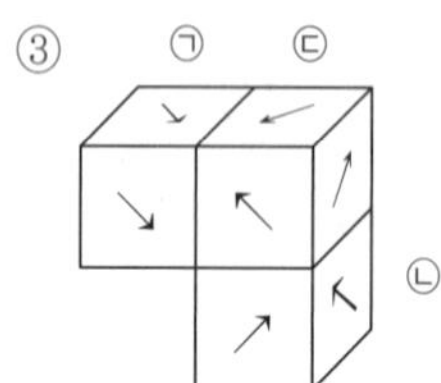

④
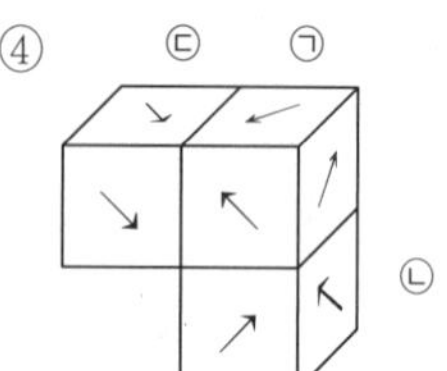

⑤
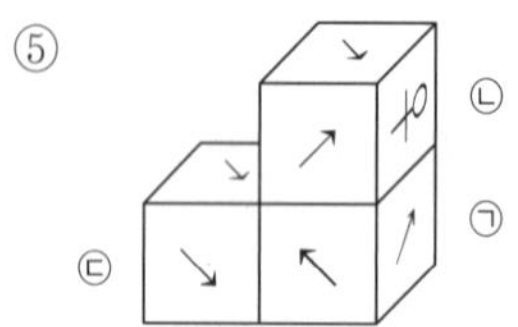

PART 3

인성검사

인성검사

개인이 업무를 수행하면서 능률적인 성과물을 만들기 위해서는 개인의 능력과 경험 그리고 회사에서의 교육 및 훈련 등이 필요하지만, 개인의 성격이나 성향 역시 중요하다. 여러 직무분석 연구에서 나온 결과들에 따르면, 직무에서의 성공과 관련된 특성들 중 최고 70% 이상이 능력보다는 성격과 관련이 있다고 한다. 따라서 최근 기업들은 인성검사의 비중을 높이고 있는 추세이다. 현재 기업들은 인성검사를 KIRBS(한국행동과학연구소)나 SHR(에스에이치알) 등의 전문기관에 의뢰해서 시행하고 있다. 전문기관에 따라서 인성검사 방법에 차이가 있고, 보안을 위해서 인성검사를 의뢰한 기업을 공개하지 않을 수 있기 때문에 특정 기업의 인성검사를 정확하게 판단할 수 없지만, 지원자들이 후기에 올린 문제를 통해 인성검사 유형을 예상할 수 있다.

01 두산그룹 인성검사

두산그룹의 인재상과 적합한 인재인지 평가하는 테스트로, 지원자의 개인 성향이나 인성에 관한 질문으로 구성되어 있다.

(1) **문항 수** : 272문항

(2) **응시시간** : 55분

(3) **출제유형** : 질문에 대하여 '① 전혀 그렇지 않다, ② 그렇지 않다, ③ 보통이다, ④ 그렇다, ⑤ 매우 그렇다' 중 한 개를 각각 선택 후 각 문항을 비교하여 상대적으로 자신의 성격과 가장 가까운 문항 '하나'와 가장 거리가 먼 문항 '하나'를 선택하는 유형이다.

02 인성검사 수검 요령

인성검사는 특별한 수검요령이 없다. 다시 말하면 모범답안이 없고, 정답이 없다는 이야기이다. 국어 문제처럼 말의 뜻을 풀이하는 것도 아니다. 굳이 수검요령을 말하자면, 진실하고 솔직한 자신의 생각이 최고의 답변이라고 할 수 있을 것이다.

인성검사에서 가장 중요한 것은 첫째, 솔직한 답변이다. 지금까지 경험을 통해서 축적되어온 자신의 생각과 행동을 거짓 없이 솔직하게 기재를 하는 것이다. 예를 들어, '나는 타인의 물건을 훔치고 싶은 충동을 느껴본 적이 있다.'란 질문에 피검사자들은 많은 생각을 하게 된다. 생각해 보라. 유년기에 또는 성인이 되어서도 타인의 물건을 훔치는 일을 저지른 적은 없더라도, 훔치고 싶은 충동은 누구나 조금이라도 느껴보았을 것이다. 그런데 이 질문에 고민을 하는 사람이 간혹 있다. 이 질문에 '예'라고 대답하면 담당 검사관들이 나를 사회적으로 문제가 있는 사람으로 여기지는 않을까 하는 생각에 '아니오'라는 답을 기재하게 된다. 이런 솔직하지 않은 답변이 답변의 신뢰성과 솔직함을 나타내는 타당성 척도에 좋지 않은 점수를 주게 된다.

둘째, 일관성 있는 답변이다. 인성검사의 수많은 질문 문항 중에는 비슷한 뜻의 질문이 여러 개 숨어 있는 경우가 많이 있다. 그 질문들은 피검사자의 솔직한 답변과 심리적인 상태를 알아보기 위해 내포되어 있는 문항들이다. 가령 '나는 유년시절 타인의 물건을 훔친 적이 있다.'라는 질문에 '예'라고 대답했는데, '나는 유년시절 타인의 물건을 훔쳐보고 싶은 충동을 느껴본 적이 있다.'라는 질문에는 '아니오'라는 답을 기재한다면 어떻겠는가. 일관성 없이 '대충 기재하자'라는 식의 심리적 무성의성 답변이 되거나, 정신적으로 문제가 있는 사람으로 보일 수 있다.

인성검사는 많은 문항 수를 풀어나가기 때문에 피검사자들은 지루함과 따분함, 반복된 뜻의 질문에 의한 인내 상실 등이 나타날 수 있다. 인내를 가지고 솔직하게 내 생각을 대답하는 것이 무엇보다 중요한 요령이 될 것이다.

03 인성검사 시 유의사항

(1) 충분한 휴식으로 불안을 없애고 정서적인 안정을 취한다. 심신이 안정되어야 자신의 마음을 표현할 수 있다.

(2) 생각나는 대로 솔직하게 응답한다. 자신을 너무 과대포장하지도, 너무 비하시키지도 마라. 답변을 꾸며서 하면 앞뒤가 맞지 않게끔 구성돼 있어 불리한 평가를 받게 되므로 솔직하게 답하도록 한다.

(3) 검사문항에 대해 지나치게 생각해서는 안 된다. 지나치게 몰두하면 엉뚱한 답변이 나올 수 있으므로 불필요한 생각은 삼간다.

(4) 검사시간에 너무 신경 쓸 필요는 없다. 인성검사는 시간제한이 없는 경우가 많으며 시간제한이 있다 해도 충분한 시간이다.

(5) 인성검사는 대개 문항 수가 많기에 자칫 건너뛰는 경우가 있는데, 가능한 한 모든 문항에 답해야 한다. 응답하지 않은 문항이 많을 경우 평가자가 정확한 평가를 내리지 못해 불리한 평가를 내릴 수 있기 때문이다.

04 인성검사 모의연습

※ 각 문항을 읽고, ①~⑤ 중 자신의 성향과 가까운 정도에 따라 ① 전혀 그렇지 않다, ② 그렇지 않다, ③ 보통이다 ④ 조금 그렇다, ⑤ 매우 그렇다 중 하나를 선택하시오. 그리고 4개의 문장 중 자신의 성향에 비추어볼 때 가장 먼 것(멀다)과 가장 가까운 것(가깝다)을 하나씩 선택하시오. [1~65]

01

질 분	답안 1					답안 2	
	①	②	③	④	⑤	멀	가
A. 사물을 신중하게 생각하는 편이라고 생각한다.	☐	☐	☐	☐	☐	☐	☐
B. 포기하지 않고 노력하는 것이 중요하다.	☐	☐	☐	☐	☐	☐	☐
C. 자신의 권리를 주장하는 편이다.	☐	☐	☐	☐	☐	☐	☐
D. 컨디션에 따라 기분이 잘 변한다.	☐	☐	☐	☐	☐	☐	☐

02

질 문	답안 1					답안 2	
	①	②	③	④	⑤	멀	가
A. 노력의 여하보다 결과가 중요하다.	☐	☐	☐	☐	☐	☐	☐
B. 자기주장이 강하다.	☐	☐	☐	☐	☐	☐	☐
C. 어떠한 일이 있어도 출세하고 싶다.	☐	☐	☐	☐	☐	☐	☐
D. 반성하는 일이 거의 없다.	☐	☐	☐	☐	☐	☐	☐

03

질 문	답안 1					답안 2	
	①	②	③	④	⑤	멀	가
A. 다른 사람의 일에 관심이 없다.	☐	☐	☐	☐	☐	☐	☐
B. 때로는 후회할 때도 있다.	☐	☐	☐	☐	☐	☐	☐
C. 진정으로 마음을 허락할 수 있는 사람은 없다.	☐	☐	☐	☐	☐	☐	☐
D. 고민이 생겨도 심각하게 생각하지 않는다.	☐	☐	☐	☐	☐	☐	☐

04

질문	답안 1					답안 2	
	①	②	③	④	⑤	멀	가
A. 한번 시작한 일은 반드시 끝을 맺는다.	□	□	□	□	□	□	□
B. 다른 사람들이 하지 못하는 일을 하고 싶다.	□	□	□	□	□	□	□
C. 좋은 생각이 떠올라도 실행하기 전에 여러모로 검토한다.	□	□	□	□	□	□	□
D. 슬럼프에 빠지면 좀처럼 헤어나지 못한다.	□	□	□	□	□	□	□

05

질문	답안 1					답안 2	
	①	②	③	④	⑤	멀	가
A. 다른 사람에게 항상 움직이고 있다는 말을 듣는다.	□	□	□	□	□	□	□
B. 옆에 사람이 있으면 싫다.	□	□	□	□	□	□	□
C. 친구들과 남의 이야기를 하는 것을 좋아한다.	□	□	□	□	□	□	□
D. 자신의 소문에 관심을 기울인다.	□	□	□	□	□	□	□

06

질문	답안 1					답안 2	
	①	②	③	④	⑤	멀	가
A. 모두가 싫증을 내는 일에도 혼자서 열심히 한다.	□	□	□	□	□	□	□
B. 완성된 것보다 미완성인 것에 흥미가 있다.	□	□	□	□	□	□	□
C. 능력을 살릴 수 있는 일을 하고 싶다.	□	□	□	□	□	□	□
D. 항상 무슨 일을 해야만 한다.	□	□	□	□	□	□	□

07

질 문	답안 1					답안 2	
	①	②	③	④	⑤	멀	가
A. 번화한 곳에 외출하는 것을 좋아한다.	□	□	□	□	□	□	□
B. 다른 사람에게 자신이 소개되는 것을 좋아한다.	□	□	□	□	□	□	□
C. 다른 사람보다 쉽게 우쭐해진다.	□	□	□	□	□	□	□
D. 여간해서 흥분하지 않는 편이다.	□	□	□	□	□	□	□

08

질 문	답안 1					답안 2	
	①	②	③	④	⑤	멀	가
A. 다른 사람의 감정에 민감하다.	□	□	□	□	□	□	□
B. 다른 사람들이 나에게 남을 배려하는 마음씨가 있다는 말을 한다.	□	□	□	□	□	□	□
C. 사소한 일로 우는 일이 많다.	□	□	□	□	□	□	□
D. 매일 힘든 일이 너무 많다.	□	□	□	□	□	□	□

09

질 문	답안 1					답안 2	
	①	②	③	④	⑤	멀	가
A. 통찰력이 있다고 생각한다.	□	□	□	□	□	□	□
B. 몸으로 부딪혀 도전하는 편이다.	□	□	□	□	□	□	□
C. 감정적으로 될 때가 많다.	□	□	□	□	□	□	□
D. 걱정거리가 생기면 머릿속에서 떠나지 않는 편이다.	□	□	□	□	□	□	□

10

질 문	답안 1					답안 2	
	①	②	③	④	⑤	멀	가
A. 타인에게 간섭받는 것을 싫어한다.	□	□	□	□	□	□	□
B. 신경이 예민한 편이라고 생각한다.	□	□	□	□	□	□	□
C. 난관에 봉착해도 포기하지 않고 열심히 한다.	□	□	□	□	□	□	□
D. 휴식시간에도 일하고 싶다.	□	□	□	□	□	□	□

11

질 문	답안 1					답안 2	
	①	②	③	④	⑤	멀	가
A. 해야 할 일은 신속하게 처리한다.	□	□	□	□	□	□	□
B. 매사에 느긋하고 차분하다.	□	□	□	□	□	□	□
C. 끙끙거리며 생각할 때가 있다.	□	□	□	□	□	□	□
D. 사는 것이 힘들다고 느낀 적은 없다.	□	□	□	□	□	□	□

12

질 문	답안 1					답안 2	
	①	②	③	④	⑤	멀	가
A. 하나의 취미를 오래 지속하는 편이다.	□	□	□	□	□	□	□
B. 낙천가라고 생각한다.	□	□	□	□	□	□	□
C. 일주일의 예정을 만드는 것을 좋아한다.	□	□	□	□	□	□	□
D. 시험 전에도 노는 계획이 세워진다.	□	□	□	□	□	□	□

13

질 문	답안 1					답안 2	
	①	②	③	④	⑤	멀	가
A. 자신의 의견을 상대에게 잘 주장하지 못한다.	□	□	□	□	□	□	□
B. 좀처럼 결단하지 못하는 경우가 있다.	□	□	□	□	□	□	□
C. 행동으로 옮기기까지 시간이 걸린다.	□	□	□	□	□	□	□
D. 실패해도 또 다시 도전한다.	□	□	□	□	□	□	□

14

질 문	답안 1					답안 2	
	①	②	③	④	⑤	멀	가
A. 돌다리도 두드리며 건너는 타입이라고 생각한다.	□	□	□	□	□	□	□
B. 굳이 말하자면 시원시원하다.	□	□	□	□	□	□	□
C. 토론에서 이길 자신이 있다.	□	□	□	□	□	□	□
D. 남보다 쉽게 우위에 서는 편이다.	□	□	□	□	□	□	□

15

질 문	답안 1					답안 2	
	①	②	③	④	⑤	멀	가
A. 쉽게 침울해진다.	□	□	□	□	□	□	□
B. 쉽게 싫증을 내는 편이다.	□	□	□	□	□	□	□
C. 도덕/윤리를 중시한다.	□	□	□	□	□	□	□
D. 자신의 입장을 잊어버릴 때가 있다.	□	□	□	□	□	□	□

16

질 문	답안 1					답안 2	
	①	②	③	④	⑤	멀	가
A. 매사에 신중한 편이라고 생각한다.	□	□	□	□	□	□	□
B. 실행하기 전에 재확인할 때가 많다.	□	□	□	□	□	□	□
C. 반대에 부딪혀도 자신의 의견을 바꾸는 일은 없다.	□	□	□	□	□	□	□
D. 일을 하는 데도 자신이 없다.	□	□	□	□	□	□	□

17

질 문	답안 1					답안 2	
	①	②	③	④	⑤	멀	가
A. 전망을 세우고 행동할 때가 많다.	□	□	□	□	□	□	□
B. 일에는 결과가 중요하다고 생각한다.	□	□	□	□	□	□	□
C. 다른 사람으로부터 지적받는 것은 싫다.	□	□	□	□	□	□	□
D. 목적이 없으면 마음이 불안하다.	□	□	□	□	□	□	□

18

질 문	답안 1					답안 2	
	①	②	③	④	⑤	멀	가
A. 다른 사람에게 위해를 가할 것 같은 기분이 들 때가 있다.	□	□	□	□	□	□	□
B. 인간관계가 폐쇄적이라는 말을 듣는다.	□	□	□	□	□	□	□
C. 친구들로부터 줏대 없는 사람이라는 말을 듣는다.	□	□	□	□	□	□	□
D. 싸움으로 친구를 잃은 경우가 있다.	□	□	□	□	□	□	□

19

질 문	답안 1					답안 2	
	①	②	③	④	⑤	멀	가
A. 누구와도 편하게 이야기할 수 있다.	□	□	□	□	□	□	□
B. 다른 사람을 싫어한 적은 한 번도 없다.	□	□	□	□	□	□	□
C. 리더로서 인정을 받고 싶다.	□	□	□	□	□	□	□
D. 친구 말을 듣는 편이다.	□	□	□	□	□	□	□

20

질 문	답안 1					답안 2	
	①	②	③	④	⑤	멀	가
A. 기다리는 것에 짜증내는 편이다.	□	□	□	□	□	□	□
B. 지루하면 마구 떠들고 싶어진다.	□	□	□	□	□	□	□
C. 남과 친해지려면 용기가 필요하다.	□	□	□	□	□	□	□
D. 신호대기 중에도 조바심이 난다.	□	□	□	□	□	□	□

21

질 문	답안 1					답안 2	
	①	②	③	④	⑤	멀	가
A. 사물을 과장해서 말한 적은 없다.	□	□	□	□	□	□	□
B. 항상 천재지변을 당하지는 않을까 걱정하고 있다.	□	□	□	□	□	□	□
C. 어떤 일이 있어도 의욕을 가지고 열심히 하는 편이다.	□	□	□	□	□	□	□
D. 아는 사람이 많아지는 것이 즐겁다.	□	□	□	□	□	□	□

22

질 문	답안 1					답안 2	
	①	②	③	④	⑤	멀	가
A. 그룹 내에서는 누군가의 주도하에 따라가는 경우가 많다.	□	□	□	□	□	□	□
B. 내성적이라고 생각한다.	□	□	□	□	□	□	□
C. 모르는 사람과 이야기하는 것은 용기가 필요하다.	□	□	□	□	□	□	□
D. 모르는 사람과 말하는 것은 귀찮다.	□	□	□	□	□	□	□

23

질 문	답안 1					답안 2	
	①	②	③	④	⑤	멀	가
A. 집에서 가만히 있으면 기분이 우울해진다.	☐	☐	☐	☐	☐	☐	☐
B. 당황하면 갑자기 땀이 나서 신경 쓰일 때가 있다.	☐	☐	☐	☐	☐	☐	☐
C. 차분하다는 말을 듣는다.	☐	☐	☐	☐	☐	☐	☐
D. 매사에 심각하게 생각하는 것을 싫어한다.	☐	☐	☐	☐	☐	☐	☐

24

질 문	답안 1					답안 2	
	①	②	③	④	⑤	멀	가
A. 어색해지면 입을 다무는 경우가 많다.	☐	☐	☐	☐	☐	☐	☐
B. 융통성이 없는 편이다.	☐	☐	☐	☐	☐	☐	☐
C. 이유도 없이 화가 치밀 때가 있다.	☐	☐	☐	☐	☐	☐	☐
D. 자신이 경솔하다고 자주 느낀다.	☐	☐	☐	☐	☐	☐	☐

25

질 문	답안 1					답안 2	
	①	②	③	④	⑤	멀	가
A. 자질구레한 걱정이 많다.	☐	☐	☐	☐	☐	☐	☐
B. 다른 사람을 의심한 적이 한 번도 없다.	☐	☐	☐	☐	☐	☐	☐
C. 지금까지 후회를 한 적이 없다.	☐	☐	☐	☐	☐	☐	☐
D. 충동적인 행동을 하지 않는 편이다.	☐	☐	☐	☐	☐	☐	☐

26

질 문	답안 1					답안 2	
	①	②	③	④	⑤	멀	가
A. 무슨 일이든 자신을 가지고 행동한다.	☐	☐	☐	☐	☐	☐	☐
B. 자주 깊은 생각에 잠긴다.	☐	☐	☐	☐	☐	☐	☐
C. 가만히 있지 못할 정도로 불안해질 때가 많다.	☐	☐	☐	☐	☐	☐	☐
D. 어떤 상황에서나 만족할 수 있다.	☐	☐	☐	☐	☐	☐	☐

27

질문	답안 1					답안 2	
	①	②	③	④	⑤	멀	가
A. 스포츠 선수가 되고 싶다고 생각한 적이 있다.	☐	☐	☐	☐	☐	☐	☐
B. 유명인과 서로 아는 사람이 되고 싶다.	☐	☐	☐	☐	☐	☐	☐
C. 연예인에 대해 동경한 적이 없다.	☐	☐	☐	☐	☐	☐	☐
D. 싫은 사람과도 협력할 수 있다.	☐	☐	☐	☐	☐	☐	☐

28

질문	답안 1					답안 2	
	①	②	③	④	⑤	멀	가
A. 휴일은 세부적인 예정을 세우고 보낸다.	☐	☐	☐	☐	☐	☐	☐
B. 잘하지 못하는 것이라도 자진해서 한다.	☐	☐	☐	☐	☐	☐	☐
C. 이유도 없이 다른 사람과 부딪힐 때가 있다.	☐	☐	☐	☐	☐	☐	☐
D. 주체할 수 없을 만큼 여유가 많은 것을 싫어한다.	☐	☐	☐	☐	☐	☐	☐

29

질문	답안 1					답안 2	
	①	②	③	④	⑤	멀	가
A. 타인의 일에는 별로 관여하고 싶지 않다.	☐	☐	☐	☐	☐	☐	☐
B. 자신만의 의견이 확고하다.	☐	☐	☐	☐	☐	☐	☐
C. 주위의 영향을 받기 쉽다.	☐	☐	☐	☐	☐	☐	☐
D. 즐거운 일보다는 괴로운 일이 많다.	☐	☐	☐	☐	☐	☐	☐

30

질문	답안 1					답안 2	
	①	②	③	④	⑤	멀	가
A. 지인을 발견해도 만나고 싶지 않을 때가 많다.	☐	☐	☐	☐	☐	☐	☐
B. 굳이 말하자면 자의식 과잉이다.	☐	☐	☐	☐	☐	☐	☐
C. 몸을 움직이는 것을 좋아한다.	☐	☐	☐	☐	☐	☐	☐
D. 사소한 일에도 신경을 많이 쓰는 편이다.	☐	☐	☐	☐	☐	☐	☐

31

질 문	답안 1					답안 2	
	①	②	③	④	⑤	멀	가
A. 무슨 일이든 생각해 보지 않으면 만족하지 못한다.	□	□	□	□	□	□	□
B. 다수의 반대가 있더라도 자신의 생각대로 행동한다.	□	□	□	□	□	□	□
C. 지금까지 다른 사람의 마음에 상처준 일이 없다.	□	□	□	□	□	□	□
D. 어떤 일을 실패하면 두고두고 생각한다.	□	□	□	□	□	□	□

32

질 문	답안 1					답안 2	
	①	②	③	④	⑤	멀	가
A. 실행하기 전에 재고하는 경우가 많다.	□	□	□	□	□	□	□
B. 완고한 편이라고 생각한다.	□	□	□	□	□	□	□
C. 작은 소리도 신경 쓰인다.	□	□	□	□	□	□	□
D. 비교적 말이 없는 편이다.	□	□	□	□	□	□	□

33

질 문	답안 1					답안 2	
	①	②	③	④	⑤	멀	가
A. 다소 무리를 하더라도 피로해지지 않는다.	□	□	□	□	□	□	□
B. 다른 사람보다 고집이 세다.	□	□	□	□	□	□	□
C. 성격이 밝다는 말을 듣는다.	□	□	□	□	□	□	□
D. 일을 꼼꼼하게 하는 편이다.	□	□	□	□	□	□	□

34

질 문	답안 1					답안 2	
	①	②	③	④	⑤	멀	가
A. 다른 사람이 부럽다고 생각한 적이 한 번도 없다.	□	□	□	□	□	□	□
B. 자신의 페이스를 잃지 않는다.	□	□	□	□	□	□	□
C. 굳이 말하자면 이상주의자다.	□	□	□	□	□	□	□
D. 나를 기분 나쁘게 한 사람을 쉽게 잊지 못하는 편이다.	□	□	□	□	□	□	□

35

질 문	답안 1					답안 2	
	①	②	③	④	⑤	멀	가
A. 가능성에 눈을 돌린다.	□	□	□	□	□	□	□
B. 튀는 것을 싫어한다.	□	□	□	□	□	□	□
C. 방법이 정해진 일은 안심할 수 있다.	□	□	□	□	□	□	□
D. 혼자 지내는 시간이 즐겁다.	□	□	□	□	□	□	□

36

질 문	답안 1					답안 2	
	①	②	③	④	⑤	멀	가
A. 매사에 감정적으로 생각한다.	□	□	□	□	□	□	□
B. 스케줄을 짜고 행동하는 편이다.	□	□	□	□	□	□	□
C. 지나치게 합리적으로 결론짓는 것은 좋지 않다.	□	□	□	□	□	□	□
D. 낯선 사람과 만나는 것을 꺼리는 편이다.	□	□	□	□	□	□	□

37

질 문	답안 1					답안 2	
	①	②	③	④	⑤	멀	가
A. 다른 사람의 의견에 귀를 기울인다.	□	□	□	□	□	□	□
B. 사람들 앞에 잘 나서지 못한다.	□	□	□	□	□	□	□
C. 임기응변에 능하다.	□	□	□	□	□	□	□
D. 나는 연예인이 되고 싶은 마음이 조금도 없다.	□	□	□	□	□	□	□

38

질 문	답안 1					답안 2	
	①	②	③	④	⑤	멀	가
A. 꿈을 가진 사람에게 끌린다.	□	□	□	□	□	□	□
B. 직감적으로 판단한다.	□	□	□	□	□	□	□
C. 틀에 박힌 일은 싫다.	□	□	□	□	□	□	□
D. 꾸준하고 참을성이 있다는 말을 자주 듣는다.	□	□	□	□	□	□	□

39

질 문	답안 1					답안 2	
	①	②	③	④	⑤	멀	가
A. 친구가 돈을 빌려달라고 하면 거절하지 못한다.	□	□	□	□	□	□	□
B. 어려움에 처한 사람을 보면 원인을 생각한다.	□	□	□	□	□	□	□
C. 매사에 이론적으로 생각한다.	□	□	□	□	□	□	□
D. 공부할 때 세부적인 내용을 암기할 수 있다.	□	□	□	□	□	□	□

40

질 문	답안 1					답안 2	
	①	②	③	④	⑤	멀	가
A. 혼자 꾸준히 하는 것을 좋아한다.	□	□	□	□	□	□	□
B. 튀는 것을 좋아한다.	□	□	□	□	□	□	□
C. 굳이 말하자면 보수적이라 생각한다.	□	□	□	□	□	□	□
D. 상상만으로 이야기를 잘 만들어 내는 편이다.	□	□	□	□	□	□	□

41

질 문	답안 1					답안 2	
	①	②	③	④	⑤	멀	가
A. 다른 사람과 만났을 때 화제에 부족함이 없다.	□	□	□	□	□	□	□
B. 그때그때의 기분으로 행동하는 경우가 많다.	□	□	□	□	□	□	□
C. 현실적인 사람에게 끌린다.	□	□	□	□	□	□	□
D. '왜'라는 질문을 자주 한다.	□	□	□	□	□	□	□

42

질 문	답안 1					답안 2	
	①	②	③	④	⑤	멀	가
A. 병이 아닌지 걱정이 들 때가 있다.	□	□	□	□	□	□	□
B. 자의식 과잉이라는 생각이 들 때가 있다.	□	□	□	□	□	□	□
C. 막무가내라는 말을 들을 때가 많다.	□	□	□	□	□	□	□
D. 의지와 끈기가 강한 편이다.	□	□	□	□	□	□	□

43

질 문	답안 1					답안 2	
	①	②	③	④	⑤	멀	가
A. 푸념을 한 적이 없다.	□	□	□	□	□	□	□
B. 수다를 좋아한다.	□	□	□	□	□	□	□
C. 부모에게 불평을 한 적이 한 번도 없다.	□	□	□	□	□	□	□
D. 참을성이 있다는 말을 자주 듣는다.	□	□	□	□	□	□	□

44

질 문	답안 1					답안 2	
	①	②	③	④	⑤	멀	가
A. 친구들이 나를 진지한 사람으로 생각하고 있다.	□	□	□	□	□	□	□
B. 엉뚱한 생각을 잘한다.	□	□	□	□	□	□	□
C. 이성적인 사람이라는 말을 듣고 싶다.	□	□	□	□	□	□	□
D. 양보를 쉽게 하는 편이다.	□	□	□	□	□	□	□

45

질 문	답안 1					답안 2	
	①	②	③	④	⑤	멀	가
A. 예정에 얽매이는 것을 싫어한다.	□	□	□	□	□	□	□
B. 굳이 말하자면 장거리주자에 어울린다고 생각한다.	□	□	□	□	□	□	□
C. 여행을 가기 전에는 세세한 계획을 세운다.	□	□	□	□	□	□	□
D. 음식을 선택할 때 쉽게 결정을 못 내릴 때가 많다.	□	□	□	□	□	□	□

46

질 문	답안 1					답안 2	
	①	②	③	④	⑤	멀	가
A. 굳이 말하자면 기가 센 편이다.	□	□	□	□	□	□	□
B. 신중하게 생각하는 편이다.	□	□	□	□	□	□	□
C. 계획을 생각하기보다는 빨리 실행하고 싶어한다.	□	□	□	□	□	□	□
D. 대개 먼저 할 일을 해 놓고 나서 노는 편이다.	□	□	□	□	□	□	□

47

질 문	답안 1					답안 2	
	①	②	③	④	⑤	멀	가
A. 자신을 쓸모없는 인간이라고 생각할 때가 있다.	□	□	□	□	□	□	□
B. 아는 사람을 발견해도 피해버릴 때가 있다.	□	□	□	□	□	□	□
C. 앞으로의 일을 생각하지 않으면 진정이 되지 않는다.	□	□	□	□	□	□	□
D. 싹싹하다는 소리를 자주 듣는다.	□	□	□	□	□	□	□

48

질 문	답안 1					답안 2	
	①	②	③	④	⑤	멀	가
A. 격렬한 운동도 그다지 힘들어하지 않는다.	□	□	□	□	□	□	□
B. 무슨 일이든 먼저 해야 이긴다고 생각한다.	□	□	□	□	□	□	□
C. 예정이 없는 상태를 싫어한다.	□	□	□	□	□	□	□
D. 계획에 따라 규칙적인 생활을 하는 편이다.	□	□	□	□	□	□	□

49

질 문	답안 1					답안 2	
	①	②	③	④	⑤	멀	가
A. 잘하지 못하는 게임은 하지 않으려고 한다.	□	□	□	□	□	□	□
B. 다른 사람에게 의존적이 될 때가 많다.	□	□	□	□	□	□	□
C. 대인관계가 귀찮다고 느낄 때가 있다.	□	□	□	□	□	□	□
D. 자신의 소지품을 덜 챙기는 편이다.	□	□	□	□	□	□	□

50

질 문	답안 1					답안 2	
	①	②	③	④	⑤	멀	가
A. 장래의 일을 생각하면 불안해질 때가 있다.	□	□	□	□	□	□	□
B. 가만히 있지 못할 정도로 침착하지 못할 때가 있다.	□	□	□	□	□	□	□
C. 침울해지면 아무것도 손에 잡히지 않는다.	□	□	□	□	□	□	□
D. 몇 번이고 생각하고 검토한다.	□	□	□	□	□	□	□

51

질 문	답안 1					답안 2	
	①	②	③	④	⑤	멀	가
A. 새로운 일에 처음 한 발을 좀처럼 떼지 못한다.	□	□	□	□	□	□	□
B. 다른 사람이 나를 어떻게 생각하는지 궁금할 때가 많다.	□	□	□	□	□	□	□
C. 미리 행동을 정해두는 경우가 많다.	□	□	□	□	□	□	□
D. 여러 번 생각한 끝에 결정을 내린다.	□	□	□	□	□	□	□

52

질 문	답안 1					답안 2	
	①	②	③	④	⑤	멀	가
A. 혼자 생각하는 것을 좋아한다.	□	□	□	□	□	□	□
B. 다른 사람과 대화하는 것을 좋아한다.	□	□	□	□	□	□	□
C. 하루의 행동을 반성하는 경우가 많다.	□	□	□	□	□	□	□
D. 앞에 나서기를 꺼려한다.	□	□	□	□	□	□	□

53

질 문	답안 1					답안 2	
	①	②	③	④	⑤	멀	가
A. 어린 시절로 돌아가고 싶을 때가 있다.	□	□	□	□	□	□	□
B. 인생에서 중요한 것은 높은 목표를 갖는 것이다.	□	□	□	□	□	□	□
C. 커다란 일을 해보고 싶다.	□	□	□	□	□	□	□
D. 급진적인 변화를 좋아한다.	□	□	□	□	□	□	□

54

질 문	답안 1					답안 2	
	①	②	③	④	⑤	멀	가
A. 작은 일에 신경 쓰지 않는다.	□	□	□	□	□	□	□
B. 동작이 기민한 편이다.	□	□	□	□	□	□	□
C. 소외감을 느낄 때가 있다.	□	□	□	□	□	□	□
D. 규칙을 반드시 지킬 필요는 없다.	□	□	□	□	□	□	□

55

질 문	답안 1					답안 2	
	①	②	③	④	⑤	멀	가
A. 혼자 여행을 떠나고 싶을 때가 자주 있다.	□	□	□	□	□	□	□
B. 눈을 뜨면 바로 일어난다.	□	□	□	□	□	□	□
C. 항상 활력이 있다.	□	□	□	□	□	□	□
D. 혼자서 일하는 것을 좋아한다.	□	□	□	□	□	□	□

56

질 문	답안 1					답안 2	
	①	②	③	④	⑤	멀	가
A. 싸움을 한 적이 없다.	□	□	□	□	□	□	□
B. 끈기가 강하다.	□	□	□	□	□	□	□
C. 변화를 즐긴다.	□	□	□	□	□	□	□
D. 미래에 대해 별로 염려하지 않는다.	□	□	□	□	□	□	□

57

질 문	답안 1					답안 2	
	①	②	③	④	⑤	멀	가
A. 굳이 말하자면 혁신적이라고 생각한다.	□	□	□	□	□	□	□
B. 사람들 앞에 나서는 데 어려움이 없다.	□	□	□	□	□	□	□
C. 스케줄을 짜지 않고 행동하는 편이다.	□	□	□	□	□	□	□
D. 새로운 변화를 싫어한다.	□	□	□	□	□	□	□

58

질 문	답안 1					답안 2	
	①	②	③	④	⑤	멀	가
A. 학구적이라는 인상을 주고 싶다.	□	□	□	□	□	□	□
B. 조직 안에서는 우등생 타입이라고 생각한다.	□	□	□	□	□	□	□
C. 이성적인 사람 밑에서 일하고 싶다.	□	□	□	□	□	□	□
D. 조용한 분위기를 좋아한다.	□	□	□	□	□	□	□

59

질 문	답안 1					답안 2	
	①	②	③	④	⑤	멀	가
A. 정해진 절차에 따르는 것을 싫어한다.	□	□	□	□	□	□	□
B. 경험으로 판단한다.	□	□	□	□	□	□	□
C. 틀에 박힌 일을 싫어한다.	□	□	□	□	□	□	□
D. 도전적인 직업보다는 안정된 직업이 좋다.	□	□	□	□	□	□	□

60

질 문	답안 1					답안 2	
	①	②	③	④	⑤	멀	가
A. 그때그때의 기분으로 행동하는 경우가 많다.	□	□	□	□	□	□	□
B. 시간을 정확히 지키는 편이다.	□	□	□	□	□	□	□
C. 융통성이 있다.	□	□	□	□	□	□	□
D. 남의 명령을 듣기 싫어한다.	□	□	□	□	□	□	□

61

질 문	답안 1					답안 2	
	①	②	③	④	⑤	멀	가
A. 이야기하는 것을 좋아한다.	□	□	□	□	□	□	□
B. 회합에서는 소개를 받는 편이다.	□	□	□	□	□	□	□
C. 자신의 의견을 밀어붙인다.	□	□	□	□	□	□	□
D. 모든 일에 앞장서는 편이다.	□	□	□	□	□	□	□

62

질 문	답안 1					답안 2	
	①	②	③	④	⑤	멀	가
A. 현실적이라는 이야기를 듣는다.	□	□	□	□	□	□	□
B. 계획적인 행동을 중요하게 여긴다.	□	□	□	□	□	□	□
C. 창의적인 일을 좋아한다.	□	□	□	□	□	□	□
D. 나쁜 일을 오래 생각하지 않는다.	□	□	□	□	□	□	□

63

질 문	답안 1					답안 2	
	①	②	③	④	⑤	멀	가
A. 회합에서는 소개를 하는 편이다.	☐	☐	☐	☐	☐	☐	☐
B. 조직 안에서는 독자적으로 움직이는 편이다.	☐	☐	☐	☐	☐	☐	☐
C. 정해진 절차가 바뀌는 것을 싫어한다.	☐	☐	☐	☐	☐	☐	☐
D. 사람들의 이름을 잘 기억하는 편이다.	☐	☐	☐	☐	☐	☐	☐

64

질 문	답안 1					답안 2	
	①	②	③	④	⑤	멀	가
A. 일을 선택할 때에는 인간관계를 중시한다.	☐	☐	☐	☐	☐	☐	☐
B. 굳이 말하자면 현실주의자이다.	☐	☐	☐	☐	☐	☐	☐
C. 지나치게 온정을 표시하는 것은 좋지 않다고 생각한다.	☐	☐	☐	☐	☐	☐	☐
D. 대인관계에서 상황을 빨리 파악하는 편이다.	☐	☐	☐	☐	☐	☐	☐

65

질 문	답안 1					답안 2	
	①	②	③	④	⑤	멀	가
A. 상상력이 있다는 말을 듣는다.	☐	☐	☐	☐	☐	☐	☐
B. 틀에 박힌 일은 너무 딱딱해서 싫다.	☐	☐	☐	☐	☐	☐	☐
C. 다른 사람이 나를 어떻게 생각하는지 신경 쓰인다.	☐	☐	☐	☐	☐	☐	☐
D. 친구들과 노는 것보다 혼자 노는 것이 편하다.	☐	☐	☐	☐	☐	☐	☐

PART

4

면접

CHAPTER 01 면접 유형 및 실전 대책

CHAPTER 02 두산그룹 실제 면접

면접 유형 및 실전 대책

01 면접 주요사항

면접의 사전적 정의는 면접관이 지원자를 직접 만나보고 인품(人品)이나 언행(言行) 따위를 시험하는 일로, 흔히 필기시험 후에 최종적으로 심사하는 방법이다.
최근 주요 기업의 인사담당자들을 대상으로 채용 시 면접이 차지하는 비중을 설문조사했을 때, 50~80% 이상이라고 답한 사람이 전체 응답자의 80%를 넘었다. 이와 대조적으로 지원자들을 대상으로 취업 시험에서 면접을 준비하는 기간을 물었을 때, 대부분의 응답자가 2~3일 정도라고 대답했다.
지원자는 서류전형과 인적성검사를 통과해야만 면접을 볼 수 있기 때문에 자연스럽게 면접은 그 비중이 작아질 수밖에 없다. 하지만 아이러니하게도 실제 채용 과정에서 면접이 차지하는 비중은 절대적이라고 해도 과언이 아니다.
기업들은 채용 과정에서 토론 면접, 인성 면접, 프레젠테이션 면접, 역량 면접 등의 다양한 면접을 실시한다. 1차 커트라인이라고 할 수 있는 서류전형을 통과한 지원자들의 스펙이나 능력은 서로 엇비슷하다고 판단하기 때문에 지원자의 인성을 파악하기 위해 면접을 더욱 강화하는 것이다.
면접의 기본은 자기 자신을 면접관에게 알기 쉽게 표현하는 것이다. 이러한 표현을 바탕으로 자신의 단점을 극복할 수 있는 연습을 한다면 좋은 결과를 얻을 수 있을 것이다.

1. 자기소개

자기소개를 시키는 이유는 면접자가 지원자의 자기소개서를 압축해서 듣고, 지원자의 첫인상을 평가할 시간을 가질 수 있기 때문이다. 면접을 위한 워밍업이라고 할 수 있으며, 첫인상을 결정하는 과정이므로 매우 중요한 순간이다. 자신을 잘 소개할 수 있는 문구의 1분 자기소개를 미리 준비해서 연습해야 한다.

2. 1분 자기소개 시 주의사항

(1) 자기소개서와 자기소개가 똑같다면 감점일까?

자기소개서의 내용을 잘 정리한 자기소개는 좋은 결과를 만들 수 있다. 하지만 자기소개서와 상반된 내용을 말하는 것은 적절하지 않다. 지원자의 신뢰성을 의심받을 수 있기 때문이다.

(2) 말하는 자세를 바르게 익혀라.

면접에서 바른 자세가 중요하다는 것은 익히 알고 있다. 하지만 문제는 무의식적으로 나오는 흐트러진 자세 때문에 나쁜 인상을 줄 수 있다는 것이다. 이러한 습관을 고칠 수 있는 가장 좋은 방법은 캠코더로 녹화하거나 스터디를 통해 모의 면접을 해보면서 끊임없이 피드백을 받는 것이다.

3. 대화법

전문가들이 말하는 대화법의 핵심은 '상대방을 배려하면서 이야기하라.'는 것이다. 대화는 나와 다른 사람의 소통이다. 내용에 대한 공감이나 이해가 없다면 대화는 더 이상 진전되지 않는다.

4. 첫인상

취업을 위해 성형수술을 받는 남성들에 대한 이야기는 더 이상 뉴스거리가 되지 않는다. 그만큼 많은 사람이 좁은 취업문을 뚫기 위해 이미지 향상에 신경을 쓰고 있다. 이는 면접관에게 좋은 첫인상을 주기 위한 것으로, 지원서에 올리는 증명사진을 이미지 프로그램을 통해 수정하는 이른바 '사이버 성형'이 유행하는 것과 같은 맥락이다. 실제로 외모가 채용 과정에서 영향을 끼치는가에 대한 설문조사에서도 60% 이상의 인사담당자들이 그렇다고 답변했다.

하지만 외모와 첫인상을 절대적인 관계로 이해하는 것은 잘못된 판단이다. 외모가 첫인상에서 많은 부분을 차지하지만, 외모 외에 다른 결점이 발견된다면 그로 인해 장점들이 가려질 수도 있다. 첫인상은 말 그대로 한 번밖에 기회가 주어지지 않으며 몇 초 안에 결정된다. 첫인상을 결정짓는 요소 중 시각적인 요소가 80% 이상을 차지한다. 첫눈에 들어오는 생김새나 복장, 표정 등에 의해서 결정되는 것이다. 면접을 시작할 때 자기소개를 시키는 것도 지원자별로 첫인상을 평가하기 위해서이다. 첫인상이 중요한 이유는 만약 첫인상이 부정적으로 인지될 경우, 지원자의 다른 좋은 면까지 거부당하기 때문이다. 이러한 현상을 심리학에서는 초두효과(Primacy Effect)라고 한다.

이는 먼저 제시된 정보가 추후 알게 된 정보보다 더 강력한 영향을 미치는 현상으로, 앞서 제시된 정보가 나중의 것보다 기억이 더 잘 되고, 인출도 더 잘 된다는 것이다. 예를 들어 첫인상이 착하게 기억되면 나중에 나쁜 행동을 하더라도 순간의 실수로 생각되는 반면, 첫인상이 나쁘다면 착한 행동을 하더라도 그 진위에 의심을 사게 되는 것이다. 이처럼 한 번 형성된 첫인상은 여간해서 바꾸기 힘들다. 따라서 평소에 첫인상을 좋게 만들기 위한 노력을 꾸준히 해야만 한다.

좋은 첫인상이 반드시 외모에만 집중되는 것은 아니다. 오히려 깔끔한 옷차림과 부드러운 표정 그리고 말과 행동 등에 의해 전반적인 이미지가 만들어진다. 누구나 이러한 것 중에 한두 가지 단점을 가지고 있다. 요즈음은 이미지 컨설팅을 통해서 자신의 단점들을 보완하는 지원자도 있다. 특히, 표정이 밝지 않은 지원자는 평소 웃는 연습을 의식적으로 하여 면접을 받는 동안 계속해서 여유 있는 표정을 짓는 것이 중요하다. 성공한 사람들은 인상이 좋다는 것을 명심하자.

02 면접의 유형 및 실전 대책

1. 면접의 유형

과거 천편일률적인 일대일 면접과 달리 현재는 면접에 다양한 유형이 도입되어 “면접은 이렇게 보는 것이다.” 라고 말할 수 있는 정해진 유형이 없어졌다. 그러나 대부분의 기업에서 현재까지는 집단 면접과 다대일 면접이 진행되고 있으므로 어느 정도 유형을 파악하여 사전에 대비가 가능하다. 면접의 기본인 단독 면접부터 다대일 면접, 집단 면접, PT 면접 유형과 그 대책에 대해 알아보자.

(1) 단독 면접

단독 면접이란 응시자와 면접관이 일대일로 마주하는 형식을 말한다. 면접위원 한 사람과 응시자 한사람이 마주 앉아 자유로운 화제를 가지고 질의응답을 되풀이하는 방식이다. 이 방식은 면접의 가장 기본적인 방법으로 소요시간은 10~20분 정도가 일반적이다.

① 단독 면접의 장점

필기시험 등으로 판단할 수 없는 성품이나 능력을 알아내는 데 가장 적합하다고 평가받아 온 면접방식으로 응시자 한 사람 한 사람에 대해 여러 면에서 비교적 폭넓게 파악할 수 있다. 응시자의 입장에서는 한 사람의 면접관만을 대하는 것이므로 상대방에게 집중할 수 있으며, 긴장감도 다른 면접방식에 비해서는 적은 편이다.

② 단독 면접의 단점

면접관의 주관이 강하게 작용해 객관성을 저해할 소지가 있으며, 면접 평가표를 활용한다 하더라도 일면적인 평가에 그칠 가능성을 배제할 수 없다. 또한 시간이 많이 소요되는 것도 단점이다.

단독 면접 준비 Point

단독 면접에 대비하기 위해서는 평소 일대일로 논리 정연하게 대화를 나눌 수 있는 능력을 기르는 것이 중요하다. 그리고 면접장에서는 면접관을 선배나 선생님 혹은 아버지를 대하는 기분으로 면접에 임하는 것이 부담도 훨씬 적고 실력을 발휘할 수 있는 방법이 될 것이다.

(2) 다대일 면접

다대일 면접은 일반적으로 가장 많이 사용되는 면접방법으로 보통 2~5명의 면접관이 1명의 응시자에게 질문하는 형태의 면접방법이다. 면접관이 여러 명이므로 다각도에서 질문을 하여 응시자에 대한 정보를 많이 알아낼 수 있다는 점 때문에 선호하는 면접방법이다.

하지만 응시자의 입장에서는 면접관에 따라 질문도 각양각색이고 동료 응시자가 없으므로 숨 돌릴 틈도 없게 느껴진다. 또한 관찰하는 눈도 많아서 조그만 실수라도 지나치는 법이 없기 때문에 정신적 압박과 긴장감이 높은 면접방법이다. 따라서 응시자는 긴장을 풀고 한 명의 면접관이 질문하더라도 면접관 전원을 향해 대답한다는 기분으로 또박또박 대답하는 자세가 필요하다.

① 다대일 면접의 장점

면접관이 집중적인 질문과 다양한 관찰을 통해 응시자가 과연 조직에 필요한 인물인가를 완벽히 검증할 수 있다.

② 다대일 면접의 단점

면접시간이 보통 10~30분 정도로 긴 편이고 응시자에게 지나친 긴장감을 조성하는 면접방법이다.

다대일 면접 준비 Point

질문을 들을 때 시선은 면접위원을 향하고 다른 데로 돌리지 말아야 하며, 대답할 때에도 고개를 숙이거나 입속에서 우물거리는 소극적인 태도는 피하도록 한다. 면접위원과 대등하다는 마음가짐으로 편안한 태도를 유지하면 대답도 자연스러운 상태에서 좀 더 충실히 할 수 있고, 이에 따라 면접위원이 받는 인상도 달라진다.

(3) 집단 면접

집단 면접은 다수의 면접관이 여러 명의 응시자를 한꺼번에 평가하는 방식으로 짧은 시간에 능률적으로 면접을 진행할 수 있다. 각 응시자에 대한 질문 내용, 질문 횟수, 시간 배분이 똑같지는 않으며, 모두에게 같은 질문이 주어지기도 하고, 각각 다른 질문을 받기도 한다.

또 어떤 응시자가 한 대답에 대한 의견을 묻는 등 그때그때의 분위기나 면접관의 의향에 따라 변수가 많다. 집단 면접은 응시자의 입장에서는 개별 면접에 비해 긴장감은 다소 덜한 반면에 다른 응시자들과 확실하게 비교되므로 응시자는 몸가짐이나 표현력·논리성 등이 결여되지 않도록 자신의 생각이나 의견을 솔직하게 발표하여 집단 속에 묻히거나 밀려나지 않도록 주의해야 한다.

① 집단 면접의 장점

집단 면접의 장점은 면접관이 응시자 한 사람에 대한 관찰시간이 상대적으로 길고, 비교 평가가 가능하기 때문에 결과적으로 평가의 객관성과 신뢰성을 높일 수 있다는 점이며, 응시자는 동료들과 함께 면접을 받기 때문에 긴장감이 다소 덜하다는 것을 들 수 있다. 또한 동료가 답변하는 것을 들으며, 자신의 답변 방식이나 자세를 조정할 수 있다는 것도 큰 이점이다.

② 집단 면접의 단점

응답하는 순서에 따라 응시자마다 유리하고 불리한 점이 있고, 면접위원의 입장에서는 각각의 개인적인 문제를 깊게 다루기가 곤란하다는 것이 단점이다.

집단 면접 준비 Point

너무 자기 과시를 하지 않는 것이 좋다. 대답은 자신이 말하고 싶은 내용을 간단명료하게 말해야 한다. 내용이 없는 발언을 한다거나 대답을 질질 끄는 태도는 좋지 않다. 또 말하는 중에 내용이 주제에서 벗어나거나 자기중심적으로만 말하는 것도 피해야 한다. 집단 면접에 대비하기 위해서는 평소에 설득력을 지닌 자신의 논리력을 계발하는 데 힘써야 하며, 다른 사람 앞에서 자신의 의견을 조리 있게 개진할 수 있는 발표력을 갖추는 데에도 많은 노력을 기울여야 한다.

- 실력에는 큰 차이가 없다는 것을 기억하라.
- 동료 응시자들과 서로 협조하라.
- 답변하지 않을 때의 자세가 중요하다.
- 개성 표현은 좋지만 튀는 것은 위험하다.

(4) 집단 토론식 면접

집단 토론식 면접은 집단 면접과 형태는 유사하지만 질의응답이 아니라 응시자들끼리의 토론이 중심이 되는 면접방법으로 최근 들어 급증세를 보이고 있다.

이는 공통의 주제에 대해 다양한 견해들이 개진되고 결론을 도출하는 과정, 즉 토론을 통해 응시자의 다양한 면에 대한 평가가 가능하다는 집단 토론식 면접의 장점이 널리 확산된 데 따른 것으로 보인다.

사실 집단 토론식 면접을 활용하면 주제와 관련된 지식 정도와 이해력, 판단력, 설득력, 협동성은 물론 리더십, 조직 적응력, 적극성과 대인관계 능력 등을 파악하는 것이 용이하다고 한다. 토론식 면접에서는 자신의 의견을 명확히 제시하면서도 상대방의 의견을 경청하는 토론의 기본자세가 필수적이며, 지나친 경쟁심이나 자기 과시욕은 접어두는 것이 좋다.

또한 집단 토론의 목적이 결론을 도출해 나가는 과정에 있다는 것을 감안하여 무리하게 자신의 주장을 관철시키기보다 오히려 토론의 질을 높이는 데 기여하는 것이 좋은 인상을 줄 수 있다는 점을 알아야 한다. 취업 희망자들은 토론식 면접이 급속도로 확산되는 추세임을 감안해 특히 철저한 준비를 해야 한다.

평소에 신문의 사설이나 매스컴 등의 토론 프로그램을 주의 깊게 보면서 논리 전개 방식을 비롯한 토론 과정을 익히도록 하고, 친구들과 함께 간단한 주제를 놓고 토론을 진행해 볼 필요가 있다. 또한 사회 · 시사문제에 대해 자기 나름대로의 관점을 정립해두는 것도 꼭 필요하다.

집단 토론식 면접 준비 Point

- 토론은 정답이 없다는 것을 명심한다.
- 내 주장을 강조하지 않는다.
- 남이 말할 때 끼어들지 않는다.
- 필기구를 준비하여 메모하면서 면접에 임한다.
- 주제에 자신이 없다면 첫 번째 발언자가 되지 않는다.
- 자신의 입장을 먼저 밝힌다.
- 상대측의 사소한 발언에 집착하지 않고 전체적인 의미에 초점을 놓치지 않아야 한다.
- 남의 의견을 경청한다.
- 예상 밖의 반론에 당황스럽다 하더라도 유연함을 잃지 않아야 한다.

(5) PT 면접

PT 면접, 즉 프레젠테이션 면접은 최근 들어 집단 토론 면접과 더불어 그 활용도가 점차 커지고 있다. PT 면접은 기업마다 특성이 다르고 인재상이 다른 만큼 인성 면접만으로는 알 수 없는 지원자의 문제해결 능력, 전문성, 창의성, 기본 실무능력, 논리성 등을 관찰하는 데 중점을 두는 면접으로, 지원자 간의 변별력이 높아 대부분의 기업에서 적용하고 있으며, 확산하는 추세이다.

면접 시간은 기업별로 차이가 있지만, 전문지식, 시사성 관련 주제를 제시한 다음 보통 20~50분 정도 준비하여 5분가량 발표할 시간을 준다. 단순히 질의응답으로 이루어지는 것이 아니라 면접관은 주제에 대해 일정 시간 동안 지원자의 발언과 발표하는 모습 등을 관찰하게 된다. 정확한 답이나 지식보다는 논리적 사고와 의사표현력이 더 중시되기 때문에 자신의 생각을 어떻게 설명하느냐가 매우 중요하다.

PT 면접에서 같은 주제라도 직무별로 평가요소가 달리 나타난다. 예를 들어, 영업직은 설득력과 의사소통 능력에 중점을 둘 수 있겠고, 관리직은 신뢰성과 창의성 등을 더 중요하게 평가한다.

PT 면접 준비 Point

- 면접관의 관심과 주의를 집중시키고, 발표 태도에 유의한다.
- 모의 면접이나 거울 면접으로 미리 점검한다.
- PT 내용은 세 가지 정도로 정리해서 말한다.
- PT 내용에는 자신의 생각이 담겨 있어야 한다.
- PT 중간에 자문자답 방식을 활용한다.
- 평소 지원하는 업계의 동향이나 직무에 대한 전문지식을 쌓아둔다.
- 부적절한 용어 사용이나 무리한 주장 등은 하지 않는다.

2. 면접의 실전 대책

(1) 면접 대비사항

① 지원 회사에 대한 사전지식을 충분히 갖는다.

필기시험 또는 서류전형의 합격통지가 온 후 면접시험 날짜가 정해지는 것이 보통이다. 이때 지원자는 면접시험을 대비해 사전에 본인이 지원한 계열사 또는 부서에 대해 폭넓은 지식을 가질 필요가 있다.

지원 회사에 대해 알아두어야 할 사항

- 회사의 연혁
- 회장 또는 사장의 이름, 그의 출신학교, 그의 관심사
- 회장 또는 사장이 요구하는 신입사원의 인재상
- 회사의 사훈, 사시, 경영이념, 창업정신
- 회사의 대표적 상품, 특색
- 업종별 계열회사의 수
- 해외지사의 수와 그 위치
- 신 개발품에 대한 기획 여부
- 자신이 생각하는 회사의 장단점
- 회사의 잠재적 능력개발에 대한 제언

② 충분한 수면을 취한다.

충분한 수면으로 안정감을 유지하고 첫 출발의 신선한 마음가짐을 갖는다.

③ 얼굴을 생기있게 한다.

첫인상은 면접에 있어서 가장 결정적인 당락요인이다. 면접관들은 생기있는 얼굴과 눈동자가 살아있는 사람, 즉 기가 살아있는 사람을 선호한다.

④ 아침에 인터넷에 의한 정보나 신문을 읽는다.

그날의 뉴스가 질문 대상에 오를 수가 있다. 특히 경제면, 정치면, 문화면 등을 유의해서 보아 둘 필요가 있다.

출발 전 확인할 사항

이력서, 자기소개서, 지갑, 신분증(주민등록증), 손수건, 휴지, 필기도구, 잔돈, 예비스타킹 등을 준비하자.

(2) 면접 시 옷차림

면접에서 옷차림은 간결하고 단정한 느낌을 주는 것이 가장 중요하다. 색상과 디자인면에서 지나치게 화려한 색상이나, 노출이 심한 디자인은 자칫 면접관의 눈살을 찌푸리게 할 수 있다. 단정한 차림을 유지하면서 자신만의 독특한 멋을 연출하는 것, 지원하는 회사의 분위기를 파악했다는 센스를 보여주는 것 등이 면접복장의 포인트다.

복장 점검

- 구두는 잘 닦여 있는가?
- 옷은 깨끗이 다려져 있으며 스커트 길이는 적당한가?
- 손톱은 길지 않고 깨끗한가?
- 머리는 흐트러짐 없이 단정한가?

(3) 면접요령

① 첫인상을 중요시한다.

상대에게 인상을 좋게 주지 않으면 어떠한 이야기를 해도 이쪽의 기분이 충분히 전달되지 않을 수 있다. 예를 들면 '저 친구는 표정이 없고 무엇을 생각하고 있는지 전혀 알 길이 없다.'라고 생각하게 만들면 최악의 상태다. 청결한 복장과 바른 자세로 면접장에 침착하게 들어가 건강하고 신선한 이미지를 주도록 한다.

② 좋은 표정을 짓는다.

이야기할 때의 표정은 중요한 사항 중 하나다. 거울 앞에서는 웃는 얼굴의 연습을 해본다. 웃는 얼굴은 상대를 편안하게 만들고 특히 면접 등 긴박한 분위기에서는 큰 효과를 나타낼 것이다. 그렇다고 하여 항상 웃고만 있어서는 안 된다. 본인이 할 이야기를 진정으로 전하고 싶을 때는 진지한 표정으로 상대의 눈을 바라보며 이야기한다.

③ 결론부터 이야기한다.

본인의 의사나 생각을 상대에게 정확하게 전달하기 위해서는 먼저 무엇을 말하고자 하는가를 명확히 결정해 두어야 한다. 대답을 할 경우에는 결론을 먼저 이야기하고 나서 그에 따르는 설명과 이유를 나중에 덧붙이면 논지(論旨)가 명확해지고 이야기가 깔끔하게 정리된다. 보통 한 가지 사실을 이야기하거나 설명하는 데는 3분이면 충분하다. 복잡한 이야기도 어느 정도의 길이로 요약해서 이야기하면 상대도 이해하기 쉽고 자기도 정리할 수 있다. 긴 이야기는 오히려 상대를 불쾌하게 할 수가 있다.

④ 질문의 요지를 파악한다.

면접 때의 이야기는 간결성만으로 부족하다. 상대의 질문이나 이야기에 대해 적절하고 필요한 대답을 하지 않으면 대화는 끊어지고 자기의 생각도 제대로 표현하지 못한다. 이는 면접관이 지원자의 인품이나 사고방식 등을 명확히 파악할 수 없도록 만들게 된다. 면접에서는 면접관이 무엇을 묻고 있는지, 무슨 이야기를 하고 있는지 그 요점을 정확히 알아내야 한다.

(4) 면접 시 주의사항

① 지각은 있을 수 없다.

면접 당일에 시간을 맞추지 못하여 지각하는 것은 있을 수 없는 일이다. 약속을 못 지키는 사람은 좋은 평가를 받을 수 없다. 면접 당일에는 지정시간 10~20분쯤 전에 미리 면접장에 도착해 마음을 가라앉히고 준비해야 한다.

② 손가락을 움직이지 마라.

면접 시에 손가락을 까딱거리거나 만지작거리는 행동은 유난히 눈에 띌 뿐만 아니라 면접관의 눈에 거슬리기 마련이다. 다리를 떠는 행동은 말할 것도 없다. 불안정하거나 산만하다는 느낌을 줄 수 있으므로 주의할 필요가 있다.

③ 옷매무새를 자주 고치지 마라.

여성의 경우 외모에 너무 신경 쓴 나머지 머리를 계속 쓸어 올리거나, 깃과 치마 끝을 만지작거리는 경우가 많다. 짧은 미니스커트를 입고 와서 면접시간 내내 치마 끝을 내리는 행위는 면접관으로 하여금 인상을 찌푸리게 만든다. 인사담당자의 말에 의하면 이런 사람이 의외로 많다고 한다.

④ 적당한 목소리 톤으로 말해라.

면접관과의 거리가 어느 정도 떨어져 있기 때문에 작은 소리로 웅얼거리는 것은 좋지 않다. 그러나 너무 큰 소리로 소리를 질러가며 말하는 사람은 오히려 거북스럽게 느껴진다.

⑤ 성의 있는 응답 자세를 보여라.

질문에 대해 너무 '예, 아니요'로만 답변하면 성의 없다는 인상을 심어주게 된다. 따라서 설명을 덧붙일 수 있는 질문에 대해서는 지루하지 않을 만큼의 설명을 붙인다.

⑥ 구두를 깨끗이 닦는다.

앉아있는 사람의 구두는 면접관의 위치에서 보면 눈에 잘 띈다. 그러나 의외로 구두에 대해 신경써서 미리 깨끗이 닦아둔 사람은 드물다. 면접 전날 반드시 구두를 깨끗이 닦아준다.

⑦ 지나친 화장은 피한다.

여성의 경우 지나치게 화장을 짙게 하면 거부감을 불러일으킬 수 있다. 또한 머리도 단정히 정리해서 이마가 가급적이면 드러나 보이게 하는 것이 좋다. 여기저기 흘러나온 머리는 지저분하고 답답한 느낌을 준다. 지나친 액세서리도 금물이다.

⑧ 기타 사항

㉠ 앉으라고 할 때까지 앉지 마라. 의자로 재빠르게 다가와 앉으면 무례한 사람처럼 보이기 쉽다.
㉡ 응답 시 너무 말을 꾸미지 마라.
㉢ 질문이 떨어지자마자 답변을 외운 것처럼 바쁘게 대답하지 마라.
㉣ 혹시 잘못 대답하였다고 해서 혀를 내밀거나 머리를 긁지 마라.
㉤ 머리카락에 손대지 마라. 정서불안으로 보이기 쉽다.
㉥ 면접실에 다른 지원자가 들어올 때 절대로 일어서지 마라.
㉦ 동종업계나 라이벌 회사에 대해 비난하지 마라.
㉧ 면접관 책상에 있는 서류를 보지 마라.
㉨ 농담을 하지 마라. 쾌활한 것은 좋지만 지나치게 경망스러운 태도는 취업에 대한 의지가 부족하게 보인다.
㉩ 질문에 대해 대답할 말이 생각나지 않는다고 천장을 쳐다보거나 고개를 푹 숙이고 바닥을 내려다보지 마라.
㉪ 면접관이 서류를 검토하는 동안 말하지 마라.

ⓔ 과장이나 허세로 면접관을 압도하려 하지 마라.
ⓕ 최종 결정이 이루어지기 전까지 급여에 대해 언급하지 마라.
ⓖ 은연중에 연고를 과시하지 마라.

면접 전 마지막 체크 사항

- 기업이나 단체의 소재지(본사 · 지사 · 공장 등)를 정확히 알고 있다.
- 기업이나 단체의 정식 명칭(Full Name)을 알고 있다.
- 약속된 면접시간 10분 전에 도착하도록 스케줄을 짤 수 있다.
- 면접실에 들어가서 공손히 인사한 후 또렷한 목소리로 자기 수험번호와 성명을 말할 수 있다.
- 앉으라고 할 때까지는 의자에 앉지 않는다는 것을 알고 있다.
- 자신에 대해 3분간 이야기할 수 있는 준비가 되어 있다.
- 자신의 긍정적인 면을 상대방에게 바르게 전달할 수 있다.

두산그룹 실제 면접

두산에서 요구하는 인재는 능력과 의사를 가지고 이를 실천하며 자신의 능력을 끊임없이 향상시키고자 노력하는 모든 구성원을 의미한다. 두산은 이에 적합한 인재를 선발하기 위하여 두산만의 면접 방식을 사용하고 있다.

(1) 1차 면접(SI 및 DISE 면접)

① SI 면접

각 계열사의 실무진으로 구성된 구조화 면접이며 지원자의 역량보유 정도를 평가한다. 면접을 준비하기 위해서는 현재까지 어떻게 살아왔는지, 무엇을 했었는지 등을 곰곰이 되돌아보면서 본인의 에피소드를 정리해 두는 것이 좋다.

㉠ 면접위원 : 3명

㉡ 면접시간 : 인성 면접(40분), 상황판단능력평가(6분), 질의응답(4분)

㉢ 면접형태 : 多 vs 一

② DISE 면접

두산 그룹의 PT 면접으로 두꺼운 자료집 한 권을 나눠준 뒤 이 자료를 바탕으로 1시간가량 발표를 준비하여 진행된다.

㉠ 면접위원 : 2명

㉡ 면접시간 : 역량 면접(1시간)

1차 면접 기출 질문

- 회사에 대해 아는 정보를 모두 말해 보시오.
- 품질이란 무엇이라고 생각하는가?
- 자신의 역량보다 높은 목표를 설정하고 수행한 경험을 말해 보시오.
- 본인과 팀원의 의견이 서로 다를 때 어떻게 하겠는가?
- 윤리적으로 꼭 지키는 본인의 원칙이 있는가?
- 규칙을 어긴 경험이 있는가?
- 협업을 통해 좋은 성과를 이룬 경험이 있으면 말해 보시오.
- 자신의 의도와 상관없이 주변 환경이 바뀐 경험이 있는가?
- 단기적인 계획에 대해 검토하는 방법이 있는가?
- 지금까지 살면서 문제 상황을 창의적으로 해결한 적이 있는가? 그때의 상황을 구체적으로 말해 보시오.
- 본인이 가장 힘들었던 경험과 그것을 어떻게 극복했는지 말해 보시오.

- 케비테이션이란 무엇인가?
- 레이놀드수란 무엇인가?
- 자신이 가장 열정적으로 임했던 일에 대해서 말해 보시오. 열정적으로 임한 이유는 무엇인가?
- 본인 스스로 대인관계가 어떻다고 생각하는가? 그렇게 생각하는 근거는 무엇인가?
- 타인을 도와준 경험이 있는가?
- 졸업 학점에 대해 어떻게 생각하는가?
- 응력이란 무엇인가?
- 아르바이트를 해본 적이 있는가? 아르바이트 중 인상적이었던 일을 말해 보시오.
- 리더로 활동할 때와 리더를 따라 활동할 때 차이점은 무엇이라 생각하는가?
- 창의적인 경험이 있다면 어떤 것이 있는가?
- 안전계수란 무엇인가?
- 아르바이트를 해 본 경험이 있는가? 있다면 어떤 것을 해 보았는가?
- 달성하기 힘든 목표를 가지고 도전했던 경험이 있는가? 결과적으로 그 목표를 달성했는가?
- 팀 프로젝트 중 갈등을 겪어본 적이 있는가? 그 갈등을 어떻게 해결했는가?
- 본인이 진행했던 프로젝트 중 가장 기억에 남는 것은 무엇인가? 그 프로젝트를 통해 배운 것은 무엇이며, 어떤 시행착오를 겪었고, 어떻게 해결해 나갔는가?
- 환상의 팀워크를 이루었던 경험이 있는가?
- 자기계발을 위해 지금까지 어떤 노력을 해왔는가?
- 열역학 1~3법칙에 대해 말해 보시오.
- 보일-샤를의 법칙에 대해 말해 보시오.
- 과거에 의지와 상관없이 한 일은 어떠한 것이 있는가?
- 공부 이외에 했던 교외활동을 말해 보시오.
- 리스크관리를 어떻게 할 것인가?
- Creep에 대해 말해 보시오.
- 동료가 노조가입을 권유한다면 어떻게 할 것인가?
- 캐드(CAD)를 다룰 줄 아는가?
- 리더로 활동해 본 경험이 있는가?
- 하루에 팔리는 소주의 양은 얼마나 되겠는가?
- 응력-변형 선도에 대해 말해 보시오.
- 지원 분야와 전공과의 연관성에 대해 말해 보시오.
- 창의력을 발휘했던 경험을 말해 보시오.
- 자신이 CEO라면 회사를 어떻게 이끌 것인가?
- 변화를 주도한 경험을 말해 보시오.
- 디자인이란 무엇이라 생각하는가?
- 베르누이의 정리에 대해 말해 보시오.
- 자신의 한계를 극복한 경험에 대해 말해 보시오.
- 환경이 크게 변했을 때 어떻게 적응하는지 말해 보시오.
- Arm에 설계 시 고려해야 하는 것은 무엇인가?

(2) 2차 면접(임원 면접)

① 면접위원 : 3명

② 면접형태 : 多 vs 多

2차 면접 기출질문

- 전공은 스스로 결정했는가? 아니면 결정에 영향을 끼친 사람은 누구인가?
- 자신의 장점과 단점을 한 가지씩 말해 보시오.
- 본인이 회사를 선택할 때 우선시하는 것은 어떤 것인가
- 두산에 지원한 이유가 무엇인가?
- 자신을 평가한다면 어떤 유형의 리더라고 생각하는가?
- 회사의 경영자가 된다면 가장 먼저 무엇을 하겠는가?
- 회사에 입사한다면 어떤 부분에 기여할 수 있다고 생각하는가?
- 직업 선택 기준은 무엇인가?
- 지원동기를 말해 보시오.
- 창원 근무도 괜찮은가?
- 다른 회사에 지원했는가? 어떤 곳이 있는가?
- 기업의 기본적인 목적은 무엇이라고 생각하는가?
- (이력서 · 자소서 관련 질문) 해외에서 한 경험에 대해 말해보고, 그 경험을 통해 무엇을 배웠는가?
- 지금까지 리더를 했던 경험이 있는가?
- 지원한 직무에 본인이 적합하다고 생각하는가?
- 지방근무도 가능한가?
- 두산에 지원한 이유는 무엇인가?
- 부모님의 직업은 무엇인가?
- 영어 성적이 낮은 이유는 무엇인가?
- 자신이 남들과 다르다고 생각하는 것을 말해 보시오.
- 자신의 장단점을 말해 보시오.
- 학교생활은 어떠했는지 말해 보시오

앞선 정보 제공! 도서 업데이트

언제, 왜 업데이트될까?

도서의 학습 효율을 높이기 위해 자료를 추가로 제공할 때!
기업체 인적성검사의 변동사항 발생 시 정보 공유를 위해!
기업체 채용 및 시험 관련 중요 이슈가 생겼을 때!

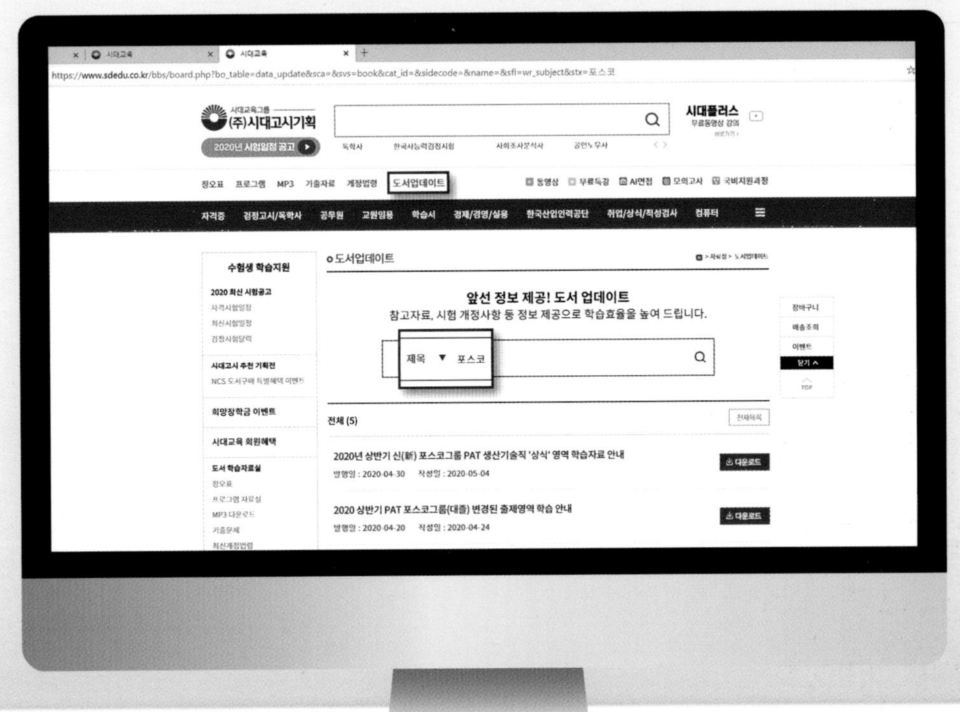

01 시대에듀 도서 www.sdedu.co.kr/book 홈페이지 접속

02 상단 카테고리 「도서업데이트」 클릭

03 해당 기업명으로 검색

참고자료, 시험 개정사항 등 정보 제공으로 학습효율을 높여 드립니다.

2022 상반기

DCAT

두산 종합적성검사

최신기출유형 + 모의고사 4회

무료두산특강

항균99.9%
본 도서는 항균잉크로
인쇄하였습니다.

▲ 합격의 모든 것!

[합격시대]
온라인 모의고사
무료쿠폰

[WiN시대로]
AI면접 무료쿠폰

온라인
실전연습
서비스

10대기업
면접 기출
질문 자료집

누적
판매량
1위
대기업
인적성검사
시리즈

정답 및 해설

SD에듀
(주)시대고시기획

PART 1

기초적성검사

정답 및 해설

잠깐!

도서 관련 최신 정보 및 정오사항이 있는지
우측 QR을 통해 확인해 보세요!

언어논리 정답 및 해설

01 언어추리

01	02	03	04	05	06	07	08	09	10
③	③	⑤	③	④	④	⑤	①	③	④

01 정답 ③

제시된 조건을 정리하면 다음과 같다.

구 분	빨강 꽃씨	파랑 꽃씨	노랑 꽃씨	초록 꽃씨
빨강 화분	×		×	
파랑 화분		×		×
노랑 화분	×		×	
초록 화분		×		×

따라서 초록 화분과 노랑 화분에 심을 수 있는 꽃씨의 종류는 다르다.

02 정답 ③

세 번째 조건에서 205호, 208호의 인원수를 기준으로 네 번째 조건을 만족시키면, 206호는 5명이 있어서는 안 되며, 207호와 209호는 6명이 있을 수 없다. 205호와 206호를 제외한 3개의 호실의 인원수는 총 19명이고 206호와 207호가 같은 인원이 되지 않도록 각 호실에 있는 면접자 수를 정하면 다음과 같다.

구 분	205호	206호	207호	208호	209호
면접자 수	5명	7명	5명	6명	7명

또한 면접관 5명을 두 팀으로 나누는 방법은 2가지이다. 첫 번째 조건에서 A, E는 같은 팀이며 두 번째 조건에서 B, D는 같은 팀이 될 수 없으므로 (A · B · E), (C · D)이거나 (A · D · E), (B · C)의 경우가 나온다. 두 경우 모두 C면접관은 2명인 팀에 속하므로 면접자 수가 5명인 205호와 207호를 맡게 된다. 호실 숫자가 큰 면접실을 먼저 들어간다고 하였으므로 C면접관은 207호에 들어감을 알 수 있다.

03 정답 ⑤

C를 4번 자리에 고정시키고, 그 다음 D와 E를 기준으로 제시된 조건을 정리하면 다음과 같다.

구 분	1	2	3	4	5	6
〈경우 1〉	D	F	B	C	E	A
〈경우 2〉	D	B	F	C	E	A
〈경우 3〉	A	D	F	C	B	E
〈경우 4〉	B	D	F	C	A	E

따라서 E는 항상 C의 오른쪽에 앉아 있다.

04 정답 ③

i) 먼저 연경이의 증언이 참이라면, 효진이의 증언도 참이다. 그런데 효진이의 증언이 참이라면 지현이의 증언은 거짓이 된다.

ii) 지현이의 증언이 거짓이라면, '나와 연경이는 꽃을 꽂아두지 않았다.'는 말 역시 거짓이 되어 연경이와 지현이 중 적어도 한 명은 꽃을 꽂아두었다고 볼 수 있다. 그런데 효진이의 증언은 지민이를 지적하고 있으므로 역시 모순이다. 그러므로 연경이와 효진이의 증언은 거짓이다.

따라서 다솜, 지민, 지현이의 증언이 참이 되고, 이들이 언급하지 않은 다솜이가 꽃을 꽂아두었다.

05 정답 ④

주어진 조건을 정리하면 다음과 같다.

구 분	1일	2일	3일	4일	5일	6일
〈경우 1〉	B	E	F	C	A	D
〈경우 2〉	B	C	F	D	A	E
〈경우 3〉	A	B	F	C	E	D
〈경우 4〉	A	B	C	F	D	E
〈경우 5〉	E	B	C	F	D	A
〈경우 6〉	E	B	F	C	A	D

따라서 B영화는 어떠한 경우에도 1일 또는 2일에 상영된다.

06 정답 ④

제시된 조건에 따르면 두 가지의 경우로 정리할 수 있다.

〈경우 1〉

5층	D
4층	B
3층	A
2층	C
1층	E

〈경우 2〉

5층	E
4층	C
3층	A
2층	B
1층	D

따라서 A부서는 항상 3층에 위치한다.

07 정답 ⑤

- A : 연차를 쓸 수 있다.
- B : 제주도 여행을 한다.
- C : 회를 좋아한다.
- D : 배낚시를 한다.
- E : 다른 계획이 있다.

제시된 명제들을 간단히 나타내면, A → B, C → D, E → ~D, ~E → A이다. 이를 정리하면 C → D → ~E → A → B가 되므로 D → B가 성립한다. 따라서 대우 명제인 '제주도 여행을 하지 않으면 배낚시를 하지 않는다.'는 참이다.

08 정답 ①

D의 진술이 참이라고 가정한다면, C도 참이 되어야 한다. 하지만 B에 관하여 C와 D의 진술은 모순이 되므로, D는 거짓이고 따라서 C도 거짓이다. 또한, A와 E의 진술은 서로 모순이므로 둘 중 하나는 참이고 하나는 거짓이다. 따라서 남은 B는 무조건 참이다. A와 B의 진술이 참이라고 한다면, E는 거짓이 되어야 하므로 목격자가 아니어야 한다. 하지만 A의 진술에서 E는 목격자라고 했으므로 이는 거짓이다. 따라서 거짓을 말한 사람은 A, C, D이고, 이에 따라 범인은 A이다.

09 정답 ③

제시된 조건을 정리하면 다음과 같다.

순 서	〈경우 1〉	〈경우 2〉	〈경우 3〉
1	D	D	D
2	B	B	B
3	C	C	F
4	E	F	C
5	A	A	A
6	F	E	E

따라서 A는 항상 모든 경우에서 다섯 번째로 뛰어내린다.

10 정답 ④

B가 다섯 번째로 뛰면, D는 반드시 두 번째에 뛰어야 하고, F는 첫 번째, C, E는 각각 세 번째, 네 번째가 된다.

02 독해

01	02	03	04	05	06	07	08	09	10
③	⑤	②	③	④	⑤	⑤	③	⑤	④

01 정답 ③

할랄식품 시장의 확대로 많은 유통업계들이 할랄식품을 위한 생산라인을 설치 중이다.

오답분석

① · ② 할랄식품은 엄격하게 생산 · 유통되기 때문에 일반 소비자들에게도 평이 좋다.

④ 세계 할랄 인증 기준은 200종에 달하고 수출하는 국가마다 별도의 인증을 받아야 한다.

⑤ 표준화되지 않은 할랄 인증 기준은 무슬림 국가들의 '수입장벽'이 될 것이라고 지적했다.

02 정답 ⑤

개념에 대해 충분히 이해하면서도 개념의 사례를 제대로 구별하지 못할 수 있다. 따라서 비둘기와 참새를 구별하지 못했다고 해서 비둘기 개념을 이해하지 못하고 있다고 평가할 수는 없다.

오답분석

① 개념의 사례를 식별하는 능력이 개념을 이해하는 능력을 함축하는 것은 아니므로 정사각형을 구별했다고 해서 정사각형의 개념을 이해하고 있다고 볼 수 없다.

②·④ 개념을 이해하는 능력이 개념의 사례를 식별하는 능력을 함축하는 것은 아니므로 개념을 이해했다고 해서 개념의 사례를 완벽하게 식별할 수 있는 것은 아니다.

③ 개념을 충분히 이해하면서도 개념의 사례를 제대로 구별하지 못할 수 있으므로 개념의 사례를 구별하지 못했다고 해서 개념을 충분히 이해하지 못했다고 판단할 수 없다.

03 정답 ②

빈칸 다음의 '민화는 필력보다 소재와 그것에 담긴 의미가 더 중요한 그림이었다.'는 설명을 통해 민화는 작품의 기법보다 의미가 중시되었음을 알 수 있다. 따라서 빈칸에 들어갈 문장은 ②가 가장 적절하다.

04 정답 ③

제시된 글은 기준음을 내는 도구인 소리굽쇠에 관한 내용이다. 따라서 (다) 소리굽쇠의 개발 : 악기를 조율할 때 기준음을 내는 도구 → (마) 정확하게 초당 몇 회의 진동을 하는지는 알지 못한 소리굽쇠 → (나) 진동수를 알지 못해서 지역마다 통일되지 못하고 다른 기준음을 가지게 됨 → (라) 정확한 측정 장치가 없어서 해결하기 어려운 문제였음 → (가) 음향학자 요한 샤이블러가 문제를 해결함의 순서로 연결되어야 한다.

05 정답 ④

제시된 글은 초상 사진이라는 산업 가능성이 발견된 다게레오 타입의 사진과, 초상 사진으로 쓰일 수는 없었지만 프랑스 화가들이 활용한 칼로 타입 사진에 관한 내용이다. 따라서 (마) 사진의 산업으로서의 가능성을 최초로 보여 준 분야인 초상 사진 → (다) 초상 사진에 사용되는 다게레오 타입 → (가) 사진관이 많은 돈을 벌게 됨 → (라) 초상 사진보다는 풍경 · 정물 사진에 제한적으로 이용되던 칼로 타입 → (나) 칼로 타입이 퍼진 프랑스와 화가들의 활용 순서로 연결되어야 한다.

06 정답 ⑤

처음 작성했던 개요인 (가)는 나노 기술의 유용성에 중심을 두고 있다. 반면 추가로 접한 자료인 (나)는 나노 물질이 인간과 동물의 건강에 악영향을 미칠 위험성을 경고하는 내용이다. 그러므로 (가)와 (나)의 내용을 종합하여 작성한 개요는 나노 기술이 유용성과 위험성을 동시에 지니고 있다는 내용을 담아야 한다. 그런데 ⑤는 나노 기술의 유용성 측면에 초점을 두어 응용 분야를 확대해야 한다는 내용을 담고 있으므로 적절하지 않다.

07 정답 ⑤

제시된 글은 미술 작품을 올바르게 감상하기 위해 필요한 태도에 대해 언급하고 있다. 작품을 올바르게 이해하기 위해서는 기존의 편협한 사고방식이나 태도에 얽매이지 말고 나름대로의 날카로운 안목과 감수성을 길러야 함을 강조하고 있다.

08 정답 ③

차를 자주 마셔 보지 않은 사람은 여러 종류의 차가 지닌 독특한 맛을 구분할 수 없다. 마찬가지로 미술 작품을 자주 접할 기회가 없는 사람은 미의 본질에 대한 이해가 부족하기 때문에 여러 종류의 미술 작품에 대한 안목과 감상 능력이 부족하다.

09 정답 ⑤

조선시대 화폐가 유통되기 위한 여건, 조선 시대 초기에 서민들 사이에서는 삼베, 무명과 같은 물품화폐가 통용되었다는 내용, 화폐 사용을 국가적으로 추진했다는 내용, 화폐가 통용되면서 나타난 조선 후기의 모습 등이 제시되어 있다. 그러나 화폐를 어떤 과정으로 주조했는지는 나타나 있지 않다.

10 정답 ④

화폐 통용을 위해서는 화폐가 유통될 수 있는 시장이 성장해야 하고, 농업생산력이 발전해야 한다. 그러나 서민들은 물품화폐를 더 선호하였고 일부 계층에서만 화폐가 유통되었다. 따라서 광범위한 동전 유통이 실패한 것이다. 화폐의 수요량은 화폐가 유통된 이후의 조선 후기에 해당하는 내용이다.

수리자료분석 정답 및 해설

01 자료해석

01	02	03	04	05	06	07	08	09	10
⑤	②	③	④	④	④	④	④	②	③

01 정답 ⑤

전년 대비 생산이 증가한 해에는 수출과 내수 모두 증가했다.

오답분석

① 표에서 증감률이 양의 값을 나타내고 있으므로 옳은 판단이다.
② 전년 대비 내수가 가장 큰 폭으로 증가한 해는 2018년으로 생산과 수출 모두 감소했다.
③ 전년 대비 수출이 증가한 해는 2016년, 2018년, 2020년으로 내수와 생산도 증가했다.
④ 2017년에는 생산, 내수, 수출 모두 감소하였다.

02 정답 ②

메달 및 상별 점수는 다음 표와 같다.

구 분	금메달	은메달	동메달	최우수상	우수상	장려상
총 개수(개)	40	31	15	41	26	56
개당 점수(점)	3,200÷40=80	2,170÷31=70	900÷15=60	1,640÷41=40	780÷26=30	1,120÷56=20

따라서 금메달은 80점, 은메달은 70점, 동메달은 60점임을 알 수 있다.

오답분석

① 경상도가 획득한 메달 및 상의 총 개수는 $4+8+12=24$개이며, 가장 많이 획득한 지역은 $13+1+22=36$개인 경기도이다.
③ 표를 참고하면 전국기능경기대회 결과표에서 동메달이 아닌 장려상이 56개로 가장 많다.
④ 울산에서 획득한 메달 및 상의 총점은 $(3\times80)+(7\times30)+(18\times20)=810$점이다.
⑤ 장려상을 획득한 지역은 대구, 울산, 경기도이며 세 지역 중 금 · 은 · 동메달 총 개수가 가장 적은 지역은 금메달만 2개인 대구이다.

03 정답 ③

2016년 산림골재가 차지하는 비중은 54.5%이고, 2014년 육상골재가 차지하는 비중은 8.9%이므로, $54.5\div8.9\fallingdotseq6.1$이다.
따라서 8배 이하이다.

04 정답 ④

특수학교뿐 아니라 초등학교와 고등학교도 정규직 영양사의 수보다 비정규직 영양사의 수가 더 적다.

오답분석

⑤ 조리사와 사무보조원의 정규직 인원을 알 수 없기 때문에 특수학교가 중학교보다 급식인력 정규직의 비율이 2배 이상 높은지는 알 수 없다.

05 정답 ④

여성의 경우 국가기관에 대한 선호 비율이 공기업에 대한 선호 비율의 약 3.2배 이상이지만, 남성의 경우는 약 2.9배이다.

오답분석

① 3.0%, 2.6%, 2.5%, 2.1%, 1.9%, 1.7%로 가구소득이 많을수록 중소기업을 선호하는 비율이 줄어들고 있음을 알 수 있다.
② 대기업을 선호하는 경우 남성은 19.5%, 여성은 14.8%이며, 벤처기업을 선호하는 경우 남성은 5.0%, 여성은 1.8%로 옳은 설명이다.
③ 국가기관은 모든 기준에서 가장 선호 비율이 높은 것을 알 수 있다.
⑤ 15~18세, 19~24세의 경우 3번째로 선호하는 직장은 전문직 기업으로 같음을 알 수 있다.

06 정답 ④

오답분석

① 1990년 노령화지수는 20.0이고, 2015년 노령화지수는 100.7로 약 5배가 증가했다.
② 제시된 자료만으로는 알 수 없다.
③ 2020년 대비 2030년 노령화지수와 2010년 대비 2020년 노령화지수 모두 두 배를 넘지 않으므로 증가율은 100% 미만이다.
⑤ 1조 원이 초과된 해는 2000년인데 10년 뒤의 2010년은 1.5조 원, 10년 뒤인 2020년에는 2.17조원이므로 10년당 두 배가 넘지 않는다.

07 정답 ④

2016년의 차이는 115,820천 장이고 2017년은 105,950천 장으로 2016년의 차이가 가장 크다.

오답분석

① 2018년 전체 발행 수는 113,900천 장이고 나만의 우표는 1,000천 장이므로 1% 이하이다.
② 제시된 자료만으로는 알 수 없다.
③ 기념우표의 경우에는 2020년의 발행 수가 가장 적다.
⑤ 2020년 전체 발행 수는 140,738천 장인데 기념우표는 33,630천 장이므로 $\frac{33,630}{140,738} \times 100 \fallingdotseq 23.9\%$이다. 따라서 옳지 않다.

08 정답 ④

2018~2019년 충청 지역의 PC 보유율은 감소한 반면, 전라 지역의 PC 보유율은 증가하였다.

09 정답 ②

그래프는 전년 대비 증감률을 나타내므로 2011년 강북의 주택전세가격을 100이라고 한다면 2012년에는 약 5% 증가해 100×1.05=105이고, 2013년에는 약 10% 증가해 105×1.1=115.5라고 할 수 있다. 따라서 2013년 주택전세가격은 2011년 대비 약 15.5% 증가했다.

오답분석

① 전국 주택전세가격의 증감률은 2010년부터 2019년까지 모두 양의 부호(+) 값을 가지고 있으므로 매년 증가하고 있다고 볼 수 있다.
③ 그래프를 보면 2016년 이후 서울의 주택전세가격 증가율이 전국 평균 증가율보다 높은 것을 알 수 있다.
④ 그래프를 통해 강남 지역의 주택전세가격 증가율이 가장 높은 시기는 2013년임을 알 수 있다.
⑤ 전년 대비 주택전세가격이 감소했다는 것은 전년 대비 증감률이 음의 부호(−) 값을 가지고 있다는 것이다. 그래프에서 증감률이 음의 부호(−) 값을 가지고 있는 지역은 2010년 강남뿐이다.

10 정답 ③

전체 지역의 면적당 논벼 생산량을 구해 보면 다음과 같다.

- 서울 · 인천 · 경기 : $\frac{468,506}{91,557}$≒5.12톤/ha
- 강원 : $\frac{166,396}{30,714}$≒5.42톤/ha
- 충북 : $\frac{201,670}{37,111}$≒5.43톤/ha
- 세종 · 대전 · 충남 : $\frac{803,806}{142,722}$≒5.63톤/ha
- 전북 : $\frac{687,367}{121,016}$≒5.68톤/ha
- 광주 · 전남 : $\frac{871,005}{170,930}$≒5.10톤/ha
- 대구 · 경북 : $\frac{591,981}{105,894}$≒5.59톤/ha
- 부산 · 울산 · 경남 : $\frac{403,845}{77,918}$≒5.18톤/ha
- 제주 : $\frac{41}{10}$=4.1톤/ha

따라서 면적당 논벼 생산량이 가장 많은 지역은 전북 지역이다.

오답분석

① 광주 · 전남 지역의 논벼 면적과 밭벼 면적은 각각 가장 넓고, 논벼와 밭벼 생산량도 각각 가장 많다.

② 제주 지역의 백미 생산량 중 밭벼 생산량이 차지하는 비율을 구하면, $\frac{317}{41+317}\times100$≒88.5%이다.

④ 전국 밭벼 생산량 면적 중 광주 · 전남 지역의 밭벼 생산 면적이 차지하는 비율은 $\frac{705}{2+3+11+10+705+3+11+117}\times100=\frac{705}{862}\times$ 100≒81.8%이다. 따라서 80% 이상이다.

⑤ 위의 해설을 참고 할 때, 제주를 제외한 모든 지역에서 면적당 5톤 이상 생산하는 것을 알 수 있다.

02 응용수리

01	02	03	04	05	06	07	08	09	10
④	②	③	①	②	⑤	①	②	②	④

01 정답 ④

광고의 개수가 총 10개이므로

$a+b=7$ … ㉠

광고 방송 시간이 3분=180초이므로

$30\times3+10\times a+20\times b=180 \rightarrow a+2b=9$ … ㉡

㉠과 ㉡을 연립하면

$a=5,\ b=2$

$\therefore\ a-b=3$

02 정답 ②

A회사는 10분에 5개의 인형을 만든다고 했으므로, 1시간 동안 $5\times6=30$개의 인형을 만들 수 있다. 따라서 40시간 동안 인형은 $30\times40=1,200$개를 만들고, B회사는 인형 뽑는 기계를 $1\times40=40$대를 만들 수 있다. 기계 하나당 40개의 인형이 들어가야 하므로 최대 30대의 인형이 들어있는 기계를 만들 수 있다.

03 정답 ③

동생이 누나를 만날 때까지 걸린 시간을 x분이라고 하자.

• 누나의 이동 거리 : $9(x+30)$m

• 동생의 이동 거리 : $12x$m

누나와 동생의 이동 거리는 같아야 하므로

$9(x+30)=12x$

$\therefore x=90$

04 정답 ①

$\frac{x}{100}\times200+\frac{y}{100}\times200=\frac{15}{100}\times400$

$\rightarrow 2x+2y=60$

$\therefore y=30-x$

05 정답 ②

• 갑의 주머니에서 검은 공을 꺼내 을의 주머니로 옮겼을 때, 을의 주머니에서 검은 공을 꺼낼 확률 : $\frac{3}{5}\times\frac{2}{4}=\frac{3}{10}$

• 갑의 주머니에서 흰 공을 꺼내 을의 주머니로 옮겼을 때, 을의 주머니에서 검은 공을 꺼낼 확률 : $\frac{2}{5}\times\frac{1}{4}=\frac{1}{10}$

$\therefore \frac{3}{10}+\frac{1}{10}=\frac{2}{5}$

06 정답 ⑤

수조에 가득 찬 물의 양을 1이라고 할 때, A, B, C관이 1분 동안 비울 수 있는 물의 양은 각각 $\frac{1}{12}$, $\frac{1}{16}$, $\frac{1}{32}$이다.

수조를 비우는 데 걸리는 시간을 x분이라고 하면 다음과 같다.

$1=\left(\frac{1}{12}+\frac{1}{16}+\frac{1}{32}\right)x \rightarrow 1=\frac{17}{96}x$

$\therefore x=\frac{96}{17}$

07 정답 ①

이익은 판매가에서 원가를 뺀 금액이다.

$(1.4a\times0.8)-a=0.12a$

08 정답 ②

동생의 나이는 10살이므로, 형의 나이는 10+3=13살이다. 아버지의 나이를 x살이라고 하자.

$x+x=3(13+13) \rightarrow 2x=78$

$\therefore x=39$

09 정답 ②

집에서부터 회사까지의 거리를 $x$km라고 하자. 처음 집을 나온 후 15분이 지나 돌아갔으므로 집과 다시 돌아갔던 지점 사이의 거리는 $60\times\frac{15}{60}=15$km이다.

다시 집으로 돌아갔을 때의 속력은 $60\times1.5=90$km/h이고, 50분 후 회사에 도착했다.

$\frac{15}{60}+\frac{15}{90}+\frac{x}{90\times1.2}=\frac{50}{60}$

$\rightarrow 135+90+5x=450 \rightarrow 5x=225$

$\therefore x=45$

10 정답 ④

한 명은 인턴이기 때문에 제외하고 각 시간마다 3명씩 근무한다고 했으므로

${}_9C_3\times{}_6C_3\times{}_3C_3=1,680$가지

따라서 교대근무가 가능한 전체 경우의 수는 1,680가지이다.

03 수추리

01	02	03	04	05	06	07	08		
②	③	④	②	③	①	③	⑤		

01 정답 ②

홀수 항은 ×10, 짝수 항은 $\div2^0$, $\div2^1$, $\div2^2$, …인 수열이다.

따라서 ( )$=256\div2^2=64$이다.

02 정답 ③

앞의 항의 분모에는 +3을, 분자에는 ×3인 수열이다.

따라서 ( )$=\frac{135\times3}{12+3}=\frac{405}{15}$이다.

03 정답 ④

(홀수 항)×3+1, (짝수 항)×3−1인 수열이다.

따라서 ( )$=58\times3+1=175$이다.

04 정답 ②

(앞의 항)−(뒤의 항)=(다음 항)인 수열이다.

따라서 (　　)$=(-1)-3=-4$이다.

05 정답 ③

$\underline{A\ B\ C} \to B^A=C$

따라서 $3^4=81$이므로 $B=$(　　)$=4$이다.

06 정답 ①

$\underline{A\ B\ C}=(\sqrt{A^2+B^2})=C$

따라서 (　　)$=\sqrt{4^2+5^2}=\sqrt{41}$이다.

07 정답 ③

(첫 번째 행)×(두 번째 행)+1이 세 번째 행인 수열이다.

$\therefore\ 7\times3+1=22$

08 정답 ⑤

바로 위의 칸과 왼쪽 칸의 합은 오른쪽 항이다.

$\therefore\ 16+10=26$

04 알고리즘

01	02	03	04	05					
①	⑤	⑤	②	③					

01 정답 ①

a	n
$\frac{4}{3}$	0
$\frac{4}{3}+1=\frac{7}{3}$	1
$\frac{7}{3}+2=\frac{13}{3}$	2
$\frac{13}{3}+4=\frac{25}{3}$	3
$\frac{25}{3}+8=\frac{49}{3}$	4
$\frac{49}{3}+16=\frac{97}{3}$	5

02 정답 ⑤

a	n
$\frac{1}{81}$	32
$\frac{1}{81}\times3+1=\frac{28}{27}$	16
$\frac{28}{27}\times3+1=\frac{37}{9}$	8
$\frac{37}{9}\times3+1=\frac{40}{3}$	4
$\frac{40}{3}\times3+1=41$	2

$\therefore 41+2=43$

03 정답 ⑤

a	n
$\frac{8}{81}$	12
$\frac{8}{81}\times3+1=\frac{35}{27}$	10
$\frac{35}{27}\times3+1=\frac{44}{9}$	8
$\frac{44}{9}\times3+1=\frac{47}{3}$	6

04 정답 ②

a	n
$\frac{38}{9}$	0
$4-\frac{1}{2}=\frac{7}{2}$	1
$3-\frac{1}{2}=\frac{5}{2}$	2
$2-\frac{1}{2}=\frac{3}{2}$	3
$1-\frac{1}{2}=\frac{1}{2}$	4

05 정답 ③

a	n
$\frac{7}{64}$	1
$\frac{64}{7}\times2=\frac{128}{7}$	2
$\frac{7}{128}\times4=\frac{7}{32}$	4
$\frac{32}{7}\times8=\frac{256}{7}$	8
$\frac{7}{256}\times16=\frac{7}{16}$	16

어휘유창성(인문계) 정답 및 해설

01 어휘력

01	02	03	04	05	06	07	08	09	10
②, ③	①, ⑤	②, ④	③, ④	②	①	④	②	③	④

01 정답 ②, ③

- 초래하다 : 어떤 결과를 가져오게 하다.
- 가져오다 : 어떤 결과나 상태를 생기게 하다.

02 정답 ①, ⑤

- 비호 : 편들어서 감싸 주고 보호함
- 변호 : 남의 이익을 위하여 변명하고 감싸서 도와줌

03 정답 ②, ④

- 깔보다 : 얕잡아 보다.
- 존경하다 : 남의 인격, 사상, 행위 따위를 받들어 공경하다.

04 정답 ③, ④

- 좀스럽다 : 사물의 규모가 보잘것없이 작다.
- 관대하다 : 마음이 너그럽고 크다.

05 정답 ②

㉠ 문맥상 최근의 이야기가 나오므로 이러한 시점을 표현해주는 말이 와야 한다.
㉡ 앞의 내용과 연결되는 문장이므로 연결의 의미가 있는 접속어인 '또한'이 적절하다.
㉢ 결론에 해당하므로 '그러므로'가 적절하다.

06 정답 ①

- 타자기(기존의 것) : 컴퓨터(새로운 것)
- 자전거(기존의 것) : 자동차(새로운 것)

07 정답 ④

㉠은 '원치 않은 일을 당하거나 어려운 처지에 놓이지 않도록 하다.'의 뜻으로 쓰였으므로, ④가 가장 유사하다.

오답분석
① 비, 눈 따위를 맞지 않게 몸을 옮기다.
② 행사에 불길한 날을 택하지 않다.
③ · ⑤ 몸을 숨기거나 다른 곳으로 옮기어 드러나지 않도록 하다.

08 정답 ②

오답분석
① 틈새 : 벌어져 난 틈의 사이
③ 가름 : 따로따로 나누는 일. 또는 사물이나 상황을 구별하거나 분별하는 일
④ 가늠 : 목표나 기준에 맞고 안 맞음을 헤아려 봄. 또는 헤아려 보는 목표나 기준, 일이 되어 가는 모양이나 형편을 살펴서 얻은 짐작
⑤ 어림 : 대강 짐작으로 헤아림. 또는 그런 셈이나 짐작

09 정답 ③

- 청산(淸算) : 서로 간에 채무 · 채권 관계를 셈하여 깨끗이 해결함

오답분석
① 청렴(淸廉) : 성품과 행실이 고결하고 탐욕이 없음
② 청유(淸幽) : 속세와 떨어져 아담하고 깨끗하며 그윽함. 또는 그런 곳
④ 파산(破産) : 재산을 모두 잃고 망함
⑤ 미진(未盡) : '미진하다'의 어근. 다하지 못함

10 정답 ④

- 결부(結付) : 일정한 사물이나 현상을 서로 연관시킴

오답분석
① 결처(決處) : 결정하여 조처함
② 결과(結果) : 어떤 원인으로 결말이 생김
③ 결제(決濟) : 일을 처리하여 끝을 냄
⑤ 가부(可否) : 옳고 그름 또는 찬성과 반대

02 맞춤법

01	02	03	04	05	06	07	08	09	10
③	④	⑤	④	②	①	②	④	④	②

01 정답 ③

③은 ㉡이 아닌 '일'이나 '것'의 뜻을 나타내는 의존 명사인 '데'가 사용되었다.

02 정답 ④

의존 명사인 '중'은 단독으로 쓰일 수 없으며, 반드시 관형어가 있어야 문장에 쓰일 수 있는 명사이지만, 다른 명사들과 마찬가지로 독립된 어절로 띄어쓰기를 해야 한다.

오답분석

① '지'는 '어떤 일이 있었던 때로부터 지금까지의 동안'을 나타내는 의존 명사이므로 띄어 쓴다. → 철수가 떠난 지가
② '－ㄴ데다가'의 '데'는 의존 명사이므로 띄어 쓴다. → 예쁜 데다가
③ '뿐'은 '다만 어떠하거나 어찌할 따름'이란 뜻의 의존 명사이므로 띄어 쓴다. → 바라볼 뿐
⑤ '커녕'은 '어떤 사실을 부정하는 것은 물론 그보다 덜하거나 못한 것까지 부정함'을 뜻하는 보조사이므로 붙여 쓴다. → 책임지기는커녕

03 정답 ⑤

윗도리가 맞는 표현이다. '위, 아래'의 대립이 있는 단어는 '윗'으로 발음되는 형태를 표준어로 삼는다.

04 정답 ④

아는대로 → 아는 대로

'－대로' 붙여쓰기

ⅰ) 부사 : 나는 그런대로 잘 지내고 있다.

ⅱ) 부사 : 그대로 두어라. 나는 나대로 하겠다. → 체언(명사, 대명사)

'－대로' 띄어쓰기

의존 명사 : 시키는 대로 하라.

05 정답 ②

오답분석

㉠ 붓고, ㉢ 너머, ㉣ 띄우고, ㉤ 비로소

06 정답 ①

한번 → 한 번

'번' : 수 관형사에 의존하여 선행하는 명사의 수량을 나타내는 의존 명사로 띄어 쓴다.

오답분석

② 큰집 : 분가하여 나간 집에서 종가를 이르는 말
③ 손아래 : 나이나 항렬 따위가 자기보다 아래거나 낮은 관계, 또는 그런 관계에 있는 사람
④ 집안 : 가족을 구성원으로 하여 살림을 꾸려 나가는 공동체
⑤ 척 : 그럴듯하게 꾸미는 거짓 태도나 모양을 나타내는 의존 명사

07 정답 ②

－던 : '어떤 일이 과거에 완료되지 않고 중단됨'을 의미하는 어미로, '던'이 옳다.

오답분석

①·③·⑤ 던지 → 든지
'어느 것이 선택되어도 차이가 없는 둘 이상의 일을 나열'하는 조사로, '든'이 바르다.

④ 할 만하겠든? → 할 만하겠던?
과거에 경험하여 새로이 알게 된 사실에 대한 물음'을 나타내는 종결 어미로, '－던'이 옳다.

08 정답 ④

좋고(joko) : 'kk'는 'ㄲ'에만 쓰며, 'ㅋ'으로 소리가 날 때는 'k' 하나만 쓴다.

09 정답 ④

주체높임의 선어말어미 '－시－'는 사물에 사용할 수 없으므로 '15,000원입니다.'로 고치는 것이 옳다.

오답분석

② 객체높임법으로, 높임의 어휘 '모시고'는 동작의 객체(대상)인 '아버지'를 높인 것이다.
③ 압존법으로, 김 병장이 이 상병보다 높은 지위에 있으므로 김 병장에게만 존대를 하는 것이 옳다.

10 정답 ②

'본디보다 더 길어지게 하다.'라는 의미로 쓰였으므로 '늘이다'로 쓰는 것이 옳다.

오답분석

① 바램 → 바람

③ 알맞는 → 알맞은

④ 담구니 → 담그니

⑤ 지리한 → 지루한

03 관용적 표현

01	02	03	04	05	06	07	08	09	10
③	④	④	③	③	④	④	⑤	①	⑤

01 정답 ③

머리가 깨다 : 뒤떨어진 생각에서 벗어나다.

02 정답 ④

'산에 가야 범을 잡고, 물에 가야 고기를 잡는다.'는 속담은 '일을 하려면 먼저 그 일의 목적지에 가야 한다.'라는 의미이다.

03 정답 ④

규정을 어기고 작은 선물을 한 후보자에 대해 50배의 과태료를 물린 것에서 '작은 잘못을 하더라도 큰 대가를 치러야 한다.'는 의미의 '가는 방망이 오는 홍두깨'가 적절하다.

오답분석

① 우연히 운 좋은 기회에, 하려던 일을 해치운다는 말

② 오월은 해가 길어서 더디 간다는 말이며, 유월은 해가 짧고 해야 할 일이 많아 어느 틈에 휙 지나가 버린다는 뜻

③ 좋지 않은 사람과 사귀면 결국 좋지 못한 데로 가게 된다는 말

⑤ 선선한 가을볕에는 딸을 쬐이고 살갗이 잘 타고 거칠어지는 봄볕에는 며느리를 쬐인다는 뜻으로, 시어머니는 며느리보다 제 딸을 더 아낌을 비유적으로 이르는 말

04 정답 ③

관용구로 쓰이는 말 중에서 빈칸에 들어갈 적절한 말은 '눈'이다.

- 눈에 밟히다 : 잊히지 않고 자꾸 보이는 것 같다.
- 눈에 익다 : 여러 번 보아서 익숙하다.
- 눈을 끌다 : 주목을 받는다.
- 눈이 높다 : 정도 이상의 좋은 것을 찾는다.

05 정답 ③

관용구로 쓰이는 말 중에서 빈칸에 들어갈 적절한 말은 '치다'이다.

- 돼지를 치다 : 가축을 기르다.
- 도랑을 치다 : 물길을 내다.
- 사군자를 치다 : 그림을 그리다.
- 술을 치다 : 술을 부어 잔을 채우다.

06 정답 ④

관용구로 쓰이는 말 중에서 빈칸에 들어갈 적절한 말은 '발'이다.

- 발이 넓다 : 사귀어 아는 사람이 많아 활동하는 범위가 넓다.
- 발을 구르다 : 매우 안타까워하거나 다급해 하다.
- 발을 빼다 : 어떤 일에서 관계를 완전히 끊고 물러나다.

07 정답 ④

- 감탄고토(甘呑苦吐) : 달면 삼키고 쓰면 뱉는다는 뜻으로, 자신의 비위에 따라서 사리의 옳고 그름을 판단함을 이르는 말

오답분석

① 감언이설(甘言利說) : 귀가 솔깃하도록 남의 비위를 맞추거나 이로운 조건을 내세워 꾀는 말

② 당랑거철(螳螂拒轍) : 제 역량을 생각하지 않고, 강한 상대나 되지 않을 일에 덤벼드는 무모한 행동거지를 비유적으로 이르는 말

③ 무소불위(無所不爲) : 하지 못하는 일이 없음

⑤ 속수무책(束手無策) : 손을 묶은 것처럼 어찌할 도리가 없어 꼼짝 못 함

08 정답 ⑤

- 언중유골(言中有骨) : 말 속에 뼈가 있다는 뜻으로, 예사로운 말 속에 단단한 속뜻이 들어 있음을 이르는 말

오답분석

① 오비이락(烏飛梨落) : 까마귀 날자 배 떨어진다는 뜻으로, 아무 관계도 없이 한 일이 공교롭게도 때가 같아 억울하게 의심을 받거나 난처한 위치에 서게 됨을 이르는 말

② 중언부언(重言復言) : 이미 한 말을 자꾸 되풀이함. 또는 그런 말

③ 탁상공론(卓上空論) : 현실성이 없는 허황한 이론이나 논의

④ 희희낙락(喜喜樂樂) : 매우 기뻐하고 즐거워함

09 정답 ①

제시문의 자식들은 아무 것도 하지 않고 부모님의 재산을 탐내고 있다. 이에 적합한 속담은 아무 일도 안하고 이익을 나누는 데 참여함을 의미하는 '자는 중도 떡 세 개'이다.

오답분석

② 꽃샘추위에 설늙은이 얼어 죽는다 : 삼사월의 이른 봄에도 꽤 추운 날씨가 있음을 비유적으로 이르는 말
③ 거미도 줄을 쳐야 벌레를 잡는다 : 무슨 일이든지 거기에 필요한 준비나 도구가 있어야 그 결과를 얻을 수 있다는 말
④ 나갔던 며느리 효도한다 : 처음에 좋지 않게 여겨지던 사람이 뜻밖에 잘할 때 쓰는 말
⑤ 다 된 밥에 재 뿌리기 : 거의 다 된 일을 끝판에 망치게 되었다는 말

10 정답 ⑤

제시문은 웃음치료의 효과에 대해서 이야기하며 웃음의 긍정적인 역할에 대해 설명하는 글이다. 따라서 '웃으면 젊어지고 성내면 빨리 늙어짐'을 뜻하는 일소일소 일노일로(一笑一少 一怒一老)가 적절하다.

오답분석

① 망운지정(望雲之情) : 멀리 떨어진 곳에서 부모님을 그리는 마음
② 소문만복래(掃門萬福來) : 집 안을 깨끗이 쓸고 청소하면 만복이 들어옴
③ 출필고반필면(出必告反必面) : '나갈 때는 반드시 아뢰고, 돌아오면 반드시 얼굴을 뵌다.'라는 뜻으로, 외출할 때와 귀가했을 때 부모에 대한 자식의 도리
④ 맹모삼천지교(孟母三遷之敎) : 맹자의 어머니가 자식을 위해 세 번 이사했다는 뜻으로, 인간의 성장에 있어 그 환경이 중요함을 가리키는 말

공간추리(이공계) 정답 및 해설

01	02	03	04	05	06	07	08		
⑤	①	①	②	④	①	②	①		

01 정답 ⑤

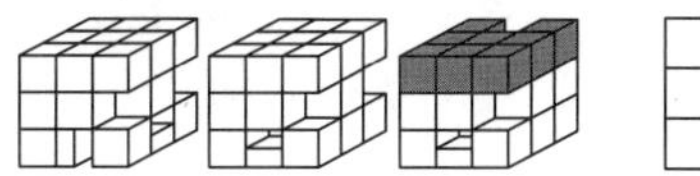
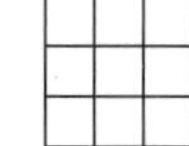

02 정답 ①

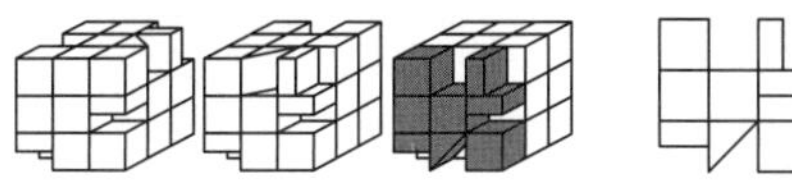

03 정답 ①

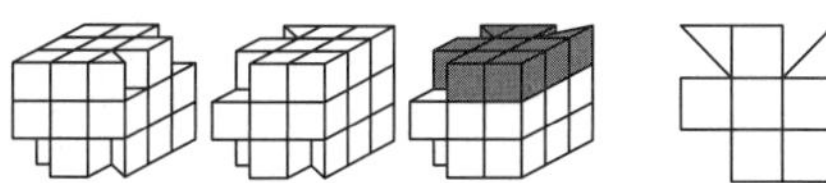

04 정답 ②

〈왼 쪽〉 〈오른쪽〉

회전했을 때 숫자에 해당하는 모양은 각각 , 이고, 오른쪽 모양은 투영되어 보이므로 좌우 반전시켜서 겹치면,

→ + =

05 정답 ④

〈왼 쪽〉 〈오른쪽〉

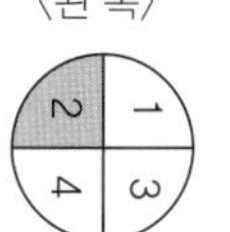
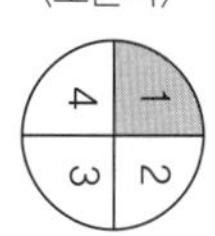

회전했을 때 숫자에 해당하는 모양은 각각 , 이고, 오른쪽 모양은 투영되어 보이므로 좌우 반전시켜서 겹치면,

→ + =

06 정답 ①

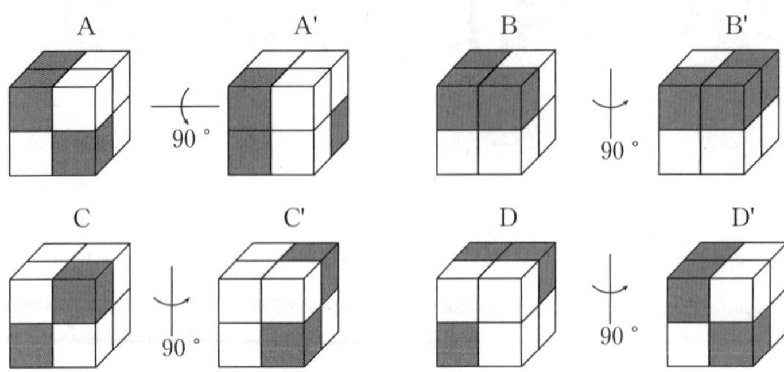

오답분석

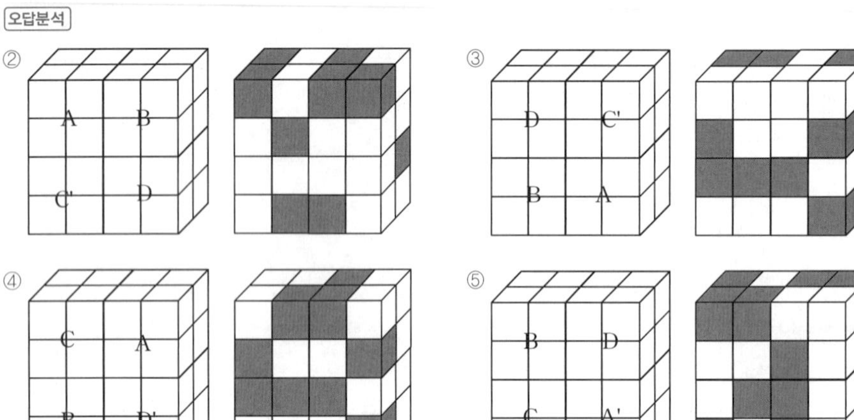

07 정답 ②

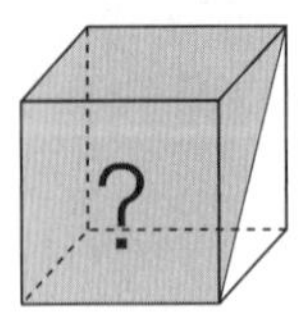

08 정답 ①

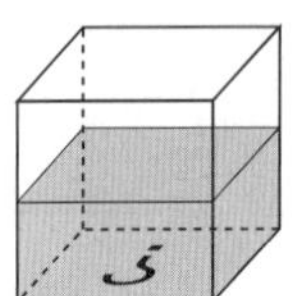

PART

2

최종점검 모의고사

정답 및 해설

최종점검 모의고사

01 언어논리

01	02	03	04	05	06	07	08	09	10
②	④	⑤	②	④	①	⑤	③	②	①
11	12	13	14	15	16	17	18	19	20
④	②	②	①	②	④	④	②	③	②
21	22	23	24	25	26	27	28	29	30
⑤	④	③	③	②	⑤	⑤	④	③	③

01 정답 ②

②는 심리적 오류인 '인신공격의 오류'이다.

- 인신공격의 오류 : 어떤 사람의 사적인 결함을 트집 잡아 비판하는 오류

오답분석

①·③·④·⑤ 성급한 일반화의 오류

- 성급한 일반화의 오류 : 제한된, 부적합한, 대표성이 결여된 자료를 근거로 일반화하는 오류

02 정답 ④

㉣은 직립 보행에 대한 반박이 아니라, 도구를 사용하는 외견상의 유사점을 비교하고 있다.

03 정답 ⑤

- A＝책을 좋아함
- B＝영화를 좋아함
- C＝여행을 좋아함
- D＝산책을 좋아함
- E＝게임을 좋아함

제시된 조건을 정리하면 A → B → D → ~E, A → C가 성립한다. 따라서 여행(C)과 게임(E)의 연관성을 찾을 수 없으므로 옳지 않다.

04 정답 ②

첫 번째, 네 번째 조건에 의해 A는 F와 함께 가야 한다. 따라서 두 번째 조건에 의해 B는 D와 함께 가야 하고, 세 번째 조건에 의해 C는 E와 함께 가야 한다.

05 정답 ④

세 번째 조건에서 오스트리아를 방문하면 스페인을 가지 않는다고 했는데, 첫 번째 조건에서 스페인은 반드시 방문해야 한다고 했으므로 오스트리아는 방문하지 않는다. 다음으로 마지막 조건에서 오스트리아, 벨기에, 독일 중 적어도 2개 국가를 방문한다고 했는데, 오스트리아를 방문하지 않기 때문에 벨기에, 독일에 방문한다. 네 번째 조건에서 벨기에를 방문하면 영국도 방문한다고 하였으므로 최 대리가 방문하지 않는 국가는 오스트리아와 프랑스이다.

06 정답 ①

A와 E의 진술이 모순이므로 두 경우를 확인한다.

- A의 진술이 참인 경우 : A의 진술에 따라, 거짓말을 하는 사람이 B, C, E이다. 따라서 거짓말을 하는 사람이 1명이라는 조건에 위배된다.
- E의 진술이 참인 경우 : C의 말이 참이므로 A는 거짓말을 하고, B는 진실을 말하는 사람이다. 또한, D의 진술에 의해서 D는 진실을 말한다.

07 정답 ⑤

세 번째 조건에 따라 A, F와 D, G의 좌석이 서로 맞은편인데, 만약 이 네 사람의 좌석이 한 좌석 건너 한 명씩이라면 나머지 좌석에 네 번째 조건을 만족시킬 수 없다. 따라서 A, F와 D, G의 좌석은 서로 붙어있어야 하는데, 두 번째 조건에 따라 G와 F의 좌석은 서로 붙어있을 수 없다. 따라서 A와 F를 기준으로 다음과 같이 두 가지 경우로 나눌 수 있다.

- A의 왼쪽에 G, F의 왼쪽에 D가 있는 경우(경우 1) : 마지막 조건에 따라 A의 오른쪽과 G의 왼쪽 자리는 비어있지 않아야 하므로, 두 번째 조건에 따라 E가 A의 바로 오른쪽에, B가 그 오른쪽에 앉고, C가 G의 왼쪽에 앉는다.

• A의 오른쪽에 G, F의 오른쪽에 D가 있는 경우(경우 2) : 두 번째 조건과 마지막 조건에 따라 E가 A의 바로 왼쪽에, B가 그 왼쪽에 앉고, C가 G의 오른쪽에 앉는다.

이를 그림으로 나타내면 다음과 같다.

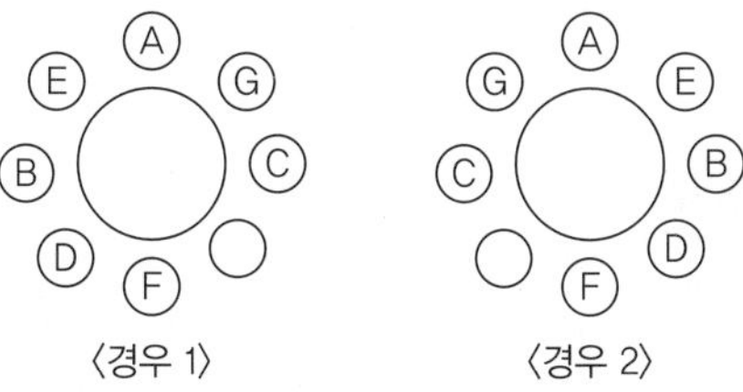

〈경우 1〉 〈경우 2〉

따라서 E는 항상 영업팀인 A와 B 사이에 앉으므로 ⑤는 옳다.

08 정답 ③

홍차를 주문한 사람은 2명이었으나, 주문 결과 홍차가 1잔이 나왔으므로 홍차의 주문이 잘못된 것임을 알 수 있다. 즉, E는 본래 홍차를 주문하였으나, 직원의 실수로 딸기주스를 받았다. 또한 커피는 총 2잔이 나왔으므로 D는 녹차가 아닌 커피를 주문한 것임을 알 수 있다. 이에 따라 A, B, C, D, E의 주문 내용을 정리하면 다음과 같다.

A	B	C	D	E
홍 차	커 피	녹 차	커 피	홍차 (딸기주스로 주문됨)

따라서 녹차를 주문한 사람은 C이다.

09 정답 ②

먼저, A와 C가 같은 음식을 주문했으므로 둘이 주문한 음식은 짜장면이다. 다음으로 E가 볶음밥을 주문했기 때문에 남은 음식은 짬뽕과 군만두가 된다. 여기서 B는 군만두를 주문하지 않았으므로 짬뽕을 주문한 사람은 B, 군만두를 주문한 사람은 D가 된다.

10 정답 ①

A와 C의 성적 순위에 대한 B와 E의 진술이 서로 엇갈리고 있으므로, B의 진술이 참인 경우와 E의 진술이 참인 경우로 나누어 생각해 본다.

• B의 진술이 거짓이고 E가 참인 경우 : B가 거짓을 말한 것이 되어야 하므로 'B는 E보다 성적이 낮다.'도 거짓이 되어야 하는데, 만약 B가 E보다 성적이 높다면 A의 진술 중 'E는 1등이다.' 역시 거짓이 되기 때문에 거짓이 2명 이상이 되어 모순이다. 따라서 E의 진술은 거짓이고 B의 진술이 참이어야 한다.

• B의 진술이 참이고 E의 진술이 거짓인 경우 : E는 1등, B는 2등, D는 3등, C는 4등, A는 5등이 되므로 모든 조건이 성립한다.

11 정답 ④

두 번째와 마지막 명제에서 귤을 사면 고구마를 사지 않고, 고구마를 사지 않으면 감자를 산다고 했으므로 '귤을 사면 감자도 산다.'는 옳은 내용이다.

오답분석

① 세 번째와 네 번째 명제에서 '사과를 사면 수박과 귤을 모두 산다.'가 아닌 '사과를 사면 수박과 귤 중 하나를 산다.'를 추론할 수 있다.

②·⑤ 제시된 명제만으로는 알 수 없는 내용이다.

③ 네 번째 명제의 이 명제는 '배를 사지 않으면 수박과 귤을 모두 사거나 사지 않는다.'인데 원래의 명제가 참이라고 해서, 이 명제가 항상 참이라고 할 수 없다.

12 정답 ②

(가) 작업을 수행하면 A－B－C－D 순서로 접시 탑이 쌓인다.

(나) 작업을 수행하면 철수는 D접시를 사용한다.

(다) 작업을 수행하면 A－B－C－E－F 순서로 접시 탑이 쌓인다.

(라) 작업을 수행하면 철수는 C, E, F접시를 사용한다.

따라서 B접시가 접시 탑의 맨 위에 있게 된다.

13 정답 ②

제시된 글은 '분노'에 대한 것으로, 사람의 경우와 동물의 경우를 나누어 분노가 어떻게 공격과 복수의 행동을 유발하는지에 대해 서술하고 있다.

오답분석

① 분노에 대한 공격과 복수 행동만 서술할 뿐 공격을 유발하는 원인에 대한 언급은 없다.

③ 탈리오 법칙에 대한 언급은 했으나, 이에 대한 실제 사례 등 구체적은 서술은 없다.

④ 동물과 인간이 가지는 분노에 대한 감정 차이보다는, '분노했을 때의 행동'에 대한 공통점에 주안점을 두고 서술하였다.

⑤ 분노 감정의 처리는 글의 도입부에 탈리오 법칙으로 설명될 뿐, 중심내용으로 볼 수 없다.

14 정답 ①

제시된 글은 CCTV가 인공지능(AI)과 융합되면 기대할 수 있는 효과들(범인 추적, 자연재해 예측)에 대해 말하고 있다. 따라서 AI와 융합한 CCTV의 진화가 적절하다.

15 정답 ②

제시된 글은 아리스토텔레스의 목적론에 대한 논쟁에 대한 설명이다. 따라서 근대에 등장한 아리스토텔레스의 목적론에 대한 비판을 소개하는 (가) 문단이 나오고, 이에 대한 근대 사상가들의 구체적인 비판을 설명한 (나) 문단이 나와야 한다. 다음으로 근대 사상가들의 비판에 대한 반박을 하는 (라) 문단이 나오고, 근대 사상가들의 비판에 대한 현대 학자들의 비판을 설명하는 (다) 문단의 순서로 배열되는 것이 적절하다.

16 정답 ④

제시된 글은 정부가 제공하는 공공 데이터를 활용한 앱 개발에 대한 설명이다. 먼저 다양한 앱을 개발하려는 사람들을 통해 화제를 제시한 (라) 문단이 오는 것이 적절하며, 이러한 앱 개발에 있어 부딪히는 문제들을 제시한 (가) 문단이 그 뒤에 오는 것이 적절하다. 다음으로 이러한 문제들을 해결하기 위한 방법으로 공공 데이터를 제시하는 (나) 문단이 오고, 공공 데이터에 대한 추가 설명으로 공공 데이터를 위한 정부의 노력인 (다) 문단이 마지막으로 배열되는 것이 적절하다.

17 정답 ④

제시된 글은 현대 건축가 르 꼬르뷔지에의 업적에 대해 설명하고 있다. 먼저, 현대 건축의 거장으로 불리는 르 꼬르뷔지에를 소개하는 (라) 문단이 나오고, 르 꼬르뷔지에가 만든 '도미노 이론'의 정의를 설명하는 (가) 문단이 나와야 한다. 다음으로 도미노 이론을 설명하는 (다) 문단이 나오고 마지막으로 도미노 이론의 연구와 적용되고 있는 다양한 건물을 설명하는 (나) 문단이 나오는 것이 적절하다.

18 정답 ②

고야가 이성의 존재를 부정했다는 내용은 제시되어 있지 않다. 또한 다섯째 문장 '세상이 완전히 이성에 의해서만 지배되지 않음을 표현하고 있을 뿐이다.'를 통해 ②의 내용이 적절하지 않음을 알 수 있다.

19 정답 ③

다른 회원국의 비협조를 가정할 경우 한국은 손실보다는 현상유지를 할 수 있는 A안을 선택해야 하는데, 이 선택지는 B안을 선택하는 것이 유리하다고 했으므로 옳지 않다.

오답분석

① 한국의 입장에서는 다른 회원국들이 협조할 것으로 판단되면 10억을 더 이득 볼 수 있는 A안을 선택해야 한다.
② 회원국의 협조를 가정할 경우 A안은 총 260억, B안은 총 220억의 이득을 내므로 ASEM은 A안을 선택할 것이다.
④ A안이 선택되어 협조하는 경우 총 이득이 260억으로 협조하지 않는 경우의 150억보다 이득을 더 많이 창출하므로 회원국들은 협조할 것으로 예상할 수 있다.
⑤ A안이 선택된 경우 다른 회원국들의 협조가 없다면 한국이 얻을 수 있는 경제적 이익은 없다.

20 정답 ②

'즐겁게 관람하고 체험할 수 있는 박물관 만들기'라는 주제의 글을 쓰기 위해 작성한 개요의 내용을 수정 · 보완하는 문제이다. ㉡은 글의 전개상 적절한 내용이므로 수정할 필요가 없다. 오히려 '박물관에 대한 홍보 부족'으로 수정할 경우, 하위 항목을 포괄할 수 없다.

21 정답 ⑤

범죄 보도가 가져오는 법적 · 윤리적 논란에 관하여 설명하고 있으므로 지나친 범죄 보도가 문제가 될 수 있다는 내용이 이어져야 한다.

22 정답 ④

대상 그 자체의 성질은 감각될 수 없고, 대상의 현상을 감각하는 방식은 우리에게 달려 있다는 내용이다.

23 정답 ③

본문의 핵심 논지는 4차 산업혁명의 신기술로 인해 기존 금융의 종말이 올 것임을 예상하는 것이다. 따라서 앞으로도 기술 발전은 금융업의 본질을 바꾸지 못할 것임을 나타내는 ③이 비판 내용으로 가장 적절하다.

24 정답 ③

제시된 글의 빈칸 앞뒤 문맥의 의미에 따라 추론하면 기업주의 이익추구에 따른 병폐가 소비자에게 간접적으로 전해진다는 뜻이다.

25 정답 ②

인터넷 뉴스를 유료화(가격 상승)하면 인터넷 뉴스를 보는 사람의 수(소비자 수요)는 줄어들 것이다.

26 정답 ⑤

뉴스의 질이 떨어지는 원인이 근본적으로 독자에게 있다거나, 그 해결 방안이 종이 신문 구독이라는 반응은 글의 내용을 올바르게 이해했다고 보기 어렵다.

27 정답 ⑤

우리말과 영어의 어순 차이에 대해 설명하면서, 우리말에서 주어 다음에 목적어가 오는 것은 '나의 의사보다 상대방에 대한 관심을 먼저 보이는 우리'의 문화에서 기인한 것이라고 언급하고 있다. 그리고 '나의 의사를 밝히는 것이 먼저인 영어를 사용하는 사람들의 문화'라는 내용으로 볼 때, 상대방에 대한 관심보다 나의 생각을 우선시하는 것은 영어의 문장 표현이다.

28 정답 ④

글의 첫 문단에서 위계화의 개념을 설명하고 이러한 불평등의 원인과 구조에 대해 살펴보고 있다.

29 정답 ③

나치 치하의 유태인 대학살과 라틴 아메리카의 다인종 사회의 예는 민족이나 인종의 차이가 단순한 차이가 아닌 차별과 불평등을 정당화하는 근거로 이용되고 있다는 내용이므로 (나)의 '개인의 열등성과 우등성을 가늠하게 만드는 사회적 개념이 되곤 한다.' 다음 내용으로 들어가는 것이 적절하다.

30 정답 ③

(다)의 '불평등이 재생산되는 다양한 사회적 기제들이 때로는 관습이나 전통이라는 이름하에 특정 사회의 본질적인 문화적 특성으로 간주되고 당연시되는 경우가 많다.'를 통해 알 수 있다.

02 수리자료분석

01	02	03	04	05	06	07	08	09	10	11	12	13	14	15	16	17	18	19	20
①	①	⑤	⑤	④	④	⑤	⑤	②	②	④	②	①	③	④	②	③	②	⑤	④
21	22	23	24	25	26	27	28	29	30										
③	④	③	②	④	⑤	④	③	⑤	①										

01 정답 ①

이메일 스팸 수신량이 가장 높은 시기는 2017년 하반기이고, 휴대전화 스팸 수신량이 가장 높은 시기는 2016년 하반기이다.

오답분석

② 제시된 자료의 수치를 통해 모든 기간의 이메일 스팸 수신량이 휴대전화 스팸 수신량보다 많음을 확인할 수 있다.

③ 이메일 스팸 수신량의 증감 추이와 휴대전화 스팸 수신량의 증감 추이가 일치하지 않으므로 서로 밀접한 관련이 있다고 보기 어렵다.

④ 어떤 수들의 평균은 가장 큰 수보다 작거나 같고 가장 작은 수보다 크거나 같다. 그러므로 이메일 스팸 수신량의 평균은 0.49보다 크거나 같고, 휴대전화 스팸 수신량의 평균은 0.24보다 작거나 같다. 따라서 (이메일 스팸 수신량의 평균)÷(휴대전화 스팸 수신량의 평균)≥ 0.49÷0.24≥2이므로 이메일 스팸 수신량의 평균은 휴대전화 스팸 수신량 평균의 2배 이상이다.

⑤ 컴퓨터 사용량과 이메일 스팸 수신량이 정비례 관계에 있으므로, 컴퓨터 사용량이 증가하면 이메일 스팸 수신량도 증가한다. 따라서 이메일 스팸 수신량이 가장 높은 2017년 하반기에 컴퓨터 사용량이 가장 많았을 것이다.

02 정답 ①

2018년에 프랑스의 자국 영화 점유율은 한국보다 높다.

오답분석

② 표를 통해 쉽게 확인할 수 있다.

③ 2017년 대비 2020년 자국 영화 점유율이 하락한 국가는 한국, 영국, 독일, 프랑스, 스페인이고, 이 중 한국이 4.3%p 하락하여, 가장 많이 하락했다.

④ 일본, 독일, 스페인, 호주, 미국이 해당하므로 절반이 넘는다.

⑤ 2019년을 제외하고 프랑스, 영국, 독일 순서로 자국 영화 점유율이 높다.

03 정답 ⑤

전체 회원국 30개 중 20위권의 순위를 기록하고 있으므로, 하위권으로 볼 수 있다.

오답분석

③ 청렴도는 2013년에 4.5로 가장 낮고, 2019년과의 차이는 5.4－4.5＝0.9점이다.

04 정답 ⑤

미국인의 공용목적 입국자 비율은 $\frac{13,316}{560,060}\times 100 \fallingdotseq 2.4\%$이다.

오답분석

① 입국객의 50% 이상이 관광목적으로 들어온 나라는 네덜란드, 뉴질랜드, 말레이시아, 미국, 영국, 일본, 중국, 캐나다로 총 8개국이다.

② 일본의 입국자 수는 133,913명, 중국의 입국자 수는 159,524명 증가했다.

③ 상용목적으로 입국한 인도 입국자 수는 전체 입국자 수의 $\frac{20,619}{77,502}\times 100 \fallingdotseq 26.6\%$이다.

④ 전년 동기 대비 입국자 수가 감소한 나라는 없다.

05 정답 ④

전자부품 수출액이 수치로는 크게 증가한 것처럼 보이지만 증가율은 $\frac{913-578}{578}\times100\fallingdotseq58.0\%$이므로 광자기 매체의 수출액 증가율인 $\frac{15-9}{9}\times100\fallingdotseq66.7\%$를 넘지 못한다.

오답분석

① 매년 흑자를 기록한 분야는 전자부품, 통신 및 방송기기, 영상 및 음향기기의 3개 분야이다.

② 표를 통해 쉽게 확인할 수 있다.

③ 광자기 매체 수출액 증가율은 $\frac{15-9}{9}\times100\fallingdotseq66.7\%$, 광자기 매체 수입액 증가율은 $\frac{17-12}{12}\times100\fallingdotseq41.7\%$이다.

⑤ 계산을 하지 않아도 분자가 동일하다면 분모가 작을수록 수치는 커진다는 판단을 통해 알 수 있다.

06 정답 ④

2017년 출생아 수는 그 해 사망자 수의 $\frac{438,420}{275,895}\fallingdotseq1.59$배로, 1.7배 미만이다. 따라서 옳지 않은 설명이다.

오답분석

① 출생아 수가 가장 많았던 해는 2017년이므로 옳은 설명이다.

② 표를 보면 사망자 수가 2016년부터 2019년까지 매년 전년 대비 증가하고 있음을 알 수 있다.

③ 사망자 수가 가장 많은 2019년은 사망자 수가 285,534명이고, 가장 적은 2015년은 사망자 수가 266,257명으로, 사망자 수의 차이는 285,534－266,257＝19,277명으로 15,000명 이상이다.

⑤ 2016년 출생아 수는 2019년의 출생아 수보다 $\frac{435,435-357,771}{357,771}\times100\fallingdotseq22\%$ 더 많으므로 옳은 설명이다.

07 정답 ⑤

ㄱ. 운행연수가 4년 이하인 차량 중 부적합률이 가장 높은 차종은 특수차이다.

ㄷ. 제시된 자료의 경우 승합차는 운행연수가 높을수록 부적합률이 높은 경향을 보인다.

ㄹ. 운행연수가 13～14년인 차량 중 화물차의 부적합률 대비 특수차의 부적합률의 비율은 $\frac{16.2}{23.5}\times100\fallingdotseq69\%$이다.

오답분석

ㄴ. 운행연수가 11～12년인 승용차의 부적합률은 16.4%, 5～6년인 승용차의 부적합률은 7.2%이다. 따라서 $\frac{16.4}{7.2}\fallingdotseq2.28$배이므로 옳은 설명이다.

08 정답 ⑤

지환 : 2016년부터 2019년까지 방송수신료 매출액은 전년 대비 '증가－감소－감소－증가'의 추이이고, 프로그램 판매 매출액은 전년 대비 '감소－증가－증가－감소'의 추이를 보이고 있다. 따라서 방송수신료 매출액의 증감 추이와 반대되는 추이를 보이는 항목이 존재한다.

동현 : 각 항목의 매출액 순위는 광고－방송수신료－기타 사업－협찬－기타 방송사업－프로그램 판매 순서이며, 2015년부터 2019년까지 이 순위는 계속 유지된다.

세미 : 2015년 대비 2019년에 매출액이 상승하지 않은 항목은 방송수신료, 협찬으로 총 2개이다.

오답분석

소영 : 각 항목별로 최대 매출액과 최소 매출액의 차를 구해보면 다음과 같다.

- 방송수신료 : 5,717－5,325＝392천만 원
- 광고 : 23,825－21,437＝2,388천만 원
- 협찬 : 3,306－3,085＝221천만 원
- 프로그램 판매 : 1,322－1,195＝127천만 원

• 기타 방송사업 : 2,145−1,961=184천만 원
• 기타 사업 : 4,281−4,204=77천만 원
기타 사업의 매출액 변동폭은 7억 7천만 원이므로, 모든 항목의 매출액이 10억 원 이상의 변동폭을 보인 것은 아니다.

09 정답 ②

전년 대비 난민 인정자 증감률을 구하면 다음과 같다.

구 분		증감률
2017년	남 자	$\frac{35-39}{39}\times100≒-10.3\%$
	여 자	$\frac{22-21}{21}\times100≒4.8\%$
2018년	남 자	$\frac{62-35}{35}\times100≒77.1\%$
	여 자	$\frac{32-22}{22}\times100≒45.5\%$
2019년	남 자	$\frac{54-62}{62}\times100≒-13.0\%$
	여 자	$\frac{51-32}{32}\times100≒59.4\%$

10 정답 ②

통신 비용은 2017년에 전년 대비 감소하였다.

오답분석

① 2017년 4인 가족의 주거 · 수도 · 광열 비용은 271.2−(12.8+16.4+134.2+42.5)=65.3만 원이다.
③ 2018년과 2019년의 주류 · 담배 비용이 각 연도 지출액에 차지하는 비중은 다음과 같다.

• 2018년 : $\frac{17.0}{280.2}\times100≒6.1\%$, • 2019년 : $\frac{17.4}{283.3}\times100≒6.1\%$

따라서 비중은 같지만, 금액은 17.4−17.0=4,000원 차이가 난다.
④ 2016~2019년 동안 전년 대비 음식 · 숙박 비용은 매년 증가하였다.
⑤ 매년 합계가 계속 증가하므로 매년 증가함을 알 수 있고, 2019년의 총 지출액은 2015년도보다 283.3−260.3=23만 원 더 많으므로 10만 원 이상 차이 난다.

11 정답 ④

2019년 주 2회 운동하는 70세 이상 사람들은 6명이며, 2014년에는 5명이므로 $\frac{6-5}{5}\times100=20\%$ 증가했다. 따라서 35% 미만으로 증가했으므로 옳지 않은 설명이다.

오답분석

① 2016년 주 1회 운동하는 회원은 전년 대비 $\frac{108-90}{90}\times100=20\%$ 이상 증가했다.
② 각 연도의 연령대 중 주 2회 운동하는 회원이 가장 많은 연령은 2016년도 20대 19명이고, 그 다음으로 많은 연령은 2014년도 60대 17명임을 알 수 있다.
③ 2017년 전년 대비 1회 운동시간이 30분 이상 1시간 미만인 사람은 $\frac{96-82}{82}\times100≒17\%$ 로 20% 이하로 상승했다.

⑤ 주 2회 운동하는 회원 수를 구하면 다음과 같다.

구 분	2014년	2015년	2016년	2017년	2018년	2019년	합 계
회원 수	80명	74명	82명	73명	72명	73명	454명

따라서 주 2회 운동하는 회원들의 수가 전년 대비 가장 많이 증가한 연도는 2016년도로 전년보다 $82-74=8$명이 증가하였다.

12 정답 ②

11번 문제 해설에 의해 2014~2019년까지 주 2회 운동한 인원은 $80+74+82+73+72+73=454$명이다. 성비가 1 : 1이라고 하였으므로 주 2회 운동하는 여자 회원 수는 $454\times\frac{1}{2}=227$명임을 알 수 있다.

13 정답 ①

$\times(-1)$과 $+(4$의 배수)를 반복하는 수열이다.

따라서 (　)$=(-1)\times(-1)=1$이다.

14 정답 ③

홀수 항은 $\div 2$이고, 짝수 항은 $\div 4$인 수열이다.

따라서 (　)$=20\div 4=5$이다.

15 정답 ④

$+5^0$, $+5^1$, $+5^2$, $+5^3$, $+5^4$, $+5^5$, …인 수열이다.

따라서 (　)$=38+5^3=163$이다.

16 정답 ②

(앞의 항)$\times 3-2=$(다음 항)인 수열이다.

따라서 (　)$=34\times 3-2=100$이다.

17 정답 ③

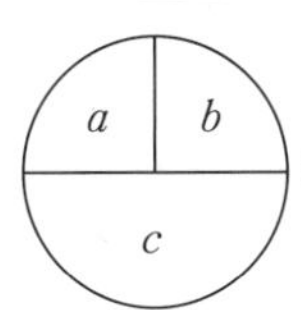

라 할 때, $2a\times b=c$가 성립하는 수열이다.

$\therefore 2\times 5\times 6=60$

18 정답 ②

사각형은 오른쪽에 연결된 두 수 중 큰 것을 나타내고, 타원은 오른쪽에 연결된 두 수의 곱을 나타낸다.

$\therefore 18$

19 정답 ⑤

평지의 거리를 $x$km, 산의 입구에서 산 꼭대기까지의 거리를 $y$km라고 하자.

$6=\frac{x}{4}+\frac{y}{3}+\frac{y}{6}+\frac{x}{4} \rightarrow \frac{x}{2}+\frac{y}{2}=6 \rightarrow x+y=12$

철수가 걸은 거리는 총 $2(x+y)$km이므로 $2\times12=24$km이다.

20 정답 ④

(A의 톱니 수)×(A의 회전수)=(B의 톱니 수)×(B의 회전수)

x를 A의 톱니 수, $(x-20)$를 B의 톱니 수라고 할 때,

$6x=10(x-20)$

$\therefore x=50$

21 정답 ③

이익은 판매가에서 원가를 뺀 금액이다.

원가를 x원이라고 하면, 판매가는 $1.5x\times(1-0.2)$원이므로,

$1.5x\times0.8-x=1{,}000$

$\therefore x=5{,}000$

22 정답 ④

남자 회원의 수를 x명, 여자 회원의 수를 y명이라고 하자.

$y=0.8x$ … ㉠

$x-5=y+1$ … ㉡

㉠과 ㉡을 연립하면 $x=30$, $y=24$이고, 따라서 $x+y=54$명이다.

23 정답 ③

$\frac{9}{100}x+\frac{18}{100}y=\frac{12}{100}(x+y)$ … ㉠

잘못 만들어진 소금물의 농도를 A라고 하면,

$\frac{18}{100}x+\frac{9}{100}y=\frac{A}{100}(x+y)$ … ㉡

㉠과 ㉡을 연립하면 $A=15$이다.

따라서 잘못 만들어진 소금물의 농도는 15%이다.

24 정답 ②

먼저 어른들이 원탁에 앉는 경우의 수는 $(3-1)!=2$가지이다. 다음으로 어른들 사이에 아이들이 앉는 경우의 수는 $3!=6$가지이다. 따라서 원탁에 앉을 수 있는 모든 경우의 수는 $2!\times3!=12$가지이다.

25 정답 ④

전체 일의 양을 1이라고 하자.

김 사원이 혼자 일하는 양을 x, 박 대리가 혼자 일하는 양을 y라고 할 때, 김 사원과 박 대리가 함께 일을 하면 8일이 걸린다고 하였으므로

$8\left(\frac{1}{x}+\frac{1}{y}\right)=1$ … ㉠

김 사원이 혼자 4일을 일하고 박 대리가 혼자 10일을 일하면

$\frac{4}{x}+\frac{10}{y}=1$ … ㉡

㉠과 ㉡을 연립하면 $x=24$, $y=12$이다.

따라서 김 사원 혼자 일을 한다면 24일이 걸린다.

26 정답 ⑤

a	n
160	5
$160\times\frac{3}{2}=240$	4
$240\times\frac{3}{2}=360$	3
$360\times\frac{3}{2}=540$	2
$540\times\frac{3}{2}=810$	1

27 정답 ④

a	n
3	0
$2\times3+(-1)^{3\times3}=5$	1
$2\times5+(-1)^{3\times5}=9$	2
$2\times9+(-1)^{3\times9}=17$	3
$2\times17+(-1)^{3\times17}=33$	4
$2\times33+(-1)^{3\times33}=65$	5

28 정답 ③

a	n
5	5
$5\times5=25$	4
$25\times4=100$	3
$100\times3=300$	2
$300\times2=600$	1

29 정답 ⑤

a	n
$\frac{15}{4}$	1
$3+\frac{5}{4}=\frac{17}{4}$	2
$4+\frac{5}{4}=\frac{21}{4}$	4
$5+\frac{5}{4}=\frac{25}{4}$	8

30 정답 ①

a	n
2	0
$\frac{1}{2}+1=\frac{3}{2}$	1
$\frac{2}{3}+1=\frac{5}{3}$	2
$\frac{3}{5}+1=\frac{8}{5}$	3
$\frac{5}{8}+1=\frac{13}{8}$	4

$\therefore \frac{13}{8}-\frac{5}{8}=1$

03 어휘유창성(인문계)

01	02	03	04	05	06	07	08	09	10
①, ③	②, ④	②, ⑤	②, ⑤	①	④	①	①	③	②
11	12	13	14	15	16	17	18	19	20
③	④	④	②	⑤	③	③	④	⑤	④
21	22	23	24	25	26	27	28	29	30
③	③	③	④	⑤	④	⑤	④	③	④

01 정답 ①, ③

- 힐난 : 트집을 잡아 거북할 만큼 따지고 듦
- 책망 : 잘못을 꾸짖거나 나무라며 못마땅하게 여김

오답분석

② 농락 : 남을 교묘한 꾀로 휘잡아서 제 마음대로 놀리거나 이용함
④ 오만 : 태도나 행동이 건방지거나 거만함
⑤ 허점 : 불충분하거나 허술한 점. 또는 주의가 미치지 못하거나 틈이 생긴 구석

02 정답 ②, ④

- 기준 : 기본이 되는 표준
- 규격 : 일정한 규정에 들어맞는 격식

오답분석

① 혼돈 : 마구 뒤섞여 있어 갈피를 잡을 수 없음
③ 근거 : 어떤 일이나 의논, 의견에 그 근본이 되는 까닭
⑤ 납득 : 다른 사람의 말이나 행동, 형편 따위를 잘 알아서 긍정하고 이해함

03 정답 ②, ⑤

- 농후 : 어떤 경향이나 기색 따위가 뚜렷함
- 희박 : 감정이나 정신 상태 따위가 부족하거나 약함

오답분석

① 은폐 : 덮어 감추거나 가리어 숨김
③ 모방 : 다른 것을 본뜨거나 본받음
④ 창안 : 어떤 방안, 물건 따위를 처음으로 생각하여 냄

04 정답 ②, ⑤

- 멀찍하다 : 사이가 꽤 떨어져 있다.
- 가직하다 : 거리가 조금 가깝다.

오답분석

① 설면하다 : 자주 만나지 못하여 낯이 좀 설다.
③ 서낙하다 : 장난이 심하고 하는 짓이 극성맞다.
④ 깝살리다 : 찾아온 사람을 따돌려 보내다.

05 정답 ①

제시문과 ①은 '어떤 일을 하다가 중간에 일정한 동안을 쉬다.'의 의미로 쓰였다.

오답분석

② 고정되어 있던 것이 헐거워져서 이리저리 움직이다.
③ 태아가 꿈틀거리다.
④ 놀이나 재미있는 일을 하면서 즐겁게 지내다.
⑤ 물자나 시설 따위를 쓰지 않다.

06 정답 ④

제시문과 ④는 '종이를 여러 장 묶어 맨 물건'이라는 뜻으로 쓰였다.

오답분석

① 말뚝으로 만든 우리나 울타리
② 책망(責望)
③ 책임(責任)
⑤ 물결에 둑이 넘어지지 않게 하기 위하여 둑 앞에 말뚝을 듬성듬성 박고 대쪽으로 얽어 놓는 장

07 정답 ①

제시문과 ①은 '배우자나 손아래 가족이 먼저 죽다.'의 뜻으로 쓰였다.

오답분석

②·③·④ 동작 따위가 먼저 이루어지다.
⑤ 발전이나 진급, 중요성 따위의 정도가 남보다 높은 수준에 있거나 빠르다.

08 정답 ①

①에서 쓰인 '발'은 '실이나 국수 따위의 가늘고 긴 물체의 가락'을 가리킨다.

09 정답 ③

㉠은 건강적인 요인으로 인해 포도주를 찾는 현상이 일어나고 있다는 의미가 나와야 하므로 '작용'이 적절하고, ㉡은 인도의 포도주가 서구 시장으로 세력을 넓히고 있다는 의미로 '진출'이 나와야 한다. 다음으로 ㉢은 포도주의 수출에 맞춰 생산라인을 늘리고 있다는 의미의 '확충'이 나와야 하고, ㉣은 미래의 인도 포도주에 대한 상황을 이야기하고 있으므로 '예측'이 적절하다.

10 정답 ②

이른바 세계화라는 물결이 전 세계를 휘감으면서 사람들은 끊임없이 움직여야 한다는 두 번째 문장의 진술로 보아, '급속도'라는 말이 ㉠에 적절하다. 앞의 맥락을 고려할 때, 조금만 늦어져도 도태되는 것일 테니, ㉡에는 '늦어져도'가 적절하다. ㉢은 내가 살아남기 위해 남이 실패해야 하는 풍토를 낙천적 풍토라고 하지는 않고 경쟁적 풍토라고 부르므로 '경쟁적'이라는 말이 나와야 하고 ㉣의 경우 이기는 자가 모든 몫을 가진다고 쓰여 있으므로 '승자'가 알맞다.

11 정답 ③

㉠은 바로 뒤의 문장의 '자연에 대한 지식'이라는 말로 '유의미'를 확인할 수 있다. ㉡은 '살기 위해'라는 말과의 호응을 위해서 '예리한'이 더 맞는 말이다. ㉢ 역시 전체의 맥락을 통해 '개발'이 유추 가능하며, ㉣은 '앞받침'이라는 단어가 없다는 점에서 충분히 추측 가능하다.

12 정답 ④

㉠의 앞에 있는 말을 뒤에 있는 말이 보충 설명해주고 있으므로 '즉'이 적절하고, ㉡의 앞과 뒤의 문장은 서로 반대되므로 '그러나'가 적절하다. ㉢ 바로 뒤의 마지막 부분에 있는 '때문이다.'라는 표현이 사용되었으므로 '왜냐하면'이 적절하고, ㉣은 시간성 속에서 앞의 현상의 결과가 되므로 '결과적으로'라는 표현이 맞다.

13 정답 ④

1. 는	2. 개			3. 두	
	정		4. 미	름	
			리		
8. 춘			5. 내	6. 수	성
9. 부	용			뇌	
장		7. 주	전	부	리

14 정답 ②

1. 지				8. 마	7. 장
2. 구	사	3. 일	생		뇌
력		거		6. 수	삼
	4. 수	양	대	군	
		득		수	
				5. 군	락

15 정답 ⑤

㉤ 찍던지 → 찍든지

- -던지 : 막연한 의문이 있는 채로 그것을 뒤 절의 사실이나 판단과 관련시키는 데 쓰는 연결 어미
- -든지 : 나열된 동작이나 상태, 대상들 중에서 어느 것이든 선택될 수 있음을 나타내는 연결 어미

16 정답 ③

- 내로라하다 : 어떤 분야를 대표할 만하다.
- 그러다 보니 : 보조용언 '보다'가 앞 단어와 연결 어미로 이어지는 '-다 보다'의 구성으로 쓰이면 앞말과 띄어 쓴다.

오답분석

① 무엇 보다 → 무엇보다 / 인식해야 만 → 인식해야만
- 무엇보다 : 앞말이 부사어임을 나타내는 조사로 붙여 쓴다.
- 인식해야만 : '만'은 한정, 강조를 의미하는 보조사로 붙여 쓴다.

② 두가지를 → 두 가지를
/ 조화시키느냐하는 → 조화시키느냐 하는
- 두 가지를 : 수 관형사는 뒤에 오는 명사 또는 의존 명사와 띄어 쓴다.
- 조화시키느냐 하는 : 어미 다음에 오는 말은 띄어 쓴다.

④ 심사하는만큼 → 심사하는 만큼 / 한 달 간 → 한 달간
- 심사하는 만큼 : 뒤에 나오는 내용의 원인, 근거를 의미하는 의존 명사로 띄어 쓴다.
- 한 달간 : '동안'을 의미하는 접미사로 붙여 쓴다.

⑤ 삼라 만상은 → 삼라만상은 / 모순 되는 → 모순되는
- 삼라만상은 : 우주에 있는 온갖 사물과 현상을 의미하는 명사

로 붙여 쓴다.
• 모순되는 : 이 경우에는 '되다'를 앞의 명사와 붙여 쓴다.

17 정답 ③

분수를 지키는 것의 중요성을 나타내는 속담은 ③이다.

18 정답 ④

㉠은 행복에 이르는 바른 길을 두고 엉뚱한 곳에서 행복을 찾는 것을 지적한 내용이다. ④는 무엇인가를 성취하려면 목표를 향하여 나아가야 한다는 의미이므로 ㉠을 비판할 말로 가장 적절하다.

오답분석

① 일의 순서도 모르고 성급하게 덤빔을 이르는 말
② 아무리 좋은 조건이나 손쉬운 일이라도 이를 이용하거나 하지 않으면 안 됨을 이르는 말
③ 덕망이 있어야 사람이 따른다는 말
⑤ 일이 우연히 이루어지는 경우를 가리키는 말

19 정답 ⑤

기부라는 것이 거창한 것이 아니라 자신의 재능을 바탕으로 작은 것부터 나누는 것에서 시작된다는 내용을 통해 '쉬운 일이라도 도와주면 은혜가 된다.'는 의미의 '흘러가는 물도 떠 주면 공이다.'가 적절함을 알 수 있다.

오답분석

① 한 번 버릇이 들면 고치기 어려움을 비유적으로 이르는 말
② 아무리 눌려 지내는 미천한 사람이나, 순하고 좋은 사람이라도 너무 업신여기면 가만있지 아니한다는 말
③ 몹시 고생을 하는 삶도 좋은 운수가 터질 날이 있다는 말
④ '공들여 쌓은 탑은 무너질 리 없다.'는 뜻으로, 힘을 다하고 정성을 다하여 한 일은 그 결과가 반드시 헛되지 아니함을 비유적으로 이르는 말

20 정답 ④

• 엉기정기 : 질서 없이 여기저기 벌여 놓은 모양

오답분석

① 씨억씨억 : 성질이 굳세고 활발한 모양
② 어룽어룽 : 뚜렷하지 아니하고 흐리게 어른거리는 모양
③ 귀둥대둥 : 말이나 행동 따위를 되는대로 아무렇게나 하는 모양
⑤ 괴발개발 : 글씨를 되는대로 아무렇게나 써놓은 모양을 이르는 말

21 정답 ③

'졸이다'는 '찌개를 졸이다.'와 같이 국물의 양을 적어지게 하는 것을 의미한다. 반면에 '조리다'는 '양념을 한 고기나 생선, 채소 따위를 국물에 넣고 바짝 끓여서 양념이 배어들게 하다.'의 의미를 지닌다. 따라서 ③의 경우 문맥상 '졸이다'가 아닌 '조리다'가 사용되어야 한다.

22 정답 ③

관용구 '참새 물 먹듯'은 음식을 조금씩 여러 번 먹는 모양을 비유적으로 이르는 말로 문맥상 어울리지 않는 표현이다.

23 정답 ③

• 격세지감(隔世之感) : 진보와 변화를 많이 겪어서 아주 다른 세상이 된 것 같은 느낌

오답분석

① 건목수생(乾木水生) : 마른나무에서 물이 난다는 뜻으로, 아무것도 없는 사람에게 무리하게 무엇을 내라고 요구함
② 견강부회(牽强附會) : 이치에 맞지 않는 말을 억지로 끌어 붙여 자기에게 유리하게 함
④ 독불장군(獨不將軍) : 무슨 일이든 자기 생각대로 혼자서 처리하는 사람
⑤ 수구초심(首丘初心) : 여우가 죽을 때에 머리를 자기가 살던 굴 쪽으로 둔다는 뜻으로, 고향을 그리워하는 마음을 이르는 말

24 정답 ④

• 구곡간장(九曲肝腸) : 꼬이고 꼬인 창자처럼 끝없는 근심과 걱정이 마음속에 가득한 것을 이르는 말

오답분석

① 오매불망(寤寐不忘) : 자나 깨나 잊지 못함
② 이효상효(以孝傷孝) : 효자가 죽은 부모를 너무 슬피 사모하여 병이 나거나 죽음
③ 형설지공(螢雪之功) : 가난을 이겨내며 반딧불과 눈빛으로 글을 읽어가며 고생 속에서 공부하여 이룬 공을 일컫는 말
⑤ 과유불급(過猶不及) : 모든 사물이 정도를 지나치면 도리어 안 한 것만 못함

25 정답 ⑤

'sofa'의 발음은 [soufə]로, [ou]는 '오'로 적는다는 외래어 표기법에 따라 '소파'로 표기해야 한다.

26 정답 ④

'계시다'는 존칭 명사가 주어이고, 존재의 의미를 나타낼 때 사용된다. '말씀'의 경우, 자체로 존대의 대상이 될 수 없으므로 '계시다'를 사용할 수 없다. 따라서 '말씀이 있겠습니다.' 정도로 표현하는 것이 적절하다.

27 정답 ⑤

'-ㄹ게요'는 주로 1인칭 주어의 의지나 약속을 표현하는 종결어미로 주체를 높이는 '-시-'와 함께 쓰일 수 없으므로 '다음 손님 들어가세요.'와 같이 표현하는 것이 적절하다.

28 정답 ④

동양 사상에서 진리 또는 앎은 언어로 표현하기 어렵다고 보고 언어적 지성을 대단치 않게 간주해 왔다고 했다. 따라서 앎에 있어서 언어의 효용은 크지 않다는 의미의 ④가 동양 사상의 언어관으로 적절하다.

오답분석

① 내가 남에게 말이나 행동을 좋게 해야 남도 나에게 좋게 한다.
② 말을 잘하면 어려운 일이나 불가능해 보이는 일도 해결할 수 있다.
③ 말할 시간을 줄여 일을 할 수 있으니 말을 삼가야 한다.
⑤ 가루는 체에 칠수록 고와지지만, 말은 길어질수록 거칠어지고 말다툼까지 가게 되니 말이 많음을 경계해야 한다.

29 정답 ③

제시문에서 의료수가가 낮다는 근본적인 문제가 있음에도 불구하고 인큐베이터와 의료진 증가 등의 근본적이지 않은 대책만 내놓고 있는 상황이므로 '오십 보 도망간 자가 백 보 도망간 자를 비웃는다는 뜻으로, 조금 낫고 못함의 차이는 있지만 본질적인 차이가 없다.'는 의미의 '오십보백보(五十步百步)'가 적절하다.

오답분석

① 줄탁동시(啐啄同時) : 어미닭과 병아리가 동시에 알을 쪼다는 뜻으로 사제간의 인연이 어느 기회를 맞아 더욱 두터워진다는 의미
② 화양연화(花樣年華) : 인생에서 가장 아름다운 순간
④ 일신우일신(日新又日新) : 날이 갈수록 새로워짐
⑤ 수신제가치국평천하(修身齊家治國平天下) : 몸과 마음을 닦아 수양하고 집안을 가지런하게 하며 나라를 다스리고 천하를 평정함

30 정답 ④

제시문은 관리의 지나친 세금으로 인해 백성들의 삶이 피폐하다는 내용이므로 가혹한 정치는 호랑이보다 더 무섭다는 뜻인 '가정맹어호(苛政猛於虎)'가 적절하다.

오답분석

① 기우(杞憂) : 쓸데없는 걱정이나 근심
② 일장춘몽(一場春夢) : 한바탕의 봄 꿈이라는 뜻으로 인생의 모든 부귀영화가 꿈처럼 덧없이 사라지는 것을 비유하는 말
③ 파안대소(破顔大笑) : 얼굴이 찢어질 정도로 크게 웃음
⑤ 진인사대천명(盡人事待天命) : 인간으로서 해야 할 일을 다 하고 나서 하늘의 명을 기다림

04 공간추리(이공계)

01	02	03	04	05	06	07	08	09	10	11	12	13	14	15	16	17	18	19	20
②	③	③	①	⑤	①	②	③	①	④	③	⑤	④	①	②	④	①	③	③	①
21	22	23	24	25	26	27	28	29	30										
④	④	②	②	①	⑤	②	①	①	②										

01 정답 ②

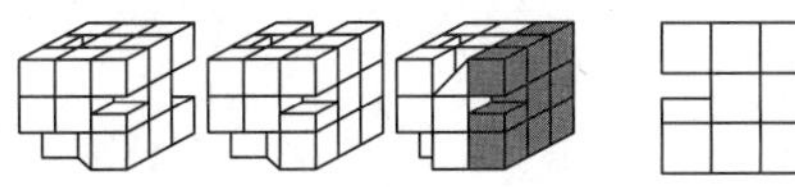

02 정답 ③

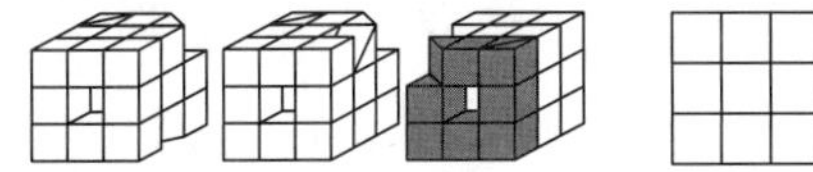

03 정답 ③

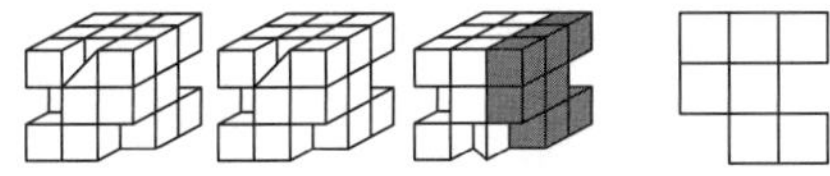

04 정답 ①

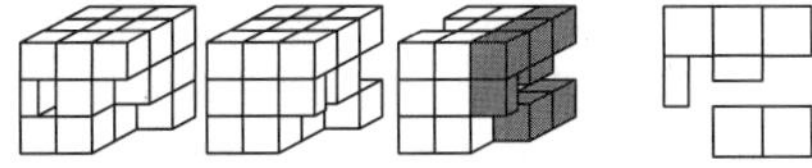

05 정답 ⑤

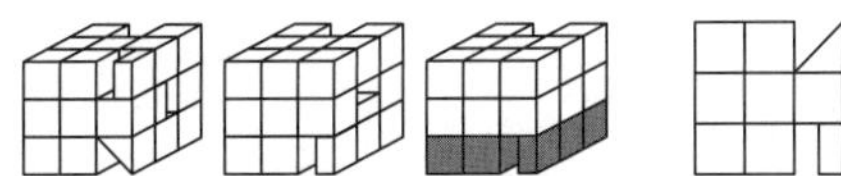

06 정답 ①

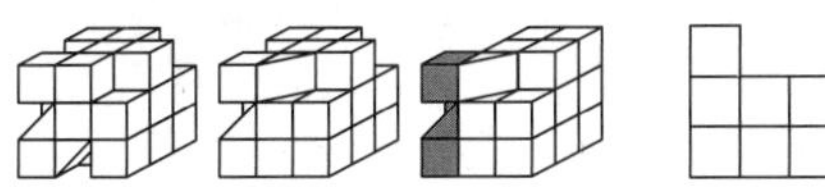

07 정답 ②

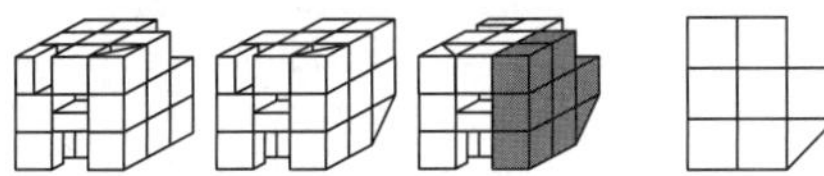

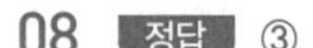

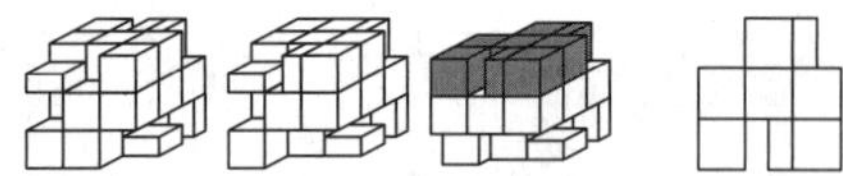

09 정답 ①

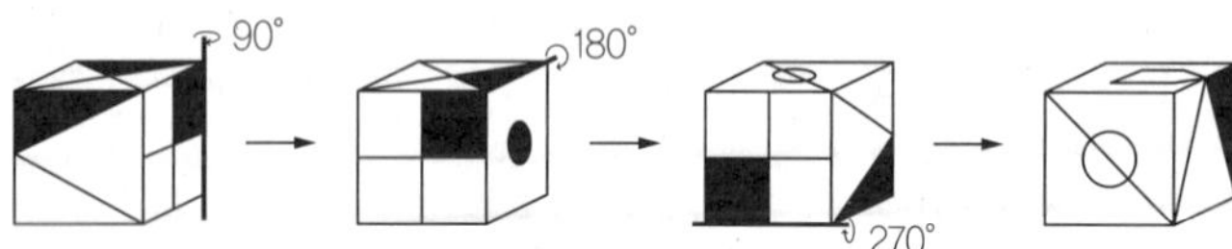

10 정답 ④

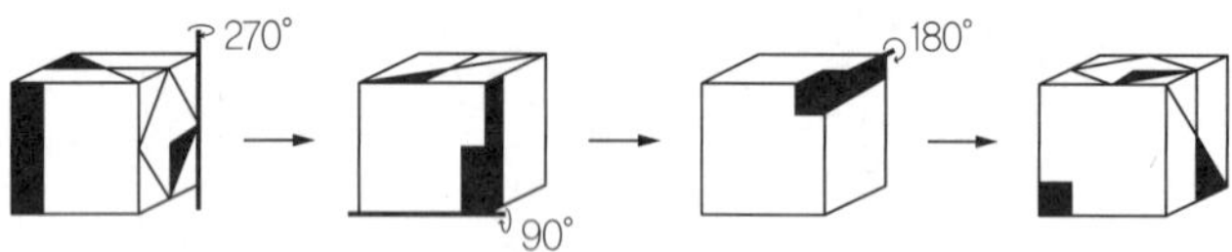

11 정답 ③

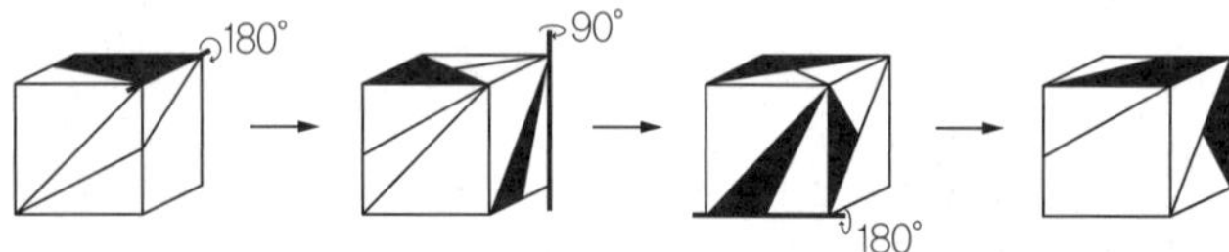

12 정답 ⑤

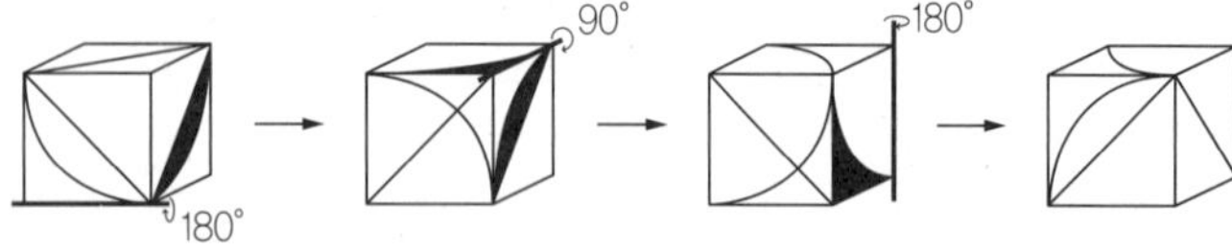

13 정답 ④

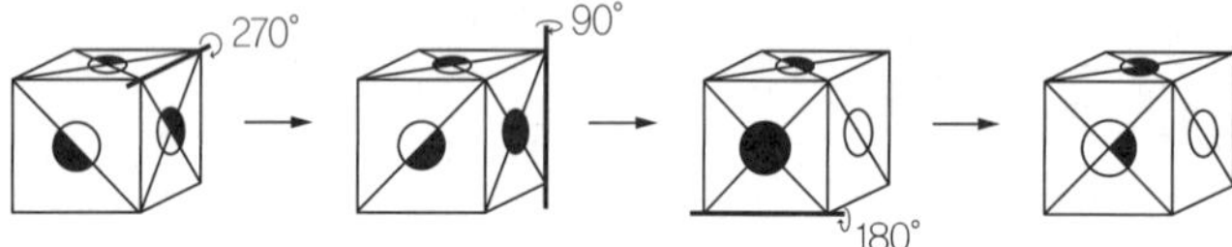

14 정답 ①

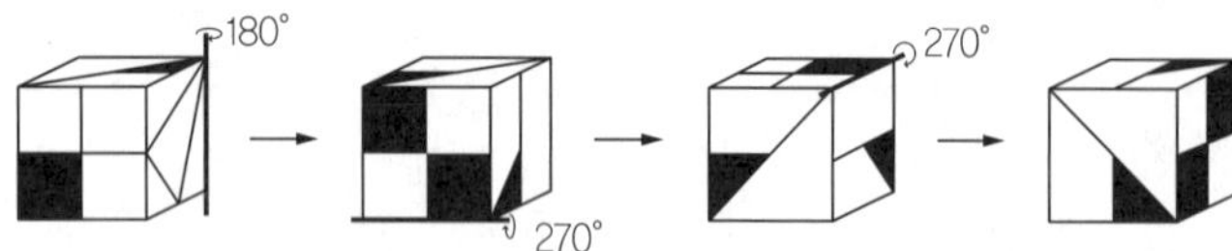

15 정답 ②

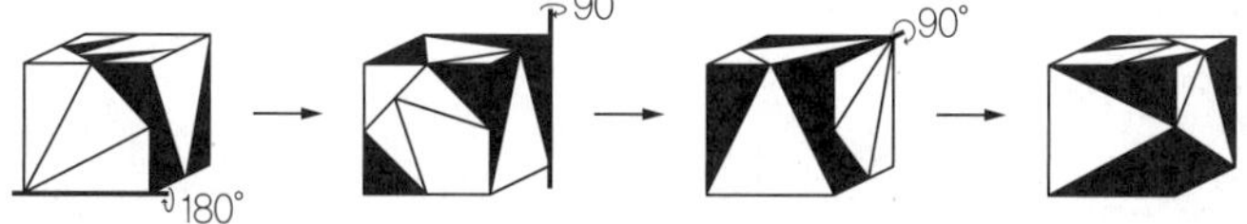

16 정답 ④

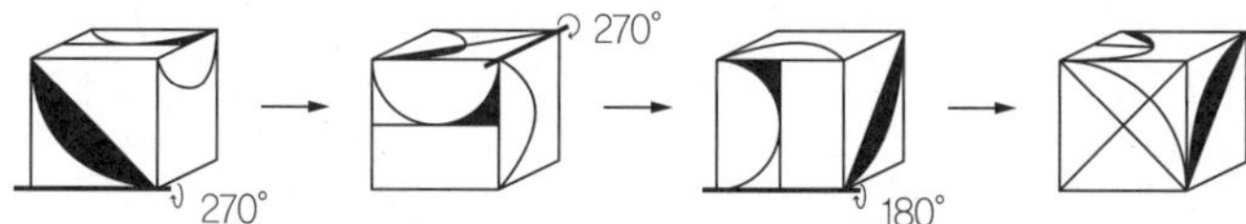

17 정답 ①

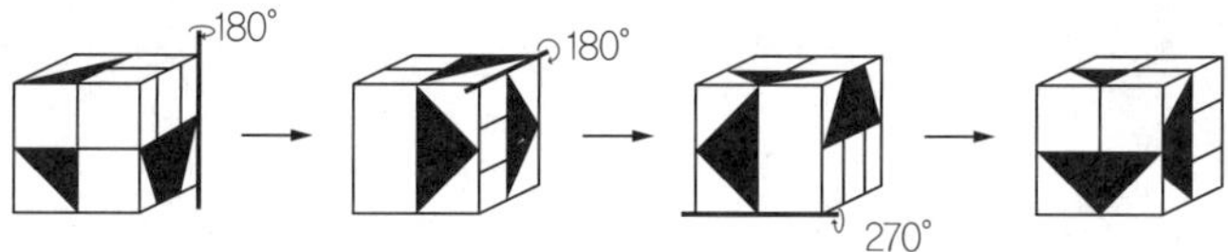

18 정답 ③

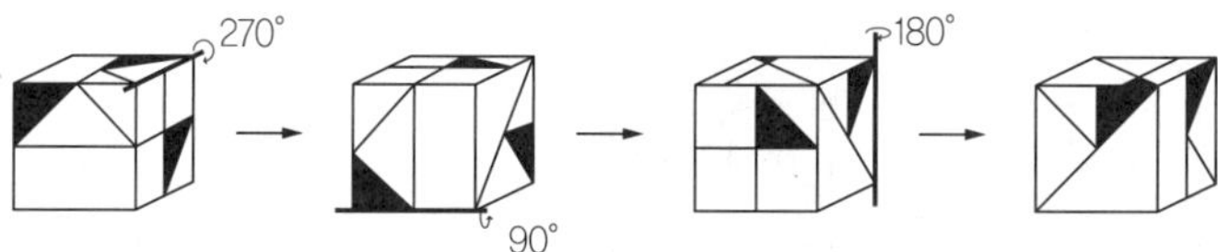

19 정답 ③

〈왼 쪽〉 〈오른쪽〉

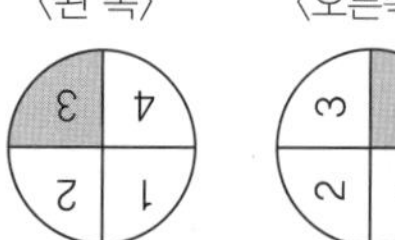

회전했을 때 숫자에 해당하는 모양은 각각 , 이고, 오른쪽 모양은 투영되어 보이므로 좌우 반전시켜서 겹치면

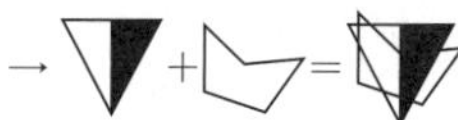

20 정답 ①

〈왼 쪽〉 〈오른쪽〉

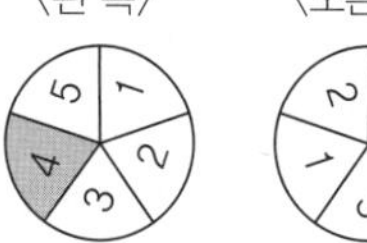

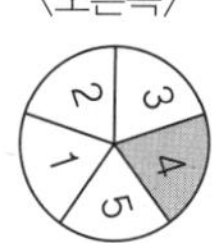

회전했을 때 숫자에 해당하는 모양은 각각 , 이고, 오른쪽 모양은 투영되어 보이므로 좌우 반전시켜서 겹치면

21 정답 ④

〈왼 쪽〉 〈오른쪽〉

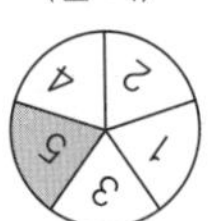

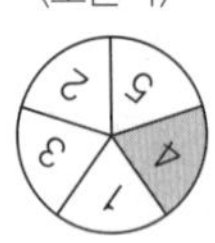

회전했을 때 숫자에 해당하는 모양은 각각 ⬠, ☆이고, 오른쪽 모양은 투영되어 보이므로 좌우 반전시켜서 겹치면

22 정답 ④

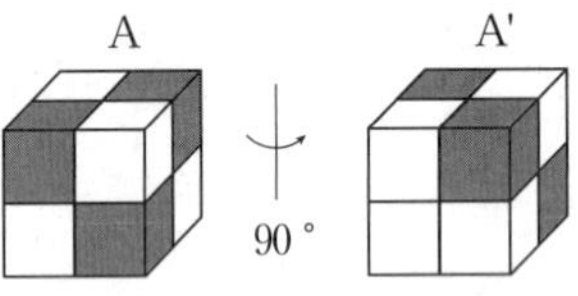

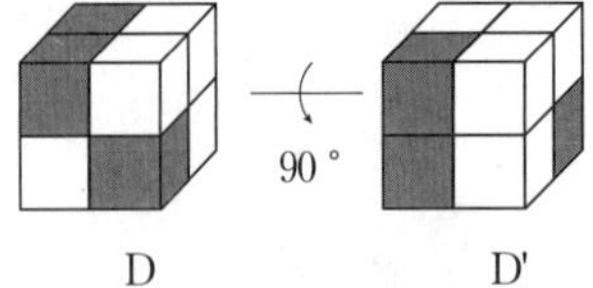

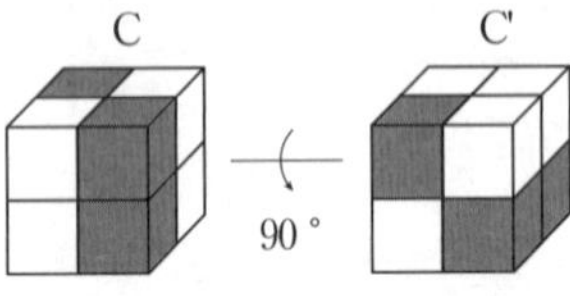

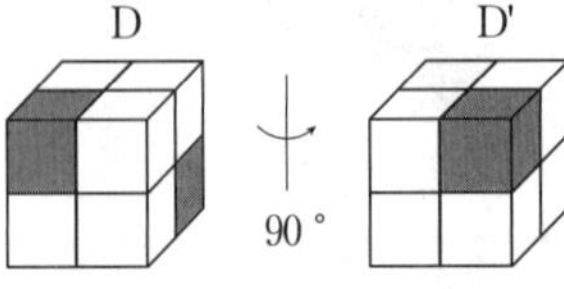

오답분석

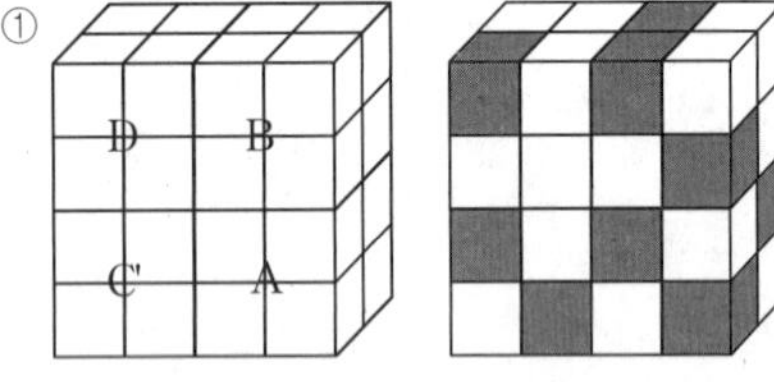

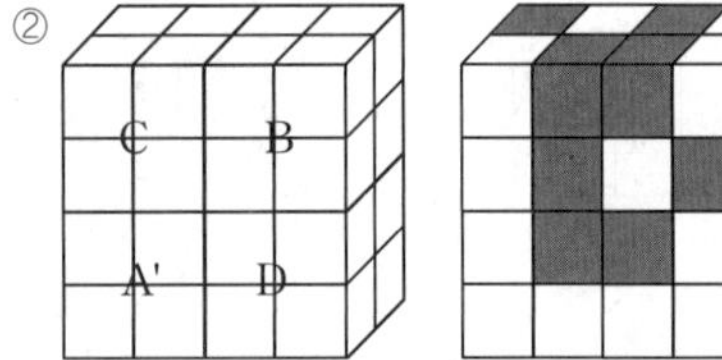

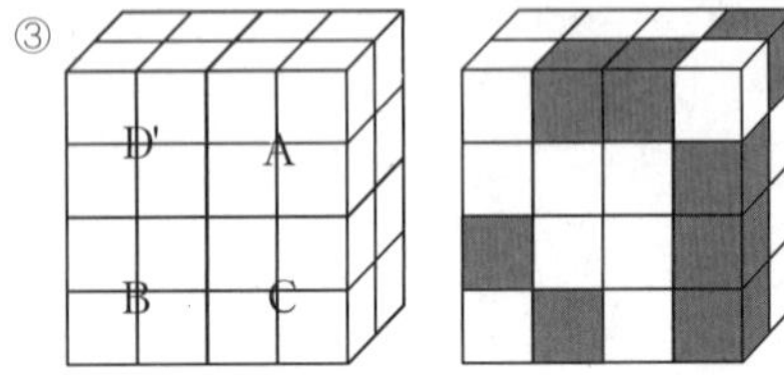

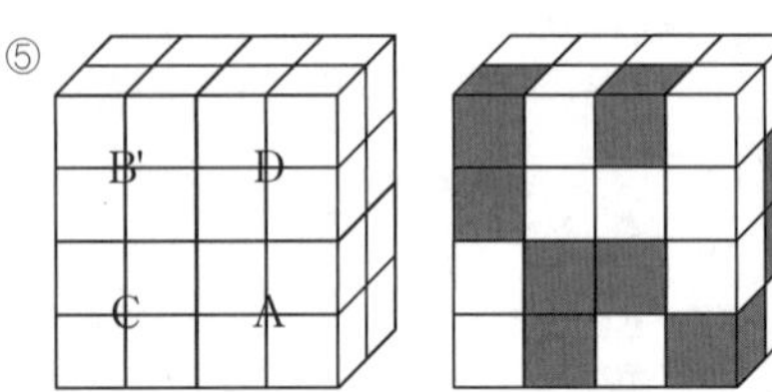

23 정답 ②

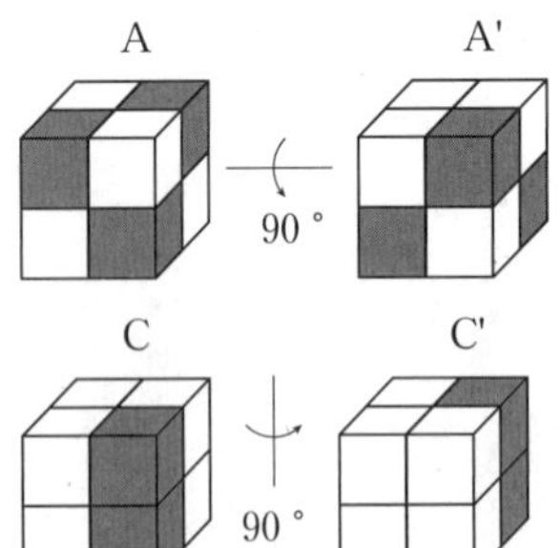

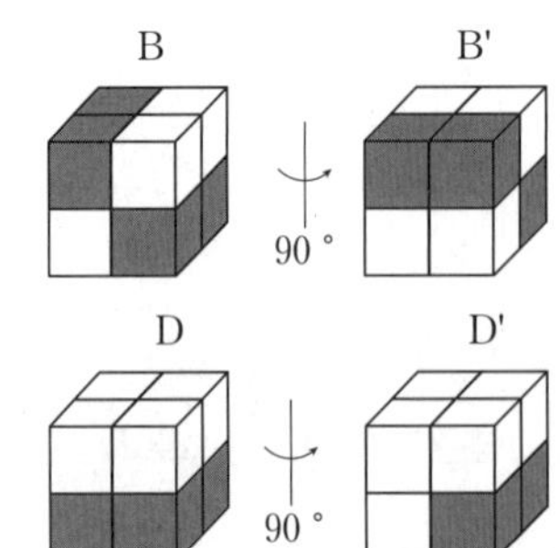

오답분석

①
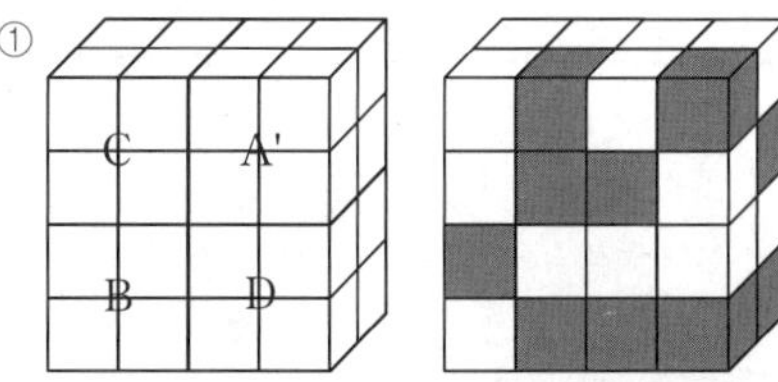

③
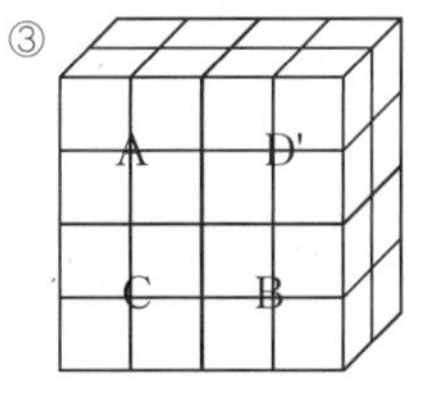

④
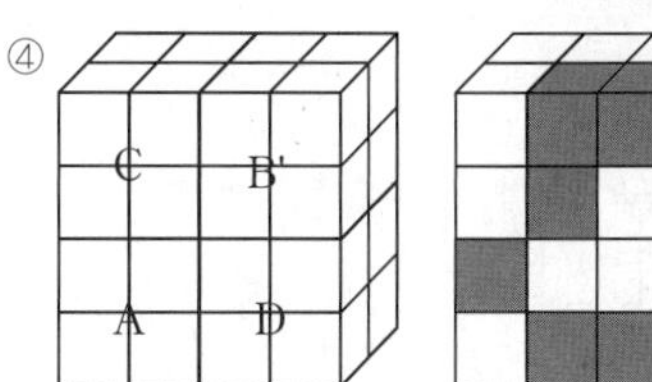

⑤
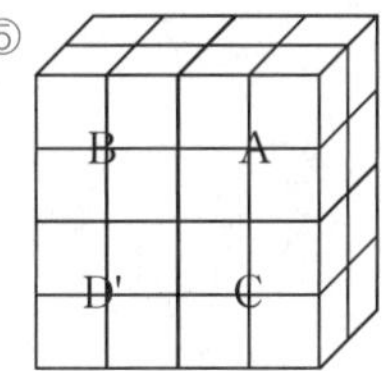

24 정답 ②

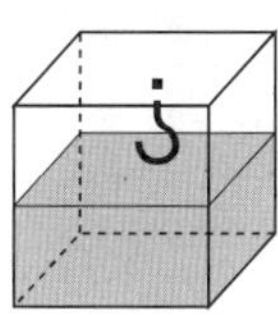

25 정답 ①

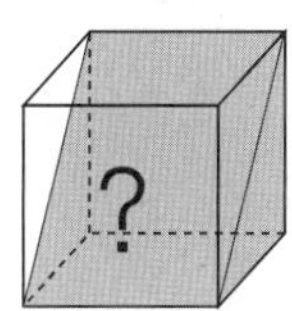

26 정답 ⑤

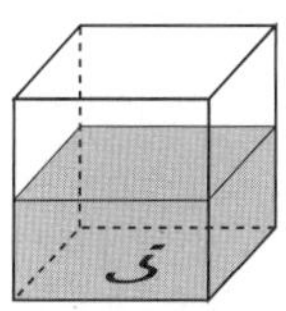

27 정답 ②

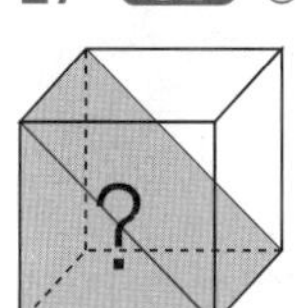

28 정답 ①

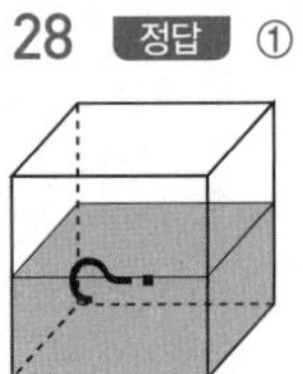

29 정답 ①

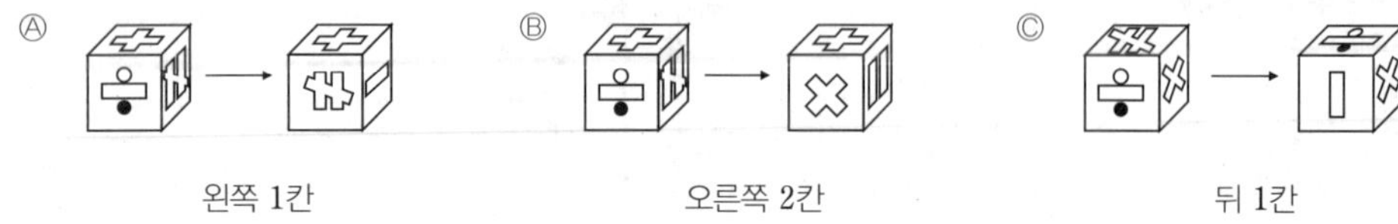

30 정답 ②

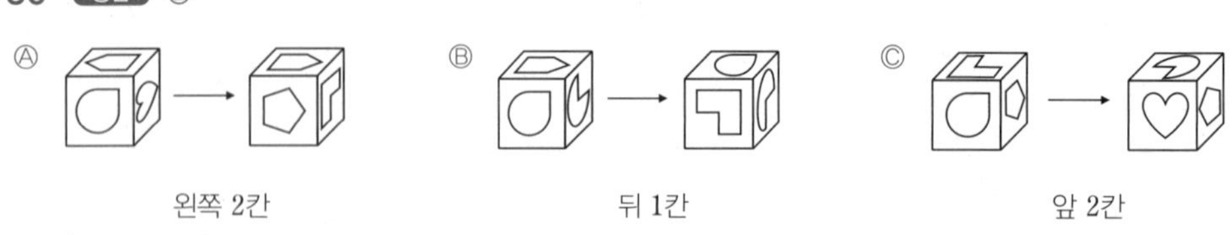

최종점검 모의고사

01 언어논리

01	02	03	04	05	06	07	08	09	10
③	②	③	⑤	③	①	④	②	②	②
11	12	13	14	15	16	17	18	19	20
③	③	④	④	②	②	④	⑤	④	④
21	22	23	24	25	26	27	28	29	30
③	④	①	②	④	③	④	⑤	①	⑤

01 정답 ③

4호와 5호의 말이 모순되기 때문에 한 명은 진실을 말하고 다른 한 명은 거짓을 말한다.

- 4호가 진실, 5호가 거짓을 말하는 경우
  4호가 진실을 말하면 1호는 범인이 되고, 5호는 거짓을 말한 것이므로 범인이다. 그런데 1호와 5호가 범인이 되면 2호의 말은 진실이어야 한다. 그렇게 되면 2호가 범인이라고 한 3호가 범인이 되므로 범인이 총 3명이 되므로 4호의 말은 거짓이다.
- 4호가 거짓, 5호가 진실을 말하는 경우
  1호는 범인이 아니고, 5호의 말에 의해 2호도 범인이 아니다. 때문에 2호의 말은 진실이 되므로 3호는 범인이 되고 거짓말을 했다.

따라서 거짓을 말한 3호와 4호가 범인이다.

02 정답 ②

제시된 조건을 정리하면 다음과 같다.

구 분	월	화	수	목	금
은 정	×	×	×	○	×
소 연	×	×	○	×	×
지 현	○	×	×	×	×
보 람	×	○	×	×	×
지 수	×	×	×	×	○

소연이만 수요일에 청소를 할 수 있다. 그러므로 은정이와 보람이가 남는데 은정이는 월, 화, 수에는 청소를 할 수 없으므로 목요일에 청소를 하게 되고 보람이는 화요일에 청소를 한다.

03 정답 ③

제시된 조건을 정리하면 다음과 같은 경우가 나온다.

〈경우 1〉

F	A, C	
D	B, G	E

〈경우 2〉

F	A, E	
D	B, G	C

따라서 어느 경우에도 1층에는 4명이 있다.

04 정답 ⑤

제시된 조건을 정리하면 다음과 같다.

〈경우 1〉	A, C	B, D	E
〈경우 2〉	A, C	B, E	D
〈경우 3〉	A, D	B, E	C
〈경우 4〉	A, E	B, D	C

따라서 우산을 가장 많이 혼자 쓰는 사람은 C이다.

05 정답 ③

주어진 조건을 정리하면 다음과 같다.
빨간색 컵－포도주, 갈색 컵－물, 검은색 컵－맥주, 노란색 컵－주스, 파란색 컵－비어 있음

06 정답 ①

A, B, C, D, E 중 살아남은 A, B, C에서 2명은 늑대 인간이며, 남은 1명은 드라큘라이다. 또한 D, E의 캐릭터는 서로 같지 않으므로 D와 E는 각각 늑대 인간 또는 드라큘라를 선택하였다. 따라서 이 팀의 3명은 늑대 인간 캐릭터를, 2명은 드라큘라 캐릭터를 선택하였다.

오답분석

② B는 드라큘라일 수도 늑대 인간일 수도 있다.

③ C는 늑대 인간일 수도 드라큘라일 수도 있다.
④ 늑대 인간의 수가 드라큘라의 수보다 많다.
⑤ D와 E는 서로 다른 캐릭터를 선택했을 뿐 어떤 캐릭터를 선택하였는지는 알 수 없다.

07 정답 ④

쓰레기를 버리는 요일을 제시된 조건에 따라 정리하면 다음과 같다.

구 분	월	화	수	목	금	토	일
첫째 주	A		B		C		D
둘째 주		E		A		B	
셋째 주	C		D		E		A

A동이 쓰레기를 배출하는 요일이 3일씩 밀리므로, 계산하면 월 → 목 → 일 → 수 → 토 → 화 → 금 → 월 순서이다. 따라서 처음 월요일에 쓰레기를 버리는 주를 1주라고 계산하면 8주째 월요일에 다시 A동이 쓰레기를 버리고, 10째주는 C동이 버린다.

오답분석
① 해설에서 알 수 있듯이 월 → 목으로 3일씩 밀린다.
②·⑤ 해설을 통해 확인할 수 있다.
③ 해설을 보면 E동, A동, B동의 주민이 쓰레기를 배출한다는 것을 알 수 있다.

08 정답 ②

홀수 주와 짝수 주 둘 다 가능하다.

오답분석
① 2주 차부터 같은 주에 버리는 동이 생긴다.
③ 배출 요일은 3일씩 밀리고 이는 7과 서로소이므로 옳다.
④ 2주에 걸쳐 모두 7번의 쓰레기 배출이 이루어진다. 따라서 2동은 쓰레기를 두 번 배출한다.
⑤ 홀수 주마다 B동은 수요일에 쓰레기를 버리게 된다.

09 정답 ②

E가 4층에서 산다고 할 때 주어진 조건을 정리하면 다음과 같다.

구 분	〈경우 1〉	〈경우 2〉	〈경우 3〉
6층	C	B	C
5층	B	C	B
4층	E	E	E
3층	A	A	F
2층	F	D	A
1층	D	F	D

따라서 'B는 F보다 높은 곳에 산다.'는 항상 참이다.

10 정답 ②

D가 2층에서 산다고 할 때 주어진 조건을 정리하면 다음과 같다.

구 분	〈경우 1〉	〈경우 2〉	〈경우 3〉	〈경우 4〉
6층	B	B	B	B
5층	E	E	E	C
4층	F	A	C	E
3층	A	F	A	A
2층	D	D	D	D
1층	C	C	F	F

따라서 'C가 1층에 산다면, E는 F보다 높은 곳에 산다.'는 항상 참이다.

11 정답 ③

종교적·주술적인 성격의 동물은 대개 초자연적인 강대한 힘을 가지고 인간 세계를 지배하거나 수호하는 신적인 존재임을 세 번째 문단을 통해 알 수 있다.

오답분석
① 미술 작품 속에 등장하는 동물에는 해태나 봉황 등 인간의 상상에서 나온 동물도 적지 않다.
② 미술 작품에 등장하는 동물은 성격에 따라 구분할 수 있으나, 이 구분은 엄격한 것이 아니다.
④ 인간의 이지가 발달함에 따라 신적인 기능이 감소된 종교적·주술적인 성격의 동물은 신이 아닌 인간에게 봉사하는 존재로 전락한다.
⑤ 신의 위엄을 뒷받침하고 신을 도와 치세의 일부를 분담하기 위해 이용되는 동물들은 현실 이상의 힘을 가진다.

12 정답 ③

두 번째 문단에서 보면 농업경제의 역사에서 정원이 갖는 의미는 시대와 지역에 따라 매우 달랐으나, 여성들의 입장은 지역적인 편차가 없었으므로 ③은 적절하지 않다.

13 정답 ④

(가)는 호락논쟁을 통해 낙학과 호학이 정립되었음을 언급하고 있으며, (나)는 본체인 본성을 중시하고, 마음에 대한 탐구를 주장하는 낙학에 대해 설명하고 있다. 이와 달리 (다)와 (라)는 원리와 규범을 중시하고, 세계에 대한 객관적 인식을 주장하는 호학에 대해 설명하며 이러한 호학은 사대부의 자아 정립과 관련이 있다는 것을 이야기한다. 따라서 글의 구조로 ④가 적절하다.

14 정답 ④

(가)는 소비자 권익을 보호하는 경쟁 정책에 대해 설명하고 있으며, (나)와 (다)는 이러한 경쟁 정책이 각각 생산적 효율 측면, 배분적 효율 측면에서 소비자 권익에 기여하는 바에 대해 이야기하고 있다. 이와 달리 (라)는 경쟁 정책이 소비자에게 피해를 주는 문제점에 대해 다루고 있다. 따라서 글의 구조로 ④가 적절하다.

15 정답 ②

(가)는 기존의 속담을 다르게 해석하여, '실패를 바탕으로 거듭나는 현명한 사람'이라는 화제를 던지고 있다. (나) · (다)에서는 실패박물관(New Product Works)의 실패작 진열 사례를 통해 (가)의 주장을 뒷받침한다. (라) · (마)에서는 기업들이 성공을 위해 실패박물관을 방문하여 실패사례를 연구한다는 예를 들면서, '실패를 바탕으로 성공을 향한 길을 찾는다.'는 주장을 한 번 더 강조한다.

16 정답 ②

개요 'Ⅱ－1－(2)'의 '경제적인 파급 효과'에는 한류 육성으로 경제적 파급 효과가 있을 것이라는 내용이 와야 한다. 그러나 ㉡은 '아시아 각국에서 한국으로 많은 문화가 수출되고 있다는 것을 근거 자료로 제시한다.'라고 했으므로 적절하지 않다.

17 정답 ④

'Ⅱ－2－(1)'은 국내에 있는 외국인 노동자가 국내 문화에 적응을 하지 못하고 있다는 점을 지적하고 있다. 따라서 ㉣에는 국내 외국인 노동자가 국내 문화에 잘 적응할 수 있도록 하는 방안이 제시되어야 한다.

18 정답 ⑤

산업 사회가 가지고 있는 대중 지배 양상을 산업 사회의 여러 가지 특징과 함께 설명함으로써 강조하고 있다.

19 정답 ④

현재 갑골문자는 4천여 자가 확인되었고, 그 중의 약 절반, 즉 2천여 자가 해독되었다.

오답분석

① 왕조의 옛 도읍지는 허난성이다.
② 왕조의 기록이 있었다.
③ 제시문에는 언급되지 않은 내용이다.
⑤ 사마천의 『사기』가 언제 만들어졌다는 내용은 없다.

20 정답 ④

'꼭 필요한 부위에만 접착제와 대나무 못을 사용하여 목재가 수축 · 팽창하더라도 뒤틀림과 휘어짐이 최소화될 수 있도록 하였다.'라는 문장을 볼 때, 접착제와 대나무 못을 사용하면 수축과 팽창이 발생하지 않는다는 말은 옳지 않다.

21 정답 ③

글의 내용을 살펴보면 민속음악이 가지는 특징에 대해 설명하고 있음을 알 수 있다.

22 정답 ④

민속음악은 곱고 예쁘게 다듬어내는 음이 아니라 힘있고 역동적으로 표출되는 음이 아름답다고 여긴다. 판소리 명창이 고함치듯 질러대는 높은 소리에 청중들은 기다렸다는 듯이 '얼씨구'라는 추임새로 호응한다.

23 정답 ①

민속음악이 지닌 가장 큰 특징이 지역에 따라 음악적 표현요소가 다른 것이라고 했으므로 이에 관한 공연을 찾아가 관람하는 것이 적절하다.

오답분석

② 민속음악과 서양음악, 궁중음악의 차이를 비교하고 있으므로 적절하지 않다.
③ 민속음악은 악보에 얽메이지 않고 즉흥성이 많이 반영되는 음악이기 때문에 적절하지 않다.
④ 민속음악의 특징을 이야기하고 있으므로 적절하지 않다.
⑤ 현대의 대중음악과 전통음악을 비교하는 글이 아니므로 적절하지 않다.

24 정답 ②

제시된 글은 전반부에서 의학 기술과 도구를 구분해 놓고 서로 상대방의 것을 사용하지 않으려는 배타적인 태도는 바람직하지 않다는 점을 전제로 하여 동양 의학과 서양 의학의 특징을 설명하고 있다. 그리고 후반부에서는 동양 의학과 서양 의학이 조화를 이룬 종합 의학으로 나아가야 한다는 점을 강조하고 있다.

25 정답 ④

동양 의학의 성격이 철학적 · 형이상학적인 데 비해, 서양 의학은 과학적이고, 기술적이다. 병의 발생 과정을 가스 파이프에 비유하면서, 동양은 예방에 해당하는 2단계를, 서양은 치료에 해당하는 3단계를 중시한다고 하였다.

26 정답 ③

제시문의 두 번째 문단에서 부조화를 감소시키는 행동은 비합리적인 면이 있는데, 그러한 행동들이 자신들의 문제에 대해 실제적인 해결책을 찾지 못하도록 할 수 있다고 하였다.

오답분석

① 인지부조화는 불편함을 유발하기 때문에 사람들은 이것을 감소시키려고 한다.
② 제시문에는 부조화를 감소시키는 행동의 합리적인 면이 나타나 있지 않다.
④ 부조화를 감소시키는 행동으로 사람들은 자신의 긍정적인 측면의 이미지를 유지하게 되는데, 이를 통해 부정적인 이미지를 감소시키는지는 알 수 없다.
⑤ 제시문에서 부조화를 감소시키려는 자기방어적인 행동은 부정적인 결과를 초래한다고 하였다.

27 정답 ④

제시문에 따르면 인지부조화 이론에서 '사람들은 현명한 사람을 자기 편, 우매한 사람을 다른 편이라 생각할 때 마음이 편안해질 것이다.'라고 하였다. 따라서 자신의 의견과 동일한 주장을 하는 글은 논리적인 글을 기억하고, 자신의 의견과 반대되는 주장을 하는 글은 형편없는 글을 기억할 것이라 추론할 수 있다.

28 정답 ⑤

갈등 이론은 법과 형사 사법 체계가 전체적인 사회의 이해관계나 규범보다는 사회에서 가장 힘 있는 집단의 이해관계와 규범을 구체화시킨다고 주장한다. ⑤는 합의 이론과 관련된 내용이다.

29 정답 ①

'하지만 청소년 비행이나 살인, 절도, 방화, 화이트칼라 범죄, 조직범죄와 같은 대다수의 범죄에는 갈등이론이 설득력을 갖지 못한다.'를 통해 ①이 사례로 옳지 않다는 것을 알 수 있다.

30 정답 ⑤

합의 이론은 '사회 규범과 도덕 규범에 대한 전반적 합의와 사회의 모든 요소들과 관련된 공통적 이해관계를 언급함으로써 법의 내용과 운용을 설명하는 것'이므로 ⑤가 적절하지 않다.

02 수리자료분석

01	02	03	04	05	06	07	08	09	10	11	12	13	14	15	16	17	18	19	20
①	④	④	③	③	②	④	③	②	②	⑤	①	②	③	④	①	⑤	⑤	③	③
21	22	23	24	25	26	27	28	29	30										
③	③	①	②	②	⑤	①	①	⑤	①										

01 정답 ①

- (가)=194−(23+13+111+15)=168−(22+89+11+14)=32
- 1차에서 D사를 선택하고, 2차에서 C사를 선택한 소비자 수는 21명, 1차에서 E사를 선택하고 2차에서 B사를 선택한 소비자 수는 18명이다. 따라서 차이는 3이다.

02 정답 ④

오답분석

가 : 제시된 자료만으로는 알 수 없다.

나 : 인터넷을 이용하는 남성의 수는 113+145=258명, 여성의 수는 99+175=274명으로 여성의 수가 더 많다.

다 : 인터넷을 이용하지 않는 사람은 남성이 92명, 여성이 76명으로 남성이 더 많다. 또한 30세 미만은 56명, 30세 이상은 112명이므로 30세 이상이 많다.

03 정답 ④

㉠ · ㉤ 2019년 2월에 가장 많이 낮아졌다.

㉡ 전년 동월, 즉 2018년 6월보다 325건 높아졌다는 뜻이므로, 실제 심사 건수는 알 수 없다.

㉢ 2018년 5월에 비해 3.3% 증가했다는 뜻이므로, 실제 등록률은 알 수 없다.

오답분석

㉣ 전년 동월 대비 125건이 증가했으므로, 100+125=225건이다.

㉥ 전년 동월 대비 190건이 증가했으므로, 150+190=340건이다.

04 정답 ③

- K자재 : 2,000×20+1,200×70+1,500×100+2,700×5=287,500원
- L자재 : 2,200×20+1,200×70+1,500×100+2,500×5=290,500원
- H자재 : 2,000×20+1,000×70+1,600×100+2,600×5=283,000원
- D자재 : 2,200×20+1,100×70+1,500×100+2,500×5=283,500원
- A자재 : 2,200×20+1,100×70+1,600×100+2,700×5=294,500원

05 정답 ③

제일 저렴한 H자재와 그 다음으로 저렴한 D자재는 500원 차이이고, 바닥재는 D자재가 H자재보다 100원 저렴하므로 D자재가 H자재보다 저렴해지려면 바닥재 주문량을 11roll 이상 주문해야한다. 따라서 여전히 H자재가 가장 저렴하다.

06 정답 ②

㉡ 제시된 그래프에서 선의 기울기가 가파른 구간은 2010년~2011년, 2011년~2012년, 2014년~2015년이다. 2011년, 2012년, 2015년 물이용부담금 총액의 전년 대비 증가폭을 구하면 다음과 같다.

• 2011년 : 6,631－6,166＝465억 원

• 2012년 : 7,171－6,631＝540억 원

• 2015년 : 8,108－7,563＝545억 원

따라서 물이용부담금 총액이 전년 대비 가장 많이 증가한 해는 2015년이다.

오답분석

㉠ 제시된 자료를 통해 확인할 수 있다.

㉢ • 2019년 금강유역 물이용부담금 총액 : 8,661×0.2＝1,732.2억 원

∴ 2019년 금강유역에서 사용한 물의 양 : 1,732.2÷160≒10.83억m^3

㉣ 2019년 물이용부담금 총액의 전년 대비 증가율 : $\frac{8,661-8,377}{8,377}\times 100 \fallingdotseq 3.39\%$

07 정답 ④

$\frac{7,016-6,272}{6,272}\times 100 \fallingdotseq 11.9\%$

08 정답 ③

남자 합격자 수는 1,003명, 여자 합격자 수는 237명이고, 237×5＝1,185이므로, 남자 합격자 수는 여자 합격자 수의 5배 미만이다.

오답분석

④ $(\text{경쟁률})=\frac{(\text{지원자 수})}{(\text{모집정원})}$이므로, B집단의 경쟁률은 $\frac{585}{370}=\frac{117}{74}$이다.

09 정답 ②

$(\text{가})=\frac{78,855}{275,484}\times 100 \fallingdotseq 28.6\%$이다. 하지만 계산을 하지 않더라도 2016년과 2017년을 비교해보면, 2017년이 전체 공무원 수는 적지만 여성 공무원 수는 더 많다. 따라서 2017년 여성 공무원 비율인 29.3%보다 낮다는 것을 알 수 있다.

10 정답 ②

경증 환자 50명 중 남자 환자의 비율은 $\frac{31}{50}\times 100=62\%$이고, 중증 환자 50명 중 남자 환자의 비율은 $\frac{34}{50}\times 100=68\%$이므로 경증 환자의 비율이 더 낮다.

오답분석

① 여자 환자 35명 중에서 중증 환자의 수는 16명이다. 따라서 $\frac{16}{35}\times 100 \fallingdotseq 45.7\%$이다.

③ 50세 이상 환자의 수는 60명이고, 50세 미만의 환자의 수는 40명이다.

④ 전체 환자의 수 100명에서 중증 여자 환자의 수는 16명으로 전체의 16%를 차지하고 있다.

⑤ 50세 미만 남자 중에서 경증 환자 비율은 약 56.5%, 50세 이상 여자 중에서 경증 환자 비율은 약 55.6%이다.

11 정답 ⑤

• 유럽의 국내 방문객 증가율 : $\frac{49,320-43,376}{43,376}\times 100 ≒ 13.7\%$

• 내국인의 유럽 방문객 증가율 : $\frac{46,460-42,160}{42,160}\times 100 ≒ 10.2\%$

따라서 유럽의 국내 방문객 증가율이 더 높다.

오답분석

① 홍콩, 필리핀, 싱가포르, 말레이시아, 인도네시아가 이에 해당된다.

② 내국인의 미국 방문객 감소량은 $45,332-42,392=2,940$명이고, 말레이시아의 국내 방문객 감소량은 $10,356-7,847=2,509$명이다.

③ 제시된 자료를 통해 쉽게 확인할 수 있다.

④ 중국, 일본, 태국, 필리핀, 홍콩 순서로 동일하다.

12 정답 ①

• 아시아 : $\frac{553,875-454,102}{454,102}\times 100 ≒ 22.0\%$

• 오세아니아 : $\frac{31,347-28,165}{28,165}\times 100 ≒ 11.3\%$

• 북아메리카 : $\frac{52,372-54,973}{54,973}\times 100 ≒ -4.7\%$

• 유럽 : $\frac{46,460-42,160}{42,160}\times 100 ≒ 10.2\%$

• 아프리카 : $\frac{1,831-1,830}{1,830}\times 100 ≒ 0.01\%$

따라서 내국인 해외 목적지로 가장 높은 증가율을 보인 대륙은 아시아이고, 이 중 가장 많이 방문한 나라는 중국이다.

13 정답 ②

연속하는 세 홀수를 $x-2$, x, $x+2$라고 하면,

$x+2=(x-2+x)-11 \rightarrow x=15$

따라서 연속하는 세 홀수는 13, 15, 17이다.

14 정답 ③

x를 작년 남학생 수, y를 작년 여학생 수라고 하자.

$x+y=500$ … ㉠

$1.1x+0.8y=490$ … ㉡

㉠과 ㉡을 연립하면 $x=300$, $y=200$

따라서 올해 남학생 수는 $1.1x=330$명이다.

15 정답 ④

피자의 총 조각 수를 a조각이라고 하자.

- 철수가 먹은 피자의 조각 수 : $\frac{a}{3}$조각
- 민수가 먹은 피자의 조각 수 : $\frac{2}{3}a\times\frac{5}{6}=\frac{5}{9}a$조각

$=a-\left(\frac{a}{3}+\frac{5}{9}a\right)=4$

$\therefore\ a=36$

16 정답 ①

올 때의 시속을 $x$km/h라고 하자.

$\frac{150}{100}+\frac{150}{x}=\frac{300}{75}\rightarrow\frac{1}{100}+\frac{1}{x}=\frac{2}{75}$

$\rightarrow\frac{x+100}{100x}=\frac{2}{75}\rightarrow 200x=75x+7{,}500$

$\therefore\ x=60$

17 정답 ⑤

- $a=1$일 경우 : (1, 1, 3), (1, 2, 2), (1, 3, 1) → 3가지
- $a=2$일 경우 : (2, 1, 2), (2, 2, 1) → 2가지
- $a=3$일 경우 : (3, 1, 1) → 1가지

$\therefore\ 3+2+1=6$가지

18 정답 ⑤

동전의 앞면이 나올 확률은 $\frac{1}{2}$이고 주사위의 두 수의 곱이 홀수가 되는 경우는 두 수가 모두 홀수가 나왔을 때이다.

- 두 수의 곱이 홀수인 경우의 수 : (1, 1), (1, 3), (1, 5), (3, 1), (3, 3), (3, 5), (5, 1), (5, 3), (5, 5) → 9가지
- 주사위 두 개의 곱이 홀수가 될 확률 : $\frac{9}{36}=\frac{1}{4}$

$\therefore\ \frac{1}{2}\times\frac{1}{4}=\frac{1}{8}$

19 정답 ③

+6, ×5, ÷2가 반복되는 수열이다.

따라서 ( )=80÷2=40이다.

20 정답 ③

×4−6, +7이 반복되는 수열이다.

따라서 ( )=206+7=213이다.

21 정답 ③

$\underline{A\ B\ C} \rightarrow A+2B=2C$

$\underline{4\ \ 3\ \ (\quad)} \rightarrow 4+6=10=2\times5$

$\therefore (\quad)=5$

22 정답 ③

$\underline{A\ B\ C} \rightarrow C=(A+B)\times3$

$\underline{19\ (\quad)\ 156} \rightarrow 156=\{19+(\quad)\}\times3$

$\therefore (\quad)=33$

23 정답 ①

첫 번째 행의 연속된 세 수를 더한 것이 두 번째 행의 가운데 수가 된다.

$\therefore 2+8+5=15$

24 정답 ②

아래 방향으로 +7, 왼쪽 방향으로 −4인 수열이다.

$\therefore 11-4=7$

25 정답 ②

a	n
2	0
$2+\frac{2}{3}=\frac{8}{3}$	1
$\frac{8}{3}+\frac{2}{3}=\frac{10}{3}$	3
$\frac{10}{3}+\frac{2}{3}=\frac{12}{3}=4$	7

26 정답 ⑤

a	n
$\frac{11}{18}$	5
$\frac{18}{11}-1=\frac{7}{11}$	4
$\frac{11}{7}-1=\frac{4}{7}$	3
$\frac{7}{4}-1=\frac{3}{4}$	2
$\frac{4}{3}-1=\frac{1}{3}$	1
$3-1=2$	0

27 정답 ①

a	n
2	0
$3\times2+(-1)^{2}=7$	1
$3\times7+(-1)^{7}=20$	2
$3\times20+(-1)^{20}=61$	3
$3\times61+(-1)^{61}=182$	4
$3\times182+(-1)^{182}=547$	5

28 정답 ①

a	n
$\frac{1}{81}$	0
$\frac{1}{81}\times3=\frac{1}{27}$	1
$\frac{1}{27}\times3=\frac{1}{9}$	2
$\frac{1}{9}\times3=\frac{1}{3}$	3
$\frac{1}{3}\times3=1$	4

29 정답 ⑤

a	n
$\frac{11}{8}$	1
$1+\frac{5}{4}=\frac{9}{4}$	2
$2+\frac{5}{4}=\frac{13}{4}$	4
$3+\frac{5}{4}=\frac{17}{4}$	8

30 정답 ①

a	n
$\frac{16}{81}$	0
$\sqrt{\frac{81}{16}}=\frac{9}{4}$	1
$\sqrt{\frac{4}{9}}=\frac{2}{3}$	2

03 어휘유창성(인문계)

01	02	03	04	05	06	07	08	09	10
③, ⑤	①, ③	②, ④	④, ⑤	①, ④	②, ⑤	⑤	①	④	②
11	12	13	14	15	16	17	18	19	20
③	①	②	②	②	④	②	③	⑤	①
21	22	23	24	25	26	27	28	29	30
④	③	⑤	④	④	②	③	③	④	⑤

01 정답 ③, ⑤

- 특별하다 : 보통과 구별되게 다르다.
- 비범하다 : 보통 수준보다 훨씬 뛰어나다.

02 정답 ①, ③

- 실하다 : 든든하고 튼튼하다.
- 야무지다 : 사람의 성질이나 행동, 생김새 따위가 빈틈이 없이 꽤 단단하고 굳세다.

03 정답 ②, ④

- 아쉽다 : 필요할 때 없거나 모자라서 안타깝고 만족스럽지 못하다.
- 모자라다 : 기준이 되는 양이나 정도에 미치지 못하다.

04 정답 ④, ⑤

- 차용(借用) : 돈이나 물건을 빌려 씀
- 반제(返濟) : 빌렸던 돈을 모두 다 갚음

05 정답 ①, ④

- 정밀 : 아주 정교하고 치밀함
- 조잡 : 솜씨 등이 거칠고 잡스러움

06 정답 ②, ⑤

- 망각 : 어떤 사실을 잊어버림
- 기억 : 이전의 인상이나 경험을 의식 속에 간직하거나 도로 생각해 냄

07 정답 ⑤

'-ㄴ지'는 막연한 의문이 있는 채로 그것을 뒤 절의 사실이나 판단과 관련시키는 데 쓰는 연결 어미이다.

08 정답 ①

밑줄 친 '보다'는 '음식상이나 잠자리 등의 채비를 하다.'라는 뜻이므로 ①과 그 의미가 유사하다.

오답분석

② 어떤 관계의 사람을 얻다.
③ 어떤 일을 맡아서 하다.
④ 점으로 운수나 미래 등을 알아보다.
⑤ 어떤 결과를 내다.

09 정답 ④

제시문의 '받으며'는 '빛, 볕, 열이나 바람 따위의 기운이 닿다.'의 의미로 쓰였으며, 이와 같은 의미로 사용된 것은 ④이다.

오답분석

① 다른 사람이 주거나 보내오는 물건 따위를 가지다.
② 다른 사람이나 대상이 가하는 행동, 심리적인 작용 따위를 당하거나 입다.
③ 점수나 학위 따위를 따다.
⑤ 요구, 신청, 질문, 공격, 도전, 신호 따위의 작용을 당하거나 거기에 응하다.

10 정답 ②

'가엾다'는 '가엽다'와 함께 쓰이는 표준어이므로 ②는 올바른 표기이다.

오답분석

① '콧배기'는 비표준어로 '코빼기'가 올바른 표기이다.
③ '알타리무'는 비표준어로 '총각무'가 올바른 표기이다.
④ '구루마'는 일본어로 '수레'가 올바른 표기이다.
⑤ '안절부절하다'는 비표준어로 '안절부절못하는'이 올바른 표기이다.

11 정답 ③

'만큼'은 주로 어미 뒤에 붙어 앞의 내용에 상당하는 수량이나 정도임을 나타내는 의존 명사 '만큼'과 체언 뒤에 붙어 앞말과 비슷한 정도나 한도임을 나타내는 격조사 '－만큼'으로 구분할 수 있다. 한글 맞춤법에 따라 의존 명사 '만큼'은 앞말과 띄어써야 하고, 격조사 '－만큼'은 붙여 써야 한다. ③은 체언 '생각'과 결합하는 격조사이므로 '생각만큼'으로 붙여 써야 한다.

12 정답 ①

'본받다'는 '본을 받다'에서 목적격 조사가 생략되고, 명사 '본'과 동사 '받다'가 결합한 합성어이다. 즉 하나의 단어이므로 '본받는'이 옳은 표기이다.

13 정답 ②

• 등하불명(燈下不明) : 등잔 밑이 어둡다는 뜻으로, 가까이에 있는 물건이나 사람을 잘 찾지 못함을 이르는 말

오답분석

① 누란지위(累卵之危) : 층층이 쌓아 놓은 알의 위태로움이라는 뜻으로, 몹시 아슬아슬한 위기를 비유적으로 이르는 말
③ 사면초가(四面楚歌) : 아무에게도 도움을 받지 못하는, 외롭고 곤란한 지경에 빠진 형편을 이르는 말
④ 조족지혈(鳥足之血) : 새 발의 피라는 뜻으로, 매우 적은 분량을 비유적으로 이르는 말
⑤ 지란지교(芝蘭之交) : 지초와 난초의 교제라는 뜻으로, 벗 사이의 맑고도 고귀한 사귐을 이르는 말

14 정답 ②

ⓒ은 '드렸다'라는 특수한 어휘를 통해 높임 표현을 실현하였다.

오답분석

① ㉠은 격식체, ⓒ은 비격식체이다.
③ ⓒ에는 선어말어미가 사용되지 않았다.
④ 객체높임법이 사용되었다.
⑤ 주체높임법이 사용되었다.

15 정답 ②

두각(頭角)을 나타낸 사람이 남의 미움을 받거나, 강직한 사람이 남의 공박을 받는다는 말이다.

오답분석

① 아무리 하여도 벗어날 수 없는 처지에 놓여 꼼짝 못하게 됨을 이르는 말
③ 방심하는 데서 실수가 생기기 쉬우니 항상 조심해야 한다는 말
④ 은혜나 원한은 시일이 지나면 쉬이 잊게 됨을 이르는 말
⑤ 되지 못한 것이 엇나가는 짓만 한다는 말

16 정답 ④

㉠ 들어갈 수 있는 세 단어(체계, 제도, 관습) 중 공공부조, 사회제도와 함께 어울릴 수 있는 말은 '제도'이다.
- 제도 : 관습이나 도덕, 법률 따위의 규범이나 사회 구조의 체계
- 체계 : 일정한 원리에 따라서 낱낱의 부분이 짜임새 있게 조직되어 통일된 전체
- 관습 : 어떤 사회에서 오랫동안 지켜 내려와 그 사회 성원들이 널리 인정하는 질서

㉡ 서비스를 주는 것이므로 '제공'이 적절하다.
- 제공 : 무엇을 내주거나 갖다 바침
- 수여 : 증서, 상장, 훈장 따위를 줌
- 지급 : 돈이나 물품 따위를 정하여진 몫만큼 내줌

㉢ 문맥상 자존감이 떨어진 이들이 느낄 수 있는 감정은 '소외감'이 적절하다.
- 소외감 : 남에게 따돌림을 당하여 멀어진 듯한 느낌
- 자신감 : 자신이 있다는 느낌

㉣ 문맥상 새로운 법을 만든다는 '제정'이 적절하다.
- 제정 : 제도나 법률 따위를 만들어서 정함
- 개정 : 이미 정하였던 것을 고쳐 다시 정함

17 정답 ②

㉠ 문맥상 영화와 만화의 재현의 서로 다른 부분에 대해 논하고 있으므로 '차이'가 적절하다.
- 차이 : 서로 같지 아니하고 다름. 또는 그런 정도나 상태
- 비교 : 둘 이상의 사물을 견주어 서로 간의 유사점, 차이점, 일반 법칙 따위를 고찰하는 일
- 차별 : 둘 이상의 대상을 각각 등급이나 수준 따위의 차이를 두어서 구별함

㉡ 문맥상 효과선이 속도감을 간접적으로 느끼게 해준다는 의미이므로 '암시'가 적절하다.
- 암시 : 넌지시 알림. 또는 그 내용
- 비유 : 어떤 대상을 다른 대상에 빗대어 표현함

㉢ 만화가 시간의 부재라는 어려움이 있지만 이것을 공간의 유연함으로 이겨낸다는 의미이므로 '극복'이 적절하다.
- 극복 : 악조건이나 고생 따위를 이겨냄
- 저항 : 어떤 힘이나 조건에 굽히지 아니하고 거역하거나 버팀
- 적응 : 일정한 조건이나 환경 따위에 맞추어 응하거나 알맞게 됨

㉣ '전환'은 방향이나 상태를 반대로 바꾼다는 의미이므로 자유롭게 속도를 조절할 수 있다는 내용의 제시문에 적절한 것은 '변화'이다.
- 변화 : 사물의 성질, 모양, 상태 따위가 바뀌어 달라짐
- 전환 : 다른 방향이나 상태로 바뀌거나 바꿈

18 정답 ③

㉠ '수단'은 '방편'을 포괄하는 단어이고 '방편'에는 상황에 따라 간편히 이용한다는 뜻으로 한정된다. 문맥상 제도는 간편하게 이용하는 방법이 아니므로 '수단'이 적절하다.
- 수단 : 어떤 목적을 이루기 위한 방법. 또는 그 도구
- 방편 : 그때그때의 경우에 따라 편하고 쉽게 이용하는 수단과 방법

㉡ 부모 세대의 연금을 지급하기 위해 모자라는 돈을 자녀 세대의 보험료로 메운다는 의미이므로 '충당'이 적절하다.
- 충당 : 모자라는 것을 채워 메움
- 충전 : 축전지나 축전기에 전기 에너지를 축적하는 일
- 축적 : 시식, 경험, 자금 따위를 모아서 쌓음. 또는 모아서 쌓은 것

㉢ '희생'은 목숨, 재산, 명예, 이익 따위의 손실을 두루 포함하는 단어이므로 적절하다.
- 희생 : 다른 사람이나 어떤 목적을 위하여 자신의 목숨, 재산, 명예, 이익 따위를 바치거나 버림
- 헌신 : 몸과 마음을 바쳐 있는 힘을 다함

㉣ 문맥상 물가 상승을 고려하여 보험료를 책정해야 한다는 의미를 나타내는 단어가 필요하다. 또한 비유적 의미가 없기 때문에 '반영'이 적절하다.
- 반영 : 다른 것에 영향을 받아 어떤 현상이 나타남. 또는 어떤 현상을 나타냄
- 투영 : 어떤 일을 다른 일에 반영하여 나타냄을 비유적으로 이르는 말

19 정답 ⑤

㉠ 문맥상 옳고 그름을 정하는 것이 아니라 필요에 의해 행동의 방향을 정한다는 의미의 '결정'이 적절하다.
- 결정 : 행동이나 태도를 분명하게 정함. 또는 그렇게 정해진 내용
- 판결 : 시비나 선악을 판단하여 결정함
- 확인 : 틀림없이 그러한가를 알아보거나 인정함. 또는 그런 인정

㉡ 개념과 형식과 어울리는 단어를 선택해야 하기 때문에 '포착'이 적절하다.
- 포착 : 요점이나 요령을 얻음
- 포획 : 짐승이나 물고기를 잡음

㉢ 유추의 근거를 통해 단어를 만드는 데 이용한다는 내용을 적절히 표현하기 위해서는 '적용'이 알맞다.
- 적용 : 알맞게 이용하거나 맞추어 씀
- 도입 : 기술, 방법, 물자 따위를 끌어들임
- 개선 : 잘못된 것이나 부족한 것, 나쁜 것 따위를 고쳐 더 좋게 만듦

㉣ 새로운 단어가 국어사전에 실리게 된다는 의미이므로 장부와 대장 등의 서적과 함께 쓰이는 '등재'가 적절하다.
- 등재 : 일정한 사항을 장부나 대장에 올림
- 등제 : 높은 곳에 오름. 과거에 급제하는 일

20 정답 ①

㉠ '인권'은 인간으로서 당연히 가지는 권리를 의미하며, '성격'과 '인격' 중 도덕적이라는 단어와 함께 쓰이는 것은 주로 '인격'이다.
- 인격 : 사람으로서의 품격. 또는 도덕적 행위의 주체가 되는 개인
- 인권 : 인간으로서 당연히 가지는 기본적 권리
- 성격 : 개인이 가지고 있는 고유의 성질이나 품성

㉡ 문맥상 몸과 마음을 수련하여 예를 이룬다는 내용이므로 '수양'이 적절하다.
- 수양 : 몸과 마음을 갈고닦아 품성이나 지식, 도덕 따위를 높은 경지로 끌어올림
- 수행 : 생각하거나 계획한 대로 일을 해냄

㉢ 군자와 소인이 서로 구별되는 단어임을 말하고 있으므로, 유사점과 차이점을 모두 의미하는 '비교'보다는 차이를 의미하는 '대비'가 적절하다.
- 대비 : 두 가지의 차이를 밝히기 위하여 서로 맞대어 비교함. 또는 그런 비교
- 비교 : 둘 이상의 사물을 견주어 서로 간의 유사점, 차이점, 일반 법칙 따위를 고찰하는 일

㉣ 이익과 욕심에만 집중한다는 의미의 '몰두'가 적절하다.
- 몰두 : 어떤 일에 온 정신을 다 기울여 열중함
- 몰락 : 재물이나 세력 따위가 쇠하여 보잘것없이 됨

㉤ 옳고 그름에 대한 생각을 정한다는 의미의 '판단'이 적절하다. '판정'은 그 가치와 수준에 대한 등급을 나눈다는 의미이므로 적절하지 않다.
- 판단 : 사물을 인식하여 일정한 논리나 기준 등에 따라 판정을 내림
- 판정 : 사물의 가치나 수준 따위를 평함. 또는 그 가치나 수준
- 비고 : 참고하기 위하여 준비하여 놓음. 또는 그런 것

21 정답 ④

글쓴이는 부지런함에 대해 말하고 있으므로 ④의 속담과 내용상 어울린다.

오답분석

⑤ 목적한 바가 있으면 먼저 그 일을 이룰 준비를 단단히 하라는 말

22 정답 ③

밑줄 친 부분의 주어가 '과거의 역사적 사실이 지니는 중요성, 의미'임을 생각할 때, '약화(弱化)'가 문맥상 가장 적절하다.

23 정답 ⑤

제시문과 ⑤는 '어떤 상태나 시기가 시작되다.'의 의미로 사용되었다.

오답분석

① 밖에서 안으로 옮겨 서다.

② 안쪽으로 다가서다.

③ 어떤 곳에 자리 잡고 서다.

④ 정부나 왕조, 기관 따위가 처음으로 세워지다.

24 정답 ④

제시문과 ④는 '노래, 춤, 연극 따위를 하기 위하여 객석 정면에 만들어 놓은 단'의 의미로 사용되었다.

오답분석

①·②·③·⑤ 주로 활동하는 공간을 비유적으로 이르는 말

25 정답 ④

제시문과 ④는 '물질적 풍요와 사회적 명예를 취할 수 있음에도 불구하고 그렇게 하지 않다.'의 의미로 사용되었다.

오답분석

① 쓰지 못할 것을 다 내던지다.

② 떠나다 또는 등지다.

③·⑤ 돌보지 아니하다.

26 정답 ②

'바르게'라는 의미로 사용되었으므로, '반듯이'가 바르다.

오답분석

①·③·④·⑤ 반듯이 → 반드시

'틀림없이, 꼭'을 의미하는 부사로, '반드시'가 옳다.

27 정답 ③

• 어쭙잖다 : 비웃음을 살 만큼 언행이 분수에 넘치는 데가 있다.

오답분석

① 갈음해 → 가늠해

• 가름하다 : 가르다, 분별하다

• 갈음하다 : 대신하다

② 안스러워요 → 안쓰러워요

④ 진무르지 → 짓무르다

⑤ 맞추기 → 맞히기

28 정답 ③

토종생물인 참개구리가 살아야 할 자리에 미국에서 건너온 황소개구리가 주인 행세를 하고 있는 상황은 주인과 나그네의 위치가 바뀐 상황이다. 이러한 상황을 속담으로 표현하면 '굴러온 돌이 박힌 돌 빼낸다.'이다.

29 정답 ④

'텃밭'의 사전적 의미는 '집터에 딸리거나 집 가까이 있는 밭'이다. 제시된 글에서는 외래 문명에 그 자리를 빼앗긴다는 내용이므로, 자신의 권리 또는 고유한 문화라는 의미로 풀이하는 것이 적절하다.

30 정답 ⑤

글쓴이는 영어를 강조하는 사회적 분위기에 대해 비판적인 태도를 취하고 있으며, 영어를 공용어로 하자고 주장하는 사람에게 도입종의 사례에 빗대 역시 우리말을 바로 세우는 것이 더 중요하다며 비판을 할 것이다. 따라서 ⑤가 가장 적절하다. '전철을 밟다'는 앞 사람의 잘못을 되풀이하는 것을 뜻한다.

04 공간추리(이공계)

01	02	03	04	05	06	07	08	09	10	11	12	13	14	15	16	17	18	19	20
①	⑤	②	③	④	③	①	④	②	③	①	③	④	⑤	③	③	⑤	⑤	④	②
21	22	23	24	25	26	27	28	29	30										
②	④	⑤	①	③	③	②	②	①	⑤										

01 정답 ①

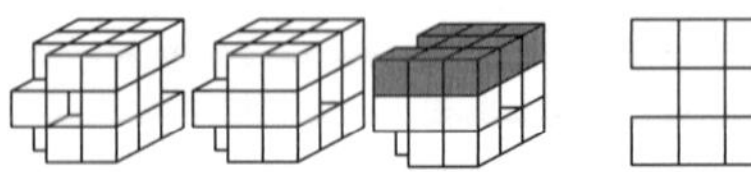

02 정답 ⑤

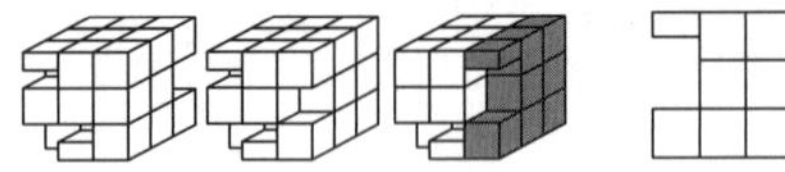

03 정답 ②

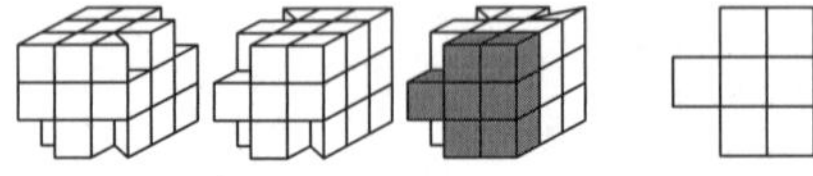

04 정답 ③

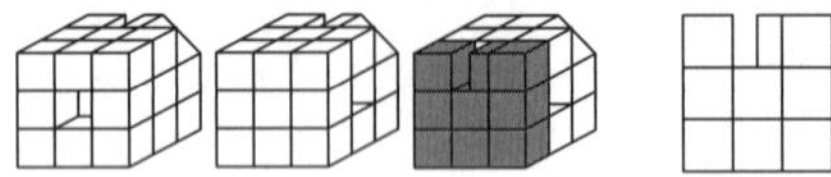

05 정답 ④

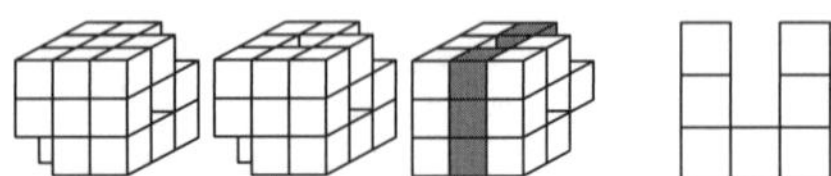

06 정답 ③

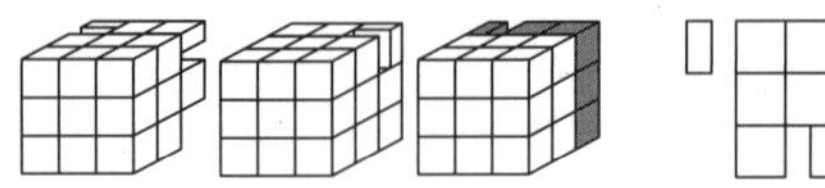

07 정답 ①

08 정답 ④

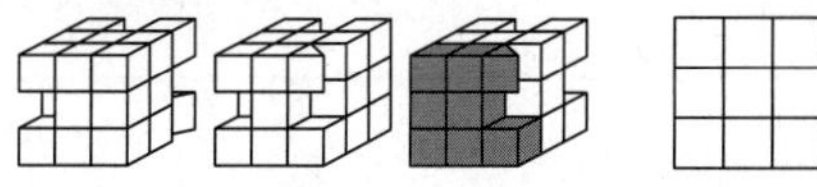

09 정답 ②

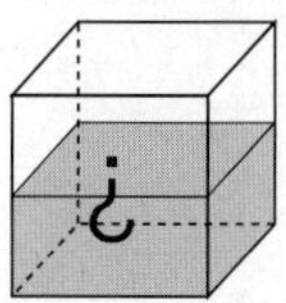

10 정답 ③

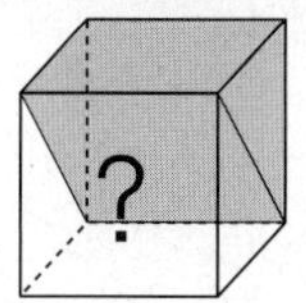

11 정답 ①

〈왼 쪽〉 〈오른쪽〉

회전했을 때 숫자에 해당하는 모양은 각각 , 이고, 오른쪽 모양은 투영되어 보이므로 좌우 반전시켜서 겹치면,

→ + =

12 정답 ③

〈왼 쪽〉 〈오른쪽〉

회전했을 때 숫자에 해당하는 모양은 각각 , 이고, 왼쪽 모양은 투영되어 보이므로 좌우 반전시켜서 겹치면,

→ + =

13 정답 ④

〈왼 쪽〉 〈오른쪽〉

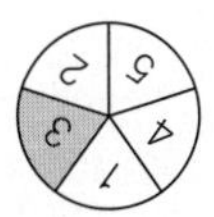

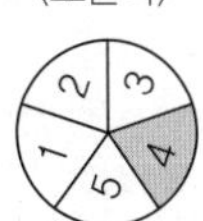

회전했을 때 숫자에 해당하는 모양은 각각 , 이고, 오른쪽 모양은 투영되어 보이므로 좌우 반전시켜서 겹치면,

→ + =

14 정답 ⑤

〈왼 쪽〉　　〈오른쪽〉

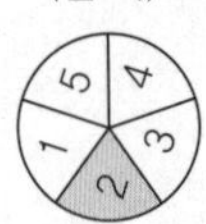

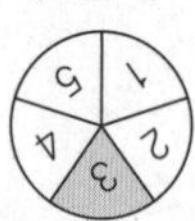

회전했을 때 숫자에 해당하는 모양은 각각 ○, ◆이고, 왼쪽 모양은 투영되어 보이므로 좌우 반전시켜서 겹치면,

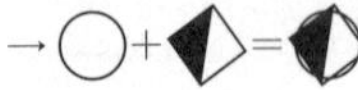

15 정답 ③

〈왼 쪽〉　　〈오른쪽〉

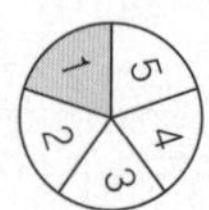

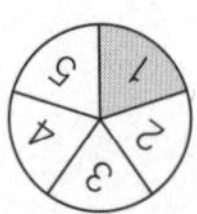

회전했을 때 숫자에 해당하는 모양은 각각 , 이고, 왼쪽 모양은 투영되어 보이므로 좌우 반전시켜서 겹치면,

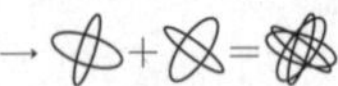

16 정답 ③

〈왼 쪽〉　　〈오른쪽〉

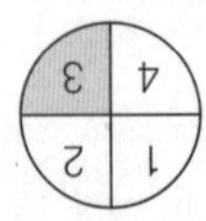

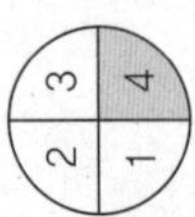

회전했을 때 숫자에 해당하는 모양은 각각 , 이고, 오른쪽 모양은 투영되어 보이므로 좌우 반전시켜서 겹치면,

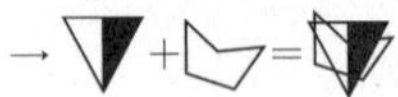

17 정답 ⑤

〈왼 쪽〉　　〈오른쪽〉

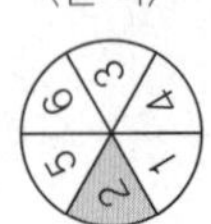

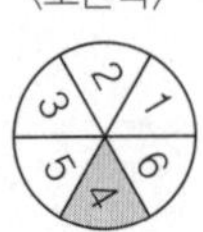

회전했을 때 숫자에 해당하는 모양은 각각 ○, 이고, 왼쪽 모양은 투영되어 보이므로 좌우 반전시켜서 겹치면,

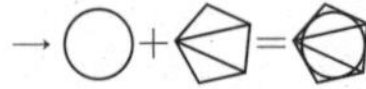

18 정답 ⑤

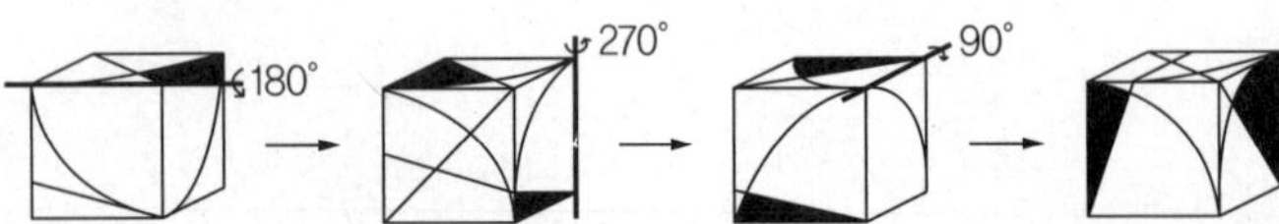

19 정답 ④

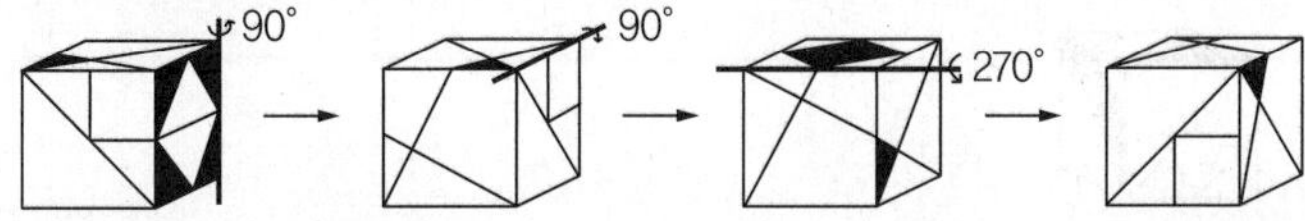

20 정답 ②

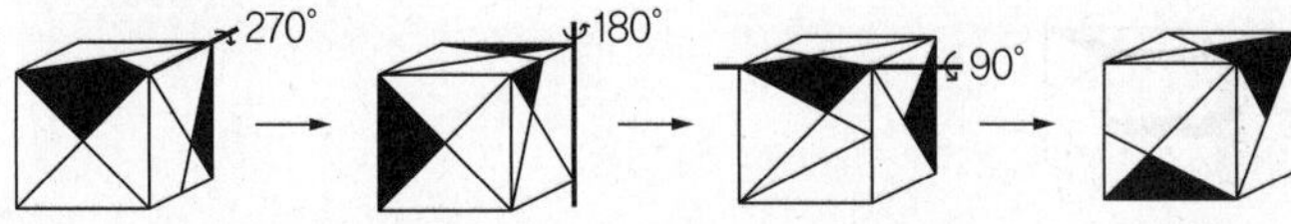

21 정답 ②

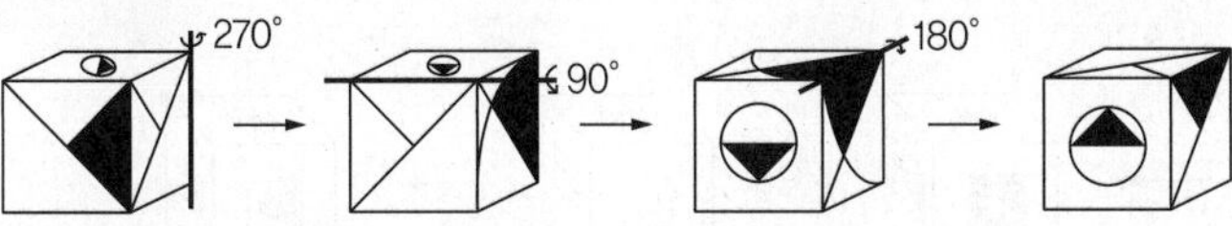

22 정답 ④

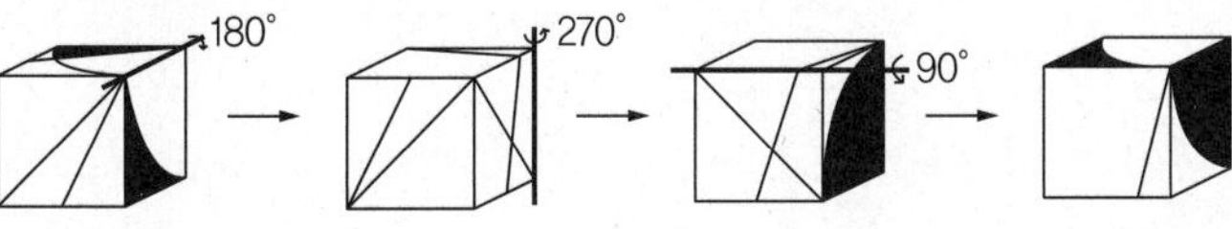

23 정답 ⑤

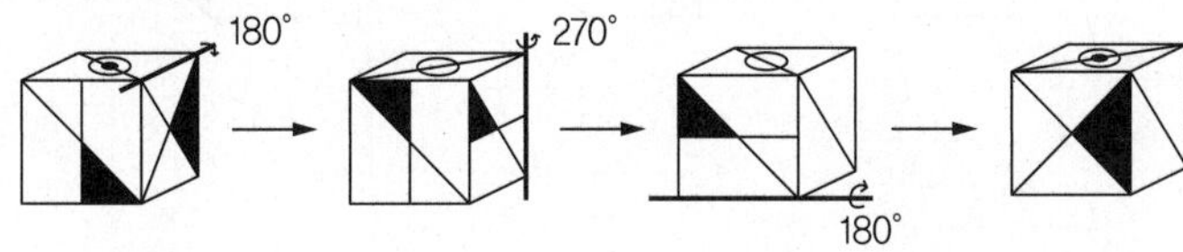

24 정답 ①

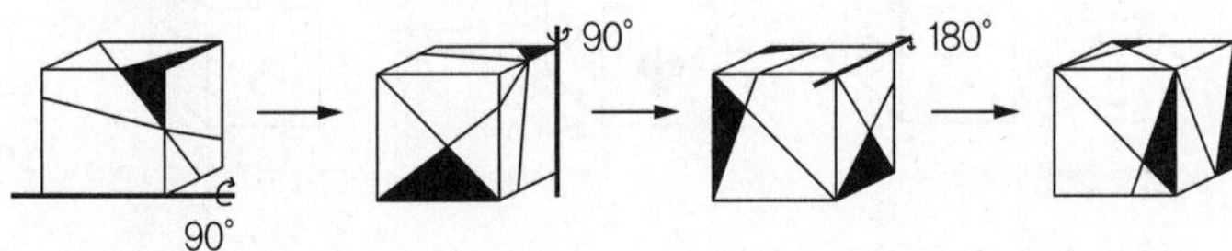

25 정답 ③

90° 180° 270°

26 정답 ③

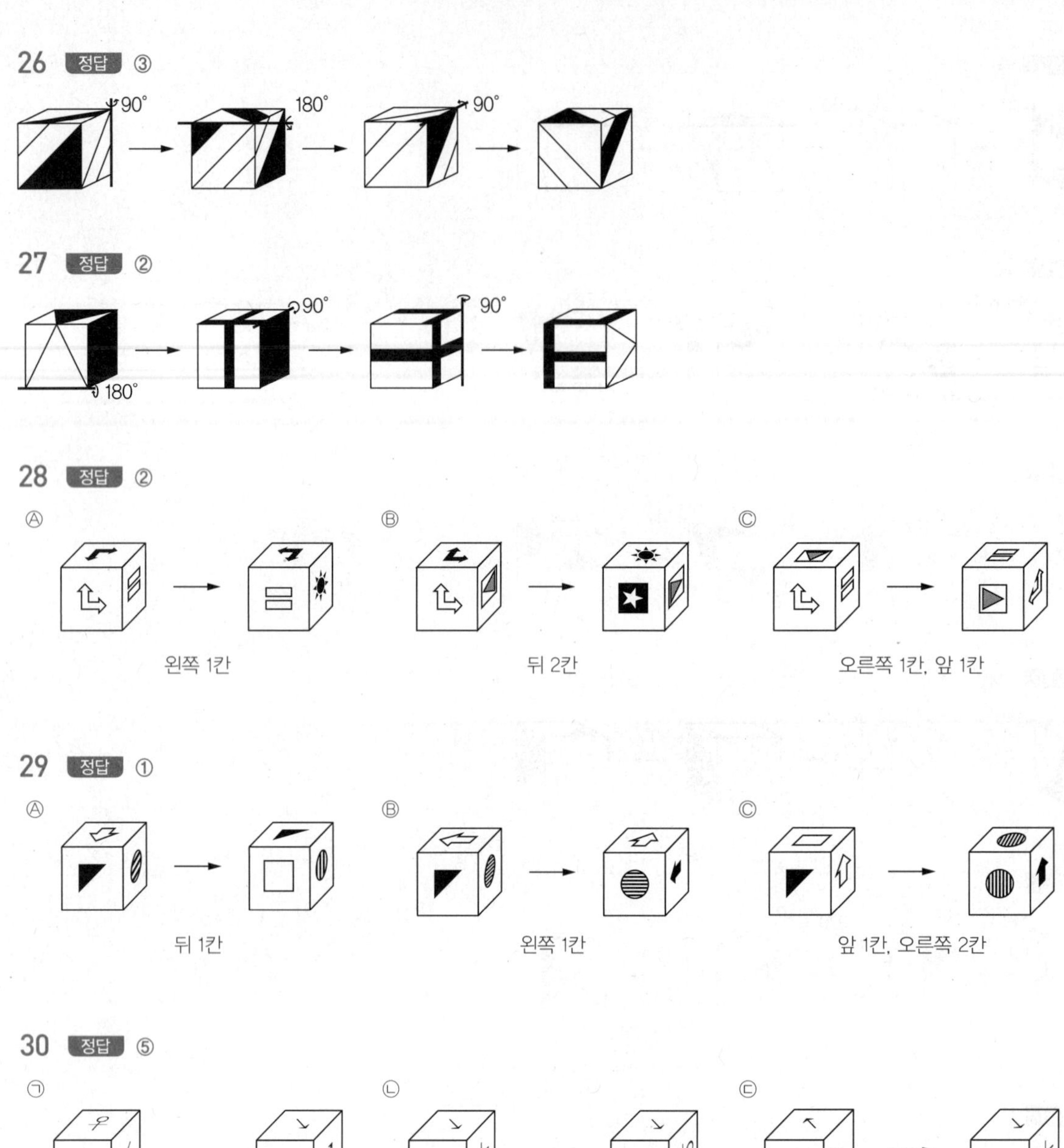

30 정답 ⑤

㉠ 위로 2칸

㉡ 아래로 2칸

㉢ 오른쪽 2칸

MEMO

I wish you the best of luck!

MEMO

I wish you the best of luck!

※절취선을 따라 분리하여 실제 시험과 같이 사용하면 더욱 효과적입니다.

DCAT 두산그룹 최종점검 모의고사 답안지(인문계)

고사장

성 명

수험번호						
⓪	⓪	⓪	⓪	⓪	⓪	⓪
①	①	①	①	①	①	①
②	②	②	②	②	②	②
③	③	③	③	③	③	③
④	④	④	④	④	④	④
⑤	⑤	⑤	⑤	⑤	⑤	⑤
⑥	⑥	⑥	⑥	⑥	⑥	⑥
⑦	⑦	⑦	⑦	⑦	⑦	⑦
⑧	⑧	⑧	⑧	⑧	⑧	⑧
⑨	⑨	⑨	⑨	⑨	⑨	⑨

감독위원 확인
인

언어논리											
문번	1	2	3	4	5	문번	1	2	3	4	5
1	①	②	③	④	⑤	21	①	②	③	④	⑤
2	①	②	③	④	⑤	22	①	②	③	④	⑤
3	①	②	③	④	⑤	23	①	②	③	④	⑤
4	①	②	③	④	⑤	24	①	②	③	④	⑤
5	①	②	③	④	⑤	25	①	②	③	④	⑤
6	①	②	③	④	⑤	26	①	②	③	④	⑤
7	①	②	③	④	⑤	27	①	②	③	④	⑤
8	①	②	③	④	⑤	28	①	②	③	④	⑤
9	①	②	③	④	⑤	29	①	②	③	④	⑤
10	①	②	③	④	⑤	30	①	②	③	④	⑤
11	①	②	③	④	⑤						
12	①	②	③	④	⑤						
13	①	②	③	④	⑤						
14	①	②	③	④	⑤						
15	①	②	③	④	⑤						
16	①	②	③	④	⑤						
17	①	②	③	④	⑤						
18	①	②	③	④	⑤						
19	①	②	③	④	⑤						
20	①	②	③	④	⑤						

수리자료분석											
문번	1	2	3	4	5	문번	1	2	3	4	5
1	①	②	③	④	⑤	21	①	②	③	④	⑤
2	①	②	③	④	⑤	22	①	②	③	④	⑤
3	①	②	③	④	⑤	23	①	②	③	④	⑤
4	①	②	③	④	⑤	24	①	②	③	④	⑤
5	①	②	③	④	⑤	25	①	②	③	④	⑤
6	①	②	③	④	⑤	26	①	②	③	④	⑤
7	①	②	③	④	⑤	27	①	②	③	④	⑤
8	①	②	③	④	⑤	28	①	②	③	④	⑤
9	①	②	③	④	⑤	29	①	②	③	④	⑤
10	①	②	③	④	⑤	30	①	②	③	④	⑤
11	①	②	③	④	⑤						
12	①	②	③	④	⑤						
13	①	②	③	④	⑤						
14	①	②	③	④	⑤						
15	①	②	③	④	⑤						
16	①	②	③	④	⑤						
17	①	②	③	④	⑤						
18	①	②	③	④	⑤						
19	①	②	③	④	⑤						
20	①	②	③	④	⑤						

어휘유창성											
문번	1	2	3	4	5	문번	1	2	3	4	5
1	①	②	③	④	⑤	21	①	②	③	④	⑤
2	①	②	③	④	⑤	22	①	②	③	④	⑤
3	①	②	③	④	⑤	23	①	②	③	④	⑤
4	①	②	③	④	⑤	24	①	②	③	④	⑤
5	①	②	③	④	⑤	25	①	②	③	④	⑤
6	①	②	③	④	⑤	26	①	②	③	④	⑤
7	①	②	③	④	⑤	27	①	②	③	④	⑤
8	①	②	③	④	⑤	28	①	②	③	④	⑤
9	①	②	③	④	⑤	29	①	②	③	④	⑤
10	①	②	③	④	⑤	30	①	②	③	④	⑤
11	①	②	③	④	⑤						
12	①	②	③	④	⑤						
13	①	②	③	④	⑤						
14	①	②	③	④	⑤						
15	①	②	③	④	⑤						
16	①	②	③	④	⑤						
17	①	②	③	④	⑤						
18	①	②	③	④	⑤						
19	①	②	③	④	⑤						
20	①	②	③	④	⑤						

※절취선을 따라 분리하여 실제 시험과 같이 사용하면 더욱 효과적입니다.

DCAT 두산그룹 최종점검 모의고사 답안지(인문계)

고사장

성 명

수험번호						
⓪	⓪	⓪	⓪	⓪	⓪	⓪
①	①	①	①	①	①	①
②	②	②	②	②	②	②
③	③	③	③	③	③	③
④	④	④	④	④	④	④
⑤	⑤	⑤	⑤	⑤	⑤	⑤
⑥	⑥	⑥	⑥	⑥	⑥	⑥
⑦	⑦	⑦	⑦	⑦	⑦	⑦
⑧	⑧	⑧	⑧	⑧	⑧	⑧
⑨	⑨	⑨	⑨	⑨	⑨	⑨

감독위원 확인
인

언어논리											
문번	1	2	3	4	5	문번	1	2	3	4	5
1	①	②	③	④	⑤	21	①	②	③	④	⑤
2	①	②	③	④	⑤	22	①	②	③	④	⑤
3	①	②	③	④	⑤	23	①	②	③	④	⑤
4	①	②	③	④	⑤	24	①	②	③	④	⑤
5	①	②	③	④	⑤	25	①	②	③	④	⑤
6	①	②	③	④	⑤	26	①	②	③	④	⑤
7	①	②	③	④	⑤	27	①	②	③	④	⑤
8	①	②	③	④	⑤	28	①	②	③	④	⑤
9	①	②	③	④	⑤	29	①	②	③	④	⑤
10	①	②	③	④	⑤	30	①	②	③	④	⑤
11	①	②	③	④	⑤						
12	①	②	③	④	⑤						
13	①	②	③	④	⑤						
14	①	②	③	④	⑤						
15	①	②	③	④	⑤						
16	①	②	③	④	⑤						
17	①	②	③	④	⑤						
18	①	②	③	④	⑤						
19	①	②	③	④	⑤						
20	①	②	③	④	⑤						

수리자료분석											
문번	1	2	3	4	5	문번	1	2	3	4	5
1	①	②	③	④	⑤	21	①	②	③	④	⑤
2	①	②	③	④	⑤	22	①	②	③	④	⑤
3	①	②	③	④	⑤	23	①	②	③	④	⑤
4	①	②	③	④	⑤	24	①	②	③	④	⑤
5	①	②	③	④	⑤	25	①	②	③	④	⑤
6	①	②	③	④	⑤	26	①	②	③	④	⑤
7	①	②	③	④	⑤	27	①	②	③	④	⑤
8	①	②	③	④	⑤	28	①	②	③	④	⑤
9	①	②	③	④	⑤	29	①	②	③	④	⑤
10	①	②	③	④	⑤	30	①	②	③	④	⑤
11	①	②	③	④	⑤						
12	①	②	③	④	⑤						
13	①	②	③	④	⑤						
14	①	②	③	④	⑤						
15	①	②	③	④	⑤						
16	①	②	③	④	⑤						
17	①	②	③	④	⑤						
18	①	②	③	④	⑤						
19	①	②	③	④	⑤						
20	①	②	③	④	⑤						

어휘유창성											
문번	1	2	3	4	5	문번	1	2	3	4	5
1	①	②	③	④	⑤	21	①	②	③	④	⑤
2	①	②	③	④	⑤	22	①	②	③	④	⑤
3	①	②	③	④	⑤	23	①	②	③	④	⑤
4	①	②	③	④	⑤	24	①	②	③	④	⑤
5	①	②	③	④	⑤	25	①	②	③	④	⑤
6	①	②	③	④	⑤	26	①	②	③	④	⑤
7	①	②	③	④	⑤	27	①	②	③	④	⑤
8	①	②	③	④	⑤	28	①	②	③	④	⑤
9	①	②	③	④	⑤	29	①	②	③	④	⑤
10	①	②	③	④	⑤	30	①	②	③	④	⑤
11	①	②	③	④	⑤						
12	①	②	③	④	⑤						
13	①	②	③	④	⑤						
14	①	②	③	④	⑤						
15	①	②	③	④	⑤						
16	①	②	③	④	⑤						
17	①	②	③	④	⑤						
18	①	②	③	④	⑤						
19	①	②	③	④	⑤						
20	①	②	③	④	⑤						

※절취선을 따라 분리하여 실제 시험과 같이 사용하면 더욱 효과적입니다.

DCAT 두산그룹 최종점검 모의고사 답안지(인문계)

고사장

성 명

수험번호						
⓪	⓪	⓪	⓪	⓪	⓪	⓪
①	①	①	①	①	①	①
②	②	②	②	②	②	②
③	③	③	③	③	③	③
④	④	④	④	④	④	④
⑤	⑤	⑤	⑤	⑤	⑤	⑤
⑥	⑥	⑥	⑥	⑥	⑥	⑥
⑦	⑦	⑦	⑦	⑦	⑦	⑦
⑧	⑧	⑧	⑧	⑧	⑧	⑧
⑨	⑨	⑨	⑨	⑨	⑨	⑨

감독위원 확인

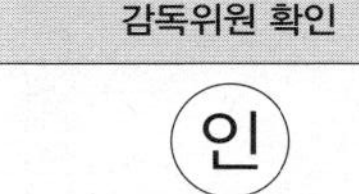

언어논리											
문번	1	2	3	4	5	문번	1	2	3	4	5
1	①	②	③	④	⑤	21	①	②	③	④	⑤
2	①	②	③	④	⑤	22	①	②	③	④	⑤
3	①	②	③	④	⑤	23	①	②	③	④	⑤
4	①	②	③	④	⑤	24	①	②	③	④	⑤
5	①	②	③	④	⑤	25	①	②	③	④	⑤
6	①	②	③	④	⑤	26	①	②	③	④	⑤
7	①	②	③	④	⑤	27	①	②	③	④	⑤
8	①	②	③	④	⑤	28	①	②	③	④	⑤
9	①	②	③	④	⑤	29	①	②	③	④	⑤
10	①	②	③	④	⑤	30	①	②	③	④	⑤
11	①	②	③	④	⑤						
12	①	②	③	④	⑤						
13	①	②	③	④	⑤						
14	①	②	③	④	⑤						
15	①	②	③	④	⑤						
16	①	②	③	④	⑤						
17	①	②	③	④	⑤						
18	①	②	③	④	⑤						
19	①	②	③	④	⑤						
20	①	②	③	④	⑤						

수리자료분석											
문번	1	2	3	4	5	문번	1	2	3	4	5
1	①	②	③	④	⑤	21	①	②	③	④	⑤
2	①	②	③	④	⑤	22	①	②	③	④	⑤
3	①	②	③	④	⑤	23	①	②	③	④	⑤
4	①	②	③	④	⑤	24	①	②	③	④	⑤
5	①	②	③	④	⑤	25	①	②	③	④	⑤
6	①	②	③	④	⑤	26	①	②	③	④	⑤
7	①	②	③	④	⑤	27	①	②	③	④	⑤
8	①	②	③	④	⑤	28	①	②	③	④	⑤
9	①	②	③	④	⑤	29	①	②	③	④	⑤
10	①	②	③	④	⑤	30	①	②	③	④	⑤
11	①	②	③	④	⑤						
12	①	②	③	④	⑤						
13	①	②	③	④	⑤						
14	①	②	③	④	⑤						
15	①	②	③	④	⑤						
16	①	②	③	④	⑤						
17	①	②	③	④	⑤						
18	①	②	③	④	⑤						
19	①	②	③	④	⑤						
20	①	②	③	④	⑤						

어휘유창성											
문번	1	2	3	4	5	문번	1	2	3	4	5
1	①	②	③	④	⑤	21	①	②	③	④	⑤
2	①	②	③	④	⑤	22	①	②	③	④	⑤
3	①	②	③	④	⑤	23	①	②	③	④	⑤
4	①	②	③	④	⑤	24	①	②	③	④	⑤
5	①	②	③	④	⑤	25	①	②	③	④	⑤
6	①	②	③	④	⑤	26	①	②	③	④	⑤
7	①	②	③	④	⑤	27	①	②	③	④	⑤
8	①	②	③	④	⑤	28	①	②	③	④	⑤
9	①	②	③	④	⑤	29	①	②	③	④	⑤
10	①	②	③	④	⑤	30	①	②	③	④	⑤
11	①	②	③	④	⑤						
12	①	②	③	④	⑤						
13	①	②	③	④	⑤						
14	①	②	③	④	⑤						
15	①	②	③	④	⑤						
16	①	②	③	④	⑤						
17	①	②	③	④	⑤						
18	①	②	③	④	⑤						
19	①	②	③	④	⑤						
20	①	②	③	④	⑤						

※절취선을 따라 분리하여 실제 시험과 같이 사용하면 더욱 효과적입니다.

DCAT 두산그룹 최종점검 모의고사 답안지(인문계)

고사장

성 명

수험번호						
⓪	⓪	⓪	⓪	⓪	⓪	⓪
①	①	①	①	①	①	①
②	②	②	②	②	②	②
③	③	③	③	③	③	③
④	④	④	④	④	④	④
⑤	⑤	⑤	⑤	⑤	⑤	⑤
⑥	⑥	⑥	⑥	⑥	⑥	⑥
⑦	⑦	⑦	⑦	⑦	⑦	⑦
⑧	⑧	⑧	⑧	⑧	⑧	⑧
⑨	⑨	⑨	⑨	⑨	⑨	⑨

감독위원 확인
인

언어논리											
문번	1	2	3	4	5	문번	1	2	3	4	5
1	①	②	③	④	⑤	21	①	②	③	④	⑤
2	①	②	③	④	⑤	22	①	②	③	④	⑤
3	①	②	③	④	⑤	23	①	②	③	④	⑤
4	①	②	③	④	⑤	24	①	②	③	④	⑤
5	①	②	③	④	⑤	25	①	②	③	④	⑤
6	①	②	③	④	⑤	26	①	②	③	④	⑤
7	①	②	③	④	⑤	27	①	②	③	④	⑤
8	①	②	③	④	⑤	28	①	②	③	④	⑤
9	①	②	③	④	⑤	29	①	②	③	④	⑤
10	①	②	③	④	⑤	30	①	②	③	④	⑤
11	①	②	③	④	⑤						
12	①	②	③	④	⑤						
13	①	②	③	④	⑤						
14	①	②	③	④	⑤						
15	①	②	③	④	⑤						
16	①	②	③	④	⑤						
17	①	②	③	④	⑤						
18	①	②	③	④	⑤						
19	①	②	③	④	⑤						
20	①	②	③	④	⑤						

수리자료분석											
문번	1	2	3	4	5	문번	1	2	3	4	5
1	①	②	③	④	⑤	21	①	②	③	④	⑤
2	①	②	③	④	⑤	22	①	②	③	④	⑤
3	①	②	③	④	⑤	23	①	②	③	④	⑤
4	①	②	③	④	⑤	24	①	②	③	④	⑤
5	①	②	③	④	⑤	25	①	②	③	④	⑤
6	①	②	③	④	⑤	26	①	②	③	④	⑤
7	①	②	③	④	⑤	27	①	②	③	④	⑤
8	①	②	③	④	⑤	28	①	②	③	④	⑤
9	①	②	③	④	⑤	29	①	②	③	④	⑤
10	①	②	③	④	⑤	30	①	②	③	④	⑤
11	①	②	③	④	⑤						
12	①	②	③	④	⑤						
13	①	②	③	④	⑤						
14	①	②	③	④	⑤						
15	①	②	③	④	⑤						
16	①	②	③	④	⑤						
17	①	②	③	④	⑤						
18	①	②	③	④	⑤						
19	①	②	③	④	⑤						
20	①	②	③	④	⑤						

어휘유창성											
문번	1	2	3	4	5	문번	1	2	3	4	5
1	①	②	③	④	⑤	21	①	②	③	④	⑤
2	①	②	③	④	⑤	22	①	②	③	④	⑤
3	①	②	③	④	⑤	23	①	②	③	④	⑤
4	①	②	③	④	⑤	24	①	②	③	④	⑤
5	①	②	③	④	⑤	25	①	②	③	④	⑤
6	①	②	③	④	⑤	26	①	②	③	④	⑤
7	①	②	③	④	⑤	27	①	②	③	④	⑤
8	①	②	③	④	⑤	28	①	②	③	④	⑤
9	①	②	③	④	⑤	29	①	②	③	④	⑤
10	①	②	③	④	⑤	30	①	②	③	④	⑤
11	①	②	③	④	⑤						
12	①	②	③	④	⑤						
13	①	②	③	④	⑤						
14	①	②	③	④	⑤						
15	①	②	③	④	⑤						
16	①	②	③	④	⑤						
17	①	②	③	④	⑤						
18	①	②	③	④	⑤						
19	①	②	③	④	⑤						
20	①	②	③	④	⑤						

※절취선을 따라 분리하여 실제 시험과 같이 사용하면 더욱 효과적입니다.

DCAT 두산그룹 최종점검 모의고사 답안지(이공계)

고사장

성 명

수험번호						
⓪	⓪	⓪	⓪	⓪	⓪	⓪
①	①	①	①	①	①	①
②	②	②	②	②	②	②
③	③	③	③	③	③	③
④	④	④	④	④	④	④
⑤	⑤	⑤	⑤	⑤	⑤	⑤
⑥	⑥	⑥	⑥	⑥	⑥	⑥
⑦	⑦	⑦	⑦	⑦	⑦	⑦
⑧	⑧	⑧	⑧	⑧	⑧	⑧
⑨	⑨	⑨	⑨	⑨	⑨	⑨

감독위원 확인
인

언어논리												수리자료분석												공간추리											
문번	1	2	3	4	5	문번	1	2	3	4	5	문번	1	2	3	4	5	문번	1	2	3	4	5	문번	1	2	3	4	5	문번	1	2	3	4	5
1	①	②	③	④	⑤	21	①	②	③	④	⑤	1	①	②	③	④	⑤	21	①	②	③	④	⑤	1	①	②	③	④	⑤	21	①	②	③	④	⑤
2	①	②	③	④	⑤	22	①	②	③	④	⑤	2	①	②	③	④	⑤	22	①	②	③	④	⑤	2	①	②	③	④	⑤	22	①	②	③	④	⑤
3	①	②	③	④	⑤	23	①	②	③	④	⑤	3	①	②	③	④	⑤	23	①	②	③	④	⑤	3	①	②	③	④	⑤	23	①	②	③	④	⑤
4	①	②	③	④	⑤	24	①	②	③	④	⑤	4	①	②	③	④	⑤	24	①	②	③	④	⑤	4	①	②	③	④	⑤	24	①	②	③	④	⑤
5	①	②	③	④	⑤	25	①	②	③	④	⑤	5	①	②	③	④	⑤	25	①	②	③	④	⑤	5	①	②	③	④	⑤	25	①	②	③	④	⑤
6	①	②	③	④	⑤	26	①	②	③	④	⑤	6	①	②	③	④	⑤	26	①	②	③	④	⑤	6	①	②	③	④	⑤	26	①	②	③	④	⑤
7	①	②	③	④	⑤	27	①	②	③	④	⑤	7	①	②	③	④	⑤	27	①	②	③	④	⑤	7	①	②	③	④	⑤	27	①	②	③	④	⑤
8	①	②	③	④	⑤	28	①	②	③	④	⑤	8	①	②	③	④	⑤	28	①	②	③	④	⑤	8	①	②	③	④	⑤	28	①	②	③	④	⑤
9	①	②	③	④	⑤	29	①	②	③	④	⑤	9	①	②	③	④	⑤	29	①	②	③	④	⑤	9	①	②	③	④	⑤	29	①	②	③	④	⑤
10	①	②	③	④	⑤	30	①	②	③	④	⑤	10	①	②	③	④	⑤	30	①	②	③	④	⑤	10	①	②	③	④	⑤	30	①	②	③	④	⑤
11	①	②	③	④	⑤							11	①	②	③	④	⑤							11	①	②	③	④	⑤						
12	①	②	③	④	⑤							12	①	②	③	④	⑤							12	①	②	③	④	⑤						
13	①	②	③	④	⑤							13	①	②	③	④	⑤							13	①	②	③	④	⑤						
14	①	②	③	④	⑤							14	①	②	③	④	⑤							14	①	②	③	④	⑤						
15	①	②	③	④	⑤							15	①	②	③	④	⑤							15	①	②	③	④	⑤						
16	①	②	③	④	⑤							16	①	②	③	④	⑤							16	①	②	③	④	⑤						
17	①	②	③	④	⑤							17	①	②	③	④	⑤							17	①	②	③	④	⑤						
18	①	②	③	④	⑤							18	①	②	③	④	⑤							18	①	②	③	④	⑤						
19	①	②	③	④	⑤							19	①	②	③	④	⑤							19	①	②	③	④	⑤						
20	①	②	③	④	⑤							20	①	②	③	④	⑤							20	①	②	③	④	⑤						

※절취선을 따라 분리하여 실제 시험과 같이 사용하면 더욱 효과적입니다.

DCAT 두산그룹 최종점검 모의고사 답안지(이공계)

고사장

성 명

수험번호						
⓪	⓪	⓪	⓪	⓪	⓪	⓪
①	①	①	①	①	①	①
②	②	②	②	②	②	②
③	③	③	③	③	③	③
④	④	④	④	④	④	④
⑤	⑤	⑤	⑤	⑤	⑤	⑤
⑥	⑥	⑥	⑥	⑥	⑥	⑥
⑦	⑦	⑦	⑦	⑦	⑦	⑦
⑧	⑧	⑧	⑧	⑧	⑧	⑧
⑨	⑨	⑨	⑨	⑨	⑨	⑨

감독위원 확인
인

언어논리												수리자료분석												공간추리											
문번	1	2	3	4	5	문번	1	2	3	4	5	문번	1	2	3	4	5	문번	1	2	3	4	5	문번	1	2	3	4	5	문번	1	2	3	4	5
1	①	②	③	④	⑤	21	①	②	③	④	⑤	1	①	②	③	④	⑤	21	①	②	③	④	⑤	1	①	②	③	④	⑤	21	①	②	③	④	⑤
2	①	②	③	④	⑤	22	①	②	③	④	⑤	2	①	②	③	④	⑤	22	①	②	③	④	⑤	2	①	②	③	④	⑤	22	①	②	③	④	⑤
3	①	②	③	④	⑤	23	①	②	③	④	⑤	3	①	②	③	④	⑤	23	①	②	③	④	⑤	3	①	②	③	④	⑤	23	①	②	③	④	⑤
4	①	②	③	④	⑤	24	①	②	③	④	⑤	4	①	②	③	④	⑤	24	①	②	③	④	⑤	4	①	②	③	④	⑤	24	①	②	③	④	⑤
5	①	②	③	④	⑤	25	①	②	③	④	⑤	5	①	②	③	④	⑤	25	①	②	③	④	⑤	5	①	②	③	④	⑤	25	①	②	③	④	⑤
6	①	②	③	④	⑤	26	①	②	③	④	⑤	6	①	②	③	④	⑤	26	①	②	③	④	⑤	6	①	②	③	④	⑤	26	①	②	③	④	⑤
7	①	②	③	④	⑤	27	①	②	③	④	⑤	7	①	②	③	④	⑤	27	①	②	③	④	⑤	7	①	②	③	④	⑤	27	①	②	③	④	⑤
8	①	②	③	④	⑤	28	①	②	③	④	⑤	8	①	②	③	④	⑤	28	①	②	③	④	⑤	8	①	②	③	④	⑤	28	①	②	③	④	⑤
9	①	②	③	④	⑤	29	①	②	③	④	⑤	9	①	②	③	④	⑤	29	①	②	③	④	⑤	9	①	②	③	④	⑤	29	①	②	③	④	⑤
10	①	②	③	④	⑤	30	①	②	③	④	⑤	10	①	②	③	④	⑤	30	①	②	③	④	⑤	10	①	②	③	④	⑤	30	①	②	③	④	⑤
11	①	②	③	④	⑤							11	①	②	③	④	⑤							11	①	②	③	④	⑤						
12	①	②	③	④	⑤							12	①	②	③	④	⑤							12	①	②	③	④	⑤						
13	①	②	③	④	⑤							13	①	②	③	④	⑤							13	①	②	③	④	⑤						
14	①	②	③	④	⑤							14	①	②	③	④	⑤							14	①	②	③	④	⑤						
15	①	②	③	④	⑤							15	①	②	③	④	⑤							15	①	②	③	④	⑤						
16	①	②	③	④	⑤							16	①	②	③	④	⑤							16	①	②	③	④	⑤						
17	①	②	③	④	⑤							17	①	②	③	④	⑤							17	①	②	③	④	⑤						
18	①	②	③	④	⑤							18	①	②	③	④	⑤							18	①	②	③	④	⑤						
19	①	②	③	④	⑤							19	①	②	③	④	⑤							19	①	②	③	④	⑤						
20	①	②	③	④	⑤							20	①	②	③	④	⑤							20	①	②	③	④	⑤						

※절취선을 따라 분리하여 실제 시험과 같이 사용하면 더욱 효과적입니다.

DCAT 두산그룹 최종점검 모의고사 답안지(이공계)

고사장

성 명

수험번호						
⓪	⓪	⓪	⓪	⓪	⓪	⓪
①	①	①	①	①	①	①
②	②	②	②	②	②	②
③	③	③	③	③	③	③
④	④	④	④	④	④	④
⑤	⑤	⑤	⑤	⑤	⑤	⑤
⑥	⑥	⑥	⑥	⑥	⑥	⑥
⑦	⑦	⑦	⑦	⑦	⑦	⑦
⑧	⑧	⑧	⑧	⑧	⑧	⑧
⑨	⑨	⑨	⑨	⑨	⑨	⑨

감독위원 확인
인

언어논리												수리자료분석												공간추리											
문번	1	2	3	4	5	문번	1	2	3	4	5	문번	1	2	3	4	5	문번	1	2	3	4	5	문번	1	2	3	4	5	문번	1	2	3	4	5
1	①	②	③	④	⑤	21	①	②	③	④	⑤	1	①	②	③	④	⑤	21	①	②	③	④	⑤	1	①	②	③	④	⑤	21	①	②	③	④	⑤
2	①	②	③	④	⑤	22	①	②	③	④	⑤	2	①	②	③	④	⑤	22	①	②	③	④	⑤	2	①	②	③	④	⑤	22	①	②	③	④	⑤
3	①	②	③	④	⑤	23	①	②	③	④	⑤	3	①	②	③	④	⑤	23	①	②	③	④	⑤	3	①	②	③	④	⑤	23	①	②	③	④	⑤
4	①	②	③	④	⑤	24	①	②	③	④	⑤	4	①	②	③	④	⑤	24	①	②	③	④	⑤	4	①	②	③	④	⑤	24	①	②	③	④	⑤
5	①	②	③	④	⑤	25	①	②	③	④	⑤	5	①	②	③	④	⑤	25	①	②	③	④	⑤	5	①	②	③	④	⑤	25	①	②	③	④	⑤
6	①	②	③	④	⑤	26	①	②	③	④	⑤	6	①	②	③	④	⑤	26	①	②	③	④	⑤	6	①	②	③	④	⑤	26	①	②	③	④	⑤
7	①	②	③	④	⑤	27	①	②	③	④	⑤	7	①	②	③	④	⑤	27	①	②	③	④	⑤	7	①	②	③	④	⑤	27	①	②	③	④	⑤
8	①	②	③	④	⑤	28	①	②	③	④	⑤	8	①	②	③	④	⑤	28	①	②	③	④	⑤	8	①	②	③	④	⑤	28	①	②	③	④	⑤
9	①	②	③	④	⑤	29	①	②	③	④	⑤	9	①	②	③	④	⑤	29	①	②	③	④	⑤	9	①	②	③	④	⑤	29	①	②	③	④	⑤
10	①	②	③	④	⑤	30	①	②	③	④	⑤	10	①	②	③	④	⑤	30	①	②	③	④	⑤	10	①	②	③	④	⑤	30	①	②	③	④	⑤
11	①	②	③	④	⑤							11	①	②	③	④	⑤							11	①	②	③	④	⑤						
12	①	②	③	④	⑤							12	①	②	③	④	⑤							12	①	②	③	④	⑤						
13	①	②	③	④	⑤							13	①	②	③	④	⑤							13	①	②	③	④	⑤						
14	①	②	③	④	⑤							14	①	②	③	④	⑤							14	①	②	③	④	⑤						
15	①	②	③	④	⑤							15	①	②	③	④	⑤							15	①	②	③	④	⑤						
16	①	②	③	④	⑤							16	①	②	③	④	⑤							16	①	②	③	④	⑤						
17	①	②	③	④	⑤							17	①	②	③	④	⑤							17	①	②	③	④	⑤						
18	①	②	③	④	⑤							18	①	②	③	④	⑤							18	①	②	③	④	⑤						
19	①	②	③	④	⑤							19	①	②	③	④	⑤							19	①	②	③	④	⑤						
20	①	②	③	④	⑤							20	①	②	③	④	⑤							20	①	②	③	④	⑤						

※절취선을 따라 분리하여 실제 시험과 같이 사용하면 더욱 효과적입니다.

DCAT 두산그룹 최종점검 모의고사 답안지(이공계)

고사장

성 명

수험번호						
⓪	⓪	⓪	⓪	⓪	⓪	⓪
①	①	①	①	①	①	①
②	②	②	②	②	②	②
③	③	③	③	③	③	③
④	④	④	④	④	④	④
⑤	⑤	⑤	⑤	⑤	⑤	⑤
⑥	⑥	⑥	⑥	⑥	⑥	⑥
⑦	⑦	⑦	⑦	⑦	⑦	⑦
⑧	⑧	⑧	⑧	⑧	⑧	⑧
⑨	⑨	⑨	⑨	⑨	⑨	⑨

감독위원 확인
인

언어논리												수리자료분석												공간추리											
문번	1	2	3	4	5	문번	1	2	3	4	5	문번	1	2	3	4	5	문번	1	2	3	4	5	문번	1	2	3	4	5	문번	1	2	3	4	5
1	①	②	③	④	⑤	21	①	②	③	④	⑤	1	①	②	③	④	⑤	21	①	②	③	④	⑤	1	①	②	③	④	⑤	21	①	②	③	④	⑤
2	①	②	③	④	⑤	22	①	②	③	④	⑤	2	①	②	③	④	⑤	22	①	②	③	④	⑤	2	①	②	③	④	⑤	22	①	②	③	④	⑤
3	①	②	③	④	⑤	23	①	②	③	④	⑤	3	①	②	③	④	⑤	23	①	②	③	④	⑤	3	①	②	③	④	⑤	23	①	②	③	④	⑤
4	①	②	③	④	⑤	24	①	②	③	④	⑤	4	①	②	③	④	⑤	24	①	②	③	④	⑤	4	①	②	③	④	⑤	24	①	②	③	④	⑤
5	①	②	③	④	⑤	25	①	②	③	④	⑤	5	①	②	③	④	⑤	25	①	②	③	④	⑤	5	①	②	③	④	⑤	25	①	②	③	④	⑤
6	①	②	③	④	⑤	26	①	②	③	④	⑤	6	①	②	③	④	⑤	26	①	②	③	④	⑤	6	①	②	③	④	⑤	26	①	②	③	④	⑤
7	①	②	③	④	⑤	27	①	②	③	④	⑤	7	①	②	③	④	⑤	27	①	②	③	④	⑤	7	①	②	③	④	⑤	27	①	②	③	④	⑤
8	①	②	③	④	⑤	28	①	②	③	④	⑤	8	①	②	③	④	⑤	28	①	②	③	④	⑤	8	①	②	③	④	⑤	28	①	②	③	④	⑤
9	①	②	③	④	⑤	29	①	②	③	④	⑤	9	①	②	③	④	⑤	29	①	②	③	④	⑤	9	①	②	③	④	⑤	29	①	②	③	④	⑤
10	①	②	③	④	⑤	30	①	②	③	④	⑤	10	①	②	③	④	⑤	30	①	②	③	④	⑤	10	①	②	③	④	⑤	30	①	②	③	④	⑤
11	①	②	③	④	⑤							11	①	②	③	④	⑤							11	①	②	③	④	⑤						
12	①	②	③	④	⑤							12	①	②	③	④	⑤							12	①	②	③	④	⑤						
13	①	②	③	④	⑤							13	①	②	③	④	⑤							13	①	②	③	④	⑤						
14	①	②	③	④	⑤							14	①	②	③	④	⑤							14	①	②	③	④	⑤						
15	①	②	③	④	⑤							15	①	②	③	④	⑤							15	①	②	③	④	⑤						
16	①	②	③	④	⑤							16	①	②	③	④	⑤							16	①	②	③	④	⑤						
17	①	②	③	④	⑤							17	①	②	③	④	⑤							17	①	②	③	④	⑤						
18	①	②	③	④	⑤							18	①	②	③	④	⑤							18	①	②	③	④	⑤						
19	①	②	③	④	⑤							19	①	②	③	④	⑤							19	①	②	③	④	⑤						
20	①	②	③	④	⑤							20	①	②	③	④	⑤							20	①	②	③	④	⑤						

2022 상반기 DCAT 두산그룹 최신기출유형+모의고사 4회+무료두산특강

개정1판1쇄 발행	2022년 03월 10일(인쇄 2022년 01월 10일)
초 판 발 행	2021년 10월 05일(인쇄 2021년 09월 24일)
발 행 인	박영일
책 임 편 집	이해욱
저 자	SD적성검사연구소
편 집 진 행	여연주
표지디자인	박수영
편집디자인	양혜련 · 안아현
발 행 처	(주)시대고시기획
출 판 등 록	제 10-1521호
주 소	서울시 마포구 큰우물로 75 [도화동 538 성지 B/D] 9F
전 화	1600-3600
팩 스	02-701-8823
홈 페 이 지	www.sidaegosi.com
I S B N	979-11-383-1608-8 (13320)
정 가	24,000원

25년 합격의 노하우!
NO.1 합격의 공식

2022 상반기

DCAT

두산 종합적성검사

최신기출유형 + 모의고사 4회 + 무료두산특강

[판매량]
2005년부터 17년간 누적판매 1위
[출간량]
최다 품목 발간 1위(1,106종)

 시대교육그룹

(주)시대고시기획 시대교육(주)	고득점 합격 노하우를 집약한 최고의 전략 수험서
	www.sidaegosi.com
시대에듀	자격증 · 공무원 · 취업까지 분야별 BEST 온라인 강의
	www.sdedu.co.kr
이슈&시사상식	한 달간의 주요 시사이슈 논술 · 면접 등 취업 필독서
	매달 25일 발간
시대인	외국어 · IT · 취미 · 요리 생활 밀착형 교육 연구
	실용서 전문 브랜드

꿈을 지원하는 행복...

여러분이 구입해 주신 도서 판매수익금의 일부가 국군장병 1인 1자격 취득 및 학점취득 지원사업과 낙도 도서관 지원사업에 쓰이고 있습니다.